마스터리의 법칙

MASTERY by Robert Greene
Copyright ⓒ Robert Greene, 2012
All rights reserved.

Korean translation copyright ⓒ 2013 by Sallim Publishing Co., Ltd
This edition published by arrangement with Inkwell Management, LLC
through EYA(Eric Yang Agency)

이 책의 한국어판 저작권은 EYA를 통한
Inkwell Management, LLC 사와의 독점계약으로
(주)살림출판사에 있습니다.
저작권법에 의하여 한국 내에서 보호를 받는 저작물이므로
무단전재와 복제를 금합니다.

MASTERY

내 안에 숨겨진 최대치의 힘을 찾는 법

마스터리의 법칙

로버트 그린 지음 | 이수경 옮김

살림Biz

내 애너Anna에게 이 책을 바칩니다.

차례

서장

내 안에 숨겨진 최대치의 힘 11
마스터리의 진화 19
마스터리에 이르는 열쇠 28

1장
인생의 과업을 발견하라

자신의 성향에 딱 들어맞는 일을 할 때 우리는 어떤 힘을 감지할 수 있다. 표현하고 싶은 글이 너무도 쉽게 써지거나 원하는 신체 움직임이 너무나도 자연스럽게 이루어져서 마치 누군가가 그 글이나 움직임을 툭 던져준 것만 같을 때가 바로 그런 경우다. 살면서 그 힘이 약해지는 이유는 다른 어떤 힘에 굴복하기 때문이다. 우리는 여러 가지 이유로 돈을 많이 버는 직업, 편안하고 안정적인 일 등 자신에게 전혀 맞지 않는 직업이나 진로를 택하게 된다. 진정한 욕구와 흥미가 점점 시들어가고 진정한 행복이나 성취감은 지금 하고 있는 일이 아닌 다른 어딘가에서 오는 것이라고 여기게 된다. 하지만 인생의 과업을 발견하고 마스터리에 이르는 과정은 삶의 어느 시점에서도 다시 시작할 수 있다. 당신 내면의 보이지 않는 힘은 언제나 그 자리에 존재하며 당신이 끌어내주길 기다리고 있다.

보이지 않는 내면의 힘 45
마스터리에 이르는 열쇠 53
인생의 과업을 찾기 위한 전략 61
뒤집어 보기 89

2장
마스터리를 끌어내는 이상적 수련 방식

과거와 현재를 막론하고 위대한 거장들의 삶에서는 미래의 성취에 밑거름이 되는 기본 역량이 형성되고 발달하는 특정한 시기를 발견할 수 있다. 이 시기는 나비의 애벌레 시절에 비유할 수 있다. 이 수련의 시기는 후세 사람들의 주목을 거의 받지 못하고 묻히는 경우가 많다. 그러나 수면 아래에서 그들의 정신은 새롭게 거듭나는 변화를 겪고 있으며, 장차 이룰 성공의 모태가 되는 모든 씨앗을 품고 있다. 사실 거장들의 삶을 자세히 들여다보면 그들이 속한 다양한 분야에 상관없이 공통적으로 모종의 패턴이 목격된다. 즉, 마스터리에 이르기 위한 일종의 이상적 수련 방식을 발견할 수 있다는 이야기다.

  첫 번째 탈바꿈   97
  마스터리에 이르는 열쇠   106
  수련기의 세 단계   110
  이상적 수련 방식을 위한 전략   127
  뒤집어 보기   176

3장
거인의 어깨를 딛고 올라서라_스승이라는 사다리

배우기 위해서는 겸손함이 필요하다. 우리는 특정 분야에 대해 우리보다 훨씬 더 깊은 식견을 갖춘 사람들이 존재한다는 사실을 인정해야 한다. 그들의 우월함은 어떤 타고난 재능이나 특권 때문에 생겨나는 것이 아니라 오랜 시간 동안 쌓인 경험에서 기인한다. 특정 분야에 첫걸음을 들여놓은 단계에서 실제적 지식을 습득하는 가장 효과적인 방법은 권위를 인정하고 기꺼이 복종할 수 있는 스승 밑에서 배우는 것이다. 인생은 짧으며, 당신이 쏟을 수 있는 시간과 에너지는 한정되어 있다. 올바른 방향을 알려주는 조언자가 있으면, 혼자 고군분투하여 10년 걸릴 일을 5년 안에 해낼 수 있게 된다.

  지식의 연금술   181
  마스터리에 이르는 열쇠   194
  스승과의 관계를 다지기 위한 전략   207
  뒤집어 보기   234

4장
미련한 바보들의 방해와 계략을 헤쳐나가는 기술

우리는 살면서 끊임없이 '바보'들과 마주친다. 세상은 미련한 바보들 천지이기 때문에 그들을 피할 길은 없다. 그들은 당장 눈앞의 일, 단기적인 이익을 더 중요시한다. 그들은 실제로 성과를 내는 일이 거의 없고, 남이 성과를 내는 것은 애써 방해한다. 별로 중요하지 않은 문제에 열을 내며 흥분하고, 장기적으로 봤을 때 중요한 문제는 무시하기 일쑤다. 무엇보다도 바보들은 당신을 그들과 같은 수준으로 끌어내리려는 경향이 있다. 하지만 당신이 그들을 당신 편으로 만들거나 그들의 행동을 변화시키는 것은 불가능하다. 괜히 당신만 귀중한 시간과 감정적 에너지를 허비하게 된다. 할 수 있다면 그들을 무시하라. 하지만 가장 현명한 처사는 거기서 한 걸음 더 나아가 그들의 어리석음을 당신에게 이롭게 이용하는 것이다.

- 내면으로 들어가 생각하기　241
- 마스터리에 이르는 열쇠　254
- 사회 지능 함양을 위한 전략　280
- 뒤집어 보기　314

5장
다차원적 정신을 깨워라_창의적 근육의 단련

창의적 힘을 질식시키는 것은 나이도, 재능의 부족도 아니다. 바로 우리의 영혼과 태도가 그것을 질식시킨다. 우리는 수련기에 습득한 지식에 편안하게 안주하기 시작한다. 새로운 아이디어를 시도하는 것이 두려워지고, 그런 시도를 하기 위해 필요한 노력도 기피한다. 하지만 결국 큰 대가를 치러야 한다. 도전정신과 참신함이 사라진 죽은 정신의 소유자가 되는 것이다. 우리는 자기 분야에서 한계에 다다르고 운명에 대한 통제권을 상실한다. 다른 누군가로 얼마든지 대체 가능한 그리 뛰어날 것 없는 사람이 되기 때문이다. 하지만 명심하라. 우리는 누구나 타고난 창의적 에너지에 다시 불을 댕길 수 있는 잠재력을 품고 있다. 그것은 나이와도 결코 상관이 없다. 이 창의적 에너지를 되찾으면 우리의 영혼도, 직업적 경력도 완전히 달라진다.

두 번째 탈바꿈　319
　　　마스터리에 이르는 열쇠　331
　　　창의적 실행 단계를 위한 전략　390
　　　뒤집어 보기　468

6장
직관과 이성의 행복한 결합, 마스터리

우리 모두는 더 넓은 시야로 세상의 동향을 예측하고 어떤 상황에서든 빠르고 정확하게 반응할 수 있는 고차원적 지성을 성취할 능력을 지니고 있다. 그러한 능력을 개발하는 방법은 타고난 성향을 일깨워 주변의 시선에 개의치 않고 한 가지 분야에 깊이 몰두하는 것이다. 우리의 두뇌는 이 힘을 습득하도록 만들어졌다. 내면의 성향을 충실히 따라 그 궁극적인 목표를 추구한다면 자연히 고차원적 지성인 마스터리에 도달할 수 있을 것이다.

　　　세 번째 탈바꿈　473
　　　마스터리에 이르는 열쇠　486
　　　마스터리에 도달하기 위한 전략　510
　　　뒤집어 보기　586

현존하는 거장들의 약력　590
감사의 글　598
참고문헌　602

내 안에 숨겨진 최대치의 힘

> 조각가가 조각품으로 탄생시킬 원재료를 갖고 있듯 우리는 누구나 자신의 운명을 손에 쥐고 있다. 예술 활동뿐 아니라 다른 모든 것에서도 마찬가지다. 우리는 운명을 주조할 수 있는 능력을 갖고 태어난다. 재료를 자신이 원하는 모양으로 빚어내는 기술은 공들여 배우고 계발해야 한다.
>
> _ 요한 볼프강 폰 괴테(Johann Wolfgang von Goethe)

인간이 발휘할 수 있는 최고 수준의 잠재력을 나타내는 힘이자 지성인 무언가가 존재한다. 그 힘은 역사상 최고의 성취와 발견들의 근원이다. 또한 그것은 학교에서 가르치는 것도 학자들이 분석할 수 있는 것도 아니지만, 우리 대부분은 인생의 어느 순간에 그 힘을 어렴풋하게나마 경험한다. 그 힘은 정신적 긴장 상태에서 발휘되는 경우가 많다. 이를테면 마감일이 코앞에 닥쳤거나, 어떤 문제를 시급히 해결해야 하거나, 중대한 위기를 만났을 때 말이다. 또는 특정한 프로젝트에 지속적으로 몰두하는 과정에서 발휘되기도 한다. 그런 경우 우리는 당면한 상황이 주는 긴장 속에서 평소와 다르게 높은 에너지와 집중력을 발산한다. 우리의 정신은 눈앞의 상황과 과제에 완전히 몰두하기 시작한다. 또 이와 같은 강렬한 집중력은 다양한 아이디어에 불을 댕기는 엔진이 되어, 마치 무의식 속에서 잠자다가 튀어나온 듯 놀라운 아이디어들이 불쑥 샘솟는다. 이럴 때 주변 사람들은 우리가 발산하는 영향력을 거부하지 못하는 경향이 있다. 우리는 그들과 마음 깊이 교감하는 존재로, 또는 그들의 존경심을 이끌어내는 특별한 힘을 지닌 존재로 보인다. 평소 우리는 이런저런 사건이 일어난 후에야 반응하며 수동적인 태도로 살아갈지 모르지만, 위와 같은 힘을 발휘하는 시기에는 사건을 주도적으로 이끌고 변화를 창출하는 주체가 될 수 있다고 느낀다.

이 힘을 이렇게 설명할 수도 있다. 우리는 대개 평소에 내면의 꿈과 온갖 욕구, 강박적 사고에 휩싸여 살아간다. 하지만 이 특별한 창의성으로 충만한 동안에는 뭔가 실제적이고 의미 있는 것을 이뤄내야 한다는 강렬한 충동에 이끌린다. 그래서 습관적 사고를 내던지고 자신만의 방에서 기꺼이 걸어 나와 세상과, 타인들과, 진정한 현실과 교감하기 시작한다. 얕은 사고로 일관하며 현상의 표면만 훑고 지나가는 대신에, 우리의 정신은 대상이나 상황에 집중하며 그것의 진정한 핵심을 꿰뚫는다. 이럴 때 우리의 정신은, 바깥을 향해 활짝 열린 정신은 환한 빛이 가득해져서 갑자기 새로운 정보와 아이디어에 눈을 뜨며 영감과 창의성의 날개를 펴기 시작한다.

하지만 마감일이 지나가거나 위기가 해결되고 나면 이러한 힘과 높은 창의성은 대개 어디론가 사라지고 만다. 예전의 얕은 사고와 분산된 정신 상태로 되돌아가고 상황에 대한 통제력도 사라져버린다. 그 힘을 만들어낼 수 있다면, 좀 더 오래 지속되도록 꼭 붙잡아둘 수 있다면 좋으련만……. 이 힘은 손으로 움켜쥘 수 없는 불가사의하고 신비로운 것으로만 느껴진다.

문제는 이러한 종류의 힘과 지성이 일반적으로 면밀한 연구의 주제가 되지 못하고 무시되거나 온갖 통념과 오해에 둘러싸여 있어서, 그 신비함이 더욱 증폭된다는 점이다. 흔히 사람들은 탁월한 창의성이 하늘에서 뚝 떨어지는 것이거나 타고난 재능의 결과물이라고, 또는 일시적으로 고양된 심리 상태가 낳는 것이라고, 또는 운명적인 별자리가 만들어내는 것이라고 믿는다. 따라서 이제 우리는 그 신비의 베일을 벗겨낼 필요가 있다. 그 힘에 이름을 붙이고, 그 근원을 파헤쳐 밝혀내고, 그 힘을 낳는 지성의 종류를 규명하고, 그것을 창출하고 유지하는 방법을 파악해야 한다는 얘기다.

나는 그 힘을 '마스터리mastery'라고 부르겠다. 이것은 곧 주변 세계와 타인들, 그리고 자기 자신을 온전히 장악하며 자유자재로 다스리는 힘이다. 많은 사람이 이 힘을 특정한 순간에만 잠시 경험하지만, 어떤 이들(각 분야의 거장, 특히 레오나르도 다 빈치, 나폴레옹 보나파르트, 찰스 다윈, 토머스 에디슨, 마사 그레이엄 등)에게는 이 힘이 삶을 움직이는 중심축이자 세계를 바라보는 창문이다. 그리고 마스터리에 이르기까지는 모종의 '단계'가 존재하며, 우리들 누구나 이 단계를 활용할 수 있다.

예시를 들어 이 단계를 설명해보겠다. 피아노를 배우는 상황, 또는 특정한 기술을 필요로 하는 새로운 직장에 들어가는 상황을 생각해보

자. 처음에 우리는 아무것도 모르는 초심자에 불과하다. 피아노나 낯선 일터에서 느끼는 첫 인상은 섣부른 판단이나 선입견에 기초하며, 우리는 모종의 두려움도 느낀다. 처음 마주한 피아노 건반은 자신감을 잔뜩 위축시킨다. 우리는 건반과 화음과 페달과 그 밖의 요소들이 어우러져 음악을 만들어내는 원리에 대해 무지한 상태다. 새로운 직장에서도 비슷하다. 우리는 사람들의 권력관계, 상사의 성격, 이런저런 규칙과 과정 등 성공적인 직장생활에 필요한 것들에 대해 아무것도 모른다. 우리는 혼란에 빠진다. 두 경우 모두, 우리에게 필요한 지식은 한없이 높고 어려운 수준으로만 느껴진다.

부푼 기대와 의욕으로 피아노 앞에 앉거나 혹은 새 직장에 들어갔지만, 우리는 앞으로 엄청나게 힘든 노력을 쏟아야 한다는 사실을 금세 깨닫는다. 이때 가장 위험한 것은 초조한 조바심, 따분함, 두려움, 혼란이라는 감정에 굴복하는 것이다. 우리는 면밀한 관찰과 배움을 중단해버린다. 그러면 발전의 단계는 거기서 멈추고 만다.

반면 이런 감정들을 적절히 다스리고 충분한 시간을 투자하면 놀라운 변화가 일어나기 시작한다. 가르침을 주는 사람을 관찰하고 그의 지도를 따르는 과정에서 우리는 규칙을 배우고 원리를 깨우쳐나간다. 연습을 계속하다보면 점차 능숙해지고, 기본적인 기술을 완전히 익히고 나면 새로운 다음 단계에 도전할 수 있다. 또 전에는 보이지 않던 연결고리들이 눈에 들어오기 시작한다. 끈기 있게 임하면 문제를 해결하거나 약점을 극복할 수 있다는 자신감이 점차 커진다.

특정한 시점에 이르면 우리는 배우는 자에서 실행하는 자로 변모한다. 스스로 이런저런 아이디어를 시도해보고 그 과정에서 소중한 피드백도 얻으며, 차곡차곡 쌓이는 지식을 더욱 창의적으로 활용해나간다. 그리고 남들이 하는 방식을 배워 따라하는 수준을 넘어서 자신만의 스타일과 개성을 적극적으로 가미하기 시작한다.

오랜 시간 이런 과정을 거치고 나면 또 다른 도약이 일어난다. 즉, 마스터리의 단계로 올라서는 것이다. 이제 피아노 건반은 더 이상 우리 외부의 낯선 물체가 아니다. 그것은 우리에게 충분히 흡수되어 신경 시스템의 일부 같은 존재, 손가락과 하나 된 존재로 느껴진다. 일터에서 이제 우리는 집단의 역학과 업무의 본질을 온전히 이해한다. 사회적 상황으로 범위를 넓혀보면, 이제 우리는 타인의 내면을 더욱 깊이 들여다보고 그들의 행동 반응을 예상한다. 또 신속하고 창의적인 결정을 내린다. 여러 아이디어가 머릿속에서 샘솟는다. 규칙을 완전히 이해한 상태이므로 규칙을 깨트리거나 다시 만들 수도 있다.

이와 같은 최고 형태의 힘에 이르는 과정에는 세 단계가 존재한다. 첫 번째는 수련기, 두 번째는 창의적 실행, 세 번째는 마스터리다. 첫 번째는 초심자로서 특정 분야의 기본적 요소와 규칙들을 최대한 배우는 단계다. 이 단계에서는 해당 분야를 불완전하게 파악하고 있으며 따라서 발휘할 수 있는 힘도 제한적이다. 두 번째 단계에서는 많은 연습과 몰입을 통해 시스템의 내면을, 즉 구성 요소들 간의 관계를 들여다보는 과정을 거치면서 해당 주제나 분야에 대한 포괄적인 이해력을 습득한다. 이로써 관련 요소들을 창의적으로 배치하고 이런저런 시도를 해볼 수 있는 능력이 생긴다. 마지막 세 번째 단계에서는 지식과 경험, 집중력의 수준이 대단히 높아져서 전체 그림을 완벽하게 바라보는 눈이 생긴다. 더불어 인간 본성이나 자연 현상의 본질과 진정으로 교감할 수 있게 된다. 그렇기 때문에 거장들의 예술 작품이 우리에게 깊은 감동을 주는 것이다. 예술가는 현상과 실재의 본질에 가까운 무언가를 포착하곤 한다. 또 바로 이 세 번째 단계에 이르렀기에 뛰어난 과학자가 새로운 물리학 법칙을 발견하고, 발명가나 모험적 기업가가 다른 어느 누구도 떠올리지 못한 아이디어를 내놓을 수 있는 것이다.

우리는 이런 힘을 직관적 통찰력이라고 부를 수 있다. 직관은 어떤 언어나 규정된 법칙 없이 순간적으로 본질을 포착하는 힘이다. 언어적 표현이나 법칙은 나중에야 만들어지기도 하지만, 그러한 직관의 순간이야말로 우리를 현상의 본질에 더욱 가까워지게 이끈다. 전에는 숨겨져 보이지 않던 모종의 진실 일부가 갑자기 우리의 정신을 환하게 밝히기 때문이다.

동물도 학습 능력을 갖고 있지만, 그 학습 능력은 주변을 살피고 위험에서 벗어나려는 본능에 크게 의존한다. 동물은 본능에 따라 민첩하고 효과적으로 움직인다. 반면 인간은 이성과 사고에 의지해 주변 환경을 파악하고 이해한다. 그런데 그런 사고 과정이 다소 느려 비효과적일 수 있다. 자기 자신에게 몰두하는 내면적 사고가 우리와 세계를 떨어트려놓기 쉬운 것이다. 마스터리 단계의 직관적 힘은 본능과 이성이, 의식과 무의식이, 인간적 힘과 동물적 힘이 합쳐진 것이다. 이 힘이 발휘될 때 우리는 주변 세계와, 외부 대상의 감정이나 생각과 강력한 교감을 형성한다. 어린 아이일 때는 이런 자연스러운 직관력을 어느 정도 갖고 있지만, 시간이 흘러 성인이 되면 정신을 과도하게 점령하는 온갖 정보들 때문에 그 직관력이 대개 희미해진다. 반면 거장들은 어린 아이가 지닌 이런 힘을 되찾는다. 단, 그들의 작품은 아이보다는 훨씬 고차원적 수준의 자연스러운 직관과 무의식의 발현을 보여준다.

　이것은 곧 모든 인간의 두뇌에 잠재된 직관력에 불이 붙는 순간이다. 사람들은 어떤 문제나 프로젝트에 대단히 깊게 몰두할 때 잠시 동안일지언정 직관력을 경험한다. 사실 우리는 인생을 살면서 이 힘을 종종 발휘한다. 예컨대 특정한 상황에서 잠시 후 일어날 일을 직감적으로 느낄 때, 어떤 문제에 대한 최적의 해법이 불쑥 머릿속에 떠오를 때가 그런 경우다. 하지만 이런 순간은 일시적일 뿐이고, 그런 힘을 반복적으로 발휘할 수 있을 만큼 충분한 경험도 쌓여 있지 않다. 마스터리의 단계에 이르면 직관적 힘을 자유롭게 발휘할 수 있다. 그 힘은 기나긴 과정을 거친 후에 얻는 다디단 열매와 같다. 그리고 세상은 이처럼 현실의 새로운 측면을 발견해내는 능력과 창의성을 매우 중시하기 때문에, 마스터리를 지닌 사람은 현실적으로도 엄청난 힘을 갖게 된다.

　기나긴 인류 역사 동안 사람들은 사고 및 의식 능력의 한계에 답답함을 느꼈다. 다시 말해, 현상의 본질에 닿기 힘들다는 기분, 주변 세계에 영향을 미칠 수 있는 힘이 부족하다는 무력감을 느꼈다. 그래서 의식 범위를 확장하고 세계에 대한 통제력을 얻기 위한 온갖 종류의 지름길을 모색했다. 마법적 의식儀式, 최면술, 주술, 약물 등이 그것이다. 어떤 이들은 평생 연금술에 몰두하면서, 모든 물질을 황금으로 변하게 한다는 '현자賢者의 돌'을 찾아내고자 애썼다.

　마술 같은 지름길을 찾으려는 이러한 욕구는 요즘도 흔히 볼 수 있다. 이를테면 성공으로 가는 손쉬운 공식, 마침내 밝혀진 오래된 비밀, 즉 태도만 변화시키면 우주의 올바른 에너지를 끌어당길 수 있다는 비밀이 그것이다. 그런 이론들에도 약간의 진실과 현실적 실용성은 있다.

가령 강렬하게 집중하면 놀라운 결과를 얻을 수 있다고 강조한다는 점에서 말이다. 하지만 결국 그런 것들은 모두 존재하지 않는 무언가에 초점을 맞추고 있다. 실제적인 힘과 빠르고 쉬운 해답을 힘들이지 않고 얻을 수 있는 방법, 정신의 엘도라도에 도달하는 손쉬운 방법이 있다고 가정하는 것이다.

많은 이들이 그런 환상에 빠져 있으면서 한편으론 자기 내면에 실제로 존재하는 진정한 힘은 깨닫지 못한다. 그리고 마법이나 단순한 공식들과 달리 그 힘은 역사 속에서 실질적이고 중요한 효과를 발휘해왔다. 위대한 발견과 발명들, 경이로운 건축물과 예술품들, 기술적 위업들, 많은 대가의 작품과 성과물이 그것을 보여준다. 이 힘을 가진 사람은 과거의 신비주의자와 주술사들이 꿈꾸되 끝내 갖지는 못했던 능력을 발휘하여 현상의 본질을 꿰뚫고 세상을 변화시킨다.

오랜 세월 동안 사람들은 마스터리의 주변에 견고한 벽을 세워놓았다. 그것을 천재들만의 전유물이라고, 아무나 얻을 수는 없는 힘이라고 생각해온 것이다. 특권을 가진 소수만이 보유하는 것이라고, 선천적으로 타고난 재능이라고 여겼으며, 또 때로는 운명적인 별자리가 만들어내는 것이라고 믿었다. 사람들은 그 힘을 마법처럼 불가해한 무언가로 규정해버렸다. 그러나 마스터리를 둘러싼 벽은 상상의 산물일 뿐이다. 진정으로 우리가 눈 떠야 할 비밀은 바로 이것이다. 인간의 두뇌는 600만 년에 걸친 진화와 발전의 결과물이며, 이와 같은 두뇌의 진화는 우리 모두의 내면에 잠재된 힘, 즉 마스터리에 도달하도록 우리를 이끌기 위한 것이었다.

마스터리의 진화

> 인간은 300만 년 동안 수렵채집인으로 살았으며, 바로 그런 삶에 동반되는 진화적 필요성 때문에 마침내 고도로 적응력 강하고 창의적인 두뇌가 형성된 것이다. 오늘날 우리의 머리에는 수렵채집인들의 두뇌가 들어 있다.
>
> _ 리처드 리키(Richard Leakey)

요즘의 현대인은 상상하기 힘들지만, 약 600만 년 전 동아프리카의 초원을 삶의 무대로 살았던 우리의 먼 조상은 대단히 나약하고 위험에 취약한 존재였다. 그들의 키는 150센티미터도 채 안 되었다. 또 직립 보행을 하고 두 다리로 달릴 수는 있었지만, 네 다리로 그들을 쫓는 민첩한 맹수에 비하면 속도가 턱없이 느렸다. 비쩍 마른 체형이라 자신의 몸을 보호할 힘도 부족했다. 맹수의 공격을 받을 때 사용할 날카로운 발톱이나 송곳니도, 독도 갖고 있지 않았다. 나무 열매와 곤충을 채집하거나 죽은 동물의 고기를 확보하기 위해 드넓은 초원으로 나온 그들은 사나운 표범이나 하이에나 무리의 손쉬운 먹잇감이 되기 일쑤였다. 힘도 약하고 숫자도 적었다는 점을 감안할 때 우리 조상들은 멸종되기 딱 십상이었다.

하지만 수백만 년(진화의 관점에서는 매우 짧은 시간이다)이라는 세월을 거치는 사이, 생존에 불리한 신체 조건을 가졌던 그들은 지구상에서 가장 강력한 사냥꾼이 되었다. 이 기적적인 변화가 대체 어떻게 가능했을까? 어떤 이들은 인간이 두 다리로 직립 보행을 한 덕분이라고 추측했다. 직립 보행을 하자, 나머지 네 손가락과 마주볼 수 있는 엄지손가락 덕분에 정확하게 물건을 집을 수 있는 두 손이 자유로워져 도구를 만들 수 있었다는 것이다. 그러나 이 같은 신체적 설명은 정확한 핵심을 포착하지 못한 것이다. 지구상 동물 중에 인간이 우월한 존재로 우뚝 설 수 있었던 것은 손의 사용 때문이 아니라 두뇌 때문이었다. 즉, 지력知力을 자연계에 존재하는 가장 강력한 도구로, 그 어떤 날카로운 발톱보다도 강력한 도구로 만들었기 때문이다. 그리고 이러한 정신적 진화에 중요한 역할을 한 것은 원시인들의 강점인 두 가지 생물학적 특성이었다. '시각적' 능력과 '사회적' 능력이 그것이다.

우리의 먼 조상들은 영장류의 후손이었으며, 영장류는 수백만 년 동안 나무 위를 삶의 터전으로 삼으면서 대단히 뛰어난 시각 체계를 갖도록 진화한 존재였다. 그런 환경에서 신속하고 효과적으로 움직이기 위해 그들은 매우 정교한 눈과 근육 조정력을 발달시켰다. 시간이 흐르면서 점차 그들의 눈은 앞쪽을 향하도록 얼굴 정면에 자리 잡았고, 두 눈을 이용해 사물을 입체적으로 보는 시각을 갖게 되었다. 이런 시각 체계는 다소 좁은 범위에 국한될지언정 고도로 정확하며 입체적이고 세밀한 관점을 두뇌에 제공한다. 이런 시력을 가진 동물들은 (얼굴 측면에 눈이 달린 동물과 달리) 대개 올빼미나 고양이처럼 효과적인 사냥꾼이다. 이런 동물은 뛰어난 시력을 이용해 멀리 떨어진 먹잇감을 재빠르게 덮친다. 한편 나무 위에 사는 영장류는 그와는 다른 목적을 위해 뛰어난 시력을 갖도록 진화했다. 즉, 더욱 효과적으로 나뭇가지 사이를 돌아다니고 열매나 곤충을 찾아내기 위해서 말이다. 또한 영장류는 색깔을 식별하는 정교한 시력도 갖게 되었다.

우리의 조상인 초기 인류는 나무에서 내려와 드넓은 초원을 삶의 터전으로 삼으면서 차츰 직립 보행을 시작했다. 이미 뛰어난 시력을 갖고 있던 그들은 먼 곳까지 볼 수 있었다(이에 비해, 기린이나 코끼리는 사람보다 키가 크지만 눈이 측면에 있어서 시야를 넓게 보는 파노라마 시력panoramic vision을 지닌다). 이로써 멀리 떨어진 곳에 나타난 위험한 맹수를 발견하고 땅거미가 내릴 때도 공격자의 움직임을 포착하여, 몇 초나 몇 분 만에 안전한 곳으로 몸을 피할 수 있었다. 또 가까이 있는 사물과 환경에 대해 집중력을 발휘하여 온갖 종류의 중요한 세부 정보를 찾아냈다. 맹수가 지나간 발자국이나 여타의 흔적, 연장을 만들 때 사용할 수 있는 돌의 모양과 색깔 같은 것들 말이다.

나무 위에서 생활할 때는 이러한 뛰어난 시력이 민첩한 움직임을 위한 것이었다. 즉, 주변을 신속하게 파악하고 반응하기 위한 것이었다. 하지만 탁 트인 초원에서는 그 반대였다. 지상 생활에서 안전과 먹을 것을 확보하기 위해서는 환경에 대한 끈기 있는 관찰이, 그리고 세밀한 정보를 수집하여 그 의미를 제대로 파악하는 능력이 필요했다는 얘기다. 초기 인류의 생존을 좌우하는 중요한 요인은 주의력과 집중력이었다. 더 오래 그리고 더 열심히 관찰할수록 기회와 위험을 더 정확하게 분간할 수 있었다. 지평선 주위를 전체적으로 훑어보면 더 많은 것을 볼 수 있지만, 그러면 과도하게 많은 정보가 두뇌에 들어왔다. 날카롭고 뛰어난 시력의 소유자로서는 감당하기 너무 많은 정보가 말이다. 인간의 시각 체계는 초식 동물의 그것과 달리 전체 그림을 훑는 능력이 아니라 깊이 초점을 맞춰 집중하는 능력에 적합하게 만들어져 있다.

동물들은 언제나 현재에 갇혀 살아간다. 동물은 방금 전 일어난 일을 통해 무언가를 학습하기도 하지만, 눈앞에서 변하는 상황에 따라 쉽게 주의력이 흐트러진다. 반면 우리 조상들은 오랜 시간을 거치며 서서히 그런 동물적 약점을 극복했다. 그들은 (설령 짧은 시간 동안일지라도) 주의력을 분산시키지 않고 대상을 관찰함으로써 주변 환경과 자기 자신을 떨어트려서 사고할 수 있었다. 그리하여 패턴을 인식하고, 일반화를 하고, 앞일을 미리 생각할 수 있었다. 아직은 좁은 범위에 국한될지언정 사물이나 현상과 정신적으로 거리를 둔 채 사고했던 것이다.

이와 같은 초기 인류는 맹수를 피하고 식량을 찾기 위한 과정에서 대상과 거리를 두고 생각하는 능력을 자신의 주요한 강점으로 발달시켰다. 이로써 다른 동물들은 갖지 못하는 현실 인식력을 갖게 되었다. 이러한 사고 능력을 갖게 된 것은 전체 진화 과정에서 가장 중요한 전환점이었다. 즉, 의식적이고 이성적인 정신이 출현한 것이다.

두 번째 생물학적 강점은 좀 더 미묘한 성격이지만 시각적 능력 못지않게 중요한 의미를 지닌다. 모든 영장류는 기본적으로 사회적 동물이지만, 초기 인류는 탁 트인 지상에서 특히나 위험에 노출된 생활을 해야 했기 때문에 무리를 지어 결속할 필요성이 훨씬 더 컸다. 그들은 맹수의 접근을 주의 깊게 관찰하고 식량을 확보하기 위해 집단생활에 의존했다. 일반적으로 그들은 다른 영장류에 비해 사회적 상호작용이 훨씬 활발했다. 수십만 년의 세월이 흐르는 동안 이런 사회적 지능은 점차 더 높은 수준으로 발달하여 이들은 더 긴밀하게 협력할 수 있었다. 그리고 주변 환경을 이해하고 파악하는 경우와 마찬가지로, 사회적 지능에서도 높은 집중력과 주의력이 매우 중요했다. 긴밀한 관계로 엮인 집단생활에서 사회적 신호를 잘못 해석하면 자칫 커다란 위험을 초래할 수 있었기 때문이다.

이와 같은 두 가지 특성(시각적, 사회적 능력)이 정교하게 발달하면서 약 200~300만 년 전 우리의 원시 조상들은 복잡한 사냥 기술을 고안해 활용할 수 있었다. 그들은 시간이 흐를수록 점차 더 창의력을 발휘하며 사냥 기술을 한층 정교하게 갈고 닦았다. 또 계절에 따른 사냥 방법을 터득하고 유럽 및 아시아의 광활한 대륙에 퍼져 살면서 다양한 기후에 적응해나갔다. 더불어 이처럼 빠른 발전과 진화를 거치면서 그들의 두뇌는 약 20만 년 전에 오늘날 현대인의 두뇌 크기에 가까워졌다.

1990년대에 이탈리아의 신경과학자들은 원시 조상들의 이 같은 사냥 기술 발달을 설명해줄 수 있는 단서를, 나아가 오늘날 인간이 지닌 마스터리의 비밀을 푸는 데 도움이 될 실마리를 발견했다. 신경과학자들은 원숭이의 두뇌를 연구하는 과정에서, 특정한 운동-명령 뉴런이 원숭이가 특정 행동을 할 때(예컨대 레버를 당겨 땅콩을 꺼내거나 바나나를 붙잡을 때)뿐만 아니라 해당 행동을 하는 다른 원숭이의 모습을 볼 때도 활성화된다는 사실을 발견했다. 이후 과학자들은 이 뉴런에 '거울 뉴런mirror neuron'이라는 이름을 붙였다. 거울 뉴런이 활성화된다는 것은 원숭이가 특정 행동을 직접 수행할 때와 관찰할 때 모두 비슷한 기분을 경험한다는 것을 의미했다. 다른 개체의 입장이 되어 그 개체의 행동을 마치 자신이 하고 있는 것처럼 지각하는 것이다. 거울 뉴런의 존재는 많은 영장류가 다른 개체를 모방하는 습성을 설명해주며, 경쟁 상대의 의도와 행동을 예상하는 침팬지의 능력도 역시 설명해준다. 이런 거울 뉴런은 영장류 생활의 사회적 특성 때문에 발달한 것으로 추정된다.

최근 연구에서는 인간에게도 거울 뉴런이 존재한다는 사실이 밝혀졌다. 단, 인간의 거울 뉴런은 다른 동물보다 훨씬 더 정교하고 세밀한 수준으로 작동한다. 원숭이나 여타 영장류도 행위자인 다른 개체의 관점에서 특정 행동을 바라보고 그 의도를 추측할 수 있지만, 인간은 거기서 한 걸음 더 나아간다. 인간은 시각적 단서나 타인의 행동이 없는 경우에도 '타인의 마음속'에 들어가 상대의 생각을 짐작할 수 있다.

거울 뉴런의 발달 덕분에 원시 인류는 미묘한 신호만으로도 타인의 욕구를 읽어내고 사회적 기술을 현저히 향상시킬 수 있었다. 또한 거울 뉴런은 도구 제작에서도 없어서는 안 될 중요한 역할을 했다. 숙련된 전문가의 행동을 그대로 모방하면서 도구 만드는 법을 익혔기 때문이다. 그러나 무엇보다 중요한 것은 거울 뉴런 덕분에 주변 상황이나 대상의 '내면으로 들어가 생각하는 능력'이 발달했다는 점이다. 그들은 오랜 세월에 걸쳐 특정한 동물들을 면밀히 관찰한 후, 해당 동물과 동질감을 느끼며 그 동물처럼 생각할 수 있었고 이로써 먹잇감의 행동 패턴을 예측하고 추적해 사냥 성공 확률을 높였다. '내면으로 들어가 생각하는 능력'은 대상이 무생물인 경우에도 발휘되었다. 돌을 이용해 무기를 만들 때면 그 제작자는 자신이 도구와 하나가 된 듯이 느끼곤 했다. 재료를 자를 때 사용하는 돌이나 나무는 그의 손의 연장물 같은 존재가 되었다. 제작자는 그것을 자신의 신체 일부처럼 느껴, 도구를 만들 때든 활용할 때든 그것을 한층 강력하게 통제할 수 있었다.

이와 같은 정신 능력은 수년간의 경험을 쌓은 후에야 발휘할 수 있는 것이었다. 일단 특정한 기술(사냥감을 추적하거나 도구를 만드는 기술 등)을 완벽하게 습득하고 나면 이제는 그것을 자동적이고 무의식적으로 구사할 수 있었다. 그래서 해당 기술을 사용하는 동안 두뇌의 정신은 그와 관련된 특정한 동작에 집중할 필요가 없었고 그 대신 더 차원 높은 무언가에 집중할 수 있었다. 즉, 사냥감이 어떤 생각을 하며 움직일지, 도구가 손의 일부로 느껴지는 원리가 무엇인지 하는 것 등에 말이다. 이 같은 '내면으로 들어가 생각하는 능력'은 언어 사용 이전 단계의 고차원적 지능이었다. 다시 말해, 해부학과 풍경에 대한 레오나르도 다 빈치의 직관력이나 전자기電磁氣에 대한 마이클 패러데이Michael Faraday의 직관력의 원시적 버전이라 할 수 있다. 그러한 마스터리를 지닌 우리 조상들은 신속하게 그리고 효과적으로 결정을 내렸고, 주변 환경과 사냥감을 더욱 정확하게 파악하고 이해할 수 있었다. 만일 이런 능력이 발달하지 못했다면 그들의 정신은 성공적인 사냥을 위해 소화해야 하는 수많은 정보들에 쉽게 압도당하고 말았을 것이다. 그들은 언어가 생겨나기 수십만 년 전에 이미 이러한 직관적 능력을 발달시켰으며, 바로 이 때문에 우리가 이 능력을 경험할 때 언어로 표현할 수 없는 무엇처럼, 우리의 언어 능력을 초월하는 힘처럼 느끼는 것이다.

이러한 진화가 아주 오랜 세월에 걸쳐 일어났다는 사실은 인간의 정신 발달에서 대단히 중요한 함의를 지닌다. 그것은 인간과 시간의 관계를 근본적으로 변화시켰다. 동물에게는 시간이 커다란 적이다. 맹수의 표적이 되는 동물의 경우 특정한 공간에서 너무 오랫동안 어슬렁거리면 금세 공격을 받아 죽을 수 있다. 맹수의 경우 너무 오랫동안 기다리기만 하다가는 먹잇감이 달아나 버리기 십상이다. 또한 동물들에게 시간의 흐름은 곧 신체적 쇠약을 의미했다. 하지만 사냥꾼으로 살아가던 원시 인류는 그 반대의 양상을 보였다. 그들은 무언가를 더 오래 관찰할수록 대상을 더 정확하게 이해했고 현실 인식력이 높아졌다. 경험이 쌓일수록 사냥 기술은 날로 발전했으며, 지속적인 시도와 실행을 거치며 더욱 효과적인 도구를 만들어냈다. 신체는 쇠약해질 수 있었지만 정신은 계속해서 학습하고 적응했다. 시간이 흐르면서 그러한 이점을 얻는 것은 마스터리의 필수적 부분이다.

사실, 이처럼 동물과는 현격히 다른 '인간과 시간의 관계'는 인간의 정신 자체를 근본적으로 변화시켜 인간이 특별한 본성을 갖게 만들었다. 긴 시간을 들여 무언가에 집중할 때, 수개월 또는 수년간 노력하면 마스터리에 이를 수 있다고 믿을 때, 우리의 정신은 수백만 년에 걸쳐 형성되고 발달한 본성에 기대어 있는 것이다. 그런 과정에서 우리는 어김없이 더 높은 지적 수준으로 이동한다. 더 깊게, 그리고 더 현실적으로 사물을 관찰하며, 익숙하게 실행하고 무언가를 만들어낸다. 스스로 사고하는 법을 터득한다. 그리고 마침내 무력감에 압도되는 일 없이 복잡한 상황에 대처할 수 있게 된다. 이러한 과정을 거쳐 우리는 '호모 마지스터Homo magister', 즉 거장다운 인간으로 거듭난다.

그런데 만일 중간 단계들을 생략한 채 건너뛸 수 있다고, 모종의 정치적 연줄이나 마법 같은 손쉬운 방법을 통해 진정한 힘을 얻을 수 있다고, 또는 타고난 재능에만 의존하면 된다고 믿는다면, 이는 위에서 설명한 자연적 본성에 어긋나는 것이다. 이런 태도를 가진 사람은 시간의 '노예'가 된다. 시간이 흐를수록 더 나약해지고 능력이 퇴보하며 더 이상 발전이 없는 막다른 길에 갇히고 마는 것이다. 그런 사람은 타인들이 표하는 의견과 두려움에 휘둘린다. 현실 인식력이 무뎌져 정신과 현실의 연결고리가 끊기고 좁은 사고의 틀에 갇혀버린다. 생존을 위해 집중력에 의존했던 본래 인간의 모습은 온데간데없이 사라지고 대신 주의력이 흐트러진 동물, 깊이 사고할 줄 모르고 그렇다고 본능에만 의존할 수도 없는 동물의 모습만 남는다.

짧은 생애 동안 기술이나 모종의 희망적 사고를 통해 두뇌의 본질적 구조를 바꿀 수 있다고, 즉 600만 년 동안 진화해온 두뇌의 특성을 변화시킬 수 있다고 믿는 것만큼 어리석은 일은 없다. 두뇌의 본성을 거스르면 일시적으로는 뭔가 바뀐 기분이 들지 몰라도, 시간이 흐르면 우리의 나약함과 부적절한 성급함이 가차 없이 드러나기 마련이다.

너무나도 다행인 점은 우리가 대단히 유연한 형성력을 지닌 도구를 조상들에게 물려받았다는 것이다. 수렵채집 생활을 하던 조상들은 오랜 세월에 걸쳐 학습하고 변화하고 환경에 적응하는 생활 방식을 통해 현재 우리가 가진 두뇌를 형성시켰다. 그 두뇌는 몹시 느리게 진행되는 자연적 진화의 속도에서 자유로웠다. 현대인인 우리의 두뇌는 그들과 똑같은 힘을, 똑같은 유연한 형성력을 지니고 있다. 우리는 얼마든지 시간과 우리의 관계를 변화시킬 수 있으며, 두뇌의 본성이 지닌 힘을 인식하고 활용할 수 있다. 시간이 우리의 적이 아니라 협력자라는 관점을 견지하면서 나쁜 습관이나 수동적 태도를 버리고 더 높은 지능을 향해 나아갈 수 있다.

이런 변화는 곧 우리의 근원적이고 본래적인 모습으로 돌아가는 것과 마찬가지다. 현대인임에도 수렵채집인이던 조상들과 밀접히 연결된 끈을 유지하는 것이다. 생활공간의 모습과 환경은 달라졌을지 몰라도 조상들의 뇌와 우리의 뇌는 본질적으로 동일하며, 학습하고 적응하고 시간을 정복하는 두뇌의 힘은 우리들 누구나 갖고 있다.

마스터리에 이르는 열쇠

인간은 시인과 현자가 노래하는 창공의 광채보다는 자기 자신의 내면에서 반짝이는 섬광을 감지하고 보는 법을 배워야 한다. 그러나 인간은 자기 것이라는 이유로 자신의 생각을 어느새 무시해버린다. 언제나 우리는 천재의 작품에서 스스로 거부했던 우리 자신의 생각을 발견한다. 그 생각은 어떤 낯선 위엄을 지닌 채 우리에게 다시 다가온다.

_ 랠프 월도 에머슨(Ralph Waldo Emerson)

인간이 누구나 본질적으로 유사한 두뇌를 지녔다면, 다시 말해 마스터리에 이를 수 있는 두뇌 구조와 잠재력을 누구나 갖고 있다면, 역사 속에서 극소수의 사람만이 그 잠재력을 발휘하여 탁월한 성취를 이룬 이유는 무엇일까? 우리는 이 질문의 답을 반드시 탐구해볼 필요가 있다.

사람들은 흔히 모차르트나 레오나르도 다 빈치의 업적을 설명할 때 타고난 천재적 재능을 언급한다. 선천적 재능이 아니라면 그 무엇으로 그들의 신비로울 만큼 뛰어난 업적을 설명할 수 있단 말인가? 그러나 이 점을 생각해보라. 수많은 아이들이 특정한 분야에서 특별한 재능과 소질을 보이지만 그들 가운데 나중에 커서 해당 분야에서 성공하거나 놀라운 성취를 이뤄내는 경우는 비교적 적다. 또 어렸을 때는 그다지 특출한 재능을 나타내지 않던 사람이 총명한 아이로 주목받던 사람보다 훨씬 더 크게 성공하는 경우도 많다. 선천적 재능이나 높은 IQ는 성인이 된 후에 이루는 성공과 성취를 설명해주지 못한다.

대표적인 예로, 프랜시스 골턴 경Sir Francis Galton과 그의 사촌 형 찰스 다윈Charles Darwin의 삶을 비교해보자. 어느 모로 보나 골턴은 뛰어나게 높은 IQ를 가진 천재였다. 그의 IQ는 다윈보다 훨씬 높았다(IQ 측정법이 고안된 이후 전문가들이 추정한 바에 따르면 그렇다). 천재 소년이었던 골턴은 이후 학문 영역에서 화려한 경력을 쌓았으나 위대한 거장의 반열에 오르지는 못했다. 신동이라 불리는 아이들이 흔히 그렇듯 그는 가만히 있지 못하는 불안한 정서를 가진 것으로 유명했다.

반면 다윈은 생명체에 대한 인류의 관점을 완전히 변화시킨 뛰어난 과학자가 되었다. 다윈은 스스로 이렇게 인정했다. "나는 대단히 평범한 소년이었다. 아니, 오히려 평균적인 지능 수준에 못 미치는 아이였다. …… 나는 이해력도 빠르지 않다. …… 길게 이어지는 일련의 추상적인 사고를 따라가는 능력도 몹시 부족하다." 그러나 다윈은 골턴에게는 없는 그 무언가를 갖고 있었음이 틀림없다.

다윈의 청소년기와 젊은 시절에서 이 수수께끼의 답을 엿볼 수 있다. 다윈은 어릴 때부터 생물 표본 수집을 몹시 좋아했다. 의사였던 아버지는 다윈이 자신의 뒤를 이어 의사가 되기를 바랐기 때문에 의학 공부를 시키기 위해 다윈을 에든버러 대학에 보냈다. 하지만 의학에 흥미가 없었던 다윈은 학교 성적이 별로 좋지 못했다. 아들이 의사가 되기는 틀렸다고 낙담한 아버지는 이번에는 아들을 성직자로 만들어야겠다고 결심했다. 그런데 다윈이 신학을 공부하는 동안 그와 친분이 있던 한 교수가 이런 소식을 알려주었다. 영국 군함 비글Beagle호가 곧 출항하여 세계 곳곳을 항해할 예정인데, 각종 표본을 수집하여 영국으로 보내는 작업을 위해 거기에 동승할 박물학자가 필요하다는 것이었다. 아버지의 반대에도 불구하고 다윈은 비글호에 승선하기로 결심했다. 내면에서 꿈틀거리는 무언가 때문에 항해에 나서지 않을 수 없었던 것이다.

이제 다윈은 동식물 표본 수집에 대한 열정을 마음껏 발산할 통로를 얻은 셈이었다. 그는 남아메리카에서 엄청나게 많은 종류의 표본과 화석, 뼈들을 수집했다. 지구상의 다양한 생명체에 대한 남다른 관심은 그를 더욱 커다란 주제로, 즉 종의 기원에 대한 중요한 문제들로 이끌었다. 그는 이 연구에 모든 에너지를 쏟았다. 수집한 표본의 양이 늘어나면서 그의 머릿속에서는 모종의 이론이 점차 구체적인 모습을 갖춰가기 시작했다. 5년에 걸친 비글호 항해가 끝나고 영국으로 돌아온 다윈은 남은 평생을 바쳐 진화론을 정립했다. 이 과정에서 힘들고 단조로운 작업을 수없이 진행해야 했다. 예를 들어, 따개비를 조사하고 연구하는 데에만 무려 8년이라는 시간을 보내기도 했다. 또한 그의 이론에 대해 빅토리아 시대 영국인들이 가진 편견과 선입관에 대응하기 위해 높은 수준의 정치적, 사회적 기술도 활용해야 했다. 이러한 길고 고된 과정에서 그를 지탱해준 원동력은 하나, 바로 해당 분야에 대한 강렬한 애정과 열정이었다.

다윈의 스토리에 담긴 몇 가지 기본적 요소를 우리는 역사 속 많은 거장의 삶에서도 거듭 확인할 수 있다. 젊은 시절부터 특정 분야에 느끼는 강렬한 관심과 열정, 그 열정을 행동으로 옮기는 계기가 되는 우연한 사건이나 만남, 놀라운 에너지로 집중하는 수련 기간 등이 그것이다. 그들은 남달리 열심히 노력하고 빠르게 움직이는 능력을 발휘한다. 이런 능력의 원천이 되는 것은 배우고자 하는 강렬한 욕구와 관심 분야에 대한 강한 애착이다. 그리고 사실 이런 집중력의 근원에는 유전적이고 생래적인 특성이 존재한다. 이것은 끌어내 계발해야 하는 재능이나 지적 총명함이 아니라, 특정한 주제에 이끌리는 깊고 강한 '성향'이다.

이와 같은 성향은 한 개인의 고유성을 반영한다. 개인의 고유성은 단순히 시적이거나 철학적인 무언가가 아니다. 유전적으로 모든 사람이 각기 고유한 존재라는 점은 엄연한 과학적 사실이다. 당신과 완벽히 똑같은 유전적 구성을 지닌 사람은 과거에도 없었고 앞으로도 다시 나타날 수 없다. 이러한 고유성은 특정한 활동이나 학문 분야에 대해 선천적으로 느끼는 흥미를 통해서 드러난다. 사람에 따라 자연스럽게 끌리는 분야는 다르기 마련이다. 그것은 음악이나 수학이 될 수도 있고, 특정한 스포츠나 게임, 복잡한 문제를 푸는 작업, 이리저리 머리를 굴려 무언가를 제작하는 일, 또는 언어를 가지고 노는 일이 될 수도 있다.

인생의 어느 시점에 마스터리에 도달하여 두각을 나타내는 사람들은 이와 같은 고유한 성향을 남들보다 더욱 강하고 분명하게 경험하는 이들이다. 그들은 그것을 내면의 부름으로 느낀다. 그리고 이 내면의 부름이 그들의 생각과 꿈을 지배하는 경향이 있다. 우연한 계기로든 아니면 노력에 의해서든, 그들은 자신의 고유한 성향을 발현하여 꽃피울 수 있는 직업적 길을 찾아낸다. 강한 흥미와 열정이 있기에 도중에 만나는 고통과 어려움도 견뎌낼 수 있다. 자기 회의에 빠지는 기간을, 연습하고 공부하는 지루한 시간을, 어김없이 겪게 되는 실패를, 시샘하는 자들의 가시 돋친 비판을 이겨낼 수 있는 것이다. 그들은 다른 사람들에게 없는 강인한 회복력과 자신감을 키워나간다.

흔히 사람들은 높은 지적 사고력이 곧 성공에 이르는 길이라고 생각한다. 그러나 여러 측면에서 볼 때, 한 분야에서 최고에 이르는 사람들과 평범한 수준에 머무는 다수의 사람들을 구분 짓는 것은 바로 정서적 자질이다. 결국엔 이성적 능력보다 갈망, 인내, 끈기, 자신감의 수준이 성공에서 훨씬 중요한 역할을 한다. 내적 에너지와 의욕이 충만한 사람은 극복해내지 못할 것이 거의 없다. 권태와 불안에 함몰된 사람은 정신의 엔진이 멈춰버리고 점점 더 수동적이고 소극적인 존재로 변해가기 마련이다.

과거에는 소수 엘리트만이, 또는 엘리트가 아니라면 거의 초인적인 에너지와 추진력을 가진 사람만이 자신이 선택한 분야에서 최고가 될 수 있었다. 군인 집안에서 태어나거나 정부 관리가 되기 위한 훈련을 받을 수 있는 환경에서 태어나는 것은 특정 계층에 한정되었다. 만일 그 사람이 해당 분야에 대한 재능과 애정을 보인다면 그것은 대개 우연의 일치였다. 유리한 사회적 계층이나 성별, 민족에 속하지 않은 수많은 사람은 원하는 직업을 가질 수 있는 기회를 철저히 차단당했다. 자기 성향에 맞는 길을 가고 싶어도, 그 분야와 관련된 정보와 지식에 대한 접근이 엘리트층에 의해 통제되었다. 과거에 거장들의 수가 비교적 적었고 또 그런 만큼 그들이 두드러지게 눈에 띄었던 이유는 바로 그 때문이다.

그러나 이제는 그런 사회적, 정치적 장벽들이 거의 사라졌다. 오늘날 우리는 과거의 거장들은 상상할 수도 없었던 정보와 지식에 접근할 수 있다. 유전적 고유성의 일부로서 우리 모두가 갖고 있는 성향을 발휘할 수 있는 능력과 자유를 그 어느 때보다도 충분히 갖고 있다. 이제는 '천재'라는 말을 신비로움이나 희귀성과 결부시키는 고리를 없애야 할 때다. 우리는 모두 스스로 생각하는 것보다 천재적 힘에 훨씬 가까이 있다. (천재라는 뜻의 'genius'는 라틴어에서 유래되었는데, 원래 사람의 출생을 지켜보는 수호신을 의미했다. 이는 나중에 개인의 독특한 재능을 결정하는 선천적 특성을 가리키는 말로 쓰이게 되었다.)

지금은 역사상 그 어느 때보다도 마스터리를 추구할 기회가 풍부한 시대이며 더욱 많은 사람이 자신의 성향을 꽃피울 수 있지만, 사실 마스터리를 획득하는 데 한 가지 마지막 장애물이 존재한다. 이 장애물은 문화적인 것인 동시에 은밀한 위험을 내포하고 있다. 그것은 바로 많은 사람이 마스터리라는 개념 자체를 폄하하며 그것을 진부하고 심지어 기피하고 싶은 무언가와 연결 지어 생각한다는 점이다. 얻고자 간절히 열망할 대상으로 간주하지 않는다는 얘기다. 이러한 관점 변화는 비교적 최근에 일어났으며, 그 원인은 이 시대 특유의 상황 및 분위기에서 찾을 수 있다.

현대 사회에서는 우리가 통제할 수 있는 것이 점점 더 줄어드는 듯이 보인다. 예기치 않게 발생하는 세계적 규모의 사건들이 우리의 생존과 안녕을 좌우하곤 한다. 경제나 환경 문제를 비롯하여 인류가 직면한 수많은 난제는 개인의 행동이나 노력만으로는 해결할 수가 없다. 우리와 멀리 떨어져 있는 정치인들은 우리의 바람과 욕구에 둔감하다. 주변 상황에 압도되어 무력감을 느낄 때 사람들이 보이는 자연스러운 반응은 이런저런 종류의 소극적 태도로 도피하는 것이다. 시도 자체를 별로 하지 않고 행동반경을 좁게 제한하면, 스스로 통제력을 갖고 있다는 착각 속에 살 수 있다. 새로운 것을 시도하지 않을수록 실패할 확률도 낮아진다. 자신의 운명과 삶에서 일어나는 일들에 책임을 질 필요가 없다고 믿기 시작하면, 우리의 무력함도 기꺼이 인정할 만한 무언가가 된다.

그래서 어느새 다음과 같은 관점을 갖기 시작한다. 나의 성취물의 대부분을 결정하는 것은 유전적 요인이다. 나는 시대가 만들어낸 결과물일 뿐이다. 개인의 탁월함이란 신화에 불과하다. 인간의 행동은 결국 통계적 추세로 귀결된다.

게다가 많은 이들이 이런 관점에서 한 걸음 더 나아가 소극적 태도를 긍정적인 외양으로 그럴듯하게 포장한다. 그들은 예술가가 자제심을 잃고 자기파괴적 행동을 보이는 모습을 미화한다. 그들에게는 엄격한 절제력이나 피나는 노력 운운하는 것이 지나치게 까다로운 태도, 또는 시대에 뒤진 진부한 관점처럼 보인다. 진짜 중요한 것은 작품에 담긴 예술적 감성이며, 정교한 솜씨나 공들인 노력을 강조하려 드는 것은 그 신성한 예술성을 모독하는 셈이다. 그들은 쉽고 빠르게 만들어진 것들을 선호하기 시작한다. 아울러 사람 대신 많은 일을 처리해주는 기계와 장비가 확산되면서, 원하는 것을 얻기 위해 많은 노력을 쏟아야 한다는 관점의 타당성이 점차 약해져왔다. 그러면서 인간이 기술의 혜택을 누리는 것이 마땅하다는 생각, 원하는 것을 소유하고 소비하는 것이 인간 본래의 권리라는 생각이 퍼졌다. 그들은 이렇게 말한다. "노력을 거의 하지 않아도 엄청난 힘을 가질 수 있는데 무엇 때문에 수년씩 노력해가며 마스터리를 얻으려 애쓴단 말인가? 기술이 모든 걸 해결해줄 텐데." 이러한 소극적 관점은 심지어 다음과 같은 도덕적 입장을 내포하기도 한다. "마스터리와 힘은 악이다. 그것은 우리를 억압하는 권위적 엘리트층의 영역에 속하는 것이다. 힘 또는 권력이란 본질적으로 나쁜 것이므로 완전히 없애는 편이 바람직하다(또는 적어도 그렇게 보이게끔 만들어야 한다)."

이런 식의 관점은 암암리에 당신의 삶에 병균처럼 스며들어 영향을 미친다. 이런 태도를 지니면 자신이 성취할 수 있는 수준에 대한 눈높이가 어느새 낮아진다. 또 노력과 자기절제의 수준이 낮아져 탁월함에 이르는 길이 요원해진다. 사회적 규범이나 관습을 따르게 되면서 자기 자신의 목소리보다는 주변 타인의 말에 더 귀를 기울인다. 친구들이나 부모의 의견을 토대로 자신의 진로를 선택하거나, 또는 그저 돈을 많이 버는 직업을 택할 수도 있다. 내면의 목소리에 귀를 닫아도 인생에서 어느 정도 성공할 수는 있지만 그런 태도는 결국 당신의 발목을 붙잡고 만다. 당신은 기계적이고 무의식적으로 일을 수행하게 된다. 안일함과 즉각적인 만족을 위한 삶을 살게 된다. 그러면 수동적인 성향이 점점 더 강해지고 발전이 정지해버린다. 때론 좌절과 우울함에 빠지는 일이 잦아지면서도 그것이 내면의 창의적 잠재력에서 멀어졌기 때문이라는 사실은 깨닫지 못한다.

너무 늦기 전에 당신 고유의 성향을 꽃피울 길을 찾아내 이 시대에 존재하는 무한한 기회들을 활용해야 한다. 자신이 하는 일에 대한 정서적 애착과 열정(마스터리에 이르기 위한 필수요소다)이 중요함을 인식하고, 이 시대에 만연한 수동적 태도를 극복해야 한다. 이를 위해서는 다음 두 가지가 중요하다.

첫째, 마스터리에 이르려고 노력하는 것이 반드시 필요하며 실제로 유용한 일이라고 생각하라. 이 세상은 온갖 난제들로 가득하며 그중 다수는 우리 스스로 만들어낸 것이다. 그것들을 해결하는 데에는 엄청난 노력과 창의력이 필요하다. 유전학, 최신 기술, 주술적 방법이나 선한 의도에 의존하는 것만으로는 안 된다. 우리에게는 현실적인 문제를 해결하기 위한 에너지뿐만 아니라 변화한 환경에 맞는 새로운 제도와 질서를 창조해나갈 에너지도 절실히 필요하다. 우리는 안일함과 나태를 버리고 스스로의 힘으로 세상을 창조해야 한다. 수백만 년 전 인간이라는 종 고유의 특징이던 마스터리를 다시 회복할 길을 찾아야 한다. 자연과 타인을 지배하기 위한 마스터리가 아니라 우리의 운명을 결정하기 위한 마스터리를 말이다. 수동적이고 냉소적인 태도는 멋지거나 아름다운 것이 아니라 무가치하고 파괴적인 것이다. 당신은 거장이 되어 성취할 수 있는 것을 세상에 보여줘야 한다. 무엇보다 가장 중요한 대의, 즉 침체의 시대에 인류의 생존과 번영이라는 대의에 기여할 수 있는 사람이 되어야 한다.

둘째, 다음 사실을 반드시 기억하라. 우리의 정신 수준과 두뇌 능력은 삶을 어떤 식으로 사느냐에 따라 달라진다. 과거에는 유전적 요인을 근거로 인간 행동을 설명하는 관점이 널리 유행했지만, 신경과학 분야의 최근 연구들은 유전적으로 뇌의 구조와 특성이 고정되어 있다는 오래된 믿음을 뒤집고 있다. 과학자들이 우리 뇌가 형성력이 높은 유연한 특성을 지녔음을, 사고가 우리 정신의 전체적 지형을 결정한다는 사실을 입증해 보이고 있다. 또 의지력과 생리학의 관계를, 정신이 신체의 건강과 기능에 얼마나 큰 영향을 미칠 수 있는지를 탐구하고 있다. 인간이 특정한 정신적 능력을 통해 삶의 다양한 패턴을 만들어내는 과정에 대해, 즉 많은 경우 우리 자신이 삶에서 일어나는 일을 좌우한다는 점과 관련해 앞으로 새로운 사실이 더욱 많이 밝혀질 것이다.

수동적이고 소극적인 태도를 지닌 사람은 메마르고 황량한 정신적 지형을 갖게 된다. 그들은 행동과 경험 범위가 제한적이기 때문에 두뇌 내의 많은 접속 지점이 충분히 사용되지 못해 시들어버린다. 당신은 소극성이 만연한 이 시대의 트렌드를 거슬러야 한다. 주변 환경에 대한 통제력을 키울 수 있다는 점을 깨닫고 당신이 원하는 정신 능력에 도달해야 한다. 어떤 약물 따위에 의지하는 것이 아니라 스스로의 행동을 통해서 말이다. 마스터리에 이를 수 있는 내면의 잠재력만 이끌어낸다면, 당신은 인간 의지력의 한계를 확장할 길을 모색하는 이들을 이끄는 선구적 역할을 하게 될 것이다.

* * *

여러모로 볼 때, 지적 수준이 한 단계에서 다음 단계로 이동하는 데에는 변화로 향하는 모종의 절차가 수반된다. 정신 능력이 발전해가면서 기존 관점과 낡은 아이디어는 서서히 사라진다. 예전과 다른 새로운 힘을 발휘하면서 더 수준 높은 관점으로 세상을 바라보기 시작한다. 이 책을 그러한 변화 과정으로 이끌어주는 도구로 생각하길 바란다. 다시 말해, 당신을 낮은 곳에서 끌어올려 최고 수준으로 이끄는 것이 이 책의 목표다. 당신이 착수해야 할 첫 번째 단계는 인생의 과업, 즉 천직을 발견하는 것이다. 이 책은 당신이 그것을 발견하여 실현할 수 있는 길을 개척할 방법을 알려줄 것이다. 또한 수련기를 최대한 효과적으로 거치는 방법, 관찰과 학습을 위한 다양한 전략, 최고의 스승을 찾는 방법, 정치적 행동과 관련한 불문율을 판독하는 방법, 사회 지능을 함양하는 방법, 그리고 수련기를 보낸 둥지를 떠나 스스로 독립하여 창의적 실행 단계로 넘어가야 할 때를 판단하는 법에 대해 조언할 것이다.

이 책은 높은 차원에서 학습 과정을 꾸준히 지속하는 법을 알려준다.

또 시대를 초월한 전략들, 다시 말해 창의적으로 문제를 해결하는 전략과 유연하고 적응력 높은 정신을 유지하기 위한 전략을 소개한다. 인간 지성의 무의식적이고 근본적인 층위에 접근하는 법, 그리고 필연적으로 마주칠 수밖에 없는 시기 섞인 비판을 극복하는 법도 알려준다. 마스터리에 이름으로써 얻을 수 있는 힘들을 자세히 설명하면서, 당신의 분야에서 직관적 통찰력을 획득하는 방향을 제시한다. 아울러 이러한 여정을 더욱 쉽게 만들어줄 모종의 철학에 당신이 다가설 수 있게 도울 것이다.

이 책의 내용은 신경과학 및 인지과학 분야에서 창의성과 관련해 이루어진 다양한 연구 결과, 그리고 역사 속 위대한 거장들의 전기를 토대로 삼고 있다. 이들 거장에는 레오나르도 다 빈치, 선종禪宗 승려 하쿠인, 벤저민 프랭클린, 볼프강 아마데우스 모차르트, 요한 볼프강 폰 괴테, 시인 존 키츠, 과학자 마이클 패러데이, 찰스 다윈, 토머스 에디슨, 알베르트 아인슈타인, 헨리 포드, 작가 마르셀 프루스트, 무용가 마사 그레이엄, 발명가 벅민스터 풀러, 재즈 아티스트 존 콜트레인, 피아니스트 글렌 굴드가 포함된다.

아울러 오늘날 세계에서 구현된 마스터리의 예를 보여주기 위해 이 시대의 거장 9명을 심층 인터뷰했다. 신경과학자 V. S. 라마찬드란, 인류학 중심의 언어학자 대니얼 에버렛, 컴퓨터공학자이자 작가이며 기술 벤처 창업 전문가인 폴 그레이엄, 건축가 산티아고 칼라트라바, 전직 복싱 선수이자 현직 복싱 트레이너인 프레디 로치, 로봇공학자이자 녹색기술 설계자인 요키 마츠오카, 조각 및 설치 예술가인 테레시타 페르난데스, 축산학 교수이자 산업 디자이너인 템플 그랜딘, 미 공군 전투기 조종사 세자르 로드리게스가 그들이다.

이들의 삶은 마스터리가 시대에 뒤떨어진 낡은 개념이거나 엘리트만의 전유물이라는 생각이 틀렸음을 보여준다. 이들은 모두 출신 배경이나 사회적 계층도 다르고 속한 민족도 다르다. 분명 이들이 이뤄낸 업적은 노력과 과정의 결과물이지 유전적 요인이나 타고난 특권 때문이 아니었다. 또한 이들의 이야기는 마스터리가 이 시대와 어떤 식으로 조화할 수 있는지 보여주며, 그것이 우리에게 안겨줄 수 있는 엄청난 힘을 알려준다.

책의 구성 방식은 간단하다. 마스터리에 이르는 과정을 총 6장에 걸쳐 순차적으로 설명할 것이다. 먼저 1장은 인생의 과업을 발견하는 단계를 다룬다. 2장에서 4장까지는 수련기의 핵심 요소들을 설명한다(기술 습득, 스승과의 관계, 사회 지능 습득). 그리고 5장은 창의적 실행 단계, 6장은 최종 목표인 마스터리를 다룬다. 각 장의 초반에는 해당 장의 주제에 부합하는 좋은 예가 되는 역사적 인물의 이야기를 소개한다. 이후 이어지는 '마스터리에 이르는 열쇠'에서는 해당 단계에 대한 상세한 분석, 그 내용을 우리들 각자의 상황에 적용하는 방법에 관한 구체적 제안, 그것을 최대한 활용하기 위해 필요한 태도를 설명한다. 그 다음에는 마스터리에 이르는 과정에서 다양한 방법을 활용한 거장(역사 속의, 또는 현존하는)들의 전략을 소개한다. 이들 전략을 통해 이 책에 담긴 조언의 현실적인 적용 방법을 훨씬 더 효과적으로 이해할 수 있다. 또 이들 전략은 당신 역시 그 거장들과 같은 힘을 획득할 잠재력을 충분히 지녔다는 점을 일깨워주며 당신이 그들의 선례를 따라 마스터리에 이르는 삶을 살도록 자극할 것이다.

때로는 동일한 거장의 이야기가 한 개 이상의 장에 걸쳐 등장할 것이다. 이 경우 그들 삶의 전반부와 관련한 전기적 정보를 약간 반복하여 소개하기도 한다. 동일한 인물에 대한 이야기가 다시 등장하는 경우, 앞에서 그에 대해 소개했던 페이지를 괄호 안에 표시해두었다.

그리고 꼭 당부하고 싶은 말이 있다. 더 높은 정신 단계로 발전해가는 이 모든 과정을 단순히 직선적인 과정이라고, 즉 마스터리라는 이름의 최종 종착역을 향해 똑바로 나아가는 과정이라고 생각하지는 마라. 당신의 인생 전체는 계속 배우고 스스로를 갈고닦아야 하는 수련의 기간이다. 당신이 깨어 있기만 한다면 삶에서 일어나는 모든 일은 모종의 배움을 가져다준다. 어떤 기술을 배우는 과정에서 창의성을 습득했다 할지라도, 늘 열린 태도를 유지하면서 그 창의성을 끊임없이 새로운 모습으로 재탄생시켜야 한다. 또한 주변 환경과 세상의 변화로 인해 인생의 방향을 수정해야 하는 일도 생기기 마련이므로 자신의 천직에 대한 관점도 삶을 사는 동안 계속해서 재점검할 필요가 있다.

마스터리를 향해 나아가는 동안 당신의 정신은 진정한 현실과, 그리고 삶 그 자체와 더욱 가까워진다. 살아 있는 모든 것은 끊임없이 변화하고 움직이는 법이다. 당신이 움직임을 멈추는 순간, 원하는 수준에 도달했다고 믿는 순간, 당신의 정신 일부는 퇴화의 단계로 진입한다. 그러면 당신은 어렵게 획득한 창의성을 잃어버리며, 주변 사람들은 당신의 그런 모습을 감지하기 시작할 것이다. 마스터리는 끊임없이 새로워져야 하는 힘이자 지성이다. 그렇지 않으면 그 생명을 잃고 만다.

타고난 재능이라는 것만큼 터무니없는 말이 또 있을까! 타고난 재능이라곤 없었음에도 위대한 일을 이뤄낸 사람들이 얼마나 많은가. 그들은 어떤 자질들을 통해 위대함에 도달하여 소위 '천재'가 되었으며, 그 자질이란 게 무엇인지 아는 사람이라면 그것의 부족함을 결코 자랑할 수 없을 것이다. 그들은 먼저 부분들을 완전하게 구축하는 법을 익히고 나서 커다란 전체를 만들어내는 훌륭한 장인의 진지함을 갖추고 있었다. 그들이 부분들을 구축하는 데에 기꺼이 시간을 들인 이유는, 눈부신 완성품이라는 결과물보다는 부차적이고 신통치 않은 것들을 훌륭하게 개선하는 일에서 더욱 큰 즐거움을 느꼈기 때문이다.

_프리드리히 니체(Friedrich Nietzsche)

1장
인생의 과업을 발견하라

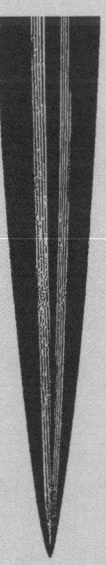

MASTERY

◆ 당신에게는 당신을 인생의 과업으로, 즉 삶을 사는 동안 성취해야 하는 모종의 과업으로 이끌려는 내면의 힘이 존재한다. 어린아이일 때 이 힘은 분명히 모습을 드러낸다. 이 힘 때문에 아이는 타고난 기질에 맞는 이런저런 활동에, 마음속 깊은 곳에 있던 호기심을 자극하는 주제에 이끌리곤 한다. 하지만 시간이 흐르고 당신이 부모님과 친구들의 말에 더 귀를 기울이면서, 일상의 걱정거리들에 더 주의를 쏟으면서 그 내면의 힘은 서서히 약해지는 경향이 있다. 이것은 불행한 삶의 원인이 될 수 있다. 당신은 자신의 진정한 모습, 자신만의 고유한 무엇과 연결고리가 끊어진 삶을 살게 된다. 마스터리로 가기 위한 첫 단계는 언제나 내면적인 것이다. 즉, 당신의 진정한 모습을 깨닫고 내면의 힘과 다시 연결되는 것이 먼저다. 이 점을 명확히 인식하고 나면 당신은 올바른 직업적 길을 찾게 되고 모든 것이 제자리를 찾을 것이다. 그 여정을 시작하기에 늦은 때란 결코 없다는 점을 명심하라.

보이지 않는 내면의 힘

1519년 4월이 끝나갈 무렵, 수개월째 병석에 누워 있다가 이제 죽음이 얼마 남지 않았음을 직감한 인물이 있었다. 그의 이름은 레오나르도 다 빈치. 그는 프랑스의 왕 프랑수아 1세의 초청을 받아들여 2년 넘게 프랑스의 클루 성에 머물고 있는 상태였다. 레오나르도를 이탈리아 르네상스의 살아 있는 화신이라고 여긴 프랑수아 1세는 그에게 금전적 후원을 아끼지 않았고 명예로운 호칭도 하사했다. 왕은 프랑스에도 르네상스의 기운을 들여오고 싶었던 것이다. 레오나르도는 프랑수아 1세에게 여러 가지 중요한 문제에 대해 조언을 제공하는 소중한 존재였다. 그러나 이제 예순일곱 살인 그의 삶은 마지막 순간을 향해 다가가고 있었다. 지금 이 순간, 그의 생각은 죽음이 아닌 다른 어딘가로 향하기 시작했다. 그는 유언장을 작성하고 교회에서 성찬을 받은 뒤 다시 침대로 돌아와 마지막 순간을 기다렸다.

레오나르도가 누워 있는 동안 프랑수아 1세를 비롯하여 몇몇 가까운 지인이 그를 방문했다. 그들은 레오나르도가 깊은 생각에 잠겨 있다는 것을 알아챘다. 평소엔 현재의 자신에 대해 이야기하기를 좋아했던 레오나르도였지만, 어쩐 일인지 그날은 달랐다. 어린 시절과 청년 시절의 이야기를 기억의 창고에서 꺼내 들려주며 남달랐던 인생 경로를 곱씹었던 것이다.

레오나르도는 항상 강한 운명 의식을 갖고 있었으며, 오래 전부터 그의 마음속에는 이런 특별한 질문이 늘 맴돌았다. 살아 있는 모든 존재를 성장하고 변화하게 만드는 어떤 내면의 힘이 존재하지 않을까? 만일 그런 힘이 존재한다면 그것을 찾아내고 싶었다. 그래서 자신이 보고 연구하는 모든 대상에서 그 힘의 흔적들을 찾으려고 애썼다. 그것은 하나의 강박과도 같은 집념이었다. 임종을 목전에 둔 그 순간, 방문객들이 모두 떠나고 고요한 방에 홀로 남았을 때, 레오나르도는 필경 그 질문을 자기 자신의 인생과 연결 지어 생각해보았으리라. 자신의 성장과 발전을 가능케 하고 자신을 현재의 모습으로 이끌어온 어떤 내면적 힘의 징후들을 찾고자 애썼을 것이다.

레오나르도의 마음속에서 이뤄진 그 탐색의 출발점은 피렌체 근교의 빈치라는 마을에서 보낸 어린 시절이었으리라. 그의 아버지 세르 피에로 다 빈치Ser Piero da Vinci는 공증인이자 유력한 가문의 지주였지만, 레오나르도는 서자庶子였기 때문에 대학에 가거나 높은 신분에 속하는 직업을 가질 수 없었다. 교육도 최소한의 수준만 받았기 때문에 어린 레오나르도는 혼자 보내는 시간이 많았다. 그가 가장 좋아하는 일은 마을 근처의 올리브나무 숲을 이리저리 거니는 것이었다. 그가 즐겨 찾는 특정한 길을 따라 걷다보면 완전히 다른 풍경이 펼쳐졌다. 야생돼지가 사는 울창한 숲, 힘차게 흐르는 강물 위로 쏟아지는 폭포, 연못을 미끄러지듯 떠다니는 백조들, 절벽 양쪽에서 피어난 이름 모를 야생화들……. 그는 숲속의 다채로운 생명들에 온통 마음을 빼앗겼다.

어느 날 레오나르도는 아버지의 서재에 몰래 들어가 종이 몇 장을 가지고 나왔다. 당시에 종이는 귀한 물건이었지만 공증인이었던 아버지의 방에는 종이가 무척 많았다. 그는 숲속에 산책을 갈 때 종이를 갖고 가서, 바위에 앉아 주변의 다채로운 풍경과 대상들을 그리기 시작했다. 날마다 그렇게 스케치를 했다. 날씨가 궂은 날도 예외가 아니었다. 비가 오는 날이면 비를 피할 수 있는 공간을 찾아 들어가서 그림을 그렸다. 가르쳐주는 선생님도, 참고로 삼을 만한 그림도 없었다. 오로지 자신의 눈으로 관찰하며 자연을 모델 삼아 그리고 또 그렸다. 그는 그림을 그릴 때 평소보다 훨씬 더 집중해서 대상을 관찰해야 한다는 것을, 세밀한 점들을 제대로 포착해내야 생생한 그림을 완성할 수 있다는 것을 깨달았다.

하루는 흰색 붓꽃을 그리는 중이었다. 레오나르도는 꽃을 가까이서 유심히 관찰하다가 그 독특한 모양에 감탄하지 않을 수가 없었다. 처음에 작은 씨앗이었던 것이 여러 단계를 거치면서 성장하여 아름다운 꽃으로 피어난다. 그동안 그 변하는 모습들을 종이에 스케치해온 레오나르도였다. 이 식물로 하여금 나름의 단계들을 거쳐 결국 이런 아름다운 꽃을, 세상 그 어느 것과도 같지 않은 자신만의 꽃을 피우게 만드는 힘은 무엇일까? 여러 단계의 모습으로 변화시키는 어떤 내면의 힘이 꽃 안에 있는 게 아닐까? 이후 수년간 그는 꽃들의 탈바꿈과 변형에 대해 호기심을 갖고 골똘히 생각해보곤 했다.

임종 침대에 홀로 누워 있던 레오나르도는 피렌체의 조각가 안드레아 델 베로키오Andrea del Verrocchio의 공방에서 보낸 도제 시절도 떠올렸을 것이다. 그는 뛰어난 그림 솜씨를 인정받아 열네 살 때 베로키오의 공방에 들어갔다. 베로키오는 공학, 기계학, 화학, 야금학 등 공방에서 만드는 작품을 완성하는 데 필요한 모든 과학을 도제들에게 가르쳤다. 레오나르도는 누구보다도 열심히 이 기술들을 배우고 익혔다. 하지만 곧 그는 자신의 내면에서 어떤 다른 욕구를 발견했다. 그는 그저 스승이 주는 과제만 하는 데서 그치고 싶지 않았다. 자기 스스로 무언가를 해내는 것, 거장을 모방하기보다는 스스로 창조하는 것을 원했던 것이다.

어느 날 레오나르도는 베로키오가 작업하는 거대한 성화聖畫에 들어갈 천사를 그리라는 지시를 받았다. 그는 자신만의 방법을 동원해 생생한 모습의 천사를 완성해내기로 마음먹었다. 먼저, 천사의 앞쪽에 화단을 그렸는데 이때 일반적인 식물을 그리지 않고 어린 시절에 세밀하게 관찰했던 종류의 꽃을 그려 넣었다. 거기에는 그 누구도 따라오지 못할 과학적인 정밀함이 배어 있었다. 또 천사의 얼굴을 그릴 때는 혁신적인 채색 재료를 시도하여 새로운 혼합색을 만들어냄으로써 따스하고 부드러운 광채가 나는 듯한 얼굴을 완성해 천사의 고상한 분위기를 표현했다. (이 느낌을 표현할 방법을 연구하려고 교회에서 열심히 기도하는 사람들을 오랫동안 관찰했고, 신도들 가운데 한 소년의 얼굴을 천사의 모델로 삼았다.) 그리고 마지막으로, 진짜 날개를 단 듯한 천사를 그려낸 최초의 화가가 되겠다고 마음먹었다.

이를 위해 레오나르도는 시장으로 달려가 새를 몇 마리 구입했다. 그리고 몇 시간이고 새의 날개를 보며 스케치를 거듭했다. 날개가 새의 몸통과 정확히 어떻게 연결되는지도 관찰했다. 그림 속의 날개가 실제로 천사의 어깨에서 자연스럽게 돋아난 것 같은 느낌이 나기를 원했기 때문이다. 그런데 레오나르도는 날개 연구를 그쯤에서 멈추지 않았다. 성화 작업이 끝난 이후에도 그는 계속 새에 골몰했다. 그의 머릿속에는 어쩌면 인간도 새처럼 하늘을 날 수 있을지 모른다는 생각이 자리 잡기 시작했다. 새의 비행에 숨겨진 과학을 알아낼 수만 있다면 불가능할 것도 없지 않겠는가. 그는 매주 몇 시간씩 할애해서 새에 관한 모든 자료를 탐독하고 연구하기 시작했다. 이렇듯 그의 머릿속 생각은 자연스럽게 또 다른 아이디어로 이어지곤 했다.

또한 임종 직전의 레오나르도는 인생 최악의 시기도 떠올렸을 것이다. 때는 1481년이었다. 당시 로마 교황은 자신이 건축한 시스티나 예배당을 장식하기 위해 예술품을 제작해줄 피렌체 최고의 예술가들을 추천해달라고 로렌초 데 메디치Lorenzo de' Medici에게 의뢰했다. 이에 로렌초는 피렌체를 대표하는 최고 예술가들을 선발하여 로마로 파견했다. 그런데 파견 명단에서 레오나르도는 제외되었다. 그에게는 굴욕적인 일이 아닐 수 없었다. 원래 레오나르도와 로렌초는 썩 잘 어울리는 타입이 아니었다. 로렌초는 고전에 심취한 인물이었던 반면, 레오나르도는 라틴어도 읽을 줄 모르고 고전에 대한 지식도 거의 전무했다. 레오나르도는 천성적으로 과학적 소질이 더 강했다. 하지만 단순히 파견 명단에서 빠졌다는 사실에서 오는 모욕감뿐 아니라, 레오나르도의 마음속에는 또 다른 쓸쓸함이 존재했다. 예술가들이 귀족의 총애와 후원을 얻으려 애써야 하는 현실, 생계를 위해 귀족의 작품 의뢰에 의존해야 하는 현실에 신물을 느끼고 있었던 것이다.

레오나르도는 장차 그의 삶을 완전히 뒤바꿀 결심을 내리게 된다. 밀라노로 가서 정착하여 인생을 위한 새로운 계획을 세우기로 한 것이다. 그는 그림이라는 영역에 자신을 국한시키지 않았다. 흥미가 느껴지는 모든 공예와 기술과 과학을 파고들었다. 그 범위는 건축, 군사공학, 수리학水理學, 해부학, 조각 활동 등을 아울렀다. 그를 원하는 군주나 후원자를 위해서 급료를 받으며 고문 겸 예술가로서 활동할 의향도 있었다. 그는 여러 가지 다른 프로젝트를 함께 진행하면서 그것들을 다양한 방식으로 연결할 때 자신의 정신이 최고의 기량을 발휘할 수 있다고 생각했다.

인생의 끝에서 자기 성찰의 시간을 갖는 동안, 레오나르도는 밀라노에서 새 삶을 시작한 무렵에 의뢰받은 대규모 작품 프로젝트 역시 떠올렸을 것이다. 그것은 당시 밀라노 대공의 아버지인 프란체스코 스포르차Francesco Sforza를 기념해 거대한 청동 기마상을 세우는 일이었다. 레오나르도에게 이것은 대단히 욕심나는 작업이었다. 이것이 완성된다면 고대 로마 시대 이후로 가장 규모가 큰 작품이 될 터였다. 그렇게 큰 작품을 청동으로 만들기 위해서는 당대 예술가들로서는 꿈조차 꾸기 힘든 탁월한 공학적 솜씨가 필요했다. 레오나르도는 수개월간 이 작품의 설계에 매달렸다. 그리고 기마상의 점토 모형을 먼저 만든 다음 밀라노에서 가장 넓은 광장에서 그것을 공개했다. 건물 한 채의 높이에 맞먹는 엄청난 크기였다. 이 모형을 구경하기 위해 모인 군중은 놀라서 입을 다물지 못했다. 크기도 크기였지만 금방이라도 달려나갈 것만 같은 말의 자세가 모두를 압도했다. 이 작품에 대한 소문은 금세 이탈리아 곳곳에 퍼졌고 사람들은 완성된 청동 기마상을 볼 날을 학수고대했다. 그들의 기대에 부응이라도 하듯 레오나르도는 전에 없던 새로운 주조 방식을 고안했다. 즉, 말의 각 부분을 따로따로 만들지 않고, (그가 만든 독특한 재료 혼방 방식을 통해) 전체 주물을 이음매 없이 통째로 제작하기로 한 것이다. 그러면 훨씬 더 자연스럽고 생생한 말의 모습을 구현할 수 있으리란 생각이었다.

그러나 몇 개월 후 전쟁이 발발하는 바람에 밀라노 대공은 입수 가능한 모든 청동을 대포 제작에 투입해야 했다. 결국 점토 모형도 철거되었고 기마상은 완성되지 못했다. 많은 예술가들이 레오나르도의 어리석음을 비웃었다. 완벽한 주조법을 찾느라 너무 오랜 시간을 보내다가 결국 전쟁이 나서 모든 게 허사가 되지 않았느냐며 말이다. 심지어 미켈란젤로도 이렇게 비아냥거렸다. "결국 청동으로 제작하지도 못할 말 모형만 만들어놓고 포기해버리다니 창피한 줄 아시오. 밀라노 시민들이 당신 말을 믿었다면 바보 아니겠소?" 레오나르도는 오랜 시간을 들이는 자신의 작업 스타일을 비난하는 말들에 익숙해져 있었다. 그런데 사실 그가 자신의 행동에서 후회하는 점은 아무것도 없었다. 대규모 프로젝트를 기획하고 진행하는 방법을 시험해볼 수 있었고, 거기서 쌓은 지식을 다른 기회에 활용하면 된다고 믿은 것이다. 어쨌거나 그는 작품을 최종 완성하지 못했다는 사실에 크게 괘념치 않았다. 언제나 그의 가슴이 가장 뛰는 시간은 무언가를 창조하기 위해 탐색하고 연구하는 과정이었기 때문이다.

이렇게 자신의 평생을 죽 되돌아보면서, 레오나르도는 보이지 않는 내면의 힘을 감지했을 것이 분명하다. 어린 시절 그 힘은 레오나르도를 살아 숨 쉬는 자연으로 끌어냈다. 그리고 거기서 그는 가장 역동적이고 생생한 다양한 생명들을 관찰했다. 또 그 힘은 그가 아버지 방에서 종이를 훔쳐 끝없이 그림을 그리게 만들었다. 그 힘은 그가 베로키오의 도제로 있던 시절 새로운 방식을 시도하도록 충동질했다. 또 그가 피렌체의 궁정을 벗어나도록, 당시 예술가들에게서 흔히 목격되던 불안한 자아를 탈피하도록 이끌었다. 그가 남들은 상상하지 못한 과감한 시도를 하게 이끈 것도 바로 그 힘이었다. 엄청난 규모의 조각상 프로젝트, 하늘을 날려는 시도, 해부학 연구를 위해 수많은 시체를 해부한 것을 떠올려보라. 이 모두가 생명 자체의 본질을 탐구하고 발견하기 위한 시도였다.

이와 같은 관점에서 본다면 레오나르도 삶의 모든 일들은 나름의 이유가 있었던 셈이다. 사실 서자로 태어난 것도 오히려 다행이었다. 그때문에 독립적인 태도를 키울 수 있었으니 말이다. 집안에 종이가 풍부했다는 것도 그의 인생 방향에 영향을 줄 어떤 운명적 사실이었는지 모른다. 만일 그가 이 운명적 힘에, 자신의 내면이 이끄는 힘에 저항했다면 어떻게 됐을까? 시스티나 예배당을 장식할 예술가 명단에서 배제되었음에도 만일 어떻게든 방법을 강구해 다른 화가들과 함께 로마로 갔다면, 자기 자신만의 길을 찾는 대신에 교황의 은총을 얻고자 애썼다면? 그는 충분히 그렇게 할 수도 있었다. 만일 그가 돈벌이를 위해 그림을 그려 파는 일에만 골몰했다면 어땠을까? 여느 화가들처럼 최대한 빨리 작품을 완성하는 데에만 치중했다면? 그래도 성공한 화가의 삶을 살았겠지만 지금 우리가 아는 레오나르도 다 빈치가 되지는 못했을 것이다. 그의 인생에는 목적의식이 결여되었을 것이며 분명 모든 것이 제대로 된 방향으로 흘러가지 못했을 것이다.

레오나르도 내면에 있던 그 보이지 않는 힘이, 어린 시절 그가 그린 붓꽃 안에 잠재한 것과 같은 그 힘이 결국 그의 잠재력을 활짝 꽃피우게 만들었다. 레오나르도는 그 힘이 이끄는 길을 끝까지 충실히 따랐고 모든 여정을 완수한 뒤 이제 생의 종착역에 다다른 것이었다. 어쩌면 그 순간 그의 마음속에는 수년 전 자신이 노트에 적었던 이 말이 떠올랐을지도 모른다. "알찬 하루가 달고 행복한 잠을 가져다주듯이 충만한 삶은 행복한 죽음을 가져다준다."

마스터리에 이르는 열쇠

> 인간은 언제나 자신이 될 수 있는 다양한 모습 중에서 진정한 자아의 모습을 찾는다. 그 진정한 모습으로 이끄는 목소리가 바로 우리가 말하는 '천직'이다. 그러나 대다수 사람들은 그 천직의 목소리를 잠재우려 하고 거기에서 귀를 막아버린다. 그들은 내면에 쓸데없는 소음만 만들어내며…… 내면의 목소리를 듣지 않으려고 다른 곳에 정신을 쏟는다. 또한 진정한 자아를 외면하고 엉뚱한 인생 경로를 걸음으로써 스스로를 기만한다.
>
> _호세 오르테가 이 가세트(José Ortega y Gasset)

역사 속의 많은 거장들은 자신을 이끈 어떤 내면의 힘이나 목소리, 또는 운명 의식을 경험했다고 고백한다. 나폴레옹 보나파르트는 하늘에 빛나는 자신만의 '별'이 자신을 올바른 방향으로 인도한다고 믿었다. 소크라테스에게는 양심에 어긋나는 일을 하지 말라고 말하는, 내면에서 들려오는 신의 목소리인 데몬daemon이 있었다. 괴테 역시 그런 종류의 힘을 데몬이라고 불렀다. 괴테가 말하는 데몬이란 그의 내면에 기거하면서 그가 운명의 길을 걸어가게 이끄는 모종의 힘이자 본성이었다. 더 현대로 오면 알베르트 아인슈타인은 자신의 사색 방향을 결정하는 내면의 목소리에 대해 이야기했다. 이 모든 것은 레오나르도 다 빈치가 가졌던 운명 의식을 다르게 표현한 변형들이라 할 수 있다.

이러한 힘이나 목소리가 그저 신비롭거나 언어로 설명 불가능한 것, 또는 어떤 환영幻影이나 망상 같은 것으로 여겨질지도 모른다. 하지만 그것을 충분히 다른 관점으로 바라볼 수 있다. 대단히 실제적이고 현실적이며 설명 가능한 것으로 볼 수 있다는 얘기다. 다음과 같은 식으로 말이다.

인간은 누구나 독특하고 고유한 존재다. 이런 고유성은 우리의 DNA에 유전적으로 새겨져 있다. 우리 각자는 이 우주에서 단 하나뿐인 존재다. 당신과 완벽히 똑같은 유전적 구성을 지닌 사람은 과거에도 없었고 앞으로도 다시 나타나지 않을 것이다. 인간 개개인의 이런 고유성은 어린 시절에 보이는 특정한 성향을 통해 처음 겉으로 표출된다. 레오나르도는 집 근처의 자연 세계를 관찰하면서 그것을 자기만의 방식으로 종이에 그리는 일에서 남다른 성향을 드러냈다. 어떤 사람은 어릴 적부터 시각적 패턴에 강한 호기심을 느낀다. 이런 사람은 종종 커서 수학에 관심을 보인다. 또 어떤 사람은 특정한 물리적 움직임이나 공간 배열에 흥미를 느낀다. 그처럼 특정한 분야에 이끌리는 성향을 어떻게 설명할 수 있을까? 그것은 의식적 언어의 영역보다 훨씬 깊은 곳에서 나오는 내면의 힘이다. 이 힘은 우리가 특정한 활동에 호기심을 느끼게, 또 어떤 활동은 기피하게 만든다. 이 힘은 우리 정신이 특정한 방식으로 발달하도록 영향을 미친다.

이런 근원적 고유성은 본래 겉으로 표출되고 발현되기를 원한다. 그런데 일부 사람들은 다른 사람들보다 그 힘을 더 강렬하게 경험한다. 거장들의 경우, 그 힘이 너무나 강렬하여 어떤 외부적 실체처럼 느끼기도 한다. 그것은 내면의 힘, 목소리, 운명이라고도 불린다. 자신의 성향에 딱 들어맞는 어떤 일을 할 때 우리는 그 힘을 감지할 수 있다. 표현하고 싶은 글이 너무도 쉽게 써지거나 원하는 신체 움직임이 너무나도 자연스럽게 이루어져서 마치 누군가가 그 글이나 움직임을 툭 던져준 것만 같을 때가 그런 경우다. 말 그대로 '영감이 충만한' 상태인 것이다. '영감을 주다'라는 뜻의 영어 단어 'inspire'는 호흡을 통해 무언가를 불어넣는 것을 의미하는 라틴어에서 유래했다.

조금 다른 방식으로 설명해보겠다. 당신이 세상에 태어남과 동시에 씨앗 하나가 심어진다. 그 씨앗은 바로 당신만의 독특한 고유성이다. 그 씨앗은 자라고, 스스로의 모양을 바꾸고, 최대한 아름다운 모습으로 피어나기를 원한다. 씨앗은 그 안에 본래적이고 적극적인 에너지를 품고 있다. 당신 인생의 과업은 그 씨앗을 키워 꽃을 피우는 것, 일을 통해 당신만의 고유성을 표현하는 것이다. 당신은 잠재력을 발휘하고 꽃을 피워낼 운명을 갖고 있다. 당신이 그것을(내면의 힘이든, 목소리든, 그 어떤 표현이라도 상관없다) 더 강렬하게 느끼고 유지할수록 인생의 과업을 성취하고 마스터리에 도달할 확률도 높아진다.

그 힘이 약해지는 이유, 당신이 그 힘을 느끼지 못하고 심지어 그 존재를 의심하게 되는 이유는 다른 어떤 힘에 굴복하기 때문이다. 그것은 바로 순응을 종용하는 사회적 압력이다. 이 '방해의 힘'은 대단히 강력할 수 있다. 당신은 유별나게 튀지 않고 무리와 무난하게 조화를 이루고 싶어진다. 남과 다르다는 사실이 내심 창피하거나 고통스럽게 느껴지기도 한다. 부모님이 '방해의 힘' 역할을 하는 경우도 많다. 그들은 돈을 많이 버는 직업, 편안하고 안전한 직업을 택하라고 당신의 등을 떠밀기도 한다. 만일 이런 '방해의 힘'이 강력해지면 당신은 당신만의 고유성과, 진정한 자신의 모습과 점점 더 멀어진다. 당신의 성향과 욕구가 타인들의 그것에 맞춰 형성되는 것이다.

이런 상황은 당신을 위험한 길로 내몰 수 있다. 결국 전혀 맞지 않는 직업이나 진로를 택하게 된다. 진정한 욕구와 흥미가 점점 시들어가고 그런 내면 상태는 당신이 하는 일에서도 고스란히 드러난다. 진정한 행복이나 성취감은 지금 하고 있는 일이 아닌 다른 어딘가에서 오는 것이라고 여기게 된다. 일에 적극적으로 임하는 태도가 줄어들기 때문에, 해당 분야에서 일어나는 이런저런 변화도 제대로 감지하지 못한다. 그러면 결국 뒤처지고 그에 대한 대가를 치르게 된다. 중요한 결정을 내려야 하는 순간에도 어쩔 줄 몰라 허둥대거나 그저 남들 하는 대로 따라한다. 당신에게는 내면의 방향 감각도, 자신을 인도해줄 불빛도 없기 때문이다. 당신이 가야 할 길, 당신의 운명과 연결된 끈은 끊어져버린다.

이런 상황은 어떻게든 피해야 한다. 인생의 과업을 발견하고 마스터리에 이르는 과정은 삶의 어느 시점에서도 시작할 수 있다. 당신 내면의 보이지 않는 힘은 언제나 그 자리에 존재하며 당신이 끌어내주길 기다리고 있다.

인생의 과업을 실현하는 과정은 세 단계로 이루어진다. 첫째, 먼저 당신 고유의 성향이 무엇인지 깨달아야 한다. 이는 내면으로 시선을 돌려야만 가능하다. 그 내면의 목소리 또는 힘이 고개를 들었던 순간들을 생각해보라. 당신을 혼란스럽게 만드는 다른 목소리(가령 부모님이나 친구의 목소리)에는 귀를 기울이지 마라. 당신 마음의 근원적 모양새를, 당신의 핵심적인 기질을 찾아내라.

둘째, 당신 고유의 성향을 깨달았다면 지금 몸담고 있는 직업에 대해, 또는 앞으로 택하려고 하는 직업에 대해 숙고해보라. 그 길을 선택하는 일(또는 그 방향을 수정하는 일)은 대단히 중요하다. 이 단계에서 당신은 일 자체에 대한 개념을 확장할 필요가 있다. 사람들은 '일'과 '삶'을 완전히 구분해서 생각하는 경우가 많다. 일과는 별개로 존재하는 삶 속에서 진정한 기쁨과 만족을 찾아야 한다고 말이다. 우리는 종종 일을 그저 돈벌이 수단으로, 두 번째 삶의 세계로 여긴다. 심지어 자기 직업에서 어느 정도 만족을 느끼는 사람들도 그런 식으로 일과 삶을 구분해 생각하곤 한다. 이런 태도를 갖는 것은 안타까운 일이 아닐 수 없다. 결국 우리는 인생의 많은 시간을 일터에서 보내지 않는가? 일터에서 보내는 시간을 진정한 행복으로 가기 위해 힘겹게 거쳐야 하는 과정 같은 것으로 느낀다면, 결코 길지 않은 삶을 우울하게 낭비하는 것과 마찬가지다.

그런 태도 대신에 일을 삶에 에너지를 주는 무언가로, 당신의 '천직'의 일부로 바라봐야 한다. 천직을 뜻하는 영어 단어 'vocation'은 '부르다' 또는 '부름을 받다'라는 뜻의 라틴어에서 유래했다. 이 단어가 직업이나 일과 관련해 사용되기 시작한 것은 초기 기독교 시대였다. 성직에 종사할 부르심을 받은 특정한 사람들이 갖는 소명 내지는 천직 의식을 가리키는 말이었던 것이다. 그들은 특별한 임무를 위해 그들을 택한

신의 목소리를 듣고 이에 응했다. 시간이 흐르면서 그 단어는 세속화되어, 개인이 자기 관심사에 꼭 맞는다고 느끼는 어떤 일이나 분야를 의미하는 말로 변했다. 그러나 이제는 그 단어의 본래 의미로 돌아가야 할 때다. 그것이 인생의 과업이나 마스터리라는 개념과 훨씬 더 밀접하게 연결되기 때문이다.

하지만 인생의 과업이나 마스터리와 관련지어 말할 때 당신을 부르는 목소리란 반드시 신에게서 와야 하는 것은 아니다. 그보다는 당신의 깊은 내면에서 온다. 즉, 당신이라는 고유한 인격체에서 흘러나오는 것이다. 그 목소리는 어떤 활동이 당신에게 맞는지 알려준다. 그리고 특정한 시점이 되면 그 목소리는 특정한 종류의 일이나 직업으로 당신을 이끈다. 그렇게 택한 일은 진정한 당신의 모습과 연결되며, 삶과 분리된 다른 영역의 무언가가 아니다. 이로써 당신은 천직에 대한 소명의식을 갖게 된다.

셋째, 당신이 걷는 직업의 길을 곧게 쭉 뻗은 길이 아니라 여기저기 굽이진 길이라고 생각해야 한다. 당신 고유의 성향에 완벽하게 맞지는 않아도 적당히 부합하는 분야를 선택하는 것을 출발점으로 삼아도 좋다. 그 첫 출발점을 통해 이런저런 연습의 기회를 얻고 중요한 기술을 배울 수 있다. 처음부터 너무 원대하거나 야심찬 일을 꾀할 필요는 없다. 처음엔 생계를 꾸려가며 신뢰와 자신감을 쌓는다고 생각하라. 일단 선택한 길을 걸어가다 보면 그 길의 어떤 풍경에는 흥미가 강하게 끌리고, 또 어떤 풍경에는 아무런 감흥이 느껴지지 않을 것이다. 마주치는 풍경에 적응해나가거나 때로는 그 길과 관련된 다른 분야로 살짝 옮겨가면서 스스로에 대해 더 많은 걸 깨달아라. 그와 동시에 기술을 한층 단단하게 갈고닦아라. 레오나르도 다 빈치가 그랬듯, 누군가를 위해 일하는 상황 속에서도 당신 자신만의 방식을 찾아나가라.

마침내 당신은 자신에게 꼭 맞는 특정한 분야나 기회를 발견할 수 있을 것이다. 당신은 그것을 발견했다는 사실을 자연스럽게 깨달을 수 있다. 어린아이가 느끼는 것과 같은 경이로움과 흥분이 내면에서 솟아날 것이기 때문이다. 일단 당신의 길을 깨닫고 나면 모든 것이 자연스럽게 제자리를 찾는다. 당신은 더욱 빠른 속도로 배워나가며 깊이 파고들게 된다. 속해 있던 집단에서 떨어져 나와 독립하여 스스로 방향을 개척할 수 있을 만큼 당신의 기술과 역량도 향상된다. 우리가 통제할 수 없는 것들이 너무나도 많은 이 세상에서, 당신은 궁극적인 최고 형태의 힘을 가질 수 있을 것이다. 상황에 휩쓸리는 대신 상황을 결정하고 주도적으로 이끌 수 있다. 한 분야의 거장이 되는 순간, 당신은 강압적인 상사나 교활한 동료들에게 더 이상 휘둘릴 필요가 없어진다.

자신만의 고유성과 인생의 과업을 강조하는 이런 얘기가 현실성과는 거리가 먼 한낱 낭만적인 발상이라고 느껴지는가? 하지만 사실 이것은 우리가 사는 현재 세상에서 대단히 큰 중요성을 갖는다. 요즘 시대에는 국가나 기업, 가족, 친구들이 우리를 보호해주리라고 믿기가 더욱 힘들어지고 있다. 점점 더 세계화돼가는 세상에서 경쟁은 더욱 치열해진다. 그렇기에 스스로 자신을 단련하고 계발하는 법을 배워야 한다. 게다가 이 시대에는 중요한 난제와 기회가 넘쳐나며, 모험적 정신을 갖춘 사람들만이 가장 효과적으로 그런 문제를 해결하고 기회를 붙잡을 수 있다. 즉, 독립적으로 사고하고 신속하게 적응하며 독창적인 고유의 관점을 지닌 개인들이나 소규모 집단들 말이다. 이런 세상에서는 개인의 창의적 역량과 기술이 무엇보다 높이 평가받기 마련이다.

현대를 사는 우리에게 가장 부족한 것은 삶에 대한 커다란 목적의식이다. 과거에는 종종 조직화된 종교가 그런 목적의식을 제공해주었다. 하지만 오늘날 사람들 대부분은 세속화된 사회에서 살아간다. 인간인 우리는 고유하고 독특한 존재이며 스스로의 세상을 구축해야 한다. 우리는 그저 동물적인 본능에 따라 이런저런 사건에 반응하는 존재가 아니다. 하지만 목적의식이 없으면 방향을 알지 못해 허둥대기 십상이다. 많은 사람들이 자신의 시간을 무엇으로 채워나가야 할지 알지 못한다. 삶에 분명한 목적의식이 부재한 듯하다. 우리는 이러한 목적의식의 부재를 의식하지 못할지도 모르지만, 그것은 우리 삶에 다양한 방식으로 영향을 미칠 수밖에 없다.

인생에서 성취해야 할 과업을 지녔다는 소명의식은 그러한 목적의식과 방향 감각을 되찾는 가장 확실한 방법이다. 삶의 목적의식을 찾는 것은 신성한 탐색의 여정이다. 그리고 그러한 탐색을 이기적이거나 반사회적인 것으로 간주해서는 안 된다. 사실 그런 탐색은 우리 개개인의 삶보다 더욱 커다란 무언가와 연결된다. 인간이라는 종의 진화와 발전은 무수히 다양한 종류의 기술과 사고방식의 창조 덕분에 가능했다. 각자 지닌 재능을 발휘하고 꽃피우는 수많은 사람의 기여가 바로 인류 발전의 원동력이다. 그런 다양성이 없다면 인류의 문화는 소멸한다.

당신이 태어날 때부터 독특한 고유성을 지녔다는 사실은 이러한 필수불가결한 다양성을 말해주는 하나의 지표와도 같다. 당신이 고유성을 계발하고 표현하는 것은 그런 다양성의 실현에 중요한 역할을 하는 것이다. 우리 시대에 흔히 강조하는 평등은 모두가 똑같은 사람이 되어야 한다는 의미가 아니다. 그보다는 사람들에게 각기 다른 개성을 표현할 동등한 기회가, 수천수만 가지 꽃이 피어날 동등한 기회가 존재한다는 의미다. 당신의 천직은 당신이 하는 일 이상의 의미를 지닌다. 그것은 자아의 가장 깊은 내면과 본래적으로 연결된 무엇이며, 또한 자연과 인류 문화에 내재한 다양성이 발현되는 통로다. 그런 의미에서 본다면 당신의 천직을 낭만적이고 영감 충만한 무언가로 여겨도 좋으리라.

약 2600년 전 고대 그리스 시인 핀다로스Pindaros는 "당신 자신에 대해 깨달음으로써 진정한 자아를 찾아라"라고 썼다. 이 말에 담긴 속뜻을 달리 풀어 쓰면 다음과 같다. 당신은 특정한 운명에 걸맞은 특정한 기질과 성향을 갖고 태어난다. 그것은 내면에 존재하는 근원적 모습이다. 어떤 사람들은 자신의 진정한 자아를 결코 마주하지 못한다. 그들은 자기 자신을 신뢰하지 못하고, 타인의 취향에 끌려다니며, 가면을 쓴 채 자신의 진정한 본성을 감추고 살아간다. 하지만 내면의 목소리와 힘에 귀를 기울임으로써 자신의 진짜 모습을 깨닫는 사람은 자신에게 주어진 운명을 실현하여 거장이 될 수 있다.

인생의 과업을 찾기 위한 전략

당신을 억누르는 고통은 직업 때문이 아니라 당신 자신 때문이다! 내면에서 들리는 목소리에 의지하지 않고 자신이 몸담을 영역을 선택한 자가 어찌 참을 수 없는 괴로움을 느끼지 않을 수 있겠는가? 재능을 타고난 사람이라면 반드시 직업이 주는 커다란 즐거움을 발견해야 마땅하다. 세상 모든 일에는 어둡고 힘든 면이 있는 법이다. 오로지 내면의 충동과 즐거움, 열정만이 우리가 장애물을 극복하고 길을 만들게 도와준다. 오로지 그것만이 우리를 좁은 세계, 남들이 괴로움과 번민을 억누르며 사는 좁은 세계 밖으로 끌어내준다.

_요한 볼프강 폰 괴테

자기 고유의 성향이란 다분히 개인적인 것이므로 그것을 깨닫고 인생의 과업을 발견하는 것이 비교적 쉽고 자연스러운 일처럼 느껴질지 모른다. 하지만 사실 그렇지 않다. 그것을 제대로 발견하는 여정에는 상당한 노력과 계획이 필요하다. 도중에 많은 장애물이 나타나기 때문이다. 거장들의 스토리와 더불어 다음에 소개하는 다섯 가지 전략은 중요한 장애물들을 일깨워준다. 그 장애물이란 주변 사람들의 목소리, 한정된 자원, 잘못된 길을 택하는 것, 과거에 얽매이는 것, 길을 잃는 것이다. 당신 역시 어떤 형태로든 이런 종류의 장애물에 부딪히게 될 가능성이 높다는 점을 명심하라.

1. 근원적 기질로 돌아가라 : 타고난 성향 전략

거장들의 삶을 보면 독특한 성향이 어린 시절에 뚜렷하게 드러나는 경우가 많다. 때때로 그들은 단순한 물건에 강하게 이끌려 호기심을 느낀다. 알베르트 아인슈타인1879~1955은 다섯 살 때 아버지에게 나침반을 선물로 받았다. 어린 아인슈타인은 아무리 이리저리 움직여도 항상 같은 방향을 가리키는 나침반 바늘에 매료되었다. 바늘에 작용하는, 어떤 눈에 보이지 않는 자기력이 존재한다는 사실에 강한 호기심을 느꼈다. 이처럼 눈에 보이지 않으면서 강력한 성질을 지닌 다른 힘들도 존재하는 것은 아닐까? 사람들이 아직 발견하지 못했거나 제대로 파악하지 못한 어떤 힘들이 있다면? 아인슈타인은 이후 평생 동안 이런 눈에 보이지 않는 힘과 장場에 대한 문제를 호기심을 갖고 탐구했으며, 훗날에도 그 호기심의 첫 출발점이었던 어린 시절의 나침반을 종종 떠올리곤 했다.

라듐을 발견한 과학자 마리 퀴리Marie Curie, 1867~1934는 네 살 때 아버지의 방에 들어갔다가 화학과 물리학 실험에 쓰이는 온갖 실험 도구가 담긴 유리 상자를 보고 커다란 흥미를 느꼈다. 그녀는 툭하면 아버지 방에 가서 실험 도구들을 뚫어져라 쳐다보면서, 각종 튜브와 측정 장비로 할 수 있는 이런저런 실험을 상상해보곤 했다. 세월이 흘러 훗날 진짜 연구실에 처음 들어가서 실험을 할 때, 그녀는 어릴 적 아버지 방에서 샘솟았던 강렬한 느낌을 떠올리곤 했다. 그 어린 시절에 이미 자신의 천직을 막연하게나마 깨달았다고 그녀는 믿었다.

영화감독 잉그마르 베르히만Ingmar Bergman, 1918~2007이 아홉 살일 때, 부모님이 그의 형에게 간단한 장면들을 영사해서 볼 수 있는 영화 촬영기인 시네마토그라프cinematograph를 크리스마스 선물로 주었다. 베르히만은 그것이 몹시 탐났다. 그래서 자기 장난감과 형의 시네마토그라프를 교환했다. 그는 커다란 벽장 속에 들어가 그 기계가 벽에 비추는 깜박거리는 영상을 넋이 나간 듯 보곤 했다. 그 기계를 켤 때마다 어떤 마법이 일어나서 살아 움직이는 영상을 만들어내는 것만 같았다. 그리고 그 마법을 재현하는 것은 그가 평생 집요하게 추구한 과업이 되었다.

때로 이런 독특한 성향은 특정한 활동을 통해 드러나기도 한다. 어린 시절 마사 그레이엄Martha Graham, 1894~1991은 자기 의견이나 마음을 남들이 충분히 이해하도록 전달하는 능력이 부족해서 괴로웠다. 말로는 마음을 충분히 표현하기가 힘들었다. 그러던 어느 날 생애 처음으로 무용 공연을 보게 되었다. 그날 주연 무용수는 몸의 움직임을 통해 자기만의 방식으로 특정한 감정들을 표현했다. 그것은 말이 아니라 어떤 본능과 직관에서 솟아나오는 움직임이었다. 이후 그레이엄은 춤을 배우기 시작했고 곧 자신의 천직을 깨달았다. 그녀는 오로지 춤출 때에만 살아있음을, 자신을 마음껏 표현할 수 있음을 느꼈다. 훗날 그녀는 완전히 새로운 형식의 춤을 만들어 무용계의 상징적인 인물이 되었다.

경우에 따라서는 특정한 물건이나 활동이 아니라 어떤 문화적 요소가 내면의 힘을 끌어내는 촉매제가 된다. 인류학 중심의 언어학자 대니얼 에버렛Daniel Everett, 1951~은 캘리포니아와 멕시코 국경 지역에 있는 카우보이 마을에서 자랐다. 그는 어릴 적부터 멕시코 문화에 강한 흥미를 느꼈다. 이민 노동자들의 발음, 음식, 미국 백인들과는 전혀 다른 생활 관습 등 멕시코와 관련된 것이라면 무엇이든 흥미로웠다. 그는 멕시코인의 언어와 문화를 연구하는 데 몰두했다. 이후 계속해서 '다른 문화'를 연구하면서, 지구상에 존재하는 문화의 다양성과 그것이 인류의 진화에서 의미하는 바를 파고들기 시작했다.

    때로는 개인의 독특한 성향이 다른 거장과의 만남을 계기로 표출된다. 미국 노스캐롤라이나 출신의 존 콜트레인John Coltrane, 1926~1967은 어릴 때부터 자신이 남들과 다르다고 느꼈다. 나이답지 않게 또래 아이들보다 훨씬 진지했다. 말로 표현하기 힘든 어떤 감정적, 정신적 갈망을 내면에서 느끼곤 했다. 그는 단순한 취미 이상의 무언가로서 음악에 빠져들었고, 색소폰을 불기 시작하면서 고등학교 밴드에서 활동했다. 그리고 몇 년 후 재즈 색소폰 연주자 찰리 파커Charlie 'Bird' Parker의 공연을 보게 되었는데, 그의 연주는 콜트레인의 영혼을 뒤흔들었다. 파커의 색소폰에서는 뭔가 근원적인 강렬함이, 깊은 내면에서 흘러나오는 소리가 느껴졌다. 그때 콜트레인은 자신만의 고유함을 표현할 방법을, 자신의 정신적 갈망에 목소리를 부여할 방법을 불현듯 깨달았다. 그는 색소폰을 미친 듯이 연습하기 시작했고, 훗날 당대 최고의 재즈 아티스트로 손꼽히는 연주자가 되었다.

* * *

    이 점을 기억하라. 한 분야의 거장이 된 사람들에게는 해당 분야에 대해 강렬한 애정과 애착을 느낀다는 공통점이 있다. 그들이 지닌 관심은 특정 분야 자체를 초월하며 거의 종교적인 헌신과도 같은 성격을 지닌다. 아인슈타인의 경우 그의 관심은 단순히 물리학 자체가 아니라 우주를 지배하는 보이지 않는 힘에 관한 것이었다. 베르히만을 끌어당긴 것은 단순히 영화 자체가 아니라 살아 있는 듯한 장면을 창조한다는 것에 대한 흥분이었다. 콜트레인에게는 단순히 음악을 연주한다는 것이 아니라 내면의 강렬한 감정에 목소리를 주어 표출시킨다는 것이 중요했다. 이들이 어린 시절에 느낀 강렬한 흥미는 언어로 표현하기 힘들며, 말보다는 어떤 감정에 가까운 것이다. 그들의 가슴에는 강렬한 경이로움, 본능적 즐거움, 고양된 감각이 존재했다. 말로 표현하기 힘든 이런 내적 성향과 관련해 중요한 점은, 그것이 주변 사람의 말이나 욕구에 영향을 받지 않은 자연스러운 이끌림이라는 사실이다. 그것은 부모님이 가르친 것이 아니었다. 어떤 외부의 힘에 의해, 언어적이고 의식적인 무엇에 의해 형성된 관심이 아니었다. 그것은 그들 내면 깊은 곳에서 올라온, 그들 고유의 기질이 반영된 결과물이었다.

우리는 세상일들에 부대끼며 살아가는 동안 내면의 근본 기질이 보내오는 신호와 점점 멀어지는 경향이 있다. 그 신호는 우리가 주의를 기울이는 다른 문제들에 파묻혀버리고 만다. 하지만 그 근본 기질과의 연결을 회복해야, 당신의 타고난 성향을 일깨워야 진정한 힘을 가질 수 있다. 어린 시절에 당신 고유의 성향을 귀띔해주던 신호들이 무엇이었는지 곰곰이 생각해보라. 어떤 대상에 대해 본능적이고 직관적으로 반응했던 순간들을 떠올려보라. 결코 질리는 일 없이 하고 또 하고 싶었던 활동이 무엇이었는가? 유달리 호기심을 느낀 주제가 있었는가? 특정한 활동을 할 때 자신감과 힘이 솟는 것을 느꼈는가? 그 근원적 힘은 이미 당신 내면에 존재한다. 새로 창조하는 것이 아니라, 지금껏 당신 내면에 묻혀 있던 것을 찾아 꺼내기만 하면 된다. 현재의 나이와 상관없이 그 힘과 다시 연결되기만 하면, 그 근원적 원동력이 다시 되살아나 결국 당신의 인생 과업으로 향하는 길을 보여줄 것이다.

2. 틈새 영역을 점령하라 : 다윈식 전략

A. 1950년대 말 인도 마드라스에서 어린 시절을 보낸 V. S. 라마찬드란V. S. Ramachandran은 자신이 친구들과 조금 다르다는 것을 느꼈다. 그는 또래 아이들이 좋아하는 스포츠나 여타 놀이에는 통 관심이 없었고 과학 분야의 책을 읽는 것을 무척 좋아했다. 혼자 있을 때 바닷가를 거닐곤 하던 그는 해변에 있는 각양각색의 조개껍데기에 마음을 홀딱 빼앗겼다. 그래서 그것들을 수집해 자세히 관찰하기 시작했다. 조개껍데기를 관찰하고 연구하면서 자신에게 어떤 힘이 생긴다고 느꼈다. 그것은 혼자만이 점유할 수 있는 분야였고, 학교에서 조개껍데기에 관한 한 그보다 더 잘 아는 아이는 아무도 없었기 때문이다. 얼마 안 가 라마찬드란은 조개들 중에서도 희귀한 종류에 커다란 흥미를 느꼈다. 대표적인 것이 바다 속에 굴러다니는 조개껍데기들을 자기 몸에 붙여 위장하는 제노포라Xenophora였다. 어찌 보면 라마찬드란 자신도 제노포라와 비슷했다. 평범하지 않고 특이한 변종이라는 점에서 말이다. 자연계에서는 이런 이례적 변종이 진화적으로 중요한 의미를 지닐 때가 많다. 새로운 생태적 지위를 점유함으로써 생존 확률이 높아질 수 있기 때문이다. 독특한 성향을 지닌 라마찬드란도 역시 그런 가능성을 갖고 있지 않았을까?

시간이 흘러 라마찬드란의 관심은 조개껍데기를 넘어 다른 주제들로 옮겨갔다. 그는 인간의 해부학적 이상異常, 기이한 화학 현상에 관심을 가졌다. 아들이 지나치게 특이하고 난해한 분야로 빠질까봐 걱정스러웠던 아버지는 그에게 의대에 가라고 권유했다. 그는 의대에 가면 과학의 다양한 영역을 접하면서 실질적인 기술을 익힐 수 있으리란 생각에 의대에 진학했다.

라마찬드란은 의대 공부에 그럭저럭 흥미를 느꼈다. 하지만 얼마쯤 시간이 지나자 점차 따분함을 느끼기 시작했다. 틀에 박힌 암기식 공부가 싫었다. 그가 원하는 것은 암기가 아니라 새로운 것을 시도하고 발견하는 일이었다. 그래서 학과 교재 목록에 없는 온갖 과학 잡지와 서적을 찾아서 탐독하기 시작했다. 그가 관심 있게 읽은 책 가운데 하나는 시각 신경과학자 리처드 그레고리Richard Gregory가 쓴 『눈과 두뇌Eye and Brain』였다. 특히 흥미를 느낀 내용은 착시 현상과 눈의 맹점에 관련된 실험이었다. 이것은 두뇌의 작동 원리 일부를 설명해줄 수 있는, 시각 체계의 특이한 측면이었다.

『눈과 두뇌』를 읽고 크게 자극받은 라마찬드란은 자신만의 독자적 실험을 수행하여 그 결과를 저명한 학술지에 게재했고, 이를 계기로 케임브리지 대학으로부터 그곳 대학원에서 시각 신경과학을 연구하자는 제안을 받았다. 관심 분야를 더 깊게 탐구할 수 있는 좋은 기회라고 느낀 라마찬드란은 그 제안을 수락했다. 하지만 몇 개월 후 그는 자신이 케임브리지의 분위기와 맞지 않는다는 것을 깨달았다. 그가 어릴 적부터 선망하던 과학이라는 학문은 멋진 모험의 세계였으며 진리를 찾기 위한 신성한 여정과도 같은 무엇이었다. 그러나 케임브리지에서는 학생이든 교수든 어떤 의무적인 일을 하듯 과학에 임하는 것 같았다. 일정한 시간을 투자해 얼마간의 연구로써 통계적 분석에 기여하면 그뿐이었다.

그럼에도 라마찬드란은 자신만의 관심 주제에 집중하여 학문에 매진해 학위 과정을 마쳤다. 그리고 몇 년 뒤 캘리포니아 대학 샌디에이고 캠퍼스의 시각 심리학 조교수로 채용되었다. 과거에도 수차례 그랬던 것처럼, 몇 년쯤 지나자 그의 관심은 또 다른 주제로 옮겨갔다. 이번에는 두뇌 자체에 대한 연구였다. 그는 특히 환각지幻覺肢 현상, 즉 팔이나 다리가 절단된 후에도 아직 그것이 있는 것처럼 고통을 느끼는 현상에 큰 흥미를 느꼈다. 그는 환각지에 대한 실험과 연구를 꾸준히 해나갔다. 그리하여 마침내 두뇌에 대한 놀라운 사실을 발견했을 뿐만 아니라 환각지를 겪는 환자의 고통을 덜어줄 새로운 방법도 찾아냈다.

이제 주변 분위기가 자신에게 맞지 않는 듯한 기분도, 따분함도 온데간데없이 사라졌다. 특이한 신경 질환에 대한 연구는 그가 평생을 헌신할 수 있는 주제였다. 그것은 의식의 진화에 관한 문제, 언어의 기원에 관한 문제 등등 그를 매료시키는 많은 주제를 던져주었다. 마치 오랜 세월을 거쳐 희귀한 조개껍데기를 수집하던 그 시절로 다시 돌아온 것만 같았다. 기나긴 시간을 거쳐 도착한 곳에서 그는 자신만이 점유할 수 있는 틈새 영역을 발견했다. 내면 깊은 곳의 근원적 성향에 꼭 들어맞는, 그리고 과학의 발전에 가장 의미 깊게 기여할 수 있는 틈새를 발견한 것이다.

B. 요키 마츠오카Yoky Matsuoka의 어린 시절은 혼란의 시기였다. 1970년대에 일본에서 태어나 자란 그녀는 앞날에 대한 모든 계획을 다른 누군가가 짜주는 것처럼 느꼈다. 학교에서는 여자에게 적당하다고 여겨지는 진로를 택하도록 그녀의 등을 떠밀었지만, 그렇게 권유받은 진로의 선택

폭은 대단히 좁았다. 스포츠가 딸아이의 성장에 유익하다고 믿은 부모님은 아주 어린 나이부터 그녀에게 수영을 시켰다. 또 피아노도 배우게 했다. 여느 아이들은 삶의 방향을 그런 식으로 타인이 정해주는 것을 좋아했을지 모르지만, 요키에게는 괴롭기만 했다. 그녀는 다양한 분야에 관심이 있었는데 특히 수학과 과학을 좋아했다. 스포츠도 좋아했지만 수영은 적성에 맞지 않았다. 그녀는 커서 무엇이 돼야 할지, 엄격한 세상 속에서 자신의 자리를 잘 찾을 수 있을지 알 수가 없었다.

그러다 열일곱 살에 마침내 마음을 정했다. 수영을 그만두고 테니스를 자신의 길로 결정한 것이었다. 부모님도 그녀의 뜻에 동의했다. 경쟁심이 남달리 강한 그녀는 최고의 테니스 선수가 되겠다는 야무진 꿈을 꿨다. 하지만 시작 시기가 남들에 비해 늦은 편이었다. 늦게 시작했다는 약점을 만회하기 위해서는 지독하게 힘든 연습 스케줄을 소화해야 했다. 그녀는 테니스 연습을 위해 도쿄 외곽으로 갔다가, 밤에 집으로 돌아오는 차 안에서 학교 숙제를 하곤 했다. 차에 사람이 많아서 오는 내내 서 있어야 할 때도 많았다. 그럴 때면 선 채로 수학이나 물리학 책을 꺼내서 방정식을 풀었다. 그녀는 어려운 문제를 푸는 일에서 짜릿한 즐거움을 느꼈다. 그런 숙제를 할 때면 눈앞의 문제에 너무나 몰두한 나머지 시간이 어떻게 흘러가는지도 몰랐다. 그리고 희한하게도 그것은 테니스 코트에서 느끼는 기분과 비슷했다. 주변의 그 어떤 것에도 방해받지 않고 깊이 몰입하는 기분 말이다.

이따금 집으로 돌아오는 길에 요키는 자신의 미래를 곰곰이 생각해보았다. 그녀가 가장 좋아하는 분야는 두 가지, 즉 스포츠와 과학이었다. 스포츠나 과학을 할 때면 자신의 여러 모습을 마음껏 표현하고 발휘할 수 있었다. 타인과 경쟁하며 실력을 겨루는 것, 손을 이용해 무언가를 하는 것, 멋진 움직임을 만들어내는 것, 문제를 분석하고 해결하는 것 등등. 일본 사회에서는 수준 높은 전문가가 될 수 있는 직업 한 가지를 선택하는 것이 바람직하게 여겨졌다. 요키는 한 직업을 선택하면 좋아하는 다른 영역들은 포기해야 한다는 사실이 너무나 불만스러웠다. 어느 날은 이런 생각이 들었다. '나와 함께 테니스 경기를 하는 로봇을 만들 수 있다면 얼마나 좋을까?' 그럴 수만 있다면 스포츠와 과학에 대한 갈망을 동시에 만족시킬 수 있을 테니까. 하지만 그저 꿈일 뿐이었다.

요키는 일본에서 주목받는 테니스 선수가 될 정도로 실력이 출중해졌지만, 결국 테니스는 자신이 가야 할 길이 아니라고 판단했다. 연습 때는 상대에게 패배하는 일이 없었지만, 실제 경기에만 나가면 잔뜩 긴장한 나머지 상황 판단을 잘못해서 자기보다 실력이 열등한 선수한테도 지곤 했다. 게다가 부상도 몇 번 당했다. 그녀는 스포츠가 아니라 공부 쪽에 집중하기로 마음먹었다. 플로리다의 테니스 아카데미에 다녔던 그녀는 부모님을 설득해 계속 미국에 남아서 UC 버클리에 입학 지원서를 넣기로 했다.

UC 버클리에서 전공할 과목을 결정하기는 쉽지 않았다. 워낙 관심 분야가 많았기 때문이다. 고민 끝에 결국 전기공학을 선택했다. 어느 날 요키는 학과 교수님에게 테니스를 하는 로봇을 만들고 싶다는 꿈을 가졌다고 털어놓았다. 놀랍게도 교수님은 그녀의 엉뚱한 공상을 비웃지 않았다. 대신 진지한 어조로 자신의 로봇공학 연구소에 합류하지 않겠느냐고 제안했다. 요키는 그 연구소에서 남달리 뛰어난 성과를 보였고 그 덕분에 나중에 MIT에 진학했다. MIT에서는 로봇공학의 선구자인 로드니 브룩스Rodney Brooks가 이끄는 인공지능 연구소에 들어가는 행운도 얻었다. 이 연구소에서는 인공지능을 가진 로봇을 개발 중이었고, 요키는 로봇의 팔과 손을 설계하는 작업을 자원했다.

요키는 어릴 적부터 테니스를 치거나, 피아노를 연주하거나, 또는 수학 공식을 풀 때도 늘 손의 움직임에 대해 골똘히 생각했다. 인간의 손이야말로 그 무엇보다 신비로운 설계물이었다. 스포츠와는 많이 다를지언정, 로봇공학에서도 그녀는 또 다른 손을 설계하기 위해 자신의 두 손을 이용하고 있었다. 흥미에 꼭 맞는 일을 마침내 발견한 그녀는 새로운 종류의 로봇 손을 만드는 연구에 밤낮으로 몰두했다. 인간 손의 미세한 악력과 가장 가까운 악력을 가진 로봇 손을 만드는 것이 목표였다. 그녀가 설계한 결과물을 보고 브룩스도 감탄을 금치 못했다. 그것은 지금까지 그 누가 만든 것보다 앞선 수준이었다.

요키는 자신의 지식에 결정적으로 부족한 점을 느끼고 신경과학을 공부해 학위를 따기로 마음먹었다. 두뇌와 손의 연결 관계를 더 깊이 이해할 수 있다면 감각과 동작 면에서 사람 손에 더욱 가까운 보철 장치를 설계할 수 있으리란 생각에서였다. 그녀는 이 영역을 꾸준히 연구하면서 자신의 경력에 새로운 분야를 추가해나갔고, 결국 '신경로봇공학neurobotics'이라는 새로운 영역을 창조하기에 이르렀다. 이것은 인간의 신경과 흡사한 시스템을 지닌 로봇을 설계하여 로봇을 생명체와 한층 가깝게 만드는 방법을 연구하는 학문이다. 이러한 학문 영역을 구축함으로써 그녀는 과학계에서 커다란 성공을 거두었을 뿐만 아니라 자신의 관심 주제를 마음껏 결합할 수 있는 힘을 갖게 되었다.

* * *

직업 세계는 생태계와 비슷하다. 사람들은 특정한 분야에 들어가 그 안에서 자원 확보와 생존을 위해 경쟁해야 한다. 한 분야에 속한 사람들의 숫자가 많을수록 거기서 성공하기는 더 어렵다. 그런 분야에서 일하면 시간이 흐를수록 지칠 수밖에 없다. 주목받기 위해 고군분투하고, 정치적 수완을 발휘하고, 부족한 자원을 확보하기 위해 애써야 하기 때문이다. 그런 활동에 너무 많은 시간을 쏟다보면 진정한 마스터리를 추구할 여유는 거의 없다. 우리는 다른 이들이 그런 분야에서 직업을 갖고 익숙한 길을 걷는 것을 보면서 어느새 똑같이 그런 길을 걷게 된다. 그 삶이 얼마나 힘들고 고될지는 인식하지 못한 채.

하지만 당신은 다른 방식의 게임을 해야 한다. 다시 말해, 직업의 세계라는 생태계에서 당신이 점령할 수 있는 틈새 영역을 찾아야 한다. 결코 쉬운 일은 아니다. 그걸 찾으려면 끈기와 특정한 전략이 필요하다. 처음에는 당신의 관심사와 대략적으로 일치하는 분야를 선택하라(가령 의학, 전기공학 등). 그 이후에 당신이 택할 수 있는 방향은 두 가지 중 하나다. 첫 번째는 라마찬드란의 방식이다. 선택한 분야 내에서 특히 강하게 끌리는 곁길들을 탐색하는 것이다(라마찬드란의 경우 지각 및 시각과 관련된 과학이었다). 가능하다면 그 좁은 영역으로 뛰어든다. 이런 시도를 계속하여 마침내 사람들에게 거의 점령당하지 않은 틈새를 발견한다. 좁은 틈새일수록 당신에게는 더 유리하다. 이렇게 발견한 틈새 영역은 당신만의 고유한 기질과 맞아떨어질 것이다. 라마찬드란이 특별한 종류의 신경학을 추구했다는 사실이 어릴 적부터 스스로 남들과 다르다고 느꼈던 자기 인식과 동떨어진 결과가 아닌 것처럼 말이다.

두 번째는 요키 마츠오카의 방식이다. 한 분야(로봇공학)를 정복하고 나서 또 다시 정복할 다른 주제나 지식 분야(신경과학)를 찾는 것이다. 그리고 두 번째 분야에 대한 지식을 첫 번째 분야의 지식과 통합한다. 이로써 완전히 새로운 분야를 창조할 수도 있고, 아니면 적어도 두 분야를 참신한 방식으로 결합할 수도 있다. 이 과정은 상당히 오랜 시간이 걸릴 수도 있다. 마츠오카의 경우 자신의 지식을 확장하는 것을 결코 멈추지 않는다. 결국 당신은 다른 누구보다 훤히 꿰뚫고 있는 분야를 창조할 수 있다. 이런 접근법은, 누구나 많은 정보에 쉽게 접근할 수 있고 서로 다른 아이디어를 연결하는 데에서 모종의 힘이 창출될 수 있는 요즘 같은 시대에 잘 어울린다.

둘 중 어느 방식을 택하든, 경쟁자들로 넘쳐나지 않는 틈새 영역을 발견할 수 있다. 당신은 그곳을 자유롭게 돌아다니며 흥미가 느껴지는 특정한 문제들을 탐구할 수 있다. 스스로 자신만의 목표를 설정하고, 그 틈새 영역 안의 자원을 마음껏 활용할 수 있다. 치열한 경쟁이나 정치 게임에서 자유롭기에, 당신의 인생 과업을 꽃피울 시간과 공간을 마음껏 누릴 수 있다.

3. 잘못된 길을 피하라 : 반항 전략

때는 1760년, 네 살의 볼프강 아마데우스 모차르트는 아버지에게 피아노를 배우기 시작했다. 그렇게 어린 나이에 피아노를 배우겠다고 조른 것은 볼프강 자신이었다. 그의 누나는 이미 한참 전부터 피아노를 배우기 시작한 터였다. 그가 피아노를 배우기 시작한 데에는 누나에 대한 경쟁심도 한몫했을지 모른다. 피아노 연주를 하며 아버지에게 관심과 사랑을 받는 누나를 옆에서 지켜보며 자신도 그런 관심을 받고 싶다는 마음이 들었으리라.

뛰어난 연주자이자 작곡가였던 아버지 레오폴트Leopold는 몇 달간 아들을 가르친 뒤 아들이 음악에 비범한 재능을 가졌음을 깨달았다. 어린 나이답지 않게 볼프강은 피아노 연습을 굉장히 좋아했다. 밤이면 부모가 그를 억지로 피아노에서 떼어놓아야 간신히 잠자리에 들 정도였다. 볼프강은 다섯 살 때 작곡을 시작했다. 얼마 안 가 레오폴트는 음악 신동인 아들과 딸을 데리고 유럽의 각 주요도시를 순회하며 연주할 기회를 마련했다. 볼프강의 연주를 본 귀족 청중은 감탄을 금치 못했다. 그의 연주에는 자신감이 넘쳤다. 또 온갖 아름다운 선율을 즉흥적으로 연주하기도 했다. 귀족들에게 볼프강은 마치 소중한 장난감 같은 존재였다. 아버지 레오폴트는 꽤 짭짤한 수입을 올렸다. 천재 소년의 연주를 직접 보고 싶어 하는 궁정 귀족들이 갈수록 많아졌던 것이다.

집안의 가장인 레오폴트는 두 남매가 자신의 말을 고분고분 따르며 완전하게 복종하기를 요구했다. 사실상 가족을 먹여 살리고 있는 사람은 어린 볼프강이었음에도 말이다. 볼프강은 기꺼이 아버지의 말에 따랐다. 음악적 재능을 꽃피울 수 있었던 것이 순전히 아버지 덕분이었기 때문이다. 하지만 사춘기에 접어들면서 마음속에 의문이 일기 시작했다. 내가 정말 피아노 연주 자체를 사랑하는 것인가, 아니면 사람들의 관심과 주목을 즐기고 있는 것인가? 점점 혼란스러웠다. 수년간 음악을 작곡하면서 그는 마침내 자기만의 스타일을 만들어나갔다. 하지만 아버지는 귀족들 마음에 드는 전통적인 음악을 작곡하라고 볼프강을 종용했다. 그래야 가족을 부양할 돈을 벌 수 있었기 때문이다. 그의 고향인 잘츠부르크의 귀족들은 고루하고 속물적이었다. 하지만 볼프강은 그와는 다른 분위기를 갈망했다. 자신만의 음악을 하고 싶었다. 시간이 흐를수록 볼프강은 숨이 막힐 듯한 답답함을 느꼈다.

그러다가 1777년, 아버지는 볼프강(이제 스물한 살이었다)이 어머니와 함께 파리로 떠나는 것을 허락했다. 그곳에서 볼프강은 안정적인 지휘자의 일자리를 얻고 싶었다. 그래야 가족들을 부양할 수 있기 때문이었다. 그러나 볼프강은 파리에서 실망감을 느꼈다. 제안받은 일자리들이 자신의 재능에 비해 시시하게만 느껴졌다. 게다가 파리에 머무는 동안 어머니가 병이 났고, 결국 귀향길에 돌아가시고 말았다. 여러모로 볼 때 파리 여행은 최악의 경험이 되었다.

잘츠부르크로 다시 돌아온 볼프강은 하는 수 없이 다시 아버지의 뜻을 따르기로 했다. 그는 썩 마음에 들지는 않았지만 궁정 오르간 연주자의 자리를 받아들였다. 하지만 마음속 불만은 쉽사리 잦아들지 않았다. 그런 시시한 자리에서 일하며 인생을 보낸다는 사실이, 수준 낮은 귀족들의 귀나 즐겁게 해줄 음악을 작곡해야 한다는 사실이 괴로웠다. 한번은 아버지에게 이런 편지도 썼다. "저는 작곡가입니다. …… 저는 신이 제게 내려주신 풍부한 작곡 재능을 묻어둘 수가 없으며 또 그래서도 안 됩니다."

레오폴트는 점점 늘어가는 아들의 불평에 불같이 화를 냈다. 그러면서 지금껏 자기 덕분에 그 모든 음악 수업을 받을 수 있지 않았느냐고, 수많은 지역을 순회하느라 든 비용을 떠올려보라고 말했다. 볼프강은 마침내 퍼뜩 깨달았다. 그가 진정 사랑하는 것은 피아노도, 심지어 피아노에서 흘러나오는 선율 자체도 아니었다. 사람들 앞에서 꼭두각시처럼 연주하는 것이 끔찍이도 싫었다. 그는 자신이 가야 할 운명적인 길은 작곡이라고 믿었다. 그리고 작곡 그 자체를 넘어서 오페라에 대한 강렬한 욕구를 느꼈다. 오페라 음악을 만들고 싶었다. 그것이야말로 자신의 진정한 열정을 발산할 출구였다. 잘츠부르크에 남아 있는 한 그 꿈은 절대 실현할 수 없을 것 같았다. 그에게 아버지는 장애물 이상의 존재였다. 사실상 아버지는 볼프강의 삶과 건강을 망치고 있었으며 그의 자신감도 무너뜨리고 있었으니까. 단지 돈 때문이 아니었다. 아버지는 아들의 재능을 내심 시기했으며, 의식적으로든 아니든 그의 발전을 억누르려 하고 있었다. 볼프강은 설령 고통스러운 대가가 따른다 할지라도 너무 늦기 전에 거기서 빠져나와야 했다.

1781년 빈으로 떠난 볼프강은 그곳에 머물기로 결심했다. 다시는 잘츠부르크로 돌아가지 않을 생각이었다. 볼프강이 엄청난 죄를 저지르기라도 한 듯, 그의 아버지는 가족에게서 등을 돌린 아들을 절대 용서할 수가 없었다. 두 부자 사이에 생긴 균열은 영영 회복되지 못할 듯했다. 이제껏 아버지의 구속 아래서 너무 많은 시간을 허비했다고 느낀 볼프강은 엄청난 속도로 작품을 만들어내기 시작했다. 광기에 사로잡힌 사람처럼 뛰어난 오페라와 여타 작품들을 쏟아낸 것이다.

* * *

대개 인생에서 잘못된 길을 걷게 되는 이유는 잘못된 동기가 작동하기 때문이다. 이를테면 돈이나 명예를 좇기 때문이다. 우리는 종종 경험하는 공허함을 세상 사람들의 인정을 받으려는 그릇된 욕구로 채우려고 한다. 하지만 선택한 분야가 우리 자신의 근원적 성향과 맞지 않는다면 우리가 갈망하는 만족감은 결코 느낄 수 없다. 그러면 우리가 내놓는 성과물이나 작품도 별 볼일 없는 수준에 그치고 말며, 처음엔 세상의 주목을 받을지 몰라도 점점 세상도 우리에게서 눈을 돌리기 시작한다. 물질적 부나 안락함을 기준으로 인생의 길을 선택하는 사람들의 내면에는 대개 불안한 심리 또는 부모님을 기쁘게 하려는 욕구가 자리 잡고 있다. 부모님은 우리를 생각하는 마음에서 돈벌이가 좋은 직업을 권유하기도 한다. 또 그 이면에는 그들이 젊었을 때보다 우리가 더 많은 자유를 누리는 것에 대한 일말의 시기심 같은 것도 있을 수 있다.

이 두 가지를 명심하라. 첫째, 잘못된 이유나 동기로 직업을 선택했다면 그 사실을 가급적 빨리, 방향을 선회할 수 있는 자신감이 없어지기 전에 깨달아야 한다. 둘째, 당신이 진짜 가야 할 길로 가지 못하게 방해하는 사람들이나 요인에 적극적으로 맞서 대항해야 한다. 세상의 관심이나 인정을 받으려는 욕구는 무시하라. 그 욕구에 굴복하는 순간 당신은 길을 잃게 된다. 당신에게 맞지 않는 직업을 강요하는 부모님에게 저항하라. 부모에게서 독립해 스스로의 길을 선택해 자신만의 정체성을 확립하는 것은 당신의 진정한 성장에 대단히 중요하다. 반항심을 연료로 삼아 에너지와 목적의식을 내면에 채워 넣어라. 당신의 앞길을 막는 존재가 아버지라면(레오폴트처럼), 아버지를 당당히 무시하고 당신만의 길을 개척하라.

4. 과거를 잊어라 : 적응 전략

1960년생인 프레디 로치Freddie Roach는 어릴 적부터 자연스럽게 복싱 선수가 되기 위한 길을 밟았다. 그의 아버지는 전직 프로 복싱 선수였으며 어머니는 복싱 심판이었다. 프레디의 형도 어렸을 때부터 아버지에게 복싱을 배우기 시작했고 프레디 역시 마찬가지였다. 프레디는 여섯 살 때 보스턴 남부의 체육관에서 혹독한 복싱 훈련을 시작했다. 일주일에 6일 동안 하루 몇 시간씩 코치에게 훈련을 받았다.

열다섯 살이 되자 프레디는 심신이 지쳐가는 것을 느꼈다. 이 핑계 저 핑계를 대며 연습을 빠지는 날이 많아졌다. 그런 아들의 분위기를 눈치 챈 어머니가 하루는 이렇게 말했다. "복싱은 뭐하러 하니? 맨날 맞기만 하면서. 너는 제대로 싸울 줄도 몰라." 프레디는 아버지와 형제들한테 듣는 지적이나 꾸지람에는 익숙했지만, 어머니한테 그렇게 노골적인 평가를 들으니 정신이 번쩍 들었다. 분명 어머니는 프레디보다는 형이 훌륭한 복싱 선수가 되리라고 기대하고 있었다. 프레디는 어머니 생각이 틀렸다는 걸 보란 듯이 입증하겠다고 다짐했다. 그래서 이를 악물고 복싱 선수용 식이요법에 다시 돌입했다. 그의 내면에는 연습과 자기절제에 대한 열정이 아직 살아 있었다. 그는 나날이 실력이 향상되는 자신을 보며, 방안에 하나둘 늘어가는 트로피를 보며 뿌듯함을 느꼈다. 그리고 무엇보다 이제 형과 상대해도 이길 수 있다는 점이 자랑스러웠다. 복싱에 대한 그의 열정은 다시 불타오르기 시작했다.

프레디가 형제들 중에 가장 뛰어난 복싱 기량을 나타내자, 아버지는 그를 확실한 복싱 선수로 키우기 위해 라스베이거스로 데려갔다. 그곳에서 열여덟 살의 프레디는 전설적인 복싱 코치 에디 퍼치Eddie Futch를 만나 지도를 받기 시작했다. 그리고 모든 것이 순조롭게만 풀리는 듯 보였다. 프레디는 미국 대표 팀에 선발되었고 점차 랭킹도 올라가기 시작했다. 하지만 얼마 안 가 벽에 부딪혔다. 퍼치에게 최고의 기술을 배우고 완벽에 가깝게 연습했지만, 실전에서는 마음대로 잘되지 않았던 것이다. 링 위에서 상대 선수에게 맞고 나면 자기도 모르게 무의식적으로 싸움 모드로 돌입하곤 했다. 이성이 아닌 감정이 그를 지배해버렸다. 그러면 경기가 아니라 한판 싸움으로 돌변했고, 그런 날은 으레 프레디가 패배했다.

몇 년 뒤 퍼치는 프레디에게 은퇴를 권유했다. 하지만 복싱은 그에게 삶의 전부였다. 은퇴하면 도대체 무얼 한단 말인가? 프레디는 경기에서 패배를 거듭하다가 마침내 때가 되었음을 직감하고 선수 생활에서 은퇴했다. 이후 그는 텔레마케터 일자리를 얻었고, 술을 폭음하기 시작했다. 이제 복싱에 대한 애정도 말라갔다. 그토록 많은 시간과 노력을 쏟아부었는데 아무것도 남은 게 없다는 허망함이 차올랐다. 그러던 어느 날, 프레디는 우연히 퍼치의 체육관에 갔다가 동료인 버질 힐Virgil Hill이 곧 타이틀 결정전에 나갈 복서와 스파링을 하고 있는 것을 보았다. 두 사람 모두 퍼치에게 지도를 받은 선수였는데, 가만 보니 힐 쪽의 코너에는 그를 도와주는 사람이 없었다. 그래서 프레디는 힐에게 물을 가져다주고 경기와 관련한 조언도 해주었다. 프레디는 다음날도 찾아가 힐의 코치를 자처했고 얼마 안 가 날마다 체육관을 찾기 시작했다. 체육관에서 따로 보수를 받는 게 아니었기 때문에 텔레마케터 일도 그만두지 않고 병행했다. 프레디 내면의 직관이 링에서 기회를 감지하고 있었다. 그는 늘 정해진 시간에 체육관에 나갔고 누구보다도 늦게 체육관 문을 나섰다. 퍼치에게서 배운 기술에 대해 누구보다 잘 알았던 그는 다른 선수들에게 그것을 전수해줄 수 있었다. 그가 맡은 책임은 날로 커져갔다.

마음 한구석에서는 아직도 복싱에 대한 미움을 떨칠 수 없는 것도 사실이었다. 또 선수들을 가르치는 일을 얼마나 오랫동안 할 수 있을지도 의문이었다. 그것은 치열한 경쟁의 세계였고, 이 바닥에서 오래 살아남는 복싱 트레이너는 얼마 안 되었다. 이 일 역시 내게 타성에 젖은 직업이 되고 마는 건 아닐까? 퍼치에게 배운 기술만 앵무새처럼 반복해서 가르치게 되지는 않을까? 그럼에도 한편으로는 복싱으로 돌아가고 싶은 갈망도 숨길 수 없었다. 적어도 복싱은 예측 가능한 뻔한 스포츠는 아니었다.

그러던 어느 날 버질 힐이 쿠바 복싱 선수들에게서 목격한 훈련 기술을 프레디에게 보여주었다. 쿠바 선수들은 샌드백을 쓰지 않고, 대개의 경우 두툼한 패드를 넣은 커다란 글러브를 낀 코치를 상대로 연습했다. 선수들은 링 위에서 코치와 스파링을 하면서 펀치를 갈고닦았다. 프레디는 그 방식을 힐에게도 적용해보았다. 갑자기 깜깜했던 머릿속에 불이 환하게 켜지는 기분이었다. 선수로서 링에 설 때와는 또 다른 무언가가 있었다. 그는 복싱 시합뿐 아니라 훈련 방식에도 신선한 기술이 부족하다고 느끼고 있던 터였다. 그런데 트레이너가 글러브를 끼고 링 위에 올라가면 단순히 펀치력을 향상시키는 것 이상의 효과를 얻을 수 있겠다는 판단이 들었다. 트레이너가 링 위에서 구사할 수 있는 전략을 고안하여 그것을 곧장 그 자리에서 선수에게 보여줄 수 있는 것이다.

복싱이라는 스포츠를 혁신적으로 변화시킬 수 있는 방법이었다. 프레디는 자신이 지도하는 모든 선수에게 이 방식을 쓰기 시작했다. 그리고 예전보다 훨씬 더 날렵하고 전략적인 기술을 가르칠 수 있었다.

얼마 안 가 프레디는 퍼치의 그늘을 벗어나 독립했다. 그리고 곧 복서들을 누구보다도 효과적으로 지도하는 트레이너라는 평판을 쌓았고, 몇 년 후에는 당대 최고의 복싱 트레이너로 인정받기에 이르렀다.

* * *

당신이 걷는 길에 불가피한 변화가 찾아올 때 이 점을 기억하라. 당신은 특정한 직업이나 직책에 매일 필요가 없다. 특정한 직업이나 회사에 목숨을 걸 필요가 없다. 당신만의 인생 과업을 찾는 일에 전념하는 것이 중요하다. 그것을 발견하고 현명하게 추구하는 것은 당신에게 달렸다. 남들이 당신을 보호하거나 도와주리라고 기대하지 마라. 당신 삶의 주인은 '당신'이다. 오늘날처럼 한 치 앞을 예측하기 힘든 시대에 당신은 이런저런 변화를 맞닥뜨릴 수밖에 없다. 당신 삶의 주인은 당신이므로, 당신 직업에 닥칠 변화를 예견하는 것도 당신 몫이다. 변화하는 상황에 맞게 인생의 과업을 조정할 줄 알아야 한다. 과거의 방식에 집착하지 마라. 시대에 뒤쳐져 낙오할지 모른다. 언제나 유연한 태도를 갖고 적응할 준비를 갖추는 편이 현명하다.

프레디 로치의 경우처럼 자신이 걷던 길에 변화가 찾아오면, 사람들은 감정적 과잉반응을 보이거나 자기 연민에 함몰되기 쉽다. 하지만 그러고 싶은 유혹에 굴복하면 안 된다. 프레디는 링 위로 다시 돌아갈 방법을 본능적으로 찾아냈다. 자신이 좋아한 것이 복싱 그 자체라기보다는 실력을 겨루는 시합 분위기와 전략 짜기라는 사실을 스스로 잘 알았기 때문이다. 때문에 복싱이라는 영역 '안에서' 자신의 성향을 꽃피울 새로운 방향을 찾아낼 수 있었다. 프레디가 그랬듯, 당신도 이미 갖고 있는 지식이나 기술, 경험을 버릴 필요가 없다. 대신 그것들을 활용할 새로운 방법을 찾으면 된다. 지나온 과거가 아니라 저 앞쪽의 미래로 시선을 고정하라. 그런 창의적 적응은 우리를 훨씬 더 나은 길로 이끌 수 있다. 현 상태에 대한 안일한 만족에서 벗어나 앞으로의 전진 방향을 재평가하는 계기가 되기 때문이다. 잊지 마라. 당신의 인생 과업은 살아 숨 쉬는 하나의 생명체와 같다. 과거에 세워둔 계획만을 시종일관 따라가야 한다고 믿는 순간 당신은 좁은 테두리에 갇혀버린다. 그리고 시간은 가차 없이 당신 곁을 흘러가버릴 것이다.

5. 돌아올 길을 찾아라 : 사생결단 전략

어린 시절 벅민스터 풀러Buckminster Fuller, 1895~1983는 자신이 남들과 조금 다른 방식으로 세상을 경험한다는 사실을 잘 알았다. 그는 선천적으로 심한 근시였기 때문에 모든 사물이 흐릿하게 보였다. 그리고 나쁜 시력 대신에 상대적으로 다른 감각들이 발달했다. 특히 촉각과 후각이 뛰어났다. 다섯 살 때 안경을 쓰기 시작한 이후에도 그는 늘 시각뿐 아니라 다른 감각들도 함께 동원해 주변 사물과 환경을 인식했다. 그는 촉각을 통한 지능이 남달랐다.

풀러는 유달리 재치와 지략이 뛰어난 아이였다. 한번은 여름방학에 우편물 배달을 하던 메인 주의 호수에서 배의 추진력에 도움이 되는 새로운 형태의 노를 발명했다. 해파리의 움직임을 주의 깊게 관찰하여 힌트를 얻어서 설계한 노였다. 그는 단순히 눈으로 관찰하는 것을 뛰어넘어 해파리의 움직임을 '직접 느껴서' 원리를 파악했다. 그리고 그 움직임의 원리를 그대로 적용했더니 훌륭한 기능을 가진 새로운 노가 탄생했다. 메인에서 여름을 보내는 동안 그는 다른 흥미로운 발명품도 머릿속으로 상상해보곤 했다. 발명은 이후 그의 평생에 걸친 작업이자 운명이 될 일이었다.

그러나 남들과 다르다는 것에는 괴로운 측면도 있었다. 그는 일반적인 학교 교육을 견뎌낼 끈기가 부족했다. 머리가 똑똑해서 하버드 대학에 입학했지만 딱딱한 교육 방식에 쉽사리 적응하지 못했다. 그래서 수업을 빼먹기 일쑤였고 친구들과 어울려 술을 마시며 자유분방한 생활을 했다. 하버드 대학 측에서는 그를 두 번이나 퇴학시켰다. 두 번째 퇴학 이후에는 학교로 다시 돌아가지 못했다.

이후 풀러는 여러 일자리를 전전했다. 한동안은 고기 도축 공장에서 일했고 제1차 세계대전 동안에는 해군에서 복무했다. 기계에 관해 남달리 뛰어난 감각을 지녔던 그는 기계의 각 부분이 서로 맞물려 작동하는 원리를 파악하는 능력이 탁월했다. 하지만 가만있지 못하는 성격 탓에 어느 한 곳에서 오래 머물지를 못했다. 아내와 아이를 먹여 살려야 한다는 책임감에 그는 보수가 높은 세일즈 매니저로 일하기로 결심했다. 열심히 일했고 업무 성과도 그럭저럭 괜찮은 편이었으나 석 달 뒤에 회사가 문을 닫고 말았다. 세일즈는 그의 적성에 지독히 맞지 않는 일이었고, 겨우 이런 종류의 일밖에 할 수 없는 것인가 싶어 씁쓸하기만 했다.

그러다가 몇 달 후 생각지도 못한 기회가 찾아왔다. 풀러의 장인은 내구성 강하고 단열이 잘되는 건물을 저렴한 비용에 건축할 수 있는 방법을 고안한 사람이었다. 하지만 창업을 지원하겠다는 투자자를 찾지 못하고 있었다. 풀러는 장인의 아이디어가 대단히 마음에 들었다. 풀러도 예전부터 늘 건축에 관심이 있었던 터라 장인의 새로운 기술을 현실화시키는 일에 참여하겠다고 자청했다. 그는 모든 노력을 쏟아부었고 건축 자재들의 성능도 향상시켰다. 장인도 풀러의 작업을 옆에서 든든하게 지원했고, 마침내 두 사람은 의기투합하여 스타케이드 빌딩 시스템Stockade Building System이라는 회사를 설립했다. 대부분 가족들한테 투자받은 자금으로 공장도 여럿 세웠다. 하지만 사업 운영은 난항을 겪었다. 일단 장인이 발명한 기술이 너무 급진적이었고, 풀러가 건축 업계를 혁신하겠다는 의욕이 너무 강한 타협을 모르는 순수주의자였던 것도 문제였다. 결국 5년 뒤 회사는 제3자에게 매각되었고 그와 동시에 사장이었던 풀러는 해고되었다.

풀러에게 눈앞의 현실은 암울하기만 했다. 그동안 가족들은 시카고에서 그의 연봉에 의지해 살아온 터였다. 5년간 변변히 저축해놓은 돈도 없었다. 추운 겨울이 코앞이었지만 그가 일자리를 구할 수 있는 가능성은 매우 희박했다. 그의 평판이 다 망가져 있었기 때문이다. 어느 날 저녁 풀러는 미시간 호 주변을 걷다가 지금까지 걸어온 인생을 골똘히 생각해보았다. '나는 아내를 실망시켰고, 또 사업을 망쳤으니 장인과 회사에 투자한 장인 친구들 볼 면목이 없어. 나는 사업 수완이라곤 하나도 없고 주변 사람들한테 짐이 될 뿐이야…….' 생각 끝에 풀러는 자살이 최선이라고 마음을 굳혔다. 눈앞의 호수에 빠지면 모든 괴로움도 끝나리라. '보상금이 꽤 높은 보험을 들어놓았으니 내가 죽으면 가족들 앞으로 꽤 큰돈이 나오겠지. 처갓집 식구들이 나보다 더 잘 아내를 보살펴줄 거야……' 풀러는 호수를 향해 한 걸음씩 다가가면서 죽음을 향한 마음의 준비를 단단히 했다.

그때 갑자기 무언가가 그를 멈춰 세웠다. 그것은 어떤 목소리, 근처 어딘가에서 혹은 어쩌면 그의 내면에서 들려오는 것도 같은 목소리였다. 그 목소리는 말했다. "지금 이 순간부터 너는 너의 생각이 옳다고 말해주는 속세의 증거를 기다릴 필요가 없다. 너는 진리만을 생각해라. 너에게는 생을 끝낼 권리가 없다. 너는 너 자신에게 속한 존재가 아니라 이 우주에 속한 존재다. 너의 의미와 중요성을 너 자신은 영원히 깨닫지 못할 것이다. 그러나 네 삶을 통해 세상 사람들에게 커다란 이로움을 주기 위해 전념한다면 그것이 곧 세상에서의 네 몫을 다하는 것이다." 생전 처음 들어보는 목소리였음에도 풀러에게는 너무나 생생하게 느껴졌다. 머리를 한 대 얻어맞은 기분에 휩싸인 채, 그는 호수로 향하던 발걸음을 되돌려 집으로 향했다.

그리고 집으로 돌아가는 길에 그 목소리가 던져준 메시지의 의미를 곱씹으며 자기 삶을 다시 되돌아보기 시작했다. 하지만 전과는 다른 시각으로 바라보기 시작했다. 어쩌면 이제껏 자기 실수라고 믿었던 일들이 사실은 실수가 아니었는지도 모른다는 생각이 들었다. 그는 자신이 마땅히 속해야 할 세계가 아닌 엉뚱한 세계(즉, 사업)에 삶을 끼워 맞추려고 애썼다. 조금만 더 주의를 기울였다면 그 사실을 알려주는 신호들을 진작 알아챌 수 있었으리라. 하지만 스타케이드 빌딩 시스템의 실패 경험은 시간 낭비가 아니었다. 인간의 본성에 관한 소중한 교훈을 배울 수 있는 기회였으니 말이다. 그 시도를 후회할 필요는 없었다. 중요한 건 그가 남들과 다른 무언가를 갖고 있다는 사실이었다. 그는 자신의 남다른 지각 능력으로 만들 수 있는 온갖 종류의 발명품들(새로운 종류의 자동차, 주택, 건축 구조 등)을 상상했다. 집으로 돌아가는 길에 하나같이 똑같은 모습으로 죽 늘어선 아파트들을 보는 순간 문득 이런 생각이 들었다. 사람들의 삶에 문제를 일으키는 것은 '남들과 똑같지 않음'이 아니라 '남들과 똑같은 획일성', 즉 참신하게 생각할 줄 모르는 태도가 아닐까?

풀러는 이제 자신의 경험만을 믿겠다고, 내면의 목소리에만 귀를 기울이겠다고 결심했다. 물건을 만드는 새로운 방식을 창조해서 세상 사람들에게 새로운 가능성을 일깨워주리라 다짐했다. 그러면 금전적 보상은 자연스럽게 따라오리라고 믿기로 했다. 과거 경험에 비춰보면 돈을 먼저 생각하면 언제나 결과가 좋지 않았다. 부양해야 할 가족들이 있긴 했지만, 가족들도 당분간 검소하게 아끼며 생활하면 될 것이었다.

그 후로 풀러는 이 다짐을 지키며 살았다. 자신만의 독특한 아이디어를 추구한 그는 저렴하고 에너지 효율이 높은 교통수단과 주택(다이맥시언Dymaxion 자동차, 다이맥시언 주택)을 발명하기에 이르렀고, 전에 없던 완전히 새로운 건축 구조물인 지오데식 돔geodesic dome을 개발했다. 그리고 곧 부와 명예도 자연히 뒤따랐다.

* * *

당신에게 운명 지어진 길에서 벗어나면 결코 좋은 결과를 얻을 수 없다. 그 길에서 벗어나 엉뚱한 곳을 어슬렁거리면 온갖 종류의 고통이 당신을 괴롭힐 것이다. 대개의 경우 그렇게 탈선하는 이유는 돈의 유혹 때문이거나 또는 당장의 안락함과 성공을 좇는 태도 때문이다. 그런 동기가 당신 내면 깊은 곳에서 진정으로 원하는 길과 맞지 않는다면, 일에 대한 흥미도 점차 시들해지고 결국 재정적으로도 곤란을 겪기 십상이다. 쉽게 돈을 벌 방법을 찾아다닐수록 당신이 가야 할 진짜 길에서는 점점 더 멀어진다. 명료한 시각으로 앞을 보지 못한 채 결국 당신의 직업 경력은 막다른 길에 내몰린다. 설령 물질적 욕구는 채워졌다 할지라도, 내면의 공허함이 느껴져 그 빈자리를 어떤 종교나 약물, 또는 이런저런 오락거리로 채우려 애쓰게 될 것이다. 한번 이런 메커니즘에 돌입하면 빠져나오기가 매우 힘들다. 당신이 응당 가야 할 길에서 얼마나 멀리 탈선했는지는 마음속 괴로움과 불만의 깊이가 말해준다. 그 괴로움과 불만이 주는 메시지에 귀를 기울여야 한다. 그리고 풀러가 내면의 목소리에 따랐듯 당신도 그렇게 해야만 한다. 그것은 당신의 생사가 달린 문제다.

제자리로 돌아가는 과정에는 희생이 따른다. 모든 걸 동시에 가질 수는 없는 법이다. 마스터리에 이르는 과정에는 인내가 필요하다. 멀리 5년 또는 10년을 내다보고, 노력에 대한 보상을 거둬들일 그날을 바라보며 집중해야 한다. 그날에 이르는 과정에서 힘든 도전도, 또 즐거운 경험도 만날 것이다. 당신이 마땅히 걸어야 할 그 길로 돌아가겠다고 결심하라. 그리고 주변 사람들에게도 그 사실을 알려라. 그 길에서 벗어나는 것이야말로 부끄럽고 딱한 일이다. 결국 진정한 부와 성공을 거머쥐는 주인공은 세상이 중시하는 이런저런 목표에 집중하는 사람이 아니라 인생의 과업을 실현하고 마스터리에 이르기 위해 집중하는 사람이다.

뒤집어 보기

타고난 성향이나 앞으로 걸어야 할 길을 어렸을 때 깨닫지 못하고 그 대신 자신의 한계만 뼈저리게 느끼는 사람도 있다. 그들은 남들이 아무렇지 않게 쉽게 하는 일도 잘 해내지 못한다. 인생에서 이뤄야 할 과업이나 소명의식 같은 것은 그들에게 자신과 전혀 상관없는 이야기처럼 느껴진다. 때로 그들은 주변의 비판과 비난을 곧이곧대로 받아들여 자신을 본래 결함 있는 모자란 존재로 여기게 된다. 그리고 자기 자신을 그렇게 열등한 존재로 믿으면 실제로 그런 사람이 될 수도 있다.

이런 운명과 마주했던 대표적인 인물은 템플 그랜딘Temple Grandin이다. 세 살이던 1950년에 그녀는 자폐증 진단을 받았다. 그녀는 좀처럼 말을 배우지 못했고 주변 사람들은 그녀가 영영 말을 하지 못할 것이라고 생각했다. 평생 장애인 보호 시설에서 지내야 할 것 같았다. 하지만 그녀의 어머니는 포기하기 전에 지푸라기라도 잡는 심정으로 마지막 방법을 시도했다. 딸이 언어 치료를 받게 한 것이다. 언어 치료를 받기 시작한 템플은 놀랍게도 조금씩 말을 배웠고, 덕분에 학교에 다니며 다른 아이들처럼 공부도 하기 시작했다.

그럼에도 템플의 미래는 별로 밝아 보이지 않았다. 그녀는 두뇌 활동 방식이 남들과 달라서, 언어가 아니라 이미지를 사용해 생각을 했다. 가령 어떤 단어를 익히려면 그 단어가 가리키는 대상을 마음속에 그려볼 수 있어야 했다. 때문에 추상적인 어휘를 이해하거나 수학을 배우기가 매우 힘들었다. 또 템플은 친구들과 잘 어울리지 못했고, 친구들은 평범한 아이들과 다른 그녀를 놀리기 일쑤였다. 심각한 학습 장애를 지닌 그녀가 하찮은 일이나 하며 평생을 보내는 것 말고 달리 어떤 삶을 상상할 수 있었을까? 게다가 템플은 심리가 극단적 활동 상태를 보이는 경향이 있어서, 무언가 집중할 대상이 없으면 극심한 불안을 느끼곤 했다.

템플은 불안을 느낄 때면 마음을 편안하게 해주는 두 가지 활동에 본능적으로 몰두했다. 그것은 동물과 시간을 보내는 일과 손으로 무언가를 만드는 일이었다. 그녀는 신기하게도 동물의 감정과 생각을 읽어내는 능력이 남달랐고, 특히 말을 좋아해서 승마를 시작했다. 또 언어보다는 이미지를 통해 생각했기 때문에 손으로 무언가를 만들 때면(바느질, 목공예 등) 완성된 모습을 마음속에 그려봄으로써 쉽게 물건을 완성할 수 있었다.

열한 살 때 템플은 애리조나 주에 있는 숙모의 농장을 방문했다. 그리고 그곳에서 말보다는 소에 훨씬 더 강한 애착을 느끼는 자신의 모습을 발견했다. 하루는 예방접종을 위해 소들을 보정틀에 집어넣은 광경을 목격했다. 보정틀이 소의 몸뚱이를 양옆에서 압박하여 진정시키는 효과가 있다는 사실이 템플은 몹시 흥미로웠다. 그녀는 어렸을 때 항상 몸에 강한 압박을 받고 싶은 욕구를 느꼈지만 어른이 자기 몸을 꽉 안아주는 것은 싫었다. 다른 누군가가 자신의 몸을 조이면 통제력을 잃은 기분이 들어 극심한 불안이 밀려오곤 했다. 템플은 가축용 보정틀에 들어가보게 해달라고 숙모를 졸랐다. 숙모는 그렇게 해주었고, 템플은 몸이 압박되는 30분 동안 마음이 편안해지는 것을 느꼈다. 예전부터 늘 갈망해오던 평온함이었다. 그날 이후 템플은 이 기계에 완전히 마음을 빼앗겼고, 몇 년 후 집에서 사용할 수 있는 자신만의 압박 장치를 만들기에 이른다.

그때부터 템플은 가축과 보정틀에 대해, 접촉과 압박이 자폐 아동에게 주는 효과에 대해 골몰하기 시작했다. 그리고 왕성한 호기심을 충족시키기 위해 독서 및 자료조사 기술을 갈고닦았다. 그녀는 자신의 집중력이 남달리 뛰어나다는 사실을 깨달았다. 관심 있는 주제의 책이라면 무서운 집중력으로 앉은 자리에서 몇 시간이고 읽을 수 있었다. 그녀의 독서 범위는 심리학, 생물학, 그리고 과학 전체로 점차 넓어졌다. 지적 능력을 오랜 시간 계발한 덕분에 대학에도 진학할 수 있었다. 그녀가 바라보는 시야는 점점 더 넓어졌다.

몇 년 후 템플은 애리조나 주립대학에서 동물학 석사 과정을 밟았다. 그러면서 마음속에 있던 가축에 대한 강렬한 애착이 다시 고개를 들었다. 가축 사육장과 보정틀에 대해 더욱 깊이 연구하고 동물의 행동 반응을 더 심도 있게 이해하고 싶었다. 그녀를 가르치던 교수들은 그녀의 그런 열정을 잘 이해하지 못했고 그녀의 꿈에 회의적인 반응을 보였다. 하지만 템플은 불가능이란 단어를 모르는 학생이었다. 그녀는 자기를 지원해줄 다른 학과의 교수들을 찾아냈다. 그리고 연구에 전념하는 과정에서 마침내 자신이 가야 할 길을 점차 분명히 깨닫기 시작했다.

대학이라는 공간은 템플에게 어울리는 곳이 아니었다. 그녀는 직접 무언가를 만드는 것을 즐기고 끊임없는 정신적 자극을 원하는, 현실적이고 실용적인 타입이었다. 그녀는 진로를 스스로 개척하리라 마음먹었다. 특정한 기관에 소속되지 않은 프리랜서로 활동하기 시작한 그녀는 많은 농장과 가축 사육장을 위해 동물 몸에 훨씬 더 잘 맞고 유용한 기능을 지닌 보정틀을 설계해주었다. 설계와 공학에 대한 남다른 시각적 감각 덕분에 그 분야의 기본 원리들을 혼자 힘으로 차근차근 터득했다. 나중에는 동물에게 고통을 덜 주는 도축장과 농장 가축 관리 시스템을 설계하는 일에도 앞장섰다.

이처럼 축산 영역에서 확고히 자리를 굳힌 후에도 템플은 또 다른 모습으로 계속 발전해나갔다. 책도 저술했고, 대학으로 돌아가 교수로서 강단에 섰으며, 동물과 자폐증에 관한 강연 활동도 활발히 했다. 그녀는 극복 불가능해 보이던 모든 장애물을 이겨내고, 마침내 자신에게 꼭 맞는 인생 과업을 발견해낸 것이다.

* * *

자신의 강점이나 타고난 기질을 쉽사리 발견하지 못하고 남들보다 못하다는 기분만 느낀다면, 당신은 다음과 같은 전략을 취해야 한다. 당신의 결점이나 부족한 부분을 무시하고, 남들과 비슷해지고 싶은 유혹을 떨쳐내라. 대신 템플 그랜딘이 그랬듯 당신이 잘하는 작은 일들에 집중하라. 미래에 대한 원대한 계획은 세우지 않아도 괜찮으니, 그 단순하고 사소한 기술에 능숙해지는 데에 온 힘을 기울여라. 그러면 시간이 갈수록 자신감이 쌓일 것이고, 능숙해진 기술을 발판으로 삼아 또 다른 목표들을 시도하고 추구할 수 있다. 그렇게 한 걸음씩 나아가면 당신의 인생 과업을 만날 수 있다.

기억하라. 반드시 일찍부터 어떤 탁월한 재능이 나타나야만 인생의 과업을 깨달을 수 있는 것은 아니다. 때로는 당신의 모자라고 불완전한 모습에 가려 한동안 인생의 과업이 눈에 보이지 않을 수도 있다. 당신이 잘할 수 있는 한두 가지 일에 집중해 노력하다 보면 서서히 그것이 눈앞에 나타날 것이다. 사소하더라도 잘하는 것에 반복해 몰두하면, 자기 훈련의 가치를 깨닫고 노력이 가져다주는 보상을 경험할 것이다. 마치 연꽃이 피어나듯, 서서히 쌓이는 자신감을 바탕으로 당신의 능력은 조금씩 바깥으로 펼쳐져 나갈 것이다. 선천적으로 뛰어난 재능을 부여받은 것처럼 보이는 사람들을 부러워하지 마라. 그런 사람들은 성실한 노력의 진정한 가치를 깨닫지 못하는 경우가 많으며, 때문에 훗날 그에 대한 대가를 치르기도 한다. 여기서 권고하는 전략은 당신이 실패나 역경을 맞닥뜨렸을 때도 유효하다. 그런 경우, 자신이 잘 알고 잘 할 수 있는 한두 가지 일에 집중하면서 자신감을 회복하는 것이 현명하다.

태어날 때부터 세상살이에 남들보다 한층 불리한 조건을 갖고 있었던 템플 그랜딘도 자신의 천직을 발견하고 마스터리에 이르렀다면, 당신이 못해낼 이유가 없지 않겠는가.

결국은 무언가가 우리를 특정한 삶의 길로 이끄는 듯하다. 당신은 어린 시절에 그 '무언가'를 내면의 부름처럼 느꼈을지도 모른다. 알 수 없는 충동이나 어떤 것에 대한 매혹, 또는 특별한 변화가 마치 포고처럼 들이닥쳤을 때 말이다. 나는 이 일을 꼭 해야만 해, 내가 가야 할 길은 이거야, 이것이야말로 내 진정한 모습이야 하는 직관이 찾아오는 순간이다. …… 이처럼 강렬하게 다가오지는 않았을지라도, 내면의 부름이 당신을 은밀하게 떠미는 물결이 되어 당신도 모르는 사이에 당신을 강둑의 어느 특정한 지점에 데려다 놓았을지도 모른다. 시간이 지나 뒤돌아보면 운명이 그 흐름에 관여했음을 깨닫게 된다. …… 우리는 내면의 부름에 대한 반응을 뒤로 미루거나 피하기도 하며 가끔은 그것을 알아채지 못하고 놓쳐버린다. 때로는 그 부름이 우리를 완전히 사로잡는다. 어찌 되었든 그것은 결국엔 스스로를 드러낸다. …… 비범한 사람들은 내면의 부름을 강렬하게 경험한다. 아마도 그래서 세인들을 그토록 매혹하는 것이리라. 또 어쩌면 그들은 내면의 부름이 이끄는 길을 충실하게 따르기에 비범하고 특별한 인물이 되는 것인지 모른다. …… 비범한 위인들은 평범한 사람은 해내지 못하는 것을 성취함으로써 내면의 부름의 힘을 더욱 확실하게 보여준다. 평범한 우리는 내적 동기와 열의가 부족하고 주의가 엉뚱한 곳으로 쉽게 분산되는 듯하다. 그러나 우리의 운명을 이끄는 것도 그들을 움직이는 것과 똑같은 보편적 원동력이다. 위인들이라고 해서 다른 범주에 속한 것이 아니다. 다만 그들은 그 원동력이 훨씬 더 뚜렷하게 힘을 발휘할 뿐이다.

_ 제임스 힐먼(James Hillman)

2장
마스터리를 끌어내는 이상적 수련 방식

MASTERY

◆ 학교 교육을 마친 후 당신은 인생의 가장 중요한 단계로 들어간다. 그것은 실질적이고 현실적인 배움을 체득하는 수련의 시기다. 직업을 바꾸거나 새로운 지식 및 기술을 습득할 때마다 이 수련기는 다시 시작된다. 이 단계에는 많은 위험 요인이 존재한다. 자칫하면 불안감에 굴복하거나 또는 마음을 점령하는 감정적 요동과 갈등에 휘말리기 쉽다. 두려움에 휩싸이기도 하고, 모종의 '학습 장애'가 생겨나 그것이 평생 삶에 영향을 줄 수도 있다. 너무 늦기 전에 올바른 교훈을 흡수하고 과거와 현재의 위대한 거장들이 걸었던 길을 본보기로 삼아야 한다. 모든 분야를 초월하는 이상적 수련 방식을 배워야 한다. 그 과정에서 필요한 기술을 정복하고 마음과 자세를 훈련하여, 마스터리에 이르기 위한 창의적인 도전들을 감당할 준비가 된 독립적인 인간으로 변화할 수 있다.

첫 번째 탈바꿈

　찰스 다윈1809~1882은 어릴 적부터 자신을 압박하는 아버지의 영향력을 느끼며 자랐다. 성공한 의사였던 아버지는 두 아들에게 커다란 기대를 품고 있었다. 하지만 둘째 아들인 찰스는 아버지의 기대치에 못 미치는 자식이 될 가능성이 높아 보였다. 찰스는 그리스어와 라틴어, 대수학 실력이 형편없었다. 당연히 학교 성적도 별로였다. 의욕이 부족했던 게 아니다. 그는 책을 통해서 세상을 배우는 게 따분하기만 했다. 그보다는 직접 자연에 나가서 사냥하고, 희귀한 딱정벌레를 찾아내고, 여러 가지 꽃과 광물을 수집하는 일이 훨씬 재미있었다. 새들의 행동을 관찰하고 각기 다른 종류들의 차이점을 자세하게 기록하다 보면 어느새 몇 시간이 훌쩍 지나버리곤 했다. 그는 자연을 관찰하는 감각이 남달랐다. 하지만 이런 취미가 직업으로 연결되기는 힘들었고, 시간이 흐를수록 아들을 못마땅하게 여기는 아버지의 마음은 커져갔다. 하루는 아버지가 이렇게 꾸짖었다. 이 말은 그의 마음에 가시처럼 깊이 박혔다. "너는 사냥과 개, 쥐잡기 말고는 좋아하는 게 아무것도 없구나. 너는 스스로의 명예에 먹칠을 할 뿐만 아니라 우리 가족한테도 망신거리가 될 거야."

다윈이 열다섯 살이 되자 아버지는 아들의 삶에 더욱 적극적으로 개입하기로 마음먹었다. 그래서 아들을 에든버러에 있는 의과대학에 보냈다. 하지만 다윈은 수술하며 피를 보는 것을 참을 수가 없었고 결국 의대를 중퇴하고 말았다. 아버지는 다윈에게 다른 직업을 골라줘야겠다고 생각하고는 교회 목사가 되기를 권유했다. 다윈은 목사가 되면 수입도 괜찮은 편이고 또 여가 시간에 표본도 마음껏 수집할 수 있겠다는 생각이 들었다. 단, 목사가 되려면 먼저 유명 대학에서 학위를 따야 했다. 그래서 케임브리지 대학에 진학했다. 그곳에서도 다윈은 정식 교육 과정에 별로 흥미를 느끼지 못했다. 그나마 식물학에는 관심이 있어 식물학 교수인 헨슬로John Stevens Henslow와 친한 사이가 되었다. 다윈은 나름 열심히 공부해서 1831년 5월에 문학사 학위를 가까스로 딸 수 있었다. 아버지가 보기에는 다행이 아닐 수 없었다.

학교 공부는 이제 끝났다고 생각한 다윈은 시골로 여행을 떠났다. 이 시간 동안만큼은 자연세계 탐구에 대한 욕구를 마음껏 채우고 잠시나마 미래 진로에 대한 고민을 잊을 수 있었다.

여행을 마치고 8월 말에 집으로 돌아오자 헨슬로 교수에게서 온 편지가 다윈을 기다리고 있었다. 편지의 내용인즉, 영국 군함 비글호에 승선할 무보수 박물학자로 다윈을 추천한다는 것이었다. 비글호는 몇 달 후 출항하여 수년간 지구 곳곳을 돌아다니며 다양한 해안 지역을 탐사할 예정이었다. 다윈이 맡을 일은 비글호가 들르는 여러 지역의 생물 및 광물 표본들을 수집하여 영국으로 보내는 것이었다. 헨슬로가 다윈을 추천한 것을 보면, 평소 식물 표본을 수집하고 연구하는 다윈의 감각이 뛰어난 것을 눈여겨보았음이 틀림없다.

다윈은 잠시 망설였다. 박물학자라는 직함은 물론이거니와 그렇게 멀리 나가는 여행은 생전 처음이었다. 그가 진지하게 고민해보기도 전에 이번에도 아버지가 끼어들면서 비글호 항해 동행을 완강히 반대했다. 다윈은 바다 여행을 해본 적이 없어서 견뎌내지 못할 것이라는 얘기였다. 또 그는 정식 과학자도 아니었고 해당 분야의 훈련도 부족했다. 게다가 몇 년이나 바다에 나가 있으면 아버지가 생각해둔 목사 자리가 남에게 넘어갈지도 몰랐다.

아버지가 너무나 완강히 반대했기 때문에 다윈은 아버지 뜻을 따르지 않을 수 없었고 비글호 제안을 거절하기로 마음먹었다. 하지만 거절하기 전 며칠 동안 이 항해에 대해 곰곰이 생각해보았다. 생각하면 할수록 마음이 그쪽으로 끌렸다. 부모에게 엄격히 보호받는 삶을 벗어나 모험을 해볼 수 있는 기회라는 점에 마음이 끌렸고, 지구상의 온갖 다양한 생명체를 관찰하면서 박물학자라는 직업을 체험해볼 수 있는 기회라는 생각도 들었다. 간섭이 심한 아버지에게서 벗어나 자신만의 길을 개척하고 싶은 욕구가 일었을지도 모른다. 마침내 다윈은 마음을 바꿔 비글호를 타기로 결심했다. 아버지를 설득하기 위해 삼촌의 힘까지 빌린 다윈은 간신히 아버지의 마지못한 동의를 얻어낼 수 있었다. 출항하기 전날 다윈은 비글호 함장인 로버트 피츠로이Robert FitzRoy에게 쓴 편지에 이렇게 적었다. "이제 곧 저의 두 번째 인생이 시작됩니다. 내일은 제 삶이 새로이 출발하는 생일이 될 것입니다."

그해 12월 드디어 비글호가 출항했다. 그런데 곧 다윈은 항해에 따라나선 것을 후회했다. 배가 생각보다 크지 않은 편이라 파도에 심하게 흔들려서, 다윈은 계속 뱃멀미를 했고 음식도 제대로 먹을 수가 없었다. 앞으로 오랫동안 가족을 보지 못한다고 생각하니 집이 그리웠다. 낯선 사람들과 좁은 배 안에서 몇 년을 보낼 일을 생각하니 답답하기만 했다. 심장 박동이 불규칙해지는 심계 항진이 나타났고 중병에 걸리지 않을까 두려웠다. 선원들은 배 위의 생활에 쉽사리 적응하지 못하는 다윈을 이상한 눈초리로 쳐다보기 시작했다. 함장 피츠로이는 변덕이 심해서 아주 사소한 일에도 갑자기 화를 터뜨리곤 했다. 또 그는 성서의 내용을 글자 그대로 맹신하는 열렬한 기독교도였다. 그래서 신이 만물을 창조했다는 창세기 내용과 노아의 홍수가 사실임을 뒷받침하는 증거를 남아메리카 대륙에서 찾으라고 다윈에게 지시했다. 다윈은 아버지의 반대를 무릅쓰고 떠나온 자신이 바보처럼 느껴졌다. 선상 생활에서 느끼는 외로움도 날로 커졌다. 반쯤은 정신이 나간 듯한 함장의 지휘 아래 좁은 선실에서 지내야 하는 이 갑갑한 생활을 앞으로 어떻게 견뎌낼 수 있을까?

항해를 시작한 지 몇 주가 지난 무렵이었다. 어떻게든 적응해야겠다는 절박함을 느낀 다윈은 나름의 전략을 취하기로 했다. 고향에서 그는 내면이 혼란스럽고 힘들 때 산과 들로 나가 여기저기 돌아다니며 자연 세계를 관찰하면 마음이 평온해지곤 했었다. 그러면 자기 자신의 상황을 잊을 수 있었다. 이제는 비글호라는 배가 그가 속한 세상이었다. 다윈은 배에 타고 있는 사람들을 눈여겨보기 시작했다. 선원들의 다양한 성격과 함장의 스타일을 자세히 관찰했다. 나비의 날개 무늬를 관찰할 때처럼 말이다. 그러다 보니 이런 사실을 알게 됐다. 배 안의 어느 누구도 음식이나 날씨, 또는 자기가 맡은 일에 대해서 불평하는 법이 없었다. 그들은 극기심과 금욕주의를 중요하게 여겼다. 다윈은 자신도 그런 태도를 가지려고 애썼다. 또 피츠로이 함장은 뭔가 불안함을 느끼며 함대 내에서 자신의 권위와 높은 직위를 끊임없이 확인받고 싶어 했다. 다윈은 그런 함장의 기분을 맞춰주려 노력했다. 시간이 흐르자 다윈은 조금씩 배 위의 일상에 적응하기 시작했다. 심지어 뱃사람 특유의 버릇도 몸에 배기 시작했다. 그러면서 차츰 고향에 대한 그리움과 외로움을 떨쳐낼 수 있었다.

몇 개월 후 비글호가 브라질에 상륙했다. 그제야 다윈은 이번 항해에 참여한 진정한 의미를 발견할 수 있었다. 그는 브라질에서 만난 온갖 종류의 야생 동식물에 완전히 마음을 빼앗겼다. 박물학자에게는 천국과도 같았다. 영국에서는 한 번도 보지 못했던 희한한 종들이 천지였다. 하루는 숲을 걷다가 대단히 기이하고 잔인한 장관을 목격했다. 조그맣고 검은 개미들이 100미터가 넘게 줄지어 기어가면서 지나가는 길에 있는 모든 생명체를 먹어치우고 있었던 것이다. 다윈은 각양각색의 동식물이 사는 숲속에서 생존을 위해 치열하게 몸부림치는 생명체들의 흔적을 도처에서 목격할 수 있었다. 그런데 비글호 박물학자로서 맡은 임무를 수행해야 하는 그는 한 가지 문제에 봉착했다. 이곳에서 잡은 새와 나비, 게, 거미들은 전부 다 예전에 보지 못한 독특한 종이었다. 영국으로 보낼 표본을 신중하게 선별해야 하는데, 어떤 것을 포함하고 어떤 것을 제외할지 어떻게 판단한단 말인가?

다윈은 머릿속 내용을 보다 체계화해야 했다. 숲에서 발견한 것들을 관찰하고 연구하여 자세히 기록하는 것도 중요했지만, 그 모든 정보를 조직화하고 각 표본들을 분류하여 관찰 내용을 체계적으로 정리하는 일도 필요했다. 이것은 엄청나게 힘든 작업이었지만 학교 숙제를 할 때와 달리 즐겁기만 했다. 책에 적힌 모호하고 이론적인 개념이 아니라 살아 있는 생명체들과 마주하고 있었기 때문이다.

비글호가 해안을 따라 남쪽으로 내려가는 동안, 지금까지 어느 박물학자도 탐험하지 않은 남아메리카 내륙 지역이 있다는 사실에 다윈의 생각이 미쳤다. 가능한 한 모든 종류의 생명체를 만나고 싶었던 다윈은 가우초남미에 거주하는 스페인 사람과 인디언의 혼혈들과 함께 아르헨티나의 대초원으로 여러 차례 탐험을 떠나, 다양한 종류의 특이한 동물과 곤충을 수집했다. 이때도 그는 배 위에서와 똑같은 전략을 취하여, 가우초들의 문화를 자세히 관찰하고 그들의 생활 습관에 자신을 맞추려고 애썼다. 이처럼 내륙 지역을 여행하는 과정에서 그는 자신을 약탈하려는 원주민들과 맞서고 독충과 싸워야 했으며 풀숲에 숨어 있던 표범과 마주치기도 했다. 그는 고향에 있는 가족과 친구들은 상상하지도 못할 탐험과 모험에 재미를 붙여갔다.

항해가 시작된 지 1년쯤 지났을 무렵, 부에노스아이레스에서 남쪽으로 약 650킬로미터 떨어진 해안에서 다윈은 이후 몇 년간 골몰하게 될 연구 주제를 만나게 된다. 그는 한 절벽 지대에서 암석 사이에 하얀색으로 구분되는 이상한 층을 발견했다. 가까이 가서 살펴보니 동물의 뼈 같은 것이 다량 묻혀 있는 것으로 보였다. 그는 바위를 깎고 또 깎아서 그 하얀 뼈들을 최대한 파냈다. 크기나 종류 면에서 전에 한 번도 본 적이 없는 것들로, 마치 거대한 아르마딜로처럼 생긴 동물로 추측되는 생물의 뼈와 갑옷, 마스토돈코끼리와 비슷한 고대의 대형 포유동물의 거대한 이빨, 말의 이빨 등이었다. 그중에서 무엇보다도 놀라운 것은 말의 이빨이었다. 과거 스페인과 포르투갈 사람들이 처음 남아메리카에 왔을 때는 말이 없었는데, 다윈이 발견한 이빨은 그들이 이곳에 왔던 때보다 먼저 존재했던 말의 것으로 보였기 때문이다. 다윈은 이런저런 의문이 일었다. 만일 이 말이 아주 오래 전에 멸종했다면, 모든 생명체가 특정한 시점에 창조되어 지금까지 살아 있다는 생각은 터무니없는 게 아닐까? 어떻게 그렇게 많은 종이 멸종할 수 있을까? 지구상의 생명체들은 끊임없이 변화하고 발전하는 상태에 있는 것일까?

그로부터 몇 달 후 다윈은 안데스 고원을 탐험했다. 영국으로 보낼 희귀한 지질학 표본을 수집하기 위해서였다. 해발 약 3700미터 지점에서 그는 화석화된 조개껍데기와 바다 암석을 발견했다. 그렇게 높은 고도에 조개껍데기가 있다는 것은 의아한 일이었다. 그는 화석과 주변 식물군을 면밀하게 살펴본 뒤 그 고산 지대가 과거 한때 대서양에 속했던 것이라고 추측했다. 수천 년 전 일련의 화산 활동 때문에 땅이 융기한 게 틀림없었다. 다윈은 성서 내용을 뒷받침하는 증거가 아니라 오히려 거기에 완전히 배치되는 이론의 증거를 발견하고 있었다.

시간이 지날수록 다윈은 자신이 변화하고 있음을 느꼈다. 과거에는 어떤 종류의 일을 해도 따분하기만 했는데, 지금은 하루 종일 동식물과 화석을 채집해도 힘들지 않았다. 오히려 탐험하고 새로 알아야 할 것들이 너무 많아서 일 분 일 초도 허비하는 게 아까웠다. 그에게는 이제 남아메리카의 동식물을 관찰하고 식별하는 뛰어난 능력이 생긴 상태였다. 울음소리나 알껍데기의 무늬, 하늘로 날아오르는 날갯짓만 봐도 현지 토종 새들을 구분할 수 있었다. 그는 이 모든 정보를 꼼꼼하게 기록하고 체계적으로 정리했다. 한편 연구 방식도 예전과 사뭇 달라져 있었다. 그는 대상을 관찰하고, 그것과 관련된 자료를 읽고, 그것에 대해 기록하고, 그런 다음 한층 면밀히 관찰한 후에 가설을 수립했다. 또 그 과정에서 각종 관찰 내용과 가설들은 서로를 보완하는 역할을 했다. 수집한 다종다양한 자료들을 토대로 여러 아이디어가 수시로 샘솟곤 했다.

1835년 9월, 비글호는 남아메리카의 태평양 연안을 출발하여 최종 도착지인 고국을 염두에 둔 채 서쪽으로 향했다. 서쪽으로 항해하며 첫 번째로 들른 곳은 사람이 거의 살지 않는 일련의 섬들로 이루어진 갈라파고스 제도였다. 야생 동식물이 풍부한 이곳에서 다윈은 놀라운 것들을 발견하게 된다. 피츠로이 함장은 다윈에게 일주일을 주면서 섬들 중 한 곳을 조사하라고 지시했다. 그 후에 다시 항해 길에 오른다는 것이었다. 다윈은 섬에 발을 디딘 순간부터 다른 어떤 곳과도 다르다는 강렬한 느낌을 받았다. 그 조그만 섬은 다른 어느 곳에서도 볼 수 없는 동식물로 가득했다. 해변이고 얕은 바닷물이고 할 것 없이 곳곳에 떼 지어 다니는 검은색 바다 이구아나들, 200킬로그램은 족히 넘어 보이는 육중한 몸을 이끌고 기어 다니는 거북, 바다표범, 펭귄, 날지 못하는 가마우지 등을 볼 수 있었다. 무엇보다도 차가운 물에 사는 걸로 알려진 종들이 열대 섬에 서식한다는 사실이 놀라웠다.

일주일이 지났을 무렵 다윈은 그 한 섬에서만 무려 26가지의 고유한 새 종류를 파악했다. 그의 채집용 병들은 기이한 식물, 뱀, 도마뱀, 물고기, 곤충으로 가득해졌다. 다윈은 비글호로 돌아와 섬에서 수집한 다양한 표본들을 분류하고 정리했다. 대부분이 전에 목격하지 못한 완전히 새로운 종이라는 사실이 놀랍기만 했다. 그보다 훨씬 더 놀라운 사실도 있었다. 불과 약 80킬로미터 떨어져 있는 섬들끼리도 그곳에 각각 서식하는 종이 달랐던 것이다. 두 섬의 거북의 등딱지 무늬가 달랐고 핀치 새도 부리의 모양이 달랐다. 부리가 각자 자신이 사는 섬에서 확보하는 먹이 종류에 맞게 발달한 것이었다.

4년간의 항해 동안 관찰해온 모든 것이 머릿속에서 한데 통합되기라도 한 듯, 불현듯 혁신적인 가설 하나가 다윈의 마음속에서 모습을 갖추기 시작했다. 그의 머릿속에는 이런 생각이 흘러갔다. 갈라파고스는 안데스의 경우처럼 화산 폭발로 인해 바다 밑에서 지각이 융기하여 만들어진 섬일 것이다. 따라서 처음엔 이 섬에 생명체가 없었다. 그러다 시간이 흘러 새들이 이곳으로 날아오고 자연히 씨앗들도 함께 오게 되었다. 또 다양한 동물들도 바다를 통해 도착했다. 도마뱀이나 곤충들이 통나무 따위를 타고 표류하다 이 섬에 이르렀고, 거북들은 헤엄쳐서 도착하기도 했으리라. 수천 년의 세월이 흐르는 동안 각 생명체들은 이곳의 먹이와 포식자에 적응하며 살았으며, 그 과정에서 생존에 유리하도록 형태가 바뀌었다. 적응에 실패한 동물은 죽어서 멸종했다. 아르헨티나에서 발견한 거대한 화석의 주인이었던 동물들처럼 말이다. 그것은 냉혹한 생존 법칙이었다. 이 섬의 동식물은 어느 특정 시점에 신성한 존재에 의해 창조된 것이 아니다. 이 생명체들은 아주 천천히 진화하여 지금의 형태에 이른 것이다. 갈라파고스의 섬들은 지구의 축소판이라고 할 수 있었다.

고국으로 돌아오는 길에 다윈은 이 이론을 한층 깊게 발전시켰다. 이는 대단히 혁명적인 관점이었다. 이후 그는 이 이론을 입증하고 확립하는 일에 평생을 바치게 된다.

  1836년 10월, 마침내 비글호는 약 5년에 걸친 항해를 마치고 영국으로 돌아왔다. 영국에 도착한 다윈은 서둘러 집으로 돌아갔다. 아버지는 5년 만에 돌아온 아들의 모습을 보고 깜짝 놀랐다. 다윈은 신체적으로 변해 있었다. 더 다부진 체격으로 바뀌어 있었다. 또 전체적으로 풍기는 분위기도 예전과 사뭇 달랐다. 눈빛에서 진지한 목적의식과 날카로움이 엿보였다. 몇 년 전 바다로 떠날 때의 모습, 방황하던 젊은이의 모습은 온데간데없었다. 5년간의 비글호 항해가 다윈의 육체와 영혼을 모두 변화시켜놓은 것이었다.

마스터리에 이르는 열쇠

  자기 자신을 정복하는 것보다 더 위대한 정복은 없다.

_레오나르도 다 빈치

  과거와 현재를 막론하고 위대한 거장들의 삶에서는 미래의 업적 성취에 밑거름이 되는 기본 역량이 형성되고 발달하는 특정한 시기를 발견할 수 있다. 이 시기는 나비의 번데기 시절에 비유할 수 있다. 이 시기(대개 자발적인 수련 기간으로 5~10년쯤 지속된다)는 후세 사람들의 주목을 거의 받지 못하고 묻히는 경우가 많다. 어떤 위대한 성취나 발견이 일어난 시기가 아니기 때문이다. 수련기의 거장은 평범한 사람과 크게 다르지 않을 때도 많다. 그러나 수면 아래에서 그들의 정신은 새롭게 거듭나는 변화를 겪고 있으며, 장차 이룰 성공의 모태가 되는 모든 씨앗을 품고 있다.

이 시기 삶의 모습을 결정짓는 중요한 요인은 자신의 성장에 가장 중요하고 본질적인 것에 대한 직관적 깨달음이다. 하지만 우리는 본보기가 될 만한 그들의 행동을 면밀히 관찰하여 귀중한 교훈을 얻을 수 있다. 사실 거장들의 삶을 자세히 들여다보면 그들이 속한 다양한 분야에 상관없이 공통적으로 모종의 패턴이 목격된다. 마스터리에 이르기 위한 일종의 이상적 수련 방식을 발견할 수 있다는 얘기다. 그리고 이 패턴을 이해하여 우리 각자의 방식으로 삶에 적용하려면, 먼저 수련기가 의미하는 바와 그 필요성을 이해해야만 한다.

어렸을 때 우리는 타인에게 의존하는 오랜 기간을 거치며 자신이 속한 사회의 문화를 습득한다. 인간은 다른 어떤 동물보다도 이 기간이 길다. 이 기간에 우리는 말하기, 쓰기, 셈하기, 이성적 사고법을 배운다. 대개 이때는 부모님과 선생님이 곁에서 우리를 보호하면서 주의 깊게 인도한다. 조금 더 자라면 책을 통한 학습이 중점적으로 이뤄지고, 우리는 다양한 주제에 관해 최대한 많은 지식과 정보를 흡수한다. 이때 습득하는 역사, 과학, 문학 등의 지식은 추상적인 것이며 이 학습은 대부분 수동적인 흡수를 통해 이뤄진다. 그리고 그 과정이 끝나면(대개 18~25세쯤) 이제 냉정하고 혹독한 일의 세계로, 사회로 나가 혼자 힘으로 삶을 꾸려가야 한다.

의존적인 청소년기를 막 벗어났을 때, 우리는 독립 시기로 온전하게 이행할 준비가 제대로 되지 않은 상태다. 우리에겐 책이나 선생님을 통해 배우는 습관이 남아 있으며, 이 방식은 자기주도적 태도가 필요한 삶의 시기, 실제 사회와 부딪히며 살아야 하는 시기와 맞지 않는다. 우리는 사회가 돌아가는 이치에 밝지 못하고 사람들의 정치적 게임에도 준비가 안 되어 있는 경우가 많다. 아직 분명한 자기정체성을 찾지 못한 우리는 일의 세계에서 가장 중요한 것이 타인의 주목과 인정을 받고 원만한 대인관계를 유지하는 것이라고 믿는다. 그리고 이런 단순한 생각과 착각은 현실 세계 속에서 가차 없이 드러난다.

시간이 흐르고 세상에 적응해가면서 우리는 마침내 진로를 결정한다. 하지만 수많은 실수를 저지르면서 여러 가지 문제에 봉착하기도 한다. 우리는 감정적 문제에 얽매여서 너무 많은 시간을 허비하고, 눈앞의 현상이나 감정과 객관적 거리를 유지한 채 경험을 숙고하고 거기서 교훈을 얻는 태도를 갖지 못할 때가 많다. 본래 수련기는 각자 개인만의 방식으로 거쳐야 한다. 타인의 가르침이나 책에 쓰인 조언을 '그대로' 따르는 것은 결코 바람직하지 않다. 이 시기는 우리가 타인의 의존에서 벗어나 마침내 자립하고 본연의 정체성을 확립하는 기간이다. 그런데 미래 성공의 중요한 밑거름이 되는 이 기간과 관련하여 우리가 기억해야 할 중요한 교훈들이 존재한다. 이 교훈을 기억하면 흔히 범할 수 있는 실수를 피하고 귀중한 시간을 허비하는 것을 막을 수 있다.

이 교훈들은 다양한 분야나 여러 역사적 시기를 막론하고 언제나 유효하다. 인간 심리의 본질적인 특성 및 두뇌의 작동 방식과 긴밀히 연결되어 있기 때문이다. 이 교훈들은 결국 가장 중요한 하나의 '원칙'으로 수렴될 수 있으며, 아울러 수련기를 구성하는 세 단계가 존재한다.

지금 설명하는 '원칙'을 마음속에 깊이 새기기 바란다. 수련기의 목표는 돈이나 높은 직위, 학위가 아니라 정신과 인격을 '완전히 탈바꿈시키는 것'이어야 한다. 즉, 마스터리에 이르는 과정의 첫 번째 탈바꿈이자 변화 말이다. 수련기에 막 들어선 당신은 특정한 직업 분야에서 아직 초심자에 불과하다. 이제 막 속한 세계를 온전히 이해하지 못한 채 많은 착각과 오해를 갖고 있다. 마음속은 미래에 대한 꿈과 환상으로 가득하다. 당신은 주관적인 관점으로 세상을 이해한다. 감정과 불안함, 제한된 경험에 근거해 세상을 바라보기 때문이다. 그러다 점차 현실에 적응해가면서, 현실 세계에서 필요한 지식과 기술이 무엇인지 객관적으로 인식하기 시작한다. 또 다른 이들과 협력하는 법, 남들의 비판에 대응하는 법도 터득한다. 그런 과정을 거치며 당신은 조급하고 산만한 인간에서 목적의식과 자기절제력을 지닌 훈련된 인간으로, 어려운 상황에도 대처할 수 있는 정신을 지닌 인간으로 탈바꿈한다. 이로써 모든 약점을 극복하고 자기 자신을 정복하는 인간으로 변화해가는 것이다.

이때 중요한 점이 하나 있다. 배우고 성장할 수 있는 기회가 풍부한 일터나 임무를 선택해야 한다는 것이다. 이론적 지식이 아닌 실제적 지식이야말로 최고의 유용함을 지니며, 멀리 내다봤을 때 결국 당신에게 보상을 가져다준다. 그것은 돈벌이에 유리하지만 배움의 기회는 적은 일터나 직위에서 당신이 받을 보수 인상보다 훨씬 더 커다란 보상이다. 배움의 기회가 있는 일터에서는 당신을 더 단단한 사람으로 변화시켜줄 도전과제를 만나게 되며, 성과와 발전 상황에 대한 객관적인 피드백을 얻을 수 있다. 절대 쉽고 편해 보이는 수련기를 선택하지 마라.

당신 역시 찰스 다윈이 걸었던 길을 따른다고 생각할 필요가 있다. 당신만의 길을 찾는 것, 당신의 미래를 만들어나갈 항해에 오르는 것이다. 수련기는 젊음과 모험의 시기, 열린 마음과 정신으로 세상을 탐험하는 시기다. 사실, 어떤 새로운 기술을 익히거나 직업 진로를 변경해야 할 때마다 우리는 기꺼이 모험을 감수하려는 태도를 내면에서 불러내야 한다. 다윈은 안전하고 편한 길을 택할 수도 있었다. 즉, 그저 필요한 만큼만 표본을 채집하고, 위험한 숲으로 탐험을 감행하는 대신 배 위에서 책이나 읽으며 시간을 보낼 수도 있었다. 그랬다면 탁월한 과학자가 되지 못하고 그저 평범한 박물학자로 남았을 것이다. 다윈은 안전지대를 박차고 나가 끊임없이 새로운 모험에 도전했다. 그리고 위험과 역경을 자신의 발전을 가속화하는 계기로 삼았다. 당신도 그런 태도를 지녀야 한다. 수련기를 일의 세계에 정착하기 직전의 따분하고 고된 기간이 아니라 스스로를 새롭게 탈바꿈시키는 시기로 여겨야 한다.

수련기의 세 단계

위에서 설명한 '원칙'을 마음에 깊이 새긴 상태에서, 당신은 이제 수련기의 핵심적인 세 단계를 알아야 한다. 이 각 단계는 조금씩 서로 겹칠 수도 있다. 수련기의 세 단계는 다음과 같다. 진지한 관찰(수동적 모드), 기술 습득(연습 모드), 시도(실행 모드). 수련기는 매우 다양한 형태를 띨 수 있다는 점을 명심하라. 수련기를 한 장소에서 오랜 시간 동안 거칠 수도 있고, 또는 다양한 장소에서 여러 직위나 임무를 경험하며 거칠 수도 있다. 후자의 경우 여러 가지 기술을 습득하는 복잡한 과정이 수반되기도 한다. 또 대학원 시기와 실제적 사회 경험을 하는 시기가 함께 합쳐져 수련기를 구성할 수도 있다. 어떤 경우든지, 아래 설명하는 세 단계를 이해하는 것이 중요하다. 하지만 당신이 속한 분야의 특성에 따라 어느 특정한 단계에 더 비중을 둬야 하는 경우도 있을 것이다.

1단계-진지한 관찰 : 수동적 모드

당신이 들어가는 새로운 직업 세계나 새로운 환경에는 그곳 고유의 규칙과 절차, 사회적 역학이 존재한다. 어떤 분야든 그 분야에서 일을 수행하는 방식과 관련해 수십 년 또는 수백 년 동안 사람들이 확립해놓은 지식이 있기 마련이며, 각 세대는 이전 세대의 지식을 개선하고 보강한다. 또 모든 일터에는 나름의 관습, 행동 규칙, 표준적 작업 방식이 있으며, 개인들 사이에 형성된 다양한 종류의 권력관계도 존재한다. 이 모든 것은 당신 개인의 욕구와 상관없이 존재하는 하나의 현실이다. 따라서 새로운 세계에 입성한 당신이 해야 할 일은 그 현실을 가급적 진지하게 '관찰'하고 흡수하는 것이다.

수련기 초반에 저지르기 쉬운 가장 큰 실수는 사람들의 관심과 인정을 받고, 그들에게 강한 인상을 심어주고, 자기 자신의 능력을 입증해 보여야 한다고 생각하는 것이다. 이런 생각이 머릿속을 점령하면 주변 현실을 제대로 인식하기 힘들다. 설령 당신이 주변의 관심을 받는다 할지라도 그것은 진정한 관심이 아니다. 그 관심은 당신의 진짜 역량이나 기술 때문에 받는 것이 아니므로 결국은 당신에게 이롭지 못하다. 대신 당신은 현실을 인정하고 '받아들여야' 한다. 당신의 색깔과 개성을 묻어두고 가급적 전면에 나서지 않은 채 조용하게 관찰하라는 얘기다. 또 당신이 들어선 세계에 대해 선입관을 갖고 있었다면 그것도 버려야 한다. 배우려는 강한 의욕 때문에 초반에 주변 사람들에게 강한 인상을 주는 것은 괜찮다. 하지만 준비도 되지 않은 상태에서 최고 위치에 오르려고 애쓰는 야망 때문에 주목을 받아서는 안 된다.

새로운 세계에 들어서면 두 가지 중요한 현실을 관찰해야 한다. 첫 번째로 관찰해야 할 것은 그 분야에서 일을 훌륭하게 완수하는 데 필요한 규칙과 절차다. 즉, '해당 분야 고유의 작업 진행 방식'이다. 이런 규칙들 중 일부는 누군가 당신에게 직접 알려준다. 대개 이것은 일반적 상식 수준에서 이해할 수 있는 표면적인 규칙이다. 물론 그런 규칙도 눈여겨봐야 하지만 더 관심을 기울여야 할 것은 무언의 규칙, 당신이 합류한 곳의 내부 문화 저변에 깔린 규칙이다. 여기에는 그곳에서 중시되는 스타일과 가치관도 해당된다. 그런 내부 문화와 가치관은 상부에 위치한 리더의 유형과 성격을 반영할 때가 많다.

조직의 계층 사다리에서 상부를 향해 오르는 중인 사람들, 한마디로 '잘나가는' 사람들을 면밀히 관찰하면 그런 규칙을 파악할 수 있다. 또는 반대로 무리 내에서 눈총을 받는 사람, 특정한 실수 때문에 질책을 당했던 사람, 또는 해고당한 사람을 관찰하는 것도 한 방법이다. 그런 사례는 일종의 경고등 역할을 해준다. '이렇게 행동하면 안 된다'고 알려주는 본보기가 되는 셈이다.

당신이 관찰할 두 번째 현실은 무리 내에 형성돼 있는 권력관계다. 실질적 힘과 통제권을 쥔 사람은 누구인가? 모든 커뮤니케이션 내용이 거쳐가는 주요 인물은 누구인가? 누가 주목을 받기 시작했으며, 누가 내리막길을 걷고 있는가? (사회 지능의 이런 요소에 대해서는 4장에서 더 자세히 설명할 것이다.) 절차상의 규칙이나 정치적 권력관계에서 어떤 문제점이나 비생산적인 측면을 발견할 수도 있다. 하지만 당신이 할 일은 그것에 대해 도덕적 판단을 내리거나 불평하는 것이 아니라, 일단 그것을 이해하고 전체적 상황을 완벽히 파악하는 것이다. 이를테면 당신은 낯선 문화를 연구하는 인류학자가 되어 해당 문화의 미묘한 요소와 관습에 스스로를 맞춰야 한다. 인류학자는 자신이 찾아간 곳의 문화를 변화시키려고 들지 않는 법이다. 그러면 부족민들의 손에 죽음을 맞이할지도 모른다. 일터의 경우라면 그곳에서 쫓겨나기 십상이다. 훗날 당신이 진정한 힘과 마스터리를 얻은 뒤라면 규칙들을 바꾸거나 없앨 수 있을 것이다.

당신에게 주어지는 모든 임무는, 설령 아무리 사소한 것이라 할지라도 그 세계를 관찰할 수 있는 좋은 기회를 제공한다. 주변 사람에 대한 어떤 정보라도 하찮게 여기지 마라. 당신이 보고 듣는 모든 내용은 당신이 해석해야 할 신호다. 처음에는 흐릿하기만 했던 현실이 시간이 지날수록 점점 더 명확하게 눈에 들어올 것이다. 예를 들어, 처음에는 큰 힘을 쥐고 있는 것처럼 보였던 인물이 사실은 겉만 그럴싸한 빈껍데기임을 알게 될 수도 있다. 당신은 차츰 겉으로 드러난 외양 뒤의 본모습을 파악하기 시작한다. 그 세계의 규칙과 권력관계에 대해 더 많은 것을 알수록 당신은 그것들이 왜 생겨났는지, 그것들이 해당 분야의 트렌드와 어떻게 관련되는지 분석할 수 있다. 이로써 관찰에서 분석 단계로 넘어가면서 추론 능력이 한층 높아진다. 하지만 이 모두는 일정 기간 동안 주의 깊게 관찰한 이후에야 가능한 일이다.

우리는 찰스 다윈의 사례에서 이 1단계를 명확히 목격할 수 있다. 다윈은 항해 시작 후 처음 몇 달간 선상 생활을 유심히 관찰하고 그곳에 존재하는 무언의 규칙을 간파한 덕분에 동식물 표본을 연구하는 시간을 훨씬 더 생산적으로 보낼 수 있었다. 그런 관찰을 통해 선상 생활에 적응했기 때문에, 과학적 연구에 방해가 될 수도 있는 선원들과의 불필요한 마찰과 그로 인한 정서적 혼란을 피할 수 있었다. 다윈은 나중에 가우초나 다른 현지 주민들을 만났을 때도 똑같은 전략을 취했고, 그 덕분에 더 많은 지역을 탐험하고 다양한 표본을 채집할 수 있었다. 한편 다윈은 자연에 대한 매우 날카로운 관찰자로 서서히 변화해갔다. 생명체와 그 기원에 관한 일체의 선입견을 버리고 대상을 있는 그대로 바라보는 눈을 키웠다. 충분한 양의 정보를 모은 다음에야 관찰 내용에 대한 가설을 세우고 일반화를 시도했다. '항해 중에 만난 모든 대상과 현실을 받아들이고 흡수'했기에 결국 가장 근본적인 현실이라 할 수 있는 진실을, 즉 모든 생명체가 진화한다는 사실을 간파할 수 있었던 것이다.

이 1단계를 거쳐야 하는 중요한 이유가 몇 가지 있다. 첫째, 당신이 속한 세계를 안팎으로 파악해야만 그 안에서 성공적으로 생활하고 치명적 실수를 피할 수 있다. 사냥꾼을 떠올려보라. 사냥꾼이 숲과 생태계에 대한 모든 정보를 알고 있어야 생존과 사냥 성공의 확률이 높아지지 않겠는가. 둘째, 낯선 환경을 관찰하는 능력은 비단 지금 당장뿐 아니라 평생에 걸쳐 중요하다. 자아를 잠시 잠재워두고 내면이 아닌 외부로 시선을 돌리는 습관도 기를 필요가 있다. 날카로운 관찰 능력을 지닌 사람은 많은 이들이 자기 자신에게만 골몰하느라 놓치는 것을 포착할 수 있다. 또 인간 심리를 간파하는 날카로운 눈을 기르고 대상에 집중하는 능력을 키울 수 있다. 셋째, 일단 관찰에 익숙해진 다음에는 직접 목격한 것을 토대로 생각과 가설을 정리하고, 나아가 그 내용을 분석할 수 있다. 이것은 수련기 이후의 창의적 실행 단계에서도 대단히 중요하다.

2단계-기술 습득 : 연습 모드

위의 1단계를 거치다가 어느 시점이 되면 수련기의 가장 중요한 단계로 접어든다. 그것은 바로 '기술 습득을 위한 연습'의 단계. 인간의 모든 활동이나 직업에는 모종의 기술을 숙달하는 과정이 수반된다. 어떤 분야에서는 그 기술이 눈에 보이는 물리적 활동과 관련된다. 가령 연장이나 기계를 다루는 것, 물리적 대상을 만드는 것이 그러하다. 어떤 분야에서는 특정한 기술을 숙달하는 데에 물리적 활동과 정신적 활동이 혼합되어 작용한다. 찰스 다윈이 동식물 표본을 수집하고 관찰한 것이 이에 해당한다. 그런가 하면 사람을 다루는 기술이나 정보를 분석하고 체계화하는 기술처럼 비가시적인 기술도 존재한다. 당신이 연마하는 기술이 무엇이든 그 기술의 핵심에 접근하고 반복적으로 연습해야 한다.

　어떤 종류의 기술을 연마할 때든 인간 두뇌의 작동 원리에 부합하는 자연스러운 학습 과정이 진행된다. 이 학습 과정을 통해 우리는 '암묵적 지식tacit knowledge, 이하 암묵지'을 체득한다. 암묵지란 말로 설명하기는 힘들지만 행동으로 보여주기는 용이한 모종의 직관적인 지식을 뜻한다. 그리고 이런 학습 과정이 어떻게 이뤄지는지 이해하려면, 기술을 연마하고 암묵지를 체득하기 위한 가장 효과적인 시스템 하나를 살펴보는 것이 도움이 된다. 그것은 바로 중세의 도제 제도다.

도제 제도가 출현하게 된 배경은 다음과 같다. 중세 시대에 수공업이 점차 발달하면서 각 분야의 장인匠人들은 작업장의 일손이 부족함을 느꼈다. 더 이상 가족들에게만 의지할 수는 없게 된 것이다. 하지만 그저 잠시 와서 일을 해주는 노동자는 큰 의미가 없었다. 오랜 시간에 걸쳐 기술을 연마하여 안정적으로 일할 일꾼이 필요했다. 그래서 만든 것이 도제 제도였다. 이 제도에 따라 약 12~17세의 도제들이 장인과 계약을 맺고 보통 7년간 장인 아래에서 기술을 배웠다. 이 기간이 끝나면 도제들은 자신의 기술 수준을 입증해 보일 수 있는 작품을 만들어 제출해 심사를 통과해야 했다. 이 심사를 통과하면 도제에서 직인journeyman으로 지위가 올라 다른 작업장으로 이동해 일하면서 한층 높은 기술을 연마할 수 있었다.

당시에는 책이나 그림 자료가 거의 없었기 때문에 도제들은 장인이 일하는 모습을 관찰하고 가급적 똑같이 모방하려 애쓰면서 기술을 배웠다. 그들은 수공 작업을 끊임없는 반복하면서 기술을 갈고닦았다. 말을 통한 지시나 가르침의 비중은 상대적으로 매우 적었다(도제를 뜻하는 영어 단어 'apprentice'는 '손으로 잡다'라는 뜻의 라틴어 'prehendere'에서 유래했다). 당시에는 직물이나 목재, 금속 등의 재료가 비싸서 연습용으로 마음껏 사용할 수가 없었기 때문에, 도제들은 대개 최종 생산품에 들어갈 부분이나 부품을 만드는 작업에 참여했다. 그래서 작업에 빈틈없이 집중하여 실수를 저지르지 않는 법을 터득해야 했다.

도제 기간에 그런 식으로 제품 생산에 참여한 시간을 모두 합치면 1만 시간 이상이 되었으며, 이는 곧 탁월한 기술 수준에 오르는 데 필요한 시간이었다. 이러한 종류의 암묵지가 발휘한 힘은 유럽에 있는 웅장한 고딕 양식 성당들에 고스란히 구현되어 있다. 아름답고 안정된 공예 솜씨가 담긴 이들 건축물은 책에 쓰인 이론적 지식에서 탄생한 것이 아니었다. 이 성당들은 수많은 공예가와 기능공의 축적된 기술이 만들어낸 것이다.

이쯤에서 우리는 다음과 같은 점을 짚고 넘어갈 필요가 있다. 언어(구어든 문어든)는 역사 속에서 비교적 최근에 발명된 것이다. 언어가 생겨나기 훨씬 전에도 우리 조상들은 연장 제작, 사냥을 비롯해 다양한 기술을 터득하고 숙달해야 했다. 그리고 이를 위한 자연스러운 학습 방식은 타인의 행동을 관찰하고 모방한 다음(이때 거울 뉴런이 큰 역할을 한다), 그 행동을 수없이 반복하는 것이었다. 인간의 두뇌는 이러한 방식의 학습에 매우 적합한 구조를 갖고 있다.

예컨대 자전거 타기를 생각해보자. 자전거 타는 법에 대한 설명을 듣거나 책을 읽기보다는 자전거 타는 사람을 유심히 관찰하고 직접 그대로 따라 해야 배우기가 더 쉽다. 그리고 자꾸 반복해서 해볼수록 자전거 타는 일이 더 쉬워진다. 심지어 컴퓨터 프로그래밍이나 외국어 배우기 같은 정신적인 기술의 경우에도 연습과 반복을 통해 배우는 것이 효과적이다. 즉, 그것이 두뇌의 원리에 부합하는 자연스러운 학습 과정이다. 외국어를 배울 때는 학습서나 어학 이론을 읽는 것이 아니라 해당 언어를 최대한 자주 실제로 말해봐야 쉽게 익힐 수 있다. 더 많이 말하고 연습할수록 외국어 실력이 향상된다.

이런 연습 기간이 길어지면 일종의 '보상 가속화 주기'가 시작된다. 즉, 갈수록 연습이 쉽고 재미있어지며, 따라서 더 오랜 시간 연습할 수 있고, 그러면 실력이 더 향상되어 연습에 훨씬 더 재미를 붙이게 되는 것이다. 당신은 이런 주기에 돌입하는 것을 목표로 삼아야 한다. 그리고 이를 위해서는 기술 습득과 관련한 몇 가지 기본 원칙을 마음에 새길 필요가 있다.

첫째, 먼저 한 가지 기술을 숙달하는 것을 목표로 하는 것이 중요하다. 후에 다른 기술들을 연마하더라도 그 토대가 될 수 있는 한 가지 기술을 마스터하는 게 먼저다. 한 번에 여러 종류의 기술을 배워 숙달하겠다는 생각은 버려라. 당신은 한 가지에 대한 집중력을 키워야 한다. 동시에 여러 기술을 배우려는 것은 미련한 시도다.

둘째, 특정한 기술을 배우는 초반에는 십중팔구 지루하고 고된 시간이 있기 마련이다. 하지만 그 지루함을 피하지 말고 기꺼이 받아들여야 한다. 그 괴롭고 지루한 시간들은 당신의 정신을 단단하게 단련해준다. 힘든 운동이 신체 근육을 길러주는 것과 같은 이치다. 사람들은 흔히 삶에서 즐거움과 만족만을 기대한다. 때문에 끊임없이 가벼운 오락거리로 향하고 뭔가를 배우는 과정을 짧게 단축하고 싶어 한다. 배우는 과정의 고통은 당신이 감내해야 할 일종의 도전과제다. 당신은 지루함을 극복하고 목표에 집중하는 능력을 키울 것인가, 아니면 어린아이처럼 당장 눈앞의 만족과 오락에 대한 유혹에 굴복할 것인가? 숨이 턱까지 차오르는 힘든 운동 이후에 쾌감을 느끼는 것처럼, 당신은 배움의 고통을 겪으며 뜻밖의 만족감을 느낄 수도 있다. 어떤 지루함도 피하려 들지 말고 정면으로 맞서라. 인생을 살다보면 지루하고 싫증나는 상황을 반드시 만나기 마련이며, 따라서 당신은 자기절제력을 발휘해 거기에 대처하는 능력을 키워야 한다.

어떤 기술을 배우고 연습하는 동안 두뇌의 신경에는 특정한 변화가 일어난다. 우리가 뭔가 새로운 활동을 시작하면 뇌의 전두 피질(의식적 생각과 명령에 관여하는 영역)에 있는 다량의 뉴런이 활성화되어 학습 과정을 돕는다. 뭔가를 배우기 시작하여 많은 양의 새로운 정보를 처리해야 하는 상황에서, 극히 제한된 두뇌 부분이 그것을 감당하려고 하면 두뇌가 스트레스를 받는다. 그래서 학습 초기 단계에 특정 작업에 강하게 집중하면 전두 피질의 크기가 늘어난다. 그런데 특정한 활동을 수없이 반복하면 그것이 뇌에 자동적으로 각인되고, 그 활동을 위한 신경 경로가 피질의 훨씬 아래쪽에 있는 다른 영역에 생겨난다. 그리고 학습 초기 단계에 필요했던 전두 피질의 뉴런들은 이제 또 다른 새로운 것의 학습을 도울 수 있는 상태가 되며 그 크기도 원래대로 줄어든다.

결국 뉴런의 전체 시스템이 그 특정한 활동을 기억하는 상태가 된다. 때문에 자전거를 처음 배우고 몇 년이 지난 후에도 자전거를 잘 탈 수 있는 것이다. 반복 연습을 통해 특정 기술을 숙달한 사람의 전두 피질을 들여다보면, 해당 기술을 수행할 때 전두 피질의 활동이 극히 미미하다는 것을 알 수 있다. 그 기술의 수행에 필요한 모든 두뇌 활동이 의식적 통제가 훨씬 덜 필요한 아래쪽 영역에서 일어나기 때문이다.

만일 어느 하나에 집중하지 않고 한 작업에서 다른 작업으로 빈번히 이동하면 두뇌 안에서 위와 같은 프로세스가 진행될 수 없다. 특정 기술 습득에 관여하는 신경 경로가 만들어질 수 없다는 얘기다. 학습하는 내용이 너무 빈약하게 주입되어서 두뇌에 뿌리를 내릴 수가 없다. 어떤 기술을 익히기 위해서는, 여덟 시간 동안 대충 집중하는 것보다 두세 시간을 밀도 높게 집중하는 것이 더 효과적이다. 눈앞의 작업에 최대한 몰두해야 한다.

일단 특정한 작업에 익숙해져 힘든 노력 없이도 자동적으로 수행할 수 있게 되면, 이제 연습 과정에서 스스로를 관찰할 수 있는 여유가 생긴다. 따라서 개선해야 할 약점이나 결점이 있는지 주목해야 한다. 즉, 스스로를 분석하는 것이다. 또 주변으로부터 가급적 많은 피드백을 얻는 것, 자신의 발전 상태를 측정해볼 수 있는 기준을 마련하는 것도 좋다. 그래야 앞으로 가야 할 길이 얼마나 남았는지 가늠할 수 있다. 연습을 통해 새로운 기술을 습득하지 않는 사람은 적절한 균형 감각이나 자기비판 능력을 결코 가질 수 없다. 그들은 힘들게 노력하지 않아도 뭔가를 성취할 수 있다고 믿으며 현실 감각도 미약하다. 거듭 반복하여 연습하는 과정은 진정한 현실 감각을 심어주며, 당신에게 부족한 점이 무엇인지, 그리고 더 많은 노력을 쏟으면 무엇을 성취할 수 있는지를 일깨워준다.

이런 시간들을 거치면 자연스럽게 또 '보상 가속화 주기'에 진입한다. 기술을 배워 익숙해지면, 그것을 실행하는 여러 방식을 시도하면서 그것들 사이의 미묘한 차이점을 깨닫고, 그러면 작업이 더욱 흥미로워진다. 작업의 각 측면들을 익숙하고 자연스럽게 처리하게 되어 심신이 지치는 일도 줄어들고, 그럴수록 연습에는 더 가속이 붙으며, 이로써 실력이 더욱 향상되고 만족감도 커진다. 당신은 또 다른 도전과제, 정복할 새로운 대상을 찾기 시작한다. 이러한 패턴이 가속화되면 기술을 연습하는 과정에 완전히 몰두하는 수준에 이른다. 다른 어떤 것도 눈에 들어오지 않는 일종의 몰입 상태에 들어가는 것이다. 당신은 만들고 있는 도구나 물건, 또는 연구하는 주제와 하나가 된다. 이때 당신이 습득한 기술은 말로 설명할 수 있는 종류가 아니다. 그것은 당신의 심신과 신경 시스템에 깊숙이 자리 잡은 지식, 즉 암묵지가 된다. 기술을 익히는 과정은 마스터리에 이르기 위한 중요한 준비 단계다. 대상과 하나 되는 느낌과 몰입을 경험하는 것은 마스터리에 도달했을 때 얻는 만족감을 미리 맛보는 셈이다.

본질적으로 볼 때, 당신은 연습을 통해 특정 기술을 숙달하는 과정에서 새로운 모습으로 거듭난다. 내면에 잠재된 능력이 차츰 수면 위로 올라와 드러난다. 또 정서적으로도 변화한다. 당신이 느끼는 만족감의 종류가 과거와 달라진다. 즉각적인 만족을 주는 대상은 한낱 오락거리로, 그저 시간을 보내는 데 도움이 되는 공허한 활동으로 느껴질 것이다. 이제 당신은 도전과제를 해결하고, 자신의 능력에 대한 확신을 경험하고, 나날이 늘어가는 기술을 향상시키는 것에서 진정한 만족과 쾌감을 느끼게 된다. 인내력도 한층 강해진다. 스스로를 수련하는 과정에서 지루함이 느껴지면, 기분전환용 오락이 아니라 새로운 도전 대상이 필요하다는 의미로 해석하기 시작한다.

특정 기술을 정복하여 전문가의 경지에 오르는 데 필요한 시간은 분야에 따라, 각 개인의 재능 수준에 따라 조금씩 다를 수 있지만 이 문제를 연구한 전문가들은 대개 1만 시간을 제시한다. 숙달된 기술 수준에 이르려면 충실하게 연습하는 1만 시간이 필요하다는 의미다. 여러 직업 가운데서도 작곡가, 체스 선수, 작가, 운동선수 등이 특히 그러하다. 개인이나 분야에 상관없이 많은 시간에 걸친 연습은 두뇌를 질적으로 변화시킨다. 두뇌가 많은 양의 정보를 체계적으로 흡수하는 법을 터득한 상태가 된다. 암묵지를 터득한 두뇌는 이제 더 창의적으로 움직일 수 있다. 1만 시간이라는 것이 엄청나게 긴 시간처럼 느껴질지 모르지만, 이것은 5~7년 동안 꾸준하고 충실하게 연습하면 도달할 수 있는 시간이다. 또 이것은 중세 도제들이 거쳤던 기간과 대략적으로 일치한다. 요컨대, 오랜 시간에 걸친 집중적인 연습은 반드시 보상을 가져다준다.

3단계-시도 : 실행 모드

3단계는 세 단계 중 가장 짧지만 대단히 중요하다. 기술을 습득하고 어느 정도 자신감이 생기면 새로운 시도를 감행하는 실행 모드로 들어가야 한다. 이 단계에서는 더 많은 책임감이 요구된다. 모종의 프로젝트를 주도적으로 시작하고, 성과에 대해 주변 동료나 대중의 비판을 받아들일 준비를 해야 한다. 당신의 발전 상태를 가늠하고 당신의 지식에 부족한 부분이 있는지 판단하기 위해서다. 당신의 실행 방식을 스스로 면밀히 관찰하면서 당신이 남들의 판단에 어떻게 대응하는지도 재점검해야 한다. 주변의 비판을 받아들여 건설적인 방향으로 활용할 방법을 모색해야 한다.

찰스 다윈은 항해가 계속되는 동안 진화론의 모태가 되는 개념을 구상하기 시작하면서 자신의 머릿속 생각을 주변 사람들에게 들려주기로 결심했다. 먼저 비글호의 함장에게 자신의 가설을 들려주고 함장의 맹렬한 비판을 인내심 있는 태도로 받아들였다. 그런 시간을 겪으면서 다윈은 아마 일반 대중의 반응도 비슷할 것이라고 짐작했고 따라서 마음의 각오를 해야 한다고 판단했다. 또 다윈은 영국에 있는 여러 과학자와 과학협회에도 편지를 보냈다. 그들에게서 온 답장을 보며 다윈은 자신이 무언가 중요한 것을 포착하기 시작했다는 점을, 하지만 연구를 좀 더 깊게 파고들어야 한다는 점을 깨달았다. 레오나르도 다 빈치의 경우, 베로키오의 공방에서 작업에 참여하며 어느 정도 실력이 쌓이자 새로운 방식을 시도하고 자신만의 스타일을 만들기 시작했다. 놀랍게도 베로키오조차도 레오나르도의 독창적 방식에 감탄을 했다. 이는 곧 레오나르도가 도제 기간을 마칠 때가 가까워졌다는 의미였다.

대부분의 사람들은 너무 오랫동안 망설이다가 이 단계에 진입하지 못한다. 그들의 발목을 붙잡는 것은 대개 두려움이다. 일정한 방법을 학습하고 안전한 범위 내에서 움직이는 것이 훨씬 더 쉽고 편하기 마련이다. 하지만 '스스로 아직 준비가 안 되었다고 느껴지더라도' 나름의 방식을 시도해봐야 한다. 자신의 능력과 인성을 테스트해보고, 두려움을 극복하고, 자신의 작업물이나 성과를 객관적으로 바라보는 눈을 길러야 한다. 끊임없이 남들의 검토와 비판을 받게 될 앞으로의 시간들에 미리 대비해야 한다.

기존의 환경이나 공간에서 더 배울 것이 없다고 느껴진다면 수련기가 끝나가는 것이다. 그러면 이제 독립하거나 또는 수련기를 좀 더 채우고 기술 역량을 더 확장할 수 있는 다른 공간으로 이동해야 할 때다. 만일 훗날 직업을 바꾸거나 새로운 기술을 익혀야 하는 상황을 만났을 때, 위와 같은 과정을 이미 경험해본 후라면 그런 상황에 매우 쉽게 대처할 수 있을 것이다. 무언가를 효과적으로 배우는 방법을 이미 알고 있는 상태이니 말이다.

* * *

오랜 시간을 거쳐 기술을 습득하는 수련기라는 개념을 구시대적 유물이라고 생각하는 사람도 있을지 모른다. '일' 내지는 '작업'이라는 것이 무언가 물리적 대상을 만들어내는 활동을 의미했던 시절에나 통했던 개념이라고 말이다. 지금 우리는 컴퓨터가 생활의 일부가 된 정보 시대를 살고 있으며, 발달한 기술 덕분에 연습과 반복이 필요한 작업이나 귀찮은 일을 굳이 하지 않아도 된다. 우리 삶의 많은 부분을 가상의 요소들이 지배하고 있으며, 공들여 무언가를 만들어내는 방식은 한물간 구식 모델처럼 느껴진다.

하지만 사실 현재의 시대를 바라보는 이러한 관점은 완전히 틀린 것이며 심지어 위험하기까지 하다. 오늘날은 기술 덕분에 모든 것이 편하고 쉬워지는 시대가 아니라, 갈수록 높아지는 복잡성이 삶의 모든 영역에 영향을 미치는 시대다. 비즈니스 세계에서는 점점 더 치열한 경쟁이 글로벌 차원에서 벌어지고 있다. 기업가는 과거에 비해 훨씬 더 큰 그림을 볼 줄 알아야 하며, 이는 곧 더 많은 지식과 기술이 필요하다는 의미다. 과학계에서는 각 분야의 개별적 전문성 향상보다 다양한 분야의 지식 사이의 교류와 통합이 더욱 중요해지고 있다. 예술계에서는 경향과 스타일이 갈수록 빠른 속도로 변화한다. 이제 예술가는 이런 추세를 명확히 인식한 상태에서 새로운 예술 양식을 창조하면서 늘 시대를 앞서가야 한다. 이를 위해서는 그저 특정한 예술 종류에 대한 전문 지식을 갖추는 것만으로는 부족하다. 다른 종류의 예술에 대한 식견, 심지어 학문에 대한 식견도 필요하고 세상의 트렌드에 대한 안목도 있어야 한다는 얘기다.

이와 같은 시대이기에 인간의 두뇌는 과거 어느 때보다도 많은 정보를 처리해야 한다. 자신이 속한 분야의 지식과 다른 여러 분야의 지식이 교차하는 상황이 수없이 일어난다. 그리고 이런 혼란은 기술 발전으로 수많은 정보에 접근이 가능해지면서 더 급격히 증가한다. 이 모든 것이 의미하는 바는 무엇일까? 우리는 각자 다양한 분야에서 서로 다른 나름의 지식과 일련의 기술을 보유해야 할 뿐 아니라, 그와 동시에 방대한 양의 정보를 효과적으로 다루고 활용하는 능력도 갖춰야 한다. 미래에는 더 많은 기술을 습득하고 그것을 창조적 방식으로 결합할 줄 아는 사람이 빛을 발할 것이다. 그리고 기술을 배우고 습득하는 과정의 근본적 원리는 예나 지금이나 다름없이 똑같다.

앞으로는 이 같은 복잡성에 대처할 수 있도록 스스로를 훈련한 사람과 그 복잡성에 짓눌려 갈피를 잡지 못하는 사람 사이의 간극이 크게 벌어질 것이다. 효과적으로 기술을 습득하고 자신을 수련하는 사람과, 주변의 온갖 미디어에 마음이 분산되어 집중력을 발휘해 뭔가를 배우지 못하는 사람은 극명하게 다른 삶을 살게 될 것이다. 수련기는 과거 어느 때보다도 지금 이 시대에 중요하고 필요한 개념이며, 이를 간과하는 사람은 시대에 뒤처진 낙오자가 될 확률이 높다.

아울러 언급할 점이 또 있다. 일반적으로 요즘 사회에서는 지적 능력과 이성적 역량을 높이 평가하는 경향이 있다. 사람들은 손을 이용한 작업이나 물리적인 대상을 만드는 것을 지적 역량이 떨어지는 사람에게나 걸맞은 질 낮은 기술로 치부하곤 한다. 이것은 대단히 그릇되고 비생산적인 관점이다. 인간의 두뇌는 손과 밀접한 관계를 갖고 발달하며 진화했다. 초기 인류의 생존 기술 대다수는 손과 눈의 정교한 협력 작용에 의존했다. 그리고 지금도 우리 두뇌의 상당 부분은 손과 눈의 상호관계를 처리하고 조율하는 데에 사용된다. 우리는 손을 사용해 무언가를 만들 때, 신체 동작의 순서를 배열하고 생각을 정리하는 법을 배우게 된다. 대상을 수리하기 위해 분해하는 과정에서 우리는 다른 상황에도 적용할 수 있는 문제 해결 기술을 배운다. 설령 본래의 활동에 수반되는 부수적 작업이라 할지라도 손을 이용해 작업하는 법을 배움으로써 주변 기기들의 내부적 원리를 터득할 필요가 있다.

역사 속의 많은 거장들은 이러한 연결고리를 직관적으로 알고 있었다. 정치인으로 유명하지만 사실 남다른 손재주를 지닌 발명가이기도 했던 토머스 제퍼슨Thomas Jefferson은, 기능공이나 공예가가 사물의 작동 원리에 대한 안목이 풍부하고 실용적인 상식을 갖췄기 때문에 더 훌륭한 시민이 될 수 있다고 믿었다. 국민의 생활에 중요한 문제를 다루는 데에 그런 자질이 큰 힘을 발휘할 수 있기 때문이다. 알베르트 아인슈타인은 바이올린을 즐겨 연주했다. 그는 손을 부지런히 움직여 바이올린을 켜는 것이 두뇌의 사고 과정에 도움이 된다고 믿었다.

당신이 어떤 분야에 속해 있든, 스스로를 실제적인 재료와 아이디어를 이용해 어떤 구조물을 축조하는 사람이라고 여겨야 한다. 실체적인 유형의 무언가를, 사람들에게 직접적이고 실질적으로 영향을 미치는 무언가를 창조한다고 말이다. 건물이든, 정치 조직이나 사업체든, 또는 영화든, 그 어떤 구조물이든 그것을 훌륭하게 지으려면 반드시 축조 과정을 제대로 이해하고 필요한 기술을 갖춰야 한다. 최고의 수준을 달성하는 법을 터득하는 공예가가 되어야 한다. 그러자면 충실한 수련기가 반드시 필요하다. 먼저 자기 자신을 갈고닦아 변화시키지 않으면 그 어떤 가치 있는 구조물도 완성할 수 없다.

이상적 수련 방식을 위한 전략

> 당신이 정복하기 힘들다고 하여 그것을 인간적 능력 내에서 불가능한 것이라고 생각하지 마라. 그리고 인간의 능력으로 가능한 일이라면 당신도 얼마든지 해낼 수 있다고 믿으라.
>
> _ 마르쿠스 아우렐리우스(Marcus Aurelius)

역사적으로 모든 분야의 거장들은 이상적 수련 방식을 위한 다양한 전략을 활용했다. 그들의 삶에서 뽑아낸 여덟 가지 전략을 여러 사례와 함께 아래에 소개한다. 경우에 따라서는 일부 전략이 다른 것보다 현재 당신의 상황에 적용하기 더 적합할 수도 있다. 하지만 여덟 가지 모두 학습 및 발전 과정과 관련한 근본적인 핵심을 말해주므로 가슴 깊이 새겨두길 바란다.

1. 돈이 아니라 배움의 기회를 택하라

1718년, 조시아 프랭클린Josiah Franklin은 열두 살짜리 아들 벤저민Benjamin을 자신이 운영하며 짭짤한 수익을 내고 있는 양초 제작 회사의 도제로 만들어야겠다고 결심했다. 7년간의 도제 생활을 마치고 적당히 경험을 쌓게 한 후 아들에게 양초 사업을 물려줄 심산이었다. 하지만 벤저민은 생각이 달랐다. 벤저민은 도제 생활을 할 곳을 스스로 선택하게 해주지 않으면 멀리 바다로 떠나버리겠다고 아버지에게 반항했다. 다른 아들도 그와 비슷한 방식으로 잃은 경험이 있었던 아버지는 마지

못해 벤저민에게 선택할 권리를 주었다. 놀랍게도 벤저민이 택한 곳은 형이 최근에 문을 연 인쇄소였다. 인쇄소는 일이 훨씬 더 고될 뿐만 아니라 도제 기간도 7년이 아니라 9년은 예상해야 했다. 게다가 인쇄공은 안정적이지 않고 불안한 직업이었기 때문에 거기에 미래를 거는 것은 커다란 모험이었다. 그러나 아들의 선택이었으므로 아버지는 벤저민을 말리지 않았다. 실컷 고생하고 스스로 깨닫게 만들고 싶었다.

어린 벤저민이 아버지에게 말하지 않은 사실이 하나 있었다. 그것은 작가가 되고 싶은 꿈이었다. 벤저민은 인쇄소에서 인쇄기를 돌리거나 이런저런 육체노동을 하면서 대부분의 시간을 보냈지만, 때때로 소책자나 여러 원고를 교정 교열하는 일도 맡았다. 또 그곳에서는 새로 발간된 책들을 항상 접할 수 있었다. 인쇄소에서 일한 지 몇 년쯤 되었을 때, 벤저민은 그곳에서 재인쇄하는 영국 신문에서 마음에 드는 글들을 발견했다. 그래서 그 신문의 인쇄 작업을 감독하는 업무를 맡겨달라고 형에게 부탁했다. 거기에 실린 글을 자세히 읽을 기회를 얻기 위해서였다. 그 글의 문체를 모방하는 법을 깨우쳐 자기가 쓰는 글을 향상시키고 싶었던 것이다. 오랜 시간에 걸쳐 그는 이것을 가장 효과적인 작문 연습 방법으로 삼았다. 물론 인쇄 기술도 함께 익혀가면서 말이다.

1900년 취리히 공과대학을 졸업한 스물한 살의 알베르트 아인슈타인은 앞으로 일자리를 구할 생각을 하니 막막했다. 바닥에 가까운 성적으로 졸업한 터라 괜찮은 교사 자리를 얻을 수 있을 가능성이 적었기 때문이다. 한편 이제는 학점 관리 따위는 신경 쓰지 않아도 되므로, 몇 년 전부터 뇌리를 떠나지 않는 물리학 문제들을 혼자 힘으로 탐구해볼 생각이었다. 이런저런 가설을 세우고 사고思考 실험을 해보는 독자적인 수련 기간이 시작되는 셈이었다. 하지만 한편으론 생계도 꾸려야 했다. 아버지가 밀라노에 있는 자신의 발전기 회사에서 기사로 일하라고 아인슈타인에게 권유했지만, 그 일을 하면 연구를 할 자유시간이 거의 없을 것 같았다. 또 친구 한 명이 보수가 두둑한 보험회사 일자리를 소개해주겠다고 했지만, 아인슈타인은 그곳에 다니면 머리가 굳어버리고 생각할 에너지를 모두 빼앗길 거라는 생각이 들었다.

그러다가 1년 후 또 다른 친구가 베른에 있는 스위스 특허 사무소의 일자리를 알려주었다. 보수가 적은 말단 직위에 근무 시간도 길었으며 특허 출원을 검토하는 다소 지루한 일이었다. 하지만 아인슈타인은 거기서 일하기로 마음먹었다. 그의 마음에 꼭 드는 일자리였다. 그가 맡은 업무는 특허 출원의 타당성을 분석하는 일이었는데, 특허들 가운데 다수는 그가 흥미를 느끼는 과학적 원리와 관련된 것이었다. 특허 내용들은 마치 흥미로운 퍼즐이나 사고 실험과 유사했다. 아인슈타인은 그것들을 검토하면서 창의적인 아이디어가 실제 발명품으로 구현되는 과정을 머릿속에 그려볼 수 있었다. 또 그것들을 연구하면서 논리적 추론 능력도 한층 날카로워졌다.

특허 사무소에서 몇 달쯤 근무하고 나자 이런 사고 과정에 능숙해져서 맡은 업무를 두세 시간이면 끝낼 수 있었고, 덕분에 나머지 시간은 자신만의 독자적인 사고 실험에 몰두할 수 있었다. 1905년 아인슈타인은 상대성 이론을 처음 세상에 발표했으며, 그 연구 성과의 상당 부분은 특허 사무소에서 일하는 동안 일궈낸 것이었다.

마사 그레이엄(그녀의 어린 시절에 대해서는 이 책의 64쪽 참조)은 로스앤젤레스에 있는 데니숀 무용학교Denishawn School에서 무용을 배우기 시작했다. 몇 년이 흘러 이제 기본기를 충분히 쌓았다고 생각한 그녀는 무용 실력을 한층 더 높이기 위해 그곳을 떠나기로 마음먹었다. 그래서 뉴욕으로 향했고, 1924년에 뮤지컬 공연단에서 2년간 활동할 무용수 자리를 제안받았다. 보수가 꽤 괜찮았기에 그녀는 제안을 수락했다. 그곳에 소속되어 있더라도 남는 시간에 얼마든지 자신만의 춤을 개발할 수 있으리라 생각했다. 하지만 계약 기간이 끝나갈 무렵, 그녀는 앞으로 다시는 상업적 공연은 하지 않겠다고 다짐했다. 그런 공연을 하면 창조적 에너지가 모조리 고갈되는 기분이었고 자신만의 춤을 추고 싶은 욕구를 충족시킬 수가 없었다. 또 돈 때문에 춤을 추는 기분이 들었다.

젊을 때는 적은 돈으로 어떻게든 버텨나가면서 가슴속 열정과 에너지를 삶의 연료로 삼는 것이 중요하다고 그녀는 생각했다. 이후 몇 년간 무용 교사로 일하면서, 생계를 위해 무용을 가르치는 데 투자하는 시간은 최소한도로 유지했다. 그리고 나머지 시간은 자신이 원하는 새로운 무용 스타일을 연습하는 데에 쏟아부었다. 상업적 무용의 노예가 되기를 결코 원치 않았던 그녀는 자유 시간을 오로지 연습과 연구에 몰두했고, 몇 년 후 현대 무용의 가장 급진적인 혁신을 위한 토대를 만들 수 있었다.

1장에서 소개했듯이(79쪽 참조) 프레디 로치는 1986년 복싱 선수를 은퇴하고 라스베이거스에서 텔레마케터로 일하기 시작했다. 그러던 어느 날 전설적인 코치 에디 퍼치에게 훈련을 받았던 체육관에 들렀다. 그곳에는 퍼치로부터 개별적인 관심을 받지 못하는 복싱 선수들이 여럿 있었다. 프레디는 누가 부탁한 것도 아닌데 날마다 체육관에 나가 선수들을 돕기 시작했다. 따로 보수를 받는 게 아니었기 때문에 텔레마케터 일도 그만두지 않고 계속했다. 두 가지 일을 병행하느라 잠도 늘 부족했다. 때로는 견딜 수 없을 만큼 힘들었지만 이겨낼 수 있었다. 자신이 결국 가야 할 길을 위해 스스로를 단련하고 있음을 잘 알았기 때문이다. 그는 자신이 알고 있는 노하우를 토대로 수년간 많은 젊은 복싱 선수에게 도움을 주면서 평판이 높아졌고, 얼마 안 가서 이 시대의 가장 뛰어난 복싱 트레이너가 되었다.

* * *

자신이 가장 중요하게 여기는 대상을 향해 머릿속 생각이 흐르는 것은 자연스러운 인간 심리다. 만일 그 대상이 돈이라면, 당신은 수련기를 보내기 위한 곳으로서 보수가 두둑한 일자리를 선택할 것이다. 그런 일터에서는 자신이 그만한 보수를 받을 자격과 능력을 갖췄음을 입증해야 한다는 스트레스를 느낄 수밖에 없다. 아직 뛰어난 능력을 키우지 못한 상태일 때도 말이다. 기술을 습득하는 데에 집중하는 것이 아니라 무리 내에서 힘을 쥔 인물에게 잘 보여야 한다는 생각에 골몰하게 된다. 실수를 하고 교훈을 배우겠다는 태도를 가지면 당장 커다란 대가를 치러야 할 수도 있으므로, 뭔가 적극적으로 시도하기보다는 조심스럽고 온건한 태도를 취하게 된다. 시간이 흐를수록 당신은 두둑한 급여에 중독되기 마련이고, 금전적 보상이 당신이 향하는 방향, 사고 및 행동 방식을 결정하는 기준이 된다. 그리고 결국엔 충실하게 기술을 배우기 위해 노력하지 않았다는 사실이 당신의 발목을 붙잡을 것이며, 그로 인해 당신은 고통스러운 대가를 치러야 한다.

돈을 좇는 대신, 다른 무엇보다도 배움을 중요하게 여겨라. 그런 마음가짐을 지녀야 올바른 선택을 내릴 수 있다. 뭔가를 배울 기회가 많은 곳이나 상황을 선택하라. 특히 몸을 움직여 직접 실행하며 배우는 것이 좋다. 당신에게 가르침과 영감을 주는 사람들이 있는 장소를 택하라. 보수가 적은 곳에서 일하면, 적은 돈으로 생활하며 버틸 수 있도록 스스로를 단련할 수 있다는 추가적인 이점도 따른다. 이것은 삶에서 아주 중요한 기술이다. 일과 별도로 개인적인 시간을 들여 자신을 수련해야 한다면, 일단 생계를 위한 일자리는 얻어라. 그렇더라도 정신이 녹슬지 않을 수 있는 일자리, 수련을 위한 시간적 정신적 여유를 가질 수 있는 일자리를 택하는 것이 좋다. 또 설령 보수가 없는 곳에서 수련기를 거쳐야 하더라도 그 기회를 외면하지 마라. 사실 그런 곳에서 무보수로 노력을 제공하면서 일하는 동안 훌륭한 스승을 만나 값진 이로움을 얻을 수도 있다. 스승이 무보수임에도 열정을 갖고 임하는 당신 모습을 보면서 그 분야의 일반적인 원칙 이상의 비밀과 노하우를 알려주는 경우도 종종 있다. 결국 배움의 기회를 가장 우선시하면 창의적 성장을 위한 발판을 마련할 수 있으며, 금전적 보상은 자연스럽게 따라오게 되어 있다.

2. 끊임없이 시야를 넓혀라

작가 조라 닐 허스턴Zora Neale Hurston, 1891~1960에게는 어린 시절이 인생의 황금기였다. 그녀는 다소 특이한 동네인 플로리다 주 이튼빌에서 자랐다. 이튼빌은 1880년대에 흑인 거주 지역으로 조성된 동네였다.

자치적 성격이 강한 이튼빌의 생활과 희로애락을 결정하는 것은 이곳에 사는 흑인 주민들 자신이었다. 자연히 조라는 어렸을 때 인종 차별을 모르고 자랐다. 명랑하고 야무진 소녀였던 조라는 동네 여기저기를 혼자 돌아다니며 시간을 보낼 때가 많았다.

어린 시절 조라가 특히 좋아한 일은 두 가지였다. 하나는 책 읽기였다. 그녀는 손에 잡히는 것은 무엇이든 읽었다. 특히 신화를 주제로 한 책에 큰 흥미를 느껴서 그리스 신화, 로마 신화, 노르웨이 신화 등을 즐겨 읽었다. 그녀는 헤라클레스, 오디세우스, 오딘 같은 강인한 캐릭터를 보며 동질감을 느꼈다. 어릴 때 좋아한 또 한 가지는 사람들의 이야기를 듣는 일이었다. 그녀는 동네 사람들이 공터나 집 현관 앞에 삼삼오오 모여 앉아 수다를 떨거나 예부터 전해 내려오는 민담을 이야기하는 것을 들을 때면 시간 가는 줄 몰랐다. 그중에는 옛날 노예 시절의 이야기도 많이 섞여 있었다. 풍부한 비유와 이해하기 쉬운 교훈이 담긴 그 이야기들에 조라는 푹 빠져들었다. 그녀의 마음속에서는 그리스 신화와 이튼빌 주민들이 들려주는 이야기가 자연스럽게 혼합되었고, 그 모든 이야기와 거기에 등장하는 인물들은 인간의 본성을 심도 있고 적나라하게 드러냈다. 조라는 혼자 산책할 때마다 마음껏 상상의 날개를 펼치며 자신만의 이야기를 만들어보곤 했다. 그것은 먼 훗날 언젠가 이 모든 것을 글쓰기 재료로 삼아 이튼빌의 호메로스가 될 여인의 어린 시절 모습이었다.

그러던 1904년의 어느 날 조라의 어머니가 세상을 떠나면서 그녀의 황금기도 갑작스럽게 끝나게 된다. 조라의 아버지는 딸을 이상하다고 여기며 별로 예뻐하지 않았고, 그런 아버지로부터 조라를 늘 보호해주고 감싸주던 사람이 바로 어머니였기 때문이다. 조라를 집에서 내보내고 싶었던 아버지는 그녀를 잭슨빌에 있는 기숙학교로 보냈다. 하지만 몇 년 후에는 학교 등록금을 보내주던 것도 끊어버리고 딸을 나 몰라라 했다. 이후 5년간 조라는 친척집을 전전하며 생활했다. 생활비를 벌기 위해 어떤 일이든 닥치는 대로 했지만, 주로 남의 집 살림을 도와주는 가정부를 할 때가 많았다.

조라는 어린 시절을 되돌아보면 그때는 생각과 마음이 한껏 넓어졌던 것 같았다. 다른 문화권에 대한 이야기를 읽고, 그들의 역사를 배우고, 또 자기가 속한 흑인 사회의 이야기도 늘 풍부하게 접했으니 말이다. 알고자 하는 마음만 있다면 그녀가 배울 수 있는 것에는 끝이 없어 보였다. 하지만 이제는 그 반대였다. 고된 가정부 일과 우울함에 지친 그녀는 주변의 모든 것이 자기를 갑갑하게 죄는 기분이었다. 어떤 때는 지금 속한 작은 세상과 우울한 현실에 대한 생각만으로 머리가 꽉 차기도 했다. 청소하는 일 이외에 다른 어떤 것도 머릿속에 떠오르지 않았다. 하지만 조라는 어느 순간 이런 생각이 들었다. 정신이란 본래 자유로운 것이다. 정신은 시간과 공간을 초월하여 어느 곳으로든 이동할 수 있지 않은가. 만일 지금의 답답한 현실에만 정신을 묶어둔다면 그것은 자기 자신의 잘못이다. 지금 당장은 불가능한 꿈처럼 보이지만, 조라는 작가가 되고 싶은 꿈을 도저히 버릴 수 없었다. 그 꿈을 실현하려면 혼자서라도 지독하게 노력하고 어떤 방법으로든 마음의 시야를 계속 넓혀야 했다. 작가가 되려면 세상 보는 눈을 키우고 세상을 제대로 알아야 한다. 이렇게 생각한 조라는 자신을 수련하기 위한 매우 뛰어난 방법을 택하기로 했다.

당시 조라가 구할 수 있는 일은 가정부밖에 없었기 때문에, 그녀는 가급적이면 부유한 백인이 사는 집의 가정부 자리를 얻었다. 그런 집에는 대개 책이 많았다. 그녀는 틈날 때마다 그 책들을 몰래 가져다가 읽었다. 그리고 마음에 드는 문구를 외워둔 다음 나중에 머릿속에서 곱씹곤 했다. 하루는 가정부로 일하는 집을 청소하다가 쓰레기통에 처박혀 있는 존 밀턴John Milton의 『실락원Paradise Lost』을 발견했다. 황금이라도 발견한 기분이었다. 그녀는 그 책을 쓰레기통에서 꺼내 늘 갖고 다니면서 읽고 또 읽었다. 이런 식으로 생활했기에 그녀의 정신은 고인 물처럼 썩지 않았다. 자신만의 방식으로 문학 수업을 했던 것이다.

1915년 조라는 백인들로 구성된 순회 극단에 속한 한 주연 가수의 하녀로 일하게 되었다. 대부분의 사람들이 미천하게 여길 직업이었지만 조라 허스턴에게는 하늘이 준 선물과도 같은 기회였다. 극단 멤버 대부분은 교육 수준이 높았다. 때문에 주변에 항상 책이 흔했고 그들이 나누는 대화도 허스턴에겐 몹시 흥미로웠다. 그녀는 그들을 유심히 관찰하면서 백인 사회의 교양이 무엇인지 알게 됐고, 이튼빌 시절 이야기와 자신의 문학적 소양을 이용해 그들에게 호감을 살 수 있는 방법을 터득해갔다. 한편 극단에서는 허스턴에게 손톱 관리사의 역할도 맡겼다. 나중에 그녀는 이 기술을 이용해 워싱턴 D. C.의 국회의사당 근처에 있는 이발소 여러 곳에서 일했다. 손님들 가운데는 유력한 정치가가 많았고, 그들은 바로 옆에 있는 허스턴을 마치 그곳에 없는 사람인 것처럼 전혀 신경 쓰지 않고 이런저런 대화를 나누곤 했다. 허스턴은 그런 이야기를 들으면서 독서할 때 못지않게 많은 것을 배웠다. 인간의 본성에 관해, 권력에 관해, 그리고 백인 사회가 돌아가는 내부 원리에 대해 많은 것을 깨달은 것이다.

허스턴의 세계는 조금씩 넓어지고 있었다. 하지만 그녀가 얻을 수 있는 일자리, 접할 수 있는 책의 종류, 사귈 수 있는 사람에는 커다란 한계가 존재했다. 틈이 날 때마다 배우고 공부했지만, 사고와 정신 능력에 체계적인 특성이 아무래도 부족했다. 그녀는 정식 학교 교육이 필요하다고 판단했다. 이런저런 야간학교에 다니는 것을 고려할 수도 있었지만, 그녀가 진정 원하는 것은 아버지 때문에 빼앗긴 기회를 되찾는 것이었다. 그녀는 스물다섯 살임에도 외모가 나이보다 훨씬 어려 보였기 때문에 입학 지원서에 나이를 10살 적게 써넣었고, 다행히 메릴랜드 주에 있는 무료 공립 고등학교의 입학 허가를 받을 수 있었다.

그녀는 학교생활을 누구보다 열심히 했다. 자신의 미래가 달려 있다고 믿었기 때문이다. 교과목 공부에 필요한 것보다 훨씬 더 많은 책을 찾아서 읽었고, 특히 글쓰기 숙제는 있는 힘을 다 쏟아 완성했다. 그동안 사회생활을 하면서 터득한 나름의 요령을 토대로 선생님들과도 쉽게 친해졌다. 한때는 서툴기만 했던 인간관계를 이제는 잘 쌓아나갔다. 몇 년 후 그녀는 흑인의 고등 교육을 위해 설립된 유명한 하워드 대학에 진학했고, 이후 여러 흑인 문인과 관계를 맺으며 교류하기 시작했다. 또 학교에서 받은 교육을 밑바탕으로 삼아 단편 소설을 집필하기 시작했다. 한 지인의 도움으로 할렘의 명망 있는 한 문학잡지에 단편을 싣는 기회도 얻었다. 이후 그녀는 하워드 대학이 있는 지역을 떠나 유명한 흑인 작가와 예술가들이 많이 거주하는 뉴욕의 할렘으로 이사했다. 그녀가 앞으로 탐구하고 파고들게 될 세계를 감안하면 이것은 그녀 삶에서 대단히 의미 깊은 일이었다.

그동안 허스턴은 백인과 흑인을 막론하고 사회적 힘을 지닌 중요한 인사들을 유심히 관찰하며 연구했고, 또 그들에게 깊은 인상을 남기는 법을 터득해온 터였다. 뉴욕에 간 그녀는 이런 대인관계 기술을 십분 활용했고, 예술을 지원하는 여러 부유한 백인 후원자의 도움을 받을 수 있었다. 그리고 그런 후원자 가운데 한 명을 통해 버나드 칼리지에 입학할 기회가 생겼다. 만일 그곳에 들어간다면 허스턴은 버나드 칼리지에서 최초이자 유일한 흑인 학생이 될 터였다. 흐르는 물처럼 끊임없이 움직이며 시야와 자기 자신을 넓혀가는 것이 그녀가 살아온 방식이었다. 그저 가만히 앉아만 있으면 금세 세상에게 포위당해 앞으로 나아갈 길이 가로막혀버리는 법이다. 그래서 그녀는 버나드 칼리지에 들어가기로 결심했다.

버나드의 백인 학생들은 허스턴을 보고 깜짝 놀랐다. 그녀가 지닌 다양한 분야의 학식이 자신들보다 훨씬 더 뛰어났기 때문이다. 인류학과 교수 몇몇이 그녀의 총명함을 눈여겨봤고, 그들은 그녀에게 미국 남부 지역을 돌아다니며 인류학 연구를 위한 자료와 민담을 수집하는 여행을 할 수 있는 기회를 주었다. 허스턴은 이 여행을 하면서 남부 흑인들이 믿는 부두교인 후두교hoodoo와 그 지역 특유의 여러 문화적 관습을 집중적으로 연구했다. 그녀는 풍부하고 다양한 흑인 문화를 깊이 파고들며 식견을 넓혀갔다.

1932년, 뉴욕도 예외 없이 대공황의 영향을 받게 되자 허스턴은 취직 기회를 붙잡기가 쉽지 않았다. 그래서 그녀는 고향인 이튼빌로 돌아가기로 결심했다. 그곳은 생활비도 훨씬 적게 들고 그녀의 영감을 자극하는 분위기가 충만한 곳이었다. 그녀는 친구들에게 돈을 빌려 생활하면서 생애 첫 번째 장편소설 집필에 착수했다. 지금껏 지나온 모든 경험, 수많은 상황과 사람을 겪으며 자신만의 문학수업을 거친 기나긴 시간들이 서서히 수면으로 올라와 빛을 발하기 시작했다. 어린 시절에 동네 어른들한테 들었던 이야기들, 틈날 때마다 읽었던 책들, 인간 본성의 어두운 측면에 대한 다양한 통찰, 인류학 연구, 그동안 예리하게 관찰해온 모든 사람과 삶의 모습들, 이 모든 것이 풍부한 문학적 소재가 되었다. 그렇게 탄생한 소설『요나의 박넝쿨Jonah's Gourd Vine』에는 그녀의 부모님 이야기도 담겼지만, 무엇보다도 이 소설은 그녀의 인생 경험을 모두 한데 녹여 추출해낸 의미 깊은 결과물이었다. 그녀는 고도의 집중력으로 글을 써 내려가 단 몇 개월 만에 탈고했다.

1934년에 출간된 이 소설은 커다란 성공을 거두었다. 이후 몇 년간 허스턴은 열정적인 속도로 몇 권의 소설을 더 집필했다. 얼마 안 가 허스턴은 당대의 가장 유명한 흑인 작가가 되었으며, 글을 써서 먹고 사는 최초의 흑인 여성 작가가 되었다.

* * *

조라 닐 허스턴의 이야기는 수련기에 직면하는 현실을 적나라하게 보여준다. 당신을 도와주거나 방향을 제시해줄 사람이 아무도 없는 현실 말이다. 사실 오히려 온갖 불리한 상황이 당신을 둘러싸고 있다. 진정한 의미의 수련기를 거치고자 한다면, 진짜 배움을 통해 마스터리를 향한 준비를 하고자 한다면, 엄청난 에너지를 발휘하여 당신 스스로 헤쳐나가야 한다. 이 시기에 들어서면 대개 가장 낮은 위치에서 출발하기 마련이다. 지식이나 정보를 얻을 기회도, 사람들을 만날 기회도 제한되어 있다. 날카로운 정신을 유지하지 않으면 이런 자신의 위치와 현실을 그냥 받아들이고 주저앉기 쉽다. 특히 사회적 위치가 낮거나 남들에 비해 불리한 조건을 갖고 있는 경우라면 더욱 그렇다. 하지만 허스턴이 그랬듯, 당신을 둘러싼 제약들과 맞서 싸우고 끊임없이 시야를 넓히려고 노력해야 한다. (배움의 단계에서는 현실을 받아들이고 흡수해야 한다고 앞에서 말했지만, 그것은 반드시 어떤 한 장소나 위치에 머물러야 한다는 의미는 아니다.) 현재의 주변상황이 요구하는 것보다 더 많은 책과 자료를 찾아서 읽는 것은 대단히 바람직한 출발점이다. 더 넓은 지식 세계를 접하면 갈수록 더 많은 앎에 대한 욕구가 생겨나기 마련이다. 좁은 테두리 안에서 안주하며 만족하기가 더욱 힘들어진다.

당신이 속한 분야의 사람들, 현재 당신의 교제 범위에 포함된 사람들은 그 자체가 당신이 만나는 하나의 세계라고 할 수 있다. 당신은 그들의 이야기와 관점을 접하며 자연스럽게 시야를 넓히고 사회적 기술을 쌓기 때문이다. 최대한 다양한 종류의 사람을 만나고 그들과 교류하라. 그러다 보면 당신이 맺는 관계의 범위는 차츰 넓어진다. 학교라는 울타리 바깥에서 얻는 배움은 그 어떤 것이라도 당신을 강하게 만든다. 항상 당신의 세계를 넓히려고 애써라. 스스로 어떤 특정한 범위 안에 고착되려 한다는 기분이 들 때마다 의식적으로 박차고 일어나 새로운 도전을 찾아 나서라. 허스턴이 하워드 대학을 떠나 할렘으로 향했던 것처럼 말이다. 정신이 경험하는 세계를 넓히면 눈앞의 세상이 가하는 제약이나 한계도 변화한다. 전에는 예상하지 못했던 생각과 기회들이 나타나면서 당신의 수련기는 자연스럽게 성숙해갈 것이다.

3. 낮은 자세로 돌아가라

1960년대 후반에 고등학교를 다니고 있던 대니얼 에버렛은 길 잃은 영혼이 된 기분을 느꼈다. 멕시코와의 국경에 인접한 캘리포니아 주 홀트빌에서 태어나고 자란 그는 왠지 모를 답답함을 느꼈으며 고향의 카우보이 문화에 동화되지 못하는 이질감을 느꼈다. 1장에서 소개했듯 (64쪽 참조), 에버렛은 홀트빌 외곽에 사는 이민 노동자들에게서 접할 수 있는 멕시코 문화에 커다란 흥미를 느꼈다. 에버렛은 그들의 생활방식과 의식적인 행사, 그들의 언어, 그들이 부르는 노래에 마음을 홀딱 빼앗겼다. 타고난 외국어 습득 능력이 남달랐던 그는 스페인어를 비교적 쉽게 배웠고, 덕분에 그들의 세계에 자연스럽게 들어갈 수 있었다. 그에게 멕시코 문화는 홀트빌이라는 울타리를 넘어선 흥미로운 세계였다. 하지만 때로는 고향의 문화와 갈수록 멀어진다는 사실 때문에 우울한 감정에 휩싸이기도 했다. 그는 마약에 손을 대기 시작했다. 마약은 잠시 동안이나마 삶의 탈출구가 되어주었다.

그러다 에버렛은 열일곱 살 때 같은 고등학교에 다니는 케렌 그레이엄Keren Graham을 만났다. 그녀를 만나면서 에버렛의 삶은 완전히 변화했다. 케렌의 부모님은 기독교 선교사였고, 케렌은 부모님이 선교 활동을 했던 브라질 북동부 지역에서 어린 시절의 대부분을 보낸 소녀였다. 에버렛은 케렌과 친해졌고, 그녀에게서 브라질에서 살았던 이야기를 듣는 것이 무척 재미있었다. 얼마 안 가 케렌의 가족들도 만나고 그녀의 집에 가서 함께 식사를 하는 일도 잦아졌다. 에버렛은 분명한 목적의식과 선교에 대한 사명감을 가진 그들을 보며 존경심을 느꼈다. 케렌을 만나고 몇 개월 뒤 에버렛은 독실한 기독교 신자가 되었으며, 그로부터 1년 뒤 두 사람은 결혼을 했다. 두 사람은 화목한 가정을 꾸리고 함께 선교사가 되기로 다짐했다.

에버렛은 시카고에 있는 무디 신학교Moody Bible Institute에서 해외선교 학위를 받았고, 이후 1976년 아내와 함께 여름언어학교Summer Institute of Linguistics, SIL에 등록했다. SIL은 성서를 세계 각지의 토착 언어로 번역하여 복음을 전파하기 위해 선교사들에게 언어학과 관련 기술을 교육하는 기독교 단체였다. 일정 기간의 학습 과정을 마친 후 에버렛과 가족들(이제 자녀도 두 명이었다)은 본격적인 선교사 훈련을 위해 멕시코 남부 치아파스라는 지역에 있는 정글 캠프로 보내졌다. 에버렛 가족은 한 달 동안 정글의 마을에 살면서 그곳의 토착어인 마야어를 배워야 했다. 에버렛은 훈련 과정의 모든 테스트를 거뜬하게 통과했다. 에버렛이 치아파스의 훈련 프로그램을 성공적으로 마치자, SIL에서는 그에게 고난도의 과제를 제안했다. 바로 아마존 깊은 정글에 있는 피다한Pirahã마을에 들어가 사는 것이었다.

피다한은 아마존의 가장 오래된 부족 가운데 하나다. 18세기 초 포르투갈인들이 남아메리카에 처음 들어왔을 때, 현지 원주민 대부분은 포르투갈어를 배우고 포르투갈인들의 생활 방식을 받아들였다. 하지만 피다한족은 이방인의 영향력에 저항하며 정글 더 깊숙한 곳으로 들어갔다. 그들은 외부인과 접촉이 거의 없이 철저하게 고립되어 생활했다. 1950년대에 선교사들이 피다한 마을에 들어갔을 때는 겨우 약 350명의 피다한 원주민이 살고 있었다. 선교사들은 그들의 언어를 배우고자 애썼으나 도저히 배울 수가 없었다. 피다한족은 포르투갈어도 전혀 모르고 문자 언어도 갖고 있지 않았을 뿐만 아니라 서양인들에게는 그들이 쓰는 어휘들이 전부 비슷비슷하게 들렸기 때문이다. 과거 1967년에도 SIL은 피다한어를 배워 성서 내용 일부를 피다한어로 번역하게 하기 위해 한 선교사 부부를 이곳으로 보냈지만 성과가 거의 없었다. SIL 선교사들은 피다한어를 배우기 위해 갖은 애를 써도 진전이 없자 거의 포기한 상태였다. 이런 상황을 들은 에버렛은 도전해보고 싶은 욕구가 더욱 강해졌다. 에버렛 부부는 피다한어의 비밀을 푸는 최초의 주인공이 되어야겠다고 마음먹었다.

에버렛 가족은 1977년 12월 피다한 마을에 도착했다. 도착 이후 처음 며칠 동안 에버렛은 자기가 아는 모든 방법을 동원해서 그들의 말을 배우려 애썼다. 예를 들어, 그들에게 나무 막대기를 손에 들고 보여주며 그것을 뭐라고 부르는지 눈빛과 몸짓을 동원해 물어보며 알아냈고, 그 다음엔 막대기를 땅에 떨어트린 뒤 그런 행동을 그들 말로 뭐라고 표현하는지 물어봤다. 이런 식으로 몇 달을 보내자 기본적인 어휘를 꽤 배울 수 있었다. 에버렛은 SIL에서 배운 방법이 효과를 발휘하는 것을 느끼면서 열심히 노력했다. 새로운 단어를 배울 때마다 손바닥만 한 메모지에 빠짐없이 적었다. 그는 메모지 구석에 구멍을 내서 작은 고리를 끼운 뒤 수십 장씩 함께 묶어서 바지의 벨트 고리에 끼워 갖고 다니면서 마을 사람들을 만날 때마다 반복 연습했다. 메모지에 적은 단어와 어구들을 다양한 상황에서 사용해보려고 애썼으며, 때로는 상황에 맞지 않는 엉뚱한 어휘를 써서 피다한인들이 웃음을 터뜨리기도 했다. 종종 절망감을 느끼기도 했지만 그럴 때면 피다한어를 금세 배우는 그곳 아이들을 보면서 '저렇게 어린 아이도 배운다면 나도 얼마든지 할 수 있어' 하며 마음을 다잡았다. 하지만 더 많은 어구를 배웠다고 느낄 때마다 웬일인지 오히려 더욱 혼란스러워지는 기분이 들었다. 과거에 그보다 앞서 이곳에 왔던 선교사 부부가 느꼈던 좌절감이 어떤 것이었는지 짐작이 갔다.

예를 들어, 원주민들은 '방금 전에'라는 뜻으로 번역할 수 있는 피다한어 표현을 굉장히 자주 사용했다. 하지만 에버렛이 어떤 다른 상황에서 그 표현을 쓰는 걸 들어보니, 그 표현은 무언가(사람, 소리 등 그 무엇이든)가 나타나거나 사라지는 순간을 의미한다는 걸 알 수 있었다. 사실상 그 표현은 그런 일시적 순간 자체를 의미하는 말이었다. 따라서 '방금 전에'라는 말로는 그 피다한어 표현에 담긴 풍부한 의미를 전달할 수가 없었다. 그리고 에버렛이 이해했다고 생각했던 모든 어휘에서 그와 똑같은 현상이 일어났다. 또 에버렛은 그들의 언어에 없는 말들을 발견하기 시작했는데, 이는 그가 배운 모든 언어학 이론에 배치되는 현상이었다. 예컨대 피다한어에는 숫자를 나타내는 어휘가 없었고, 오른쪽과 왼쪽을 뜻하는 개념도 없었으며, 색깔을 나타내는 간단한 단어들도 없었다. 이것을 대체 어떻게 받아들여야 한단 말인가?

피다한 마을에서 생활한 지 1년이 넘은 어느 날, 에버렛은 정글 깊은 곳으로 사냥을 가는 피다한 남자들을 따라나섰다. 그리고 그들의 생활 및 언어의 전혀 다른 측면을 발견하고 깜짝 놀랐다. 숲속에서 그들은 마을에서와 완전히 다른 방식으로 의사소통을 했다. 입으로 하는 말 대신 정교한 휘파람 소리로 서로 의사소통을 하면서 사냥감을 급습하기 위해 대단히 은밀하게 움직였다. 위험한 정글을 누비며 사냥하는 그들의 능력은 대단히 탁월했다.

에버렛은 불현듯 무언가를 깨달았다. 마을 생활만 관찰하며 그들의 말을 배우겠다는 생각이 애초에 문제였다. 피다한의 언어는 그들의 사냥 방식, 문화, 일상적 습관과 분리해서 생각할 수 없는 것이었다. 지금까지 에버렛은 피다한족에 비해 자신이 우월하다는 생각을 무의식중에 갖고 있었다. 마치 개미들의 생태를 관찰하는 과학자처럼 행동한 것이다. 그가 피다한어의 비밀을 풀지 못한 것은 그런 접근법이 부적절했기 때문이었다. 만일 어린아이처럼 피다한어를 배우고 싶다면 그 자신이 어린아이가 되어야 했다. 다시 말해, 생존하기 위해 그들에게 의지하고, 그들의 일상적 활동에 함께 참여하고, 그들과 친구처럼 어울리고, 자신을 그들의 도움이 필요한 열등한 존재라고 생각해야 하는 것이다. (그는 자신이 우월한 문명인이라는 관점을 버린 이후 심리적인 위기를 겪으면서 선교사 활동에 대한 신념을 잃게 되고, 결국 기독교 신앙과 결별했다.)

이후 에버렛은 피다한족과 생활하는 내내 그런 전략을 실천했다. 그러자 전에는 보이지 않던 그들 삶의 영역으로 들어갈 수 있었다. 그리고 얼마 안 가 독특한 피다한어의 구조와 원리를 깨달을 수 있었다. 피다한어의 독특성은 오랜 세월 정글에서 고립되어 살면서 형성된 독특한 문화가 낳은 결과였다. 아무것도 모르는 어린아이가 되었다고 생각하고 그들의 생활에 참여하자 언어는 자연스럽게 습득되었고, 에버렛은 어느 누구도 쉽사리 파악하지 못했던 피다한어에 대한 연구에서 커다란 진전을 이뤄낼 수 있었다.

* * *

대니얼 에버렛이 아마존 정글에서 보낸 수련기는 훗날 혁신적인 언어학자로서 이룰 업적의 토대가 되었다. 그는 정글에서 생활하는 동안 비단 자신의 연구 분야뿐만 아니라 다른 모든 분야에도 적용할 수 있는 중요한 교훈을 얻었다. 그 교훈이란 다음과 같다. 피다한어처럼 어려운 것이라 할지라도, 배움을 가로막는 것은 주제나 대상 그 자체가 아니다(인간 정신은 무한한 능력을 갖고 있다). 그보다는 성인이 되고 시간이 흐를수록 점점 더 심해지는 경향이 있는 특정한 '학습 장애' 때문에 무언가를 배우기가 어려워진다. 가령 낯선 무언가를 마주쳤을 때 자신이 그 대상보다 우월하다는 자만심과 폐쇄적인 태도를 갖는 것도 일종의 '학습 장애'다. 또 사물이나 상황에 대한 완고하고 융통성 없는 태도도 마찬가지이며, 대개 우리는 학교나 가정교육을 통해 그런 관점을 배운다. 자신이 무언가를 잘 안다고 생각하면 다른 여러 가능성에는 마음을 닫아버리기 십상이다. 우리가 이미 믿고 있는 진실만을 보려고 하게 된다. 종종 무의식적으로 갖는 이런 우월감은 우리와 다른 대상, 또는 우리가 알지 못하는 대상에 대한 두려움에서 기인한다. 우리는 이런 사실을 좀처럼 인식하지 못하며, 때로는 자신이 공명정대함의 본보기를 보이고 있다고 믿는다.

일반적으로 어린 아이들은 이런 종류의 학습 장애를 겪지 않는다. 아이들은 생존과 생활을 위해 어른에게 의존하며 자연스럽게 스스로를 '부족한 존재'라고 느낀다. 그렇기에 배우려는 태도와 욕구를 지닐 수 있다. 아이들은 모르는 것을 배워나가면서 부족한 부분을 채운다. 그들은 마음이 활짝 열려 있기 때문에 대상에 훨씬 더 잘 집중한다. 따라서 아이들이 새로운 것을 더 빨리 그리고 제대로 배울 수 있는 것이다.

다른 동물들과 달리 우리 인간은 성인이 되고 한참 후까지 '네오테니 neoteny'라는 특성을 보유한다. 즉, 어른이 되어도 정신적 신체적으로 아이와 같은 특성을 내면에 지닌다.

우리는 아이와 같은 정신 상태로 돌아갈 수 있는 뛰어난 능력을 갖고 있다. 특히 새로운 무언가를 배워야 하는 상황에서 그 능력을 발휘하곤 한다. 인간은 중년이 훌쩍 넘은 나이에도 아이와 같은 호기심과 경이감을 느낄 수 있으며, 이로써 젊은 에너지를 회복하고 얼마든지 배움을 위한 수련을 시작할 수 있다.

기억하라. 낯선 환경에 들어섰을 때 당신은 가급적 많은 것을 배우고 흡수해야 한다. 그러려면 어린아이로 되돌아가야 한다. 스스로 부족하고 모자란 존재라고 인정해야 한다. 다른 사람들이 당신보다 훨씬 더 많은 지식을 가졌다고, 당신이 제대로 배우고 무사히 수련기를 거치기 위해서는 그들에게 의지해야 한다고 생각하라. 당신이 들어간 공간이나 분야에 대해 갖고 있던 선입견도, 스스로 우월하다고 믿는 태도도 전부 내다버려야 한다. 낯선 것에 대한 두려움도 버려라. 사람들과 교류하며 그들의 문화에 최대한 깊숙이 참여하라. 모든 것을 호기심을 갖고 대하라. 애초에 자신을 부족한 존재라고 인정하고 들어가면, 마음을 열어젖히고 배우려는 자세를 갖기가 더 쉽다. 물론 당신의 부족함과 열등함은 잠시 동안만 경험하는 무언가다. 낮은 자세로 남들에게 의지하고 배우면서 5~10년쯤 흐른 뒤에는 마침내 자립하여 온전히 성숙한 인간으로 거듭날 수 있을 것이다.

4. 과정에 대한 믿음을 가져라

세자르 로드리게스Cesar Rodriguez, 1959~의 아버지는 평생 미 육군 장교로 살다가 은퇴했다. 하지만 세자르가 사우스캐롤라이나 주립 사관학교인 시타델Citadel에 진학한 것은 아버지가 걸었던 길을 따르기로 결심했기 때문은 아니었다. 그곳에서 경영학 학위를 딴 것을 보면 아마도 비즈니스 분야의 직업을 고려하고 있었던 모양이다. 그는 자기 삶에 모종의 규율과 질서가 필요하다고 생각했고, 엄격하게 스스로를 단련할 수 있는 곳으로서 시타델만 한 곳은 없다고 판단했다.

시타델에서 2학년 생활을 하던 1978년 어느 날 아침, 로드리게스의 룸메이트가 육군, 해군, 공군에서 항공대원을 선발하기 위해 실시하는 시험을 치를 계획이라고 말했다. 그 말을 들은 로드리게스는 자신도 한번 재미 삼아 시험을 보기로 했다. 그런데 놀랍게도 며칠 후 공군의 조종사 훈련 프로그램에 합격했다는 통보를 받았다. 시타델에 다니는 동안 참가하게 될 첫 훈련은 세스너 경비행기를 조종하는 것이었다. 경비행기를 조종한다는 말에 큰 흥미를 느낀 로드리게스는 훈련 프로그램에 참여하기로 결정했다. 그는 훈련 시험을 비교적 수월하게 통과했다. 그는 자신의 정신력을 시험해볼 수 있는 도전이 마음에 들었고, 비행에 필요한 고도의 집중력도 즐길 만했다. 다음에 밟을 단계도 재미있을 것 같았다. 그래서 1981년 시타델을 졸업한 후 오클라호마 주의 밴스 공군기지에 있는 조종사 학교의 10개월 과정에 참여하기로 했다.

그러나 밴스에 막상 가보니 결코 만만치 않은 고난도 과정이 그를 기다리고 있었다. 이제 그가 조종 훈련을 받아야 할 비행기는 아음속 제트기 T-37이었다. 또 4.5킬로그램짜리 헬멧을 쓰고 18킬로그램이나 되는 낙하산을 등에 착용해야 했다. 조종석은 견디기 힘들 만큼 좁고 더웠다. 훈련 교관이 바로 옆에 앉아서 그의 움직임 하나하나를 감독했다. 잘해야 한다는 압박감, 조종석의 더운 공기, 고속 비행에서 오는 신체적 스트레스 때문에 땀이 비 오듯 흘러내렸다. 비행을 할 때면 마치 제트기가 자신을 마구 두들겨 패는 기분이었다. 게다가 제트기 조종 시 고려해야 할 다른 변수들도 많았다.

비행 시뮬레이터로 연습할 때는 비교적 자신감을 갖고 임했으며 비행기를 제대로 통제하고 있는 듯한 기분을 느꼈다. 하지만 실제 제트기에 탑승하기만 하면 공포와 불안감을 억누르기가 힘들었다. 그러니 자연히 지금껏 배운 내용을 제대로 활용하지 못했고, 어떤 조치나 행동을 우선적으로 취해야 하는지 판단하기가 어려웠다. 훈련을 시작하고 몇 개월 후 그는 두 번 비행에서 연속으로 낙제점을 받은 다음 일주일간 비행 연습이 금지되었다.

로드리게스는 이제껏 실패라는 것을 경험해본 적이 없었다. 그의 내면에는 지금까지 살면서 만난 모든 어려움을 극복했다는 자부심이 있었다. 하지만 이제 철저한 실패를 맛볼지도 모르는 가능성이 눈앞에 있었다. 이 훈련 과정이 시작될 때 참가한 학생은 모두 70명이었는데, 거의 한 주에 한 명꼴로 탈락해서 떨어져나갔다. 가차 없는 냉혹한 프로세스였다. 로드리게스는 다음 차례는 자신이 될 것만 같았다. 나중에 다시 조종석에 앉는다 해도 그의 능력을 입증해 보일 기회는 그리 많지 않았다. 그는 비행에서 나름 최선을 다해 노력했다. 도대체 무엇이 문제인 걸까? 어쩌면 무의식적으로 비행 자체를 몹시 두려워한 게 문제였을지도 몰랐다. 그리고 이제는 비행보다 실패를 더 두려워하고 있었다.

로드리게스는 고등학교 시절을 떠올렸다. 그는 비교적 작은 키였음에도 학교 풋볼 팀에서 쿼터백으로 활동했다. 그때도 자기회의와 두려움이 느껴지는 순간이 있었다. 하지만 정신적 신체적인 혹독한 연습을 통해 두려움과 실력 부족을 극복할 수 있다는 사실을 깨달았다. 일부러 불안함이 느껴지는 장소에서 풋볼 연습을 하면 주변 상황에 익숙해져서 두려움을 떨쳐내는 데 도움이 되었다. 중요한 것은 바로 연습 과정을, 그리고 더 많은 연습이 가져다줄 결과를 믿는 것이었다. 로드리게스는 비행 훈련을 하는 지금 상황에서도 그런 마음가짐을 가져야겠다고 생각했다.

로드리게스는 시뮬레이터 연습 시간을 세 배로 늘렸고, 수많은 자극과 상황에 제대로 반응할 수 있도록 마음을 단련했다. 휴식 시간에도 조종석에 앉은 모습을 상상하며 자신이 취약한 조종 기술을 반복해서 마음속으로 연습했다. 그리고 다시 비행기를 탔을 때는 전보다 훨씬 더 강도 높게 집중했다. 비행 연습 때마다 늘 그 시간을 최대한 활용해야 한다고 생각했다. 조종석에 앉을 기회가 생길 때마다(가령 원래 비행 예정이었던 학생이 아파서 참여할 수 없을 때) 주저 없이 붙잡았다.

차츰 시간이 흐를수록 그는 조종석에서 마음의 평온을 유지하는 법을 깨달았고 복잡한 조종 기술을 구사하는 실력도 향상되었다. 비행 연습을 재개한 후 2주 동안 실력이 늘어 당분간은 낙제를 면할 수 있는 안정권에 진입했다. 이제는 훈련반 전체에서 그의 수준이 중간 정도는 되었던 것이다.

훈련 프로그램이 10주쯤 남았을 때 로드리게스는 현재 자신의 상황을 검토해보았다. 지금까지의 발전 수준은 상당했다. 또 어려운 과제와 비행 자체를 즐기고 있었다. 이제 그가 절실하게 원하는 것은 전투기 조종사가 되는 것이었다. 그러기 위해서는 최상위에 가까운 성적으로 훈련 프로그램을 마쳐야 했다. 훈련생들 가운데는 비행 감각에 뛰어난 재능을 타고난 이른바 '행운아'들이 몇 명 있었다. 그들은 강도 높은 스트레스를 수월하게 이겨낼 뿐만 아니라 오히려 그런 스트레스를 즐기기까지 했다. 로드리게스는 그런 부류는 아니었지만 그들 못지않게 해낼 자신감은 있었다. 예전에도 남다른 의지로 어려움을 이겨내고 성공한 경험이 있으니 이번에도 못 해내리란 법은 없다고 생각했다. 마지막 10주간 그는 T-38로 훈련을 할 예정이었다. 그는 새로운 교관인 휠스 휠러에게 지옥 훈련에 버금가는 강도로 자신을 채찍질해달라고 부탁했다. 어떻게든 높은 성적을 받아야 했고, 그러기 위해 필요한 것은 무엇이든 할 각오가 되어 있었다.

휠러는 로드리게스의 뜻대로 훈련을 진행했다. 그는 로드리게스가 똑같은 조종 기술을 '행운아'들보다 열 배나 많이 반복하게 했다. 혹독한 훈련 때문에 몸에 병까지 났다. 그는 로드리게스의 약점을 집중적으로 교정해주었고 로드리게스가 제일 싫어하는 기술들도 반복해서 연습시켰다. 그의 조언과 비판은 잔인할 만큼 솔직했다. 그러던 어느 날 로드리게스는 T-38을 조종하다가 기묘한 느낌에 휩싸였다. 마치 손가락 끝으로 비행기 전체를 움직이고 있는 듯한 기분이었다. 그는 생각했다. '그 행운아들은 진작 이런 기분을 느껴봤으리라. 나는 10달 가까이 강도 높은 훈련을 하고 나서야 이런 경험을 하는구나.' 이제 수렁에 빠진 듯한 좌절감도, 두려움도 느껴지지 않았다. 그리고 막연하긴 했지만 자신이 더 높은 경지에 올라설 수 있다는 가능성을 감지했다. 조종석의 복잡한 장치들을 자유자재로 다루면서 동시에 편대 비행을 하는 자신의 모습을 상상했다. 그런 생각을 하니 어떤 노력도 아깝지 않았다.

결국 로드리게스는 전체 훈련생 중 3등으로 프로그램을 졸업했고 전투기 조종사 입문 훈련 과정에 들어갈 수 있었다. 지금까지와 비슷한 훈련 프로세스가 진행되겠지만 그 강도는 더욱 높아질 예정이었다. 비행 감각을 타고난 사람들을 뛰어넘으려면 끊임없는 연습과 강인한 의지력이 필요했다. 이런 자세로 그는 조금씩 더 높은 단계로 올라가 결국 미 공군 대령이 되었다. 1990년대에 그는 실제 전쟁에서 세 차례의 공대공 전투를 승리로 이끌며 베트남 전쟁 이래 최고의 전투기 조종사가 되었고, '미국 최후의 에이스'라는 별명을 얻었다.

* * *

거장과 평범한 사람들을 구분하는 차이점은 때때로 놀랄 만큼 간단하다. 우리는 어떤 기술을 배울 때 좌절감을 느끼는 순간을 자주 만난다. 배우는 내용이나 대상이 자신의 능력을 넘어선다고 느껴지는 순간 말이다. 이런 감정에 굴복할 때 우리는 무의식적으로 자기 자신을 포기하는 셈이다. 로드리게스의 훈련 프로그램에서 중도 탈락한 이들은 대부분 로드리게스와 실력이나 재능이 비슷한 수준이었다. 그들과 로드리게스가 다른 결과를 맞이한 것은 단순히 의지력의 문제가 아니다. 그보다는 믿음과 신념의 문제다. 성공한 인생을 산 사람들을 보면 대개 젊은 시절에 특정한 기술을 정복했음을 알 수 있다. 스포츠든 게임이든 악기 연주든 외국어든 말이다. 그들의 마음속에는 좌절을 극복하고 '보상 가속화 주기'에 진입했던 경험이 새겨져 있다. 그래서 어떤 일에 자신감에 없어지고 움츠러들려고 하면 그 과거의 경험이 기억에서 떠오른다. 힘겨운 과정이 가져다줄 결실을 믿기에, 그들은 남들이 지치거나 심리적으로 포기하는 지점에서 주저앉지 않고 묵묵히 앞으로 나아간다.

기술을 정복하는 데에는 시간이 놀라운 힘을 발휘한다. 꾸준하게 연습하면서 많은 날들을 보내면 해당 기술의 특정한 요소들이 우리의 심신에 단단히 박히기 시작한다. 그 기술은 서서히 내면에 자리 잡으며 신경 시스템의 일부가 된다. 그러면 우리의 정신은 자잘한 측면에 구속받지 않고 더 큰 그림을 볼 수 있다. 타고난 재능 수준과 상관없이, 지속적인 연습은 우리를 그런 놀라운 경험으로 이끈다. 이런 진전을 가로막는 유일한 장애물은 당신 자신과 권태, 공포, 좌절, 불안 같은 감정들이다. 그런 감정이 아예 생겨나지 않게 막는 것은 불가능하다. 그것은 기나긴 과정에 수반되는 자연스러운 감정이며, 거장을 비롯해 인간이라면 누구나 경험하기 마련이다. 당신이 해야 할 일은 과정에 대한 믿음을 갖는 것이다.

일단 '보상 가속화 주기'에 들어가면 초반에 느꼈던 지루함은 사라진다. 두려운 상황에 반복적으로 스스로를 노출하면 두려움 역시 사라진다. 좌절한다는 것은 발전하고 있다는 증거다. 당신의 정신이 복잡한 상황에 대처하기 시작하고 있으며 더 많은 연습이 필요하다는 신호다. 마스터리에 도달하고 나면 과거에 느꼈던 모든 불안감이 말끔히 사라질 것이다. 과정에 대한 믿음을 지니면 나날이 발전할 수밖에 없다. 그리고 모든 것이 제자리를 찾을 것이다.

5. 본성에 저항하고 고통을 감내하라

A. 빌 브래들리Bill Bradley, 1943~는 열 살 무렵부터 농구에 푹 빠졌다. 그에게는 또래들보다 농구에 유리한 장점이 하나 있었다. 나이에 비해 키가 컸던 것이다. 하지만 그것만 제외하면 타고난 재능은 없는 편이었다. 체격만 컸지 행동이 느려 민첩성이 떨어졌고 점프도 높이 하지 못했다. 그런 그에게 농구는 결코 쉽지 않은 스포츠였다. 이런 약점들을 만회하려면 피나는 연습밖에 도리가 없었다. 그래서 그는 매우 철저하고 효과적인 연습 방법을 나름대로 고안해냈다.

어떤 계기인가로 고등학교 체육관 열쇠를 손에 넣은 브래들리는 자신만의 연습 스케줄을 세웠다. 평일 방과 후와 일요일에는 세 시간 반, 토요일에는 여덟 시간, 여름방학 때는 하루 세 시간, 이런 식으로 연습하기로 했다. 그리고 몇 년간 이 연습 시간을 철저하게 지켰다. 다리 힘을 키워 점프력을 향상시키기 위해 발에 5킬로그램짜리 웨이트 벨트를 묶고 연습하기도 했다. 그가 생각하기에 자신의 가장 큰 약점은 드리블에 능숙하지 못하고 민첩성이 떨어지는 것이었다. 무엇보다도 이 약점을 개선하고 패스 실력을 키우는 것이 급선무였다.

이를 위해서 브래들리는 다양한 방법을 시도했다. 아래쪽에 딱딱한 종이를 붙인 안경테를 착용하여 밑에 있는 농구공을 볼 수 없는 상태에서 드리블을 연습했다. 이렇게 하니 몸 아래쪽의 공에만 신경 쓰지 않고 사방을 살피는 훈련이 되었다. 이것은 효과적인 패스를 위해 반드시 필요한 기술이었다. 또 농구 코트에 의자들을 갖다놓고 그것을 상대팀 선수라고 생각하고 연습했다. 의자들 주변을 이쪽저쪽으로 움직이며

드리블을 하면서, 재빨리 방향을 바꾸며 의자 옆을 미끄러지듯 지나갈 수 있을 때까지 연습했다. 이 두 가지 연습은 몇 시간을 해도 지루하거나 힘들다고 느껴지지 않았다.

동네의 큰길을 지나갈 때면, 시선을 똑바로 앞쪽으로 유지한 채 고개를 돌리지 않고 길 양쪽의 상점 유리창에 전시된 물건이 무엇인지 맞히려고 애썼다. 이 연습을 수없이 하고 나니 주변 시야를 보는 능력이 생겨 농구 코트에서 더 많은 부분을 시야에 포착할 수 있었다. 집에 있을 때는 한쪽 발을 축으로 돌면서 다른 발을 자유롭게 내딛는 피벗과 상대 선수를 헷갈리게 만드는 페인트 동작을 밤늦도록 연습했다. 이런 기술에 능숙하면 민첩성이 떨어지는 점을 보완하는 데 도움이 되기 때문이었다.

브래들리는 창의적인 아이디어와 에너지를 총동원해 참신하고 효과적인 연습 방법을 끊임없이 연구했다. 한번은 온 가족이 대서양을 횡단하는 배를 타고 유럽으로 여행을 떠났다. 가족들은 브래들리가 당연히 연습을 쉴 것이라고 생각했다. 배 위에는 연습할 수 있는 공간이 전혀 없었으니 말이다. 하지만 갑판 아래쪽에 배의 길이만큼이나 긴 복도가 두 개 있었다. 길이가 무려 270미터나 되고, 승객 2명이 동시에 간신히 지나갈 만큼 좁은 복도였다. 브래들리가 보기에 이곳이야말로 빠른 속도로 드리블하면서 완벽하게 공을 통제하는 연습을 할 최적의 장소였다. 더 힘든 조건을 만들기 위해, 그는 시야를 좁아 보이게 만드는 특수 안경을 착용했다. 그리고 항해가 끝날 때까지 날마다 몇 시간씩 복도를 오가며 연습했다.

이런 식으로 수년간 실력을 갈고닦은 끝에 브래들리는 농구계의 스타 선수가 되었다. 프린스턴 대학 시절에는 최고 선수로 선발되었고 이후 NBA 뉴욕 닉스 팀에서 프로 선수로 뛰었다. 농구 팬들은, 마치 등과 머리 옆쪽에 눈이 달린 것처럼 자유자재로 민첩하게 패스를 하는 브래들리를 보며 감탄을 금치 못했다. 절묘한 드리블, 놀라운 피벗과 페인트 동작, 코트를 날아다니듯 누비는 모습은 말할 것도 없었다. 수월하게 구사하는 듯한 그 모든 기술들 뒤에 오랜 세월 동안의 피나는 연습과 노력이 있다는 사실을 아는 사람은 거의 없었다.

B. 존 키츠John Keats, 1795~1821가 여덟 살 때 그의 아버지가 말에서 떨어지는 사고로 세상을 떠났다. 그의 어머니는 상실감을 좀처럼 극복하지 못하고 지내다가 7년 뒤에 병에 걸려 죽었다. 이제 존과 여동생, 두 남동생은 사실상 고아가 되었다. 이후 아이들은 후견인에게 맡겨졌고, 맏이였던 존은 후견인의 권유에 따라 학교를 떠나 약재상 겸 외과의인 사람의 견습생으로 들어갔다. 하루빨리 생계를 위해 직업을 가져야 하는 존으로서는 그것이 최선의 선택으로 여겨졌다.

학교를 다니던 시절에 키츠는 문학과 독서를 몹시 좋아하는 학생이었다. 문학 공부를 접고 싶지 않았던 그는 견습생 훈련이 끝나고 자유 시간이 생길 때마다 학교 도서관에 찾아가 책을 읽곤 했다. 얼마 후 그는 직접 시를 써보고 싶어졌다. 하지만 자신을 가르쳐줄 선생님도, 교류를 하는 문인도 없었기 때문에 시 쓰기를 배울 유일한 길은 17세기와 18세기의 유명한 시인들의 작품을 읽는 것뿐이었다. 그러고 나서 자신이 닮고 싶은 특정한 작가의 문체와 시적 형식을 활용하여 직접 시를 써보았다. 그는 잘된 작품의 스타일을 제법 솜씨 있게 모방했다. 곧 수십 가지 다른 문체와 스타일로 시를 써보기 시작했고, 단순한 모방에서 벗어나 언제나 자신만의 목소리를 가미하곤 했다.

몇 년 후 키츠는 운명적인 결심을 한다. 평생을 시 쓰기에만 몰두하기로 마음먹은 것이다. 시야말로 그의 인생에서 추구해야 할 소명이었다. 글을 써서 먹고 살 길을 찾으리라 다짐했다. 이미 시작한 자신만의 철저한 수련을 더욱 밀어붙이기 위해, 그는 4000행으로 이루어진 장시長詩를 쓰기로 했다. 그리스 신화에 등장하는 엔디미온을 소재로 한 시였다. 그는 친구에게 보낸 편지에 이렇게 썼다. "내가 쓸 시 '엔디미온Endymion'은 나의 상상력과 창의력을 가늠하는 시험대가 될 걸세. …… 신화에서 받은 영감을 4000행의 시로 구현해야 해." 키츠는 얼핏 무리로 보이는 목표 기한(7개월)을 정하고, 초고가 완성될 때까지 하루에 50행씩 쓰기로 결심했다.

목표로 세운 기간의 4분의 3쯤이 지났을 때 그는 자신이 쓰고 있는 시가 몹시 마음에 들지 않았다. 하지만 포기할 마음은 없었다. 어떻게든 밀어붙여 목표 날짜까지 완성할 생각이었다. '엔디미온'이 마음에 들지 않았던 것은 화려한 문체와 너무 기교를 부린 스타일 때문이었다. 그러나 이런 습작을 거쳐야만 만족스러운 자신만의 스타일을 완성할 수 있을 터였다.

훗날 그는 이렇게 적었다. "'엔디미온'을 쓸 때 나는 무턱대고 성급하게 바다에 뛰어들었고, 그 덕분에 평온한 해변에 가만히 앉아 차를 마시며 편한 조언을 들을 때보다 수심과 위험한 모래밭과 암초들을 더 잘 파악할 수 있었다."

스스로 보통 수준밖에 안 된다고 생각한 시를 쓰고 난 이후, 키츠는 그 과정에서 자신이 배운 귀중한 교훈을 곱씹었다. 다시는 슬럼프에 빠지지 않으리라 다짐했다. 어떤 장애물도 극복하고 시를 써 내려갈 준비가 되어 있었다. 이제 그는 무섭게 집중하며 빠른 속도로 집필하는 역량도 생겼다. 몇 시간이고 작품에 몰두할 수 있었다. 초고를 마치고 작품을 다듬는 시간도 역시 오래 걸리지 않았다. 또 자기 작품의 과도하게 낭만적인 경향을 비판적인 시각으로 바라보며 냉정한 관점을 유지할 수 있었다. 그리고 실제로 시를 쓰고 있을 때 비로소 가장 좋은 아이디어가 떠오르는 경우가 많다는 것도 깨달았다. 과감하게 계속 쓰고 또 써야만 그런 아이디어를 놓치지 않고 붙잡을 수 있는 것이었다. 무엇보다도 그는 자신에게 꼭 맞는 문체를 찾아냈다. 불필요한 시구는 한 줄도 들어가지 않은, 최대한 간결하고 밀도 높은 스타일을 완성한 것이다.

이러한 교훈을 가슴에 새긴 키츠는 1818에서 1819년에 걸친 시기(병세가 악화되기 전이었다)에 뛰어난 송시(頌詩)들을 비롯하여 영문학사에 길이 남을 작품을 여러 편 완성했다. 이 시기는 서구 문학사상 가장 값진 결실을 얻은 2년이라 해도 과언이 아닐 것이다. 이는 모두 키츠 자신의 철저한 자기 수련이 가져온 결과였다.

* * *

고통스럽거나 힘들어 보이는 일을 피하고 싶어 하는 것이 인간의 본성이다. 어떤 기술을 배우고 연습할 때도 이런 본성은 여지없이 고개를 든다. 그 기술을 배우는 과정에서 비교적 쉽게 배울 수 있는 어떤 한 측면에 능숙해지면, 우리는 그것만 반복해서 연습하곤 한다. 취약한 부분, 자기가 배우기 힘든 부분을 자꾸 피하면 우리의 기술은 한쪽으로 치우쳐 균형을 잃는다. 지켜보고 감독하는 사람이 없거나 잘해내야 한다는 압박감이 없어서 연습 과정에서 긴장감을 늦추면, 집중력이 분산되기 십상이다. 또 많은 사람들은 대개 판에 박힌 태도로 연습을 한다. 그저 남들이 하는 방식을 따라하고, 해당 기술을 배울 때 일반적으로 택하는 방법을 좇는 것이다.

이것은 아마추어의 방식이다. 마스터리에 도달하기 위해서는 이른바 '저항 연습'을 채택해야 한다. 방법은 간단하다. 다음과 같은 식으로 자연스러운 본성에 반대되는 방향으로 나아가면 된다. 첫째, 자신에게 관대해지고 싶은 유혹에 '저항'하라. 당신은 자신에 대한 가장 혹독한 비판자가 되어야 한다. 남들의 시각으로 보듯 객관적 시선으로 당신의 작품을 바라보라. 이로써 취약점, 서투른 부분을 파악해내라. 그것들이 연습에서 가장 우선적으로 집중해야 할 부분이다. 그 과정에서 느끼는 괴로움을 극복하면 뜻밖의 만족감도 얻을 것이다. 둘째, 집중력의 끈을 느슨하게 풀고 싶은 유혹에 '저항'하라. 더욱 강도 높게 연습하는 데 집중하도록 스스로를 훈련해야 한다. 최대한 창의력을 발휘하여 당신만의 방식을 개발하고 약점을 개선할 수 있는 연습법을 연구하라. 일정한 수준의 성과물을 완성해낼 나름의 목표일을 정해놓고 그것을 바라보며 부단히 나아가면서 한계를 넘어서라. 시간이 흐르면 탁월함에 대한 자신만의 기준이, 남들이 추구하는 것보다 훨씬 높은 기준이 생겨나기 마련이다.

당신이 그렇게 강도 높게 집중한 5시간은 다른 평범한 사람들의 10시간에 맞먹는 가치를 지닌다. 머지않아 그런 혹독한 연습의 열매를 거둘 것이고, 사람들은 얼핏 수월하게 해내는 듯 보이는 당신을 보며 감탄과 존경을 보낼 것이다.

6. 실패를 단련의 기회로 삼아라

1885년의 어느 날, 스물세 살의 헨리 포드Henry Ford는 가솔린 엔진을 처음 본 순간 완전히 마음을 빼앗겼다. 그동안 포드는 기계공으로 일하면서 온갖 종류의 기계와 장비를 접해왔지만, 이 새로운 종류의 엔진만큼 그의 마음을 사로잡은 것은 없었다. 그는 운송 방식을 혁신적으로 변화시킬, 말이 끌 필요가 없는 완전히 새로운 종류의 탈것을 마음속에 상상했다. 그리고 그런 자동차를 개발하는 선구자가 되기로 마음먹었다.

에디슨 조명회사에서 기술자로 야간 근무를 했던 포드는 낮 시간에 자신이 개발 중인 새로운 내연기관을 연구했다. 그는 집 뒤쪽에 있는 헛간에 작업실을 마련한 뒤, 틈날 때마다 여기저기서 모아온 고철과 재료들을 가지고 엔진을 만드는 일에 착수했다. 그리고 1896년, 몇몇 친구와 힘을 합쳐 쿼드리사이클Quadricycle이라는 자동차의 첫 번째 원형 모델을 완성하여 디트로이트 거리에 첫선을 보였다.

당시에는 포드 말고도 가솔린 엔진 차량을 연구하는 사람들이 많았다. 자동차 업계는 대단히 경쟁이 치열한 곳이라 하루가 멀다 하고 회사들이 생겼다 무너지곤 했다. 포드의 쿼드리사이클은 외양도 근사하고 구동력도 좋았지만, 너무 크기가 작고 대량생산에 부적합했다. 그래서 포드는 두 번째 자동차 개발에 착수했다. 이번에는 개발 단계에서 추후의 생산 과정을 미리 충분히 고려했다. 1년 후 완성된 자동차는 놀랄 만큼 근사한 디자인이었다. 단순성과 간편성을 가장 중요시했으며, 운전하고 관리하기 쉬운 모델이었다. 이제 포드에게 필요한 것은 대량 생산을 위한 충분한 자본이었다.

1890년대 말에 자동차 제조란 결코 만만치 않은 일이었다. 자동차 생산에 들어가는 온갖 종류의 부품을 고려하면 엄청난 자본과 복잡한 비즈니스 구조가 필요했다. 다행히 포드는 빠른 시일 내에 든든한 투자자를 만났다. 바로 디트로이트의 유명한 실업가 윌리엄 머피였다. 머피의 지원을 받아 포드는 디트로이트 자동차회사Detroit Automobile Company를 세웠다. 창립에 참여한 사람들은 하나같이 이 회사의 미래에 큰 기대를 가졌다. 그러나 얼마 안 가 문제가 생겼다. 포드가 설계한 자동차 원형을 수정해야 했던 것이다. 자동차 부품을 여러 곳으로부터 조달했는데, 일부 부품들이 품질이 떨어지거나 너무 무거워서 애초에 설계한 원형과 맞지 않았기 때문이다. 포드는 자신이 원하는 최상의 수준에 가깝게 만들기 위해 계속해서 설계를 수정했다. 하지만 수정 작업에 시간이 너무 오래 걸려서 머피와 투자자들은 속이 탔다. 결국 설립 후 1년 반이 지난 1901년 초, 이사회는 회사 해산을 결정했다. 헨리 포드를 신뢰할 수 없다고 판단한 것이다.

포드는 실패 원인을 곰곰이 생각해보고, 소비자의 다양한 욕구와 취향을 너무 많이 자동차에 반영하려고 한 것이 문제라는 결론을 내렸다. 그는 다시 도전하기로 했다. 이번엔 더 가볍고 작은 자동차 모델을 만들 생각이었다. 그는 다시 한 번 기회를 달라고 머피를 설득했다. 포드의 재간에 대한 믿음을 완전히 버리지 않았던 머피는 그와 다시 손을 잡기로 했고, 두 사람은 의기투합하여 헨리 포드 컴퍼니Henry Ford

Company를 설립했다. 하지만 설립 직후부터 포드는 스트레스에 시달렸다. 과거 디트로이트 자동차회사 때와 같은 문제를 피하기 위해 서둘러 생산 준비를 마쳐야 한다고 머피가 종용했던 것이다. 포드는 설계에 대해선 쥐뿔도 모르고, 자동차 업계의 수준을 높이기 위한 노력을 이해하지 못하는 사람들이 간섭하는 것에 화가 났다.

급기야 머피와 이사들은 개발 및 생산 과정을 총감독할 외부 인사를 영입했다. 포드는 더 이상 참을 수가 없었고, 결국 설립한 지 1년도 안 되어 회사를 나왔다. 이제는 머피와 완전히 결별하리라 다짐했다. 자동차 업계에는 헨리 포드가 실패자라는 평판이 퍼졌다. 두 번의 기회를 모두 날려버린 그에게 세 번째 기회를 줄 사람은 거의 없었다. 하지만 가족과 지인들이 보기에 포드 자신은 그런 평판에 전혀 개의치 않는 것 같았다. 포드는 그 두 번의 실패가 자신에게 더없이 소중한 깨우침을 주었다고 입버릇처럼 말했다. 그는 자신의 모든 실수에 주목했고, 마치 시계나 엔진을 분해하듯 실패를 분석하고 근본적 원인을 찾아냈다. 지금까지 만난 모든 사람은 그에게 결함을 보완하고 수정할 충분한 시간을 주지 않았다. 자본을 쥔 사람들은 기계 공정과 설계 문제에 사사건건 간섭하기 일쑤였다. 또 형편없는 아이디어를 강요하면서 프로세스를 방해했다. 포드는 돈이 있으면 권리도 생긴다고 믿는 그들이 혐오스러웠다. 정말 중요한 것은 바로 완벽한 설계와 디자인인데 말이다.

따라서 투자자들에게 휘둘리지 않고 자신만의 온전한 독립성을 성취하는 것이 그가 가야 할 길이었다. 이는 점점 더 관료주의적으로 변해가는 당시의 비즈니스 업계에서 쉽지 않은 방식이었다. 포드는 자신이 원하는 형태의 조직, 자신의 스타일과 소신에 맞는 사업 모델을 만들기로 했다. 신뢰할 수 있는 효과적인 팀을 만들고, 또 그가 모든 사안에 대한 최종 결정권을 갖는 것이 중요했다.

업계에 퍼진 그에 대한 평판을 감안하면 투자자를 찾기는 거의 불가능해 보였다. 하지만 몇 달간 발로 뛰며 물색한 끝에 최적의 파트너를 찾아냈다. 석탄 사업으로 큰 부를 쌓은 스코틀랜드 출신 이민자 알렉산더 맬컴슨이었다. 포드와 마찬가지로 맬컴슨은 인습에 얽매이지 않는 자유로운 성향의 소유자였고 과감히 리스크를 감수할 줄 아는 사람이었다. 그는 포드의 사업에 자금을 대기로 동의하면서 제조 공정에 일절 간섭하지 않겠다고 약속했다. 포드는 자신이 원하는 자동차의 생산 과정을 더 효과적으로 통제할 수 있는 새로운 종류의 공장을 세우기 시작했다. 그 자동차가 바로 '모델 A'였다. 모델 A는 그때까지 나온 모델 중 가장 가벼웠고 디자인이 단순하며 내구성도 높았다. 포드의 노력과 독창적 재간이 낳은 최고의 결과물이었다. 그것은 생산 속도를 한층 높여주는 조립 라인에서 제작되었다.

자동차 조립 공장이 완공된 후 포드는 하루에 15대의 자동차를 완성해내도록 노동자들을 독려했다. 당시로서는 하루 생산량 치고 높은 편이었다. 그는 제조의 모든 과정을 직접 감독했다. 진정한 '자신의' 자동차를 만들기 위해서였다. 또 심지어 조립 라인에서 직접 일하기도 해서 노동자들이 좋아하는 경영자였다. 모델 A는 품질이 높고 저렴해서 주문이 쏟아져 들어왔으며, 1904년경 포드 자동차회사Ford Motor Company는 운영 규모를 확장해야 했다. 그리고 이 회사는 마침내 초기 자동차 업계에서 살아남은 소수의 기업 가운데 하나가 되었고, 나아가 업계의 거인으로 우뚝 섰다.

* * *

헨리 포드는 타고난 기계공이었다. 그에게는 뛰어난 발명가에게 꼭 필요한 능력이 있었다. 그것은 부품들이 한데 모여서 작동하는 원리를 머릿속에 그려볼 줄 아는 능력이었다. 그는 상대방에게 어떤 것의 원리나 과정을 설명할 때면 말로 하기보다는 냅킨에 그림을 그려 보여주곤 했다. 이런 재능과 기질을 지녔기에 기계에 대해 쉽고 빠르게 배울 수 있었다. 하지만 자신이 개발한 물건의 대량생산이 필요해지자 이를 위한 필수적인 지식이 부족하다는 사실을 깨달았다. 이번에는 사업가가 되기 위한 수련이 필요해진 것이다. 다행히도 그동안 기계를 연구하면서 실용적 지능과 인내심을 키우고 다른 영역에도 적용할 수 있는 문제 해결 방식을 터득한 것이 사업가로 성장하는 데에도 큰 도움이 되었다.

기계가 제대로 작동하지 않을 때 쉽사리 낙담하지 마라. 당신을 괴롭히는 문제 상황처럼 보일지 몰라도 사실 그것은 좋은 결과로 방향을 선회할 기회다. 대개 그런 오작동을 통해 내재적 결함과 개선 방법을 알아낼 수 있기 때문이다. 기계가 제대로 작동할 때까지 계속 개량하고 수정하면 된다. 사업적 시도에서도 마찬가지다. 실수와 실패는 배움을 얻을 수 있는 값진 기회이며 당신에게 무엇이 부족한지 알려준다. 자신의 결점과 미흡한 부분을 다른 사람들을 통해 깨닫기는 어렵다. 사람들은 자기 이익을 도모하기 위해 입에 발린 칭찬과 가시 돋친 비난을 이용할 때가 많기 때문이다. 또한 당신은 실패를 계기로 당신 생각의 결함을 깨달을 수 있다. 머릿속 아이디어는 실제로 실행에 옮겨봐야만 어느 부분이 잘못되었는지 알 수 있는 법이다. 당신의 아이디어를 납득시키고 싶은 대상 청중이 진정 원하는 게 무엇인지, 당신의 생각과 그것이 청중에게 미치는 영향 사이에 어떤 불일치가 존재하는지 파악하라. 당신이 속한 집단의 구조를 면밀히 관찰하라. 팀이 어떻게 구성돼 있는지, 자금을 지원하는 측으로부터 당신이 얼마나 독립성을 유지하고 있는지 생각해보라. 이런 구조적 관리적 측면에 문제의 원인이 숨겨져 있는 경우도 많다.

세상에는 두 종류의 실패가 존재한다. 첫 번째는 두려움 때문에, 또는 최적의 시기만 기다리다가 아무것도 시도하지 않는 데서 오는 실패다. 이런 종류의 실패에서는 아무것도 배울 수 없으며, 겁만 잔뜩 먹은 소극적 태도는 당신의 앞길을 망친다. 두 번째는 대담하고 모험적인 정신 때문에 경험하는 실패다. 시도한 후에 실패하여 평판에 타격을 입을 수도 있지만, 그 타격보다는 당신이 그 과정에서 배우고 깨닫는 것이 훨씬 더 중요하다. 실패를 거듭하면 거기에 비례해 정신은 단단하게 성숙하는 법이다. 또 어떻게 해야 실패를 피하고 성공할 수 있는지 확실하게 알게 된다. 사실, 첫 번째 시도에서 아무 문제없이 성공하는 것은 축복이 아니라 오히려 저주일 수도 있다. 당신은 행운에 의문을 품지 않고, 스스로 뭘해도 성공 운이 따르는 사람이라고 믿기 시작할지도 모른다. 그러다가 다음번에 실패하면 혼란스러움과 의기소침에 휩싸여 주저앉고, 교훈을 배울 기회는 놓쳐버리고 만다. 이 점을 반드시 기억하라. 사업가로서 스스로를 단련하고자 한다면 머릿속 아이디어와 구상을 가급적 빨리 실행해서 세상에 드러내야 한다. 실패할 가능성을 얼마든지 각오하고라도 말이다. 귀중한 것을 얻으면 얻었지 당신이 잃을 것은 없다.

7. 내적 원리와 외적 대상물을 결합하라

산티아고 칼라트라바Santiago Calatrava, 1951~는 아주 어렸을 때부터 그림 그리기를 좋아해서 어딜 가든 항상 연필을 가지고 다녔다. 그런데 어느 순간부터 그림과 관련한 어떤 역설적 측면이 강박처럼 그를 사로잡기 시작했다. 그의 고향인 스페인 발렌시아에서는 지중해의 강렬한 햇빛 때문에 그가 즐겨 그리는 대상들(암석이든, 나무든, 건물이나 사람이든)이 몹시 선명한 윤곽으로 시야에 들어오곤 했다. 강렬한 햇빛이 쏟아지는 정오가 지나고 시간이 흐를수록 그 윤곽은 조금씩 옅어졌다. 그것들은 변화 없이 고정된 무언가가 결코 아니었다. 모든 사물은 끊임없이 변화하고 움직이고 있었다. 그것이야말로 만물의 본질이었다. 이런 역동적 특성을 어떻게 종이 위에, 그것도 완전히 정적靜的인 이미지로 옮긴단 말인가?

칼라트라바는 학교에 다니는 동안 움직이는 대상을 포착해 표현하는 다양한 테크닉을 배웠다. 하지만 그것으로는 충분치가 않았다. 대상의 역동적 본질을 그림에 구현한다는 것이 얼핏 불가능해 보였지만, 그는 반드시 해내고 싶었다. 그래서 도형 기하학을 비롯한 수학의 여러 영역을 독학으로 파고들었다. 대상물을 2차원 형태로 효과적으로 표현하는 방법을 이해하는 데 도움이 될 것 같았기 때문이다. 그의 실력은 나날이 늘었고 예술에 대한 흥미도 더욱 깊어졌다. 예술가가 될 운명을 타고난 듯한 재능을 보인 그는 1969년에 발렌시아에 있는 예술 학교에 진학했다.

몇 달 후 칼라트라바의 인생 진로를 완전히 변화시킨 작은 사건이 일어났다. 문구점에서 이것저것 물건들을 둘러보다가, 위대한 건축가 르 코르뷔지에Le Corbusier의 작품을 소개하는 아름다운 소책자에 그의 눈길이 멎었다. 이 건축가는 대단히 독특한 건축물을 창조해낸 거장이었다. 계단처럼 흔하고 간단한 대상도 그의 손을 거치면 역동적인 조각 작품이 되었다. 그가 설계한 건물은 정적인 형태임에도 살아 움직이는 느낌을 창출하면서 마치 중력의 법칙을 거스르는 듯 보였다. 그 소책자를 처음부터 끝까지 꼼꼼하게 읽은 칼라트라바의 마음속에는 새로운 목표가 생겼다. 그런 아름다운 건물을 짓는 비법을 배워야겠다는 것이었다. 얼마 안 가 그는 원래 다니던 학교를 나와 발렌시아에 있는 한 건축 학교로 옮겼다.

1973년 건축 학교를 졸업할 무렵 칼라트라바는 건축에 관한 한 나무랄 데 없는 지식을 습득한 상태였다. 가장 중요한 설계 규칙과 원리를 빠짐없이 배운 상태였다. 잘나가는 건축회사에 들어가고도 남을 만큼의 실력이었다. 하지만 그는 자신의 지식에 뭔가 중요한 기본 요소가 부족하다고 느꼈다. 최고 수준의 위대한 건축 작품들(로마의 판테온 신전, 스페인 바르셀로나에 있는 가우디Gaud 의 건축물들, 로베르 마이아르Robert Maillart가 설계한 스위스의 교량들)을 볼 때면, 자신이 그것들의 실제 축조 원리에 대해 무지하다는 생각이 들었다. 그는 건물의 형태, 미학적 요소, 공공 건축물로서의 기능에 대해서는 훤했지만, 그 구조물들이 세워지는 원리, 각 부분들이 결합하는 방식, 또 르 코르뷔지에의 건물이 움직이는 듯한 역동성을 창출하는 원리에 대해서는 깜깜했다.

이는 화폭에 아름다운 새를 그리는 법은 알면서도 새가 하늘을 나는 원리는 모르는 것과 비슷했다. 칼라트라바는 디자인적 요소라는 표면적 수준을 뛰어넘어 깊은 본질에 닿고 싶었다. 그리고 세상은 변하고 있었다. 기술 발달과 신재료의 등장 덕분에 혁신적인 종류의 건축물이 등장할 수 있는 가능성이 무르익고 있었다. 그는 그런 가능성과 기회를 제대로 활용하려면 공학을 공부해야 한다고 생각했고, 결국 용단을 내렸다. 다시 초심으로 돌아가 스위스 취리히에 있는 연방공과대학Federal Institute of Technology에 들어가 토목공학 학위를 따기로 결심한 것이다. 공부 과정이 결코 쉽지 않을 테지만, 진정한 공학기사로서 사고하고 행동하도록 스스로를 훈련할 생각이었다. 토목공학 분야의 전문적인 식견이 쌓이면, 앞으로 성취할 대상의 범위를 서서히 넓혀갈 방법도 자연히 깨우치게 될 터였다.

처음 몇 년간은 공학 공부에 반드시 필요한 수학과 물리학을 파고들며 공학의 기초를 열심히 쌓았다. 그런데 시간이 흐르자 어린 시절에 늘 고민했던 문제, 즉 '움직임과 변화를 어떻게 표현해낼 것인가' 하는 문제가 또 다시 머릿속을 파고들었다. 건축에서 중요시되는 기본 원리는 건물이란 반드시 안정적 형태의 고정된 구조물이어야 한다는 것이었다. 칼라트라바는 그 통념을 깨부수고 싶었다. 그는 박사학위 논문에서 건축물에 실제적 움직임을 가미할 수 있는 가능성을 다루기로 했다. NASA미 항공우주국의 우주선 설계, 그리고 레오나르도 다 빈치가 설계했던 접히는 새 날개 모양 기구에서 영감을 받은 칼라트라바는, 접히는 특성을 가진 건축 구조물을 논문 주제로 택했다. 발전된 공학 기술을 활용해 건축 구조물이 움직이고 변화하게 만드는 방법을 연구한 것이다.

1981년에 논문을 완성한 후 마침내 칼라트라바는 실제 세계의 건축 일에 뛰어들었다. 14년에 걸쳐 미술, 건축, 토목공학을 섭렵한 다음이었다. 이후 그는 새로운 종류의 접이식 문과 창문, 새로운 방식으로 움직이고 열리는 지붕을 설계해 선보이면서 건축물의 외관을 완전히 변화시켰다. 그는 부에노스아이레스에 있는, 위쪽이 아니라 바깥쪽으로 움직이는 도개교를 설계했다. 1996년에는 밀워키 미술박물관Milwaukee Art Museum의 증축 과정에 참여하여 건축물을 설계하면서 한층 더 혁신적인 시도를 했다. 이 박물관 입구에 들어서면 유리와 강철로 이루어진 긴 홀이 관람객을 맞이한다. 이 홀은 천장까지의 높이가 25미터에 달하며, 지붕 바깥쪽에 움직이는 거대한 구조물이 달려 있다. 햇빛 차단 역할을 하는 이 구조물은 마치 거대한 갈매기의 날개처럼 열리고 닫히기 때문에, 건축물 전체가 하늘로 금방이라도 날아오를 듯한 아름다운 새처럼 느껴진다.

* * *

우리 인간은 두 가지 세계에서 살아간다. 하나는 외양과 현상으로 이루어진 세계다. 즉, 눈에 보이는 온갖 종류의 외적 형태가 존재하는 세계다. 하지만 우리 눈에 보이지 않는 또 다른 세계가 있다. 사물들이 작동하는 원리, 그것들의 내면적 구조나 구성, 한데 모여 전체를 구성하는 부분들이 존재하는 세계가 그것이다. 이 두 번째 세계는 포착하기 힘들며 이해하기도 쉽지 않다. 이것은 신체 기관인 눈에 보이는 것이 아니라 본질을 통찰할 수 있는 마음의 눈에 보이는 세계다. 하지만 이러한 '내적 원리'를 일단 이해하면 우리 앞에는 풍부한 상상력과 사유의 지평이 펼쳐진다. 그것은 삶과 생명체의 비밀, 만물의 움직임과 변화에 담긴 비밀을 품고 있는 세계다.

　주변의 거의 모든 것들에서 우리는 이러한 '내적 원리'와 '외적 대상물'을 구분할 수 있다. 우리는 기계를 눈으로 보지만 그 내부 원리는 알지 못한다. 사업체라는 구조물을 만들고 구성하는 사람들은 우리 눈에 보이지만, 그 집단의 내적 체계나 제품이 제조, 유통되는 원리는 눈에 보이지 않는다. (이와 유사하게 우리는 상대방의 외모에 매료당하면서도 그의 말과 행동에 숨겨진 심리는 포착하지 못할 때가 많다.) 칼라트라바는 이 두 세계의 괴리를 극복하면서, 즉 건축의 '내적 원리'와 '외적 대상물'을 통합함으로써 해당 분야에 대해 훨씬 깊고 완성도 높은 지식과 통찰력을 가질 수 있었다. 그는 건축의 본질적인 부분을 포착했다. 때문에 건축물의 미적 완성도를 훨씬 높이고, 건축으로써 가능한 범위를 확장하고, 건축계의 통념과 인습을 무너뜨릴 수 있었던 것이다.

　두 세계의 안타까운 분리는 예술과 과학이 분리되었던 약 500년 전에 시작되었다. 과학자와 기술자들은 주로 사물과 현상의 '내적 원리'만을 파고든다. 또 다른 사람들은 외양과 현상의 세계에서 살아가면서 그 내적 원리는 이해하지 못한다. 이러한 분리가 발생하기 직전에는 두 종류의 지식을 통합하는 것이 르네상스 시대의 이상적 목표였다. 그래서 레오나르도 다 빈치의 작품이 지금까지도 우리의 영혼을 매혹하는 것이고, 르네상스 시대가 지금도 이상적인 시대로 여겨지는 것이다. 이런 통합적이고 균형 잡힌 지식은 앞으로 더욱 절실하게 필요해질 것이다. 넘치는 정보가 우리를 둘러싸고 있는 이 시대에는 특히 이 점을 명심해야 한다. 칼라트라바가 직관적으로 간파했듯, 우리도 수련기를 거칠 때 이런 통합을 추구해야 한다. 자신이 사용하는 기술을 깊숙이 들여다보고, 자신이 속한 집단의 내적 역학을 간파하고, 해당 분야를 움직이는 경제적 원리를 꿰뚫어야 한다. 끊임없이 질문을 던져라. 이것은 어떤 원리로 돌아가는가? 어떤 과정을 거쳐 결정이 내려지는가? 조직의 구성원들이 어떤 식으로 상호작용하는가? 그러면 본질에 더욱 깊숙이 가닿을 것이고, 또 현실을 변화시킬 수 있는 강력한 힘이 생길 것이다.

8. 시행착오를 거치며 전진하라

폴 그레이엄Paul Graham, 1964~은 1970년대 초 미국 펜실베이니아 주 피츠버그 교외에서 어린 시절을 보내면서, 텔레비전 프로그램이나 영화에 등장하는 컴퓨터를 보고 마음을 홀딱 빼앗겼다. 어린 그레이엄이 보기에 컴퓨터는 무한한 능력을 가진 전자두뇌 같았다. 언젠가 머지않은 미래에 컴퓨터와 대화를 나누고 컴퓨터가 사람이 시키는 일을 뭐든지 하는 날이 올지 모른다는 생각이 들었다.

중학교 시절, 그레이엄은 영재 학생을 위한 교육 프로그램에 참여할 수 있는 기회를 얻었다. 이 프로그램에서는 아이들이 각자 원하는 창의적 프로젝트를 진행할 수 있었다. 그레이엄은 학교에 있는 IBM 메인프레임을 프로젝트 주제로 정했다. 학교에서 성적표와 수업 시간표를 인쇄할 때 사용하던 컴퓨터였다. 그때 그레이엄은 태어나서 처음으로 컴퓨터라는 물건을 직접 만져보았다. 비록 초기 형태의 원시적인 컴퓨터였고 펀치 카드로 프로그래밍이 이루어졌지만, 그레이엄의 눈에는 마법이 일어나는 것처럼 보였다. 멋진 미래로 들어가는 입구인 것만 같았다.

이후 몇 년간 그레이엄은 시중에 나와 있는 몇 종류 안 되는 관련 서적을 참고하면서 프로그래밍 방법을 독학으로 공부했다. 주로 그는 해보고 잘못되면 또 다시 해보는 시행착오를 거치면서 터득했다. 캔버스에 그림을 그릴 때처럼, 자신이 작업한 것의 결과를 즉시 눈으로 볼 수 있었다. 한 치의 어긋남도 없이 정확해야만 프로그래밍 작업물이 제대로 작동했다. 시행착오를 통해 배워가면서 말할 수 없는 뿌듯함과 만족감이 느껴졌다. 남들이 만들어놓은 길을 그대로 따르지 않고 혼자 힘으로 발견하고 깨우치는 과정이 정말로 짜릿했다. (이것이야말로 '컴퓨터광'다운 태도다.) 그리고 프로그래밍 실력이 늘수록 그것을 활용할 수 있는 폭도 넓어졌다.

이쪽 분야를 더 깊게 공부해야겠다고 마음먹은 그레이엄은 당시 미국에서 컴퓨터공학으로 손꼽히던 코넬 대학에 진학했다. 그곳에서 프로그래밍의 중요한 기본 원리들을 배우면서, 컴퓨터 조작과 관련된 나쁜 습관들(혼자 독학하면서 생긴 것이었다)을 고칠 수 있었다. 특히 그는 최근에 생겨난 인공지능 분야에 흥미를 느꼈다. 인공지능은 그가 어렸을 때부터 꿈꿔온 종류의 컴퓨터를 만들기 위해 반드시 필요한 요소였다. 이 분야를 좀 더 파고들기 위해 그는 컴퓨터공학 전공으로 하버드 대학 대학원에 들어갔다.

하버드에서 그레이엄은 자신이 학구적인 세계와 맞지 않는다는 사실을 깨달았다. 그는 연구 보고서 따위를 쓰는 것은 질색이었다. 대학에서 프로그래밍을 다루는 방식은 따분하기만 했다. 과감한 시도와 시행착오를 통해 발견해가는 재미를 느낄 수 없었던 것이다. 그는 혼자 힘으로 깨달아가는 과정을 즐기는 진정한 컴퓨터광이었다. 그는 하버드를 다니는 동안 마음 맞는 친구인 로버트 모리스Robert Morris를 만나 함께 프로그래밍 언어인 리스프Lisp를 파고들기 시작했다. 리스프는 가장 잠재력이 크고 활용도가 높은 프로그래밍 언어 같았다. 리스프를 제대로 이해하면 프로그래밍 작업 자체의 본질적인 부분을 파악하는 데 큰 도움이 된다. 그것은 탐구와 발견을 좋아하는 고급 수준의 컴퓨터광들에게 맞는 언어였다.

하버드의 컴퓨터공학과에 실망을 느낀 그레이엄은 자기 나름의 방식으로 대학원 생활을 해나가기로 결심했다. 그래서 컴퓨터 분야뿐만 아니라 다양한 종류의 수업을 들으면서 관심 주제를 찾아나갔다. 뜻밖에도 그는 미술에 큰 흥미를 느꼈다. 그림 그리는 일과 미술사 공부가 몹시 재미있었다. 흥미가 느껴지는 영역이라면 외면하지 말고 한번 도전해보고 싶었다. 그래서 하버드에서 박사 과정을 마친 뒤 로드아일랜드 디자인 스쿨Rhode Island School of Design에 들어갔고, 그 후에는 이탈리아 피렌체에 있는 국립미술원에서 미술 교육 과정을 밟았다. 미국에 다시 돌아왔을 때는 수중에 거의 돈이 남아 있지 않았지만 그래도 그림 그리는 일을 해봐야겠다고 마음먹었다. 생활비는 간간이 프로그래밍 관련 컨설팅을 하면서 벌기로 했다.

시간이 흐르면서 그레이엄은 이따금 자신이 살아온 인생을 되돌아보았다. 르네상스의 예술가들은 도제 기간을 통해 확실한 수련기를 거쳐 한 분야의 장인이 되곤 했다. 그는 생각했다. '나의 수련기는 무엇이었을까?' 그에게는 구체적인 계획이나 방향이 없는 것 같았다. 이런저런 방법을 시도해보고 거듭되는 시행착오를 통해 배우면서 가장 효과적인 답을 찾아내는 것이 그의 방식이었다. 하지만 그렇게 되는 대로 부딪히면서 자신에게 맞지 않는 것이 무엇인지는 확실하게 깨달았다. 그것은 바로 학구적인 공간, 대기업에 속해 일하는 것, 사람들 사이의 권력 싸움이 벌어지는 환경이었다. 그의 기질에 맞는 것은 스스로 직접 무언가를 만드는 과정이었다. 결국 그에게 가장 중요한 것은 어떤 방향으로든 나아갈 수 있는 가능성을 탐색하는 일이었다. 그동안 그는 수많은 시행착오를 겪으면서 자연스럽게 나름의 수련기를 거쳐온 셈이었다.

1995년 어느 날 오후, 그레이엄은 라디오에서 넷스케이프Netscape에 관한 보도를 들었다. IT 업계에서 급부상한 넷스케이프라는 회사의 미래에 대해, 그리고 앞으로는 많은 기업이 인터넷을 통해 제품을 판매할 것이며 이런 인터넷 시대에 넷스케이프가 주도적 역할을 할 것이라는 전망에 대해 다룬 내용이었다. 통장 잔고가 거의 떨어진 상태였음에도 컨설팅 일을 또 하고 싶지는 않았던 그레이엄은, 오랜 친구인 로버트 모리스에게 온라인 사업 운영을 위한 소프트웨어를 함께 만들자고 제안했다. 사용자가 다운로드받을 필요 없이 웹 서버에서 직접 구동되는 프로그램을 만들자는 것이 그레이엄의 생각이었다. 전에는 아무도 생각하지 못했던 획기적인 아이디어였다. 두 사람은 리스프 기반의 소프트웨어를 만들고 비아웹Viaweb이라는 회사를 창업했다. 비아웹은 전자상거래 분야의 선구적 기업이었다. 설립 3년 후에 그레이엄은 이 회사를 약 5000만 달러에 야후Yahoo!에 매각했다.

이후에도 그레이엄은 20대 시절과 같은 태도로 인생을 살았다. 즉, 자신의 흥미와 능력이 교차하는 방향, 숨겨져 있던 가능성을 만날 수 있는 방향을 지향했다. 2005년 그는 하버드 대학에서 자신의 비아웹 경험과 창업을 주제로 강연을 했다. 강연 내용에 큰 자극을 받은 학생들과 주변 지인들은 그에게 컨설팅회사를 세워 많은 이들에게 도움을 주면 어떻겠느냐고 강력하게 제안했다. 그래서 그레이엄은 Y 콤비네이터Y Combinator라는 회사를 설립했다. Y 콤비네이터는 기술 분야의 젊은 창업가들에게 조언과 창업자금을 지원하고 해당 창업기업의 지분 일부를 갖는다. 그레이엄은 지금까지 이 회사의 시스템을 꾸준히 개선해왔으며 그 과정에서 많은 것을 배웠다. 결국 Y 콤비네이터는 우연히 붙잡은 아이디어를 쉼 없는 시행착오를 통해 개선해나가는 그레이엄만의 방식이 일궈낸 최종 성과물이었다. Y 콤비네이터의 기업가치는 현재 5억 달러 가까이 이른다.

* * *

모든 시대는 당대의 보편적인 생산 시스템에 적합한 수련 모델을 낳기 마련이다. 근대 자본주의가 태동하기 직전이자 엄격한 품질 관리가 필요했던 중세에 최초의 도제 시스템이 출현했다. 산업혁명이 일어난 후 이러한 도제 모델은 시대에 맞지 않는 것이 되었지만, 거기에 담긴 개념은 완전히 사라지지 않고 자기 수련이라는 형태로 명맥을 이어갔다. 즉, 다윈이 생물학에서 그랬듯, 특정한 분야에서 스스로 자신을 단련하며 기술 및 지식을 쌓는 것이다. 이런 모델은 개인주의적인 사고가 점차 강해지는 시대 분위기에 더 잘 맞았다. 오늘날 우리는 삶의 많은 영역을 컴퓨터가 지배하는 시대에 살고 있다. 이런 시대상이 수련기라는 개념에 영향을 미치는 방식은 여러 가지가 있지만, 우리는 무엇보다도 그레이엄 같은 컴퓨터광의 접근법을 통해 요즘 시대에 가장 유효한 수련 모델을 발견할 수 있다.

이 모델은 다음과 같다. 삶의 단계들에서 만나는 특정한 방향을 따라가면서, 당신이 강한 호기심을 느끼는 영역에 한해서 가급적 많은 기술을 익혀라. 컴퓨터광처럼 스스로 발견하는 과정과 높은 수준의 결과물을 만들어내는 것을 중요하게 여겨라. 남들이 정해놓은 길을 따르는 함정을 피하라. 당신이 가는 길에서 무엇을 만나게 될지 아직 확실하게 알 수 없다 해도, 지금 입수 가능한 정보와 지식을 최대한 활용하라. 어떤 종류의 작업이 자신에게 가장 잘 맞는지, 또 어떤 요소를 최대한 피해야 하는지 파악하라. 거듭되는 시행착오를 거쳐라. 젊은 시절은 그렇게 보내야 하는 법이다. 당신은 풍부한 경험으로 구성된 자신만의 수련기를 만들어가는 기획자다. 개인적 관심의 폭을 좁게 제한하지 마라.

한 가지에 전념하는 것이 두려워서 여러 곳을 기웃거리는 사람이 되라는 얘기가 아니다. 당신의 실력과 가능성의 폭을 넓히기 위해 여러 곳으로 시선을 넓히라는 뜻이다. 특정한 시점이 되어 당신이 어느 한 가지에 정착할 준비가 되면, 그와 관련된 아이디어와 기회들은 당신 앞에 자연스럽게 나타나기 마련이다. 그 시점에 이르면 그동안 쌓아온 모든 실력과 기술이 귀중한 역할을 할 것이다. 그리고 당신에게 꼭 맞는 고유한 방식으로 그 기술들을 결합할 수 있을 것이다. 그렇게 한 가지에 정착하여 몇 년간 훨씬 더 기술을 쌓은 후, 적절한 때가 되었을 때 약간 방향을 수정하는 것도 한 방법이다. 요즘 같은 시대에는 젊은 나이에 한 가지 방향만 정해놓고 융통성 없이 그 길만 가다가 40대 무렵에 직업적으로 더 이상 발전이 없는 막다른 지경에 봉착하거나 권태에 삶을 잠식당하는 사람도 많다. 20대에 폭넓은 범위 안에서 수련기를 보내면 나이 들어갈수록 더 많은 가능성과 조우할 수 있다.

뒤집어 보기

역사 속의 일부 인물들(타고난 재능이 뛰어난 사람, 천재 등)은 수련기를 거치지 않고 건너뛰었거나 남들보다 현저히 짧은 수련기를 보냈다고 흔히 생각하기 쉽다. 그 증거로 사람들은 모차르트와 아인슈타인을 예로 든다. 두 사람은 하루아침에 독창적인 천재로 세상에 모습을 드러낸 것처럼 보인다.

하지만 그렇지 않다. 모차르트의 경우를 보면, 그가 진정으로 독창적인 중요한 작품을 쓰기 시작한 것은 작곡을 시작한 지 10년이 훨씬 넘어서였다는 것이 고전 음악 비평가들 대부분의 의견이다. 실제로 약 70명의 위대한 고전 음악 작곡가를 연구한 결과를 보면, 예외적인 3명의 경우를 제외하고는 모든 작곡가들이 첫 번째 훌륭한 작품을 탄생시키는 데 최소 10년 이상 걸린 것을 알 수 있다. 예외인 그 3명도 9년가량 걸렸다.

아인슈타인은 열여섯 살 때부터 진지한 사고실험을 하기 시작했다. 그리고 10년 뒤 혁신적인 상대성 이론을 처음 내놓았다. 아인슈타인이 그 10년간 자기 이론의 토대를 갈고닦는 데 보낸 시간을 정확하게 알아내기는 불가능하지만, 그 특별한 주제에 하루 3시간 정도는 할애했으리라고 충분히 짐작할 수 있다. 그렇게 10년 동안 쌓이면 1만 시간이 넘는다. 사실 모차르트나 아인슈타인과 평범한 사람들이 다른 점은, 그들은 대단히 어린 나이에 이미 수련기를 시작했다는 사실, 그리고 해당 분야에 지독하게 몰입하며 엄청난 강도로 연습했다는 사실이다. 일반적으로 인간은 어린 나이일수록 더 학습 속도가 빠르고 배운 것을 더 깊이 흡수한다. 그리고 젊을 때 보유한 창조적 활기는 나이가 들어가면서 시드는 경향이 있다.

수련기를 건너뛸 수 있는 지름길은 존재하지 않는다. 우리 두뇌는 특정 분야에 오랜 기간 노출되어야만 거기에 능숙해질 수 있게 만들어져 있다. 그래야만 복잡한 기술이 우리의 심신에 들어와 자리를 잡고, 우리 정신이 진정한 창의력을 발휘할 수 있다. 편한 지름길을 원하는 사람은 그 어떤 마스터리에도 도달할 수 없다. 이 진리는 뒤집어 보기가 불가능하다.

몸통 둘레가 엄청난 아름드리나무를 베어 넘어뜨리는 것을 생각해보라. 그저 도끼를 한 번 휘둘러서는 결코 넘어뜨릴 수 없다. 하지만 오래도록 계속해서 조금씩 도끼를 내리치면, 나무 자신이 원하든 원하지 않든 결국엔 어느 순간 넘어지게 되어 있다. 그런 다음 사람들을 불러 모아 삽을 쥐어주며 그 나무를 일으켜 세우라고 시켜보라. 결코 다시 세우지 못할 것이다. 애써 세워봐도 나무는 금세 바닥으로 넘어진다. …… 만일 나무꾼이 한두 번 도끼질을 한 후에 "왜 나무가 쓰러지지 않을까?" 하고 묻는다면, 서너 번쯤 더 도끼를 내리친 후에 "왜 나무가 쓰러지지 않을까?" 하고 묻는다면, 그는 결코 나무를 쓰러트릴 수 없다. 자신의 길을 걸으며 수련하는 자도 또한 이와 마찬가지다.

_ 선종(禪宗) 승려 하쿠인

3장

거인의 어깨를 딛고 올라서라
_스승이라는 사다리

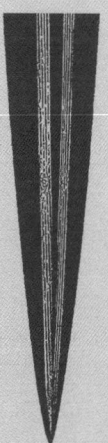

MASTERY

◆ 인생은 짧다. 고로 우리에겐 값진 것을 배우고 창의성을 발휘할 시간이 제한되어 있다. 만일 아무런 길잡이가 없다면, 이곳저곳을 기웃거리며 지식을 얻고 훈련하려 애쓰다가 귀중한 시간을 허비할 수도 있다. 당신은 역사 속 거장들을 본보기로 삼고 적절한 스승을 찾아야한다. 스승-제자 관계는 배움을 위한 가장 효과적이고 생산적인 모델이다. 훌륭한 스승은 당신이 집중해야 할 방향을 알려주고 당신의 도전의식을 불러일으킨다. 시간이 흐르면서 그들의 지식과 경험은 당신 것이 된다. 그들이 당신의 작업물이나 성과에 대해 즉각적이고 현실적인 피드백을 제공해주므로 당신은 한층 빠르게 발전할 수 있다. 당신은 밀도 높은 일대일 교류를 통해 위대한 힘을 내포한 사고방식을 흡수하여 그것을 당신의 정신세계에 맞게끔 개조할 수 있다. 당신이 필요로 하는 바에 가장 적합한 스승, 당신의 인생 과업을 실현하는 데 적절한 도움을 줄 스승을 선택하라. 그들의 지식을 흡수하여 온전히 당신 것으로 만들고 나면, 더 이상 그들의 그늘 밑에 머물지 말고 스스로 계속 전진하라. 마스터리와 탁월함의 경지에서 스승을 뛰어넘는 것을 목표로 삼아야 한다.

지식의 연금술

런던의 가난한 집안에서 자란 마이클 패러데이1791~1867의 운명은 태어날 때부터 정해진 것 같았다. 나중에 커서 아버지처럼 대장장이가 되거나, 아니면 다른 종류의 육체노동을 하는 직업을 갖게 될 가능성이 높아 보였다. 주변 상황에 비춰볼 때 그가 선택할 수 있는 폭은 지극히 제한돼 있었다. 그의 부모님은 부양해야 할 자녀가 10명이나 되었다. 게다가 패러데이의 아버지는 몸이 아파 일을 할 수 없을 때가 많아서 가족들에게는 추가적인 수입원이 필요했다. 부모님은 어린 패러데이가 열두 살이 되어 일자리를 얻거나 아니면 어떤 업종에서든 도제 생활을 시작할 수 있는 날이 오기를 손꼽아 기다렸다.

하지만 패러데이에게는 좀 남다른 기질이 있었는데, 이것은 그가 부모님이 원하는 방향으로 나아가는 데 걸림돌이 될 수도 있는 것이었다. 그는 대단히 활동적인 두뇌를 지닌 타입이었고, 이는 육체노동을 하는 직업과 맞지 않는 특성이었다. 그가 왕성하게 움직이는 머리를 갖게 된 데에는 가족들이 믿는 종교가 영향을 미친 탓도 있었다. 가족들은 기독교의 한 종파인 샌드먼교파Sandemanian였다. 샌드먼교도들은 하나님이 세상 모든 만물과 자연현상을 통해 모습을 드러낸다고 믿었다. 매일의 일상 속에서 하나님과 교감하고 최대한 하나님에 가까이 다가가려고 노력하면 세상 어느 곳에서나 그의 존재를 목격하고 느낄 수 있다는 것이 그들의 생각이었다.

어린 패러데이의 마음속에도 이런 믿음이 깊이 스며들어 있었다. 어머니를 도와 집안의 잡일을 하거나 심부름을 하지 않을 때면, 그는 런던 거리를 여기저기 돌아다니면서 호기심 어린 눈으로 주변을 유심히 관찰하곤 했다. 그가 보기에 자연과 이 세상은 풀어야 할 수수께끼와 비밀로 가득했다. 세상 어디에나 하나님이 존재한다고 배웠기 때문에 눈에 보이는 모든 것들이 흥미로웠다. 그는 부모님이나 만나는 주변 사람에게 식물이나 광물에 대해, 또는 이해할 수 없는 자연 현상에 대해 끊임없이 질문을 던졌다. 늘 알고 싶어 하는 호기심이 가득했고, 의문을 풀 방법이 없을 때는 답답함을 느꼈다.

어느 날 패러데이는 책을 제본하고 판매하는 근처 가게에 들렀다. 선반 위에 꽂힌 수많은 책들이 그의 눈을 사로잡았다. 그는 제대로 된 교육을 거의 받지 못했고, 지금껏 읽어본 책이라고는 성서밖에 없었다. 샌드먼교도들은 성서가 하나님의 뜻이 오롯이 담긴 생생한 구현물이며 하나님의 존재 자체를 담고 있는 책이라고 믿었다. 패러데이 역시 성서의 활자들에 일종의 마법 같은 힘이 담겨 있다고 여겼다. 그가 보기에는 서적상에 있는 그 수많은 책들이 지식의 새로운 세계를 열어줄 것 같았고, 그것들만의 마법을 보여줄 것 같았다.

서적상 주인인 조지 리보는 자기 가게에 있는 책들에 경외에 가까운 감정을 드러내는 이 어린 소년이 마음에 들었다. 그런 어린 나이에 책에 그토록 강렬한 관심을 보이는 아이는 처음이었다. 서적상 주인은 패러데이에게 언제든지 놀러오라고 말했고, 얼마 안 가 패러데이는 서적상을 제집처럼 드나들기 시작했다. 페러데이의 어려운 집안 형편을 알게 된 리보는 패러데이에게 책 배달 일을 하게 해주었다. 그리고 성실한 패러데이의 모습에 감명을 받아, 얼마 후엔 자신의 서적상에 책 제본을 배우는 견습생으로 들어오라고 제안했다. 패러데이로서는 기쁘기 그지없었다. 그는 1805년부터 7년간의 견습 생활을 시작했다.

책들에 둘러싸인 공간에서 일하게 된 패러데이는 자신에게 찾아온 행운을 믿을 수가 없었다. 당시에 새로 인쇄된 책은 부유층이나 접할 수 있는 사치품이었다. 리보의 서적상에는 공공도서관에서는 찾을 수 없는 책들도 많았다. 리보는 패러데이가 쉬는 시간에 원하는 책을 마음껏 읽을 수 있게 허락했고, 패러데이는 자신의 손을 거치는 책들을 거의 빠짐없이 읽었다. 어느 날 저녁 패러데이는 백과사전에서 전기電氣와 관련한 최근 발견들에 대한 내용을 읽게 되었다. 순간, 앞으로 걸어야 할 자신의 길을 발견한 듯한 묘한 기분에 휩싸였다. 그것은 눈에 보이지는 않지만 과학적 실험을 통해 밝히고 측정할 수 있는 현상을 설명하고 있었다. 실험을 통해 자연의 비밀을 밝혀내는 과정이 그의 마음을 사로잡았다. 과학이야말로 신의 천지창조에 담긴 미스터리를 풀 수 있는 위대한 여정이라는 생각이 들었다. 그의 정신세계는 과학자의 그것으로 서서히 탈바꿈하고 있었다.

하지만 패러데이의 입장에서 보면 과학자가 된다는 것은 비현실적인 꿈이었고, 그 자신도 그걸 잘 알고 있었다. 당시 영국에서는 연구소에 들어가거나 과학을 연구할 수 있는 기회는 대학 졸업자만 얻을 수 있었다. 즉, 그것은 상류층의 세계였다. 그러니 어찌 책을 제본하는 견습공이 그 벽을 넘는 꿈을 꿀 수가 있단 말인가? 한번 도전해보고 싶은 욕구와 에너지가 있다 할지라도, 그는 배움을 얻을 스승이나 안내자도 없었고 과학 공부를 위한 어떤 체계적인 방법도 몰랐다. 그러던 1809년의 어느 날, 서적상에 들어온 책 한 권이 패러데이에게 희망을 심어주게 된다. 그것은 아이작 와츠Isaac Watts 목사가 쓴 자기계발 지침서로 1741년에 초판이 나온 『정신의 진보Improvement of the Mind』라는 책이었다. 이 책은 사회적 출신 계층과 상관없이 배움을 지속하며 자신의 운명을 개척해나가는 방법을 조언하면서, 누구나 따라서 실천할 수 있는 행동 지침을 알려주고 있었다. 패러데이는 항상 이 책을 품고 다니면서 몇 번이고 반복해서 읽었다.

패러데이는 이 책의 조언을 그대로 따랐다. 저자인 와츠는 배움은 적극적인 과정이 되어야 한다고 말했다. 또 과학적 발견에 대한 책을 읽기만 할 것이 아니라 그 발견을 낳은 실험을 실제로 다시 재현해보라고 조언했다. 리보가 호의적으로 허락한 덕분에, 패러데이는 서적상의 뒷방에서 전기 및 화학과 관련된 기초적 실험을 해보기 시작했다. 와츠는 책에서만 배우지 말고 곁에 훌륭한 스승을 둬야 한다고 강조했다. 패러데이는 당시 런던에서 인기 있던 여러 과학 강의를 들으러 다니기 시작했다. 또 와츠는 강의를 들을 때는 항상 꼼꼼하게 필기한 다음 그 내용을 자기만의 방식으로 다시 정리하라고 조언했다. 그래야 습득한 지식이 머릿속에 깊이 남는다고 말했다. 패러데이는 그의 조언을 충실하게 따랐다.

당시 유명한 과학자 존 테이텀이 매주 다른 주제로 강의를 하고 있었는데, 패러데이는 이 강의를 들으면서 제일 중요한 단어와 개념을 노트에 적곤 했다. 또 테이텀이 사용하는 다양한 실험 도구들을 재빨리 노트에 스케치하고 실험 내용을 그림으로 그려놓았다. 그리고 강의를 듣고 온 후에는 며칠에 걸쳐, 필기한 어구들을 온전한 문장으로 완성하고, 다시 그 문장들을 정리해 해당 주제에 관한 하나의 온전한 장章을 완성했으며, 정교한 그림과 설명도 첨부했다. 이렇게 1년쯤 흐르자 그가 정리한 내용은 두툼한 과학 백과사전 한 권 분량이 되었다. 그사이 패러데이의 과학 지식은 수준이 껑충 뛰어올랐고 모종의 체계적인 형태를 갖추기 시작했다.

어느 날 리보는 패러데이가 그동안 정리해놓은 놀라운 결과물을 자기 서적상의 고객인 윌리엄 댄스에게 보여주었다. 댄스는 과학 발전을 촉진하는 단체인 명망 높은 왕립연구소의 연구원이었다. 댄스는 복잡한 과학적 주제들을 명료하고 정확하게 요약 정리해놓은 패러데이의 노트를 보고 놀라움을 금치 못했다. 그는 패러데이에게 최근 기사 작위를 받은 유명한 화학자 험프리 데이비Humphry Davy의 강의를 들어보라고 권유했다. 강의는 데이비가 화학 연구소장으로 있는 왕립연구소에서 진행되고 있었다.

데이비의 강의는 입장권이 일찌감치 매진되곤 할 만큼 인기가 있었고, 패러데이의 출신 배경을 감안하면 그에겐 흔히 찾아오기 힘든 기회였다. 또 운명적인 기회이기도 했다. 데이비는 당대에 인정받고 있는 뛰어난 화학자였고, 많은 연구 결과를 발표하며 전기화학이라는 새로운 분야를 개척하고 있는 인물이었다. 다양한 기체 및 화학물질과 관련해 그가 수행한 실험들은 매우 위험해서 여러 차례 사고가 나기도 했다. 때문에 과학계에서는 그가 두려움을 모르는 용감한 전사라는 평판이 자자했다. 또 데이비는 극적인 장면을 연출하는 솜씨가 있어서 강의 때 기발한 실험을 직접 보여주며 청중의 감탄을 끌어내곤 했다. 그는 출신 배경은 비교적 평범했지만, 저명한 스승들의 관심을 한 몸에 받으며 결국 성공해 과학계의 최고 자리에 올랐다. 데이비가 정식 학교 교육을 충분히 받지 못했다는 사실을 감안할 때, 패러데이가 보기에 데이비는 자신이 귀감으로 삼아야 할 유일한 과학자였다.

패러데이는 매번 강의 시작 전에 미리 도착해 연단에서 가장 가까운 자리에 앉았다. 그리고 그 어느 때보다도 꼼꼼하게 필기하면서 데이비의 강의 내용을 하나도 빠짐없이 흡수했다. 그런데 데이비의 강의는 패러데이가 이제껏 들어온 다른 강의들과는 다른 영향을 그에게 미쳤다. 데이비드의 강의는 물론 인상적이고 감동적이었지만, 패러데이는 왠지 풀이 죽고 의기소침해졌다. 그동안 혼자 공부하면서 과학과 자연 현상에 관한 그의 지식은 놀랄 만큼 쌓여 있었다. 하지만 과학은 단순히 지식의 축적으로만 되는 학문이 아니었다. 중요한 것은 사고하는 방법, 문제에 접근하는 방식이었다. 과학자의 정신은 창의성이 풍부해야 한다. 패러데이는 데이비에게서 그걸 느낄 수 있었다. 외부에서 과학을 바라보는 아마추어 과학자인 패러데이의 지식은 일차원적이라 한계가 많았다. 그는 과학계 안쪽으로 들어가서 실제적이며 직접적인 경험을 쌓고 과학 공동체의 일부가 되어 과학자처럼 '사고하는' 법을 배울 필요가 있었다. 그리고 이처럼 과학자의 영혼에 보다 가까이 접근하고 그 본질을 습득하기 위해서는 스승이 필요했다.

얼핏 패러데이 자신에게는 불가능한 일처럼 보였다. 하지만 제본공 견습 기간이 거의 끝나가고 있었고, 이제 평생 제본 일을 하며 살게 될지 모른다는 생각을 하자 더욱 마음이 다급해졌다. 그는 왕립학회 회장에게 편지를 보내 아무리 하찮은 일이라도 좋으니 연구소에서 일을 하게 해달라고 부탁했다. 마음은 조급한데 수개월이 지나도 아무런 답장이 없었다. 그러던 어느 날, 갑자기 험프리 데이비의 연구소에서 전갈이 왔다. 데이비가 실험 중 일어난 작은 폭발 사고 때문에 시력에 문제가 생겼는데 당분간 시력이 제대로 회복되지 않을 것 같다고 했다. 실험 내용을 기록하고 재료들을 정리해줄 개인 조수가 필요하다는 것이었다. 데이비와 친분이 깊었던 댄스가 그 개인 조수로 젊은 패러데이를 추천한 것이었다.

패러데이에게는 믿기지 않는 운명적인 기회였다. 그는 이 기회를 최대한 활용해야겠다고, 뛰어난 화학자인 데이비의 눈에 들기 위해 어떻게든 노력하리라고 마음먹었다. 그는 데이비의 조수로 일하면서 그의 말 한마디 한마디를 놓치지 않고 경청했으며 시키지 않아도 필요한 일을 찾아서 했다. 하지만 데이비의 시력이 회복되자, 그는 패러데이에게 그동안 고마웠다고 인사하면서 왕립연구소 측이 정식 조교를 새로 구했으며 패러데이가 일할 만한 자리는 없다는 소식을 알렸다.

패러데이는 크게 낙담했다. 하지만 아직 포기하기는 일렀다. 이대로 끝난다면 너무 아쉬웠다. 비록 짧은 기간이었지만 데이비의 연구소에 있으면서 패러데이는 많은 배움의 기회를 경험했다. 데이비는 머릿속에 떠오르는 아이디어를 주변 사람에게 들려주고 피드백 얻는 것을 좋아했다. 또 구상 중인 실험에 대해 패러데이와 대화를 나누곤 했고, 그럴 때면 패러데이는 그의 머릿속에서 진행되는 사고 과정을 엿볼 수 있었다. 그것은 정말 짜릿한 경험이었다. 데이비는 최고의 멘토가 될 수 있는 학자였고, 패러데이는 반드시 그의 제자가 되리라고 마음먹었다. 패러데이는 데이비의 강의를 정리해놓은 노트를 다시 꺼냈다. 그리고 그것을 깔끔하게 장정된 소책자로 만들었다. 거기에는 꼼꼼한 필기 내용과 스케치가 가득했다. 그는 이 소책자를 데이비에게 선물로 보냈다. 그리고 몇 주 후에는, 예전에 데이비가 언급했지만 지금쯤 깜박 잊어버렸으리라고 추측되는 실험에 대한 이야기를 적어서 편지를 보냈다. 데이비가 건망증이 심한 편이었기 때문이다. 하지만 패러데이는 아무런 답장도 받지 못했다. 그런데 1813년 2월 어느 날, 갑자기 왕립연구소로부터 방문해달라는 연락을 받았다.

알고 보니, 그날 아침 왕립연구소의 한 조교가 불손한 태도 때문에 해고를 당해서 그 빈자리를 메울 사람이 급히 필요한 상태였고, 데이비가 패러데이를 채용하자고 왕립연구소 측에 제안한 것이었다. 조교가 하는 일은 주로 실험용 병과 장비들을 씻고, 연구소를 청소하고, 벽난로 불을 지피는 것이었다. 보수도 제본공이 받는 것보다 훨씬 낮았다. 하지만 엄청난 행운이 굴러들어왔다고 느낀 패러데이는 조교 일을 그 자리에서 수락했다.

조교로 일하기 시작한 패러데이의 발전 속도는 놀라왔다. 혼자 독학할 때와는 비교가 안 되었다. 지도자의 감독하에, 패러데이는 데이비가 실험에 쓸 화학 혼합물을 준비하는 법을 세심하게 배웠다. 그중에는 폭발성이 강한 물질도 더러 섞여 있었다. 또 패러데이는 당대의 손꼽히는 화학 전문가라 할 만한 그에게서 화학 분석의 기본 원리를 직접 배웠다. 패러데이가 맡은 책무는 나날이 늘어갔으며, 자신만의 실험을 해볼 수 있는 공간도 얻었다. 그는 늘 어지러운 연구소 내부를 정리하고 치우느라 밤낮으로 움직였다. 그리고 조금씩 데이비와의 관계도 친밀해져갔다. 데이비는 패러데이한테서 자신의 젊은 시절 모습을 엿보았음이 분명했다.

그해 여름 데이비는 유럽 대륙으로 떠나는 장기 출장을 준비하면서, 패러데이에게 조교 겸 개인 비서로 함께 가자고 제안했다. 패러데이는 말이 개인 비서지 사실상 온갖 귀찮은 시중을 들어야 한다는 것을 잘 알았지만, 유럽의 저명한 과학자들을 만나고 데이비의 실험(그는 여행 중에 일종의 간이 실험실을 활용했다)을 바로 곁에서 관찰할 수 있는 기회라 놓치기에 너무 아까웠다. 그의 옆을 시종일관 따라다니며 관찰하고 배우는 것은 어디에서도 얻을 수 없는 경험이었다.

출장 기간 중에 패러데이가 도운 데이비의 실험 중에 그가 오래도록 잊지 못할 특별한 실험이 있었다. 다이아몬드의 정확한 화학적 구성은 과학계에서 오랫동안 논쟁거리였다. 다이아몬드는 탄소로 이루어진 것이 분명해 보였다. 하지만 어떻게 그처럼 아름다운 물건이 목탄과 똑같은 물질로 이루어질 수가 있는가? 그 화학적 구성에는 또 다른 비밀이 존재하는 게 틀림없었지만, 다이아몬드를 그 구성 요소들로 분해하는 방법은 알려져 있지 않았다. 이것은 많은 과학자들을 고민하게 만든 문제였다. 데이비는 대상물의 특성을 결정하는 것이 구성 성분 그 자체가 아니라는 급진적인 생각을 오랫동안 해오고 있었다. 목탄과 다이아몬드의 화학적 구성이 동일하다 할지라도, 그것들의 외적 형태를 결정하는 것은 분자 구조의 차이일 것이라는 게 데이비의 추측이었다. 이는 자연을 바라보는 대단히 역동적인 관점이었다. 하지만 데이비로서도 그것을 확실하게 입증할 방법이 없었다. 그러다 프랑스를 여행하는 동안 갑자기 최적의 실험 방법에 대한 아이디어가 떠올랐다.

이탈리아 피렌체의 실험 아카데미에 대단히 강력한 렌즈가 있다는 사실이 떠오른 데이비는 곧장 그곳으로 향했다. 그리고 아카데미의 렌즈 사용 허가를 얻어낸 뒤, 순수한 산소가 담긴 작은 공 모양의 유리그릇에 다이아몬드를 넣은 다음 렌즈를 이용해 강렬한 태양빛을 유리그릇에 모아 다이아몬드를 완전히 연소시켰다. 다이아몬드가 연소하고 나자 유리그릇 안에는 이산화탄소만 남았으며, 이는 곧 다이아몬드가 순수한 탄소로 구성되어 있다는 의미였다. 따라서 탄소가 목탄이 되느냐 다이아몬드가 되느냐를 결정하는 것은 분자 구조의 차이임이 틀림없었다. 데이비의 실험 결과를 설명할 수 있는 다른 방법은 없었다. 패러데이는 이 실험에 수반되는 사고 프로세스를 보며 큰 인상을 받았다. 데이비는 하나의 단순한 추측을 출발점으로 삼아, 다른 모든 가능한 설명들을 배제한 채 자기 생각의 타당성을 '물리적으로' 입증해 보이는 실험을 수행한 것이었다. 이것은 대단히 창의적인 사고 방법이었으며, 그런 창의성이 바로 화학자 데이비의 힘이었다.

유럽 여행을 마치고 왕립연구소로 돌아온 후 패러데이는 '장비 및 광물학 자료의 관리자 겸 조교'라는 새로운 직함을 얻고 급료도 인상되었다. 그리고 패러데이와 데이비의 관계에 특정한 패턴이 생겨나기 시작했다. 데이비는 이곳저곳 돌아다닐 때가 많았는데, 그럴 때면 이제 실력이 높아진 패러데이에게 온갖 종류의 광물 샘플을 보내 분석하라고 지시했다. 데이비는 자신의 조교인 패러데이에게 예전보다 더 많이 의지하고 있었다. 패러데이에게 보낸 편지에서 그는 패러데이가 자신이 아는 가장 뛰어난 분석 화학자 중에 한 명이라고 칭찬하기도 했다. 하지만 1821년 패러데이는 불편한 현실을 마주해야 했다. 데이비가 그를 마음대로 통제하며 좌지우지하고 싶어 했던 것이다. 강도 높은 8년간의 수련기를 보낸 패러데이는 이제 훌륭한 화학자로 인정받기에 결코 손색이 없었고 화학뿐 아니라 다른 과학 분야에 대한 지식도 제법 쌓인 상태였다. 그는 독자적인 연구도 진행 중이었다. 하지만 데이비는 여전히 그를 일개 조수 다루듯 하면서, 낚시 미끼로 쓸 죽은 파리들을 보내라고 지시하거나 이런저런 잡일을 시키곤 했다.

서적 제본이라는 고된 일에서 패러데이를 구해준 사람은 바로 데이비였다. 또 패러데이가 지금의 자리에 오게 된 과정을 생각해보면 그는 데이비에게 큰 빚을 지고 있었다. 하지만 패러데이는 이제 서른 살이었다. 조만간 독립하지 않는다면, 인생에서 가장 창의성을 발휘해야 할 시기를 연구소 조교로 일하다가 흘려보낼 판이었다. 그러나 데이비와 사이가 틀어진 채 결별한다면 과학계에 좋지 못한 평판이 퍼질 게 분명했다. 그러다 마침내 패러데이가 자신의 고압적인 스승으로부터 독립할 수 있는 기회가 찾아왔고, 그는 이 기회를 최대한 활용했다.

당시 유럽의 과학자들은 전기와 자기 사이의 관계에 대한 새로운 연구 결과를 내놓고 있었다. 그런데 전기와 자기가 서로에게 미치는 영향이 다소 특이했다. 직선적인 움직임이 아니라 둥근 형태의 움직임을 만들어냈던 것이다. 이는 자연계에서 발견하기 힘든 현상이었다. 실험을 통해 이 움직임 내지는 효과의 정확한 형태를 밝혀내고자 하는 과학자들이 줄을 이었고, 곧 데이비도 이 흐름에 합류했다. 데이비는 동료 과학자 윌리엄 하이드 울러스턴과 함께 연구를 진행한 끝에, 전자기가 만들어내는 운동 형태가 나선형과 흡사하다는 이론을 제안했다. 두 사람은 자신들의 실험에 패러데이도 참여시키고, 전자기가 발생시키는 운동을 측정 가능한 작은 부분들로 쪼개서 관찰할 방법도 고안했다. 그 쪼갠 부분들을 모두 합치면 나선형 운동이 드러날 것이었다.

한편 그 무렵 패러데이는 한 지인으로부터 전자기에 대해 알려진 모든 것을 정리한 글을 써달라는 부탁을 받았다. 그 글을 유명한 과학 잡지에 실을 예정이라고 했다. 그래서 패러데이는 전자기 분야를 밤낮으로 파고들었다. 스승 데이비가 그랬듯, 패러데이는 전자기가 지속적으로 만들어내는 운동을 물리적으로 입증해 보일 방법이 분명히 있을 것이라고 생각했다. 어느 누구도 결과에 반박할 수 없도록 말이다. 1821년 9월 어느 날 밤 그는 적합한 실험 방법을 구상해냈고, 곧 그것을 실행에 옮겼다. 그는 액체 수은(금속이라 전기가 통한다)이 담긴 컵에 막대자석을 똑바로 세워 고정시킨 다음, 위쪽에 매달린 도선을 수은에 닿게 하되 도선에 코르크를 달아놓았다. 그리고 도선에 전류를 흘려보내자 코르크가 막대자석 주변을 돌며 움직였다. 이와 반대로 실험해도 동일한 현상이 나타났다. 즉, 도선을 액체 수은 속에 움직이지 않게 고정하고 자석이 비교적 자유롭게 움직이게 한쪽 끝만 축에 고정해놓으면, 자석이 도선 주변을 돌았다.

이것은 역사상 최초로 전기를 이용해 연속적 운동을 발생시키는 원리를 발견한 과정이었고, 이후 이 원리는 모든 전동기에 적용된다. 비교적 간단한 실험이었지만 패러데이는 놀라운 결과를 목격한 것이었다.

데이비에게서 배운 과학적 접근법과 사고방식이 빛을 발하는 순간이었다. 경제적 궁핍과 절망, 노예처럼 예속된 생활 때문에 그동안 느끼던 갑갑함이 한 번에 날아가는 것 같은 기분을 느끼며, 그는 실험실 안을 춤추듯 뛰어다녔다. 마침내 그를 자유롭게 해줄 새로운 발견을 만난 것이었다. 그는 벅찬 가슴을 안고 이 결과를 발표할 준비를 서둘렀다.

그런데 연구 결과를 급하게 발표하는 와중에, 패러데이는 데이비와 울러스턴의 연구 성과를 깜빡 잊고 언급하지 않았다. 얼마 안 가 패러데이가 그들 두 사람의 연구를 도용했다는 소문이 파다하게 퍼졌다. 자신의 실수를 깨달은 패러데이는 울러스턴을 만나, 자신이 타인의 연구 내용과 상관없이 오로지 독자적인 힘으로 연구 결과를 얻어냈다는 사실을 설명했다. 울러스턴은 패러데이의 설명을 납득하며 자기는 지금 상황을 더 이상 문제 삼을 생각이 없다는 뜻을 밝혔다. 그럼에도 패러데이의 도용에 대한 소문은 잦아들지 않았다. 알고 보니 소문을 퍼트리는 주동자는 바로 데이비였다. 웬일인지 데이비는 패러데이의 설명을 받아들이려 하지 않았다. 패러데이가 과학적 업적을 인정받아 왕립학회 회원으로 추천되었을 때, 그것을 막으려고 애쓴 사람은 바로 왕립학회 회장인 데이비였다. 그로부터 1년 뒤 패러데이가 또 다른 중요한 과학적 발견을 내놓자, 데이비는 그 성과와 관련해 자신에게 부분적인 공로가 있다고 주장했다. 아무것도 아니던 패러데이를 자신이 그만큼 키워놓았으므로 패러데이의 모든 성과에 대해 자신에게 보상이 돌아와야 한다고 믿는 듯했다.

패러데이는 데이비와의 관계가 사실상 끝났음을 느꼈다. 앞으로 다시는 그를 만나지도, 그와 서신을 주고받지도 않을 생각이었다. 이제 과학계에서 웬만큼 입지를 다진 패러데이는 자신이 원하는 방향으로 나아갈 수 있었다. 이후 그가 수행한 실험들은 전기 에너지 분야의 많은 중요한 발전을 위한 밑거름이 되었을 뿐만 아니라, 20세기 과학을 혁신적으로 변화시킨 장場 이론들이 탄생하는 데에 중요한 역할을 했다. 패러데이는 실험 과학을 크게 발전시킨 위대한 과학자들 중 한 명이 되었으며 한때 스승이었던 데이비보다 훨씬 더 빛나는 명성을 얻게 되었다.

마스터리에 이르는 열쇠

테이블에 모여 앉은 숙녀들이 어느 젊은 화가가 그린 초상화를 칭찬하면서 이렇게 말했다. "이 화가는 순전히 혼자 힘으로 그림을 배웠대요. 정말 놀랍지 않나요?" 그가 독학했다는 사실은 그림 속 손의 묘사에 정확도와 예술적 완성도가 떨어진다는 점에서도 드러났다. 그러자 괴테가 말했다. "이 젊은 화가에겐 분명 재능이 있습니다. 하지만 모든 걸 독학했다는 것은 칭찬거리가 못됩니다. 오히려 나무라야 할 점이지요. 모름지기 재능 있는 사람은 외톨이가 되어서는 안 되며, 자신의 재능을 최대한 꽃피우게 이끌어줄 스승과 교감해야 합니다."

_요한 페터 에커만, 『괴테와의 대화』

과거 시대에 권력을 가진 사람들은 강력하고 실제적인 권위의 기운을 발산했다. 어떤 경우 이런 권위는 그들이 성취한 업적에서 기인했고, 귀족이나 고위 성직자의 경우처럼 지위나 위치 때문에 권위가 생겨나는 경우도 있었다. 그들의 권위는 분명한 영향력을 지녔고 누구나 그것을 느낄 수 있었다. 그래서 사람들은 권위를 지닌 인물을 존경하거나 숭배했다. 그러나 시대가 변하면서 많은 사회가 민주적인 분위기로 변화함에 따라 이런 권위는 차츰 사라지기 시작했고 지금은 거의 존재하지 않는 무언가처럼 느껴진다.

우리는 누군가가 특정한 위치나 지위에 있다는 이유만으로 존경이나 숭배를 받아서는 안 된다고 생각한다. 특히 그런 지위가 어떤 연줄을 통해, 또는 특권층이기 때문에 얻은 것이면 더욱 그렇다. 그런 생각은 십분 타당하다. 그러나 종종 우리는 자신의 노력과 성취를 통해 높은 위치에 도달한 사람들에게도 그런 관점을 갖는다. 우리 사회의 많은 사람들은 권위라고 하면 그것이 어떤 형태의 것이든 비난하고 반박하길 좋아하며 힘을 가진 사람의 약점을 들춰내기를 즐긴다. 우리는 유명 연예인들에게서 느껴지는 매혹적인 권위의 기운을 그나마 긍정하곤 한다. 권위에 대한 이러한 회의적인 관점은 때로 바람직하며 특히 정치와 관련해서는 더욱 그렇다. 하지만 수련기와 배움의 과정에서는 그런 태도가 문제를 야기할 수도 있다.

배우기 위해서는 겸손함이 필요하다. 우리는 특정 분야에 대해 우리보다 훨씬 더 깊은 식견을 갖춘 사람들이 존재한다는 사실을 인정해야 한다. 그들의 우월함은 어떤 타고난 재능이나 특권 때문에 생겨나는 것이 아니라 오랜 시간 동안 쌓인 경험에서 기인한다. 해당 분야에 대한 그들의 권위는 정치적 수완이나 책략에 근거하지 않는다. 그들이 지닌 권위야말로 진정한 힘이다. 하지만 이런 사실을 편안하게 받아들이지 못하면, 모든 종류의 권위를 불신하게 되면, 우리 혼자 힘으로 얼마든지 배울 수 있으며 오로지 독학으로 지식과 기술을 터득하는 것이 더욱 진정성 있는 방법이라고 믿기 쉽다. 우리는 의미 있는 독립을 이뤄냈다는 신호라면서 그런 태도를 정당화지만, 사실 그런 태도는 근본적 불안감에서 비롯되는 것이다. 대가들에게 배우며 그들의 권위에 복종한다는 것은 어쩐지 우리 자신의 타고난 능력을 억누르고 무시하는 길인 것만 같다. 스승이 곁에 있어도 그의 조언을 충분히 귀담아 듣지 않고 자신만의 방식을 고집하는 경우도 많다. 거장이나 스승을 비판할 줄 알아야 똑똑한 것이라고, 고분고분하게 순종하는 제자는 나약하고 멍청한 것이라고 믿기 시작한다.

하지만 이 점을 반드시 기억하라. 특정 분야에 첫 걸음을 들여놓은 단계에서 무엇보다 중요한 것은 최대한 효과적인 방식으로 실제적 지식을 습득하는 일이다. 이를 위해서는 반드시 스승이 필요하다. 당신이 권위를 인정하고 기꺼이 복종할 수 있는 스승 말이다. 스승의 필요성을 인정한다는 것은 곧 뭔가가 부족한 당신의 현재 상태를 받아들이는 것이며, 스승은 당신이 그 부분을 채울 수 있게 도와줄 것이다.

스승이 필요한 이유는 간단하다. 인생은 짧으며, 당신이 쏟을 수 있는 시간과 에너지는 한정되어 있기 때문이다. 일반적으로 가장 왕성한 창의력을 발휘할 수 있는 시기는 20대 후반에서 40대 정도까지다. 이때 필요한 지식을 책이나 혼자만의 연습을 통해 얻을 수도 있고 때로는 주변 사람의 조언에서도 도움을 받을 수 있다. 하지만 이런 방식은 체계성이 떨어진다. 책에 담긴 지식과 조언은 당신만의 특수한 상황이나 개성에 꼭 들어맞지 않으며 다소 추상적인 경우가 많다. 세상 경험이 적은 젊은 사람이 이런 추상적 지식을 실제 세계에 적용하고 실천하기란 쉽지 않다. 물론 직접 경험을 통해 배울 수는 있지만, 눈앞에서 벌어진 일이나 자신이 겪은 일에 담긴 진정한 의미를 온전히 이해하여 체화하는 데에는 오랜 시간이 걸리기 마련이다. 자기만의 방식으로 연습하여 기량을 쌓는 것은 물론 언제나 가능하지만, 확실한 피드백을 충분하게 얻기가 힘들다. 어떤 분야에서든 홀로 독행하며 수련기를 보낼 수는 있지만, 이 경우 수련기를 마치고 모종의 경지에 올라서기까지는 10년 또는 그 이상이 걸릴 수도 있다.

스승은 당신에게 쉬운 지름길을 알려주는 사람이 아니다. 대신 스승은 배우는 과정의 능률을 높여준다. 그들에게도 과거 그들에게 가르침을 준 스승이, 해당 분야의 깊고 풍부한 지식을 전수해준 스승이 존재한다. 그들은 오랜 세월 동안의 경험을 통해 귀중한 교훈을 얻고 배움을 위한 최적의 전략을 터득한 상태다. 그런 스승에게서 배우면, 스승의 지식과 경험은 고스란히 당신 것이 된다. 스승은 당신이 불필요한 옆길로 새거나 실수를 하지 않게 이끌어줄 수 있다. 또 바로 곁에서 당신을 관찰하면서 그때그때 피드백을 주므로, 당신은 연습과 수련 과정에서 시간을 절약할 수 있다. 스승은 당신 특유의 현재 상황에 꼭 맞는 조언을 해줄 수 있다. 스승과 가까이서 교감하며 배우는 동안 당신은 그의 창의적 정신세계의 본질을 고스란히 흡수하여 당신만의 방식으로 활용할 수 있을 것이다. 올바른 방향을 알려주는 조언자가 있으면, 혼자 고군분투하여 10년 걸릴 일을 5년 안에 해낼 수도 있다.

단순히 시간 절약이라는 장점만 있는 것이 아니다. 스승 곁에서 집중도 높게 배워나가면 방향을 상실하고 주의가 흐트러지는 일이 적어진다. 집중도가 높아질수록 배우는 내용을 더욱 깊게 내면으로 체화할 수 있는 법이다. 아이디어가 더 자연스럽게 샘솟고 발전의 속도도 빨라진다. 효과적인 수련기를 통해 우리는 내면의 에너지와 창의적 잠재력을 최대한 활용할 수 있다.

스승-제자 관계를 더욱 밀도 높고 생산적인 관계로 만들어주는 것은 바로 정서적 요인이다. 본래 스승은 자기가 가르치는 제자에게 감정적 유대감을 느끼기 마련이다. 여기에는 여러 가지 이유가 있을 수 있다. 스승은 당신에게서 개인적 호감을 느끼거나 또는 자신의 젊은 시절 모습을 엿볼지도 모른다. 당신의 특별한 재능을 간파하고 그것을 활짝 꽃피우게 도와주는 데에서 즐거움을 느낄 수도 있다. 또 당신의 젊은 에너지와 기꺼이 노력하려는 자세를 보며 큰 인상을 받기도 한다. 스승이 그런 당신을 성장시키는 데 중요한 길잡이 역할을 하는 과정에서 두 사람 사이에는 강한 정서적 유대감이 형성된다. 당신 역시 스승에게 감정적 이끌림을 느끼게 된다. 스승의 업적에 대한 존경, 그를 본보기로 삼아 닮고 싶은 욕구를 느끼는 것이다. 그런 당신을 바라보는 스승은 몹시 뿌듯한 감정에 젖기 마련이다.

이와 같은 상호간의 정서적 유대감을 통해 스승과 제자는 평범한 교사-학생 관계를 뛰어넘는 방식으로 서로에게 마음을 활짝 열어젖힌다. 우리는 존경하는 상대방의 말과 행동을 그대로 흡수하고 모방하려는 경향이 있다. 그래서 더욱 주의 깊게 상대방을 관찰한다. 우리의 거울 뉴런이 더 활발하게 반응하면서, 피상적인 지식 전달을 뛰어넘는 수준의 배움, 높은 수준의 스타일과 사고방식에 대한 배움이 가능해진다.

한편, 강한 감정적 유대감이 형성되고 나면 스승은 자신만의 비법과 전략을 당신에게 더 많이 알려줄 가능성이 높다. 스승과의 관계의 정서적 측면을 절대 간과하지 마라. 그것은 당신이 더 효과적으로 더 깊게 배울 수 있게 만들어준다.

배움의 과정은 중세의 연금술에 비교해 설명할 수 있다. 연금술의 목적은 비卑금속이나 돌을 금으로 변화시킬 방법을 찾는 것이었다. 이를 위해 연금술사들은 '현자賢者의 돌'이라는 것을 찾아내려 애썼다. 이것은 돌이나 금속에 생명을 불어넣어 그 화학적 구성을 바꿈으로써 금으로 변화시켜준다고 믿어지는 물질이었다. 결국 현자의 돌은 발견되지 않았지만, 이 가상의 물질은 우리에게 의미심장한 비유를 시사한다. 당신이 거장의 경지에 오르기 위해 필요한 지식은 이미 세상에 존재한다. 이를테면 그것은 비금속이나 돌과 같다. 당신이 할 일은 그 지식에 불을 댕겨 당신 내면에서 살아 움직이는 생명체로 만드는 것, 당신의 상황과 결합하여 의미 깊은 무언가로 변화시키는 것이다. 이때 스승은 현자의 돌과 같은 역할을 한다. 풍부한 경험을 가진 인물과 직접 교류하고 교감함으로써, 당신은 더 빠르고 효과적으로 그 지식에 생명을 불어넣을 수 있다. 말하자면 황금과 같은 무언가로 변화시키는 것이다.

마이클 패러데이의 이야기는 이런 연금술적 과정을 잘 보여준다. 얼핏 그의 인생은 마법과 같은 행운이 이끌어간 것처럼 보인다. 처음에 마음껏 책을 읽을 수 있는 일터에 들어갔고, 거기서 과학 관련 서적을 접했고, 그가 정리한 노트 내용이 고용주의 눈에 띄었으며, 결국 그것이 계기가 되어 나중에 스승 험프리 데이비까지 만나게 되었으니 말이다. 그러나 그것은 결코 마법 같은 행운만은 아니었다. 어릴 때부터 패러데이는 지식에 대한 욕구와 열정이 남달랐다. 그런 기질이 있었기에 일종의 내면의 레이더가 작동하여 그를 동네의 서적상으로 이끈 것이다. 『정신의 진보』라는 책을 만난 건 순전히 우연한 행운이었지만, 그 책의 가치를 단번에 알아보고 내용을 충실히 실천할 수 있었던 것은 그가 그만큼 열정이 강했기 때문이다. 책에 담긴 와츠 목사의 가르침을 실천하면서 패러데이는 더욱 실제적이고 의미 깊은 지식을 쌓을 수 있었다. 그런데 그를 서적상과 『정신의 진보』로 이끌었던 내면의 레이더가 이번에는 그에게 또 다른 방향을 가리켰다. 패러데이가 이제껏 쌓은 지식은 너무 산만하고 체계성이 없었다. 그는 그것을 살아 있는 진짜 지식으로 만들기 위해서는 스승을 만나야 한다는 사실을 직관적으로 깨달았다.

패러데이는 데이비의 밑에 들어간 이후 충실한 제자가 되기 위해 온 힘을 다했다. 패러데이는 스승이 평생 수집하고 터득해온 화학 및 전기 분야와 관련된 비법을 열심히 흡수했다. 또 데이비를 위해 화학물질을 혼합하거나 자신이 직접 구상한 실험을 해보면서, 이런저런 이론이나 아이디어를 실험으로 옮겼다. 그 과정에서 패러데이는 데이비의 사고방식, 화학 분석 및 실험에 대한 접근법을 배웠고, 그의 지식은 점차 실제성과 체계성을 갖춰나갔다.

이처럼 스승과 적극적으로 교감하며 8년을 보낸 이후, 패러데이는 과학 역사상 손꼽히는 위대한 성과를 일궈내기에 이른다. 전자기의 비밀을 발견한 것이다. 패러데이 자신의 노력과 데이비로부터 받은 가르침이 결합하여 그의 내면에서 창의적 에너지로, 즉 일종의 황금으로 변화한 것이다. 만일 그가 두려움이나 불안감 때문에 그냥 독학에만 머물렀다면 평생 제본공으로 살아야 했을지도 모른다. 고된 노동만 있고 성취감은 없는 직업에 말이다. 강도 높은 스승-제자 관계가 빚어낸 연금술을 통해, 그는 역사상 가장 창의적인 과학자들 중 한 명이 되었다.

패러데이의 배움과 삶에서는 종교도 분명 중요한 역할을 했다. 그는 세상 모든 만물에 신이 깃들어 있다고 믿었기 때문에, 만나는 모든 대상을 살아 있는 존재로 대했다. 자신이 읽는 책, 전기 현상 등도 예외가 아니었다. 그는 그런 것들을 살아 있는 무언가로 여겼기에 대상에 더 깊게 빠져들고 교감할 수 있었으며, 이는 배움의 속도와 수준을 한층 높여주었다. 하지만 이런 세계관은 단순히 종교적인 영역을 뛰어넘어, 수련기를 거치는 모든 사람을 위한 중요한 관점을 시사한다. 우리도 자신이 공부하는 대상을 모종의 생명력을 지닌 것으로 바라볼 수 있다. 서로 상호작용하면서 교감해야 하는 대상, 그 내면 깊은 곳까지 이해할 수 있는 대상으로 말이다. 패러데이가 그랬듯, 이런 태도를 가지면 배우는 대상이나 주제에 한층 강렬하게 집중할 수 있다.

최적의 인물을 당신의 스승으로 만들기 위해서는 모종의 이기심 요소를 활용할 필요도 있다. 당신의 젊은 의욕과 에너지뿐만 아니라, 그 인물에게 제공할 실제적이고 확실한 무언가가 당신에게 있어야 한다는 얘기다. 데이비는 패러데이를 직접 만나기 전에, 패러데이가 성실하게 일하는 타입이고 정리 기술이 뛰어나다는 사실을 알고 있었다. 그것만으로도 패러데이를 조교감으로 점찍기에 충분했다. 당신 역시 스승에게 필요하거나 그가 관심을 가질 만한 기본적 기술이나 능력을 습득한 다음에 스승을 찾아나서는 게 좋을지도 모른다.

거장들이나 힘 있는 위치에 있는 사람들은 대개 시간에 쫓기고, 또 처리하거나 흡수해야 할 정보들에 늘 둘러싸여 있다. 만일 당신이 그런 측면에서 그들을 다른 누구보다도 효과적으로 도울 능력을 지녔음을 보여주면, 그들의 관심을 얻기가 훨씬 쉬워진다. 그들이 당신과 관계 맺는 것을 고려하기 시작할 가능성이 높아진다. 아무리 하찮은 일이라도, 그냥 조수 일에 불과할지라도 꺼리지 마라. 어떤 방식으로든 일대일 관계를 시작하는 게 중요하다. 일단 관계를 맺고 나면, 그들의 이기심에 호소하여 마음을 얻을 다른 방법들을 계속 찾아라. 그들의 입장에서 상황을 바라보면서 그들에게 가장 필요한 것이 무엇인지 생각해보라. 그들이 얻고자 하는 바를 주시하면서 거기에 호응해주면, 그들은 당신에게 더욱 강한 정서적 애착을 느낄 것이다.

패러데이가 그랬듯이 먼저 근면함을 지닌 사람으로 당신 자신을 계발하면 결국엔 적절한 스승을 만나게 될 가능성이 높아진다. 당신이 일을 잘하고 배움의 욕구가 강하다는 소문이 퍼지면 어느 새 당신 앞에 많은 기회들이 나타날 것이다. 어떤 경우에든 소심하게 움츠리지 마라. 아무리 높은 위치에 있는 거장이라 할지라도 그에게 다가서는 것을 주저하지 마라. 상대가 자신의 제자로 적절하며 자신에게 모종의 이익을 줄 수 있다고 여겨지면, 그들은 의외로 누군가의 스승이나 멘토가 기꺼이 되어주는 경우가 많다. 그들은 자신의 경험과 지식을 젊은 누군가에게 전수하는 일에서 큰 기쁨을 느끼는 경우가 많으며 부모가 자식을 돌보는 듯한 뿌듯함을 느끼기도 한다.

때로는 특정 분야에 대한 전문성이 높지 않은 대신에 다양하고 폭넓은 지식과 경험을 갖춘 사람이 최고의 스승이 될 수 있다. 그런 스승은 한 차원 높은 수준으로 사고하도록, 서로 다른 종류의 지식들을 연결

지어 생각할 수 있도록 당신을 훈련할 수 있다. 대표적인 예는 아리스토텔레스와 알렉산더 대왕의 관계다. 알렉산더의 아버지이자 마케도니아의 왕이었던 필리포스 2세는 열세 살짜리 아들을 가르칠 교사로 아리스토텔레스를 택했다. 아리스토텔레스가 다양한 분야에 대한 지식이 해박했기 때문이다. 아리스토텔레스는 알렉산더에게 학문에 대한 애정과 흥미를 심어주었고, 여러 다양한 상황에서 사고하고 추론하는 방법을 가르쳤다. 이것은 무엇보다 중요한 기술이었다. 이런 가르침은 훌륭한 효과를 낳았다. 알렉산더 대왕은 아리스토텔레스에게 배운 추론 기술을 정치와 전쟁에서 효과적으로 활용했다. 그는 평생 동안 온갖 분야의 지식에 대한 호기심을 가졌으며, 자신이 배움을 얻을 수 있는 전문가들을 항상 곁에 두었다. 아리스토텔레스는 알렉산더의 성공에 중요한 역할을 한 지혜와 앎을 전해준 것이다.

스승과 직접 대화하고 교감하는 시간을 가급적 많이 가져라. 형식적인 관계는 별로 의미가 없다. 일대일 교류를 통해서만 얻을 수 있는 미묘한 깨달음과 중요한 신호들이 있기 때문이다. 가령 오랜 경험을 통해 서서히 진화하고 확립된 모종의 기술이나 방식 같은 것 말이다. 이러한 행동 패턴은 말로 설명하긴 어렵고 직접적인 관찰과 경험을 통해서만 습득할 수 있다. 공예 기술이나 스포츠 같은 분야가 특히 그렇다. 예컨대, 테니스 강사는 제자 앞에서 직접 몸으로 시범을 보여야만 중요한 기술을 확실히 가르칠 수 있다. 강사 자신이 자신의 백핸드 기술이 효과적인 이유를 완벽하게 이해하거나 말로 설명하지 못할지라도, 제자는 백핸드 기술을 구사하는 그의 모습을 직접 보면서 거울 뉴런의 힘을 통해 방법과 요령을 터득할 수 있다. 그런데 이런 학습 과정은 비육체적 기술에도 적용된다. 패러데이가 머릿속 아이디어를 시도해보기 위한 실험의 중요성을 깨달을 수 있었던 것은, 데이비의 사고 과정을 늘 옆에서 목격했기 때문이었다.

스승과의 관계가 점차 발전해가면 당신은 그러한 학습 과정에서 더 직접적이고 적극적인 역할을 할 수도 있다. 스승이 하는 방식의 토대가 되는 원리나 원칙에 대해 질문을 던지는 것이다. 또는 당신이 일종의 산파 역할을 하여, 스승이 그의 창의적 결과물을 분석하게 유도하고 그 과정에서 풍부한 아이디어를 발견하게 도울 수 있다. 스승은 자기 내면의 작동 원리를 들여다볼 기회를 만들어준 것에 대해 당신에게 고마워할 것이다.

한 번에 한 명의 스승에게 집중하는 것이 가장 바람직하기는 하나, 언제나 최적의 스승 한 명을 찾을 수 있는 것은 아니다. 그런 경우에는 현재 상황에서 교류 가능한 여러 명을 스승으로 삼는 것도 대안이 될 수 있다. 그들 각각이 당신의 경험이나 지식에서 부족한 부분을 메워주게 하는 것이다. 한 명 이상의 스승을 두는 것에는 추가적인 이점도 있다. 나중에 필요한 경우에 의지할 수 있는 중요한 동맹군이 여러 명 생긴다는 점이다. 만일 당신만의 어떤 특정한 상황 때문에 스승으로 삼을 사람을 접촉하기가 힘들다면, 책을 일시적 스승으로 삼는 것도 한 방법이다. 패러데이가 『정신의 진보』를 읽으며 많은 가르침을 얻은 것처럼 말이다. 그럴 때는 책이나 해당 저자를 진짜 스승이라고 생각하고 행동하라. 책의 내용을 깊이 내면화하고, 책의 내용과 적극적으로 교감하고, 페이지 여백에 수시로 메모하라. 그 내용을 충분히 분석하고 받아들여 당신 내면에 살아 숨 쉬는 지식으로 만들어라. 종이에 찍힌 활자가 아니라 거기에 담긴 영혼을 흡수해야 한다.

좀 더 넓은 관점으로 접근하자면, 역사 속의 인물이나 당대의 인물을 당신이 본받아야 할 이상적인 귀감으로 삼을 수도 있다. 적극적인 자료 조사와 모종의 상상력을 활용해 그들을 당신 곁에 살아 있는 스승으로 삼는 것이다. '그 인물이라면 이런 상황에서 어떻게 행동할까?'를 생각해보라. 수많은 장군들은 나폴레옹 보나파르트를 떠올리며 그런 질문을 던지곤 했다.

스승이라는 존재를 두는 것에는 좋은 면도 있지만 부정적인 면도 있다. 훌륭한 스승은 당신이 자신만의 독창적 스타일을 개발하게 허락하고, 또 적절한 때가 되면 당신이 그의 곁을 떠나도록 기꺼이 놓아준다. 그런 스승은 당신에게 평생 친구이자 동맹군이 될 수 있다. 하지만 때로는 그 반대의 상황이 일어난다. 어떤 스승은 당신에게 점점 더 크게 의지하면서 당신을 도제 계약에 계속 묶어놓고 싶어 한다. 또 당신의 젊음을 시기하고 암암리에 당신을 방해하거나 지나치게 비판적인 태도를 취한다. 당신은 이런 분위기를 재빨리 감지해야 한다. 당신의 목표는 스승에게서 가급적 많은 것을 배우는 것이지만, 만일 너무 오래 그의 그늘 밑에 머물면서 그가 당신의 자신감을 억누르게 놔둔다면, 어느 시점엔가 당신이 대가를 치러야 할 수도 있다. 무조건적으로 스승의 권위에 복종하는 것은 바람직하지 않다. 사실 당신의 최종 목표는 스승의 지식을 충분히 흡수한 다음에 스스로 독립하는 것이어야 한다.

그런 면에서 보면, 스승과의 관계에는 우리가 어린 시절 경험하는 요소들이 종종 나타난다. 실제로 스승의 성별은 남성일 수도 있고 여성일 수도 있지만, 어느 쪽이든 아버지 같은 존재감을 풍길 때가 많다. 우리의 길잡이 역할을 하고 도움도 주지만 때로는 과도하게 통제하려고 들며 우리 삶의 계획표를 대신 짜주려는 존재 말이다. 또 어떤 스승은 시간이 흘러 제자가 독립하려는 뜻을 내비치면 그것을 자신의 권위에 대한 도전으로 여기기도 한다. 때가 되어 당신의 목소리를 내야 할 때 죄책감을 느끼면 안 된다. 대신, 패러데이가 그랬듯이, 당신을 방해하려는 스승에 대해 부당함을 느끼고 심지어 분개할 줄 알아야 한다. 그런 스승의 곁은 떠나는 것이 마땅하다. 때로는 스승과의 결별을 일찌감치 염두에 두고 마음의 준비를 하는 게 현명하다. 시간이 흐름에 따라 스승과 조금씩 거리를 두기 시작하는 것이 좋다. 당신은 스승의 약점이나 성격적 결함에 주목하거나 또는 그가 가장 중요하게 여기는 신념에서 오류를 찾아내게 될지도 모른다. 스승과 차별성을 확립하는 것은 당신의 자아발전을 위해 중요하다. 스승이 훌륭한 부모 유형이든, 바람직하지 않은 부모 유형이든 말이다.

스페인어에 '알 마에스트로 쿠칠라다 al maestro cuchillada'라는 말이 있다. '스승을 향해 칼을'이라는 뜻이다. 이것은 펜싱에서 나온 표현으로, 젊고 민첩한 제자가 스승을 칼로 내리칠 수 있을 만큼 실력이 출중하게 성장했음을 의미한다. 그런데 또한 이것은 불가피하게 제자의 반항을 마주할 수밖에 없는 대다수 스승의 운명을 나타내는 말이기도 하다. 우리 사회에서는 권위자에게 반항하거나 또는 적어도 반항적인 태도를 취하는 사람을 존경심 어린 눈으로 바라보는 경향이 있다. 그런데 반항이라는 것은 어떤 견고하고 실제적인 대상을 향하지 않는 한 아무런 의미나 영향력을 갖지 못한다. 아버지 같은 존재로서의 스승은 당신에게 그런 견고하고 실제적인 대상, 당신만의 정체성을 확립하기 위해 벗어나야 할 대상이 된다. 당신은 스승이 보유한 지식 가운데 당신에게 중요한 부분을 흡수한 뒤에 필요하다면 그에게 칼을 내밀어야 한다. 그것은 세대 변화의 역학이며, 때때로 아들과 딸이 자아를 발견하고 성장하려면 아버지라는 존재가 죽음을 맞이해야 한다.

마스터리에 이르는 과정에서 당신은 중간 중간 놓인 디딤돌처럼 여러 스승과 멘토를 만나게 될 것이다. 삶의 어느 단계에서든 당신은 그 시기에 적절한 스승을 찾아야 한다. 스승에게서 원하는 바를 얻으면서 발전해나가되 그것을 부끄럽게 여겨서는 안 된다. 필경 당신의 스승도 과거에 똑같이 그런 과정을 밟았을 것이며, 그것은 세상의 이치이기도 하다.

스승과의 관계를 다지기 위한 전략

> 영원히 제자로 남는 것이야말로 스승의 은혜에 형편없이 보답하는 길이다.
>
> _ 프리드리히 니체

스승의 지식과 기술을 최대한 흡수하고 배우기 위해서는 그의 권위에 복종해야 하지만, 그렇다고 해서 당신이 마냥 소극적이고 수동적인 사람이 되어야 한다는 의미는 아니다. 특정한 시점이 되면 당신이 스승과의 관계 역학을 주도하고 당신의 목적에 맞는 방향으로 변화시킬 수 있다. 스승과의 관계를 최대한 활용하고 당신이 습득한 지식을 창조적 에너지로 전환하도록 돕기 위한 네 가지 전략을 아래에 소개한다.

1. 당신의 필요와 성향에 따라 스승을 선택하라

1888년 스무 살의 프랭크 로이드 라이트Frank Lloyd Wright는 시카고에 있는 조지프 라이먼 실즈비의 유명한 건축 설계사무소에서 제도공으로 일하고 있었다. 라이트는 그곳에서 1년 동안 일하며 건축과 제도에 관해 많은 것을 배우고 있었지만 차츰 불만을 느끼기 시작했다. 머릿속으로는 건축계를 혁신적으로 변화시킬 완전히 새로운 스타일의 건축물을 상상하곤 했지만, 혼자 독립하기에는 아직 경험이 부족했다. 실즈비는 기민하고 수완이 뛰어난 사업가로서, 고객들이 좋아하는 빅토리아 양식의 설계에 충실해야만 사업을 계속 성공적으로 꾸려나갈 수 있다고 믿었다. 라이트는 실즈비가 지시하는 제도 작업에 싫증이 났다. 구식 설계 원칙만 배우고 있다는 사실이 영 마음에 들지 않았다.

그러던 어느 날, 라이트는 시카고의 유명한 건축가인 루이스 설리번이 특별한 건축물의 설계를 완성하는 일을 도와줄 제도공을 구한다는 소식을 들었다. 실즈비의 제도공으로 들어간 지 얼마 안 된 상태에서 떠나면 그와 영영 사이가 틀어질 것이라는 게 마음에 걸렸지만, 설리번 밑에서 일하면 건축가로 성장하는 데 훨씬 도움이 될 것 같았다. 설리번의 회사는 고층 건물 설계에서 선두적인 업체였고 최신 건축 자재와 기술을 활용하고 있었기 때문이다.

라이트는 설리번 회사의 제도공으로 들어가기 위해 갖은 애를 썼다. 설리번을 만나 직접 면접을 볼 기회를 얻은 그는 혼자 힘으로 작성한 흥미로운 설계 도안을 들고 가서 보여주었다. 또 설리번의 미학적 취향을 알고 있던 터라, 예술과 철학을 주제로 자연스럽게 대화를 이어갔다. 결국 설리번은 라이트를 제도공으로 채용했다. 라이트는 그와 개인적이고 친밀한 관계를 다지며 마치 아들 같은 역할을 했다. 남다른 재능과 설리번의 호의 덕분에, 라이트는 곧 회사의 수석 제도사 자리에 올랐다. 라이트의 말을 빌자면 그는 "설리번 손안의 연필"과 같은 존재가 되었다. 1893년에 설리번은 라이트가 몰래 자신만의 개인고객을 상대하는 것을 알고 그를 해고했다. 하지만 그 무렵 라이트는 이미 모든 것을 배워 스스로 독립하기에 충분한 역량을 갖춘 상태였다. 설리번은 약 5년간 라이트에게 근대 건축에 관한 최고 수준의 교육을 제공했던 것이다.

1906년 서른한 살의 전도유망한 정신과 의사 카를 융Carl Jung은 실험심리학 분야의 연구로 유명했으며 취리히에 있는 부르크휠즐리 정신병원에서 중요한 직책을 맡고 있었다. 하지만 외면적인 성공에도 불구하고 그의 내면은 불안했다. 그는 자신이 초자연적 힘과 특이한 심령 현상에 관심 갖는 것을 극복해야 할 약점이라고 생각했다. 또 환자를 치료하면서 효과를 거두지 못할 때마다 절망감을 느꼈다. 자신의 연구 방식에 적법한 타당성이 부족한 것이 아닌지, 과학적 엄밀함이 부족한 것이 아닌지 염려스러웠다. 그러다가 어느 시점부터 융은 정신분석의 창시자이자 당시 쉰한 살이던 지그문트 프로이트Sigmund Freud와 서신을 교환하기 시작했다. 프로이트에 대한 융의 감정은 양면적이었다. 융은 프로이트를 존경했고 정신분석의 선구자로서 숭배하기까지 했지만, 노이로제의 결정 요인으로서 성적性的 측면을 강조하는 프로이트의 생각에는 동의하지 않았다. 프로이드 심리학의 일부 측면에 대해 느끼는 이런 반감이 자신의 편견이나 무지 때문일지 모른다고 생각한 융은, 서로 터놓고 이야기하고 토론함으로써 그런 반감을 극복해야 한다고 생각했다. 두 사람은 지속적으로 편지를 교환하면서 금세 친밀한 관계를 구축했고, 융은 자신의 이해가 부족하다고 느끼는 심리학 문제들에 대해 거장 프로이트에게 질문을 던질 수 있었다.

1년 뒤 마침내 빈에서 처음 만난 두 사람은 무려 13시간 동안이나 열정적인 대화를 나눴다. 프로이트의 눈에 이 젊은 정신과 의사는 다른 조수나 제자들에 비해 훨씬 창의적인 에너지가 넘쳤다. 자신의 뒤를 이어 정신분석 운동의 후계자가 되어도 손색이 없을 것 같았다. 융에게 프로이트는 자신이 그동안 그토록 원했던 아버지 같은 스승이자 조언자가 되어줄 수 있을 것만 같았다. 두 사람은 함께 미국을 여행하기도 했고, 자주 서로를 방문했으며, 끊임없이 편지를 주고받았다. 그러나 5년쯤 흐르자 프로이트에 대한 융의 애증과 양면적 감정이 다시 고개를 들기 시작했다. 그는 프로이트가 독재적이고 권위적이라고 느끼기 시작했다. 프로이트식 도그마를 따라야 한다는 것이 견디기가 힘들었다. 이제 융은 자신이 애초에 노이로제의 원인으로서 성적 측면을 강조하는 프로이트의 관점에 반대한 이유를 분명히 깨달을 수 있었다.

1913년 두 사람은 완전히 결별하기에 이르고 융은 프로이트의 측근 그룹에서 영영 멀어졌다. 하지만 프로이트와의 관계는 융의 삶에서 중요한 역할을 한 소중한 경험이었다. 프로이트와의 교류가 있었기에, 융은 자신이 품고 있던 수많은 의문점을 해결하고 인간 심리에 대한 핵심사상들을 발전시킬 수 있었기 때문이다. 결국 프로이트와 토론하고 갈등했던 시간들이 융의 정체성을 확립시켜주었던 것이다. 프로이트와의 관계가 없었다면, 융은 심리학과 관련한 명료한 이론에 도달하지 못했을 것이며 자신만의 심리학 학파를 창시하지도 못했을 것이다.

1960년대 말, 인도 마드라스에 있는 의대를 다니던 V. S. 라마찬드란은 저명한 신경심리학자인 리처드 그레고리가 쓴 『눈과 두뇌Eye and Brain』라는 책을 읽게 되었다(라마찬드란의 젊은 시절에 대해서는 67쪽 참조). 그는 이 책을 읽고 가슴이 뛰었다. 글의 문체도 매력적일 뿐만 아니라 책에 소개된 사례와 실험이 그의 흥미를 크게 자극했다. 책을 읽고 자극받은 라마찬드란은 나름의 광학 실험을 진행했고, 자신이 의학보다는 이 분야에 더 잘 맞는다는 사실을 깨달았다. 1974년 그는 케임브리지 대학에서 시지각視知覺을 연구하는 박사학위 과정을 밟기 시작했다.

늘 과학 책을 좋아했던 라마찬드란의 머릿속에는 19세기의 위대한 영국 과학자들의 이야기, 그리고 과학이 지향하는 진리의 세계에 대한 멋진 탐구 여정이 강하게 각인되어 있었다. 그는 패러데이나 다윈 같은 과학자들의 위대한 이론과 발견에서 사색과 추론이 중요한 역할을 했다는 사실에 경외감을 느꼈다. 그는 케임브리지 대학에서도 그런 분위기를 경험하리라고 생각했지만, 그런 기대는 산산이 부서졌다. 그곳의 학생과 교수들은 직장인이 회사 업무를 대하듯 과학을 대하는 경향이 있었다. 치열한 경쟁의 분위기가 가득해서 마치 기업에 들어와 있는 것 같은 기분이었다. 라마찬드란은 낯선 이국땅에서 우울함과 외로움에 시달리기 시작했다.

그러던 어느 날, 브리스틀 대학의 교수인 리처드 그레고리가 케임브리지 대학을 방문해 강의를 했다. 라마찬드란은 그의 강의에 매료되었다. 마치 험프리 데이비 같은 유명한 과학자가 책에서 걸어 나온 것만 같았다. 연단 위의 그레고리는 청중의 사고를 자극하는 방식으로 자신의 이론과 생각을 시연해 보였다. 또 극적인 연출 능력도 있었고 유머 감각도 남달랐다. 라마찬드란은 생각했다. '그래, 과학이란 바로 이런 거야!' 강의가 끝난 후 라마찬드란은 그레고리에게 다가가 자신을 소개하며 인사를 건넸다. 두 사람은 만나자마자 서로 통한다는 것을 직감했다. 라마찬드란은 자신이 구상 중인 시각 실험을 그레고리에게 설명했고, 그레고리는 그 내용에 큰 흥미를 나타냈다. 이후 그는 라마찬드란에게 브리스틀 대학을 방문하고 자신의 집에도 와주었으면 좋겠다고 초대하면서 함께 연구를 진행하고 싶다는 뜻을 밝혔다. 라마찬드란은 주저 없이 수락했다. 그는 그레고리의 집에 들어선 순간 자신이 최적의 스승을 만났음을 깨달았다. 빅토리아 시대의 이런저런 기구들과 화석, 다양한 뼈들이 가득한 그곳에 들어서니 마치 셜록 홈즈의 방에라도 들어온 것 같았다. 괴짜 교수 같은 그레고리에게서 라마찬드란은 묘한 동질감을 느꼈다. 곧 그는 정기적으로 브리스틀 대학을 찾아가 그레고리의 실험에 함께 참여했다. 자신에게 영감을 주고 길잡이가 되어줄 평생의 멘토를 만난 것이었다. 이후 라마찬드란은 그레고리의 사색과 실험 스타일의 상당 부분을 배우게 되었다.

1970년대에 일본에서 자란 요키 마츠오카는 스스로를 아웃사이더처럼 느끼곤 했다. 1장에서 소개했듯(69쪽 참조), 그녀는 사회적 결속과

순응을 무엇보다도 중시하는 분위기의 사회에서 살았음에도 자신만의 방식을 추구하길 좋아했다. 십대 시절 테니스를 자신의 길로 결정했을 때, 그녀는 고상한 스포츠로만 여겨지던 테니스의 이미지를 바꿔놓는 데 기여한 존 매켄로나 안드레 아가시 같은 선수들을 롤모델로 삼았다. 나중에 미국으로 이주해 대학에 다닐 때도 그녀는 무엇을 할 때든 소신 있게 자기 방식을 추구하는 스타일을 고수했다. 그녀는 아무도 파고들지 않는 분야에 오히려 매력을 느꼈다. 이런 그녀였기에 당시로서는 생소한 분야인 로봇공학에 뛰어들 수 있었을 것이다. 그리고 그녀는 MIT의 박사 과정에 등록했다.

MIT에서 그녀는 태어나 처음으로 자신과 너무 비슷한 기질을 가진 사람을 만났다. 바로 로봇공학 교수이자 MIT에서 이단아적 성향으로 유명한 로드니 브룩스였다. 대담한 성격의 그는 윗사람과도 서슴없이 맞섰고 인공지능 분야에 확립되어 있는 기존 아이디어에 대한 반론을 당당하게 펼쳤다. 로봇공학에 대해 대단히 참신한 접근법을 가진 인물이었다. 요키는 비인습적이고 혁신적인 방식을 밀고나가는 그의 태도가 마음에 들었다. 그녀는 가급적이면 그와 많은 시간을 함께 보내고 그의 사고방식을 배우면서 그를 실질적인 스승으로 삼았다. 그는 제자에게 자신의 생각을 결코 강요하지 않았으며, 제자가 스스로 자신의 방법을 발견하도록, 때로는 실수도 하도록 내버려두었다. 그러면서도 필요할 때면 언제든 도움과 지원을 아끼지 않았다. 이런 스타일은 자립적 방식을 원하는 요키에게 최적이었다. 시간이 흐르고 나서야 그녀는 그의 생각과 관점이 자신에게 깊은 영향을 미쳤다는 것을 깨달았다. 그녀는 무의식적으로 그의 방식을 따르면서 성장해나갔고, 결국엔 로봇공학에 대한 자신만의 접근법을 확립하여 '신경로봇공학'이라는 새로운 영역을 창조해내는 선구자가 되었다.

* * *

적절한 스승을 선택하는 일은 상상 이상으로 매우 중요하다. 스승이 당신의 미래에 미치는 영향은 당신이 인식하는 것보다 훨씬 더 강력할 수 있으며, 때문에 잘못된 스승을 만나면 마스터리를 향한 여정에 커다란 타격을 받을 수 있다. 잘못된 스승을 만나면 결국 당신에게 맞지 않는 관습과 스타일을 배우게 되며, 이는 오래도록 당신 삶을 혼란에 빠트릴 수 있다. 만일 스승이 군림하려 드는 성격이 강하다면, 당신은 자신만의 길을 확립하지 못하고 평생 그를 모방하기만 하는 데서 머물지도 모른다. 사람들은 종종 식견이 풍부하고 똑똑해 보이는 사람, 매력적인 성격을 지닌 사람, 또는 해당 분야에서 인지도가 높은 사람을 스승으로 택하는 실수를 범한다. 즉, 피상적인 이유로 스승을 택하는 것이다. 스승처럼 느껴지는 사람을 처음 만났을 때 곧바로 그를 선택하지는 마라. 최대한 심사숙고해야 한다는 얘기다.

스승을 고를 때는 당신의 내적 성향과 인생 과업, 당신이 마음속에 그리는 미래 모습을 염두에 둬라. 당신이 택하는 스승은 그런 것들과 전략적으로 부합해야 한다. 만일 당신이 다소 혁신적인 방향을 추구하고 있다면, 권위적인 인물이 아니라 진보적이고 열린 태도를 가진 사람을 스승으로 택하라. 기존 관습에서 벗어난 약간 특이한 방식을 지향하고 있다면, 당신만의 소신을 마음껏 추구하게 지원해줄 스승, 그런 특이한 개성을 억누르려 하기보다는 그것을 마스터리로 승화시키게 도와줄 수 있는 스승을 만나라. 만일 융처럼 스승과의 교류에서 양면적인 감정 때문에 혼란스럽다면, 당신이 원하는 것을 명료하게 깨닫게 도와줄 사람을 선택하는 것이 좋다. 설령 당신의 기질이나 취향과 완벽하게 맞아떨어지지는 않더라도 해당 분야에서 중요한 영향력을 지닌 사람 말이다. 때때로 우리는 스승에게서 마음에 들지 않는 측면, 또는 적극적으로 반항하고 싶은 측면을 발견할 수도 있다. 이럴 때는 일반적인 경우보다 스승과 조금 더 감정적 거리를 유지하는 것이 좋다. 특히 그가 군림하려 드는 권위적인 타입이라면 말이다. 시간이 흐르면 당신은 스승에게서 무엇을 흡수하고 무엇을 거부해야 할지 자연스럽게 깨닫게 된다.

스승-제자 관계에서는 부모-자식 관계와 유사한 양상이 나타나기 마련이다. 흔히 말하듯 당신은 가족은 선택할 수 없다. 하지만 다행히도 스승은 얼마든지 선택할 수 있다. 당신은 어쩌면 부모에게서 얻지 못했던 많은 것을 올바른 스승에게서 얻을 수도 있다. 든든한 지원, 자신감, 방향 제시, 스스로 무언가를 발견해나갈 수 있는 기회 같은 것들 말이다. 이런 것을 제공해주는 스승을 찾아라. 그리고 그 반대의 함정에 빠지는 것을 경계하라. 즉, 부모님과 가장 비슷한 스승, 부모님의 바람직하지 않은 특징들을 가진 스승을 택하는 것 말이다. 당신의 전진이 방해받는 일이 또 다시 생기게 만들지 마라.

2. 스승이 손에 든 거울을 들여다보라

하쿠인 에카쿠白隱慧鶴, 1685~1769는 일본의 작은 마을 하라原에서 태어났다. 그의 친가 쪽은 유명한 무사 집안의 후손이었다. 하쿠인은 어릴 때 체력과 기백이 남달라 장차 무도武道의 길을 걷는 인물이 되기에 부족함이 없어 보였다. 그런데 열한 살 무렵, 올바른 삶을 살지 않는 자들이 가게 되는 지옥의 고통을 설명하는 한 승려의 설법을 들었고, 이후 어린 하쿠인의 마음속에는 그 무엇으로도 소멸시킬 수 없는 강렬한 번민과 고뇌가 가득 차기 시작했다. 그는 자신이라는 존재의 가치에 대한 회의에 휩싸였고, 결국 열네 살 때 그 모든 번민과 불안을 해소할 유일한 길은 종교의 길을 걸어 승려가 되는 것이라고 마음을 굳혔다. 그는 특히 끝없는 고행을 거쳐 깨달음에 이른 중국과 일본의 위대한 선승들의 이야기를 접한 이후 선종禪宗에 강하게 이끌렸다. 고행을 거치며 깨달음에 이른다는 것은 그의 내면 깊숙이 자리한 자기 존재에 대한 회의를 해결할 수 있는 최선의 길처럼 보였다.

하쿠인은 열여덟의 나이에 승려가 되기 위한 준비 수련을 받기 위해 사찰에 들어갔다. 하지만 그곳의 가르침 방식에 실망을 금할 수 없었다. 그는 24시간 명상과 여타의 힘든 고행들을 거칠 것이라 상상했었다. 그러나 그곳에서는 중국과 일본의 다양한 경전과 서적을 공부할 뿐이었다. 책에 적힌 내용과 승려들의 가르침은 하쿠인에게 아무런 변화도 가져다주지 못했다. 그것은 실제 삶을 사는 자아라는 존재와 동떨어진, 추상적인 지식과 가르침일 뿐이었다. 하쿠인의 불안과 고뇌는 날이 갈수록 깊어졌다. 결국 그는 그곳을 떠나 자신에게 진정한 가르침을 줄 스승을 찾고자 이곳저곳을 돌아다니기 시작했다.

하쿠인은 일본 각지를 다니며 여러 선종 사찰들을 경험했다. 그리고 당시 선종 교파의 분위기와 상황을 피부로 느끼기 시작했다. 당시 선종에서는 승려들이 타인의 지시나 개입 없이 일정 시간 좌선을 하다가 종소리가 울리면 식사를 하거나 잠자리에 들곤 했다. 그 밖의 시간에는 마음의 평정을 위해 염불을 했다. 선종은 승려들을 나른한 평온함과 무기력으로 인도하는 강력한 마취제 같은 것이 되어 있었다. 승려들에게 지시를 하거나 특정한 방향을 정해주는 것은 지나치게 간섭적이거나 거만한 행동으로 여겨졌다. 불도를 닦아 깨달음에 이르는 것은 각자의 몫이었다. 그런 무제한의 자유가 주어지자 자연히 많은 승려들은 제일 편하고 쉬운 길을 택했다. 즉, 아무것도 하지 않는 것이었다. 이런 경향은 일본 전체적으로 퍼져 있었다. 어딜 가나 승려들은 선종의 길이 쉽고 단순한 것이라고, 불도를 닦는 수행자 자신이 옳다고 느끼는 방식대로 하면 그만이라고 생각하고 있었다.

이따금 하쿠인은 선종에 변화를 꾀하는 도승이 있다는 소문을 듣고 직접 만나보고자 여러 곳을 돌아다녔다. 그러다가 1708년, 도착하기까지 몇 주가 걸리는 먼 해안 지방에 있는 한 사찰에서 그런 도승을 만날 수 있다는 소식을 듣고 그곳까지 찾아갔다. 하지만 하쿠인은 그 도승의 입에서 흘러나오는 말을 몇 마디만 듣고도 따분함과 실망을 느끼지 않을 수 없었다. 경전에서 빌려온 인용구와 그럴 듯한 이야기들은 모두 진짜가 아닌 죽어 있는 가르침을 가리기 위한 거죽일 뿐이었다. 하쿠인은 '진정한 깨달음이란 정녕 존재하지 않는 것일까? 이제 나도 이쯤에서 포기해야 하나?' 하는 생각이 들었다. 한편 그 사찰에서 하쿠인은 그 소문난 도승에게서 마찬가지로 실망감을 느낀 또 다른 젊은 승려를 만났다. 두 사람은 금세 친해졌다. 그런데 어느 날 그 승려가, 속세를 완전히 떠나 은둔 생활을 하는 기이한 도승인 쇼주 로진의 밑에서 배우며 잠시 동안 수행한 적이 있다는 얘기를 들려주었다. 자신이 지금껏 만나본 스승들과는 판이하게 다른 특별한 인물이라는 것이었다. 쇼주는 웬만해선 찾아가기 쉽지 않은 외진 지역에 살면서 소수의 제자만 받아들였으며 제자들을 혹독하게 가르치는 까다로운 타입이었다. 하쿠인은 '바로 이 분이야!' 하는 생각이 들었고, 쇼주의 이야기를 들려준 승려의 도움을 받아 당장 그를 만나러 찾아갔다.

쇼주를 만난 순간 하쿠인은 그에게서 그 어떤 승려나 스승과도 다른 눈빛을 느꼈다. 그의 눈빛에서는 강렬한 자기 통제력과 내면의 힘이 느껴졌다. 지금의 경지에 오르기까지 겪었을 수많은 고통과 수행의 시간이 얼굴에 고스란히 새겨져 있었다. 이 도승이야말로 온몸으로 모든 것을 겪고 깨달음에 이른 사람이었다. 하쿠인은 자신을 제자로 받아주겠다는 쇼주의 대답에 뛸 듯이 기뻤다. 하지만 얼마 안 가 그 기쁨은 두려움으로 변하기 시작했다. 첫 면담에서 쇼주는 하쿠인에게 이렇게 물었다. "개와 불성佛性에 관한 공안公案, 선종에서 수행자의 깨달음을 유도하기 위해 사용하는 주제나 과제을 너는 어찌 이해하고 있느냐?" "그것은 제가 감히 손을 댈 수 없는 것이옵니다." 하쿠인은 이렇게 답하면서 내심 똑똑한 대답이라고 자신했다. 그 순간 쇼주가 하쿠인의 코를 손가락으로 붙잡더니 있는 힘껏 비틀면서 쩌렁쩌렁한 목소리로 말했다. "그런데 너한테는 이렇게 마음껏 손을 댈 수 있구나! 어쨌든 참으로 맞는 대답일세!" 쇼주가 코를 세게 쥔 손을 몇 분간 놓지 않아서 하쿠인은 코가 마비되는 것처럼 아팠다.

이후 며칠 동안 하쿠인은 계속 심한 폭언을 참아내야 했다. 하쿠인은 쇼주 밑에 있으면서, 그동안 자신이 공부하고 여행하며 깨달은 모든 것이 아무 소용없다는 느낌을 받았다. 어떤 말이나 어떤 행동을 해도 쇼주에게 꾸짖음을 들었다. 쇼주가 느닷없이 하쿠인을 때리거나 얼굴에 침을 뱉는 일도 다반사였다. 하쿠인은 쇼주를 만나기 전까지 자신이 깨우친 모든 앎에 의구심을 품으며 다시 생각하기 시작했고, 늘 다음에는 쇼주의 어떤 불호령이 떨어질지 조마조마한 마음으로 지냈다.

쇼주는 하쿠인이 지금껏 접해본 것 가운데 가장 고난도인 공안들을 던져주곤 했다. 거기에 담긴 깊은 뜻을 도무지 종잡을 수 없는 어려운 것들이었다. 더 버티기 힘든 한계점에 이르렀다고 느낄 만큼 엄청난 낙담과 절망감이 밀려왔지만, 하쿠인은 인내의 중요성을 알았기에 밤낮으로 노력하며 견뎌냈다. 하지만 얼마 안 가 하쿠인은 쇼주에 대한 확신이 시들해졌고 조만간 스승을 떠나야겠다는 생각을 하기 시작했다.

유독 마음이 심란한 어느 날 하쿠인은 근처 마을로 산책을 나갔다가, 쇼주가 제시했던 굉장히 까다로운 공안 하나가 문득 떠올라 그것에 대해 골똘히 생각하기 시작했다. 길을 걷다 너무 깊이 생각에 빠진 나머지 그는 자신도 모르게 어떤 집의 정원에 들어가게 되었다. 잠시 후 낯선 남자를 발견한 집주인 여자가 깜짝 놀라 하쿠인을 향해 어서 나가라고 소리쳤지만, 하쿠인은 생각에 골몰하느라 그 소리를 듣지 못했다. 하쿠인이 정신 나간 미치광이거나 도둑이라고 생각한 집주인은 긴 장대를 들고 나와 그를 내려쳤고, 하쿠인은 그대로 바닥에 나둥그러졌다. 그런데 잠시 후 정신을 차렸을 때 그의 머릿속에서 뭔가가 '반짝'했다. 불현듯 쇼주가 말한 공안에 담긴 뜻을 깨달은 것이었다. 머릿속이 불을 켠 듯 환해지는 기분이었다! 퍼즐 조각이 맞춰지듯 모든 것이 제자리를 찾았고, 하쿠인은 자신이 모종의 깨달음에 이르렀음을 직감했다. 세상이 완전히 다르게 보였다. 그는 흥분해서 손뼉을 치며 기쁨의 탄성을 내질렀다. 태어나서 처음으로 모든 고뇌와 번민이 날아가는 기분이었다.

하쿠인은 그길로 쇼주에게 달려갔다. 쇼주는 설명을 듣지 않아도 제자에게 무슨 일이 일어났는지 대번에 알아보았다. 그는 평소답지 않게 온화한 미소를 머금고 부채로 제자의 등을 부드럽게 토닥여주었다. 마침내 쇼주는 제자에게 자신의 속마음을 조용히 들려주었다. 그는 처음 만난 순간부터 하쿠인이 진정한 앎을 깨우칠 수 있는 자질을 지녔음을 알아보았다고 했다. 하쿠인은 열정과 의지를 겸비했으며 깨달음에 대한 욕구가 남달랐다는 것이다. 그러면서 대다수 수행자들의 문제는 어느 순간엔가 '정지'해버리는 것이라고 설명했다. 그들은 어떤 가르침을 들으면 그것이 죽은 가르침이 될 때까지 그저 거기에만 매달린다. 그러면서 자신이 진리를 안다고 자만한다. 하지만 진정한 선종의 수행에는 결코 끝이 없으며 선종은 그저 몇 개의 진리로 굳어지는 것도 아니다. 그래서 무릇 수행자는 끊임없이 심연과 혼란을 경험해야 하며, 자기 존재의 하찮음을 자각하며 시작하고 또 시작해야 한다. 끊임없는 고행과 탐구를 거치지 않는 자는 상투적인 관습에만 머물기 마련이며 그의 정신은 곧 사멸하고 만다. 또 어느 순간 깨달음이 찾아온다 해도 그것으로는 충분하지 않다. 이후에도 계속해서 출발점으로 돌아가 다시 시작하고 자신을 갈고닦아야 한다. 쇼주는 이런 이야기를 긴 시간 들려주었다.

쇼주는 하쿠인의 끈기와 곧은 정신을 볼 때 그가 이런 쉼 없는 노력과 수행을 지속할 것이라고 믿었다. 당시 일본에서 선종은 점차 변질되어가고 있었다. 쇼주는 하쿠인이 곁에 남아 자신의 계승자가 되기를 바랐다. 언젠가는 이 젊은 승려가 선종을 되살리는 데 이바지할 수 있으리라 믿었다. 하지만 결국 하쿠인은 타고난 역마살을 잠재우지 못했고,

조만간 다시 돌아오리라 다짐하면서 8개월 후 쇼주를 떠났다. 그러나 세월이 흐르자 또 다시 번민과 고뇌에 휩싸였다. 그는 여러 사찰을 전전하며 끊임없이 깨달음과 번민을 반복하며 불도 수행의 기복을 겪었다.

하쿠인은 마흔한 살에 마침내 궁극적인 깨달음에 이르러 득도의 경지에 올랐으며, 이때 얻은 마음의 평정은 남은 평생 동안 흔들리지 않았다. 진정한 깨달음을 얻은 무렵, 과거 쇼주가 전해준 모든 가르침이 마치 바로 어제 들은 이야기들처럼 그의 내면에 생생하게 되살아났다. 그는 쇼주야말로 자기 생의 유일한 스승이자 진정한 거장이라는 사실을 가슴으로 깨달았다. 스승을 다시 찾아가 감사하다는 말을 하고 싶었지만, 쇼주는 5년 전에 이미 세상을 떠난 상태였다. 하쿠인이 스승의 은혜에 보답하는 길은 이제 자신이 스승이 되어 쇼주의 가르침을 이어가는 것이었다. 결국 쇼주가 예견한 대로 하쿠인은 퇴락해가는 선종을 되살린 위대한 승려가 되었다.

* * *

마스터리에 이르기 위해서는 고된 노력의 시간과 끊임없는 현실 인식력이 필요하다. 그런데 수련기 동안에는 적절한 방식으로 자기 자신의 역량과 수준에 의구심을 품고 자신의 약점을 명확하게 인식하기가 어려울 수 있다. 특히 요즘 시대에는 더욱 그렇다. 요즘은 도전적인 과업을 완수하고 때로는 고행과도 같은 노력을 기울이며 스스로를 단련하는 것의 가치를 간과하는 경향이 있다. 사람들은 상대방에 대해 솔직하게 말하고 조언하기를 점점 더 꺼린다. 상대방의 약점이나 부족한 면을, 작업한 결과물의 결점을 솔직하게 말하지 못한다. 심지어 삶의 올바른 방향을 잡아준다는 자기계발서도 말랑말랑한 조언으로 독자들의 비위나 맞춰주면서 독자들이 듣고 싶어 하는 말만 늘어놓는 경우가 많다. 우리가 본래 멋지고 선한 사람이며 몇 가지 간단한 단계만 실천하면 원하는 목표를 이룰 수 있다고 그런 책들은 호언장담한다. 직설적이고 엄정한 비판을 하는 것, 기나긴 시간과 노력이 필요한 과제를 던져주는 것은 사람들의 자존감을 훼손하는 일이거나 너무 가혹한 일이라고 여겨진다. 하지만 사실 상대의 감정을 해칠까 두려워하며 베푸는 이런 관대함이 장기적으로 보면 훨씬 더 가혹한 결과를 낳는다. 사람들이 현재 자신의 위치와 모습을 판단하거나 자기 수양을 쌓기가 더 어려워지기 때문이다. 그런 사람들은 마스터리에 이르는 고된 과정을 견뎌내기 힘들어지며 의지력도 약해진다.

거장은 그 위치에 오르기까지 많은 고통과 역경을 감내한 사람이다. 그들은 자신의 성과에 쏟아지는 수많은 비판, 자신의 발전 상태에 대한 의구심, 거듭되는 실패를 경험한 이후에 높은 경지에 이른다. 그들은 창의적 실행 단계에 도달하고 또 그것을 넘어서는 수준에 도달하기 위해 무엇이 필요한지 누구보다 잘 안다. 스승으로서의 그들은 당신의 발전 정도, 당신의 결점, 진정한 성장을 위해 당신에게 필요한 시련을 정확하게 간파한다. 당신은 스승을 통해 당신에 대한 가장 정확한 진실을 얻어내야 한다. 적극적으로 그 진실을 알아내고자 하고 그 진실을 기꺼이 받아들여야만 한다. 가급적이면 그 진실을 가감 없이 말해줄 수 있는 스승, 당신에게 혹독하고 엄한 사랑을 베푸는 스승을 찾아라. 만일 스승이 가혹한 진실을 말해주길 꺼린다면, 당신 모습을 적나라하게 비취줄 거울을 손에 들어달라고 스승에게 종용하라. 당신의 강점과 약점을 고스란히 드러낼 도전과제를 던져달라고 요청하라. 쓰디쓴 조언도 상관없으니 최대한 많은 피드백을 달라고 말하라. 당신은 비판에 익숙해져야 한다. 자신감도 물론 중요하지만, 현재 상태에 대한 현실적이고 객관적인 판단에 근거하지 않는 자신감은 그저 거만함과 자기만족적 우쭐함에 불과할 뿐이다. 스승의 객관적인 피드백을 자양분으로 삼을 때에야 비로소 훨씬 더 의미 깊은 진짜 자신감을 키워나갈 수 있다.

3. 스승의 관점과 조언을 변형하라

1943년 유명한 피아니스트이자 피아노 교사인 알베르토 게레로Alberto Guerrero는 새로운 제자를 맞이했다. 열한 살의 조숙한 아이인 글렌 굴드Glenn Gould였다. 굴드는 게레로가 가르친 어떤 제자들과도 다른 특별한 아이였다. 굴드는 뛰어난 피아니스트인 어머니에게 네 살 때부터 피아노를 배웠다. 그렇게 몇 년간 지도를 받은 후 굴드의 실력은 어머니를 뛰어넘었고, 심지어 어머니의 연주에서 틀린 부분을 고쳐주기도 했다. 굴드는 더 어려운 수준의 작품을 연주하고 싶어 했다. 당시 게레로는 굴드가 살고 있던 캐나다 토론토에서 매우 유명한 피아노 교사였는데, 대단히 인내심이 강하면서도 까다로운 교사로 평판이 자자했다. 굴드의 부모는 그런 게레로가 굴드의 선생님으로 제격이라고 판단하고 어린 아들의 피아노 교육을 맡겼다. 첫 레슨 때부터 게레로는 어린 굴드에게서 범상치 않은 진지한 열정과 집중력을 느낄 수 있었다. 굴드는 게레로의 연주를 집중해서 듣고 관찰한 후에, 놀랄 만큼 빠르게 흡수한 다음 완벽하게 따라했다.

그런데 곧 게레로는 제자의 특별한 면을 알아채기 시작했다. 어느 날 그는 굴드의 연주곡 목록의 폭을 넓힐 생각으로 제자에게 아놀드 쇤베르크Arnold Schoenberg의 음악을 소개해주었다. 쇤베르크는 뛰어난 무조無調 음악 작곡가로 평소 게레로가 좋아하는 음악가였다. 그는 제자가 이제껏 접해보지 못한 새로운 음악에 흥미를 느낄 것이라고 기대했지만, 뜻밖에도 굴드는 지독하게 마음에 들지 않는 표정이 역력했다. 굴드는 쇤베르크의 악보를 집에 갖고 가기는 했지만 분명히 연습은 하지 않는 듯했고, 게레로는 이 일을 그냥 잊어버리기로 했다. 그런데 몇 주 뒤 굴드가 최근에 자신이 작곡한 것이라며 악보를 들고 와서 보여주었다. 놀랍게도 그것은 쇤베르크에게서 영감을 받아 만든 곡이었다. 그 얼마 후에 굴드는 게레로와 함께 연습하고 싶다며 악보들을 들고 왔는데, 그것들은 전부 쇤베르크를 비롯한 다양한 작곡가의 무조 음악이었다. 하지만 게레로가 처음에 주었던 악보는 아니었다. 굴드는 자기 혼자 나름대로 그 곡들을 연주해보고 마음에 들었던 것이었다.

또 굴드는 게레로의 생각에 예상치 못한 반응이나 아이디어를 내놓곤 했다. 예를 들면 이런 식이었다. 게레로는 피아노로 연주해보기 전에 먼저 종이 악보를 암기하는 방식을 권유했다. 그렇게 상상해보면 단순히 악보대로 치는 연주를 뛰어넘어 전체적인 곡의 흐름과 구성을 마음속으로 그려볼 수 있어 완성도 높은 연주가 가능하기 때문이다. 굴드는 바흐의 곡을 연주하면서 스승의 이런 조언을 충실하게 따랐다. 하지만 곡의 주제와 구조에 관해 스승과 함께 이야기를 나눌 때면, 게레로의 관점이 너무 낭만적이고 예스럽다면서 그것과 매우 상반되는 독특한 자신의 관점을 내놓았다. 또 한 번은 바흐의 피아노곡을 연주하면서 마음속으로는 하프시코드를 연주한다고 상상하면 좋다고 게레로가 조언했다. 굴드는 이 방식이 무척 마음에 들었고, 몇 달 후 바흐 곡을 연주하면서 하프시코드가 아니라 다른 악기를 상상하니까 더 효과가 좋다고 말했다.

게레로는 피아노 연주자의 신체적 측면에 관해 나름의 깊이 있는 관점을 갖고 있었다. 그는 오랫동안 인체 생리학을, 특히 손과 손가락에 관련된 부분을 연구한 터였다. 그는 힘이 들어가지 않은 채 파워풀하게 연주하면서 민첩한 손가락 움직임으로 건반을 자유자재로 다루는 스타일을 제자들에게 가르치고 싶어 했다. 그는 굴드에게도 이런 방식을 가르치기 위해 많은 시간을 투자하면서 자신이 선호하는 특이한 자세를 강조했다. 건반 앞에 약간 구부정하게 앉은 상태에서, 어깨와 팔은 거의 움직이지 않은 채 모든 움직임을 위한 에너지가 등 아래쪽과 손에서만 나오도록 하는 것이었다. 게레로는 이 연주 자세를 수도 없이 반복해 굴드에게 보여주었다. 또 손가락 힘을 강화하기 위해 자신이 개발한 여러 가지 특별한 운동 방법도 가르쳤다. 굴드는 흥미를 느끼는 듯 보였지만, 다른 측면들에서도 종종 그랬듯 이번에도 역시 곧 다 잊어버리고 자기 방식대로 하는 것 같았다.

시간이 흐르자 굴드와 스승 사이에 의견충돌이 잦아졌다. 굴드가 보기에 게레로의 생각과 관점은 너무 구식처럼 느껴졌다. 그러다 마침내 열아홉 살이 된 굴드는 독립하겠다고 선언했다. 그에게는 이제 사실상 스승이 필요 없었고, 게레로 자신도 더 이상 굴드에게 가르칠 게 없다고 인정했다. 이제 굴드는 자신만의 음악과 연주를 추구할 때가 된 것이었다.

그러나 게레로는 세월이 흘러 굴드가 점차 탁월한 피아니스트로서의 입지를 다져나가는 모습을 보면서, 자신이 가르친 모든 것을 옛 제자가 내면 깊이 체화했다는 사실을 깨달을 수 있었다. 평론가들은 굴드의 공연 평에서 굴드가 마치 하프시코드를 연주하듯 바흐의 곡을 연주한다고 쓰곤 했다. 또 피아노 앞에 구부정하게 앉아서 연주하는 그의 모습은 젊은 시절의 게레로와 놀라울 만큼 꼭 닮아 있었다. 건반 위를 오가는 굴드의 손가락은 믿기 힘들 만큼 힘이 넘쳤다. 게레로에게 배운 손가락 운동과 연주 방법을 오랫동안 연습했음이 분명했다. 굴드는 인터뷰를 할 때 실제 연주를 하기 전에 종이의 악보를 완전히 외우고 흡수하는 것이 중요하다고 강조하곤 했는데, 그것이 마치 자기 자신의 생각인 것처럼 말했다. 무엇보다 묘한 사실은, 굴드가 특정한 곡들을 연주할 때면 게레로가 늘 마음속으로 상상했던 방식으로 연주했다는 점이다. 하지만 굴드만의 독특한 분위기와 스타일은 결코 게레로가 구현할 수 없는 종류였다. 이 옛 제자는 스승 스타일의 핵심을 흡수한 뒤에 거기서 그치지 않고 한 차원 높은 수준으로 변모시킨 것이 분명해 보였다.

* * *

어린 글렌 굴드는 커다란 딜레마에 빠진 것을 느꼈다. 그는 놀랄 만큼 뛰어난 음악 재능을 지니고 있었다. 음악을 듣는 귀가 남달리 예민했던 그는 다른 피아노 연주자의 연주를 한 번만 듣고도 미묘한 특성을 금세 파악하여 똑같이 재현할 수 있었다. 그와 동시에 굴드는 대단히 독특한 취향을 갖고 있었으며, 피아노의 거장이 되고 싶은 꿈을 품었다. 스승이나 다른 연주자들의 생각과 스타일을 그대로 좇으면 자신만의 개성과 정체성을 잃어버릴 가능성이 높았다. 하지만 한편으론 아직 더 배워야 할 것이 있고 스승의 가르침이 필요한 것도 사실이었다. 카리스마 넘치는 스승인 알베르토 게레로의 지도를 받으면서 굴드는 이런 딜레마를 더욱 절실히 느꼈다. 너무 뛰어나고 위대한 인물 밑에서 배우는 것은 때때로 축복이 아니라 오히려 비극이 된다. 스승의 위대한 기량과 관점을 전부 배우고 따라가려고 애쓰는 과정에서 당신은 자신감이 무너지고 줄곧 좌절을 맛보는 것이다. 많은 피아니스트들이 위대한 스승의 그늘 밑에서 방황하다가 끝내 빛을 발하지 못하고 만다.

피아노의 거장이 되고 싶었던 굴드는 자신의 딜레마를 해결할 방법을 찾아냈다. 그는 음악에 대한 스승 게레로의 관점을 열심히 듣고 연주에 적용해보곤 했다. 그런데 실제로 연주할 때는 게레로에게 배운 방식을 자신의 기질과 취향에 맞게 미묘하게 변화시켰다. 이로써 자신의 개성이 녹아 있는 연주를 하고 있다는 기분을 느낄 수 있었다. 세월이 흐를수록 그는 자신과 스승 사이의 차별성을 더욱 확고하게 만들어나갔다. 쉽게 외부의 영향을 받는 민감한 나이였기에 십대 시절의 수련기 동안 스승의 중요한 가르침과 스타일을 무의식중에 전부 내면에 흡수했지만, 능동적인 태도로 스승의 가르침을 자기 개성에 맞게 변형했다. 그렇게 함으로써, 스승의 가르침을 받아들이는 동시에 자신만의 창의성을 배양한 것이다. 이렇게 형성된 창의성은 그가 게레로와 헤어진 후에 다른 어떤 연주자와도 비슷하지 않은 피아니스트가 되는 데에 결정적 밑거름의 역할을 했다.

수련기에는 누구나 이런 종류의 딜레마에 봉착한다. 스승에게 가르침을 얻으려면 활짝 열린 자세로 스승의 생각과 방식을 충실하게 받아들여야 한다. 스승의 힘과 카리스마에 어느 정도 복종해야 한다. 하지만 그 복종이 지나치면, 우리는 스승의 영향력이라는 그늘 밑에 웅크린 채 개성과 창의성을 배양할 여지를 상실할 수도 있다. 내 것이 아닌 남의 생각에만 끌려다니는 삶이 되고 마는 것이다. 이런 비극을 막을 방법은 다음과 같다. 스승의 조언과 가르침을 열심히 경청하고 흡수하되 조금씩 스승과 거리를 두기 시작하라. 스승의 관점과 조언을 당신의 개성이나 상황에 맞게 살짝 개조하고 당신의 스타일과 기질에 맞게 변형하라. 그렇게 앞으로 나아가다 보면 점점 더 과감해질 것이고, 심지어 스승의 방식에서 결점이나 오류를 발견할 수도 있다. 시간이 흐르면서 스승의 지식을 당신 자신의 스타일에 맞게 주조할 수 있다. 갈수록 자신감이 커지고 독립을 고려하기 시작할 즈음이 되면, 심지어 한때 숭배의 대상이었던 스승을 실력을 겨룰 경쟁 상대로 여기게 될 것이다. 레오나르도 다 빈치는 말했다. "스승을 능가하지 못하는 제자만큼 딱한 존재가 어디 있으랴."

4. 역동적인 상호관계를 만들라

1978년 장래가 촉망되는 라이트급 복싱 선수 프레디 로치는 아버지와 함께 라스베이거스로 갔다. 복싱 기량을 한층 수준 높게 향상시켜 줄 트레이너를 찾기 위해서였다. 그리고 앞서 1장에서 소개했듯(79쪽 참조), 곧 로치와 아버지는 전설적인 복싱 코치 에디 퍼치에게 지도를 맡기기로 결정했다.

퍼치는 화려한 이력의 소유자였다. 그는 젊은 시절에 훗날 유명한 복싱 챔피언이 된 조 루이스Joe Louis와 함께 스파링을 한 경험이 있었다. 심장 잡음이 있어서 프로 선수가 될 수 없었던 퍼치는 대신 트레이너가 되었고, 이후 조 프레이저Joe Frazier를 비롯해 많은 유명한 헤비급 선수들을 지도했다. 퍼치는 선수들에게 날카롭고 정확한 지도를 제공하는 과묵하고 끈기 있는 코치였다. 선수의 기술을 향상시키는 탁월한 감각을 지니고 있었다. 그런 퍼치 밑에서 로치는 빠르게 발전하여 처음 열 번의 시합에서 연속으로 승리를 거두는 성과를 올렸다.

그러나 얼마 안 가 로치는 문제를 느끼기 시작했다. 연습 때면 퍼치의 설명을 최대한 집중해서 듣고 그걸 적용해 비교적 쉽게 시합을 펼쳤다. 하지만 실전에만 나가면 얘기가 달라졌다. 상대 선수와 몇 번 펀치를 교환하고 나면 연습 때 배운 모든 테크닉은 깡그리 잊어버리고 감정적으로 주먹을 날리기 시작했다. 때로는 그래도 경기가 잘 풀렸지만 대개의 경우엔 수없이 펀치를 맞기 일쑤였고, 그의 선수 생활은 삐걱거리기 시작했다. 그런데 놀랍게도 몇 년이 지나도 퍼치는 이런 로치의 문제를 알아채지 못하는 것 같았다. 퍼치가 가르치는 선수들은 한둘이 아니었기에, 그는 선수들과 일정한 거리를 유지하는 편이었고 선수 각각에게 개별적인 관심과 감정을 별로 쏟지 않았던 것이다.

마침내 1986년에 로치는 선수 생활을 은퇴했다. 라스베이거스에서 이런저런 일을 전전하던 그는 시간이 날 때마다 자신이 훈련했던 체육관에 들렀다. 그리고 얼마 안 가 선수들에게 복싱 조언을 해주며 그들을 도와주기 시작했다. 따로 보수는 받지 않았지만 그는 사실상 퍼치의 조수 역할을 하고 있었다. 때로는 자신이 직접 몇몇 선수를 지도하기도 했다. 그는 누구보다 퍼치의 훈련 방식에 훤했고 이미 퍼치가 가르쳐준 많은 테크닉을 흡수한 상태였다. 게다가 그는 선수를 지도할 때 자신만의 아이디어를 추가했다. 두툼한 패드를 넣은 커다란 글러브를 손에 끼고 직접 링에 올라 선수와 스파링을 하며 다양한 펀치와 테크닉을 연습시킨 것이다. 그는 이 방식을 한층 강도 높게 활용해나갔다. 몇 년 후 자신의 트레이닝 방식이 확실히 자리를 잡았다고 느낀 로치는 퍼치의 체육관을 떠나 트레이너로 독립했다.

로치가 생각하기에 복싱은 변화하고 있었다. 선수들도 예전 선수들보다 훨씬 민첩해졌다. 하지만 퍼치 같은 트레이너들은 여전히 다소 정적靜的인 복싱 스타일을 고수했으며, 이는 시대 변화에 맞지 않는 것이었다. 로치는 서서히 종합적인 트레이닝 방식을 시도하기 시작했다. 글러브 스파링을 한층 확대하여, 여러 라운드에 걸치는 모의 시합처럼 진행했다. 이렇게 하면 선수들을 더 자세히 파악하고, 그들의 주 무기인 펀치를 직접 느끼고, 링 위에서의 움직임을 효과적으로 분석할 수 있었다. 또 그는 경쟁 선수들의 시합 장면이 담긴 테이프를 보면서 그들의 패턴이나 습관, 약점을 분석했다. 그런 다음 경쟁 선수의 약점을 공략할 수 있는 전략을 세운 뒤, 링에 올라가 글러브 스파링을 하면서 자기 선수가 그 전략을 써보게끔 했다. 그는 선수들과 대단히 밀접하게 커뮤니케이션했기 때문에, 그와 선수들 사이에는 퍼치와 그의 관계에서는 볼 수 없었던 종류의 신뢰가 싹텄다. 정서적으로 끈끈한 유대감이 생긴 것이다. 하지만 이런 유대감이 언제까지고 영원하리란 법은 없었다. 선수들은 실력이 향상되면 이제 더 배울 것이 없다는 듯이 로치에게서 등을 돌리곤 했다. 그런 선수는 자만심에 발목이 붙잡혀 결국 발전이 멈추기 십상이었다.

그러다가 2001년, 완전히 다른 종류의 복서가 캘리포니아 주 할리우드에 있는 로치의 체육관 문으로 들어왔다. 55킬로그램의 왼손잡이 페더급 선수인 매니 파퀴아오Manny Pacquiao였다. 파퀴아오는 고국인 필리핀에서 이미 유명한 복서였지만 자신의 복싱 기술을 도약시켜줄 트레이너를 미국에서 찾고 있었다. 그동안 많은 트레이너가 파퀴아오를 거쳐갔다. 그들은 파퀴아오를 지도하면서 뛰어난 기량을 느꼈지만 체급이 낮은 선수와 일하며 벌어들일 수 있는 돈에는 한계가 있었기에 모두 떠나간 것이었다.

그러나 로치는 그들과 다른 트레이너였다. 그는 곧바로 파퀴아오와 글러브 스파링을 시작했다. 그리고 첫 펀치만으로도 이 복서에게 남다른 무언가가 있음을 직감했다. 파퀴아오의 강력하고 노련한 펀치는 어떤 복서와도 비교가 안 되었다. 이제껏 다른 트레이너들은 파퀴아오의 펀치를 그저 눈으로만 관찰했을 뿐 로치의 손바닥으로 전해오는 느낌을 경험하지 못했다. 한 라운드를 끝낸 후, 로치는 자신이 찾고 있던 복서를 이제야 만났음을 확신했다. 자신이 구현하고 싶은 새로운 복싱 스타일을 멋지게 소화해낼 복서였다. 파퀴아오 역시 이 새로운 코치에게서 깊은 인상을 받았다.

로치가 보기에 파퀴아오는 천하무적의 복서가 될 자질이 충분했다. 하지만 다소 일차원적인 특성을 지닌 선수라는 점이 아쉬웠다. 즉, 강력한 왼손을 가졌지만 그 밖의 장점은 별로 없었다. 파퀴아오는 항상 왼손으로 상대에게 결정적 한 방을 날리는 데에만 집중했다. 로치는 파퀴아오를 링 위에서 전방위적인 기술을 구사하는 복서로 변신시키기로 했다. 그래서 강도 높은 글러브 스파링을 계속하면서 오른손의 힘을 키우고 민첩한 발놀림을 구사하게 만드는 데 집중했다. 파퀴아오는 무서운 집중력으로 훈련에 임하면서 빠르게 발전해나갔다. 학습 능력이 뛰어났기 때문에 다른 어떤 복서보다도 빠르게 발전했다. 훈련을 힘들어하는 기색도 좀처럼 보이지 않았다. 로치는 실력이 웬만큼 올라가면 코치에게서 등을 돌리는 복서들을 수없이 목격했기에 파퀴아오에게도 그런 패턴이 나타날지 모른다고 생각했지만, 이번에는 달랐다. 파퀴아오는 강행군을 거듭해도 훌륭히 잘 따라와주었다. 곧 파퀴아오는 막강한 오른손 파워를 키웠고 발놀림 속도도 손의 움직임만큼 빨라졌다. 그리고 나가는 시합마다 놀라운 기량으로 승리에 승리를 거듭했다.

시간이 흐르자 로치와 파퀴아오의 관계는 또 다른 양상으로 진화하기 시작했다. 글러브 스파링을 할 때면 파퀴아오는 로치가 개발한 테크닉을 조금 다른 방식으로 개선해서 구사하곤 했다. 또 가끔은 자기 아이디어를 제시해서 로치의 전략을 살짝 수정하기도 했다. 파퀴아오는 로치의 머릿속 생각을 직감적으로 알아채고 한층 더 나아간 테크닉을 제안했다. 어느 날은 경기 도중 파퀴아오가 상대 선수에게 몰려 링 주변의 로프에 기대어 있다가 즉석에서 테크닉을 생각해내 정면이 아니라 약간 비스듬한 각도에서 상대를 공격했다. 로치가 보기에 이것은 그 순간에 할 수 있는 최적의 움직임이었다. 조금 더 개발하면 완전히 새로운 스타일의 복싱이 가능하겠다는 생각까지 들었다. 이제 로치는 파퀴아오에게서 많은 걸 배우고 있었다. 단순한 트레이너-복서의 관계가 아니라 쌍방향으로 교감하는 살아 있는 관계로 변화한 것이다. 많은 복서들이 모든 테크닉의 효과가 떨어지고 상대 선수에게 자신의 약점을 노출하는 정체기를 필연적으로 만나지만, 파퀴아오와 로치의 관계라면 그런 정체기를 피해갈 수 있을 것 같았다.

이처럼 다져진 관계 속에서 로치는 세계무대에 비교적 덜 알려진 이 일차원적 복서를 당대 최고로 꼽아도 손색이 없는 탁월한 복서로 변화시킬 수 있었다.

* * *

이론적으로 볼 때 우리는 폭넓은 경험을 쌓은 노련한 스승에게서 무궁무진한 것을 배울 수 있다. 하지만 실제 현실에서는 얘기가 다르다. 여기에는 몇 가지 이유가 있다. 우선, 어느 시점에 이르면 스승과 제자의 관계가 무미건조해지기 때문이다. 처음에 지녔던 열정과 관심과 의욕을 계속 똑같은 수준으로 유지하기가 어렵다. 또 때로는 스승의 권위에 조금씩 반감을 느낀다. 특히 나의 실력이 점차 출중해져서 스승과 나의 차이가 좁혀지면 더욱 그렇다. 또 세대 차이나 서로 다른 세계관 때문에 관계가 시들해지기도 한다. 어떤 시점이 되면 스승이 중시하는 원칙이나 신념이 현실과 동떨어진 것처럼 느껴져서, 우리는 자신도 모르는 사이 스승을 외면하기 시작한다. 이런 상황을 막을 유일한 해결책은 스승과의 사이에 쌍방향으로 작용하는 더욱 적극적인 관계를 구축하는 것이다. 스승이 당신의 아이디어에 귀를 기울이고 그것을 수용할 수 있다면 두 사람의 관계에는 더 에너지가 넘칠 수 있다. 제자의 의견을 열린 태도로 받아들이는 스승 앞에서 당신은 반감을 느낄 수가 없을 것이다. 당신의 경험을 스승에게 들려주고 서로 의견을 나누는 과정을 통해 스승의 신념이 자칫 독단적인 도그마로 변질될 가능성도 줄일 수 있다.

이런 쌍방향 교감의 관계는 오늘날처럼 민주적 특성이 강화된 시대에 더욱 적절하다. 하지만 무례하고 반항적인 태도, 상대를 무시하는 태도는 금물이다. 파퀴아오와 로치의 관계에서 목격되듯, 스승과 제자의 관계에는 서로에 대한 최대한의 존중이 깃들어야 한다. 마음을 활짝 열어젖히고 스승의 조언과 지도를 받아들여라. 충실한 제자의 모습을 보여 당신도 '스승으로부터' 존중과 존경을 얻어라. 파퀴아오가 그랬듯이 말이다. 충실하게 노력해서 실력을 향상시킬수록, 당신의 목소리를 내고 당신이 필요한 것을 요구할 수 있는 힘도 커진다. 스승의 지도에 대해 스승에게 피드백을 주어라. 그 과정에서 때로는 스승의 생각을 변화시켜도 좋다. 이런 관계를 쌓아나가기 위한 출발점은 당신이 되어야 한다. 그리고 그 토대가 되는 것은 배우고자 하는 당신의 강렬한 의지다. 당신과 스승 사이에 이런 역동적인 관계가 확립되면, 당신은 그야말로 무궁무진한 것을 스승에게서 배우고 흡수할 수 있다.

뒤집어 보기

애초부터 스승의 가르침과 도움 없이 혼자 해내겠다고 마음먹는 것은 결코 현명한 처사가 아니다. 당신이 알아야 할 것들을 혼자서 터득하려고 분투하느라 귀중한 시간을 낭비하게 되기 때문이다. 하지만 때로는 어쩔 수 없는 경우도 있다. 스승이 되어줄 사람을 주변에서 전혀 찾을 수 없어서 혼자 방법을 모색해야 하는 상황 말이다. 그런 경우엔

별 수 없이 혼자 힘으로 최대한 길을 찾아나가야 한다. 혼자만의 힘으로 마스터리의 경지에 오른 가장 위대한 역사적 인물로 우리는 토머스 앨바 에디슨Thomas Alva Edison, 1847~1931을 꼽을 수 있을 것이다.

어렸을 때부터 에디슨은 남에게 의지하지 않고 스스로 하는 방식에 익숙했다. 집안 형편이 넉넉하지 않았기 때문에 열두 살 무렵 부모님을 돕기 위해 돈벌이에 나서야 했다. 그래서 기차에서 신문을 팔았고, 그렇게 철도 급사로 일하며 미시간 주 곳곳을 돌아다니는 동안 목격하는 모든 것을 강한 호기심을 갖고 관찰했다. 그는 기계나 이런저런 장치 등 움직이는 부품을 가진 것들의 작동 원리가 궁금했다. 학교 교육도 제대로 받지 못했고 이렇다 할 스승도 없었기에 대신 많은 책을 탐독했다. 특히 과학 관련 서적을 많이 읽었다. 또 집의 지하실에서 혼자 이런저런 실험을 해보았고, 각종 시계를 분해하고 수리하는 방법을 깨우쳤다. 열다섯 살에는 견습 전신 기사가 되었으며 이후 직업상의 이유로 여러 지역을 돌아다녔다. 그에게는 정식 학교 교육을 받을 기회도, 스승이나 멘토가 되어줄 사람도 전혀 없었다. 대신 그는 어떤 도시에 가든지 공공도서관에서 많은 시간을 보내곤 했다.

그러다 그의 삶에 결정적 영향을 미친 책을 우연히 만나게 된다. 바로 마이클 패러데이가 쓴 『전기의 실험적 연구Experimental Researches in Electricity』였다. 이 책은 『정신의 진보』가 패러데이에게 미친 것만큼이나 큰 영향을 에디슨에게 주었다. 이 책을 읽으며 에디슨은 과학에 대한 체계적 접근법을 배우고 자신의 관심이 온통 쏠려 있는 주제, 즉 전기를 공부하는 방법을 깨우칠 수 있었다. 이 분야의 위대한 거장인 패러데이가 설명한 실험 방식을 따라했고, 과학에 대한 그의 철학적 접근법을 열심히 흡수했다. 에디슨은 평생 패러데이를 롤모델로 삼았다.

엄청난 독서와 혼자만의 실험, 그리고 다양한 일을 하며 쌓은 현실 세계의 경험은 에디슨이 발명가가 되기 전 약 10년 동안 그를 성장시키는 밑거름이 되었다. 그가 발명가로 성공할 수 있었던 것은 무엇을 통해서건 배우려는 강렬한 욕구와 엄격한 자기 훈련 덕분이었다. 체계적인 정규 교육을 받지 못했다는 결점을 엄청난 의지와 끈기로 극복해냈으며 그 누구보다도 피나는 노력을 기울였다. 그는 철저한 아웃사이더였기에 그 어떤 학설도 머릿속에 주입되지 않은 상태였고, 때문에 모든 문제를 참신한 관점으로 바라보며 해결책을 모색할 수 있었다. 정규 교육을 받지 못했다는 단점을 오히려 장점으로 승화시킨 셈이었다.

만일 당신도 이런 독립독행의 길을 걸을 수밖에 없는 상황이라면, 에디슨을 본보기로 삼아 강인한 자립력을 키워야 한다. 그런 상황에서는 당신 자신이 곧 스승이자 멘토다. 늘 밝은 눈으로 주변을 주시하면서 가능한 모든 상황에서 배움을 얻어라. 정규 교육을 받는 사람들보다 더 많은 책을 찾아서 읽고 그것을 평생 습관으로 만들어라. 당신이 알고 있는 지식을 모종의 방식으로 실험하거나 현실에 적용하려는 시도를 끊임없이 하라. 유명 인사나 공인들 가운데 롤모델로 삼을 만한 인물을 찾는 것도 좋다. 그들의 책을 읽거나 그들의 경험을 들여다보면서 유용한 길잡이를 얻을 수 있을 것이다. 그들의 조언과 생각을 흡수하여 최대한 활용하라. 독학으로 길을 개척하는 당신은 특정한 학설이나 주의에 물들지 않고 오로지 자신의 경험을 통해 완성된 참신한 관점을 유지할 수 있으며, 이는 마스터리에 이르는 과정에서 남들과 다른 독특한 파워를 당신에게 안겨줄 것이다.

귀감이 될 인물에게 배운다는 것은 곧 그의 권위에 복종함을 의미한다. 우리가 거장을 따르는 이유는, 거장의 방식이 훌륭한 효과를 내는 이유를 설명하거나 분석할 수 없을지라도 그 방식을 신뢰할 수 있기 때문이다. 거장을 관찰하고 모방하는 과정을 통해…… 수련하는 자는 자기도 모르는 사이 기술의 규칙을 습득하게 된다. 때로는 거장 자신도 명료하게 인식하지 못하는 규칙까지도 말이다.

_마이클 폴라니(Michael Polanyi)

4장

미련한 바보들의 방해와 계략을 헤쳐나가는 기술

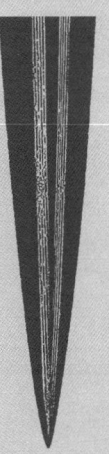

MASTERY

◆ 마스터리를 향해 나아가는 과정에서 주변 사람들의 방해와 계략에 대응하며 겪는 감정적 소모가 종종 가장 커다란 장애물이 된다. 자칫하면 끝없는 정치적 음모와 다툼에 휘말려 정신적 에너지를 빼앗길 수 있다. 사회적 관계의 영역에서 우리에게 나타나는 중요한 문제 하나는 순진하게도 자신의 감정적 필요와 욕구를 타인에게 그대로 투사하려는 경향이다. 우리는 사람들의 의도를 잘못 해석하고, 그런 해석을 토대로 반응하여 혼란이나 갈등을 초래한다. 사회 지능이란 최대한 현실적인 관점으로 사람들을 바라볼 줄 아는 능력이다. 자기 자신에게만 몰두하는 태도를 잠시 접어두어야 타인에게 주의를 집중하고, 그들의 행동을 제대로 읽어내고, 그들의 내적 동기를 파악하고, 계략과 조종의 기미를 포착하는 법을 익힐 수 있다. 사람들과의 관계가 매끄럽게 순항해야 우리에게 필요한 기술 및 지식을 습득하는 데에 더 많은 시간과 에너지를 쏟을 수 있다. 사회 지능 없이 성공을 달성한 사람은 진정한 마스터리에 이를 수 없으며, 또한 그 성공은 오래가지 못한다.

내면으로 들어가 생각하기

1718년 벤저민 프랭클린1706~1790은 보스턴에 있는 형 제임스의 인쇄소에서 도제가 되었다. 어린 프랭클린은 훌륭한 작가가 되고 싶다는 꿈을 품고 있었다. 인쇄소에서는 인쇄기 다루는 법뿐만 아니라 원고를 교정하는 방법도 배울 수 있었다. 책과 신문이 가득한 환경이었기에 수많은 좋은 글을 접하며 글 쓰는 요령도 익힐 수 있었다. 프랭클린에게는 더할 나위 없는 좋은 일자리였다.

몇 년간 인쇄소 도제로 일하는 동안 마음껏 책을 읽고 부지런히 글쓰기 연습을 하면서 그의 필력은 놀랍게 발전했다. 그러다가 1722년 작가로서의 역량을 입증해 보일 수 있는 좋은 기회가 찾아왔다. 형 제임스가 「뉴잉글랜드 커런트The New-England Courant」라는 신문을 창간한 것이다. 프랭클린은 자기 글을 이 신문에 싣고 싶다며 몇 가지 주제를 형에게 제안했다. 하지만 실망스럽게도 형은 프랭클린이 기고하는 것을 달갑게 여기지 않았다. 「뉴잉글랜드 커런트」는 대단히 중요한 신문인데 그런 지면에 싣기에는 프랭클린의 글 솜씨가 너무 미숙하다는 것이었다.

프랭클린은 글을 실어달라고 졸라봐야 소용이 없다는 것을 잘 알고 있었다. 형 제임스는 한 번 안 된다는 것은 번복하지 않는, 대단히 완고한 성격이었기 때문이다. 프랭클린은 곰곰이 생각하다가 아이디어를 하나 떠올렸다. 가상의 인물을 만들어서 「뉴잉글랜드 커런트」에 기고문을 보내면 어떨까? 훌륭한 수준의 글을 제출하면, 제임스는 그것이 동생이 쓴 것이라고는 전혀 생각하지 못하고 신문에 실을 것이다. 그러면 프랭클린이 결국 최후의 승자가 될 수 있을 터였다. 생각에 생각을 거듭한 끝에 그는 최적의 가상 인물을 만들어냈다. 보스턴 사람들의 삶에 존재하는 부조리한 많은 측면을 소신 있는 목소리로 조롱하는 '조용한 공상적 사회개량가 Silence Dogood'라는 이름의 젊은 미망인이었다. 이 미망인을 실존 인물처럼 느껴지게 만들기 위해, 프랭클린은 그녀가 살아온 자세한 과거를 상상해서 그럴 듯하게 꾸며냈다. 너무 몰입한 나머지, 적어도 그의 내면에서는 이 가상 인물이 생생하게 살아 있는 여인이 되었다. 마음속에서 그녀의 의견이 들려왔고, 그녀만의 대단히 현실적인 목소리가 프랭클린의 손끝에서 글로 바뀌기 시작했다.

프랭클린은 비교적 긴 길이의 첫 번째 기고문을 「뉴잉글랜드 커런트」에 보냈다. 그리고 형이 그 글을 신문에 싣는 모습을 흥미로운 시선으로 지켜보았다. 형은 '조용한 공상적 사회개량가'에게 꼭 다시 기고문을 보내달라고 요청하는 메모까지 신문 지면에 추가했다. 제임스는 보스턴의 어떤 유명한 작가가 필명으로 글을 보낸 것이라고 추측하는 듯했다. 글에 위트와 풍자가 넘쳤기 때문이다. 동생이 썼다고는 꿈에도 상상하지 못했다. 제임스는 이후 이 필명의 작가가 보내오는 글을 계속해서 신문에 실었고, 곧 이 글은 「뉴잉글랜드 커런트」에서 가장 인기 있는 코너가 되었다.

한편 프랭클린은 인쇄소에서 맡는 책무가 점점 더 늘어났고 꽤 능숙한 신문 교정자로 실력을 발휘하기 시작했다. 자신의 빠른 발전에 자부심이 생긴 프랭클린은, 어느 날 도저히 참지 못하고 형에게 사실은 자신이 바로 '조용한 공상적 사회개량가'였다고 고백했다. 내심 형의 칭찬을 기대했지만, 뜻밖의 반응이 나왔다. 형 제임스가 프랭클린이 거짓말을 한 것에 불같이 화를 냈던 것이다. 게다가 이후 몇 달 동안 프랭클린을 대하는 제임스의 태도는 점점 더 차갑고 가혹해졌다. 곧 형과 함께 더 이상 일하는 것이 불가능해졌고, 1723년 가을 프랭클린은 절망적인 심정으로 형과 가족이 있는 보스턴을 떠나기로 결심했다.

몇 주간 이곳저곳을 떠돌던 프랭클린은 필라델피아로 갔다. 겨우 열일곱 살인 그는 사실상 빈털터리에 아는 사람도 없었지만 가슴속은 왠지 모를 자신감과 희망으로 가득했다. 5년 동안 형의 인쇄소에서 일하면서 그는 그보다 훨씬 나이 많은 사람도 따라오지 못할 수준의 인쇄 기술을 익힌 상태였다. 강하게 단련되어 있었고 포부도 컸다. 또 훌륭한 필력도 갖추고 있었다. 자신을 구속할 아무런 방해물이 없는 필라델피아에서 마음껏 날개를 펼 수 있을 것 같았다. 필라델피아에 도착한 후 며칠간 가만히 상황을 살펴보니 자신감이 더욱 솟았다. 당시 필라델피아에는 두 개의 인쇄소가 있었는데 두 곳 모두 보스턴에 비해 현저히 수준이 떨어졌고, 지역 신문에 실리는 글의 수준도 형편없었던 것이다. 그렇다면 프랭클린이 실력을 발휘해 활약할 수 있는 기회는 넘치는 셈이었다.

아니나 다를까, 몇 주도 채 지나지 않아 프랭클린은 인쇄소 한 곳에서 일자리를 얻을 수 있었다. 새뮤얼 카이머라는 사람이 운영하는 인쇄소였다. 당시 필라델피아는 비교적 작은 도시였기 때문에, 새로운 이주자인 프랭클린과 그의 글 솜씨에 대한 소문은 금세 도시 전체에 퍼졌다.

펜실베이니아 총독인 윌리엄 키스는 필라델피아를 문화의 중심 도시로 탈바꿈시키겠다는 포부를 품은 사람이었고, 이곳에 있는 인쇄소 두 곳의 수준에 불만을 갖고 있었다. 그는 뛰어난 필력을 가진 벤저민 프랭클린이라는 청년에 대한 소문을 듣고 즉시 프랭클린을 수소문해 만나보았다. 젊은 프랭클린의 총명함에 큰 인상을 받은 총독은 그에게 인쇄소 사업을 직접 시작해보라고 강력하게 권했다. 사업 초기 자금을 자신이 기꺼이 빌려주겠다면서 말이다. 인쇄기와 각종 필요한 재료는 런던에서 들여와야 했으므로, 키스는 프랭클린에게 런던에 직접 가서 필요한 사항들을 알아보라고 조언하면서 필요한 자금은 자신이 전부 대겠다고 말했다.

프랭클린은 뜻밖의 커다란 행운을 믿을 수가 없었다. 불과 몇 달 전까지만 해도 형 밑에서 일하는 보잘 것 없는 도제였던 그가, 이제 호의 넘치는 총독 덕분에 인쇄 사업을 시작할 수 있게 된 것이었다. 인쇄소를 차리면 신문도 발행하고 필라델피아에서 유력한 목소리를 내는 언론인이 될 수 있을 터였다. 그것도 스무 살이 되기 전에 말이다. 그런데 프랭클린이 런던으로 떠날 준비를 하는 동안에도 키스 총독이 빌려주기로 약속한 돈이 아직 마련되지 않은 상태였다. 몇 차례 총독에게 문의 편지를 보내자, 걱정하지 말라는 답신이 마침내 도착했다. 영국에 도착하면 신용장이 프랭클린을 기다리고 있을 것이라는 얘기였다. 프랭클린은 자신의 고용주인 카이머에게 이런저런 사정 설명도 하지 않은 채 인쇄소를 그만두고 대서양 횡단선의 승선권을 구입했다.

그런데 영국에 도착해보니 그를 기다리고 있는 신용장은 없었다. 프랭클린은 뭔가 의사소통에 착오가 발생한 거라고 짐작하고, 자신과 총독 사이에 합의한 내용을 설명하고자 런던에서 총독 대리인을 정신없이 찾아다녔다. 그러던 중에 필라델피아에서 온 한 부유한 상인을 우연히 만났다. 그 상인은 프랭클린의 사정을 듣더니 놀라운 이야기를 해주었다. 키스 총독은 원래 말만 앞서기로 유명하다는 것이었다. 총독은 사람들에게 권력을 과시하기 위해서 늘 약속을 남발하는 인물이었다. 어떤 구상에 대해 적극적으로 관심을 표해도 그 열정이 일주일 이상 지속되는 법이 좀처럼 없었다. 실상은 프랭클린에게 지원해줄 돈도 없었고, 늘 남발하는 공허한 약속만큼이나 알맹이가 없는 인격의 소유자였다.

프랭클린은 이 모든 이야기를 듣고 현재 자신이 처한 곤경을 곰곰이 생각해보았다. 그런데 그의 마음이 괴로운 것은 낯선 타향에서 돈 한 푼 없는 위태로운 신세가 되었다는 사실 때문이 아니었다. 런던은 그 어느 곳보다 기회가 넘치는 도시이니 먹고살 길이야 앞으로 어떻게든 찾으면 되었다. 그가 괴로운 진짜 이유는 키스라는 사람을 완전히 잘못 판단했다는 것, 자신이 너무나 순진했다는 사실 때문이었다.

다행히 런던에는 대규모 인쇄소가 많아서 프랭클린은 몇 주 지나지 않아 인쇄공으로 취직할 수 있었다. 그는 키스 총독에게 속았던 괴로운 사건을 잊기 위해 열심히 일에 몰두했고, 여러 가지 기계를 능숙하게 다루는 일솜씨와 꼼꼼한 교정 실력을 발휘해 금세 고용주의 눈에 들었다. 또 함께 일하는 동료들과도 원만한 관계를 유지하며 잘 지냈다.

그런데 얼마 후 영국인들의 이상한 관습을 알게 되었다. 동료 인쇄공들은 하루에 다섯 번 휴식 시간을 정해놓고 그때마다 맥주를 한 잔씩 마셨다. 맥주가 일할 기운을 북돋워준다는 것이었다. 인쇄공들은 맥주 살 돈을 매주 일정 금액씩 갹출해서 모았고, 물론 프랭클린도 여기에 동참해야 했다. 하지만 프랭클린은 돈 내길 거부했다. 업무 시간에 술을 마신다는 것도 이해가 가지 않았을뿐더러 기껏 고생해서 번 돈의 일부를 건강을 망치는 데 보탠다는 사실도 화가 났다. 프랭클린은 이런 자기 생각을 솔직하게 동료들에게 말했고, 동료들도 정중한 태도로 그의 결정을 받아들였다.

그런데 그 후 몇 주 동안 이상한 일이 발생하기 시작했다. 프랭클린이 이미 교정을 마친 원고에서 자꾸만 오류가 발견되었고, 그가 해놓은 일에서 거의 날마다 실수가 발견되어 질책을 들어야 했다. 기가 막힐 노릇이었다. 만일 이런 상황이 계속되면 해고당하는 건 시간 문제였다. 분명히 일부러 누군가가 그가 해놓은 일에 손을 대는 게 분명했다. 프랭클린이 동료들에게 이런 상황에 대해 문제를 제기하자, 그들은 인쇄소에 종종 나타나는 못된 귀신의 짓이라고 둘러댔다. 그제야 상황 파악이 된 프랭클린은 자기 고집을 굽히고 맥주 살 돈을 보태기 시작했다. 그러자 못된 귀신의 짓은 곧바로 사라졌다.

이 사건과 몇몇 다른 경험을 거친 후, 프랭클린은 자기 자신에 대해 진지하게 생각해보기 시작했다. 자신이 너무 순진하다는 생각이 들었다. 또 주변 사람들의 의도를 잘못 파악하기 일쑤였다. 곰곰이 생각해보니 그에게는 모순적인 측면이 있었다. 그는 일에 관해서라면 누구보다도 이성적이고 현실적이었으며 언제나 실력을 향상시키려고 노력했다. 예컨대 자신이 쓴 글의 결점을 분명하게 인식하고 그것을 극복하기 위해 피나게 노력했다. 하지만 사람들과의 관계에서는 얘기가 달랐다. 툭하면 감정에 휩싸여서 현실의 상황을 객관적으로 보지 못했다. 형의 인쇄소에서 일할 때는, 형의 시기심과 적의를 불러일으킬 가능성은 전혀 예상하지 못한 채 기고문을 쓴 실제 인물이 자신이라는 사실을 밝히면 칭찬을 들을 것이라고 생각했었다. 키스 총독과의 관계에서는, 사업을 시작할 수 있다는 가능성에 너무 들뜬 나머지 총독이 말만 그럴싸한 사람임을 알려주는 뻔한 신호들을 놓치고 말았다. 동료 인쇄공들과의 관계에서는, 혼자만의 감정과 생각에 골몰한 탓에 그들이 늘 지켜오던 관습을 바꾸려는 누군가의 시도에 불쾌감을 느낄 것이라는 예상을 하지 못했다. 게다가 프랭클린은 이런 자기중심적인 관점을 바꿀 생각조차 하지 못했다.

　프랭클린은 이런 패턴을 없애고 자신을 변화시키기로 마음먹었다. 앞으로는 항상 사람들과 관계를 맺을 때 초반에 한 걸음 뒤로 물러난 채 감정을 개입시키지 않기로 다짐했다. 그렇게 객관적인 관점을 유지하면, 자신의 불안감이나 욕구는 일단 접어둔 채 상대방을 파악하는 데 집중할 수 있을 터였다. 누군가를 만날 때마다 항상 이런 식으로 마음을 다스리는 연습을 하면 자연스럽게 습관처럼 몸에 밸 것이다. 이런 전략을 생각하다보니 묘한 기분이 들었다. '조용한 공상적 사회개량가'라는 가상 인물을 창조했던 과정이 떠오른 것이다. 자신이 창조한 인물의 내면으로 들어가 생각하고, 그녀의 세계에 집중하고, 그녀를 자신의 마음속에서 살아 있는 존재로 만들었던 경험이 떠올랐다. 말하자면 그때 활용했던 접근법을 이제 자신의 생활 전반에 적용하게 되는 셈이었다. 사람들의 내면으로 들어가 생각하면, 그들의 반대와 저항감을 녹이는 방법이나 그들의 악의적인 계략을 저지하는 방법도 쉽게 알 수 있을 터였다.

또한 프랭클린은 이런 전략의 성공률을 높이기 위해 새로운 관점을 갖기로 했다. 인간 본성을 충분히 인정하고 받아들이기로 마음먹은 것이다. 사람은 타고난 기질과 성격을 갖기 마련이다. 어떤 사람들은 키스 총독처럼 경솔하고, 어떤 사람들은 형 제임스처럼 앙심을 잘 품고, 또 어떤 사람들은 동료 인쇄공들처럼 완고하다. 그런 사람들은 도처에 있으며, 문명이 시작된 이래로 늘 존재해왔다. 그런 사람들 앞에서 화를 내거나 그들을 바꾸려고 시도하는 것은 어리석은 짓이다. 그러면 그들은 더 화를 내고 완고해질 뿐이다. 그보다는, 마치 장미 줄기의 가시를 받아들이듯 그들을 인정하는 편이 현명하다. 과학을 공부하며 지식을 쌓듯, 그들을 관찰하며 인간 본성에 대한 깨달음을 얻는 편이 낫다. 앞으로 이런 관점으로 세상을 살아나가면, 바보 같은 순진함 때문에 낭패를 겪는 일도 없고 똑똑하게 인간관계를 구축할 수 있을 것이라는 생각이 들었다.

런던에서 지낸 지 1년 반이 넘었을 무렵, 프랭클린의 수중에는 고향으로 돌아가기에 충분한 돈이 마련된 상태였다. 1727년 그는 필라델피아로 돌아갔고, 다시 일자리를 물색하기 시작했다. 그런데 예전에 그를 고용했던 새뮤얼 카이머가 뜻밖에도 자기 인쇄소에 와서 일하지 않겠냐며 꽤 괜찮은 직책을 제안했다. 최근에 인쇄소 규모를 늘리면서 인쇄공들을 새로 고용했는데, 그들을 교육하고 관리하는 일을 프랭클린이 맡아달라는 것이었다. 연봉도 꽤 두둑했다. 프랭클린은 흔쾌히 수락했다. 하지만 일을 시작한 직후에 뭔가 이상한 낌새를 감지했다. 그래서 마음속에 다짐했던 대로 한 걸음 뒤로 물러서서 차분하게 상황을 살펴보았다.

프랭클린이 교육하기로 한 인쇄공은 다섯 명이었는데, 가만 보니 교육을 끝마치고 나면 그가 할 일이 거의 없을 것 같았다. 카이머의 행동도 수상했다. 예전 같지 않게 굉장히 사근사근했다. 원래 까칠한 성격인 그가 이런 상냥한 태도를 보인다는 게 이상했다. 프랭클린은 카이머의 입장에서 모든 상황을 생각해보았다. 카이머는 예전에 프랭클린이 일언반구 설명도 없이 자신에게서 등을 돌리고 런던으로 떠나버리자 몹시 화가 났던 게 분명했다. 프랭클린을 마땅한 벌을 줘야 할 건방진 애송이로 생각할 것이 틀림없었다. 카이머는 이런 문제를 다른 사람과 상의할 타입은 아니었고, 대신 속으로 부글거리는 화를 삭이며 계획을 짰으리라. 이렇게 생각해보니 카이머의 꿍꿍이가 빤히 보였다. 프랭클린으로 하여금 수준 높은 인쇄 기술을 그곳 인쇄공들한테 모두 전수하게 만든 다음 해고해버리려는 심산이었다. 그런 식으로 과거 일에 대한 앙갚음을 하려는 것이었다.

상황을 제대로 파악했다고 확신한 프랭클린은 조용히 형세를 역전시키기로 했다. 그는 인쇄소 관리자 직책을 이용해 고객들과 친분을 쌓고 지역의 거상들과 관계를 돈독히 다지기 시작했다. 또 영국에서 배워온 새로운 제조 기법들을 인쇄소에서 시도하며 연습해보았다. 카이머가 외부 업무로 인쇄소에 없을 때면, 돋을새김 인쇄나 잉크 제조 같은 새로운 기술을 연마했다. 한편 자신이 가르치는 인쇄공들을 유심히 봐두었다가 그들 중 가장 똘똘해 보이는 한 명을 1급 조수가 되게끔 훈련시켰다. 그리고 카이머가 자신을 해고할 시점이 얼마 안 남았다는 판단이 들었을 때, 그곳을 그만두고 나와 자신의 인쇄소를 차렸다. 지역 유력가들의 든든한 재정 지원, 한층 향상된 인쇄술 지식, 그에게만 일을 맡길 것이 확실한 충성 고객들, 직접 교육한 1급 조수가 확보된 상태였다. 이런 전략을 구사하면서, 프랭클린은 카이머에 대해 그 어떤 분노나 원한도 느끼지 않았다. 이 모든 것은 체스판 위에서 벌어지는 머리싸움과도 같았다. 프랭클린은 카이머의 내면으로 들어가 그의 입장에서 생각함으로써 냉정한 분별력과 침착함을 동원해 게임에서 완벽한 승리를 거둔 것이었다.

프랭클린의 인쇄소 사업은 나날이 번창했다. 이후 그는 성공한 신문 발행인, 베스트셀러 작가, 전기 관련 실험으로 유명한 과학자, '프랭클린 난로'를 비롯한 여러 물건을 고안한 발명가가 되었다(나중에는 피뢰침, 이중초점 안경도 발명했다). 필라델피아 지역사회에서 활동이 점차 늘어나면서, 1736년에 그는 자신의 영역을 한층 넓혀 정치계에 발을 들여놓아야겠다고 판단했다. 그로부터 몇 개월 내에 그는 꽤 영향력 있는 직위인 펜실베이니아 의회 서기에 만장일치로 선출되었다. 그런데 의회 서기직의 연임을 결정할 시점이 되었을 때, 새로운 의회 의원인 아이작 노리스가 갑자기 프랭클린의 연임에 강하게 반대하면서 다른 후보자를 지지했다. 열띤 토론이 진행되었지만 결국은 프랭클린이 투표에서 이겼다. 하지만 돌아가는 상황을 가만히 주시하던 프랭클린은 위험한 기운을 감지했다.

노리스는 교육 수준도 높은 데다 부유하고 카리스마 넘치는 사업가였다. 또 사회적으로나 정치적으로 큰 성공을 갈망하는 야심가였다. 만일 프랭클린이 그를 적대적으로 대하기 시작하면, 그가 프랭클린에 대해 품은 부정적인 생각이 더욱 확고해질 테고, 그러면 그는 확실한 적이 될 게 분명했다. 만일 프랭클린이 노리스를 무시해버리면, 그는 프랭클린을 거만하다고 여기며 더욱 미워할 것이었다. 혹자가 보기엔, 프랭클린이 정면으로 부딪히며 반격을 가해 자신이 함부로 대할 수 없는 사람임을 보여주는 것이 남자다운 강력한 방법일 수도 있었다. 하지만 프랭클린은 이렇게 생각했다. 노리스의 예상과 전혀 다른 전략을 구사해서 요령 있게 그를 내 편으로 만드는 게 훨씬 더 낫지 않을까?

그래서 프랭클린은 자신만의 전략에 착수했다. 그는 의회에서 노리스를 유심히 관찰하고 측근들로부터 정보를 수집하는 동시에, 철저히 노리스의 마음속으로 들어가보려고 노력했다. 그리고 내린 결론은 이랬다. 노리스는 자부심이 강하면서도 한편으론 내면의 불안감을 품고 있는, 정서적으로 미숙한 인물이었다. 또 주목을 받고 싶은 욕구가 강했으며 사람들의 존경과 애정을 얻고 싶어 했다. 그래서 어쩌면 프랭클린의 인기와 업적을 시기했던 것인지도 몰랐다. 또 프랭클린은 노리스의 측근을 통해, 그가 특이한 강박에 가까운 취미를 갖고 있음을 알게 되었다. 희귀 서적이 다수 포함된 방대한 개인 서재를 꾸미는 일이었다. 그중에는 다른 곳에서는 웬만해선 구하기 힘든 특별한 희귀본도 한 권 있었는데, 노리스는 그것을 가장 소중하게 아꼈다. 그 책들을 통해 노리스는 자신이 특별하고 고귀한 존재라는 만족감을 느끼는 듯했다.

이런 사실을 파악한 프랭클린은 노리스에게 매우 정중한 어조로 편지를 썼다. 그처럼 많은 책을 소장하고 계신 것에 존경심을 느낀다, 사실은 나도 굉장한 독서광이다, 당신이 갖고 있는 그 특별한 희귀본에 대한 소문을 들었다. 내게 그 책을 읽어볼 기회가 생긴다면 말할 나위 없이 기쁘겠다. 그러니 며칠간만 내게 빌려주시면 고맙겠다. 최대한 조심해서 보고 곧바로 돌려드리겠다……. 이런 내용이었다.

이렇게 공손한 어조로 자신의 책에 관심을 표하는 것을 보고, 노리스는 흔쾌히 책을 빌려주었다. 프랭클린은 약속한 대로 며칠 뒤에 책을 반납했다. 호의를 베풀어준 것에 대해 몹시 감사함을 느낀다는 내용의 편지도 동봉했다. 얼마 후 의회에서 노리스는 프랭클린에게 먼저 다가와 친근하게 말을 건넸다. 전에는 한 번도 볼 수 없었던 태도였다. 예전에 노리스는 프랭클린을 믿지 못했었다. 하지만 그런 불신이 더욱 확고해지는 대신, 노리스는 프랭클린이 점잖은 신사답게 행동하고, 희귀 서적에 대한 관심을 공유하고, 자신이 한 약속을 지키는 사람이라는 것을 직접 느꼈다. 그런 사람에게 어떻게 계속 나쁜 감정을 품을 수 있겠는가? 프랭클린은 노리스의 심경 변화 시점을 이용하여, 자신도 적대감이 아니라 우호적인 감정을 보이기 시작했다. 이후 두 사람은 친밀한 사이가 되었고 정계에 몸담고 있는 내내 굳건한 정치적 동지가 되었다. (훗날 프랭클린은 정적政敵이 될 가능성이 있는 다른 사람들에게도 이와 유사한 전략을 썼다.)

필라델피아에서 벤저민 프랭클린은 신뢰 가는 사업가이자 시민으로서 입지를 굳혀갔다. 다른 시민들과 마찬가지로 그는 수수한 옷차림을 했고, 누구보다 열심히 일했으며, 술집이나 도박장 근처에는 얼씬도 하지 않았다. 또 서민적이고 소탈하며 겸손한 인격의 소유자였다. 그런 그의 인기는 나날이 높아갔다. 하지만 그는 공직 생활 말년 무렵, 서민적이고 대중적인 친근감을 잃어버린 모습을 보이기 시작했다.

아메리카 대륙의 독립전쟁이 발발하고 1년이 지난 1776년, 유력한 정치인인 벤저민 프랭클린은 프랑스의 경제적, 군사적 원조를 요청하기 위한 특별 사절단의 일원으로 프랑스에 파견되었다. 얼마 후, 프랭클린이 프랑스의 숙녀나 매춘부들과 은밀한 관계를 맺고 호화로운 파티와 식사 자리에 자주 모습을 드러낸다는 소문이 아메리카 식민지 주들에 퍼졌다. 그 소문 중 대부분은 사실이었다. 존 애덤스_{John Adams}를 비롯한 유력 정치인들은 프랭클린이 파리 시민들에게 물들어 타락했다고 비난했다. 아메리카 대륙에서 프랭클린의 인기도 곤두박질쳤다. 그러나 그를 비난하는 정치가들과 대중이 주목하지 않은 중요한 사실이 있다. 프랭클린이 어디를 가든 그곳의 문화에 걸맞은 옷차림과 품행과 행동거지를 지켰고, 그랬기에 훨씬 효과적으로 목적을 달성했다는 사실이다. 프랑스인들을 어떻게든 설득해 그들의 원조를 얻어내고 싶었던 동시에 그들의 특성을 너무나 잘 알고 있던 프랭클린은 그들이 원하는 모습으로 기꺼이 자신을 변화시켰다. 아메리카 대륙 사람임에도 프랑스인의 기질과 생활 방식에 완벽하게 어울렸던 것이다. 그는 프랑스인들의 자기중심적 도취 성향을 십분 이용했다.

그의 이런 전략은 훌륭하게 먹혀들었다. 프랑스인들 사이에서 프랭클린의 인기는 대단했다. 게다가 그는 프랑스 정부에 영향력도 행사하는 인물이었다. 결국 그는 군사적 동맹 협정을 성사시키는 데 중요한 역할을 했고, 인색한 프랑스 왕에게서 그 누구도 얻어내기 힘들었을 재정 지원에 대한 동의를 얻어냈다. 프랭클린의 정치적 인생 말년은 정도_{正道}에서 벗어난 일탈의 시기였다기보다는 그의 대인관계 기술과 사회 지능이 최고로 빛을 발한 시기였던 것이다.

마스터리에 이르는 열쇠

> 누구나 각자의 성품에 따라 삶을 살 권리가 있음을 인정해야 한다. 그 성품이 어떠하든 간에 말이다. 당신이 해야 할 일은, 타인의 성품이 바뀌길 소망하거나 그것을 덮어놓고 비난하는 것이 아니라 그 성품을 있는 그대로 이용하는 것이다. 이것이 바로 "너는 네 삶을 살고 타인은 그만의 삶을 살게 놔둬라"라는 격언의 진정한 의미다. …… 타인의 행동에 분개하는 것은 길을 걷다 발에 돌부리가 걸린다고 돌에 화를 내는 것만큼이나 어리석은 일이다. 다양한 사람들과 관계하며 당신이 택해야 할 가장 현명한 처사는 어차피 변화시킬 수 없는 사람들을 당신에게 이롭도록 최대한 이용하는 것이다.
>
> _ 아르투르 쇼펜하우어(Arthur Schopenhauer)

인간은 뛰어난 사회적 동물이다. 멀고 먼 옛날부터 우리의 원시 조상들은 복잡한 사회적 집단을 이루며 삶을 영위했다. 그리고 사회적 생활을 위해 그들은 거울 뉴런(서장 참조)이 다른 영장류에 비해 훨씬 더 정교하고 민감하게 발달했다. 다시 말해, 거울 뉴런을 이용해 주변 개체를 모방할 뿐만 아니라 언어가 생겨나기 이전에도 상대방의 생각과 감정을 추측할 수 있었다. 그리고 이런 공감 능력 덕분에 더 높은 수준으로 협력할 수 있었다.

이후 언어가 생겨나고 그로 인해 추론 능력이 발달하면서 이런 공감 능력은 또 다른 수준으로 도약했다. 사람들의 행동에서 패턴을 읽고 그들의 내적 동기를 추론해낼 수 있었던 것이다. 세월이 흐르면서 이런 추론 능력은 훨씬 더 높은 수준으로 발전했다. 이론적으로 볼 때 오늘날 우리는 누구나 타인을 정확하게 이해할 수 있는 정신적 도구(공감 능력, 이성적 사고력)를 지니고 있다. 그러나 현실적으로 보면 대개 이 도구를 제대로 활용하지 못한다. 그 이유에 대한 힌트는, 우리의 어린 시절에 독특한 특성이 수반된다는 점과 다른 동물에 비해 상대적으로 오랜 기간 타인에게 의존한다는 점에서 찾아볼 수 있다.

다른 동물에 비해 인간은 세상에 태어날 때 대단히 약하고 의존성이 높은 존재다. 우리는 진정한 자립 능력이 생기기 전까지 꽤 오랜 기간 약한 존재로 살아간다. 출생 이후 약 12~18세까지 그런 미숙한 존재로 살아가는 기간은 우리에게 한 가지 중요한 의미를 지닌다. 즉, 이 기간에 인간이 지닌 가장 중요한 무기인 두뇌가 충분히 발달하는 것이다. 그러나 이처럼 오랫동안 미숙한 존재로 살아간다는 사실에는 한 가지 대가가 따른다. 누군가의 도움이 필요한 나약한 존재로 살아가는 이 기간에 우리는 부모님을 이상적이고 완전한 존재로 믿고 의지할 필요성을 느낀다. 우리의 생존이 부모님에게 달려 있기 때문이다. 부모님을 약점과 결점을 지닌 사람이라고 느끼면 우리는 지독한 불안감에 빠질 수밖에 없다. 그래서 자신도 모르는 사이 부모님을 실제보다 더 강하고 더 유능하고 더 이타적인 존재로 믿기 시작한다. 우리는 자신의 필요에 맞는 렌즈를 통해 부모님의 행동을 바라보며, 우리에게 부모님은 우리 자신이 확장된 존재가 된다.

이처럼 오랜 기간 미성숙한 인간으로 사는 동안, 또한 우리는 종종 이런 이상화와 왜곡된 관점을 선생님이나 친구들에게도 적용한다. 즉,

우리가 원하는 욕구와 감정적 필요를 그들에게 투사하고, 우리가 믿고 싶은 대로 그들의 모습을 믿는 것이다. 주변 사람들에 대한 우리의 관점에는 다양한 감정들(숭배, 존경, 사랑, 분노, 특정한 욕구 등)이 강력하게 개입하게 된다. 그러다 어느 순간이 되면(주로 청소년기에) 부모님을 비롯한 주변 사람들의 다소 못난 측면에 눈을 뜨기 시작하고, 그러면 우리가 상상한 모습과 현실 사이의 괴리감을 느끼며 당황할 수밖에 없다. 과거 한때 그들의 장점을 부풀려서 생각했듯이, 이제 실망에 휩싸인 우리는 그들의 약점과 결점을 과장해서 받아들인다. 만일 우리가 일찍부터 타인에 대한 큰 의존 없이 삶을 스스로 헤쳐나갈 수밖에 없는 존재로 태어난다면, 현실적인 필요와 욕구를 잣대로 사고할 줄 알고 또 한층 객관적인 관점을 지닐 수 있을 것이다. 하지만 실제 현실은 그렇지가 않다. 오랜 세월 감정적 욕구라는 렌즈를 통해 타인을 바라보며 사는 동안 그것은 거의 통제하기 힘든 하나의 습관이 돼버린다.

  이것을 '순진한 미숙아의 관점'이라고 부르자. 어린 시절이라는 삶의 단계에 수반되는 독특한 특성을 감안할 때 이런 관점은 자연스러운 현상이지만, 한편으로는 위험하기도 하다. 이런 관점을 가진 사람은 타인에 대한 어린애 같은 착각을 갖고 타인을 왜곡된 관점으로 바라보기 때문이다. 우리는 성인이 되어서도, 또 수련기를 거치는 동안에도 이런 관점을 버리지 못한다. 성인이 되어 사회에 나오면 이런 관점이 곤경을 초래할 확률이 훨씬 높아진다. 사람들은 더 좋은 성적이나 인정을 받기 위해서가 아니라 생존 그 자체를 위해 고군분투해야 하는 상황에 놓인다. 치열한 환경에서 어떻게든 살아남으려 애쓰는 과정에서, 그들은 숨기고 싶은 자신의 모습을 어쩔 수 없이 드러낸다. 그들은 조작과 속임

수를 일삼고, 경쟁에서 이기려고 애쓰고, 무엇보다 자기 이익을 먼저 챙기려 든다. 무방비 상태로 있다가 그들의 이런 행동에 기습 공격을 당한 우리의 감정은 그 어느 때보다도 강하게 소용돌이치고, 그럴수록 더욱 '순진한 미숙아의 관점'에 갇히고 만다.

순진한 미숙아의 관점은 우리를 나약하고 민감한 존재로 만든다. 우리는 타인의 말과 행동이 우리와 어떤 관련성을 지니는지 생각해보는 과정에서 끊임없이 그들의 의도를 잘못 해석하게 된다. 또 자신의 감정을 주변 사람들에게 투사하여 생각한다. 그들이 어떤 생각을 하는지, 어떤 동기를 품고 있는지 알아채지 못한다. 우리는 직장 동료들이 시기심을 품는 이유, 또는 조작을 일삼는 이유를 간파하지 못한다. 그들도 우리와 똑같은 걸 원할 것이라는 가정하에 그들에게 모종의 영향을 미치려고 애쓴다. 한편 스승이나 상사와의 관계에서는 우리의 어린 시절 환상을 그들에게 투사하여 상대방을 과도하게 흠모하거나 두려워하고, 그 결과 불안정하고 삐걱거리는 관계가 생겨난다. 우리는 상대방을 잘 안다고 생각하지만 실상은 왜곡된 렌즈로 바라보고 있는 것이다. 이런 상태에서는 인간 고유의 공감 능력도 아무 쓸모없는 것이 되고 만다.

이런 관점을 가진 상태에서는 타인과의 갈등이나 극적인 상황 전개에 휘말리기 십상이며, 그러면 정신적 에너지가 고갈되고 배움에 집중하기가 어렵다. 우선순위에 대한 분별력도 일그러져, 인간관계 문제나 정치적 게임에 비중을 너무 높게 두기 시작한다. 그런 문제에 능숙하게 대처하지 못하니까 자연히 거기에 많은 에너지를 쏟게 되는 것이다. 그리고 자칫하면 이런 행동 패턴이 수련기 다음 단계이자 더 많은 사람들 앞에 나서게 되는 시기인 창의적 실행 단계에까지 이어질 수 있다. 특히 이 단계에서는 사회적 기술과 인간관계에 서투르면 큰 곤경에 처할 수 있으며 경력에 치명적 타격을 입을 수도 있다. 어린애 같은 미숙한 태도를 버리지 못한 사람은 뛰어난 재능이 있더라도 성공을 거두기 어려운 법이다.

사회 지능이란 위와 같은 순진한 미숙아의 관점을 버리고 더 현실적인 접근법을 취할 줄 아는 능력이다. 그것은 내면이 아니라 외부로 주의력을 쏟으면서 관찰력을 키우고 우리의 타고난 공감 능력을 계발함으로써 얻어진다. 또 그것은 사람들을 이상화하거나 악인으로 치부하려는 경향을 버리고 그들을 현실적인 관점으로 바라볼 줄 아는 능력이기도 한다. 수련기의 가급적 초반에 사회 지능을 계발하는 것이 바람직하다. 그런데 사회 지능을 함양하기 위해서는, 그 전에 먼저 순진한 미숙아의 관점을 떨쳐내려고 애써야 한다.

진정한 사회 지능이 무엇인지, 그리고 마스터리에 이르는 과정에서 그것이 얼마나 중요한지 잘 보여준 벤저민 프랭클린의 사례를 생각해보자. 형제가 많은 대가족 틈에서 자란 그는 타인에게 호감을 주는 매력을 활용하는 법을 자연스럽게 터득했다. 시간이 흐를수록 그는 사람들과 원만하게 지내려면 그들에게 호감을 사고 우호적인 품행으로 남들을 자기편으로 만들어야 한다고 믿게 되었다. 하지만 직접 현실 세계에 부딪히면서, 자신이 잘나고 매력적인 인간이 되는 것이 오히려 문제를 발생시킬 수 있음을 깨닫기 시작했다. 매력적 인간이 되어야겠다는 것은 어린애 같은 미숙한 욕구에서 기인한 전략이었다. 즉, 자기도취의 결과, 자신의 글 솜씨와 기지에 대한 자부심의 반영에 불과한 것이다. 그것은 사람들의 필요나 욕구와는 아무런 관련이 없었다. 매력적인 인간이 된다고 해서 세상 사람들이 그를 이용하고 공격하지 말란 법은 없었다. 진짜 매력을 발휘하며 훌륭한 사회적 수완을 발휘하기 위해서는 타인을 제대로 이해해야 한다. 그리고 타인을 제대로 이해하려면, 자기 자신에게 골몰하지 말고 시선을 바깥으로 돌려 '타인의' 세계로 들어가야 한다.

프랭클린은 자신이 얼마나 순진했는지 가슴 깊이 깨닫고 나서야 그 순진함을 떨쳐내기 위한 단계에 돌입할 수 있었다. 사회 지능을 키우기로 결심한 것은 그에게 삶의 전환점이 되었다. 이후 그는 인간 본성을 간파하는 뛰어난 관찰자이자 사람들의 내면을 꿰뚫어보는 능력의 소유자로 변모했다. 또한 탁월한 대인관계 기술을 발전시켰고, 자기 자신을 타인의 기분과 분위기에 훌륭하게 맞출 줄 알았기에 어딜 가나 사람들에게 환영받았다. 그는 이처럼 사람들과 마찰을 일으키지 않고 평화롭고 생산적인 인간관계를 유지했기 때문에 글쓰기와 과학적 탐구와 지속적인 창의적 발명에, 그리고 궁극적으로 마스터리에 도달하는 데 더 많은 시간과 에너지를 쏟을 수 있었다.

벤저민 프랭클린의 사례를 보며 당신은 사회 지능을 키우려면 감정을 배제한 채 객관적이고 초연한 태도로만 인간관계를 맺어야 한다고, 그 결과 따분하고 재미없는 삶을 살게 될 것이라고 생각할지 모른다. 하지만 그렇지 않다. 프랭클린은 천성적으로 굉장히 감정에 민감한 사람이었다. 그는 이런 본성을 억누르지 않고 오히려 역으로 활용했다. 그는 자기 자신에게 골몰하거나 자신을 실망시킨 상대에게 집착하는 대신, 지금 눈앞의 상황이 상대방 입장에서 보면 어떻게 비칠지, 상대방이 어떤 감정을 느낄지를 곰곰이 생각했다. 타인의 감정을 미루어 짐작해보자 그들에게 공감할 수 있었고 또 그들 행동의 동기를 간파할 수 있었다. 프랭클린은 이처럼 외부로 초점을 맞추자 훨씬 수월하게 현실을 헤쳐나갈 수 있었다. 그의 삶에 따분함이란 없었고, 불필요한 다툼과 갈등을 피할 수 있었다.

당신이 순진한 미숙아의 관점을 갖고 있다는 사실을 스스로 분명히 깨닫기 전까지는 진정한 사회 지능을 습득할 수 없다. 프랭클린처럼 당신도 그런 깨달음에 이를 수 있다. 그러자면 과거를 되돌아보면서, 주변 사람과의 관계에서 발생한 다툼, 실수, 긴장감, 실망 등을 골똘히 생각해봐야 한다. 만일 그런 사건을 순진한 미숙아의 관점이라는 렌즈로 바라보면, 당신은 '타인이' 당신에게 했던 행동에만 집중하게 된다. 그들의 부당한 대우, 그들이 당신에게 준 모욕감이나 마음의 상처 같은 것들 말이다. 대신, 당신은 관점을 바꿔 당신 자신을 출발점으로 삼아야 한다. '당신이' 그들에 대해 무엇을 착각했는지, '당신이' 그들 성격의 못된 측면을 암시하는 신호를 못 보고 지나치지는 않았는지 생각해보라. 그럼으로써 그들에 대해 당신이 가진 환상과 그들의 실제 모습 사이의 차이를, 그리고 그런 괴리가 생긴 것이 순전히 당신 탓이라는 사실을 명료하게 깨달을 수 있을 것이다. 또 상사나 여타의 윗사람과의 관계를 자세히 들여다보면, 어린 시절 집안에서 흔히 나타나는 관계의 역학이 재현되고 있는 경우도 많다. 즉, 상대방을 지나치게 이상화하거나 악인으로 치부하는 습관 말이다.

순진한 미숙아의 관점이 초래하는 왜곡된 시각을 인식하고 나면 더 이상 그것을 견지해서는 안 된다는 판단이 들 것이다. 그런 관점을 갖는 한, 당신은 사람들의 진짜 동기와 의도는 전혀 읽지 못한 채 과거와 똑같은 실수나 행동 패턴에 굴복하기 쉬운 상태에 머물 수밖에 없다. 사람들과 진정한 관계를 맺기도 어렵다. 지금까지의 모습을 되돌아보며 자신이 위와 같은 관점을 갖고 있었다는 깨달음이 찾아오면, 앞으로는 다른 접근법을 취해야겠다는 욕구가 자연스럽게 일어날 것이다. 내 자신의 감정에만 몰두할 것이 아니라 시선을 외부로 돌려야겠다고, 먼저 면밀하게 관찰한 후에 행동해야겠다고 말이다.

이처럼 관점을 명료하게 재정립했다면, 마땅히 당신의 행동도 거기에 맞게 조정해야 한다. 순진함을 극복하겠다는 의욕이 넘친 나머지 냉소적인 태도를 취하고 싶은 유혹에 굴복하지 마라. 당신이 택해야 할 가장 효과적인 태도는 온전한 수용의 태도다. 이 세상은 각기 다른 성격과 기질을 가진 사람들로 가득하다. 인간은 누구나 어둡고 부정적인 측면, 남을 속이고 조작하려는 성향, 공격적인 욕구를 갖고 있다. 가장 위험한 사람들은 평소엔 자기 욕구를 억압하거나 그 욕구의 존재를 부정하면서 때가 되면 몹시 은밀하고 음흉한 방식으로 그것을 충족하려 드는 타입이다. 또 어떤 사람들은 검은 속내가 뻔히 겉으로 드러나기도 한다. 당신은 그런 사람들의 본성을 바꾸려고 해선 안 되고, 또 바꿀 수도 없다. 대신 그들 욕구의 희생자가 되는 것은 어떻게든 피하라. 당신은 다양한 인간 군상에 대한 관찰자이어야 하며, 최대한 관대한 포용력을 발휘함으로써 타인을 이해하고 필요한 경우 그들의 행동에 영향력을 행사하는 능력을 얻어야 한다.

이처럼 관점과 태도를 새롭게 정비한 이후라야 당신의 사회 지능이 진일보를 시작할 수 있다. 사회 지능을 위해서는 두 가지 요소가 필요하다. 첫째는 '인간 본성에 관한 개별적 지식'이다. 즉, 사람들을 읽고 그들의 세계관과 개성을 간파하는 능력이다. 둘째는 '인간 본성에 관한 보편적 지식'이다. 각 개인의 차원을 초월하여 보편적으로 나타나는 인간 행동의 패턴을 이해하는 것이다. 여기에는 우리가 종종 간과하는 어두운 특성들도 포함된다. 인간은 누구나 각 개인만의 독특한 기질과 인간이라는 종이 공유하는 보편적 특성을 동시에 갖고 있다. 따라서 당신은 이 두 종류의 지식을 모두 섭렵해야만 사람들을 날카롭고 정확하게 파악할 수 있다. 이 두 지식을 끊임없이 쌓고자 노력하라. 그러면 마스터리에 이르는 데 반드시 필요한 값진 기술을 획득할 수 있을 것이다.

개별적 특성 이해하기 : 사람들을 읽어라

우리는 누구나 살면서 타인과 묘하게 통하는 순간을 경험한다. 그런 순간에는 말로 표현하기는 어렵지만 확실히 상대방을 이해하고 느낄 수 있으며, 심지어 상대방의 머릿속 생각을 짐작할 수 있다는 기분도 든다. 이런 무언의 커뮤니케이션은 대개 친한 친구나 부부 또는 애인 사이에서, 즉 우리가 신뢰하고 여러 측면에서 서로 잘 맞는 사람과의 사이에서 나타난다. 우리는 그들을 신뢰하기에 마음을 열고 그들의 영향을 받아들이며, 그들 역시 우리를 대할 때도 마찬가지다. 평소 우리는 불안하고 방어적이고 자아에 대한 생각에만 골몰하며 생각의 방향이 안쪽으로 향할 때가 많다. 그러나 마음이 통하는 사람과 함께 있으면서 서로 연결된 기분을 느낄 때는 그렇지 않다. 그럴 때는 내면의 독백이 멈추고, 상대가 보내는 신호들을 적극적으로 받아들이며 상대에 대해 많은 걸 이해하기 시작한다.

안쪽으로 향하던 생각의 방향을 바깥쪽으로 틀어 타인에게 더 집중하면, 우리는 비언어적이면서도 상당히 효과적인 커뮤니케이션을 활용할 수 있다. 생존을 위해 긴밀하게 협력해야 하는 동시에 언어를 이용한 내면 독백이 불가능했던 과거 초기 인류는, 집단 내 다른 구성원들의 기분과 분위기를 알아채는 능력이 대단히 뛰어났다. 그들의 세심한 감수성은 텔레파시에 가까운 수준이었다. 인간 이외의 다른 사회적 동물들도 이와 유사한 능력을 지니긴 했지만, 인간의 경우 타인의 입장에서 생각해보는 능력 덕분에 그런 세심한 감수성이 한층 더 발달했다.

친밀한 사람과의 사이에 형성되는 강력한 비언어적 교감은 분명 일터에서는 경험하기 힘들다. 하지만 열린 태도를 갖고 타인에게 주의력을 집중하면 우리도 초기 인류가 지녔던 감수성을 어느 정도는 계발할 수 있으며 이로써 훨씬 더 효과적으로 사람들을 읽어낼 수 있다.

먼저, 사람들이 말하는 내용보다는 그들의 목소리 톤, 눈빛, 보디랭귀지를 더욱 유심히 살펴보는 연습을 하라. 이런 신호들은 언어로 표현되지 않는 내적 불안이나 흥분 상태를 드러낼 때가 많다. 만일 감정적이 되도록 사람들을 유도하면, 그들은 자신에 대한 정보를 더욱 많이 겉으로 드러낼 것이다. 당신의 내면 독백을 잠재우고 상대를 집중해서 관찰하면, 그들에게서 느껴지는 모종의 느낌이나 분위기를 포착할 수 있다. 그 느낌과 분위기는, 말로 표현하기 어렵기 때문에 당신이 평소 간과하기 쉬운 무언가를 알려줄 것이다. 또한 당신은 그런 신호들에 나타나는 패턴을 찾아내서 그 의미를 분석해볼 수 있다.

이와 같은 비언어적 단서의 차원에서 볼 때, 권력이나 권위를 가진 인물 앞에서 사람들이 보이는 행동 방식을 관찰해보면 흥미롭다. 그들은 불안감이나 적의를 드러내거나 아첨을 위한 가식적 태도를 보이는 경향이 있으며, 이는 그들의 심리 구조에서 핵심적인 부분을 보여준다. 또는 어린 시절에서 그 원인을 찾을 수 있는 어떤 정신적 특질을 드러내기도 하며, 그들의 심리 구조에 대한 힌트는 때때로 보디랭귀지에서 발견할 수 있다.

당신의 방어 기제를 내려놓고 타인에게 주의를 집중할 때는 경계심을 풀고 그들의 영향력을 기꺼이 받아들이려는 열린 자세를 가져야 한다. 다만, 타인에게 초점을 맞추며 공감 능력을 발휘하는 동안, 당신은 필요한 경우 최대한 객관적인 시각을 견지하며 수집한 정보를 분석해야 한다. 명시적으로 드러나진 않더라도 그들의 말이나 행동이 모종의 방식으로 당신과 관련되어 있다고 해석하고 싶은 유혹에 굴복하지 마라. 그러면 다시 당신 자신에 대한 생각에 골몰하기 쉽고 상대방을 파악할 수 있는 연결고리가 끊어지고 만다.

어떤 사람과 알고 지낸 뒤 일정 시간이 흐른 후에, 그 사람의 관점에서 세상을 바라본다고 상상하는 연습을 하라. 그가 놓인 상황에 당신이 들어간다고 상상하며 그가 느낄 감정을 미루어 짐작해보라. 또 공통되는 정서적 경험이 있는지 생각해보라. 가령 당신이 과거에 겪었던 트라우마나 감정적 고통과 유사한 경험을 상대방도 겪고 있는지 살펴보는 것이다. 그 감정의 일부를 회상해보면 상대를 파악하는 데 도움이 된다. 상대의 마음속에 실제로 들어가는 것이 목표가 아니다(그것은 불가능하다). 당신의 목표는 공감 능력을 키워서 사람들의 세계관을 보다 현실적인 시각으로 판단하는 것이다. 타인의 입장에서 사고하는 것은, 특정한 관점이나 해석 방식에 갇히기 쉬운 당신의 사고 프로세스 폭을 넓히는 효과적인 방법이다. 타인의 감정을 읽고 공감하는 능력은 당신이 연구하는 주제에 감정적으로 몰입하는 창의적 프로세스와도 유사한 측면이 있다.

자꾸 반복해서 연습할수록 이처럼 직관적으로 상대를 읽는 능력은 향상되기 마련이다. 그러나 더 의식적인 관찰도 병행하는 것이 좋다. 예를 들어, 타인의 행동과 결정을 유심히 살펴봐야 한다. 그럼으로써 거기에 숨겨진 동기를 간파할 필요가 있다(대개 그런 숨은 동기는 권력관계와 관련된다). 사람들은 자신의 동기나 의도에 관해 온갖 말을 동원해 설명하곤 한다. 그들은 그럴싸한 말로 속내를 위장하는 데 능숙하다. 그러나 그들의 행동을 유심히 관찰하면 인품과 성격에 대해, 수면 아래서 벌어지는 진짜 상황에 대해 훨씬 더 많은 것을 파악할 수 있음을 명심하라. 만일 누군가가 현재는 외면적으로는 온화한 품성을 풍기지만 과거 몇 차례 공격적 성향을 보인 적이 있다면, 현재의 외양보다는 그 과거의 전력에 훨씬 큰 비중을 두어야 한다. 아울러 사람들이 스트레스 상황에 반응하는 모습을 유심히 관찰하라. 흥분한 상황에서는 평소 쓰고 있던 가면이 가차 없이 벗겨질 때가 많기 때문이다.

사람들의 극단적인 행동에 주목해야 한다. 가령 심하게 화를 터뜨린다든지, 과도하게 친절하다든지, 시도 때도 없이 농담을 건넨다든지 하는 것 등 말이다. 사람들은 종종 그런 가면 뒤에 정반대의 모습을 숨긴다. 내면이 극도로 불안하기 때문에 겉으로 화를 내는 것이고, 은밀한 야심과 공격성을 품고 있기 때문에 과도한 친절을 베푸는 것이며, 옹졸한 품성을 감추기 위해 농담을 남발하는 것이다.

눈에 띄는 가능한 모든 신호를 읽고 해석하라. 여기에는 사람들의 옷차림, 그들의 업무 공간이 깔끔한지 지저분한지 여부도 포함된다. 어떤 사람을 배우자나 애인으로 두고 있는지도 상대방에 대해 많은 걸 말해줄 수 있다. 특히 평소 겉으로 드러나는 상대방의 성격과 그 배우자(또는 애인)가 어딘지 모르게 어울리지 않게 느껴진다면 더욱 그렇다. 그런 경우, 그런 배우자를 선택한 데에는 어린 시절부터 충족되지 못한 어떤 욕구, 권력에 대한 욕망, 낮은 자존감, 그밖에 평소 숨기고 싶어 하는 어떤 자아상 등이 영향을 미쳤을 수도 있다. 또 사소해 보이는 측면들(습관적인 지각, 세세한 부분을 챙기지 못하는 것, 당신이 베푼 호의에 보답하지 않는 것)이 의외로 사람들의 본모습에 관해 많은 걸 말해주기도 한다. 당신은 이런 행동 패턴에 주목해야 한다. 사소하다고 해서 그냥 지나쳐서는 안 된다.

또한 첫인상으로 사람을 판단하는 흔한 실수를 저지르지 마라. 경우에 따라서는 첫인상이 중요한 정보를 주기도 하지만, 첫인상이란 정확하지 않을 때가 더 많다. 여기에는 몇 가지 이유가 있다. 누군가를 처음 만났을 때 우리는 대개 긴장하고 마음을 열지 못하며 내향적 태도를 보이는 경향이 있다. 이런 심리 상태에서는 상대를 주의 깊게 관찰하기 어렵다. 게다가 사람들은 남들 앞에서 특정한 모습으로 비치게끔 스스로를 훈련한다. 즉, 남들 앞에서 자신을 보호하기 위한 일종의 외투와도 같은 페르소나를 갖고 있다. 날카롭게 간파하지 못하는 한, 당신은 그 페르소나를 상대의 본모습으로 착각하기 쉽다. 예를 들어, 당신이 만난 누군가를 남들에게 미치는 영향력이 강하고 자신감 넘치는 사람이라고 판단했더라도, 사실 그 사람은 그런 외양으로 내면의 두려움을 숨기고 있는 것일 뿐이며 당신이 처음에 상상한 것보다 훨씬 영향력이 적을 수도 있다. 오히려 조용한 인물이 실세인 경우도 많다. 첫눈에 보기에는 무리 내에서 별로 튀지 않지만 사실은 외양과 전혀 다른 내면을 숨긴 채 조용하게 막강한 힘을 행사하는 것이다.

당신은 충분한 시간을 두고 상대를 지켜봐야 한다. 그래야 첫인상으로는 알기 어려운 상대의 진짜 모습을 훨씬 정확하게 파악할 수 있다. 따라서 상대를 만나자마자 판단하려는 마음을 버리고, 차분히 몇 개월간 지켜보며 그에 대해 더 많은 것을 읽어내라.

결국 당신이 목표로 삼아야 할 것은 사람들의 고유한 특성과 그들이 중시하는 가치관을 간파하는 것이다. 거듭 사람들의 과거 경험을 헤아리고 그들의 사고방식을 추론해볼수록, 당신은 그들의 정신세계로 더욱 깊이 들어갈 수 있다. 이로써 그들의 동기를 이해하고, 그들이 어떤 행동을 할지 예상하고, 그들을 당신 편으로 끌어올 가장 효과적인 방법을 찾아낼 수 있을 것이다. 당신이 사람들의 진짜 동기를 모른 채 순진하게 행동하는 일은 없어질 것이다.

우리는 인생을 살면서 매우 다양한 타입의 사람들과 마주친다. 그들의 본모습을 제대로 꿰뚫어보는 능력은 매우 중요하다. 그러나 사람은 끊임없이 변하는 존재라는 사실 또한 명심하라. 사람들에 대한 판단을 특정한 이미지로 고정해서는 안 된다. 지속적으로 관찰하면서 그들에 대한 판단을 업데이트하라.

보편적 특성 이해하기 : 7가지 치명적 태도

역사를 잘 들여다보면 시대와 문화를 초월하여 나타나는 인간 행동의 패턴들을 발견할 수 있다. 이런 행동 패턴은 인간이라는 종이 가진 보편적 특성을 보여준다. 이런 특성들 중 일부(예컨대 집단 구성원들과 협력하는 능력)는 긍정적이고 바람직하지만, 어떤 특성들은 부정적이며 파괴적인 영향을 미칠 수 있다. 대부분의 사람에게는 이런 부정적 특성(시기심, 순응주의, 완고함, 자기중심주의, 태만, 변덕, 수동 공격성)이 비교적 가볍게 나타난다. 그러나 집단생활에서는 이 가운데 하나 또는 그 이상의 부정적 특성이 강하여 다른 구성원들에게 매우 파괴적인 영향을 미치는 사람이 반드시 존재하기 마련이다. 나는 그런 부정적 특성을 '7가지 치명적 태도'라고 부르겠다.

문제는 사람들이 불쾌하고 혐오스러운 타입으로 여겨질까 두려워 그런 특성을 가급적 드러내지 않으려 한다는 점이다. 그들은 그런 특성을 꼭꼭 감추고 있다가, 나중에 모종의 행동을 통해 본색을 드러내면서 무방비 상태인 우리에게 해를 끼치곤 한다. 놀란 우리는 거기에 감정적으로 대응하기 쉽고, 그러면 우리가 입는 피해는 더욱 커진다. 또 그것이 초래한 심리적 결과는 평생 동안 우리에게 영향을 줄 수도 있다. 주의 깊은 관찰을 통해 이 7가지 치명적 태도의 본질을 이해하여, 그런 특성을 보이는 사람을 얼른 간파하고 애초에 그런 특성을 자극하여 촉발시키지 말아야 한다. 사회 지능을 키우기 위해서는 아래에 설명하는 내용을 반드시 숙지해야 한다.

시기심: 언제나 자신과 타인을 비교하는 것은 인간의 자연스러운 본성이다. 경제적 수준, 외모, 성격, 지능, 인기 등 우리가 비교 기준으로 삼는 것은 수없이 많다. 주변의 누군가가 우리보다 더 성공을 거두면 우리는 자연스럽게 얼마간의 시기심을 느끼지만, 그것이 바람직한 감

정이 아님을 잘 알기에 대개는 그 감정을 최대한 약화시킬 방법을 모색한다. 우리는 그 사람이 순전히 운이 좋아서, 아니면 연줄 덕분에 성공한 것이라고, 또는 그 성공이 그다지 오래가지 못할 것이라고 생각해버린다. 하지만 어떤 사람들은 그 정도에서 그치지 않고 더 파괴적인 태도를 보이는데, 대개 그런 반응은 근본적으로 내면의 불안함 때문에 나온다. 마음속에 끓어오르는 시기심을 배출할 유일한 방법은 그 감정을 불러일으킨 상대방이 하는 일을 방해하는 것이다. 사람들은 그런 방해 공작을 시도하면서 그것이 시기심 때문이라고는 '절대로' 말하지 않는다. 대신 사회적으로 용인 가능한 다른 핑계거리를 대며 자신의 행위를 설명한다. 심지어 그들은 내면의 시기심을 자기 스스로도 인정하지 않을 때가 많다. 그렇기 때문에 시기심을 가진 사람을 간파하기는 좀처럼 쉽지 않다. 그렇다 해도 시기심을 암시하는 몇 가지 힌트는 존재한다. 누군가가 당신을 지나치게 칭찬하며 추켜세우거나 안 지 얼마 안 되었는데 과도하게 친근하게 군다면, 그 사람은 당신을 시기하고 있을 가능성이 높다. 가까운 관계를 만든 뒤에 당신을 해치려는 속셈인 것이다. 따라서 그런 태도를 보이는 사람을 특히 경계하라. 또한 어떤 사람이 유달리 불안감이 높아 보인다면 그는 남을 시기하게 될 가능성이 높다.

하지만 일반적으로 시기심은 알아채기가 몹시 힘든 감정이다. 당신이 취할 수 있는 가장 현명한 전략은 남들의 시기심을 자극하지 않게끔 당신의 행동에 신경 쓰는 것이다. 만일 당신이 특정한 기술에 남달리 뛰어나다면, 그 기술 이외의 다른 영역에서는 이따금 부족함을 드러내는 게 좋다. 너무 완벽하고 출중한 사람으로 비치지 않도록 하라. 불안한 심리를 가진 사람을 상대할 때는, '그가' 하고 있는 일에 큰 관심을 보여주고 때로는 그에게 조언을 구하는 태도를 보여라. 당신의 성공을 절대 뽐내지 말고, 필요한 경우라면 그 성공을 행운 탓으로 돌려라. 또 이따금 당신의 불안함을 드러내면 남들 눈에 당신은 한층 인간적인 사람으로 비칠 것이다. 스스로를 낮추는 자조적인 유머를 구사하는 것도 좋은 전략이다. 특히 사람들이 당신과 함께 있을 때 스스로 못나고 멍청하게 느껴진다는 기분이 들도록 만들어서는 안 된다. 두뇌의 명석함은 시기심을 가장 쉽게 불러일으킬 수 있는 요인이다. 너무 잘나서 무리에서 튀는 것이야말로 인간 내면에 잠재한 시기심에 금세 불을 댕긴다. 위협적이지 않은 온화한 태도를 유지하면서 집단 구성원들과 원만하게 어울리는 것이 가장 현명하다. 적어도 확고한 위치에 올라 더 이상 그런 것들에 신경 쓸 필요가 없어지기 전까지는 말이다.

순응주의: 어떤 종류의 집단에서든 해당 집단 고유의 사고방식이나 관점이 확립되기 마련이다. 관용을 강조하고 개인들 간의 차이를 기꺼이 인정한다고 말하는 구성원들도, 자신과 현저하게 다른 특이한 사람을 마주하면 실상은 불편한 심기를 느끼면서 지배적인 조직문화의 역할을 들먹이곤 한다. 이런 조직문화는 '바름'에 대한 관습적 기준들을 갖기 마련이다(물론 그 기준은 시대에 따라 바뀐다). 어떤 조직에서는 신체적 외모를 중시한다. 그러나 대개 '바름'이 의미하는 바는 그 이상의 범위로 확대된다. 조직 구성원들은 우두머리의 가치관이나 분위기에 무의식적으로 순응하면서 동일한 도덕관이나 정치관을 공유하는 경우가 많다. 조직의 기준에 부합하는 의견을 지녔음을 '드러낼' 필요성을 사람들이 얼마나 강하게 느끼는지를 관찰해보면, 위와 같은 조직 분위기를 알

수 있다. 또 언제나 조직문화의 '바름'을 감독하는 역할을 하는 사람들이 있기 마련이며, 사실 이들은 매우 위험할 수 있다.

만일 당신이 다소 반항적이거나 괴짜 성향을 지녔다면(마스터리를 목표로 삼는 사람은 그런 타입이 많다), 그처럼 남들과 다른 특성을 너무 공개적으로 드러내지 않는 것이 좋다. 특히 수련기에는 더욱 그렇다. 당신의 개성이 일이나 작업성과를 통해 미묘하게 드러나게 만들라. 하지만 정치적 사안이나 도덕, 가치관 등의 문제에 관해서는 당신이 속한 조직이나 환경에서 채택한 기준들을 지키는 모습을 보여라. 당신의 일터를 항상 가면을 쓰고 행동하는 일종의 연극 무대라고 생각하라. (당신 머릿속의 가장 흥미롭고 개성 넘치는 생각은 가까운 친구들, 또는 일터 바깥의 신뢰할 수 있는 사람들하고만 공유하라.) 그리고 언제나 말을 조심하라. 당신 생각을 마음껏 표현했다가 예상치 못한 대가를 치러야 할지도 모른다. 당신이 순응주의에 어긋나는 태도를 보이면, 사람들은 당신을 불편한 존재로 느끼는 이유를 인정하려 들지 않을 것이다. 자신들을 순응주의자라고 믿고 싶지 않기 때문이다. 대신 그들은 당신을 배척하고 방해할 다른 구실을 찾아낼 것이다. 그들에게 꼬투리를 잡힐 만한 언행을 하지 않도록 주의하라. 훗날 당신이 마스터리를 획득하고 나면 개성을 마음껏 발휘할 기회가, 그들의 '바름'에 경멸감을 표현할 수 있는 기회가 얼마든지 있을 것이다.

완고함: 세상은 점점 더 복잡해지고 있다. 그리고 우리 인간은 복잡하게 느껴지는 상황을 맞닥뜨릴 때면 일종의 인위적 단순함에 의존하는 경향이 있다. 즉, 습관과 통상적인 관례에 의지하려고 한다. 그러면 상

황에 대한 통제력을 갖고 있다는 기분을 느낄 수 있기 때문이다. 사고방식이든, 사람 얼굴이든, 어떤 절차든 우리는 익숙한 것을 좋아한다. 익숙한 것이 심리적인 편안함을 주기 때문이다. 이런 경향은 집단이나 조직에서도 나타난다. 사람들은 이유도 생각해보지 않은 채 특정한 절차를 따른다. 단순히 그 절차가 과거에 통했다는 이유만으로 말이다. 그리고 자신의 방식에 누군가 의문을 제기하면 몹시 방어적인 태도를 보인다. 또 사람들은 심지어 이미 잘못되었음이 거듭 판명된 관점이라 할지라도 그 관점에 함몰되어 그것을 고수한다. 과학의 역사를 들여다보라. 새로운 학설이나 세계관이 등장할 때마다, 그것을 뒷받침하는 많은 증거가 존재함에도 구시대적 세계관을 가진 사람들은 자신의 관점을 확고부동하게 지켜내기 위해 갖은 방법을 동원하지 않았던가. 인간은 본성상 자신이 견지하던 것과 다른 사고방식이나 절차를 선뜻 택하려고 들지 않으며, 이런 경향은 특히 나이가 들어가면서 더 강해진다.

자신의 융통성 없는 완고함을 자랑스럽게 드러내 보이는 사람은 별로 없다. 당신이 새로운 아이디어나 절차를 제안하면 그제야 당신은 사람들의 완고함과 부딪히게 된다. 심하게 완고한 사람들은 어떤 종류의 변화에 대해서도 짜증을 내고 심지어 공황 상태에 빠진다. 당신이 논리적으로 요목조목 따지면서 주장을 밀어붙이려고 하면, 그들은 더욱더 방어적인 태도를 취하며 저항하기 십상이다. 만일 당신이 대담한 시도를 좋아하고 열린 사고를 가진 타입이라면, 사람들은 당신의 그런 성격 자체를 조직에 혼란을 가져오는 요인으로 점찍을지도 모른다. 익숙지 않은 새로운 것에 대한 사람들의 두려움을 자극하는 것이 얼마나 위험한지 인식하지 못하면, 당신에게는 곳곳에 숨은 적들이 생길 수밖에 없다. 그들은 기존 방식을 지켜내려고 온갖 수단을 동원할 것이다. 완고한 그들과 맞붙어 대결하거나 그들의 비합리적인 생각에 반대론을 펼치며 논박하는 것은 쓸데없는 짓이다. 시간만 낭비하게 될 뿐이며, 그 과정에서 당신 자신도 완고해지기 쉽다. 가장 현명한 전략은 일단 그들의 완고함을 인정하고, 기존 질서를 유지하려는 그들의 방식을 존중하는 모습을 겉으로 충분히 보여주는 것이다. 그러나 당신의 내면에서는 열린 사고방식을 견지하면서, 잘못된 습관을 버리고 참신한 관점을 계발하기 위해 의식적으로 노력해야 한다.

자기중심주의: 사회생활을 하면서 사람들은 그 무엇보다 자기 자신을 먼저 생각하기 마련이다. 치열한 경쟁이 벌어지는 냉혹한 세상에서 살아가는 우리는 자기 이익을 먼저 챙겨야만 한다. 어떤 훌륭한 대의를 위해 행동할 때조차도 우리는 무의식적으로 타인의 호감을 사고 싶은 욕구, 남들에게 조금이라도 더 좋은 이미지로 비치고 싶은 욕구에 의해 움직일 때가 많다. 그것은 부끄러운 일이 아니라 인간의 당연한 본성이다. 그런데 자기중심적 성향이라는 것은 스스로도 고결한 인품과는 거리가 멀게 느껴지고 또 남들에게도 그렇게 느껴지기 때문에, 많은 사람이 그런 성향을 애써 감추려고 노력한다. 또 이기적 성향이 몹시 강한 사람이 오히려 도덕적 인품이나 높은 덕망이 풍겨 나오게끔 행동하거나, 또는 이런저런 정의로운 대의를 지지한다는 점을 과시하는 경우도 많다. 이런 외양에 속아 넘어간 당신은 그들에게 어떤 도움을 요청해야 할 때 종종 그들의 자애심 넘치는 인격이나 우호적인 감정에 호소한다. 하지만 그들이 정중하게 거절하거나 또는 당신을 단념시

킬 때까지 미적거리며 대답을 미루는 탓에, 결국 당신은 큰 실망감을 느끼게 될지도 모른다. 물론 그들은 자기 행동의 진짜 이유를 절대 드러내지 않는다. 즉, 자기에게 돌아올 이익이 없기 때문에 거절한다는 사실을 말이다.

이럴 때 낙담하거나 당황할 것이 아니라, 그런 자기중심주의를 이해하고 받아들여야 한다. 누군가에게 부탁을 하거나 도움을 요청해야 하는 경우 상대방의 이기심에 어느 정도 호소할 필요가 있다. (상대가 지닌 이기적 성향의 강도와 상관없이 항상 이런 접근법을 취하라.) 상대의 입장에서 상황을 바라보고 그가 필요로 하는 바를 파악하라. 그리고 그의 도움을 받는 대가로 당신도 가치 있는 무언가를 그에게 제공할 수 있어야 한다. 예컨대 상대방이 시간을 절약할 수 있게 뭔가를 도와주거나, 그에게 필요한 인맥을 소개해주는 것이다. 때로는 당신의 부탁을 들어주거나 훌륭한 대의를 지지함으로써 덕망 높은 인격을 드러낼 기회를 주는 것만으로도 충분하지만, 대개는 그보다 더 강력한 무언가를 제공하는 게 좋다. 그들이 당신에게서 모종의 구체적인 이익을 기대할 수 있어야 한다는 얘기다. 보다 일반적으로는, 평소 사람들을 대할 때 상대방과 그의 관심사를 중심으로 대화가 흘러가도록 분위기를 끌고 가라. 그러면 그들을 당신 편으로 만들기가 훨씬 수월해진다.

태만: 가장 빠르고 쉬운 방법으로 목표를 달성하고 싶은 마음은 누구에게나 있다. 하지만 우리는 대개 그런 조급함을 억누른다. 땀 흘리고 열심히 노력해서 목표를 성취하는 것이 옳다는 사실을 잘 알기 때문이다. 하지만 어떤 사람들은 태만한 성향이 뿌리 깊이 박혀서 상습적으로

그런 기질을 드러낸다. 그들은 무언가를 이루기 위한 몇 달 또는 몇 년의 시간을 참지 못하고 끊임없이 지름길을 찾는다. 그들의 태만은 여러 가지 교활한 양상으로 나타난다. 예를 들어, 당신이 방심하고 너무 많은 이야기를 쏟아놓으면, 그들은 당신의 훌륭한 아이디어를 얼른 훔쳐서 자기 것으로 만든다. 그 아이디어의 구상에 소요된 모든 정신적 노력을 하나도 들일 필요 없이 '거저' 차지하는 셈이다. 또 그들은 당신이 진행하는 프로젝트 중간에 느닷없이 끼어들어와 거기에 자기 이름을 올리고 부분적인 공로를 인정받으려 든다. 그런가 하면 '공동 작업'을 하자고 제안하고는, 힘든 부분은 몽땅 당신에게 떠넘기고 나중에 보상은 당신과 똑같이 나눠 갖는다.

   이런 인간 유형에 대처하기 위해서는 신중하고 빈틈없는 분별력이 필요하다. 당신의 아이디어를 웬만해선 발설하지 마라. 또는 아이디어 일부가 드러났다 하더라도 세부적 측면들은 최대한 숨겨서 그것을 훔쳐다 사용할 수 없게 하라. 만일 당신이 상사나 선배를 위해서 어떤 작업을 하는 중이라면 모든 공이 그들에게 돌아가게 양보하고 당신의 이름은 거기서 빼라(수련기에는 응당 이런 과정을 거치기 마련이라고 생각하라). 하지만 동료와의 관계에서는 그렇게 해서는 안 된다. 공동 작업하는 조건의 일부로서, 후에 당신의 노고가 인정받아야 한다는 사실을 확실히 해둬라. 만일 누군가가 자기 대신 어떤 일을 해달라고 당신에게 요청하면서 공식적으로는 '공동 작업'을 한 것으로 해두자고 제안하면, 그 일이 당신 역량을 한층 향상시키는 데 도움이 되는지 판단해보고, 또 상대방의 과거 이력과 평판을 조사하여 그의 근로 윤리가 어땠는지 파악하라. 평소에 공동 작업이나 협력을 제안하며 적극적으로 다가오는 사람을 조심하라. 그런 자들은 자기 대신 무거운 짐을 짊어질 사람을 찾고 있는 경우가 많기 때문이다.

변덕: 우리는 언제나 이성적 판단을 토대로 결정을 내린다고 믿고 싶어 하지만 실상은 감정의 지배를 받을 때가 많으며, 감정은 끊임없이 우리의 상황 인식에 영향을 끼친다. 당신 주변 사람들도 마찬가지다. 그들은 감정에 이끌려 기분에 따라 수시로 생각을 바꾼다. 우리는 하루가 지나면, 심지어 한 시간만 지나도 딴소리를 하는 사람을 자주 목격하지 않는가. 특정 순간에 사람들이 한 말이나 행동이 그들의 변치 않는 마음의 반영물이라고 믿는 실수를 범하지 마라. 그들은 어제는 당신 아이디어를 칭찬하다가도 오늘은 시큰둥한 표정을 짓기 일쑤다. 그러면 당신은 혼란에 빠진다. 그리고 자칫하면 그들의 진짜 속내와 그 순간의 기분과 곧 바뀌고 말 내적 동기를 이해하려 애쓰느라 당신의 정신적 에너지만 낭비하기 십상이다.

사람들의 변덕스러운 감정에서 어느 정도 객관적인 거리를 유지하는 것이 현명하다. 그래야 거기에 휘둘리지 않을 수 있다. 그들의 말이 아니라 행동을 유심히 관찰하라. 행동은 말보다 일관성을 띠는 경향이 있다. 사람들이 입으로 내거는 약속을 곧이곧대로 믿지 마라. 당신을 돕고 싶다는 열성적인 태도에 쉽게 혹하지 마라. 만일 그들이 약속을 지킨다면 다행이지만, 당신은 그들이 보일지 모를 변덕에 미리 준비하고 있어야 한다. 기본적으로 타인에게 의지하려 들지 말고 스스로 해낼 줄 아는 자립성을 키워라. 그래야 예기치 못한 실망과 낙담을 방지할 수 있다.

수동 공격성: 수동 공격성을 초래하는 근본적 원인은 직접적 충돌을 두려워하는 인간 심리다. 충돌이 가져올 감정 대립과 그로 인한 통제감 상실을 두려워하는 것이다. 이런 두려움 때문에 어떤 사람들은 자신의 뜻을 달성하기 위한 간접적인 방법을 찾는다. 이들은 진짜 속마음을 알아채기 힘든 수동적 방식으로 자신의 적대감이나 공격성을 나타내면서 상황의 주도권을 쥐고자 한다. 우리는 누구나 어느 정도 이런 수동 공격성을 갖고 있다. 약한 정도의 수동 공격성을 보여주는 가장 흔한 행동은 일부러 꾸물거리면서 해야 할 일을 지연하기, 지각하기, 사람들을 당황하게 만들려고 퉁명스럽게 말하기 등이 있다. 이런 사람에게는 그의 행동을 지적해주어 그것이 부적절한 태도임을 인식시키는 방법이 종종 효과를 발휘한다. 또는 그의 행동이 주변에 별다른 피해를 주지 않는다면 그냥 무시해도 괜찮다. 그러나 내면에 불만과 불안 심리가 가득하여 수동 공격성이 강한 사람들도 존재한다. 그들은 당신 삶에 파괴적인 영향을 미칠 수 있다.

가장 좋은 방법은 그들의 은밀한 공격에 휘말리기 전에 그런 타입을 간파하고 무조건 피하는 것이다. 그들의 이력을 살펴보면 유용한 단서를 얻을 수 있다. 그들의 평판이 어떤지, 과거에 주변 사람들과 사소한 충돌이 있었는지 알아보는 것이다. 또 그들 주변에 있는 사람(예를 들어 조수)을 유심히 살펴보라. 그들과 함께 있을 때 주변 사람이 유달리 조심하거나 겁을 먹은 듯이 행동하지는 않는가? 때때로 당신은 혼란스러움을 느낄 것이다. 당신이 보기에 그들이 당신을 방해하려는 속내를 품고 있는 것 같은데 겉으로는 한없이 친근하고 유순한 분위기를 풍기기 때문이다. 그런 외양은 무시하고 그들의 실제 행동에만 집중하라. 그래야 본모습을 파악할 수 있다. 만일 상대방이 당신을 피하면서 필요한 행동(당신 입장에서 중요성을 갖는 행동)을 미적거리며 미룬다면, 또는 당신으로 하여금 왠지 죄책감을 느끼게 만들면서 이유는 분명히 드러내지 않는다면, 또는 당신에게 해를 끼쳐놓고 그것을 우연한 사고 탓으로 돌린다면, 그 사람은 수동 공격성을 갖고 있을 확률이 높다. 당신이 택할 길은 두 가지다. 하나는 그런 타입을 무조건 피하는 것이다. 또 하나는 당신 역시 간접적인 방식으로 그들에게 반격함으로써, 당신을 건드리면 대가를 치른다는 메시지를 조용히 전달하는 것이다. 이렇게 하면 그들은 꼬리를 내리고 다른 공격 대상을 찾을 때가 많다. 그들의 수동적 공격 성향이 만들어내는 성가신 상황에 감정적으로 휘말리는 일은 어떻게든 피해야 한다. 그들은 교묘한 방법으로 상황을 통제하는 데 능숙하므로, 그렇게 감정에 휘말리면 십중팔구 당신이 곤경에 처하게 된다.

* * *

높은 사회 지능은 대인관계에만 도움이 되는 것이 아니다. 사회 지능은 지적 사고와 전반적인 창의성에도 대단히 유익한 영향을 미친다. 벤저민 프랭클린을 생각해보라. 그는 사람들 각자의 고유한 특성을 보여주는 세부적 측면에 집중하는 능력을 계발하여 그들의 내적 동기를 간파할 수 있었다. 그는 인간 본성의 미묘한 특성을 민감하게 포착하는 능력을 키웠고, 사람들을 대강 뭉뚱그려 이해하는 흔한 실수를 피했다. 또 각기 다른 문화권에 속한 사람들이나 배경이 다른 사람들을 대할 때 보기 드문 뛰어난 인내심과 열린 태도를 유지했다. 그리고 이런 그의 사회 지능은 대인관계뿐만 아니라 그의 지적 작업에도 고스란히 녹아들어 힘을 발휘했다. 그는 과학 연구를 할 때 세세한 측면을 관찰하는 눈이 탁월했고, 어떤 문제와 씨름할 때 유연하고 끈기 있는 접근법을 취했으며, 자신의 글에 등장하는 다양한 인물의 내면으로 들어가 그 인물과 일체가 되어 사고할 줄 알았다.

인간 두뇌의 각 부분은 서로 밀접하게 연결되어 있으며, 두뇌는 다시 나머지 신체 부분과 밀접히 연결되어 있다. 두뇌는 인간의 사회성이 발달하는 수준과 나란히 발달해왔다. 타인과의 효과적인 커뮤니케이션을 위해 높은 수준으로 발달한 거울 뉴런의 중요성은 다른 종류의 두뇌 활동들에도 적용된다. 대상과 현상의 내면으로 들어가 사고하는 능력은 창의적인 과학연구 활동에서도 대단히 중요하다. 전기에 대한 패러데이의 접근법, 아인슈타인의 사고 실험을 생각해보라.

레오나르도 다 빈치, 모차르트, 다윈 등 역사 속 위대한 거장들은 대부분 유연하고 민감한 사고방식을 갖고 있었으며 그런 사고방식은 그들의 높은 사회 지능과 더불어 발달한 것이었다. 지적으로 경직되고 지나치게 내면으로만 향하는 사람은 자기 분야에서는 웬만큼 성공을 거둘지 몰라도, 그들의 성과물이나 업적에는 창의성과 개방성, 세부적 측면에 대한 민감성이 부족한 경우가 많으며, 이것은 시간이 흐를수록 더욱 분명하게 드러난다. 결국, 타인의 내면으로 들어가 사고하는 능력은 거장들이 자신의 분야에서 발휘하는 직관적 통찰력과 크게 다르지 않다. 지적 능력이 아무리 탁월하다 해도 사회 지능이 결핍되어 있으면 마스터리로 가는 과정은 지체될 수밖에 없으며 당신의 창의성도 온전하게 발휘할 수 없다는 것을 명심하라.

사회 지능 함양을 위한 전략

> 그러나 우리는 인정해야만 한다. …… 모든 고귀한 자질을 갖고 있으며, 가장 하찮은 존재에도 연민을 느낄 줄 알고, 타인들뿐만 아니라 가장 초라한 미물에도 자비심을 베풀고, 태양계의 움직임과 구조를 꿰뚫는 신과 같은 지적 능력을 가진 인간이, 이 모든 탁월한 능력을 가진 인간이 그 신체 구조 속에 하등한 동물에서 유래했다는 지워지지 않는 흔적을 갖고 있다는 사실을 말이다.
> _ 찰스 다윈

사람들과의 관계에서 종종 우리는 특정한 문제 상황에 부딪혀서 감정적으로 변하고 순진한 미숙아의 관점에 갇혀버린다. 그런 문제 상황으로는 예상치 못한 정치적 다툼, 누군가가 외양을 근거로 당신의 인격을 피상적으로 판단하는 것, 사람들이 당신의 성과물에 편협한 비판을 가하는 것 등이 있다. 과거와 현재의 거장들에게 배울 수 있는 아래의 4가지 전략은 당신이 그런 상황에 대처하고 사회 지능에 필요한 이성적 관점을 유지하는 데에 도움을 줄 것이다.

1. 성과로 말하라

A. 1846년 스물여덟 살의 헝가리 의사 이그나즈 제멜바이스Ignaz Semmelweis는 빈 대학 병원의 산부인과 조수가 되었다. 그리고 그와 거의 동시에 한 가지 문제에 골몰하기 시작했다. 당시 유럽의 산부인과

병동에는 산욕열이라는 골치 아픈 질병이 만연했다. 젊은 제멜바이스가 근무하고 있던 병원에서도 산모 여섯 명 중 한 명이 출산 직후에 산욕열로 사망했다. 의사들이 죽은 산모를 부검해보면 하나같이 냄새 고약한 희끄무레한 고름과 다량의 부패한 피부 조직이 발견되었다. 하루가 멀다 하고 발생하는 산욕열의 폐해를 목격하던 제멜바이스는 다른 아무것도 생각할 수가 없었다. 그는 이 병의 원인을 밝혀내는 데 몰두하기 시작했다.

당시 많은 사람들은 산욕열의 원인이 호흡을 통해 폐를 거쳐 체내로 유입되는 부유 입자들이라고 추정했다. 하지만 제멜바이스는 이것이 터무니없는 생각이라고 믿었다. 그가 보기에 산욕열의 발생은 날씨나 실내 환기 상태, 또는 대기의 어떤 입자와도 관계가 없었다. 그는 집에 있는 산파가 분만을 도운 경우보다 병원 의사가 분만을 도왔을 때 산욕열 발생률이 훨씬 높다는 사실에 주목했다. 그런 차이가 발생하는 이유를 아무도 알지 못했고, 여기에 주목하며 염려하는 사람은 거의 없는 것 같았다.

제멜바이스는 의학 자료를 뒤지며 연구에 연구를 거듭한 끝에 놀라운 결론에 도달했다. 이 병을 발생시키는 원인이 의사와 환자의 직접적인 접촉이라는 결론이었다. 이것은 당시로서는 매우 혁신적인 관점이었다. 그리고 제멜바이스가 이런 가설을 더 체계적으로 다듬는 도중에 그것을 결정적으로 뒷받침하는 증거가 될 만한 사건이 일어났다. 산부인과에 근무하던 한 의사가 산욕열로 사망한 산모를 부검하다가 칼에 손가락을 베었는데 감염이 일어나 며칠 후에 죽은 것이다. 사망한 의사의 사체를 부검해보니 죽은 산모와 똑같이 희끄무레한 고름과 부패한 피부 조직이 발견되었다.

제멜바이스는 의사들이 부검 때 감염된 손으로 산모를 진료하고 분만을 돕는 과정에서 산욕열 감염균을 산모에게 옮기는 것이라고 확신했다. 사실상 의사가 산모를 죽게 만들고 있는 셈이었다. 그렇다면 해결책은 간단했다. 의사가 산모를 만지기 전에 손을 깨끗이 씻고 소독하면 되는 것이다. 당시 병원들에서는 이처럼 손을 소독하는 관행이 없었다. 제멜바이스는 자신의 산부인과 병동에 이와 같은 소독 절차를 도입했고, 이후 곧 산욕열 사망 산모 숫자는 절반으로 뚝 떨어졌다.

의학계의 혁신적인 발견, 즉 접촉성 전염병과 세균의 연관 관계를 세상에 드러냄으로써 제멜바이스가 의사로서의 경력을 빛낼 수 있는 날이 머지않은 듯 보였다. 그런데 한 가지 문제가 있었다. 제멜바이스의 상관이자 산부인과 책임자인 요한 클라인은 대단히 보수적인 타입으로, 의사들에게 기존 관행과 전통적인 의료 방식을 엄격히 준수하라고 요구하는 사람이었다. 그는 경험도 부족한 풋내기인 제멜바이스가 급진적인 이론으로 기존 질서를 뒤엎고 유명해지려는 욕심을 갖고 있다고 생각했다.

제멜바이스는 산욕열 문제를 놓고 끊임없이 클라인과 대립각을 세우며 언쟁했다. 그러다 마침내 제멜바이스가 자신의 이론을 세상에 발표하자 클라인은 불같이 화를 냈다. 제멜바이스의 이론이 맞는다면 이제껏 클라인을 비롯한 의사들이 산모들을 죽음으로 몰고 간 것이 되었고, 이것은 받아들이기 너무 힘든 진실이었다. (클라인은 제멜바이스 병동의 산욕열 사망률이 낮은 것이 자신이 설치한 새로운 환기 장치 때문이라고 주장했다.) 1849년 제멜바이스의 보조 의사 계약기간이 끝나갈 무렵 클라인은 재계약을 거절했고, 제멜바이스는 사실상 일자리를 잃게 되었다.

하지만 그 무렵 병원 내의 일부 젊은 의사들은 제멜바이스의 뜻에 동참하며 그를 도와주고 싶어 했다. 그들은 제멜바이스에게 그의 이론을 더욱 확실하게 뒷받침할 대조 실험을 수행한 후 연구 결과를 책으로 저술하여 유럽 전역에 알리라고 독촉했다. 그러나 제멜바이스는 클라인과의 싸움에서 딴 데로 주의를 돌릴 수가 없었다. 날이 갈수록 마음속에 화가 끓어올랐다. 산욕열의 원인에 대한 말도 안 되는 이론을 고집하는 클라인의 태도는 한심하기 짝이 없었다. 어쩌면 그렇게 진실에 무지할 수 있단 말인가! 어떻게 그런 사람이 산부인과에서 그토록 높은 권위를 가진단 말인가? 무엇이 진실인지는 이미 뻔히 답이 나와 있는데 왜 내가 굳이 많은 시간을 들여서 실험을 하고 책을 써야 하는가? 그는 책을 쓰는 대신 산욕열의 원인을 주제로 강연을 하기로 결심했다. 강연을 통해 기존 의학계의 편협한 관점에 대한 자신의 경멸감과 조소를 표현할 생각이었다.

유럽 각지에서 온 의사들이 제멜바이스의 강연에 참석했다. 일부 의사들은 여전히 회의적인 태도를 보였지만, 제멜바이스는 강연을 통해 지지 세력을 다소 얻을 수 있었다. 그의 지지자들은 제멜바이스에게 이 여세를 몰아 더 심층적인 연구를 한 뒤 책을 출간하라고 종용했다. 그러나 일련의 강연이 끝나고 몇 달이 채 지나지 않아, 무슨 이유에선지 제멜바이스는 갑자기 빈을 떠나 고향인 부다페스트로 돌아갔다. 그리고 그곳에서 빈에서는 얻기 불가능했던 대학 교수직과 병원의 산부인과 책임자 자리를 얻었다. 그는 클라인과 같은 도시에서 지내는 것을 참을 수 없다고 느끼는 것 같았다. 비록 당시 부다페스트는 의학계의 변두리였지만 그에게는 자기 뜻을 마음껏 펼칠 수 있는 곳이 필요했다. 빈에 있는 동료들은 심한 배신감을 느꼈다. 평판이 훼손되는 것을 무릅쓰고 제멜바이스를 도왔는데, 이제 곤경에 빠진 자신들을 저버리고 그가 떠나버렸기 때문이었다.

부다페스트의 병원에서 일하면서 제멜바이스는 자신의 소독 방침을 강하게 추진했고 그 덕분에 산모 사망률을 크게 낮췄다. 하지만 너무 강압적으로 밀어붙인 나머지 함께 일하는 많은 의사 및 간호사들과 사이가 틀어졌다. 그에게서 등을 돌리는 사람들은 점점 더 많아졌다. 그는 소독 방침에 대한 자신의 참신한 아이디어를 만나는 모든 이들에게 강조했지만, 그것을 효과적으로 뒷받침해줄 저서나 실험 결과가 없었기 때문에 사람들 눈에는 그가 혼자 과장되게 떠벌리거나 스스로 만들어낸 별난 아이디어에 강박적으로 집착하는 것처럼 비쳤다. 자기 방법이 옳다며 지나칠 만큼 열정적으로 강조하는 그의 태도는 사람들로 하여금 엄밀한 과학적 근거가 부족하다는 사실에 더 주목하게 만들 뿐이었다. 일부 의사들은 그가 산욕열 발생률을 낮출 수 있었던 다른 이유가 있지 않나 하고 추측했다.

마침내 1860년, 제멜바이스는 동료들의 강권에 못 이겨 자신의 이론을 상세하게 설명하는 책을 쓰기로 결심했다. 처음엔 비교적 얇게 만들려고 했지만, 집필을 마치고 나니 거의 읽기도 힘들 만큼 긴 600쪽의 두꺼운 책이 되었다. 이 책은 기존 의학계를 향한 통렬한 비판이 가득했고 대동소이한 말을 중언부언 되풀이했으며 내용이 대단히 난해했다. 또 그의 견해를 무시함으로써 결과적으로 산모를 죽음에 이르게 한 의사들의 사례를 낱낱이 열거하는 책 속 그의 어조는 격렬한 비판으로 흐르곤 했다. 종말론적인 대참사를 예언하기라도 하듯 책의 분위기는 암울하기만 했다.

이 책이 출판되자 제멜바이스를 반대하는 목소리가 높아졌다. 그는 집필에 온 힘을 쏟았지만 책은 과학적 엄밀함이 부족했기 때문에 비판자들은 그의 논리에서 허점을 들춰내거나 또는 그의 격앙된 어조를 지적했다. 어느 쪽이든 그에겐 치명적이었다. 과거에 그를 도와주던 동료들도 이젠 더 이상 그를 지지하지 않았고, 오히려 그를 미워하며 등을 돌렸다. 그가 점점 더 잘난 체하는 태도를 보이고 엉뚱한 행동을 자주 하자 결국 병원에서도 그를 해고했다. 거의 모든 사람에게 외면당한 채 사실상 무일푼 신세가 된 제멜바이스는 병에 걸려 1865년 47세의 나이로 세상을 떠났다.

B. 1602년 이탈리아 파도바 대학에서 의학을 공부하던 영국인 청년 윌리엄 하비William Harvey, 1578~1657는 심장과 그 기능에 대한 의학 이론에 의구심을 품기 시작했다. 그가 학교에서 배운 내용은 2세기 그리스 의사인 갈레노스의 이론에 토대를 둔 것이었는데, 이 이론에서는 혈액이 간과 심장에서 만들어진 후 정맥을 통해 온몸으로 영양분을 공급한다고 설명했다. 이 이론에 따르면 혈액은 간과 심장으로부터 나와 천천히 신체 각 부분으로 이동하여 소비될 뿐 순환하는 것은 아니었다. 하비가 의문스러운 점은 신체 내의 혈액 양이었다. 우리 몸이 어떻게 그렇게 많은 양의 혈액을 생산하고 소비할 수 있을까?

이후 하비는 다년간 의사로서 경력을 쌓은 뒤 영국 왕 제임스 1세의 주치의가 되었다. 궁정에서 일하는 동안 그는 혈액과 심장에 대해 품었던 의문을 계속 파고들며 연구했다. 그리고 1618년에 마침내 하나의 가설을 정리하기에 이른다. 즉, 혈액은 체내를 느린 속도가 아니라 빠른 속도로 흐르며 심장이 일종의 펌프 역할을 한다는 것이었다. 혈액은 그저 생산되고 소비되는 것이 아니라 끊임없이 체내에서 순환한다는 것이 그의 생각이었다.

그런데 문제는 그것을 입증할 직접적인 방법이 없다는 것이었다. 당시 인간의 몸을 절개해 심장을 관찰한다는 것은 상상조차 할 수 없었다. 그나마 유일한 대안은 동물 생체 해부를 실시하거나 인간의 사체를 해부하는 것이었다. 하지만 동물의 심장을 열어보면 너무 불규칙하게 움직이거나 지나치게 빠른 펌프 동작이 관찰되기 일쑤였다. 심장은 그 작동 원리가 대단히 복잡했기에, 하비는 대조 실험을 통해(예를 들면 정교한 지혈대를 활용했다) 추정할 뿐 눈으로 직접 확인할 길이 없었다.

수차례의 대조 실험을 시행한 하비는 자신의 생각이 옳다고 확신했다. 하지만 다음 단계에 대한 계획을 신중하게 세워야 했다. 그의 이론은 당시로선 꽤 급진적이었기 때문이다. 그것은 인체의 해부학적 구조와 관련해 수백 년간 사실로 믿어온 관점을 뒤집는 것이었다. 하비는 지금까지의 연구 결과를 곧장 발표하면 의학계의 적대감을 불러일으키고 많은 적들이 생길 것을 알았다. 대개 사람들이 새로운 이론을 쉽게 받아들이지 못하고 거부감을 느낀다는 점을 간파한 하비는 연구 결과의 발표를 잠시 미루기로 결심했다. 이론을 더욱 확고하게 정립하고 더 많은 증거를 확보할 때까지 기다리기로 한 것이다. 한편 그는 추가적인 실험과 해부에 동료들을 참여시키고 늘 그들의 의견을 이끌어냈다. 그런 과정에서 점점 더 많은 동료들이 공감하며 그의 이론을 지지했다.

서서히 동료 의사 대부분을 자기편으로 만든 하비는 1627년에 왕립의사협회의 최고위직에 임명되었다. 사실상 평생 몸담을 수 있는 고위직을 얻음으로써, 그의 이론 때문에 삶이 위태로워질 걱정은 할 필요가 없게 된 것이었다.

하비는 먼저 제임스 1세, 그 후엔 찰스 1세(1625년 왕위에 오름)의 주치의로 일하는 동안 왕실의 총애를 얻고자 무던히 노력했다. 그는 궁정 생활에서 외교적 수완을 한껏 발휘했고, 특정한 파벌을 공개적으로 지지하는 언행을 삼갔으며, 그 어떤 정치적 음모에도 관여하지 않으려고 조심했다. 또 항상 자기를 낮추는 겸손한 자세를 보였다. 그는 자신의 연구 결과를 일찌감치 왕에게 은밀히 털어놓아 신뢰와 지지를 얻었다. 한번은 이런 일도 있었다. 부러진 왼쪽 늑골 사이로 심장을 만질 수 있을 만큼 크게 부상을 입은 젊은 남성 환자가 발생했다. 하비는 그 환자를 궁정으로 이송한 뒤, 찰스 1세에게 심장이 수축하고 이완하는 모습을 보여주면서 심장이 혈액 운동을 위한 펌프 역할을 한다는 사실을 설명했다.

1628년 하비는 마침내 그동안의 연구 결과를 책으로 출간했다. 영리한 하비는 책의 서두에 찰스 1세에게 바치는 다음과 같은 헌사를 실었다. "고귀하신 전하! 동물의 심장은 생명의 토대이자 핵심 기관이며, 생명체라는 소우주의 태양과도 같습니다. 동물의 모든 활동은 심장에 달려 있으며, 심장으로부터 모든 생명력과 강인함이 기인합니다. 이와 마찬가지로, 전하는 이 나라의 토대이시고 국가라는 소우주의 태양이자 심장이십니다. 고로 전하로부터 모든 힘과 고귀한 은혜가 기인합니다."

이 책은 출간되자마자 학계를 떠들썩하게 만들었고, 특히 하비가 잘 알려져 있지 않던 유럽 대륙에서 더 반응이 강렬했다. 하비를 공격하는 것은 주로 나이 든 의사들이었으며, 그들은 기존의 해부학 이론을 완전히 뒤집는 새로운 이론을 받아들이려 하지 않았다. 하비는 자신의 이론을 비판하는 수많은 글에 대해 대부분 침묵을 지켰다. 다만 이따금 저명한 의사들이 공격을 해오면 그들에게 직접 서신을 보내 매우 정중하고 논리적인 어조로 상대방의 주장을 반박했다.

의학계와 궁정에서 단단히 다진 입지, 그리고 오랜 세월 축적한 방대한 근거들(저서를 통해 명료하게 제시했다) 덕분에 하비의 이론은 서서히 의학계에서 받아들여졌다. 이 모두 그가 예상한 대로였다. 1657년 하비가 사망할 무렵 그의 연구 성과는 이론적으로나 임상적으로 의학계에서 완전히 수용한 이론이 되어 있었다. 그와 친분이 있던 토머스 홉스Thomas Hobbes는 나중에 이렇게 썼다. "하비는 내가 아는 사람 중에 세인들의 시기심에 방해받지 않고 새로운 이론을 확립한 유일한 사람이었다."

* * *

제멜바이스와 하비의 삶을 소개하는 일반적인 자료들을 살펴보면 사회 지능의 중요한 역할을 간과하는 경향을 엿볼 수 있다. 예컨대, 대개 제멜바이스의 이야기에서는 참신한 젊은 헝가리 의사의 견해를 가차 없이 외면한 클라인과 당대 의사들의 딱한 근시안적 관점만을 강조한다. 하비의 경우, 사람들은 그가 성공한 주요 원인으로 그의 이론이 지닌 탁월함만을 강조한다. 하지만 두 경우 모두 사람들이 간과하는 점이 있다. 바로 사회 지능이 의미심장한 역할을 했다는 사실이다. 제멜바이스는 사회 지능의 필요성을 완전히 무시했다. 그에게 인간관계 관리란 귀찮은 일이었고 오직 산욕열과 관련된 진실만이 중요했다. 하지만 자기주장을 관철하려는 열정이 지나친 나머지 불필요하게 클라인과의 불화를 키웠다. 클라인은 과거에도 아랫사람들과 의견충돌을 겪곤 했지만 그래도 제멜바이스와의 관계만큼 악화되지는 않았었다. 두 사람의 계속되는 갈등 끝에 제멜바이스는 클라인에게 해고당하기에 이르렀고, 이로써 대학 내의 중요한 자리를 잃고 말았다. 자신의 이론을 널리 퍼트릴 수 있는 유리한 자리였음에도 말이다. 제멜바이스는 클라인과의 감정싸움에 몰입한 나머지 자기 이론을 명료하고 이성적인 논리로 펼치지 못했고, 이는 곧 타인들을 설득하는 일의 중요성을 전혀 깨닫지 못한 처사였다. 만일 그가 좀 더 논리정연하게 쓴 글을 발표했더라면, 장기적으로 볼 때 더 많은 산모의 생명을 구할 수 있었을 것이다.

한편 하비의 경우는 얘기가 사뭇 다르다. 그의 성공에는 뛰어난 사회 지능이 큰 역할을 했다. 그는 과학자도 정치적 수완을 발휘해야 한다고 생각했다. 그는 동료들을 연구에 동참시키고 그들이 자기 이론에 정서적으로 애착과 공감을 느끼게 만들었다. 또 깊은 숙고를 거치고 충분한 증거들을 동원하여 이해하기 쉬운 문체로 자신의 연구 결과를 출간했다. 그리고 그 책의 내용 자체로 인정받을 수 있을 때까지 조용히 기다렸다. 출간과 동시에 자신의 목소리를 높이면, 저자에게만 이목이 쏠려 정작 중요한 연구 성과는 주목받지 못할 것이라고 생각했기 때문이다. 그는 하찮은 언쟁에 뛰어들어 우매한 사람들에게 유리한 입지를 양보하는 우를 범하지 않았다. 시간이 흐르자 그의 이론에 대한 반대 목소리는 저절로 사그라졌다.

당신이 일하는 과정은 당신의 사회 지능이 가장 확실하게 드러나는 통로다. 효율성을 추구하고 세세한 측면까지 챙김으로써, 당신이 조직(또는 집단) 전체를 고려하며 그것이 추구하는 대의를 지지한다는 것을 보여줘라. 저술이나 발표 내용을 남들이 이해하기 쉽도록 명료하게 표현함으로써, 당신이 청중이나 대중을 배려한다는 점을 보여줘라. 사람들을 당신의 프로젝트에 동참시키고 그들의 피드백을 겸손하게 수용함으로써, 당신이 조직 생활에 조화롭게 어울리는 사람이라는 인식을 심어줘라. 아울러 확실한 성과는 당신을 정치적 음해로부터 보호해준다. 명명백백한 성과라면 그 누구도 걸고넘어지기 힘들기 때문이다. 조직 내에서 당신을 겨냥한 정치적 공작이 벌어지고 있음이 감지되더라도, 흥분해서 그들과 똑같이 비열하고 편협한 심리에 휘말리지 마라. 일에 대한 집중력을 잃지 말고 성과를 통해 말하라. 그래야 당신의 실력을 계속 키우는 동시에, 말만 시끄럽고 아무것도 보여주지 못하는 사람들 사이에서 두드러진 존재로 눈에 띌 수 있다.

2. 적절한 페르소나를 만들라

테레시타 페르난데스Teresita Fernández, 1968~는 어릴 때부터 자신이 거리를 두고 멀리서 주변 세상을 바라본다는 기분을 느꼈다. 마치 관음증 환자가 누군가를 몰래 엿보듯이 말이다. 플로리다 주 마이애미에서 어린 시절을 보낸 그녀는 주변 어른들을 유심히 관찰하고 대화를 엿들으면서 그들의 낯선 세계에 담긴 비밀을 풀려고 애썼다. 점점 더 자라면서는 학교 친구들도 이런 식으로 관찰했다. 고등학교에 올라가자 아이들은 으레 각기 자기한테 맞는 무리에 섞여 어울리곤 했다. 그녀는 그런 무리에 섞이기 위해 필요한 규칙과 관행, 그 속에서 알맞다고 여겨지는 행동 방식을 잘 알고 있었다. 하지만 자신은 그 어떤 무리와도 멀리 떨어진 기분이었고 언제나 아웃사이더로 남아 있었다.

페르난데스는 마이애미라는 도시에 대해서도 비슷한 기분을 느꼈다. 지리적 특성상 마이애미에는 쿠바계 미국인이 다수 거주했다. 그녀도 쿠바계 미국인이었기에 쿠바 문화에 어느 정도 친밀감을 느끼긴 했지만, 마이애미 해변의 발랄한 라이프스타일은 천성적으로 그녀에게 맞지 않았다. 그녀의 영혼은 왠지 모르게 침울하고 불안한 기운에 젖어 있었다. 이런 기질은 어느 곳에도 어울리지 않는 표류자이자 아웃사이더라는 그녀의 자기 인식을 더욱 강화했다. 학교 친구들 중에도 그녀 같은 아웃사이더가 더러 있었고, 그런 아이들은 으레 연극이나 예술 활동에 빠지곤 했다. 예술 분야에서는 남들과 달라도, 판에 박힌 관습을 따르지 않아도 마음이 편했기 때문이다. 페르난데스는 항상 손으로 무언가를 직접 만드는 것을 좋아했기 때문에 미술반에 참여했다. 하지만 고등학교 시절 그녀는 작품을 만들 때 대담하고 직설적인 자신의 내면을 제대로 표현해내지 못한다는 기분을 느꼈다. 뭔가 너무 수월하게 창작하는 기분이었고 깊이라곤 없는 경박한 작품이라는 생각이 들었다. 거기에는 분명 뭔가가 빠져 있었다.

페르난데스는 아직 미래 방향을 확실히 잡지 못한 상태에서 1986년 마이애미에 위치한 플로리다 국제대학에 들어갔다. 그리고 고등학교 시절부터 흥미를 느꼈던 조각 수업을 들었다. 그런데 부드럽고 쉽게 형태가 잡히는 점토로 작업하는 도중에 고등학교 때와 똑같은 기분을 느겼다. 그저 예쁘기만 할 뿐 작위적이고 깊이 없는 작품을 만드는 기분 말이다. 그러던 어느 날 조각 수업이 있는 건물 안에서 시간을 보내던 중, 금속 재료로 거대한 구조물 작품을 만들고 있는 작가들을 우연히 목격했다. 그 금속 작품은 그녀의 본능을 강하게 끌어당겼다. 다른 어떤 종류의 작품에서도 느껴보지 못한 느낌이 그녀를 강타했다. 그녀는 금속이야말로 자신이 몰두해야 할 재료임을 직감했다. 싸늘한 회색빛이 감도는 무겁고 단단한 금속으로 작품을 만들기 위해서는 엄청난 노력이 필요했다. 하지만 금속이 지닌 속성이야말로 그녀가 자그마한 체구에도 불구하고 항상 내면에서 느낀 강한 근성과, 늘 표현하고 싶었지만 마땅한 통로를 찾지 못했던 단단한 기질과 잘 어울렸다.

그때부터 페르난데스는 이 새로 발견한 재료에 미친 듯이 몰두하기 시작했다. 금속으로 작품을 만들려면 주물 기계를 작동시키고 금속 용접 기구인 아세틸렌 토치도 사용해야 했다. 마이애미의 더운 날씨 때문에 낮에 그런 작업을 하는 것은 대단히 힘들었고, 그래서 그녀는 밤에만 작업을 하기 시작했다. 그러다 보니 밤 9시쯤 시작해서 새벽 2~3시까지 작업한 후 잠자리에 들어 다음날 해가 중천에 떴을 때 일어나는 일이 다반사였다. 야간작업에는 시원하다는 것 말고도 또 다른 장점이 있었다. 다른 사람들이 거의 없기 때문에 작업실이 너무나 조용해서 진지하게 작업에 몰두하는 데 큰 도움이 되었다. 아무런 방해도 받지 않고 온전히 작품에만 집중할 수 있었다. 또 작품에 이런저런 시도를 해보며 실수를 해도 타인의 시선을 신경 쓸 필요가 없었다. 대담하게 마음껏 여러 방식을 시도할 수 있었다.

시간이 흐르자 페르난데스는 금속을 자유자재로 다루기 시작했다.

조각 작품을 만들 때면 마치 자기 자신을 주조하고 변화시키고 있는 듯한 기분이었다. 그녀는 규모가 크고 강한 인상을 주는 작품을 즐겨 만들었으며 이를 위해 나름의 방법을 고안했다. 구상한 작품의 모양 및 설계를 종이에 그린 후, 전체 작품을 구성하는 각 부분들을 먼저 만들었다. 그런 다음 밤에 조용한 작업실에서 그 부분들을 합쳐서 작품을 완성했다. 얼마 안 가 그녀의 작품은 학과 건물과 야외 캠퍼스 곳곳에 전시되기 시작했다.

그녀의 작품을 본 사람들은 하나같이 강렬한 인상을 받았다. 마이애미의 눈부신 햇살 아래 서 있는 거대한 철제 작품들은 그녀가 항상 내면에서 느꼈던 강인한 힘을 그대로 뿜어냈다. 그런데 예상치 못한 반응이 있었다. 그녀가 작업하는 모습을 목격한 사람이 거의 없었기 때문에 사람들 눈에는 그 작품들이 별다른 노력 없이 수월하게 탄생한 것처럼, 그저 타고난 탁월한 재능이 만들어낸 결과물처럼 보였다. 그러자 테레시타 페르난데스라는 여성에게 관심이 쏠리기 시작했다. 조각은 주로 거칠고 강인한 남성 예술가들의 영역이었다. 무거운 금속을 재료로 거대한 조각품을 제작하는 여성 작가는 손에 꼽을 만큼 적었기 때문에, 자연히 사람들은 온갖 선입견과 상상을 페르난데스에게 투영했다. 가냘픈 체구를 가진 여성의 손끝에서 그토록 거대한 스케일의 인상적인 작품이 창조된다는 사실이 놀랍기만 했다. 사람들은 그녀가 그런 작품을 어떻게 만드는지, 또 어떤 여성인지 궁금해했다. 사람들은 어느 날 갑자기 느닷없이 모습을 드러내곤 하는 웅장하고 아름다운 조각품을 보면서, 그녀에 대해 왠지 모를 신비감을 품었다. 그녀는 단단함과 부드러움이 혼합된 내면의 소유자이자 이례적인 여성 예술가, 금속으로 마술을 부리는 마법사였다.

　이 모든 상황을 지켜보던 페르난데스는 자신이 이제 더 이상 멀리서 타인들을 지켜보는 은밀한 관찰자가 아님을, 사람들의 관심을 한 몸에 받는 주인공이 되었음을 불현듯 깨달았다. 예술이야말로 그녀의 몸에 꼭 맞는 옷과 같은 것이었다. 그녀는 태어나서 처음으로 자신이 세상에 어울리는 존재라는 느낌을 받았다. 자신의 작품에 쏟아지는 사람들의 관심을 잃고 싶지 않았다. 한편, 이제 주목받는 작가가 되었으니 세상 사람들에게 자기 자신과 그간의 경험에 대한 이야기를 들려주고 싶어질 법도 했다. 하지만 그녀는 그렇게 하지 않았다. 작품을 완성하기 위해 몰두하는 많은 시간을, 힘겨운 노동과 자기절제를 통해 작품이 탄생하는 과정을 갑자기 모두에게 공개함으로써, 그녀의 작품이 사람들에게 전달하는 신비로우면서도 강렬한 감동을 반감시키는 것은 실수라는 생각이 들었던 것이다. 때로는 사람들에게 드러내지 않는 그 무언가가 더 많은 것을 말해주고 더 커다란 흡인력을 발휘하는 법이라고 그녀는 생각했다. 페르난데스는 세상 사람들이 그녀와 그녀 작품에 대해 가진 이미지를 유지해야겠다고 마음먹었다. 작업 과정이나 사생활을 절대 공개하지 않고 신비감을 유지하면서, 사람들이 그녀에 대해 마음껏 상상하도록 내버려두었다.

　그런데 시간이 흐르면서, 페르난데스는 대학 시절에 만들었던 자신의 페르소나 가운데 한 측면이 바람직하지 않다는 생각이 들기 시작했다. 대중에게 비치는 모습의 어떤 한 측면이 자신에게 결코 이롭지 않을 것 같았다. 사람들은 예쁘장한 젊은 여성이라는 외양만 보고 그녀를 판단하기 십상이었다. 즉, 그녀를 진지한 예술가로 바라보지 않는 것이다. 그녀를 감싸고 있는 신비함은 예술적 지성의 결핍을 가리기 위한 장치로 보일 수도 있었다. 그저 마음 내키는 대로 작업할 뿐 미술계의 진정한 실력자들과 어깨를 나란히 할 수준은 안 되는 작가로 비칠 수 있었다. 그것은 여성 작가들이 으레 맞서 싸워야 하는 선입견이기도 했다. 그녀가 작품에 대해 이야기해야 하는 상황에서 야무지고 명확하게 표현하지 못하고 어물쩍 넘어가는 태도를 보이면, 그저 겉으로만 예술가연할 뿐 깊이 없는 시시한 작가라는 선입견을 심어줄 위험이 있었다. 그래서 페르난데스는 자신의 새로운 스타일을 만들어가기 시작했다. 즉, 작품을 만드는 과정은 철저히 노출하지 않으면서도 작품의 내용과 의미를 설명할 때면 최대한 자신감과 확신이 넘치는 태도를 취했다. 나약한 이미지는 최대한 지우고 작품의 주제를 확실히 꿰뚫고 있음을 드러냈다. 남성 작가들도 조리 있는 자기 표현력과 진지함이 필요했지만 여성인 그녀에겐 더욱더 필요했다. 그녀의 자신감 넘치는 말투는 언제나 공손하면서도 품위가 있었지만, 결코 가벼운 사람이라는 인상은 풍기지 않았다.

시간이 흘러 테레시타 페르난데스는 다양한 재료로 작업을 시도하는 세계적인 개념 미술가conceptual artist가 되었으며, 항상 주변 상황에 맞게 외적 이미지를 변화시키곤 했다. 흔히 사람들은 예술가라고 하면 체계나 질서와는 거리가 멀고 제멋대로 삶을 향유하는 사람, 예술 세계에만 관심이 있을 뿐 바깥세상과는 담을 쌓은 사람을 얼핏 떠올린다. 하지만 페르난데스는 이런 정형화된 이미지와 반대였다. 그녀는 조리 있는 유창한 말솜씨로 자신의 작품과 아이디어를 대중 앞에서 표현했다. 사람들은 겉으로는 예의 바르고 침착한 분위기를 풍기면서도 대화를 나뉘보면 깊이 있고 복잡하며 도전적인 이야기를 풀어놓는 그녀에게 큰 인상을 받곤 했다. 예술 이외의 다른 많은 분야에도 조예가 깊은 그녀는 그런 다양한 관심사를 작품에도 표현했으며, 자연스럽게 예술계 밖의 다양한 분야의 사람들과도 친분을 쌓았다. 그녀는 미술품 딜러들뿐만 아니라 자기 작품에 쓰일 흑연을 캐는 노동자들과도 허물없이 어울리는 법을 터득했다. 이런 수완과 융통성 덕분에 예술가로서의 삶은 더욱 순탄했고 판에 박힌 정형화된 작가가 되는 것도 피할 수 있었다. 결국 그녀의 대중적 페르소나는 또 다른 형태의 예술 작품이자 그녀가 원하는 대로 주조하고 변형할 수 있는 재료였던 셈이다.

* * *

일반적으로 간과하기 쉽지만, 우리가 세상 사람들에게 보이는 이미지는 우리의 성공에, 그리고 마스터리에 도달하는 데 상당히 중요한 역할을 한다. 테레시타 페르난데스의 사례를 보라. 만일 그녀가 세상과 담을 쌓은 채 오로지 자기 작품에만 몰두했다면 세상 사람들은 그들만의 잣대로 그녀를 규정했을 것이고, 그런 상황은 그녀의 발전을 방해했을 것이다. 만일 처음 성공을 맛본 후 그녀가 금속 작업에 익숙해지기까지 쏟은 땀과 노력을 세상이 알아주길 바라면서 떠벌리며 자랑했다면, 사람들은 그녀를 그저 평범한 공예가 정도로 여겼을 것이다. 사람들은 금속이라는 특이한 재료를 내세워서 세간의 관심을 얻으려고 애쓰는 여성 예술가 정도로 그녀를 바라봤을 것이 분명하다. 그녀에게서 약점을 캐내 이용하려 들었을지도 모른다. 예술뿐 아니라 어떤 분야에서든 대중은 그처럼 무자비하고 냉혹하기 쉽다. 초연한 객관적 시선으로 자기 자신과 예술 세계를 바라볼 수 있었던 페르난데스는, 자신의 페르소나를 인식하고 외적 이미지를 관리함으로써 힘을 얻을 수 있다는 사실을 간파했다.

다음을 명심하라. 사람들은 외적 이미지를 토대로 당신을 판단하곤 한다. 만일 당신이 순진하게 '있는 그대로 자연스럽게 행동하는 게 최선'이라고 생각하면, 사람들은 어느 순간부터 당신의 본모습과는 거리가 먼 특징들, 그들이 보고 싶은 이미지들과 당신을 연결 지어 생각하기 시작한다. 그러면 당신은 혼란스럽고 불안해지며 정신적 에너지를 낭비하게 된다. 그들의 판단을 곧이곧대로 받아들이고 거기에 영향을 받기 때문에 당신이 하는 일에 집중하기가 힘들어진다. 이런 상황을 막으려면, 의식적이고 신중하게 당신의 외양을 만들어야 한다. 당신에게 적절한 이미지를 창조하고 그럼으로써 사람들의 판단을 통제해야 한다는 얘기다. 때로는 전면에서 한 걸음 뒤로 물러나 모종의 신비감을 창출하고 그럼으로써 역설적으로 당신의 존재감을 더욱 강화할 필요가 있다. 또는 경우에 따라서는 당신의 특정한 이미지를 만들어서 사람들에게 보여줘야 한다. 그리고 항상 이 점을 잊지 마라. 한 가지 특정한 이미지에 당신을 묶어놓거나, 사람들이 당신을 '뻔한 사람'으로 여기게 만들어서는 안 된다. 당신은 항상 사람들보다 한 발 앞서서 생각해야 한다.

페르소나 창조를 사회 지능의 핵심 요소로 여겨라. 혹여 페르소나를 만드는 것을 부도덕하거나 불쾌한 일로 여기지 말라는 얘기다. 우리는 누구나 일종의 가면을 쓰고 사회생활을 한다. 즉, 그때그때 다양한 상황에 맞는 다른 역할을 수행하며 살아간다. 이를테면 연극 무대에 섰다고 생각하라. 당신은 신비롭거나 호기심을 강하게 자극하거나 대가다운 페르소나를 얼굴에 쓰고 사람들 앞에서 공연하는 셈이다. 그들이 그 페르소나를 보며 상상한 이미지를 마음껏 당신에게 투영하도록, 연극적 이미지에 주의를 돌리도록 놔두어라. 개인적인 생활에서는 가면을 벗어도 좋다. 그러나 오늘날처럼 여러 문화가 공존하는 다양성의 시대에는 다양한 종류의 환경과 상황 속에 섞여 살아가면서 최대한 융통성과 적응력을 발휘하는 법을 터득하는 것이 현명하다. 상황에 맞는 페르소나를 기꺼이 만들어 활용하라. 사회생활이라는 무대 위에서 한층 빛나는 공연자가 될 수 있을 것이다.

3. 타인의 시선으로 자신을 바라보라

자폐증을 갖고 있던 템플 그랜딘(89쪽 참조)은 남들에 비해 극복해야 할 문제가 많았다. 하지만 고등학교 졸업 무렵에는 과학 분야에서 성장할 수 있는 커다란 잠재력을 지닌 뛰어난 학생이 되어 있었다. 학문에 대한 강한 열정과 남다른 자기 단련 덕분이었다. 다만 그녀는 인간관계에 능숙하지 못한 것이 자신의 커다란 약점임을 잘 알고 있었다. 동물과 함께 있을 때는 텔레파시라도 통하는 것처럼 동물의 기분과 마음을 잘 헤아렸지만, 사람들과의 관계에서는 정반대였다. 그녀에게 타인은 이해하기 어려운 존재였다. 사람들 사이에는 비언어적인 미묘한 신호를 통해 서로 의사소통이 이뤄지는 경우가 많은 듯했다. 예를 들어, 여럿이 모인 자리에서 특정한 순간에 한꺼번에 웃음이 터질 때 사람들 사이에 어떤 리듬이나 흐름이 있는 것 같았지만, 그녀는 그것을 가늠할 수가 없었다. 그랜딘은 낯선 생명체들을 바라보는 외계인이 된 기분이었다.

그랜딘은 사람들과 함께 있을 때 느끼는 어색함과 불편함을 해결할 방법이 없다고 생각했다. 하지만 자신이 하는 일만큼은 마음대로 통제할 수 있었다. 그녀는 앞으로 어떤 일을 하든 야무지고 완벽하게 해내면 대인관계 기술이 부족하다는 사실이 그리 중요하지 않을 것이라고 판단했다. 하지만 대학 졸업 후 사회에 나가 가축 사육장 및 농장 시설의 설계를 돕는 컨설턴트로 일하는 동안 거듭되는 실수를 경험하면서, 한 치의 오류도 없이 완벽하게 일을 해내는 것이 현실적으로 어렵다는 사실을 깨달았다.

언젠가 그랜딘은 어떤 농장의 전체적인 구조를 개선하여 재설계하는 일을 맡았다. 그녀는 빈틈없이 훌륭하게 일을 완수했지만, 어떤 기계 하나가 자꾸 고장을 일으킨다는 사실을 알게 되었다. 마치 그녀의 설계에 문제가 있는 것처럼 말이다. 하지만 아무리 검토해봐도 설계에는 문제가 없었고, 좀 더 자세히 상황을 살펴보니 어떤 특정한 일꾼이 작업실에 있을 때만 그 기계가 문제를 일으킨다는 사실을 발견했다. 아무래도 그 일꾼이 일부러 기계에 오작동을 일으켜서 그랜딘을 곤란에 빠트리려는 것이 분명했다. 그랜딘은 아무리 생각해도 이해가 가지 않았다. 어째서 자신이 일하는 회사에 손해를 끼치는 행동을 일부러 한단 말인가? 이것은 그녀가 이성적으로 해결할 수 있는 설계상의 문제가 아니었다. 결국 그녀는 포기하고 그 일자리를 떠나야 했다.

또 한 번은 다른 공장의 지배인이 어떤 문제를 해결하기 위해 그녀를 고용했다. 그런데 몇 주가 흘렀을 무렵 그녀는 자신이 맡은 일 이외에 공장의 다른 곳에서, 설계에 문제가 많아 대단히 위험해 보이는 부분들을 발견했다. 그래서 이 사실을 알리는 내용을 담아 사장에게 편지를 보냈다. 사람들이 그런 중요하고 위험한 문제를 방치하고 있다는 사실에 화가 난 상태였기 때문에 편지의 어조는 다소 거칠고 매정했다. 그로부터 며칠 뒤 그녀는 해고당했다. 공장 측에서는 아무런 설명도 없었지만, 사장에게 보낸 편지 탓이었음이 분명했다.

그랜딘은 이 사건들에 대해 곰곰이 생각해보았다. 또 자신의 경력을 방해했던 다른 유사한 사건들도 뒤돌아보았다. 그러자 문제의 원인이 바로 자기 자신이라는 생각이 들었다. 그녀는 예전부터 자신이 종종 의도치 않게 사람들의 심기를 건드려 불쾌하게 만든다는 것을, 그런 이유 때문에 사람들이 자신을 피한다는 것을 어느 정도 알고 있었다. 예전에는 그것을 잘 알면서도 그냥 무시하곤 했지만, 이제는 그럴 수가 없었다. 서투른 대인관계 기술 때문에 생계유지 자체가 어렵게 생겼으니 말이다.

그랜딘은 어렸을 때부터 외부의 시선으로 스스로를 바라보는 특별한 능력을 갖고 있었다. 마치 자기 아닌 타인을 보듯 자기 자신을 바라보곤 했다. 이제 성인이 된 그녀는 이런 능력을 현실 속에서 활용해야겠다고 생각했다. 그리고 타인의 행동을 바라보듯 자신의 과거 실수들을 되돌아보았다.

기계에 일부러 오작동을 일으키던 일꾼의 경우를 떠올려보니, 그랜딘은 그때 자신이 그 사람이나 다른 일꾼들과 거의 대화를 나누지 않고 지냈음을 깨달았다. 그녀는 사람들과의 교류 없이 모든 것을 혼자서 진행하곤 했다. 또 회의 자리에서 철저하게 논리만 앞세워 자신의 설계 아이디어를 제시했을 뿐 남의 의견을 들으며 함께 의논하지 않았다. 사장에게 편지를 보낸 사건의 경우, 그녀는 자신이 동료들 앞에서 사람들을 직설적 어조로 비판했고 자신을 고용한 지배인과 대화를 해보려고 시도조차 하지 않았음을 깨달았다. 이 모든 일을 곰곰이 되씹어보니 문제의 원인이 명확하게 보였다. 그녀는 동료들로 하여금 무능하고 못났다는 기분을 느끼게 만든 것이었다. 그들의 자존심에 상처를 줬기 때문에 결국 그녀가 대가를 치른 셈이었다.

그녀가 문제의 원인을 깨달은 것은 타인에 대한 감정이입 때문은 아니었다. 그녀에게 그것은 마치 어려운 문제를 푸는 과정처럼 이성적인 사고의 결과였다. 하지만 감정이 깊이 개입되지 않은 덕분에 그녀는 오히려 상황을 점검하고 필요한 해결책을 찾기가 더 쉬웠다. 그랜딘은 앞으로는 자기 의견을 엔지니어들과 함께 논의하고 작업 과정에 그들을 최대한 동참시켜야겠다고, 절대 사람들을 직설적으로 비판하지 않겠다고 생각했다. 어떤 일을 할 때든 이런 방식을 유지해서 몸에 자연스럽게 배도록 만들기로 했다.

자신만의 방식으로 사회 지능을 키워나가기 시작한 그랜딘은 대인관계에서 느끼던 불편함을 차츰 해소해나갔고 일에서도 성공을 거두기 시작했다. 동물 행동 및 축산학 분야에서 점차 유명해지면서 1990년대에는 강연을 나가는 횟수가 점차 늘어났다. 초반에는 주로 자폐증을 극복하고 교수가 된 경험을 주제로 강연했지만, 나중에는 동물 행동 연구 분야의 전문가로서 강연을 부탁받는 일이 많아졌다.

그랜딘은 자신이 꽤 알찬 내용으로 강연을 들려준다는 자부심이 있었다. 강연 내용은 그녀의 생각을 알기 쉽게 보여주는 훌륭한 프레젠테이션 슬라이드와 유용한 정보들로 가득했다. 하지만 몇 차례의 강연 후 청중의 평가 내용을 보고는 깜짝 놀랐다. 그녀가 청중과 시선을 맞추지 않는다, 노트를 보고 기계적으로 강연 내용을 읽는 느낌이다, 청중과의 교감이 없고 거만해 보인다 등의 불만이 적혀 있었던 것이다. 강연을 들은 사람들은 그녀가 마치 기계처럼 언제나 똑같은 슬라이드를 사용해 똑같은 내용만 반복한다는 인상을 받았다.

하지만 이런 반응을 접한 그랜딘은 불쾌하지 않았다. 오히려 반가웠다. 남들이 바라보는 자신의 모습을 객관적이고 명료하게 그려볼 수 있었기 때문이다. 그것은 잘못된 점을 고치고 발전하기 위해서 꼭 필요한 과정이었다. 그녀는 능숙한 강연가로 자신을 변신시키기로 다짐했다. 그녀는 몇 차례에 걸쳐 강연 평가 내용을 받아본 뒤 그것을 꼼꼼히 검토하면서, 합당하다고 여겨지는 비판과 조언을 추려냈다. 그리고 그 피드백들을 토대로 삼아, 강연 내용에 재미있는 사례와 농담을 중간 중간 섞어 넣었다. 또 슬라이드 내용도 너무 딱딱하지 않게 수정했다. 전체 강연 시간도 조금 더 짧게 줄였고, 노트를 내려다보지 않고 청중을 보며 말하는 연습도 했다. 강연 말미에는 청중의 질문도 최대한 많이 받았다.

그랜딘의 강연 활동 초기에 그녀의 강연을 들었다가 몇 년 후에 다시 강연장에 온 사람들은 연단 위의 사람이 과거와 똑같은 사람이라는 사실이 믿기지 않았다. 과거와 달리 이제 그랜딘은 청중과 교감하며 활기찬 분위기로 강연을 진행했다. 그 어떤 강사보다도 흡인력 있게 청중을 끌어당겼다. 사람들은 그랜딘이 그처럼 완전히 딴사람으로 변화하기까지 어떤 시간들을 거쳤는지 결코 알 리가 없었다.

* * *

우리는 누구나 어느 정도 사회적 결점을 갖고 있다. 때로는 사회생활에 별로 문제를 일으키지 않는 결점도 있지만, 때로는 곤란한 상황에 봉착하는 원인이 될 만큼 심각한 결점도 있다. 가령 말이 지나치게 많다든지, 타인의 단점을 너무 직설적으로 비판한다든지, 남들이 자신의 의견에 호의적인 반응을 보이지 않으면 쉽게 발끈한다든지, 사람마다 그 양상은 다양하다. 그런 행동을 너무 자주 되풀이하면 상대방의 기분을 상하게 하기 십상이다. 그러면서도 정작 자신은 상대방이 화를 내는 이유를 모른다. 이런 상황이 초래되는 근본적 이유는 두 가지다. 첫째, 우리는 타인의 결점과 실수는 빨리 알아채면서도 우리 자신에 대해서는 그렇지 못하다. 자신에 대해서는 객관적이지 못해서 자기 결점을 직시하지 못한다. 둘째, 대개 사람들은 우리의 잘못이나 단점을 솔직하게 말해주지 않는다. 괜히 갈등이 생기는 것을 두려워하거나, 또는 도량이 좁은 쩨쩨한 사람으로 비치기가 싫기 때문이다. 때문에 우리가 자신의 결점을 고치는 것은 차치하고라도 그것을 명확하게 인식하기조차 매우 어렵다.

때때로 우리는 어떤 일을 훌륭하게 완수했다고 자부심을 느꼈다가, 그와는 완전히 다르게 생각하는 사람들의 피드백을 받고 깜짝 놀란다. 그제야 비로소 우리는 자신의 감정적이고 주관적인 관점, 그리고 객관적인 관점으로 바라보면서 우리 눈에 보이지 않았던 결점을 지적하는 타인의 평가, 이 둘 사이의 괴리를 절감한다. 그런데 이런 차이는 사회적 관계에서도 나타난다. 사람들이 보는 우리 모습은 우리 자신이 생각한 모습과 결코 같지 않다. 따라서 타인의 시선을 통해 우리 자신을 바라보는 능력은 높은 사회 지능을 갖기 위해서 매우 중요하다. 타인의 입장에서 자기 자신을 바라보면, 남의 감정을 상하게 하는 성격적 결점을 개선하고, 인간관계를 망칠 수 있는 행동 패턴을 깨닫고, 자기 자신을 더욱 객관적으로 평가할 수 있다.

이처럼 자신에 대한 객관적 시선을 확보하려면 템플 그랜딘을 본받을 필요가 있다. 먼저 과거에 경험했던 안 좋은 사건들을 되돌아보라. 누군가 당신의 일을 방해했던 일, 이렇다 할 논리적 이유 없이 상사가 당신을 해고했던 것, 동료와 심각하게 싸웠던 일 등등. 최소한 몇 개월 이전에 있었던 일을 떠올려라. 그래야 감정적 앙금이 없는 상태에서 그 일을 객관적으로 바라볼 수 있다. 그때 일을 회고하면서, 타인의 감정을 자극하거나 인간관계를 손상시키는 데 기여한 '당신 자신의' 행동에 초점을 맞춰야 한다. 그러면 당신의 성격상 결함이나 단점을 보여주는 어떤 패턴을 알아챌 수 있을 것이다. 타인의 관점에서 그때 일을 바라보면 당신이 굳건히 갖고 있던 주관적 자아상이 약해지면서, 상대방과의 관계가 삐걱거릴 때 당신 자신의 어떤 측면이 원인을 제공했는지 보이기 시작한다. 또 믿을 수 있는 사람에게 당신의 행동에 대한 평가를 해달라고 요청하는 것도 좋은 방법이다. 이와 같은 식으로 점차 자신에 대한 객관적 시선을 키워가라. 자신의 모습을 깨닫는 것은 사회 지능의 또 다른 중요한 부분이다.

4. 바보들을 기꺼이 감내하라

1775년, 스물여섯 살의 독일인 시인이자 소설가인 요한 볼프강 폰 괴테는 당시 열여덟 살이었던 바이마르의 대공 카를 아우구스트의 초청으로 그곳 궁정에서 살게 되었다. 당시 아우구스트 대공은 다소 고립되어 있던 바이마르를 문학과 교양의 중심지로 변화시키려 애쓰는 중이었기 때문에, 괴테를 궁정으로 불러들이는 것은 그런 변화를 꾀하는 데 중요한 의미를 지녔다. 대공은 젊은 괴테에게 주요 공직과 자신의 개인 고문 자리를 맡겼다. 괴테는 그곳에서 지내면서 세상 경험을 넓히고 또 한편으론 자신이 바이마르 통치에 유용한 조언을 제공해줄 수 있으리라 생각했다.

괴테는 중산층 출신이었기 때문에 귀족들과 어울려본 경험이 거의 없었다. 이제 대공의 궁정에서 중요 인물이 되었으니 귀족적 생활 방식과 문화를 익힐 기회를 얻은 셈이었다. 하지만 몇 개월이 지나자 궁정 생활에 염증이 느껴졌다. 궁정 사람들에게 삶의 중심은 카드 게임과 사냥, 끝없는 쑥덕공론이었다. 아무개 씨가 지나가는 말로 무슨 이야기를 했다느니, 아무개 부인이 파티에 오지 않았다느니 하는 따위가 엄청나게 중요한 사건처럼 부풀려져 회자되기 일쑤였고, 궁정 사람들은 그 의미를 해석하려고 안간힘을 썼다. 연극을 보고 돌아오면, 누가 누구랑 함께 왔다는 둥, 오늘 무대에 오른 새로운 여배우의 외모가 어떻다는 둥 그런 것들을 화제로 삼아 끝없이 지껄였을 뿐, 연극 자체에 대한 이야기는 한마디도 없었다.

공무와 관련된 논의 자리에서 괴테가 어떤 혁신적인 개선책을 내놓기라도 하면, 궁정 관리들은 격분하면서 그런 의견을 섣불리 내놓으면 괴테의 각료 자리가 위태로워질 것이라고 경고했다. 자연히 괴테의 의견은 묻혀버리기 일쑤였다. 괴테는 당시 유명한 소설인 『젊은 베르테르의 슬픔』의 저자였지만 그가 어떤 의견을 갖고 있는지 궁금해하는 사람은 아무도 없었다. 그들은 이 유명한 소설가 앞에서 자기 견해를 늘어놓기만 좋아했다. 결국 그들의 관심사는 밀실 같은 궁정 내에서 벌어지는 음모뿐이었다.

괴테는 이런 궁정의 삶이 갑갑하기 그지없었다. 대공에게 하사받은 각료직을 무엇보다 중요하게 여기며 성실하게 임무를 수행했지만, 궁정 내의 사교 생활은 참기가 힘들었다. 하지만 현실적 관점을 지닌 실용주의자인 그는 자신이 어차피 바꿀 수 없는 것들에 대해 불평하는 것은 쓸데없는 짓이라고 생각했다. 그래서 앞으로 궁정에서 늘 마주쳐야 할 귀족들을 있는 그대로 받아들이되, 궁정 생활을 위한 자신만의 전략을 세우기로 했다. 이후 그는 최대한 말수를 줄였고 어떤 사안에서든 가급적이면 자기 의견을 피력하지 않았다. 어떤 화제에서든 상대방이 말하고 싶은 만큼 실컷 의견을 말하게 내버려두었다. 언제나 상냥한 표정으로 상대의 말을 경청하되, 속으로는 마치 연극 무대의 인물을 바라보듯 그들을 관찰했다. 그러면 그들은 자신의 비밀이나 우매한 생각을 드러내고 신변의 이런저런 사건을 털어놓았다. 괴테는 미소를 지으며 언제나 상대방의 편을 들어주었다.

귀족들 자신은 미처 깨닫지 못했지만, 사실상 그들은 괴테에게 무궁무진한 문학적 소재를 제공한 셈이었다. 그가 앞으로 쓸 소설과 희곡들에 등장할 다양한 인물과 대화, 어리석은 인간 행동의 패턴이 그들의 이야기 속에 들어 있었다. 괴테는 귀족들에게 환멸을 느낀 시기를 가장 생산적이고 유용한 소득을 얻는 시기로 변화시킨 것이다.

오스트리아 태생의 걸출한 영화감독 요제프 폰 스턴버그Josef von Sternberg, 1894~1969는 영화 스튜디오의 급사에서 시작하여 1920~1930년대 할리우드에서 손에 꼽히는 유명한 감독으로 성공한 인물이다. 그에게는 감독 생활 내내 중요시한 특별한 영화 철학이 하나 있었다. 바로 '완성된 최종 작품만이 중요하다'는 것이었다. 감독인 그의 역할은 배우와 스태프 모두가 함께 작품에 전념하게 만들면서 자신의 구상에 따라 작품을 끌고 가는 것이었다. 그는 원하는 작품을 완성하기 위해 필요하다면 어떤 방법도 마다하지 않았다. 그런데 그가 원하는 결과물을 완성하는 데 가장 커다란 방해물은 다름 아닌 배우들이었다. 배우들은 자신의 경력을 훨씬 중요하게 생각했기 때문이다. 그들에게는 작품 자체보다는 자신이 맡은 역할에 쏟아지는 관심이 더 중요했다. 때문에 세상의 주목을 받는 것에 더 신경을 썼고, 그러다 보면 영화의 완성도가 떨어지곤 했다. 스턴버그는 원하는 작품을 완성하기 위해 그런 배우들을 요령 있게 다루는 방법을 찾아야 했다.

1930년 스턴버그는 독일 베를린으로 건너가 장차 큰 성공을 거두게 될 작품인 〈푸른 천사 The Blue Angel〉를 제작하게 된다. 이 작품에는 세계적인 배우 에밀 야닝스가 출연할 예정이었다. 여자 조연배우를 물색하던 스턴버그는 당시 거의 무명에 가깝던 독일 여배우 마를렌 디트리히를 발탁했다. 〈푸른 천사〉 이후에도 그는 자신의 영화 일곱 편에 디트리히를 출연시키며 그녀를 일약 스타 여배우로 만들게 된다. 한편 스턴버그는 과거에도 야닝스와 일해본 경험이 있었기 때문에 그가 몹시 비상식적이고 까다로운 스타일이라는 것을 잘 알고 있었다. 야닝스는 툭하면 촬영 흐름을 흩뜨려놓기 일쑤였다. 또 감독이 연기와 관련해 어떤 요구를 하면 그것을 개인적인 모욕으로 받아들였다. 촬영 현장에서 감독을 자극해 무익한 말싸움이 벌어지는 일이 다반사였고, 결국은 말싸움에 지친 감독이 야닝스가 원하는 대로 하도록 내버려두곤 했다.

스턴버그는 이런 야닝스의 스타일을 누구보다 잘 알았기에, 마음을 독하게 먹고 자기만의 방식으로 야닝스의 유치한 게임에 대처하기로 했다. 야닝스는 감독이 매일 아침 자기 분장실에 찾아와 변치 않는 애정과 존경을 표현해주길 요구했다. 스턴버그는 아무런 군말 없이 그렇게 해주었다. 또 야닝스는 감독이 날마다 자신과 함께 점심을 먹으면서 작품에 대한 자신의 생각에 귀를 기울여주길 바랐다. 스턴버그는 야닝스의 그런 욕구도 역시 채워주면서 야닝스가 형편없는 의견을 내놓아도 인내심 있게 끝까지 경청했다. 만일 스턴버그가 다른 배우에게 집중하며 관심을 기울일라치면 야닝스는 질투심에 불타곤 했고, 그러면 스턴버그는 마치 바람피우다 걸려서 죄를 뉘우치는 배우자처럼 행동해야 했다. 스턴버그는 야닝스가 마음껏 옹졸하고 까다롭게 굴도록 내버려두었고, 그런 야닝스를 관찰하면서 그의 수법과 타입을 간파할 수 있었다. 스턴버그는 촬영장에서 절대로 야닝스와의 말다툼에 휘말리지 않았다. 하지만 야닝스 때문에 언제까지고 귀한 시간을 낭비할 수는 없었으므로, 나름대로 요령껏 작전을 짜서 자신이 원하는 방향으로 야닝스의 행동을 유도하기로 했다.

야닝스가 알 수 없는 이유로 고집을 부리며 촬영 세트에 들어가길 거부하면, 스턴버그는 야닝스가 서 있는 뒤쪽에 제일 뜨거운 조명을 세워놓아 야닝스가 발걸음을 떼지 않을 수 없게 만들었다. 야닝스가 지나치게 강하고 거만한 독일어 말투로 대사를 읊으면, 스턴버그는 멋진 말투라면서 치켜세워주고는 다만 이 영화에서 그런 말투를 쓰는 사람은 야닝스밖에 없으니 다소 보기 좋지 않게 될 수 있다고 덧붙였다. 그러자 야닝스는 거만한 말투를 곧바로 부드럽게 바꿨다. 또 야닝스가 사소한 일로 삐쳐서 뿌루퉁한 얼굴로 대기실에 틀어박혀 있으면, 스턴버그는 자신이 마를렌 디트리히에게 관심을 쏟고 있다는 얘기가 야닝스의 귀에 자연스럽게 들어가게 만들었다. 그러면 야닝스는 질투심에 얼른 촬영장으로 달려 나왔다. 이런 식으로 스턴버그는 요령 있게 야닝스를 움직였으며 그 덕분에 야닝스에게서 최고의 연기를 끌어낼 수 있었다.

2장에서 소개했듯(140쪽 참조) 대니얼 에버렛과 그의 가족은 1977년에 피다한족과 함께 살기 위해 아마존 정글로 들어갔다. 선교사인 에버렛 부부의 임무는 세상에서 가장 배우기 힘든 언어로 여겨지는 피다한어의 비밀을 푸는 것이었다. 성서를 피다한어로 번역하기 위해서였다. 에버렛은 자신의 언어학 지식을 최대한 활용하여 조금씩 피다한어에 접근해가기 시작했다.

에버렛은 MIT의 명망 높은 언어학자 노엄 촘스키의 이론을 심도 깊게 공부한 터였다. 촘스키는 언어 문법 자체가 인간 두뇌에 내장되어 있으며 인간 유전자 코드의 일부이므로 모든 언어는 본질적으로 서로 연관성을 갖고 있다고 주장했다. 그렇다면 모든 언어는 그 본질상 똑같은 특성을 공유한다는 의미가 된다. 촘스키의 생각이 옳다고 믿은 에버렛은 피다한어에서도 그런 보편적 특성을 찾으려고 무던히 애썼다. 하지만 수년간 피다한어를 파고들며 연구하자 촘스키 이론에 들어맞지 않는 예외적인 사실이 속속 발견되었다.

오랜 연구와 고민 끝에 에버렛은 피다한어가 이 부족이 영위하는 정글 생활 고유의 많은 특성들을 반영하고 있다는 결론을 내렸다. 예를 들어, 피다한 문화에서는 '경험의 직접성immediacy of experience'을 대단히 중시했다. 즉, 그들에게 눈에 보이지 않는 것은 곧 존재하지 않는 것이었고, 따라서 직접적 경험과 연관되지 않는 대상을 표현하는 어휘나 개념은 존재하지 않았다. 이러한 언어 양상을 깊게 파고든 에버렛은, 모든 언어가 지닌 기본적 특성은 유전적이거나 보편적이지 않으며 각각의 언어는 해당 문화의 고유한 특성을 반영하는 요소들을 갖고 있다는 이론을 세웠다. 다시 말해, 인간의 사고 및 의사소통 방식에서 문화가 우리 예상보다 훨씬 더 중요한 역할을 한다는 것이 그의 생각이었다.

2005년 에버렛은 이와 같은 혁신적인 이론을 담은 논문을 한 인류학 저널에 발표했다. 그는 자신의 연구 결과가 언어학계에 모종의 활기찬 토론을 촉발할 것이라 예상했다. 하지만 뜻밖의 상황 전개가 그를 기다리고 있었다.

에버렛이 이론을 발표한 이후, 촘스키 진영에 있는 MIT 언어학자들이 그를 집요하게 몰아세우며 공격하기 시작했다. 에버렛이 케임브리지 대학의 중요한 학술 토론회에서 자신의 이론을 주제로 강연을 했을 때, 촘스키 진영의 언어학자들도 그 자리에 참석했다. 그들은 에버렛의 주장에서 허점을 찾아내 공개적으로 망신을 주려는 의도로 그에게 온갖 질문을 퍼부었다. 이런 상황을 미처 예상치 못한 에버렛은 말을 더듬거리며 제대로 대응하지 못했다. 그 후 다른 강의들에서도 이런 상황이 반복되었다. 그들은 에버렛의 강연이나 저작물 내용에서 모순점을 찾아내려고 달려들었고, 그런 모순점이 발견되면 기다렸다는 듯이 그의 이론 전체를 폄하하고 깎아내렸다. 때로는 인신공격도 불사했다. 공공연하게 에버렛을 사이비 학자로 치부하면서 그의 진짜 의도에 의문을 제기했다. 심지어 촘스키도 에버렛을 명예와 부를 좇는 사람으로 바라보는 듯한 분위기를 은연중에 풍겼다.

에버렛의 첫 책 『잠들면 안 돼, 거기 뱀이 있어Don't Sleep, There are Snakes』가 출간되자, 촘스키 진영의 언어학자들은 도서 비평가들에게 편지를 보내 이 책에 대한 비평이 아예 나오지도 못하게 만들려고 애썼다. 학술적인 완성도가 크게 떨어진다고 주장하면서 말이다. 또 그들은 에버렛을 비중 있게 다루는 프로그램을 제작할 예정이었던 공영라디오 방송국에 압력을 넣었고, 결국 해당 프로그램은 취소되고 말았다.

처음에 에버렛은 감정적으로 흥분하지 않을 수 없었다. 적대적인 비판자들의 주장을 가만히 들여다보면 에버렛의 이론을 완전히 뒤엎을 만큼 논리적으로 견고하지 못했다. 다만 에버렛 이론의 사소한 약점만 드러낼 뿐이었다. 그들은 학문적 진실에 다가가는 것보다는 에버렛을 깎아내리는 것 자체에 더 관심이 있는 것 같았다. 에버렛은 곧 흥분한 감정을 가라앉히고, 그들의 공격을 오히려 자신에게 득이 되는 방향으로 이용하기 시작했다. 그는 자신이 발표하는 글이 공격받을 여지가 없도록 논리에 더욱 완벽을 기했다. 내용의 타당성을 재차 생각해보고 논거를 한층 강화했다. 제기될 가능성이 있는 비판을 미리 예상해보고, 글을 쓸 때 그런 예상 비판과 관련된 문제들을 순차적으로 차분하게 다뤄나갔다. 그러자 더 논리적이고 날카로운 글을 쓰게 되었다. 또 학계의 논란에 휩싸인 덕분에 『잠들면 안 돼, 거기 뱀이 있어』의 판매량은 더 증가했으며, 그 과정에서 에버렛의 의견을 지지하는 사람의 수도 늘어났다. 결국 적들의 공격은 그의 저작물의 질을 높이고 그를 한층 강하게 단련해준 고마운 일이었던 셈이다.

* * *

    우리는 살면서 끊임없이 '바보'들과 마주친다. 세상은 미련한 바보들 천지이기 때문에 그들을 피할 길은 없다. 바보를 식별할 수 있는 기준은 다음과 같다. 우리 삶에서는 장기적 관점에서 어떤 성과를 얻는 것, 최대한 효율적이고 창의적인 방식으로 목적을 완수하는 것이 중요하다. 우리는 그런 가치관과 관점을 갖고 행동해야 한다. 하지만 바보들의 가치관은 다르다. 그들은 당장 눈앞의 일, 단기적인 이익을 더 중요시한다. 가령 금전적 이익을 빨리 얻는다든지, 대중이나 언론의 주목을 받는다든지, 그럴싸한 멋진 사람으로 보인다든지 하는 것 말이다. 그들의 내면을 지배하는 것은 자기애와 불안감이다. 그들은 자기 이익을 도모하고자 정치적 음모와 극적 연출을 행하는 것을 즐긴다. 그들은 남을 비판할 때 전체 그림이나 전체적 논지와는 무관한 요소들에만 집중한다. 또 진실보다는 자신의 경력과 위치를 지키는 데에만 관심이 있다. 그들은 실제로 성과를 내는 일이 거의 없고, 남이 성과를 내는 것은 애써 방해한다. 현명한 분별력이 부족한 그들은 사실상 별로 중요하지 않은 문제에는 열을 내며 흥분하고, 장기적으로 봤을 때 비극을 가져올 수 있는 문제는 무시하기 일쑤다.

    또 바보들은 당신을 그들과 같은 수준으로 끌어내리려는 경향이 있다. 그들은 당신의 감정을 자극하고 화나게 약 올려서 당신을 다툼에 끌어들인다. 그 과정에서 혼란스러워진 당신은 정말 중요한 것을 망각할 수도 있다. 당신이 언쟁에서 이기거나 그들을 당신 편으로 만들거나 그들의 행동을 변화시키는 것은 불가능하다. 왜냐하면 그들에게는 이성이나 합리적인 결과 따위가 중요하지 않기 때문이다. 괜히 당신만 귀중한 시간과 감정적 에너지를 허비하게 된다.

바보들을 대할 때는 다음과 같은 관점을 가져라. 그들은 우리 삶의 풍경의 어쩔 수 없는 일부분이다. 마치 언덕의 암석이나 집안의 가구처럼 말이다. 또 우리는 누구나 어리석은 일면을 갖고 있으며, 때때로 분별력을 잃은 채 자기애에 휩싸이거나 단기적인 목표에만 집중한다. 그것은 인간의 자연스러운 본성이다. 당신 내면에 그런 어리석음이 잠재되어 있듯이 남들도 마찬가지다. 그러니 받아들여라. 그래야 그들의 어리석은 행실을 웃어넘기고, 철없는 아이 바라보듯 그들을 참아내고, 그들을 변화시키려는 헛된 시도를 하지 않을 수 있다. 그 모두가 희극과도 같은 인생사의 일부분이다. 그들을 보고 흥분할 필요도, 그들 때문에 잠 못 자며 속을 끓일 필요도 없다. 이처럼 '바보들을 기꺼이 감내하는' 태도는 수련기에 단단히 길러두어야 한다. 수련기 동안 당신은 십중팔구 그런 유형의 인간들을 만나게 된다. 만일 그들이 당신에게 피해를 끼친다 해도, 당신은 그저 당신의 목표와 진짜 중요한 문제에만 집중하면서 그런 피해쯤은 별것 아닌 것으로 여겨라. 할 수 있다면 그들을 무시하라. 하지만 가장 현명한 처사는 거기서 한 걸음 더 나아가 그들의 어리석음을 당신에게 이롭게 이용하는 것이다. 예컨대 글을 쓸 때 그들을 소재로(즉, 피해야 할 본보기 사례로) 활용하거나, 그들의 행동으로 당신이 이득을 얻을 방법을 찾는 것이다. 그러면 그들은 어리석음으로 인해 오히려 당신에게 유리한 무기를 쥐어주는 셈이 된다. 이로써 당신은 그들이 결코 중요성을 깨닫지 못하는 실제적인 성과를 달성하기가 더욱 수월해진다.

뒤집어 보기

폴 그레이엄은 하버드 대학에서 컴퓨터공학 박사 과정을 밟으면서 자신에 대해 한 가지 사실을 깨달았다. 어떤 종류이든 정치 게임이나 알력 싸움 같은 것은 자신의 성향과 철저히 맞지 않는다는 사실이었다(170쪽 참조). 그런 사회적 수완을 발휘하는 것에 영 소질도 없었을뿐더러 사람들이 술수와 조작을 일삼는 상황에 자신이 끼어드는 것 자체가 무익하고 짜증나는 일로 느껴졌다. 잠시 동안이었지만 대학원 내에서 벌어지는 알력 싸움을 목격하면서, 그는 자신이 대학이라는 세계에 맞지 않는다는 사실을 절실히 깨달았다. 몇 년 후 소프트웨어 회사에 다닐 때도 그런 생각은 더욱 굳어졌다. 기업에서 목격되는 모든 행태들이 불합리하게 느껴졌다. 독창적인 인재를 해고하고, 세일즈맨이 회사를 이끄는 수장이 되고, 신제품을 출시하기까지 쓸데없이 시간이 너무 많이 걸렸다. 이런 모든 잘못된 결정이 나오는 이유는 정치 게임과 이기심이 합리적 의사결정을 방해하기 때문이었다.

그런 상황이 지독히도 싫었던 그레이엄은 자신만의 해법을 생각해냈다. 즉, 앞으로는 정치 게임이 일어나는 상황이나 환경은 최대한 피하기로 했다. 그렇다면 그가 택할 수 있는 길은 소규모 창업이었다. 그것은 진정한 의미의 자기 단련을 경험하고 창의성을 기를 수 있는 방향이었다. 그런데 훗날 기술 분야의 창업가들을 돕는 Y 콤비네이터를 설립했을 때 그는 이 회사의 규모가 커지는 것을 막을 도리가 없었다. 굉장한 성공을 거두었던 것이다. 그래서 그는 두 가지 방책을 도입했다. 하나는 아내이자 회사 파트너인 제시카 리빙스턴에게 사람들을 대하거나 관리하는 것과 관련한 까다로운 문제를 전부 맡긴 것이다. 제시카는 그와 달리 사회 지능이 매우 뛰어났기 때문이다. 다른 하나는 회사의 규모가 커져도 관료주의적이거나 강압적이지 않고 비교적 자유로운 기업 문화를 유지한 것이다.

그레이엄의 경우처럼 당신도 미묘한 술수를 꾀하는 인간 본성을 관리하는 데 필요한 인내심이 부족하다면, 당신을 그런 상황에서 가급적 멀리 떨어트려놓는 것이 최선이다. 구성원이 소수를 넘어서는 커다란 조직에서 일하는 것을 피하라. 구성원이 일정 숫자를 넘으면 정치적 게임이나 알력 다툼은 불가피하게 나타날 수밖에 없다. 따라서 당신 혼자서, 또는 소규모 회사에서 일하는 것을 고려하라.

그렇다 하더라도, 일반적으로는 사회 지능의 기본 원리를 습득하는 편이 바람직하다. 은밀히 움직이는 악당을 판별하고, 그들의 속내를 읽고, 까다로운 인간 유형을 적절히 다루는 능력이 어느 정도는 필요하다는 얘기다. 당신이 고도의 사회 지능 발휘를 요하는 상황을 아무리 피하려 애쓴다 해도, 다양한 음모와 술수가 존재하는 공간인 이 세상은 언젠가는 당신을 붙잡아 그곳으로 끌어들일 것이다. 그 세상에서 의도적으로 발을 빼고 등을 돌리고만 있으면, 사회 지능이 뒤떨어져 마냥 순진한 사회적 미숙아로 남아 있다가 예상치 못한 난관에 봉착하게 될지도 모른다.

> 남들이 우리와 당연히 조화롭게 어울릴 것이라고 바라는 것만큼 어리석은 생각이 또 있을까. 나는 한 번도 그런 바람을 품은 적이 없다. 나는 언제나 모든 인간을 독립적인 개인으로 여겼다.

그들을 각자 독특한 특징을 지닌 존재로 이해하려고 노력했지, 그들에게서 여하한 동정과 연민도 바라지 않았다. 이런 관점으로 나는 만나는 모든 사람과 대화를 나눈 다음, 나 홀로 있을 때 다양한 인간 군상에 대한 깨달음과 인생을 사는 데 필요한 요령을 정리하며 쌓아갔다.

_요한 볼프강 폰 괴테

5장

다차원적 정신을 깨워라
_창의적 근육의 단련

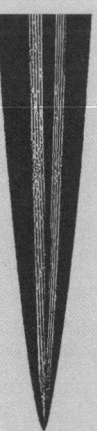

MASTERY

◆ 특정 분야에서 차츰 기술을 쌓고 그 분야의 규칙을 익혀가면서 우리의 정신은 한층 더 적극적이고 활발하게 움직여야 한다. 즉, 내적 성향에 더욱 적합한 방식으로 그 지식을 활용할 방법을 모색해야 한다. 창의적 활동이 꽃피지 못하게 방해하는 것은 재능의 부족이 아니라 태도다. 우리는 어떤 불안감 때문에 조심스럽고 보수적으로 변하기 쉽다. 조직이나 집단의 방식에 자신을 맞추려 애쓰고 이미 습득한 규칙과 절차만 고수하는 것이다. 하지만 그 반대를 지향해야 한다. 수련기 이후에는 한층 더 과감해져야 한다는 얘기다. 현재 가진 지식에 안주하며 자기만족감에 빠지지 말고 관련 분야들로 지식을 넓히고, 그럼으로써 다양한 관점과 아이디어를 새롭게 연결할 수 있는 원동력을 얻을 필요가 있다. 새로운 시도를 주저하지 말고 최대한 다양한 각도에서 문제를 바라봐야 한다. 사고가 유연해질수록 우리의 정신은 다차원적으로 변하면서 진실의 여러 측면을 더 풍부하게 포착할 수 있다. 결국 당신이 익히고 흡수했던 규칙을 거부하고 이제는 그 규칙을 당신의 정신세계에 맞게 개조할 수 있을 것이다. 그런 독창성을 발휘하는 사람은 최고의 힘을 가질 수 있다.

두 번째 탈바꿈

볼프강 아마데우스 모차르트1756~1791는 항상 음악을 접할 수밖에 없는 집안에서 태어났다. 그의 아버지 레오폴트는 오스트리아 잘츠부르크 궁정의 바이올리니스트 겸 작곡가였으며 음악 교육자이기도 했다. 어린 모차르트는 아버지와 그가 가르치는 학생들이 연주하는 피아노 소리를 늘 집 안에서 들으며 자랐다. 모차르트의 누나 마리아 안나는 일곱 살이던 1759년에 아버지에게 피아노 레슨을 받기 시작했다. 음악 재능이 뛰어난 마리아는 때를 가리지 않고 항상 열심히 연습했다. 누나가 연주하는 피아노 멜로디에 마음을 빼앗긴 모차르트는 그 곡을 콧노래로 따라서 흥얼거리기 시작했다. 때로는 하프시코드 앞에 앉아서 누나의 연주를 그대로 따라해보려고 애썼다. 얼마 안 가 레오폴트는 아들에게 남다른 음악 재능이 있음을 간파했다. 겨우 세 살인데 멜로디 기억력이 놀랄 만큼 탁월했고 리듬감도 흠잡을 데가 없었다. 전혀 가르친 적이 없음에도 말이다.

레오폴트는 이제껏 그렇게 어린 아이를 가르쳐본 적이 없었지만 모차르트의 재능을 그냥 방치할 수는 없었다. 그래서 모차르트가 네 살이 되자 피아노를 가르치기 시작했다. 레오폴트는 불과 몇 차례 레슨만으로도 아들에게 기억력 말고 또 다른 특별한 자질이 있다는 사실을 깨달았다. 모차르트는 다른 아이들에 비해 훨씬 몰두해서 음악을 들었다. 몸과 마음이 완전히 음악에 빠져 있었다. 그처럼 뛰어난 집중력 덕분에 다른 아이들보다 학습 속도가 빨랐다. 다섯 살 때 모차르트는 누나 마리아의 다소 어려운 악보를 몰래 가져갔다. 그리고 30분도 안 되어 마치 익숙한 곡처럼 수월하게 연주했다. 평소 마리아가 연습하는 것을 듣고 선율을 생생하게 기억하고 있었기 때문에 종이 위의 악보를 본 순간 금방 연주로 재현해낼 수 있었던 것이다.

어린 모차르트가 이처럼 무서운 집중력을 가질 수 있었던 것은 바로 음악에 대한 강렬한 애정 때문이었다. 레오폴트는 일찌감치 이 사실을 알아챘다. 레오폴트가 난이도 높은 새로운 곡을 제시하면 모차르트의 눈빛은 오히려 더 반짝거렸다. 어려운 새 악보를 받아든 모차르트는 밤낮으로 끈질기게 연습해서 곧 자신의 레퍼토리 중 하나로 만들었다. 밤이면 부모가 모차르트를 간신히 피아노에서 떼어놓아 잠자리에 들게 만들었다. 연습에 대한 이런 열정은 시간이 갈수록 더욱 강해지기만 했다. 또 모차르트는 다른 아이들과 간단한 게임을 하며 놀 때도 반드시 음악과 관련된 요소를 집어넣곤 했다. 그러나 물론 그가 가장 좋아하는 게임이란 평소 연습하던 곡을 즉흥적으로 살짝 바꿔 독창적이고 개성 있게 연주하는 것이었다.

모차르트는 어릴 때부터 대단히 감성적이고 예민했다. 기분도 툭하면 극과 극을 오갔다. 어느 순간 까다롭게 심통을 부리다가도 조금 있으면 금세 다정다감해졌다. 평소엔 불안한 표정으로 있다가도 피아노 앞에만 앉으면 곧 얼굴이 활짝 폈다. 음악에 몰두할 때에야 비로소 평온을 되찾곤 했다.

1762년 어느 날 레오폴트는 두 남매가 함께 피아노 협주곡을 연주하는 것을 보다가 아이디어를 떠올렸다. 마리아는 피아노 실력이 뛰어나고 모차르트 역시 놀라운 음악 신동이므로, 둘이서 함께 연주하면 청중의 귀여움을 독차지할 수 있지 않을까? 두 남매는 타고난 흡인력을 갖고 있었고 특히 어린 모차르트는 사람들의 이목을 끄는 솜씨가 남달랐다. 레오폴트가 단순히 궁정 음악가로서 받는 수입에는 한계가 있었지만, 남매를 잘만 활용하면 엄청난 수입을 벌어들일 수 있을 것 같았다. 그래서 레오폴트는 숙고 끝에 아이들을 데리고 유럽 주요 도시들을 순회하면서 왕족과 귀족 앞에서 연주를 하고 공연료를 받기로 결심했다. 더욱 화려한 눈요기를 위해 아이들의 옷차림도 멋지게 단장했다. 마리아는 왕실 공주처럼, 모차르트는 궁정 각료처럼 옷을 입혔다. 모차르트는 가발을 쓰고 멋진 조끼를 걸쳤으며 허리춤에는 제법 그럴 듯하게 칼도 달았다.

모차르트 가족이 먼저 들른 곳은 빈이었다. 그곳에서 두 음악 신동은 오스트리아 황제와 황후의 마음을 사로잡았다. 그 다음엔 파리에 가서 왕족들 앞에서 멋진 연주를 펼쳤으며 특히 어린 모차르트는 프랑스 왕 루이 15세의 귀여움을 독차지했다. 이후 런던으로 건너가 1년 넘게 머물면서 다양한 대규모 청중 앞에서 공연했다. 궁정 사람처럼 화려하게 차려 입은 어린 남매의 모습도 청중에겐 흥미로운 눈요깃감이었지만, 무엇보다도 그들의 입을 다물지 못하게 만든 것은 모차르트의 연주 실력이었다. 모차르트는 아버지의 감독하에 갖가지 재주를 연습해 둔 상태였다. 그는 건반이 보이지 않도록 손 위를 천으로 가려놓은 상태에서, 그것도 손가락 하나만을 사용해 미뉴에트를 연주했다. 또 유명한 작곡가가 만든 최신 곡의 악보를 보고 즉석에서 연주했다. 그런가 하면 자신이 직접 작곡한 곡들도 연주했다. 아무리 단순한 선율이라 해도 겨우 일곱 살짜리가 작곡한 소나타를 듣는다는 것은 청중에게 굉장한 감동이었다. 그리고 무엇보다 놀라운 점은 믿기지 않을 만큼 빠른 연주 속도였다. 어린 모차르트의 고사리 같은 손가락은 건반 위를 날아다녔다.

그런데 유럽 여행을 하는 동안 한 가지 흥미로운 패턴이 나타나기 시작했다. 모차르트 가족은 귀족들 덕분에 이곳저곳 구경하는 여행이나 파티에 초대받는 일이 잦았다. 그런데 그럴 때마다 모차르트는 다른 핑계를 대며(아픈 척하거나 심하게 피곤하다고 둘러댔다) 참석하길 거부하고, 그 대신 음악에 몰두했다. 그런 자리에서 빠지기 위해 가장 애용한 전략은 그들이 방문 중인 궁정에 속한 유명한 작곡가와 만날 약속을 언급하는 것이었다. 예를 들어, 런던에 머물 때 모차르트는 요한 제바스티안 바흐Johann Sebastian Bach의 아들이자 명성 높은 작곡가인 요한 크리스티안 바흐Johann Christian Bach의 마음을 사로잡아 그와 친밀한 관계가 되었다. 하루는 모차르트 가족이 짧은 유람 여행에 초대받았는데, 모차르트는 완벽한 핑계거리를 대며 참석을 거부했다. 이미 바흐에게 작곡 수업을 받기로 약속이 되어 있다는 것이었다.

모차르트가 유럽 여행을 하며 여러 유명한 작곡가에게 받은 수업은 그처럼 어린 나이의 아이로는 상상조차 할 수 없는 수준이었다. 어떤 사람들은 그렇게 어린 아이를 외곬으로 한 방향만 보게 만드는 것이 바람직하지 않다고 말했지만, 모차르트는 그 자신이 음악과 그것이 주는 도전을 열렬히 사랑했기 때문에 그 어떤 오락거리보다도 음악에서 가장 커다란 만족과 즐거움을 느꼈다.

모차르트 가족은 유럽 순회공연으로 큰돈을 벌어들였다. 하지만 언제까지고 좋은 날이 계속될 수는 없었다. 오스트리아로 돌아가기 전 1766년 네덜란드에 머물 때 모차르트는 고열에 시달리며 심하게 앓았다. 급속도로 체중이 감소했고 의식을 잃었다 되찾았다를 반복했다. 한때는 사경을 헤매기도 했다. 하지만 다행히 기적적으로 고열이 가라앉았고 이후 몇 달간 서서히 건강을 회복했다. 하지만 이 병은 모차르트의 내면을 전과 사뭇 다르게 바꿔놓았다. 그 이후로 모차르트는 자주 우울함에 빠졌으며 젊어서 일찍 죽을지 모른다는 불길한 예감에 사로잡혔다.

이제 모차르트 가족은 아이들이 순회공연을 통해 올리는 수입에 전적으로 생계를 유지하고 있었다. 하지만 시간이 흐르자 귀족들의 연주 요청이 줄어들기 시작했다. 음악 신동을 처음 보았을 때 느끼던 신기함과 참신함이 사라진 것이었다. 대책을 강구해야겠다고 느낀 레오폴트는 다른 계획을 생각해냈다. 모차르트는 다양한 장르를 소화할 수 있는 실력 있는 작곡가로 변모하고 있었다. 레오폴트는 그런 아들이 궁정 작곡가라는 안정적인 직책을 맡을 수 있게 만들어야겠다고 생각했다. 그러면 다수의 협주곡과 교향곡의 작곡 의뢰를 받을 수 있을 터였다. 이런 목표를 염두에 두고 1770년 모차르트 부자는 당시 유럽에서 음악의 중심지였던 이탈리아로 향했다.

이탈리아 여행은 성공적으로 진행되었다. 모차르트는 이탈리아의 여러 궁정에서 멋진 피아노 공연을 했다. 또 그가 작곡한 협주곡과 교향곡들도 찬사를 받았다. 십대 소년이 만든 것이라고는 믿기지 않는 놀라운 작품이었다. 이탈리아에서도 그는 유명한 여러 작곡가와 교류하며 친분을 쌓았고, 그러면서 지금껏 쌓은 음악적 지식을 한층 원숙하게 발전시켰다. 아울러 이 시기에 내면에서 꿈틀대는 오페라에 대한 열정을 다시금 확인했다. 그는 어릴 때부터 항상 자신이 위대한 오페라를 작곡할 운명이라고 느꼈다. 이탈리아에 머무는 동안 그는 최고 수준의 오페라 작품들을 목격하면서 자신이 오페라에 매혹된 이유를 깨달았다. 오페라야말로 순수한 음악을 통해 빛을 발하는 드라마였고, 인간의 목소리로 다양한 감정을 무궁무진하게 표현할 잠재력을 지닌 장르였으며, 그 자체로 화려한 예술 공연의 정점이었다. 모차르트는 오페라 극장이면 어느 곳이든 본능적으로 이끌렸다. 하지만 이탈리아에서 그가 받은 커다란 주목에도 불구하고, 거의 3년에 걸쳐 여러 궁정을 방문했지만 그는 자기 재능에 걸맞은 궁정 내 직책을 제안받지 못했다. 그래서 1773년 모차르트 부자는 다시 잘츠부르크로 돌아갔다.

레오폴트는 잘츠부르크 대주교와의 다소 까다로운 협상 끝에, 마침내 모차르트를 궁정 음악가 겸 작곡가라는 비교적 보수 높은 자리에 앉힐 수 있었다. 겉으로는 어느 모로 보나 괜찮은 성과였다. 생계를 걱정할 필요가 없는 안정적인 자리였으니 모차르트는 마음껏 작곡에 몰두할 수 있을 터였다. 하지만 곧 그의 마음에는 불만과 우울함이 차올랐다. 인생의 거의 절반 동안 유럽 각지를 돌아다니며 저명한 음악가들과 교류하고 여러 유명한 오케스트라의 연주를 접하며 지냈는데, 이제 유럽의 음악 중심지에서 동떨어진 변방인 잘츠부르크에서, 극장도 오페라 전통도 없는 이 작은 도시에서 썩어야 한다니!

하지만 더욱 괴로운 것은 작곡가로서 느끼는 좌절감이었다. 기억할 수 있는 가장 어린 시절부터 지금까지 그의 머릿속은 항상 음악으로 가득했지만, 그것들은 늘 다른 사람의 음악이었다. 그가 작곡한 곡들도 따지고 보면 타인의 작품을 훌륭하게 모방하거나 응용한 결과물일 뿐이었다. 그는 마치 주변 환경으로부터 수동적으로 영양분을 흡수하는 어린 나무 같았다. 하지만 내면 깊은 곳에서는 타인의 작품에 기대지 않은 진정한 자신만의 음악을 만들고 싶다는 강렬한 욕구가 들끓었다. 그런 음악이 탄생하기 위한 토양은 이제 충분히 무르익은 상태였다. 한창 민감한 십대인 그는 들뜬 행복감, 우울함, 성적 욕망을 비롯해 온갖 다양한 감정을 경험하고 있었다. 이런 감정들을 작품으로 표현해내고 싶은 마음이 간절했다.

모차르트는 어느 순간부터 자신도 모르게 새로운 시도를 하기 시작했다. 여러 느낌이 기묘하게 혼합된 채 평소보다 길고 느리게 이어지는 악장을 현악 4중주곡에 집어넣곤 했다. 점점 강해지며 클라이맥스에 이르는 곡조에는 내적 불안이 표현되었다. 아들이 만든 이런 곡을 본 레오폴트는 깜짝 놀랐다. 모차르트 가족은 모차르트가 사람들의 귀를 즐겁게 하는 밝은 분위기의 곡을 만들어주고 받는 돈에 생계를 의존하고 있었다. 만일 귀족들이나 대주교가 이런 새로운 작품을 듣는다면 모차르트가 정신이 나갔다고 생각할 게 틀림없었다. 게다가 이 곡들은 잘츠부르크의 궁정 연주자들이 연주하기에는 너무 복잡하고 어려웠다. 레오폴트는 아들에게 그런 이상한 음악은 당장 집어치우라고, 아니면

적어도 궁정 작곡가가 아닌 다른 자리로 옮겨간 후에나 시도하라고 간청했다.

모차르트는 마지못해 그러겠다고 답했다. 하지만 시간이 흐를수록 점점 더 우울해졌다. 그가 강요에 못 이겨 어쩔 수 없이 만드는 곡들은 틀에 박힌 죽은 음악이었다. 내면의 감정이나 갈망과는 아무런 연결고리도 없었다. 그는 작곡하는 곡의 수도, 연주 횟수도 점점 줄었다. 태어나 처음으로 음악에 대한 애정을 잃고 있는 기분이었다. 감옥에 갇힌 듯 답답한 현실 속에서 민감하게 짜증을 내는 일도 잦아졌다. 어디선가 오페라 아리아를 우연히 들으면 자신이 만들고 싶은 오페라 음악이 마음속에 떠올랐고, 그러면 벗어날 수 없는 현실을 새삼 깨달으며 낙담에 빠졌다. 아버지와의 갈등이 심해지면서 다투는 일이 빈번해졌다. 아버지 앞에서 화를 터뜨리기도, 자신의 반항을 용서해달라고 애원하기도 했다. 그러다 모차르트는 차츰 자신의 운명을 체념하기 시작했다. 내면에 이런 생각이 자꾸 떠올랐다. '나는 잘츠부르크에 처박혀 있다가 젊은 나이에 죽을 거야. 나만이 알고 있는 내 안의 음악을 이 세상에 들려줄 기회는 찾아오지 않을 거야.'

1781년 모차르트는 잘츠부르크 대주교가 빈에 가는 길에 동행하게 되었다. 대주교는 자신이 거느린 여러 궁정 음악가의 실력을 빈의 귀족들에게 자랑하고 싶어 했다. 빈에 도착하자 모차르트는 궁정 음악가라는 자신의 위치가 어떤 것인지 분명히 깨달았다. 대주교는 마치 하인 부리듯 모차르트에게 이런저런 명령을 내렸다. 그러자 모차르트가 지난 7년간 마음속에 꾹꾹 억눌러왔던 분노와 불만이 폭발했다. 스물다섯 살의 한창 나이인 나는 귀중한 시간을 낭비하고 있지 않은가? 아버지와 대주교가 족쇄처럼 나의 발목을 붙잡고 있지 않은가? 그는 물론 아버지를 사랑했고 가족이 주는 커다란 정서적 지원에 의지하고 있었다. 하지만 이 모든 상황을 더는 참을 수가 없었다. 잘츠부르크로 돌아갈 때가 되었을 때, 모차르트는 모두를 깜짝 놀라게 하는 선언을 했다. 잘츠부르크로 돌아가지 않기로 한 것이다. 그는 대주교에게 궁정 음악가 직책의 해임을 청원했다. 대주교는 모차르트를 철저히 무시하는 태도로 일관했지만, 마침내 그의 청원을 받아들였다. 대주교의 편에 서 있던 아버지 레오폴트는 모차르트에게 지난 잘못은 전부 용서할 테니 당장 잘츠부르크로 돌아오라고 종용했다. 그러나 모차르트는 마음을 완전히 굳힌 상태였다. 앞으로의 삶이 어떻게 펼쳐지든 상관없이 빈에 남으리라고 말이다.

계속되는 아버지와의 불화는 모차르트에게 크나큰 고통이었다. 하지만 주어진 인생은 짧고 악보 위에 표현해내고 싶은 것은 너무 많았기에, 그는 어린 시절보다 훨씬 더 높은 강도로 무섭게 음악에 전념했다. 오랫동안 가슴속에 억눌려 있던 악상들이 튀쳐나올 수 있는 문이 갑자기 열리기라도 한 듯, 그는 음악사에서 전례가 없을 만큼 폭발적으로 창의적 에너지를 발산하기 시작했다.

그에게 지난 20년간의 수련기는 이런 순간을 위한 자양분이 차곡차곡 쌓인 시간이었다. 그는 놀라운 수준의 기억력을 갖고 있었다. 지금까지 듣고 흡수한 모든 하모니와 선율을 마음속에서 조합할 수 있었다. 또 개별적인 음이나 화음 단위로 생각하지 않고, 일정 시간 지속되는 분량씩의 음악이 머릿속에 떠오르면 곧장 그것을 악보 위에 옮겼다. 그의 작곡 속도를 목격한 사람들은 하나같이 놀라서 입을 다물지 못했다.

한번은 이런 일도 있었다. 오페라 〈돈 조반니Don Giovanni〉가 프라하에서 초연되기 전날 밤, 모차르트는 술을 마시러 나갔다. 술자리 친구들이 그에게 〈돈 조반니〉의 서곡을 아직 쓰지 않았다는 사실을 상기시키자 그는 서둘러 집으로 돌아갔다. 그러고는 자신이 잠들지 않게 옆에서 노래를 부르라고 아내에게 시켜놓고는, 수많은 사람들에게 사랑받게 될 아름답고 뛰어난 서곡을 단 몇 시간 만에 완성했다.

무엇보다 중요한 사실은, 그동안 온갖 다양한 장르의 음악 작곡법을 익힌 덕분에 자신만의 새로운 작품을 만들기 위해 많은 장르를 활용할 수 있었다는 점이다. 여러 장르의 경계를 넓혔고, 심지어 창의적인 아이디어로 장르 자체를 변화시키기도 했다. 그는 내면의 혼란을 오히려 창작의 원동력으로 삼아, 단순히 아름답기만 한 것이 아니라 진정한 힘과 표현력이 넘치는 음악을 만들 방법을 모색했다.

당시 피아노 협주곡과 교향곡은 비교적 가볍고 시시한 장르로 변해 있었다. 짧고 단순한 악장들이 이어졌고 오케스트라 규모도 작았으며 멜로디의 비중이 과도하게 높았다. 모차르트는 이들 장르를 완전히 다르게 변화시켰다. 대규모 오케스트라가 필요한 곡을 썼고 특히 바이올린 파트를 강화했다. 그래야 더욱 힘이 넘치는 소리를 연출할 수 있었다. 또 교향곡을 구성하는 악장들의 길이를 파격적으로 늘렸다. 도입부에서 긴장감과 불협화음의 분위기를 조성하고, 이어지는 느린 템포의 2악장에서 그런 분위기를 계속 고조시키다가, 피날레에서는 협화음으로 이행하며 웅장하고 드라마틱한 분위기로 마무리했다. 또 그는 작품 속에 두려움, 슬픔, 불길한 예감, 분노, 쾌활함, 황홀감 등 다양한 감정을 표현했다. 관객들은 다차원적으로 변하면서 여러 분위기를 아우르는 새로운 곡에 완전히 매혹당했다. 이런 혁신적인 음악이 등장하자 당대의 많은 작곡가도 과거에 주류를 이뤘던 가볍고 공허한 궁정 음악 스타일을 재현하는 일이 현격히 줄어들었다. 유럽의 음악에 완전히 새로운 변화가 찾아온 것이다.

이런 혁신은 기존 방식에 반항하겠다는 모차르트의 의식적인 시도에서 나온 것이 아니었다. 그보다는, 마치 벌이 밀랍을 분비하듯 그의 탈바꿈한 영혼이 그 자신의 통제를 넘어서 너무나도 자연스럽게 겉으로 모습을 드러냈기 때문이었다. 탁월한 음악 감각을 지닌 그는 손대는 모든 장르를 자기 관점으로 해석하고 변형하지 않을 수가 없었다.

1786년 모차르트는 민간 전설의 주인공 돈 후안Don Juan에 대한 이야기를 접하고 강하게 매료되었다. 여자들을 매혹하는 방탕한 바람둥이인 돈 후안을 보며 왠지 모를 동질감을 느꼈다. 그 자신 역시 돈 후안처럼 여성에 대한 집착적 애정과 권위적인 사람들에 대한 경멸감을 갖고 있었다. 하지만 무엇보다도 모차르트는 작곡가인 자신이 관객을 매혹하는 뛰어난 능력을 지녔다고, 사람들의 감정을 뒤흔드는 거부할 수 없는 마력을 지닌 음악이야말로 가장 강력한 매혹 수단이라고 생각했다. 돈 후안 이야기를 오페라로 만들면 이 모든 요소를 한데 담을 수 있었다. 그래서 이듬해 오페라 〈돈 조반니(돈 후안의 이탈리아식 이름)〉의 작곡에 착수했다. 이 이야기를 한층 생생한 오페라로 구현하기 위해, 모차르트는 이번에도 자신만의 창의적 힘을 발휘했다.

당시에 일반적으로 오페라는 다소 정적이고 정형화된 장르였다. 대개 오페라는 레치타티보(하프시코드 반주를 배경으로 대사를 말하듯이 노래하는 부분), 아리아(레치타티보 내용에 대한 반응으로 배우가 부르는 독창곡), 합창곡(많은 사람이 함께 부름)으로 구성되었다. 모차르트는 각 요소들이 하나의 전체가 되어 흐르듯 구성되는 오페라를 창작했다. 돈 조반니라는 인물의 특징을 단순히 대사뿐만 아니라 음악을 통해서도 표현했다. 그래서 이 바람둥이가 무대에 나오는 장면에는 그의 불안하면서도 호색적인 에너지를 표현하기 위해 트레몰로 기법으로 연주되는 바이올린 파트를 넣었다. 또 기존의 오페라들에서는 목격할 수 없었던 대단히 빠른 속도로 극을 전개했다. 한편 음악으로 표현할 수 있는 효과를 극대화하기 위해 '앙상블' 파트를 만들었다. 이것은 극의 전개가 클라이맥스에 오를 때 몇몇 등장인물이 정교한 대위법으로 함께 노래하는 것이었다. 이는 관객들을 꿈처럼 오페라에 빠져들며 몰입하게 만들었다.

공연의 시작부터 끝까지 오페라 〈돈 조반니〉는 이 대단한 호색가의 악마 같은 존재감으로 가득하다. 작품 속 모든 등장인물이 그를 비난하지만, 관객들은 끝까지 자기 행동을 뉘우치지 않은 채 마지막에 지옥으로 향하면서도 권위에 굴복하길 거부하는 돈 조반니라는 인물에게 묘하게도 흠모와 애정을 보내지 않을 수가 없다. 〈돈 조반니〉는 스토리 전개 면에서나 음악 측면에서나 이제껏 사람들이 보지 못했던 전혀 새로운 오페라였다. 또 어쩌면 시대를 너무 앞서간 작품이었는지도 모른다. 많은 사람들은 음악이 거칠고 귀에 거슬린다고 불평했다. 또 극의 전개가 지나치게 빠르다고, 내용이 도덕적으로 너무 불온하다고 불평했다.

창의적 열정을 미친 듯이 발산하며 작품 창작을 계속하던 모차르트는 1791년 35세의 나이로 영원히 눈을 감았다. 그가 만든 마지막 오페라 〈마술피리 The Magic Flute〉의 초연이 있고 두 달 후였다. 그가 죽고 몇 년이 지나서야 사람들은 〈돈 조반니〉를 비롯한 여러 작품에 구현된 그의 혁신적인 음악 세계를 이해했다. 그리고 곧 〈돈 조반니〉는 역사상 가장 자주 무대에 올려지는 5대 오페라 가운데 하나가 되었다.

마스터리에 이르는 열쇠

……나의 머릿속에는 여러 가지 생각이 서로 긴밀하게 맞물려 있다. 특히 문학에서 커다란 업적을 이룬 사람이 되기 위해 어떤 자질이 필요한가 하는 점을 문득 생각하게 된다. 셰익스피어는 그런 자질을 대단히 풍부하게 갖고 있었으며, 나는 그것을 '마음 비우기 능력'이라고 부른다. 그것은 사실과 이성을 추구하려고 안달하지 않고 불확실성과 풀리지 않는 신비와 의문 속에 머물 수 있는 능력이다.

_존 키츠

당신의 어린 시절을 떠올려보라. 어릴 때 겪은 사건들에 대한 기억이 아니라 그때 어떤 감정과 기분을 경험하며 살았는지 생각해보라. 그때는 지금과 몹시 다른 방식으로 세상을 경험했다는 생각이 들 것이다. 어릴 때 당신의 마음은 완전히 열려 있었으며 머릿속에 온갖 종류의 놀랍고 창의적인 생각이 가득했다. 지금은 너무나 당연하게 받아들이는 것에서도, 가령 밤하늘 풍경이나 거울 속에 비친 자기 모습처럼 단순한 것에서도 그때는 놀라움과 경이로움을 느꼈다. 주변 세계와 현상들에 대한 궁금증이 머릿속을 떠나지 않았다. 말을 배우기 이전에는 언어가 아니라 이미지와 감각을 통해 사고했다. 서커스나 스포츠 경기, 영화를 보러 가면 당신의 눈과 귀는 눈앞에 펼쳐지는 화려한 장면에 완전히 몰두했다. 다채로운 색깔들은 지금보다 더욱 생생하고 강렬하게 당신에게 다가왔다. 경험하는 모든 것을 놀이로 만들려는, 주변 환경이나 대상과 함께 놀고자 하는 욕구가 대단히 강했다.

이것을 '본래적 정신'이라고 부를 수 있다. 본래적 정신은 언어나 어떤 학습된 관점을 통해서가 아니라 직접적으로 세상을 바라본다. 또 대단히 유연하며 새로운 정보를 쉽게 잘 받아들인다. 이런 본래적 정신을 지녔던 시절을 떠올려보면, 우리는 세상을 대하고 경험할 때 발휘했던 강렬한 집중력에 대한 향수를 느끼지 않을 수 없다. 그런데 시간이 흐르면서 이런 집중력은 어쩔 수 없이 약해진다. 우리는 언어나 특정한 관점을 통해 세상을 바라보게 된다. 과거의 경험이 현재에 덧씌워져 세상을 보는 눈에 색깔을 입힌다. 우리는 더 이상 대상이나 현상을 있는 그대로 바라보지 못하고 그것들의 존재 이유도 궁금해하지 않는다. 우리의 정신은 조금씩 닫힌 상태로 변해간다. 이제 당연하게 여기는 세상 모습 앞에서 방어적인 태도를 취하고, 자신의 신념이나 생각이 공격을 받으면 불쾌함을 느낀다.

이것을 '인습적 정신'이라고 부를 수 있다. 생계유지 활동을 하고 사회의 규칙을 따라야 한다는 압박감 속에서, 우리의 정신은 점점 더 좁아지고 굳어진다. 때로는 어린 시절의 정신을 유지하고자 애쓰기도 한다. 가령 잠시나마 인습적 정신에서 벗어나게 해줄 이런저런 놀이와 게임에 참여한다. 때때로 주변 모든 것이 낯설기만 한 외국을 방문했을 때 우리는 진기하고 새로운 풍경에 강렬한 호기심을 느끼며 어린아이처럼 변한다. 하지만 우리 정신은 이미 그런 것들에 완전히 몰두할 수 없는 성질로 변했기 때문에, 그 호기심은 별로 오래가지 못하기 때문에, 진정한 의미에서 어린아이의 정신 상태로 돌아간 것은 아니다.

과거와 현재의 거장들 그리고 높은 수준의 창의적 에너지를 보이는 사람들은, 성인으로서 마주한 다양한 압박감과 현실세계의 요구에도 불구하고 그 내면의 상당 부분을 어린아이의 정신이 점유하고 있다. 그런 정신은 그들의 작품이나 성과물에, 또는 사고방식을 통해 고스란히 드러난다. 아이들은 자연스러운 창의성이 넘쳐난다. 그들은 자기 주변에 보이는 것을 적극적으로 다른 무언가로 변화시키고, 주변 환경과 어울려서 놀며 어른들이 상상하지도 못한 말과 행동으로 어른들을 깜짝 놀라게 한다. 하지만 어린아이의 창의성에는 한계가 있다. 즉, 그 창의성이 어떤 탁월한 발견이나 발명, 또는 위대한 예술작품으로 이어지지 못한다는 얘기다.

거장은 아이와 같은 본래적 정신을 갖고 있을 뿐만 아니라, 오랜 세월에 걸친 수련기를 통과하고 어떤 문제나 아이디어에 깊게 집중하는 능력을 겸비한 사람이다. 이 요소들이 합쳐져 높은 수준의 창의력을 낳는다. 그들은 자기 분야에 대한 깊은 식견을 갖췄으면서도, 자신과 다른 관점이나 접근법을 기꺼이 열린 자세로 받아들인다. 또 대부분의 사람이 그냥 지나치는 것에 대해 질문을 던질 줄 알고, 집요하게 끝까지 탐구하는 열정과 자기절제력을 지닌다. 자기 일을 할 때 호기심 가득한 아이처럼 눈이 반짝거리고 놀이를 하듯 문제에 접근한다. 그렇기에 땀 흘리는 길고 긴 시간도 즐거운 것이다. 그들은 아이처럼 언어를 뛰어넘어 사고할 줄 안다. 즉, 시각적으로 공간적으로 직관적으로 사고한다.

그리고 비언어적이고 무의식적인 형태의 정신 활동이 다른 사람들보다 훨씬 더 활발하다. 이 모든 요소가 그들의 놀라운 사상과 창조물을 탄생시키는 밑거름이다.

어떤 사람들은 어린아이처럼 즉흥적이고 자연스러운 정신세계를 갖고 있으면서도, 그런 창의적 에너지가 수많은 방향으로 분산되어 희미해져버린다. 그들은 길고 긴 수련기를 견뎌낼 끈기와 자기절제력이 부족하다. 반면 어떤 사람들은 뛰어난 자기훈련으로 방대한 지식을 쌓아 특정 분야에서 전문가가 되지만 대신 유연하고 탄력적인 정신이 부족하다. 때문에 그들의 생각은 인습적인 범위를 결코 뛰어넘지 못하며 진정한 창의력을 발휘하지 못한다. 거장은 이 두 가지, 자기절제력과 아이 같은 정신을 동시에 겸비함으로써 '다차원적 정신'에 이른 사람이라고 할 수 있다. 다차원적 정신은 제한적 경험이나 습관에 구속받지 않는다. 이런 정신을 보유한 사람은 온갖 방향으로 사고가 뻗어나가며 현실과 깊은 교감을 형성한다. 현실의 여러 측면에 눈을 돌리고 적극적으로 탐구할 수 있다. 반면 인습적 정신의 소유자는 수동적이다. 즉, 지식을 소비하고 그것을 깊은 사고 없이 그저 익숙한 형태로 되풀이한다. 하지만 다차원적 정신의 소유자는 능동적이다. 받아들인 모든 것을 새롭고 독창적인 무언가로 재탄생시킨다. 즉, '소비'하지 않고 '창조'한다.

거장들이 어떻게 해서 특정 분야에서 깊은 지식을 쌓는 동시에 아이 같은 정신세계를 유지할 수 있는지, 그 방법을 정확하게 설명하기는 어렵다. 이는 대다수 사람들에게 불가능하지는 않더라도 무척 힘든 것임은 분명하다. 거장들은 본성적으로 아이와 같은 정신을 떨쳐내기가 더 힘든 것인지도 모른다. 또는 아이 같은 정신을 유지하고 그것을 작품에 구현함으로써 얻을 수 있는 힘을 어느 시점에 직관적으로 깨닫는 것인지도 모른다. 어쨌거나 다차원적 정신에 이르기는 결코 쉽지 않다. 거장이 수련기에 해당 분야의 지식을 흡수하고 인내심 있게 스스로를 단련하는 동안에는 아이 같은 정신이 잠시 잠들어 있는 경우가 많다. 그러다가 그동안 쌓은 지식과 기술을 적극적으로 자유롭게 활용할 수 있는 때가 되면 그 정신이 거장 안에서 다시 불꽃을 피운다. 때때로 이것은 힘겨운 시간이 된다. 기존 규칙과 관습에 순응하라는 주변의 요구와 맞서 싸우면서 모종의 위기를 겪게 된다. 이런 압박감 하에서 잠시 창의적 에너지를 억누르기도 하지만, 결국에 시간이 흐르면 더욱 높은 강도의 창의성이 발현되곤 한다.

우리는 누구나 창의적 잠재력을 갖고 태어난다. 그것은 우리의 본래적 정신이 주는 선물이다. 인간의 정신은 원래 창의성이 충만하며, 여러 대상물과 아이디어를 연결하고 그 관계를 탐구하려고 끊임없이 모색하는 성질을 갖고 있다. 우리의 정신은 탐구하고, 세상의 새로운 측면을 발견하고, 새로운 것을 만들어내고 싶은 욕구를 지니고 있다. 이런 창의적 에너지를 표현하는 것이야말로 우리가 가장 바라는 것이며, 그것을 억압하는 것은 비극의 원인이 된다. 창의적 힘을 질식시키는 것은 나이도, 재능의 부족도 아니다. 바로 우리의 영혼과 태도가 그것을 질식시킨다. 우리는 수련기에 습득한 지식에 편안하게 안주하기 시작한다. 새로운 아이디어를 시도하는 것이 두려워지고, 그런 시도를 하기 위해 필요한 노력도 기피한다. 유연하고 창의적인 사고를 하는 데에는 리스크가 따른다. 즉, 실패해서 웃음거리가 될 수도 있는 것이다. 그래서 익숙한 생각과 습관의 틀 안에 스스로를 가두는 쪽을 택한다. 하지만 결국 큰 대가를 치러야 한다. 도전정신과 참신함이 사라진 죽은 정신의 소유자가 되는 것이다. 우리는 자기 분야에서 한계에 다다르고 운명에 대한 통제권을 상실한다. 다른 누군가로 얼마든지 대체 가능한, 그리 뛰어날 것 없는 사람이 되기 때문이다.

하지만 명심하라. 우리는 누구나 타고난 창의적 에너지에 다시 불을 댕길 수 있는 잠재력을 품고 있다. 그것은 나이와도 결코 상관이 없다. 이 창의적 에너지를 되찾으면 우리의 영혼도, 직업적 경력도 완전히 달라진다. 다차원적 정신의 원리와 그것을 꽃피울 방법을 제대로 이해함으로써, 의식적으로 정신의 탄력성을 회복하고 퇴보로 향하던 과정을 역전시킬 수 있다. 다차원적 정신이 가져다줄 수 있는 힘은 거의 무한하며, 우리 누구나 그 힘에 가 닿을 수 있다.

모차르트를 생각해보라. 모차르트는 흔히 신동의 대표적인 사례이자 불가해하고 신비로운 천재, 이례적인 본성의 소유자로 여겨진다. 그처럼 어린 나이에 보여준 놀라운 능력을, 인생 후반부 10년간 보여준 폭발적인 창작 활동으로 시대를 초월해 사랑받는 수많은 혁신적 작품을 탄생시킨 그의 능력을, 달리 어떻게 설명할 수 있단 말인가? 하지만 사실 그의 천재성과 창의성은 충분히 설명이 가능하며, 그 설명이 가능하다 해도 그가 이룬 업적의 빛을 손상시키지는 않는다.

어릴 때부터 음악에 완전히 매혹당한 모차르트는 음악을 공부할 때 일찍감치 고도의 집중력을 발휘했다. 네 살짜리 아이의 정신은 그보다 나이 많은 아이에 비해 훨씬 더 열려 있고 감수성이 민감한 법이다. 모차르트의 강렬한 집중력의 상당 부분은 음악에 대한 깊은 애정에서 기인했다. 때문에 그에게 피아노 연습은 하기 싫은데 해야 하는 어떤 의

무가 아니라, 자신의 기술을 확장하고 더 많은 음악적 가능성을 탐색할 기회였다. 여섯 살 무렵까지 그가 연습한 총시간은 그보다 나이가 두 배 많은 사람이 했을 법한 시간에 맞먹었다. 또 유럽 여행 기간에는 당대의 여러 트렌드와 혁신적 성과를 직접 목격하며 체험할 수 있었다. 그의 정신은 다양한 음악적 형식과 스타일로 꽉 채워졌다.

십대 때 모차르트는 창의성 발현의 위기를 경험했다. 끈기와 집중력이 부족한 사람의 경우 퇴락과 탈선의 원인이 되기 쉬운 위기였다. 8년이 가까운 세월 동안 아버지와 대주교, 잘츠부르크 귀족들에게 압력을 받으며 가족 부양의 짐까지 지고 있었던 모차르트는 자기만의 스타일로 창작하고 싶은 강렬한 욕구를 억눌러야만 했다. 이 중요한 시기에, 그는 영혼을 질식시키는 이런 주변 여건에 굴복하고 귀족들 입맛에 맞는 시시한 작품만 계속 쓸 수도 있었다. 그랬다면 별로 유명하지 않은, 그저 그런 작곡가로 남았을 것이다. 하지만 그는 현실의 압력에 반항하고 어릴 적 정신세계를 다시 내면에서 끄집어냈다. 음악에 자기 목소리를 불어넣고자 하는 욕구, 창의적 열정을 오페라로 실현하고 싶은 욕구에 다시 불을 붙였다. 그동안 억눌려 있던 에너지, 오랜 수련 기간, 깊고 깊어진 음악적 지식, 이 모두가 함께 맞물리면서 가족에게서 벗어나자마자 그의 창의적 에너지는 폭발하기 시작했다. 수많은 걸작을 그토록 놀라운 속도로 작곡할 수 있었던 것은, 어떤 신성한 천재성 때문이라기보다는 음악적 역량과 정신이 그만큼 강하게 단련되어 있었기 때문이다. 그는 기이한 천재가 아니라, 인간이면 누구나 선천적으로 지닌 창의적 잠재력이 도달할 수 있는 수준을 상징적으로 보여준 인물이었다.

다차원적 정신에 이르기 위해서는 두 가지가 반드시 필요하다. 하나는 해당 분야나 주제에 대한 높은 수준의 지식이며, 또 하나는 그 지식을 새롭고 독창적인 방식으로 활용할 줄 아는 개방적이고 유연한 사고력이다. 창의적 활동의 토대가 되는 지식의 대부분은 철저한 수련기를 통해 쌓인다. 기본적인 지식이나 기술을 모두 습득하고 나면, 우리 정신은 더 높은 차원의, 더 창의적인 문제에 집중할 수 있다. 그런데 대개의 경우 문제는 수련기에 쌓은 지식(다양한 규칙, 절차 등을 포함한다)이 일종의 감옥처럼 변한다는 사실이다. 그 지식 때문에 특정한 방식이나 일차원적 사고 유형에 갇혀버리는 것이다. 따라서 우리 정신은 안락한 테두리를 박차고 나와 능동적이고 탐구적인 자세로 변해야 한다.

다차원적 정신을 갖고 창의성을 발휘하기 위해서는 세 단계가 필요하다. 첫째, 적절한 '창의성 도전과제'를 선택해야 한다. 이는 자신의 기술과 지식을 최고 수준으로 활용할 수 있는 활동을 뜻한다. 둘째, 특정한 '창의성 전략'을 통해 정신을 제한하는 끈을 최대한 풀어젖히고 정신을 개방적으로 만들어야 한다. 셋째, 창의성을 위한 돌파구가 마련될 수 있는 최적의 정신 상태를 만들어야 한다. 아울러, 발전을 가로막고 탈선을 유도하기 쉬운 '감정적 함정들'을 항상 조심해야 한다. 그 함정을 무사히 피하면서 이 세 단계를 밟고 나면 당신 내면에 잠자고 있는 창의적 에너지를 마음껏 발휘할 수 있을 것이다.

제1단계 – 창의성 도전과제

먼저 당신은 창의성에 대한 관점을 바꿔야 한다. 즉, 그것을 새로운 각도에서 바라봐야 한다는 얘기다. 대개 사람들은 창의성이라고 하면 지적인 무언가, 특정한 사고방식을 떠올린다. 하지만 사실 창의적 활동은 우리의 자아 전체를 아우르는 개념이다. 다시 말해 감정, 에너지 수준, 인성, 그리고 정신 능력이 모두 관련된다. 무언가를 발견하거나 새로운 것을 창조하기 위해서는, 의미 깊은 예술 작품을 창조하기 위해서는 반드시 많은 시간과 노력이 필요하다. 여기에는 다년간의 시도와 실험, 여러 실수와 실패가 수반되며 고도의 집중력 또한 유지해야 한다. 지금의 노력이 의미심장한 열매를 맺을 것이라는 신념과 인내를 가져야 한다. 그리고 방대한 식견을 갖춘 탁월한 지성을 가졌을지라도, 부적절한 주제나 대상물을 선택하면 추진력과 흥미를 잃어버릴 수도 있다. 그러면 제아무리 뛰어난 지성의 소유자라 해도 아무런 열매를 맺을 수 없다.

창의성 발현을 위해 선택하는 주제나 활동은 당신이 강박에 가까울 만큼 흥미를 느끼는 것이어야 한다. 인생의 과업을 선택하는 경우처럼, 내면 깊은 곳의 충동과 맞닿아 있어야 한다는 얘기다. (모차르트의 경우, 그를 강렬하게 끌어당긴 것은 단순히 음악이 아니라 '오페라'였다.) 당신은 허먼 멜빌의 소설 『모비 딕Moby-Dick』에서 거대한 흰 고래의 사냥에 끈질기게 매달리는 에이해브 선장처럼 되어야 한다. 그런 뿌리 깊은 관심과 열정을 지녀야만 도중에 만나는 실패도 극복할 수 있고 고되고 단조로운 시간, 힘겹게 땀을 쏟는 시간을 이겨낼 수 있다. 또 회의 섞인 시선을 보내는 사람과 비판자들에 개의치 않을 수 있다. 강한 내면의 충동이 있어야만 닥친 문제를 해결하는 데에 전적으로 몰두할 수 있다.

거장들에게 중요한 것 중의 하나는 창의적 에너지를 쏟을 방향을 선택하는 일이다. 토머스 에디슨은 전기 아크등을 처음 본 순간, 자신의 궁극적인 도전 대상이자 창의적 에너지를 쏟을 완벽한 목표를 발견했음을 직감했다. 전등을 단순히 새로운 장치를 뛰어넘는 무언가로, 가스등을 대신하게 될 무언가로 변화시킬 방법을 찾는 일에는 장기간의 고된 노력이 필요했지만, 그것은 세상을 완전히 변화시킬 길이었다. 전등 연구는 에디슨이 풀어야 할 최적의 과제였다. 즉, 그의 창의적 능력과 완벽한 파트너가 될 수 있는 것이었다. 화가 렘브란트의 경우, 그를 강하게 끌어당기는 특정한 주제(삶의 어둡고 비극적인 측면을 보여주는, 성경 및 여타 자료의 극적인 장면들)를 발견하고 나서야 비로소 완전히 새로운 그림 양식과 빛을 포착하는 방법을 창조할 수 있었다. 작가 마르셀 프루스트는 소설의 소재를 찾기 위해 오랜 시간 고민했다. 그러다 마침내 자기 자신의 삶과 훌륭한 소설을 쓰는 데 실패했던 경험이 바로 그동안 찾던 소재임을 깨닫고, 내면의 모든 에너지를 꺼내 위대한 대작으로 손꼽히는 『잃어버린 시간을 찾아서In Search of Lost Time』를 완성했다.

다음에 설명하는 '창의적 실행의 최고 원칙'을 마음 깊이 새기길 바란다. 당신이 하는 일에 쏟는 감정적 헌신 정도는 그 일을 통해 고스란히 드러난다. 마지못해 어떤 일을 하면 그런 마음 상태는 광채를 잃은 흐리멍덩한 결과물로, 또는 굼뜨고 무기력한 태도로 드러나기 마련이다. 만일 감정적으로 몰두하지 못한 채 순전히 금전적 이익을 위해서 어떤 일을 하면 당신은 영혼 없는 성과물을, 진정한 내면과 동떨어진 성과물을 내놓을 수밖에 없다. 설령 당신 자신은 깨닫지 못할지라도 사람들은 그 영혼 없는 성과물을 금세 알아채며 그들 역시 당신의 성과물을 흐리멍덩한 시선으로 바라본다. 하지만 당신이 충만한 의욕으로 탐색에 임하면 그런 마음가짐은 결과물의 곳곳에서 드러난다. 진정한 내면 깊은 곳과 연결되어 있는 결과물은 그 진정성이 보는 이에게 자연스레 전달되는 법이다.

이것은 비단 예술뿐만 아니라 과학이나 비즈니스 분야에서도 마찬가지다. 설령 에디슨과 똑같은 수준으로 몰두하지는 못할지라도, 위에서 설명한 것과 같은 감정적 헌신과 집중이 반드시 뒤따라야 한다. 그렇지 않으면 불운한 결과를 맞이할 가능성이 높다. 자신의 뛰어난 능력만 믿고 창의력을 쏟을 활동이나 대상물을 아무런 숙고 없이 되는 대로 선택하는 우를 범하지 마라. 반드시 자신의 내적 성향과 일치하는 것을 현명하게 선택해야 한다.

때로는 당신의 비인습적이고 자유로운 사고가 지향하는 대상, 내면에 잠재해 있던 반항적 성향을 불러일으키는 대상을 택하는 것도 좋다. 이 경우 당신이 발명하거나 발견하는 것이 주변 사람에게 무시당하거나 비웃음의 대상이 될 수도 있다. 당신의 생각이나 작업물이 거센 논란을 촉발하고 일부 사람들의 심기를 불편하게 만들 수도 있다. 당신의 내면 목소리가 어서 가라고 재촉하는 방향을 택한 결과, 비정통적이고 이단아적인 방향으로 향할 가능성도 있다. 당신의 소신을 추구하기 위해 기존 패러다임을 전복하고 정상적으로 여겨지는 것에서 기꺼이 어긋나겠다고 마음먹어라. 회의적인 비판자와 적들 앞에서 나약해지지 말고 그들의 존재감을 오히려 도약대로 삼아 더 강한 창의적 에너지와 집중력을 발휘하라.

다음 두 가지를 반드시 명심해야 한다. 첫째, 당신이 택하는 대상이나 활동은 현실적인 실현 가능성을 지닌 것이어야 한다. 이제껏 쌓은 지식과 기술을 그것을 실현하는 데 충분히 활용할 수 있어야 한다는 얘기다. 목표 달성을 위해 약간의 새로운 무언가를 배워야 할 수도 있지만, 이제 당신은 기본 지식 및 기술을 충분히 습득한 상태다. 해당 분야를 어느 정도 훤히 꿰뚫고 있으므로 기본 기술이 아니라 보다 높은 차원의 문제에 집중할 수 있다. 한편, 자기 능력보다 약간 높은 수준의 대상이나 활동을 선택하는 것이 좋다. 다시 말해, 당신 능력에 비해 약간 벅차다 싶은 것을 택하라. 이것은 창의적 실행의 최고 원칙에 당연히 수반되는 태도다. 어려운 목표일수록 내면에서 더 많은 에너지를 끌어내게 되는 법이다. 그 목표를 달성하고자 애쓰는 과정에서 자기 자신도 미처 몰랐던 창의적 에너지가 내면에 잠복하고 있었음을 발견하게 된다.

둘째, 안정감과 편안함에 대한 욕구를 기꺼이 떨쳐내야 한다. 창의적 활동이란 본래 그 특성상 불확실함을 수반한다. 당신은 선택한 대상이나 활동에 대해선 잘 알더라도, 그것을 추구한 여정이 최종적으로 어떤 결과에 이를지는 절대 미리 알 수 없다. 만일 삶의 모든 것이 명확하고 단순하고 안전하길 원하는 사람이라면, 그처럼 종착역을 알 수 없다는 사실 때문에 불안함을 느낄 것이다. 남들이 어떻게 생각할지, 또 조직 내에서 자기 위치가 위태로워지지 않을지 전전긍긍하는 사람은 절대 창의적 성과물을 창조할 수 없다. 그런 사람은 무의식적으로 자기 생각을 특정한 관습이나 관례에 묶어놓으며, 따라서 사고가 고인 물처럼 썩고 발전이 정체된다. 실패를 두려워하거나 정신적, 재정적 불안정 때문에 염려하는 상태라면, 그런 내면의 불안은 당신의 성과물에 그대로 드러난다. 당신 자신을 탐험가라고 생각하라. 기꺼이 닻을 올리고 항구를 출발하지 않으면 새로운 대륙은 절대 발견할 수 없다.

제2단계-창의성 전략

정신도 신체의 근육과 마찬가지다. 즉, 의식적으로 움직이고 운동하지 않으면 자연히 굳어진다. 이런 정신의 석화石化가 일어나는 이유는 두 가지다.

첫째, 대개 우리는 늘 똑같은 관점과 사고방식을 택하곤 한다. 일관되고 익숙한 것이 안정감을 주기 때문이다. 또 늘 행하던 방식을 고수하면 노력이 크게 절감된다. 인간은 습관의 동물이다. 둘째, 어떤 문제를 해결하려 애쓰거나 어떤 아이디어와 씨름할 때 우리 머리는 집중력의 범위를 좁게 제한하는 경향이 있다. 그 과정에 수반되는 스트레스와 힘겨운 노력을 줄이고 싶기 때문이다. 다시 말해, 창의성 도전과제를 완수하려 노력하는 동안, 택할 수 있는 대안이나 가능성, 관점을 좁은 범위로 제한하기 쉽다.

이러한 정신의 석화는 누구나 겪을 수 있으며 당신 역시 예외가 아님을 인정해야 한다. 유일한 해결책은 굳어버린 정신의 근육을 풀고 여러 가능성과 대안을 받아들일 수 있게 도와주는 일련의 전략을 배워 실행하는 것이다. 이것은 단지 창의적 활동에서만 중요한 것이 아니라 우리의 정신 자체가 유연성을 갖도록 치유하는 놀라운 힘을 발휘할 수 있다. 그런 유연성 계발을 위해 다음에 소개하는 5가지 전략은 과거와 현재의 여러 창의적 거장들의 삶에서 추려낸 것이다. 이들 전략을 충분히 숙지하여 삶에서 활용한다면 당신의 정신 능력을 한층 넓은 범위로 확장할 수 있을 것이다.

A. 마음 비우기 능력을 계발하라

1817년 스물두 살의 시인 존 키츠는 형제들에게 보낸 편지에서 창의성에 관한 자신의 생각을 털어놓았다. 그는 이렇게 썼다: 우리를 둘러싼 세계는 우리가 생각할 수 있는 것보다 훨씬 더 복잡하다. 우리는 제한적인 감각과 의식 때문에 현실과 진리의 아주 작은 부분만 포착할 수 있을 뿐이다. 게다가 세상의 모든 것은 끊임없이 변화한다. 단순한 말과 생각으로 이런 유동성과 복잡성을 포착하기는 불가능하다. 무릇 깨어 있는 사람이라면 어떤 대상이나 현상이 의미하는 바를 섣불리 판단하려 들지 말고, 정신이 경험하는 것들을 있는 그대로 받아들이게 내버려둬야 한다. 우리의 정신은 의심과 불확실성을 최대한 경험할 수 있어야 한다. 정신이 이런 상태에 머물면서 세상의 신비를 깊이 응시하면, 성급하게 판단을 내리고 결론에 이르는 경우보다 더욱 다차원적이고 본질적인 생각들이 우리를 찾아오게 된다.

이어 키츠는 다음과 같이 설명했다: 이런 능력을 키우기 위해서는 자아를 비우고 부정해야 한다. 인간은 본래 두려움과 불안에 물든 존재다. 익숙지 않은 대상이나 미지의 대상을 멀리하고 싶어 한다. 때문에 그런 불안함을 보상하기 위해서 특정한 관점과 생각을 확립하여 내세우길 좋아한다. 그러면 스스로 강하고 확신에 찬 존재라는 기분이 들기 때문이다. 이런 관점들 중 대부분은 자신의 깊은 성찰과 숙고에서 나오는 것이 아니라 대개 타인의 생각에 토대를 둔다. 게다가 일단 특정한 관점을 갖기 시작하면, 그것이 틀렸다고 인정하는 것은 곧 우리의 자아와 자만심을 손상시키는 일이 된다. 하지만 분야를 막론하고 진정으로 창의적인 인간은 자아를 잠시 접어두고 확정적인 판단을 유보한 채 눈앞의 대상과 현상을 있는 그대로 경험할 줄 안다. 그들은 자신이 가장 소중히 견지하는 관점이 현실과 모순될지라도 기꺼이 인정한다. 키츠는 이처럼 불확실성과 의문을 감내하고 포용하는 능력을 '마음 비우기 능력negative capability'이라고 불렀다.

시대를 막론하고 모든 거장은 이와 같은 마음 비우기 능력을 지녔으며, 그것은 그들의 창의적 힘의 원천이다. 이 능력을 지녔기에 그들은 남들보다 더 풍부하고 폭넓은 아이디어를 품고 실행에 옮길 수 있다. 또 이는 더욱 풍부하고 창의적인 작품의 탄생으로 이어진다. 모차르트는 음악에 대한 특정한 관점이나 의견을 단호하게 내세운 적이 없다. 대신 자신이 접하는 모든 음악 스타일을 열린 자세로 흡수한 뒤 자신만의 개성과 통합했다. 인생 후반부에 모차르트는 처음으로 요한 제바스티안 바흐의 음악을 접했다. 그가 작곡하던 것과는 사뭇 다를 뿐만 아니라 어떤 면에서는 더 복잡한 음악이었다. 평범한 예술가는 자기 방식이나 원칙에 배치되는 무언가를 만나면 무시해버리거나 방어적인 태도를 취하곤 한다. 하지만 모차르트는 새로운 가능성에 활짝 마음을 열어 젖힌 상태로 바흐의 대위법을 1년 가까이 공부하여 자신이 활용할 수 있는 작곡 기법 중 하나로 포함시켰다. 이로써 그의 음악은 또 다른 차원으로 새롭게 발전했다.

일찌감치 알베르트 아인슈타인은 두 사람(빛의 속도로 이동하는 사람과 지구에 가만히 서 있는 사람)이 똑같은 빛을 보는 상황에서 발견되는 한 가지 모순에 매료됐다. 그는 여러 이론을 동원해 대강 설명하고 넘어가지 않고, 이후 10년 동안 마음 비우기 능력을 발휘하여 이 모순에 대해 숙고했다. 그 과정에서 모든 가능한 가설을 고려해봤고, 마침내 상대성 이론을 태동시킬 결정적인 아이디어에 이르게 된다(6장 참조).

　마음 비우기 능력이라는 것이 왠지 공상적인 개념처럼 느껴질지도 모른다. 하지만 사실 이 능력을 계발하는 것은 창의적 인간이 되기 위해 가장 중요한 요소다. 과학 분야에서 사람들은 자신이 이미 알고 있는 바에 합치하는 생각, 또는 '믿고 싶은' 견해만을 포용하기 쉽다. 이는 무의식적으로 그 생각의 진실성을 판단하는 방식에 영향을 미치며, 이런 심리적 성향을 '확증 편향confirmation bias'이라고 부른다. 확증 편향을 지닌 우리는 자신이 믿고 있는 바와 일치하는 실험이나 데이터만 수용하려 든다. 대부분의 과학자들은 문제에 대한 해답을 알지 못하는 데에서 오는 불확실성을 꺼린다. 예술과 문학 분야의 경우, 특정한 정치적 도그마를 중심으로 생각이 경직되거나 쉽고 편리한 기존 관점에 묶여버리곤 한다. 그런 사람이 작품에 표현하는 것은 결국 본질에 대한 진정한 통찰이 아니라 그저 하나의 '관점'일 뿐이다. 키츠는 윌리엄 셰익스피어를 이상적인 예술가라고 보았다. 셰익스피어는 자기 작품에 나오는 등장인물들에 대해 확정적 판단을 하지 않은 채 완전히 열린 자세로 그들의 세계를 그려냈으며 심지어 악인으로 여겨지는 인물의 모습도 있는 그대로 표현해냈다는 것이다. 확실성에 대한 추구는 정신이 겪을 수 있는 가장 커다란 질병이다.

　마음 비우기 능력을 키우기 위해서는 만나는 모든 대상과 현상에 대한 판단을 유보하는 습관을 길러야 한다. 자신의 관점과 반대되는 관점들을 고려할 줄 알아야 한다. 어떤 사람이나 사건에 대해 오랜 시간을 두고 관찰하면서, 성급히 견해를 확립하는 것을 의도적으로 자제해야 한다. 또 익숙하지 않은 낯선 것을 적극적으로 대면할 필요가 있다. 예컨대 자기 분야와 동떨어진 분야의 생소한 작가가 쓴 책이나 다른 학파의 책을 찾아서 읽는 것이다. 평소 가진 사고의 틀을 깨트리고 이미 진실을 안다는 자만에서도 벗어나야 한다.

자아를 비우고 부정하기 위해서는 지식에 대한 겸손함을 지녀야 한다. 위대한 과학자 마이클 패러데이는 이런 자세를 다음과 같이 설명한 바 있다: 과학적 지식은 계속해서 진보한다. 특정 시대에 가장 위대하다고 인정받는 이론도 결국 시간이 흐르면 그 오류가 입증되거나 다르게 수정되곤 한다. 인간의 정신은 너무나 미약하기 때문에 진실을 명료하고 완전하게 간파하기 어렵다. 지금 수립한 이론이나 사상이 제아무리 참신하고 진리에 가까워 보여도 그것은 수십 년 또는 수백 년 후면 십중팔구 못쓰게 되거나 우스꽝스러워 보이게 된다. (우리는 진화를 믿지 않았고 지구의 나이가 6000년밖에 안 된다고 믿었던 20세기 이전 사람들을 비웃곤 한다. 하지만 먼 미래의 인류는 21세기의 우리가 너무나 순진한 관점을 갖고 있었다고 비웃을 것이 틀림없다!) 그러므로 지금 자신이 지닌 신념만을 옹호하거나 그것이 진리라고 확신하는 것은 결코 바람직하지 않다.

하지만 물론 언제까지고 마음을 비운 상태를 유지해야 한다는 의미는 아니다. 모종의 결과를 생산하기 위해서는 숙고 대상의 범위에 한계선을 그려야 한다. 사고를 정리하여 체계적인 패턴을 수립하고 최종적으로 모종의 결론에 이르러야 한다. 결국 특정한 판단을 내려야 하는 것이다. 따라서 마음 비우기 능력은 최대한 많은 가능성에 일시적으로 마음을 열어두기 위해 활용하는 하나의 도구에 해당한다. 그런 자세를 통해 창의적 사고가 움틀 수 있는 여건이 조성되고 나면, 우리의 생각을 더욱 명확하게 정리하고 마음 비우기 능력이라는 도구를 서랍에 집어넣을 수 있다. 그리고 정신이 고인 물처럼 신선함을 잃거나 정체되었다고 느껴질 때 다시 그 도구를 꺼내 써야 한다.

B. 우연한 발견의 중요성을 인식하라

인간의 두뇌는 끊임없이 정보와 정보를 연결하도록 발달되어 있다. 그것은 마치 이중 프로세스 시스템처럼 작동하면서, 어떤 정보가 들어오면 동시에 그것을 다른 정보와 비교한다. 두뇌는 자신이 처리하는 정보들 사이의 유사성, 차이, 관계를 파악하려고 끊임없이 애쓴다. 당신이 해야 할 일은 이 자연적 프로세스에 연료를 넣어주는 것, 두뇌가 여러 생각과 경험들 사이에서 새롭고 독창적인 연결 관계를 찾아낼 수 있는 최적의 조건을 만드는 것이다. 그리고 이를 위한 가장 효과적인 방법 가운데 하나는 의식적인 통제를 접어두고 우연이 개입하여 힘을 발휘하게 내버려두는 것이다.

그 이유는 다음과 같다. 어떤 특정한 프로젝트에 깊이 몰두해 있을 때는 주의력의 폭이 상당히 좁아진다. 심신의 긴장 강도도 높아진다. 이런 상태에서 두뇌는 우리가 대응해야 하는 자극의 양을 줄이고 싶어 한다. 눈앞의 일에 집중하기 위해서 그 밖의 세계로부터 스스로를 차단한다. 이것은 의도치 않은 결과를 낳을 수 있다. 즉, 다른 가능성들을 고려하기가, 보다 개방적이고 창의적인 관점을 갖기가 어려워질 수 있는 것이다. 반면 더 긴장을 푼 상태에서는 주의력이 향하는 범위가 자연스럽게 넓어지고 더 많은 자극을 기꺼이 받아들인다.

과학 분야의 뛰어나고 흥미로운 발견들 중 다수는 과학자가 머리를 싸매고 특정 문제에 집중할 때 일어나지 않는다. 그보다는 오히려 막

슬며시 잠이 들려고 할 때, 버스에서 무심히 창밖으로 시선을 던지고 있을 때, 또는 어떤 농담을 들었을 때 불현듯 아이디어가 떠오르는 경우가 많다. 즉, 주의력을 느슨하게 풀고 있을 때 말이다. 예상치 않은 무언가가 그의 정신세계의 문을 확 열고 들어와, 머릿속에 흩어져 있던 생각 파편들 사이의 참신한 연결을 촉발한다. 이 같은 우연한 연결과 발견은 이를테면 '뜻밖의 횡재'라 할 수 있다. 그리고 억지로 노력하여 이런 일이 일어나게 만들 수는 없지만, 다음에 소개하는 두 단계를 활용하면 '뜻밖의 횡재'의 순간을 만날 확률을 높일 수 있다.

첫 번째 단계는 탐색의 범위를 최대한 넓히는 것이다. 당신이 수행하는 일의 탐색 단계에서 일반적으로 필요한 것보다 훨씬 더 넓은 범위로 눈을 돌려라. 다른 분야로도 눈을 돌려 관련 정보를 찾아서 읽고 흡수하라. 만일 어떤 현상에 대한 특정 이론이나 가설을 세운 상태라면, 그것을 뒷받침하는 사례와 그것의 반증 사례가 될 가능성이 있는 사례를 최대한 수집해 검토할 필요가 있다. 혹여 고되고 비효율적인 일처럼 보일지라도 그 과정에 대해 믿음을 가져야 한다. 그런 과정에서 두뇌는 다양한 정보에 자극을 받으며 훨씬 활발하게 움직이기 시작한다.

윌리엄 제임스William James는 두뇌의 이런 창의적 활동 과정을 두고 이렇게 말했다. "인간 정신은 한 가지 생각에서 다른 생각으로 이동한다. …… 전례가 없는 여러 요소들의 조합, 비유의 가장 미묘한 연결이 나타난다. 한마디로, 마치 우리 자신이 아이디어가 끓어 넘치는 가마솥으로 느닷없이 들어가는 것과 같다. 그곳에서는 모든 것들이 갈피를 잡지 못하는 상태에서 잦아들었다가 다시 위로 떠오르곤 한다." 여러 정보에 의해 자극을 받으면 정신 활동에 일종의 가속도가 붙고, 이런 상태에서는 아주 작은 우연한 사건이 번뜩이는 아이디어에 불을 댕길 수도 있다.

두 번째 단계는 정신을 조이는 끈을 최대한 느슨하게 푸는 것이다. 고도의 긴장 속에서 탐구를 진행하는 시기라 할지라도 틈틈이 긴장을 풀고 마음을 느슨하게 만드는 시간을 갖도록 하라. 시원한 공기를 마시며 산책하거나, 일과 무관한 다른 활동에 참여하거나(예컨대 아인슈타인은 바이올린을 즐겨 연주했다), 당면한 과제와 상관이 없는 다른 무언가를 생각하라. 그러다가 예상치 못한 새로운 아이디어가 불현듯 떠올랐을 때, 그것이 터무니없게 느껴지거나 당신이 갖고 있던 사고 틀에 맞지 않는다고 해서 무시해버리지는 마라. 그 아이디어를 충분히 머릿속에서 굴려보며 탐구하고 그것이 어떤 결과로 이어지는지 지켜보라.

이런 과정을 보여주는 가장 좋은 사례는, 백신 접종으로 전염병을 예방할 수 있음을 발견하고 면역학 발전의 토대를 마련한 루이 파스퇴르 Louis Pasteur다. 파스퇴르는 다년간의 연구를 통해 다양한 질병을 일으키는 원인이 세균임을 입증했으며, 이는 당시로서는 상당히 새로운 발상이었다. 그는 세균 이론을 발전시켜나가는 과정에서 의학 및 화학의 여러 영역들로 자신의 지식을 확장했다. 1879년 닭 콜레라를 연구하고 있을 때였다. 그는 콜레라 배양균을 만들었다가 다른 연구 프로젝트들 때문에 콜레라 연구를 잠시 중단하게 되어 배양균을 몇 개월간 실험실에 그대로 방치해뒀다. 그리고 시간이 흘러 다시 콜레라 연구를 재개하면서 그 방치했던 배양균을 닭들에게 주입했다. 그런데 놀랍게도 그 닭들은 콜레라를 가볍게 앓고는 쉽게 회복되어 살아남았다. 시간이 흘렀기 때문에 배양균의 병독성이 약해진 것이라고 판단한 파스퇴르는 새로운 콜레라균을 입수하여 그것을 위에 언급한 닭들(즉, 오래된 배양균을 주입받은 후 콜레라에 걸렸다가 회복한 닭들)과 새로운 닭들에 즉시 주입했다. 그의 예상대로 새로운 닭들은 모두 죽었지만, 콜레라에서 회복한 경험이 있는 닭들은 전부 살아남았다.

그 이전에도 많은 의사들이 이와 유사한 현상을 목격했지만 거기에 주의를 기울이지도, 깊이 파고들 생각도 하지 않았다. 하지만 해당 분야에 대한 넓고도 깊은 지식을 보유하고 있었던 파스퇴르는 오래된 배양균을 주입한 닭들이 회복했다는 사실에 즉시 주목했다. 그것이 의미하는 바를 깊게 숙고한 그는 자신이 완전히 새로운 의학적 발견과 마주했음을 깨달았다. 즉, 질병을 일으키는 바로 그 세균을 동물의 몸에 소량 주입함으로써 해당 질병에 대한 면역력을 갖게 할 수 있다는 사실을 발견한 것이다. 그는 열린 정신과 넓은 시각을 갖고 탐색했기에 이와 같은 '우연한' 발견에 이를 수 있었다. 파스퇴르가 말했듯 "기회는 준비된 자에게만 찾아오는 것"이다.

이런 뜻하지 않은 발견은 특히 과학이나 기술 발명 분야에서 자주 일어난다. 수많은 사례 중에 대표적인 것으로는 빌헬름 뢴트겐의 X선 발견, 알렉산더 플레밍의 페니실린 발견, 요하네스 구텐베르크의 인쇄기 발명을 꼽을 수 있다. 하지만 아마도 가장 인상적인 사례는 위대한 발명가 토머스 에디슨일 것이다. 에디슨은 기다란 종이 테이프 위에 신호 내용을 다양한 점과 선으로 기록하는 전신기의 작동 과정을 개선하기 위해 오랫동안 씨름하고 있었다. 그런데 연구에 별 진척이 없었다. 특히 그가 신경 쓰이는 부분은 종이 테이프가 전신기를 통과할 때 나는 소리였다. "가볍고 규칙적인 리듬으로 반복되는 그 소리는 얼핏 들으면 사람의 희미한 말소리 같기도 했다"고 한다.

에디슨은 어떻게든 이 소리를 없애고 싶었다. 이후 몇 달간 전신기 작업을 손에서 놓았을 때도 그 소리는 왱왱거리면서 계속 귓가에 맴돌았다. 그러던 어느 날, 그 소리가 또 귓가에 맴돌 때 한 가지 놀라운 아이디어가 그의 머리를 때렸다. 인간 목소리와 여타 소리들을 녹음할 수 있는 방법이 있지 않을까? 이후 몇 달 동안 그는 소리의 과학을 연구하는 데 몰두했고, 이는 전신기와 유사한 기술을 활용하여 인간의 목소리를 녹음할 수 있는 축음기 발명을 위한 최초의 실험들로 이어졌다.

이와 같은 발견과 발명은 창의적 인간의 본질적 특성을 우리에게 알려준다. 창의적 인간의 경우, 두뇌로 들어오는 모든 자극이 처리되고 뒤집히고 재평가된다. 그의 두뇌는 어떤 자극이나 정보도 액면 그대로 받아들이지 않는다. 그에게는 왱왱거리는 기계 소음도 그냥 일상 풍경 속의 하나인 평범한 소리가 아니라 해석해야 할 무언가이며 하나의 가능성이자 신호가 된다. 그런 가능성을 내포한 수많은 대상이나 외부 자극이 그저 일상 속에 묻혀버리고 말지만, 개방적이고 유연성 높은 정신의 소유자에게는 그것들이 끊임없는 탐구의 대상이 된다. 감각 지각 자체도 사고를 자극하는 연습이 된다.

뜻밖의 우연성이 발견 및 발명에서 그토록 큰 역할을 하는 이유 중 하나는 인간의 정신적 능력에 한계가 있다는 것이다. 우리는 모든 방향을 빠짐없이 탐색해볼 수는 없으며 모든 가능성을 상상해볼 수도 없다. 에디슨의 시대에 그 어느 누구도 소리를 녹음하는 종이 테이프를 구상하는 이성적 사고 과정으로 축음기를 발명할 수는 없었을 것이다. 임의적인 외부 자극들은 우리 혼자 힘으로는 이를 수 없는 연상 작용과 아이디어로 우리를 이끈다. 그것들은 마치 공기 중에 떠도는 씨앗과도 같아서, 충분히 준비를 갖춘 개방적인 정신이라는 토양을 만나야만 거기에 뿌리를 내리고 빛나는 아이디어의 싹을 틔울 수 있다.

뜻밖의 우연한 발견 전략은 예술 분야에서도 흥미로운 결과를 낳을 수 있다. 예를 들어, 작가 앤서니 버제스Anthony Burgess는 틀에 박힌 아이디어서 벗어나려는 노력의 일환으로, 어떤 책 한 권에서 무작위로 단어들을 고른 후 그 단어들의 순서와 연관성을 활용하여 소설의 플롯을 구성하는 방식을 여러 차례 시험해봤다. 일단 그렇게 처음에만 되는 대로 아무렇게나 방향을 잡은 뒤, 이성적인 사고를 동원해 그것들을 놀랍도록 정교하게 축조하여 치밀한 구조를 갖춘 소설로 완성해냈다. 초현실주의 화가 막스 에른스트Max Ernst의 창작 과정도 이와 유사한 면이 있다. 그는 나무 바닥에 아무렇게나 깊게 패인 홈들에서 영감을 받아 여러 점의 작품을 완성했다. 그는 나무 바닥에 종이를 대고 연필로 문질러서 나뭇결의 질감을 종이에 얻어냈다. 그리고 거기서 나온 무늬와 질감을 출발점으로 삼아 초현실주의적이고 환각적인 작품을 완성해냈다. 버제스나 에른스트의 경우 모두 임의적이고 우연한 아이디어가 참신한 연상 작용과 창의적 에너지를 이끌어내는 촉매제가 되었다. 이처럼 순전한 우연과 의식적인 노력이 결합하면 창의성 넘치는 결과물이 탄생할 때가 많다.

당신도 뜻밖의 횡재와도 같은 발견을 하는 주인공이 되고 싶다면, 어딜 가든 항상 수첩을 갖고 다니길 권한다. 어떤 아이디어가 떠오르거나 인상적인 것을 목격했을 때 곧바로 수첩에 적어놓는 것이다. 침대 머리맡에도 수첩을 놓아두고 의식과 무의식의 경계선에 있는 순간에(즉, 잠들기 직전이나 잠에서 깬 직후) 떠오르는 생각이나 아이디어를 적어보라. 그 어떤 생각의 파편이라도 기록하고 때로는 그림이나 다른 책에서 발췌한 인용문도 곁들여보라. 그럼으로써 우스꽝스럽고 불합리해 보이는 아이디어들을 마음껏 구상하라. 많은 무작위적 요소를 병치해보는 것만으로도 다양한 연상 작용에 불을 붙일 수 있다.

그리고 언제나 '비유적' 사고에 익숙해질 필요가 있다. 이것을 통해 정신의 연상 능력을 한층 효과적으로 활용할 수 있다. 유추와 비유를 통해 사고하는 것은 창의적 정신 활동에 대단히 유용하다. 예컨대 16~17세기에 지동설 반대자들은, 지구가 움직이지 않는다는 근거로서 높은 탑에서 떨어트린 돌이 직선으로 바로 아래쪽에 떨어진다는 사실을 들었다. 만일 지구가 움직인다면 직선 아래가 아닌 옆으로 이동한 지점에 떨어질 것이라는 말이었다. 유추와 비유를 통한 사고에 익숙했던 갈릴레오는 마음속에서 지구를 우주 속을 항해하는 배라고 여겼다. 그는 지동설 반대자들의 주장을 논박하면서, 움직이는 배의 돛 꼭대기에서 떨어트린 돌 역시 직선으로 바로 아래쪽에 떨어진다고 설명했다.

이와 같은 비유적 사고는 때로 엄밀한 논리적 사유를 동반한다. 아이작 뉴턴이 나무에서 떨어지는 사과와 하늘의 달을 비교하며, '사과는 떨어지는데 달은 왜 떨어지지 않는가?' 하는 문제에 천착한 것처럼 말이다. 또 비유적 사고는 때로 다소 비논리적이고 느슨한 특성을 갖기도 한다. 재즈 연주자 존 콜트레인이 자기 작품들을 스스로 축조한 '소리의 대성당'이라고 여긴 경우가 그렇다. 어떤 경우든, 당신은 비유적 사고를 통해 아이디어와 관점을 확장하고 새롭게 변모시키는 연습을 해야 한다.

C. 안팎을 오가는 순환을 활용하라

1832년 남아메리카 해안 주변과 깊은 내륙 지역을 탐사하던 찰스 다윈은 몇 가지 희한한 발견에 주목하기 시작했다. 오래 전에 멸종한 동물의 뼈, 페루의 고산지대에 묻혀 있는 해양생물의 화석들을 발견한 것이었다. 또 섬에 있는 일부 동물은 육지에 있는 것과 동일한 종임에도 상당히 다른 특성을 지녔다. 그는 관찰 내용을 노트에 상세히 기록하면서 이런 특이한 현상들이 의미하는 바가 무엇일지 추측해보기 시작했다. 지구는 성경에 쓰인 것보다 훨씬 더 나이가 많은 게 분명해 보였으며, 모든 생명체가 동시에 창조되었다는 사실에 점점 더 의구심이 들었다. 그는 이와 같은 숙고와 추측을 계속하면서, 자신이 발견한 동식물을 좀 더 자세히 관찰하기 시작했다. 그 과정에서 자연계의 변칙적 사례를 더욱 많이 발견했고 그것들의 패턴을 발견하고자 애썼다. 갈라파고스 제도를 방문했을 때는 그토록 좁은 지역에 대단히 많은 변종들이 있음을 목격하고 마침내 모종의 패턴을 간파하기에 이른다. 즉, 진화라는 개념을 떠올린 것이다.

이후 20년간 다윈은 젊은 시절 착수한 사고 과정을 더욱 확장해나갔다. 그는 동일한 종 내에서도 다양한 변종이 생기는 이유를 다각도에서 추측해보고, 자기 생각을 입증하기 위해 다양한 유형의 비둘기를 직접 사육하며 관찰하기도 했다. 그가 구상중인 진화론에서 주목한 사실 하나는 지구의 넓은 지역에 걸치는 동식물의 이동이었다. 그런데 동물의 경우에는 그런 이동을 추론하기가 비교적 쉬웠지만 식물은 그렇지 않았다. 가령 비교적 작은 화산섬에 어떻게 그처럼 풍부한 식물군이 형성될 수 있단 말인가? 대부분의 사람들은 그것이 신이 창조한 결과라고 믿었다. 그래서 다윈은 여러 종류의 씨앗을 소금물에 담근 뒤 그것이 얼마나 오랫동안 생존할 수 있는지 여러 차례 실험했다. 그 결과 씨앗들은 그가 생각한 것보다 훨씬 더 오래 살아남았다. 그렇다면 다양한 종류의 씨앗이 해류를 타고 1500킬로미터 이상 이동해 섬에 정착한 후 싹을 틔웠을 가능성이 있다는 의미였다.

다윈은 연구의 타당성을 더욱 보강하기 위해 무려 8년에 걸쳐 다양한 종류의 따개비를 연구했다. 자신의 추측이 옳은지 틀린지 알아보기 위해서였다. 이 연구 결과 그의 생각이 옳음이 입증되었으며 미처 깨닫지 못했던 몇 가지 오류도 발견했다. 의미심장한 결과를 얻었다고 확신한 다윈은 마침내 '자연선택'이라는 개념을 중심으로 진화에 대한 연구 결과를 세상에 발표했다.

찰스 다윈이 수립한 진화론은 인간의 창의적 사고가 낳을 수 있는 가장 놀라운 업적 가운데 하나이며 인간 지성의 잠재력을 보여주는 증거물이다. 진화란 육안으로 볼 수 있는 현상이 아니다. 진화론을 정립하는 과정은 탁월한 상상력에 의존한다. 즉, 머리로 개념화하기조차 힘든 수백만 년이라는 기나긴 시간 동안 지구에서 어떤 일이 일어났는지 상상하고 추론하는 과정이 필요하다. 또한 어떤 영적인 존재의 개입 없이 스스로 진행될 수 있는 프로세스도 머릿속으로 그려보아야 한다. 다윈의 이론은 증거들을 관찰함으로써, 그리고 발견 내용이 의미하는 바의 연결 관계를 마음속에서 그려봄으로써 추론한 것이었다. 이와 같은 과정을 통해 수립된 진화론은 세월의 시험을 견디어 지금까지도 건재하며, 거의 모든 영역의 학문에 크나큰 영향을 미쳤다. 이를테면 '안팎을 오가는 순환'이라는 정신적 과정을 통해, 찰스 다윈은 육안으로 전혀 보이지 않는 무언가를 우리 모두가 볼 수 있는 것으로 만들었다.

'안팎을 오가는 순환'이란 추측과 관찰 사이를 끊임없이 오가며 창의적 발견을 위한 동력을 얻는 것을 말한다. 우리는 흥미로운 대상이나 현상을 관찰하면서 그것에 담긴 의미를 궁금해한다. 그리고 곰곰이 생각해보며 그 현상의 의미를 설명할 수 있는 몇 가지 가설을 세운다. 이후 그 현상을 다시 마주했을 때는 이제 전과 조금 다른 시각으로 보게 된다. 그것을 설명하기 위해 세웠던 여러 가설을 하나씩 대입해보기 때문이다. 때로는 실험을 수행해보고 우리의 추측이나 가설의 타당성을 입증하거나 다른 방향으로 수정한다. 이제 몇 주나 몇 달 후에 해당 현상을 또 다시 마주하면, 우리는 거기에 숨겨진 진실의 더욱 많은 부분을 볼 수 있다.

만일 관찰한 현상에 담긴 의미를 숙고하고 추측하지 않는다면, 관찰 내용 그 자체만으로는 의미 있는 성과에 이를 수 없다. 또 만일 추측만 할 뿐 이후에 추가적인 관찰을 계속하지 않거나 추측 내용의 타당성 확인을 위한 실험을 하지 않는다면, 우리 머릿속에는 그저 근거 없는 억측과 임의적인 사고만 떠다니게 된다. 그러나 추측과 관찰 사이를, 또는 추측과 실험 사이를 끊임없이 오가는 사람은 본질의 더 깊은 곳으로 들어갈 수 있다. 계속 움직이면서 나무를 뚫고 들어가는 드릴처럼 말이다. '안팎을 오가는 순환'은 우리의 사고와 현상의 본질 사이에 이뤄지는 끊임없는 대화라고 할 수 있다. 이 과정에 진지하게 임하면, 우리의 제한적인 감각 능력을 훨씬 뛰어넘는 원리를 설명해줄 모종의 이론을 발견할 수도 있다.

'안팎을 오가는 순환'은 인간 의식의 가장 기본적이고 근원적인 능력이 강화된 결과물이다. 우리의 원시 조상들은 주변 환경에서 평소와 다른 특이한 점이나 비정상적인 것에 민감하게 주목했다. 가령 나무 잔가지들이 부러져 있거나, 잎사귀에 누군가 뜯어먹은 흔적이 있거나, 발굽 또는 발톱 달린 발의 자국이 땅에 나 있거나 하는 경우 말이다. 그들은 추측과 상상을 통해 그것이 동물이 방금 지나갔다는 의미라고 추론했다. 그리고 발자국을 추적해서 따라가 보고 그런 추측이 옳음을 확인했다. 이와 같은 과정을 거치면서, 눈에 직접 보이지 않았던 무언가(지나간 동물의 존재)가 눈에 보이는 것으로 변화했다. 이와 같은 초기 인류의 정신 능력은 오랜 세월이 흐르면서 더욱 정교하고 높은 수준으로 발달했다. 눈에 보이지 않는 자연 법칙(진화, 상대성 원리 등)을 간파할 수 있는 수준으로까지 말이다.

우리 주변에는 '안팎을 오가는 순환' 과정을 건너뛰고 생략하는 사람들이 심심찮게 있다. 그들은 사회나 자연에서 뭔가 흥미로운 현상을 목격하면 온갖 추측만을 해댄다. 충분한 시간을 들여 그 현상을 설명할 수 있는 가설을 생각해보지 않으며, 추가적인 관찰을 통해 가설의 타당성을 확인하지도 않는다. 그런 사람은 해당 현상의 본질에 영영 다가가지 못한 채 원하는 대로 상상하는 것에 그치고 만다. 한편 학계나 과학 분야를 보면, 연구와 통계조사를 통해 수집한 방대한 정보를 보유하고 있으면서도 그 정보의 더욱 깊은 의미를 숙고하지 못하거나 그것을 활용해 하나의 이론으로 체계화하지 못하는 사람이 많다. 그들은 섣부른 추측으로 비과학적이고 주관적인 학자로 비칠까봐 두려워한다. 그들은 숙고와 추측이야말로 인간 이성의 심장이자 핵심임을, 현상의 본질에 가까이 다가갈 수 있는 길이자 눈에 보이지 않는 것을 볼 수 있는 방법임을 깨닫지 못한다. 그들에게는 어쩌면 틀릴지도 모르는 추측을 내놓음으로써 창피를 당할 위험을 무릅쓰느니 정보와 연구 내용에 머물면서 좁은 시야를 유지하는 것이 더 편하게 느껴진다.

때때로 이런 두려움은 회의주의라는 가면을 쓴다. 특정 이론이나 해석이 인정을 받기 전에 그것을 공격해서 무너뜨리길 일삼는 사람들은 그런 가면을 쓰고 있는 것이다. 그들은 의심과 회의가 높은 지적 능력을 알려주는 신호라고 말하지만, 실상 그들은 그냥 쉬운 길을 택하고 있는 것이다. 팔짱을 낀 방관자가 되어 이론에 대한 반대 목소리를 높이면서 그것을 폄하하는 것이야말로 정말 쉽지 않은가. 당신은 그들과 반대의 길을, 모든 창의적 거장들이 갔던 길을 따라야 한다. 숙고하고 추측할 뿐만 아니라 당신의 아이디어에 대해 대담해질 필요가 있다. 이런 과정을 통해 당신 이론의 타당함 또는 부당함을 입증하기 위해 노력하고, 그럼으로써 본질이나 진실과 조우해야 한다. 위대한 물리학자 막스 플랑크Max Planck는 이렇게 말했다. "과학자는 강렬한 직관적 상상력을 지녀야 한다. 자고로 새로운 아이디어란 논리적 연역이 아니라 예술과도 같은 창의적인 상상력에서 탄생하는 법이기 때문이다."

'안팎을 오가는 순환'은 과학 이외의 분야에서도 중요하다. 위대한 발명가 벅민스터 풀러는 발명품이나 신기술에 대한 아이디어를 지칠 줄 모르고 항상 생각해냈다. 경력 초창기에 풀러는 많은 사람이 좋은 아이디어를 갖고 있음에도 그것을 실행에 옮기길 두려워한다는 것을 알아챘다. 그들은 토론과 비판에 참여하길 좋아하고 자신이 상상한 내용을 글로 적을 뿐 머릿속 아이디어를 실제 현실의 결과물로 변화시키지는 않았다. 풀러는 자신은 그런 공상가들과 다른 인간이 되겠다고 마음먹고 다음과 같은 전략을 활용하기 시작했다. 때론 거칠고 다듬어지지 않은 상태인 머릿속 아이디어에서 출발하여 자신이 상상하는 물건의 모델을 만들어보는 것이었다. 그는 이런 임시 모델을 '인공 구조물artifact'이라고 불렀다. 만일 그것이 실제로 실현 가능하다는 판단이 들면 시제품을 만들었다. 그렇게 머릿속 아이디어를 실제로 구체적인 유형의 물건으로 만들어봄으로써, 상용화 가능성이 있는지 아니면 터무니없는 발상이었는지 감을 잡을 수 있었다. 얼핏 기이해 보였던 아이디어가 숙고와 추측의 단계를 떠나 이제 현실적인 무언가로 다가오기 시작한 것이다. 그런 다음 풀러는 한 걸음 더 나아가, 대중의 반응을 알아보기 위해 그들에게 보여줄 인공 구조물을 만들곤 했다.

그가 만든 대표적인 인공 구조물 하나는 다이맥시언 카Dymaxion Car였다. 그는 이 자동차를 1933년 세상에 공개했다. 이것은 기존의 어떤 차량보다도 연료 효율이 높고 방향 조종이 쉬우며 공기역학적 디자인이 뛰어났다. 또 바퀴가 세 개였고 특이하게도 전체적인 형태가 눈물방울 모양과 흡사했다. 게다가 저비용으로 신속하게 생산할 수 있었다. 풀러는 이 차량의 시제품을 대중에 공개한 이후 설계상의 몇 가지 결함을 발견하고 즉시 그것을 수정해 새로운 시제품을 만들었다. 다이맥시언 카는 상업적 제품으로 실용화되지는 못했지만(특히 자동차업계가 그의 급진적 혁신에 크게 반발하며 방해했기 때문이다), 미래의 수많은 자동차 설계자들에게 적지 않은 영향을 끼쳤다. 또한 다이맥시언 카가 등장한 이후 많은 이들이 자동차 설계에 대한 기존의 편협한 접근법에 의문을 던지기 시작했다. 풀러는 그의 가장 유명한 발명품인 지오데식 돔geodesic dome을 비롯해 다른 것들을 만들 때도 이와 같은 '인공 구조물' 전략을 썼다.

풀러가 인공 구조물을 제작한 과정은 비즈니스와 산업 분야에서 새로운 발명품이나 아이디어를 추진할 때 훌륭한 본보기로 삼을 만하다. 당신에게 신제품에 대한 아이디어가 있다고 치자. 즉시 그 아이디어대로 실제 물건을 설계해서 세상에 선보일 수도 있겠지만, 그 경우 당신은 제품에 대한 당신 자신의 만족감과 대중의 다소 시큰둥한 반응 사이에서 괴리감을 느끼기 쉽다. 이런 상황이 발생하는 이유는 당신이 그 아이디어와 제품의 본질에 다가가지 못했기 때문이다. 무조건 세상에 발표하기보다는 일단 원형 제품(즉, 머릿속 추측이 가시적인 물건으로 변한 것)을 만들고 사람들이 어떤 반응을 보이는지 알아보는 편이 현명하다. 사람들의 평가를 토대로 결과물을 수정해서 다시 발표할 수 있다. 그리고 완벽한 결과물이 나올 때까지 그 과정을 여러 차례 반복한다. 사람들의 반응을 접하며 당신은 자신이 만들고 있는 물건에 대해 훨씬 더 깊이 생각해보게 될 것이다. 그들의 피드백은 당신 눈에 안 보이던 것을 볼 수 있게 이끌어주기도 한다. 즉, 많은 이들의 눈에 비친 당신 작업물의 객관적 본질, 그것의 결함 등이 당신 눈에 보이기 시작한다. 머릿속 아이디어와 실제적 원형 모델 사이를 계속 오가는 과정을 통해 강렬한 매력을 지닌 뛰어난 결과물을 탄생시킬 수 있을 것이다.

D. *관점을 바꿔라*

사고는 우리로 하여금 세계의 더 많은 부분을 보게 해주는 연장된 형태의 시력이다. 그리고 창의성은 그 시력을 전통적인 경계 너머로 확대할 줄 아는 능력이다.

우리가 어떤 대상물을 지각할 때 우리 눈은 그것의 일부 또는 개략적 특징만을 두뇌에 전달한다. 눈이 전달하지 못한 나머지 부분을 파악하고 이해하는 것은 정신의 몫이다. 정신의 역할까지 첨가되어야 대상에 대한 비교적 정확한 판단이 가능해진다. 눈은 세부적 정보에는 깊은 주의를 기울이지 못하지만 대신 패턴을 파악해낸다. 그런데 시지각視知覺 과정과 흡사한 우리의 사고 프로세스 역시 그와 유사한 '속기법'을 활용한다. 어떤 사건이 일어나거나 새로운 사람을 만나면, 우리 두뇌는 세부적 측면을 면밀하게 파악하지 않고 그 대신 우리의 기대 수준이나 과거 경험에 부합하는 패턴이나 개략적 특성을 인식한다. 이로써 해당 사건이나 인물을 특정한 범주로 묶는다. 시력의 경우와 마찬가지로, 만나는 모든 사건이나 지각하는 대상물을 세세한 부분까지 깊게 파악하려면 우리 두뇌는 지쳐서 과부하가 걸릴 것이다. 그런데 안타깝게도 우리는 이런 정신적 속기법을 거의 모든 활동이나 대상에서 사용한다. 그것은 인습적 정신의 대표적인 특성이기도 하다. 우리는 어떤 문제를 해결하거나 아이디어를 실현하고자 노력할 때 스스로 고도로 이성적이고 빈틈없이 철저하다고 믿지만, 시력의 경우와 마찬가지로 사실 우리는 자신의 사고가 인습적이고 틀에 박힌 관점에 빠져 있으며 재빠른 범주화라는 속기법을 채택하고 있음을 인식하지 못할 때가 많다.

창의적 인간은 이런 속기법을 멀리하는 능력을 지니고 있다. 그들은 하나의 현상을 여러 다른 각도에서 바라보며, 오로지 한 각도에서만 바라보느라 남들이 놓치는 부분을 알아챈다. 때때로 창의적 인물이 이룬 발견이나 발명이 세상에 알려지고 나면, 우리는 "저리도 쉬운 것을 왜 진즉에 다른 사람은 생각해내지 못했을까?" 하는 의문을 품는다. 창의적 인간이 그것을 발견할 수 있는 이유는 '눈뜬장님'이나 다름없는 다른 사람들이 보지 못한 것을 보기 때문이며, 성급하게 일반화나 범주화를 시도하지 않기 때문이다. 그런 능력을 타고났느냐 학습했느냐는 중요하지 않다. 연습과 훈련을 통해 우리 정신이 더욱 밝은 눈을 갖고 진부한 틀을 탈피하게 만들 수 있기 때문이다. 이를 위해서는 정신이 빠지기 쉬운 전형적인 패턴을 인식하고, 그 패턴을 빠져나와 의식적으로 관점을 바꾸는 방법을 알아야 한다. 이 과정을 익히고 나면 당신에게서 솟아나는 아이디어와 창의적 에너지에 새삼 놀라게 될 것이다. 가장 빠지기 쉬운 흔한 패턴 내지는 속기법 몇 가지와 그것을 극복하는 법을 아래에 소개한다.

- **'어떻게'가 아니라 '무엇'에 집중하는 것**

어떤 프로젝트를 진행하다가 상황이 꼬였다고 치자. 그러면 대개 사람들은 일이 꼬이게 된 하나의 원인을 찾으려고 애쓴다. 그러면 해결 방법이 보일 거라고 믿는다. 책이 잘 팔리지 않으면 출판사 담당자는 저자의 부족한 필력이나 주제의 부적절함에 초점을 맞춘다. 회사 매출이 침체에 빠지면 판매하는 제품의 설계와 마케팅 방식에 주의를 집중한다. 이런 경우 우리는 스스로 이성적으로 사고하고 있다고 믿지만, 대개의 경우 문제는 우리가 생각하는 것보다 훨씬 더 복잡하고 전체론적이다. 그런데도 우리가 언제나 간단한 지름길을 원하는 성향 때문에 문제를 단순화시켜 바라보는 것이다.

'무엇'이 아니라 '어떻게'에 초점을 맞춘다는 것은 구조에 집중한다는 의미다. 즉, 각 부분이나 구성요소들이 전체와 어떻게 관련되어 있는지에 집중하는 것이다. 책의 경우, 전반적인 구성이 허술해서 잘 팔리지 않는 것일 수도 있다. 신중한 숙고에서 나오지 않은 상념들이 부적절한 방식으로 정리되어 있는 것이다. 머릿속이 혼란스러우면 그것은 글에도 그대로 드러나는 법이다. 책 내용의 세부적 부분들이 전체적인 주제와 어떻게 맞물리고 있는지 점검할 필요가 있다. 구조를 개선하면 글은 자연스럽게 개선된다. 회사의 경우, 조직 자체를 깊이 들여다봐야 한다. 직원들 간의 커뮤니케이션이 얼마나 효과적으로 이루어지는지, 정보가 얼마나 신속하고 유연하게 이동하는지 등을 점검해야 한다는 얘기다. 만일 직원들 사이의 소통에 문제가 있어서 같은 메시지를 서로 다르게 받아들이고 있다면, 제품이나 마케팅에 어떤 변화를 줘도 조직 성과는 나아지지 않을 확률이 높다.

세상의 모든 것은 모종의 구조물이며 그 구조물 안에서 각 부분은 서로 긴밀하게 연결되어 있다. 이런 연결성은 대개 유동적이기 때문에 개념화하여 정의하기가 쉽지 않다. 우리는 흔히 대상들을 서로 구분하려는 경향, '동사'가 아니라 '명사'의 관점에서 생각하는 경향을 갖고 있다. 하지만 다음을 명심하라. 각 요소들 사이의 관계에 더 주목해야 한다. 그래야 전체 그림에 대해 더욱 정확한 감을 잡을 수 있다. 마이클 패러데이나 알베르트 아인슈타인 같은 과학자들이 혁신적인 업적을 이룰 수 있었던 것은 전기와 자기 사이의 관계에, 현상의 상대적 관계에 주목했기 때문이다. 우리의 일상적인 사고 과정에서도 그런 관점을 견지해야 혁신을 이끌어낼 수 있다.

■ **세부사항을 무시하고 성급하게 일반화하는 것**

우리는 성급하게 일반화하려는 경향을 자주 드러낸다. 그것도 대개는 극히 적은 양의 정보만을 토대로 말이다. 우리는 원래 갖고 있던 관점에 부합하는 방향으로 성급하게 의견을 확립하며, 세부 정보에는 별로 주의를 쏟지 않는다. 이런 패턴을 극복하려면 때때로 '거시적' 관점에서 '미시적' 관점으로 이동할 필요가 있다. 즉, 세부 사항들과 작은 그림에 더 집중하는 것이다. 다윈은 자기 이론의 타당성을 확인하려고 따개비라는 주제에만 무려 8년의 시간을 쏟아부었다. 그처럼 세밀한 시각으로 연구했기에 전체 이론을 뒷받침해줄 완벽한 증거를 발견할 수 있었다.

레오나르도 다 빈치는 더욱 생생하고 감정을 풍부하게 전달할 완전히 새로운 스타일의 그림을 그리기 위해서, 강박적일 만큼 세세한 부분까지 파고들었다. 빛이 대상물의 외양을 어떻게 변화시키는지 알아보기 위해 다양한 기하학적 입체에 여러 방식으로 빛을 비춰보며 오랜 시간 연구했다. 또 음영의 단계적 차이를 드러내는 모든 가능한 조합 방식을 노트의 수백 페이지에 그려보았다. 그는 드레스의 접힌 부분, 인물의 머릿결, 얼굴 표정의 미세한 변화를 표현할 때도 그처럼 세세한 차이를 구현하고자 애썼다. 우리는 다 빈치의 작품을 볼 때 그가 기울인 노력을 알아채기 힘들지만, 그림 속 인물과 대상이 마치 현실을 그대로 옮겨놓은 것처럼 놀랄 만큼 생생하다는 점은 느끼지 않을 수 없다.

어떤 문제나 아이디어에 접근할 때 언제나 열린 마음가짐을 가져라. 세부적 측면에 대한 탐구를 바탕으로 사고를 진행하고 가설을 세워라. 세상의 모든 것을 일종의 홀로그램이라고 생각하라. 아주 작은 부분이 전체에 대한 핵심적인 무언가를 반영할 수 있음을 명심해야 한다. 그런 관점을 지니면 두뇌의 일반화 경향을 극복하고 현상의 본질에 더욱 가까이 접근할 수 있다. 하지만 세부 정보에만 너무 몰두한 나머지 그것이 전체와 갖는 관련성을 놓치는 실수를 범하는 것은 경계해야 한다. 그것은 세부 정보를 간과하는 것만큼이나 위험하다.

■ 변칙적 이례를 무시하고 패러다임을 좇는 것

어떤 분야에든 모종의 패러다임이, 즉 해당 분야에서 받아들여지는 특정한 인식 체계가 존재한다. 이러한 패러다임은 반드시 필요하다. 그것이 없으면 우리는 세계를 제대로 이해하고 해석하기 힘들다. 그러나 때로는 이런 패러다임이 사고방식을 잠식해버린다. 그러면 우리가 믿는 패러다임에 부합하는 패턴들만 찾게 된다. 그 패러다임에 맞지 않는 것(즉, 변칙적 이례)는 무시해버리거나 대충 설명하고 넘어간다. 하지만 사실 변칙적 이례에 풍부하고 값진 정보가 들어 있을 때가 많다. 때때로 그것은 기존 패러다임의 결함을 귀띔해주고 세상을 바라보는 새로운 방식으로 우리를 안내한다. 당신은 사람들이 흔히 간과하는 이례적인 현상을 찾아내는 탐정이 될 필요가 있다.

19세기 말 몇몇 과학자들은 우라늄을 비롯한 희유금속稀有金屬들이 빛에 노출되지 않은 상태에서 스스로 수수께끼의 빛을 발산하는 특이한 현상을 알아챘다. 하지만 어느 누구도 이 현상에 크게 주목하지 않았다. 언젠가 그 원인이 밝혀질 것이라고, 물질에 대한 일반적 이론에 부합하는 설명이 등장할 것이라고 막연히 생각했다. 하지만 마리 퀴리라는 과학자는 이와 같은 특이한 현상을 깊이 탐구해야겠다고 마음먹었다. 그녀는 거기에 물질에 대한 관점을 확장시켜줄 중요한 단서가 들어 있음을 직감했다. 마리는 남편 피에르Pierre와 함께 4년 동안 이 현상을 끈질기게 연구한 끝에 여기에 '방사능'이라는 이름을 붙였다. 결국 그녀의 발견은 물질 자체에 대한 과학자들의 관점을 완전히 바꿔놓았다. 이전까지는 물질이라는 것이 고정적인 불변의 요소를 지녔다고 여겨졌지만, 사실 훨씬 더 가변적이고 복잡한 특성을 지녔다는 사실이 드러난 것이다.

구글의 공동창업자 래리 페이지Larry Page와 세르게이 브린Sergey Brin은 1990년대 중반에 존재하던 검색엔진들을 살펴보면서, 알타비스타AltaVista를 비롯한 여러 검색엔진에서 얼핏 사소해 보이는 결점에만 집중했다. 당시 인기 높았던 검색엔진들은 주로 어떤 주제어가 특정한 글에 언급된 횟수를 기준으로 하여 웹페이지의 순위를 정했다. 이런 방식은 별로 유용하지 않거나 검색어와 관련성이 떨어지는 검색 결과를 보여줄 때가 많았지만, 사람들은 그것을 그저 시스템에 수반되는 별난 특성 정도로 여겼고 시간이 지나면 결국 해결되거나 자연스럽게 받아들여질 것이라고 생각했다. 하지만 페이지와 브린은 이 지점에 각별히 집중하면서 기존 검색엔진들의 뚜렷한 약점을 간파했고, 이후 웹페이지 순위를 정하는 데 사용할 완전히 다른 알고리즘을 개발했다. 그것은 인터넷상에서 링크된 횟수를 기준으로 웹페이지 순위를 정하는 것이었다. 그리고 그들이 개발한 방식은 검색엔진의 유용성과 효과를 이전과는 완전히 다른 수준으로 도약시켰다.

찰스 다윈의 경우를 보면, 그의 이론의 핵심은 돌연변이와 변종을 관찰함으로써 얻어낸 것이었다. 어떤 종을 새로운 진화적 방향으로 나아가게 만드는 것은 자연계의 특이하고 임의적인 변종인 경우가 많았다. 변칙적 이례는 창의적 인간이 발견해야 할 돌연변이라 할 수 있다. 그것은 종종 미래를 말해주지만, 우리 눈에는 그저 이상하게만 보인다. 밝은 눈으로 그것을 주시하라. 당신이 그 누구보다 먼저 그 미래를 밝힐 수 있을 것이다.

■ 부재하는 것은 간과한 채 존재하는 것에만 집중하기

아서 코난 도일Arthur Conan Doyle의 추리소설 『실버 블레이즈Silver Blaze』에서 명탐정 셜록 홈즈는 '일어나지 않은 일'에 주목함으로써 사건 해결의 실마리를 잡는다. 즉, 개가 짖지 않았다는 점에 주목했다. 그것은 곧 범인이 개가 알고 있는 사람이라는 뜻이었다. 대개 보통 사람들은 이른바 '음성陰性 단서'에, 즉 발생하거나 존재해야 마땅함에도 그러지 않은 사실에 별로 주의를 기울이지 않는다. 우리는 겉으로 드러나는 정보, 보고 들리는 내용에만 주의력을 쏟는다. 홈즈처럼 창의성이 번득이는 사람이라야 더 폭넓고 철저한 사고를 통해 놓친 정보를 잡아낼 수 있다. 그런 사람은 다른 이들이 무언가의 '존재'를 보는 것만큼이나 수월하게 '비존재'를 알아챈다.

과거 오랫동안 의사들은 외부의 무언가가 신체를 공격하기 때문에 질병이 발생하는 것이라고만 생각했다. 예컨대 전염성 균이나 차가운 바람, 유해한 기체 등이 몸에 들어와서 병이 생긴다고 믿었다. 따라서 병을 유발하는 환경적 요인의 유해한 영향을 퇴치할 수 있는 약물을 개발하는 것이 병의 치료를 좌우했다. 그런데 20세기 초 생화학자 프레더릭 가울랜드 홉킨스Frederick Gowland Hopkins는 괴혈병을 연구하던 도중에 질병에 대한 위와 같은 관점을 뒤집는 발상을 떠올렸다. 신체를 공격하는 외부의 무언가 때문이 아니라 신체 내에 '결핍된' 무언가 때문에 괴혈병이 발생하는 것은 아닐까? 결국 괴혈병은 비타민 C의 부족 때문에 생기는 것으로 밝혀졌다. 창의적으로 발상을 전환한 홉킨스는 '존재하는 것'이 아니라 '부재하는 것'에 초점을 맞췄기에 문제를 해결할 수 있었다. 이는 비타민에 관한 혁신적인 연구 결과를 낳았고 건강 및 질병에 대한 기존의 관점을 완전히 다르게 변화시켰다.

비즈니스 세계에서 사람들은 흔히 이미 시장에 존재하는 제품을 더 훌륭하게 개선하거나 더 저렴하게 생산할 방법을 연구한다. 하지만 중요한 것은 현재 충족되지 못하고 있는 니즈, 존재하지 않는 무언가에 집중하는 일이다. 이를 파악하려면 많은 생각과 노력이 필요하지만, 그 채워지지 않는 니즈를 발견해내기만 한다면 우리에게 돌아오는 보상은 엄청날 수 있다. 이를 위한 한 가지 방법은 새로운 기술을 다른 대부분의 사람들과 확연히 다른 방식으로 활용할 방법을 연구하는 것이다. 분명히 존재한다고 느껴지지만 겉으로 확연하게 드러나지는 않는 니즈를 찾아내 그 기술을 적용해야 한다. 겉으로 분명히 드러나는 니즈라면 다른 이들이 이미 알아챘을 확률이 높다.

결국 관점을 바꾸는 것은 상상력의 힘이라고 할 수 있다. 대부분 사람들이 보는 것보다 더 많은 가능성을 상상할 줄 알아야 하며, 그 과정에서 생각을 제한하는 빗장을 풀고 최대한 대담한 시각을 지녀야 한다. 이것은 예술가뿐만 아니라 발명가와 기업가에게도 해당하는 얘기다. 창의성 넘치는 기업가였던 헨리 포드의 경우를 보자. 자동차 산업에 뛰어든 초반부터 헨리 포드는 당시 존재하던 것과는 완전히 다른 방식의 사업을 상상했다. 그는 자동차의 대량생산을 실현하여 앞으로 곧 도래할 종류의 소비문화를 창조하는 데에 기여하고 싶다는 꿈을 품었다. 하지만 그의 공장에서 일하는 노동자들이 자동차 한 대를 생산하는 데에는 평균 약 12시간 반이 걸렸다. 대량생산을 실현하기에는 턱없이 느린 속도였다.

생산 속도를 높일 방안을 궁리하던 포드는 노동자들이 일하는 모습을 유심히 관찰하다가 아이디어를 떠올렸다. 노동자들은 작업대 위에 고정되어 있는 자동차를 완성하기 위해서 매우 분주하게 이리저리 움직이고 있었다. 포드는 도구를 개선할 방법이나 노동자를 더 신속하게 움직이게 만들 방법, 또는 더 많은 노동자를 고용할 방법에 초점을 맞추지 않았다. 그런 종류의 작은 변화로는 대량생산을 구현할 수 있을 만큼 전체 시스템을 변화시킬 수 없었다. 대신 그는 완전히 혁신적인 방안을 '상상'했다. 노동자들은 가만히 서 있고 자동차와 부품이 움직이는 시스템을, 그러니까 작업 공정의 순서대로 자동차가 움직이는 동안 각 노동자가 정해진 자리에서 맡은 작업을 완수하는 시스템을 만들면 어떨까? 곧바로 이 시스템을 시도해본 포드는 효과가 있음을 깨달았다. 1914년 이동식 조립라인이 완성되자 이제 포드의 공장에서는 자동차 1대를 90분 만에 생산할 수 있었다. 이후 그는 생산 시간을 훨씬 더 놀랍게 단축시켰다.

이와 같이 관점을 바꾸려고 노력하는 과정에서 다음을 꼭 기억하길 바란다. 바로 감정이 우리가 상황을 바라보는 방식에 크나큰 영향을 미칠 수 있다는 점이다. 두려움에 휩싸여 있는 사람의 눈에는 앞으로 만날지 모를 위험이나 실수만 보인다. 반면 대담한 마음자세를 가진 사람은 잠재적 위험에 그다지 큰 비중을 두지 않는다. 따라서 당신은 단순히 머릿속의 관점만 바꿀 것이 아니라 감정적인 관점 역시 바꿔야 한다. 가령 어떤 일을 하다가 거듭되는 장애물과 실패를 만난다면, 그것을 당신에게 긍정적인 영향을 주는 생산적인 기회로 보려고 노력하라. 담금질을 거듭할수록 쇳덩이가 단단해지듯, 그런 경험은 당신을 훨씬 단단하게 만들어주며 개선해야 할 결점을 깨닫도록 이끌어준다. 힘겨운 운동이 육체를 더 강인하게 단련하듯이 정신의 경우도 마찬가지다. 한편, 행운을 만났을 때도 관점을 바꿔서 생각해보라. 즉, 안일한 태도를 갖거나 남들에게 주목받고 싶은 욕구에 중독되는 것이 가져올 수 있는 해로운 결과를 떠올려보는 것이다. 이런 관점 바꾸기는 생각의 폭을 한층 확장하여 더 많은 가능성을 보는 눈을 뜨게 해준다. 실패와 실수를 기회로 볼 줄 아는 사람은 그 기회를 성공의 도약대로 만들 수 있다.

E. 원초적 형태의 지능으로 돌아가라

서장에서 설명했듯이, 우리의 원시 조상들은 언어 발명 이전에도 가혹한 자연환경 속에서 생존하기 위해 다양한 형태의 지능을 발달시켰다. 그들은 주로 시각적 이미지를 통해 사고했으며, 주변 환경에서 패턴을 알아채고 중요한 세부 정보를 분간하는 능력이 뛰어났다. 넓은 초원을 누비며 생활했던 그들은 공간적으로 사고하는 능력을 발달시켰고, 다양한 종류의 상황에서 주요 지형지물이나 태양의 위치를 이용하여 자기 위치를 파악하는 방법을 터득했다. 또 물리적, 역학적 관점에서 사고할 줄 알았기에 무언가를 만들 때 손과 눈의 기능을 밀접히 연관시켜 활용하는 능력이 높은 수준으로 발달했다.

이후 언어의 발명으로 인류의 지적 능력은 훨씬 높은 수준으로 도약했다. 언어로 사고하기 시작한 그들은 자신을 둘러싼 세상에서 더 많은 가능성과 기회를 상상하고 그 내용을 언어로 타인에게 표현할 수 있었다. 그리고 이런 진화적 발전 단계를 거치면서 인간 두뇌는 여러 종류의 지능을 감각 내용과 결합하고 다양한 차원에서 사고할 수 있는 대단히 유연하고 다용도적인 도구로 발달했다. 그런데 어느 시점부터 문제가 발생했다. 원시 조상들이 지녔던 유연성 높은 지능이 점차 약화되고 거의 언어에만 의존해 사고하기 시작한 것이다. 그 과정에서 우리는 한때 인류의 지능에서 필수적인 역할을 했던 감각들(시각, 후각, 촉각)과의 연결성을 잃어버렸다. 언어가 만들어진 주된 이유는 사회적 의사소통을 위해서다. 그것은 사회 구성원 모두가 동의하는 관습을 토대로 한다. 언어는 사람들이 서로 가급적 마찰을 일으키지 않고 의사소통할 수 있기 위해 만들어진, 다소 엄격하고 안정된 특성을 지닌 하나의 시스템이다. 그런데 인간의 삶이 고도의 복잡성과 가변성을 특징으로 한다는 점을 감안할 때, 종종 언어는 우리의 능력을 제한하는 구속물이 될 수 있다.

언어의 문법은 우리를 특정한 종류의 논리와 사고방식 안에 가둔다. 학자이자 저술가인 시드니 훅Sidney Hook은 말했다. "아리스토텔레스가 그에게는 존재의 문법이었던 범주를 분류할 때, 그는 사실 그리스어의 문법을 우주 만물에 투영한 것이다." 언어학자들에 따르면 세상에는 영어의 특정한 어휘로 표현할 수 없는 개념이 대단히 많다고 한다. 만일 어떤 개념을 나타내는 어휘가 없다면 우리가 그것을 사고하기는 거의 불가능하다. 따라서 인간이 선천적으로 지닌 다층적 지능에 비교할 때 언어는 너무 제한적인 도구일 때가 많다.

과학, 기술, 예술이 급속도로 발전하는 지난 수백 년 동안 인간은 두뇌를 사용해 수많은 복잡한 문제를 해결해왔다. 그리고 최고의 창의적 능력을 보여준 사람들은 언어를 뛰어넘어 사고할 줄 아는 이들이었다. 그들은 의식 깊숙한 곳에 접근하는 능력을 지녔고, 수백만 년간 인류가 활용했던 원초적 형태의 지능으로 돌아갈 줄 알았다.

위대한 수학자 자크 아다마르Jacques Hadamard의 말에 따르면 대부분의 수학자들은 이미지를 통해 사고한다고 한다. 즉, 자신이 증명하고자 하는 정리定理를 시각적으로 머릿속에 그려보는 것이다. 마이클 패러데이는 뛰어난 시각적 사색가였다. 그는 전자기력선이라는 개념(20세기 장場 이론 발전의 중요한 토대가 되었다)을 구상할 때, 그것을 글로 정리하기에 앞서 먼저 마음속에서 시각적으로 볼 수 있었다. 화학자 드미트리 멘델레예프Dmitry Mendeleyev는 꿈속에서 원소들이 시각적 구조로 배열된 모습을 본 이후에 주기율표 구조를 정리했다고 한다. 시각적 이미지에 의존하여 사유를 전개한 위인은 무수히 많지만, 아마도 그 가운데 가장 탁월한 인물은 알베르트 아인슈타인일 것이다. 아인슈타인은 이렇게 썼다. "글이든 말이든 언어의 어휘들은 나의 사고 메커니즘에서 별다른 역할을 하지 못하는 것 같다. 내 생각을 구성하는 요소들은 특정한 기호와 분명한 이미지이며, 그것들은 자발적으로 재형성되며 서로 결합한다."

토머스 에디슨이나 헨리 포드 같은 발명가들은 시각적 이미지뿐 아니라 3차원 모델을 이용해 생각했다. 탁월한 전기공학자이자 기계공학자였던 니콜라 테슬라Nikola Tesla는 기계와 그 구성 부품 전부를 아주 상세하게 머릿속에 그린 다음, 그렇게 상상한 내용을 토대로 발명품을 완성했다.

이처럼 시각적 사고로 '복귀'하게 되는 이유는 간단하다. 인간의 작업기억working memory, 정신적 작업에 필요한 정보를 일시적으로 의식 속에 수용한 상태에서 이를 필요에 따라 변형, 처리하는 능력에는 한계가 있기 때문이다. 우리가 한 번에 기억할 수 있는 정보의 양은 제한적이다. 하지만 이미지를 활용하면 여러 가지를 한꺼번에 동시에 상상할 수 있다. 비인격적이고 고정적인 언어와 달리 마음속 시각화는 우리 스스로 창조할 수 있는 무언가이며, 시각화된 이미지는 특정 순간에 우리가 지니는 욕구를 더 잘 대변하고 언어보다 더 유연하고 실질적인 방식으로 특정한 생각을 표현할 수 있다. 시각적 이미지를 사용해 세상을 이해하는 것은 가장 원초적 형태의 지능이라 할 수 있으며, 우리는 이를 통해 언어로 표현되기 이전의 아이디어를 머릿속에 형성할 수 있다. 언어는 추상적이고 관념적이지만, 이미지나 모형은 머릿속 생각을 더 구체적인 무언가로 만들어주며 이는 감각을 통해 보고 느끼고자 하는 우리의 욕구를 충족시킨다.

설령 이런 방식의 사고가 당신에게 자연스럽게 느껴지지 않는다 할지라도, 창의적 실행 과정에서 그림이나 모형을 활용하는 것은 대단히 큰 도움이 될 수 있다. 찰스 다윈은 평소 시각적 사유를 즐겨 하는 편은 아니었지만 연구 초반 단계에서 진화의 개념을 정리하는 데 도움이 되는 이미지를 하나 떠올렸다. 그것은 불규칙하게 가지가 뻗어 나온 나무의 그림이었다. 이 그림은 모든 생명이 하나의 근원에서 시작되었음을 나타냈다. 어떤 나뭇가지는 자라다가 성장이 끝나버린 반면, 어떤 나뭇가지는 계속 자라면서 또 다시 새로운 가지를 치는 모습이었다. 그는 이 나무 그림을 연구 노트에 실제로 그려놓았다. 이 그림은 진화에 관한 사유를 진행하는 데에 매우 큰 도움이 되었기 때문에 그는 틈날 때마다 이 그림을 들여다보곤 했다. 분자생물학자 제임스 왓슨James D. Watson과 프랜시스 크릭Francis Crick은 커다란 DNA 분자 모형을 제작하여 그것을 수정 및 보완하면서 연구를 진행했다. 이 모형은 그들이 DNA 분자 구조를 밝혀내는 데에 매우 중요한 역할을 했다.

이와 같이 이미지와 도해, 모형을 활용하면 자신의 사고 패턴을 깨닫는 데 도움이 된다. 뿐만 아니라 언어만 가지고는 상상하기 힘들었을 새로운 방향을 발견할 수도 있다. 비교적 단순한 그림이나 모형으로 생각을 객관화해 표현하면, 당신의 생각 전체가 한꺼번에 투영된 결과물을 보는 셈이며, 이는 다량의 정보를 체계화하고 생각을 새로운 차원으로 약진시키는 데 도움이 된다.

이런 이미지나 모형은 치밀한 사고를 통해 탄생하기도 하지만(왓슨과 크릭이 DNA 모형을 만든 과정처럼), 때로는 우리 사고가 의식의 가장자리에 머무는 순간에 떠오른다. 가령 꿈을 꿀 때나 느긋한 공상에 잠겨 있을 때 말이다. 후자의 경우, 심신의 긴장을 웬만큼 풀고 있는 상태에서 그런 시각적 그림이 마음의 수면 위로 떠오르곤 한다. 생각하느라 너무 머리를 쥐어짜면 오히려 상상력이 부족한 무미건조한 결과물만 나오기 쉽다. 정신이 긴장이라는 구속을 벗어나 사유의 가장자리에서 마음껏 돌아다니게 놔두어라. 의식적 사고와 팽팽히 연결되어 있던 끈을 풀고, 당신에게 다가오는 이미지를 받아들여라.

마이클 패러데이는 유명한 과학자로 성공하기 전에 그림 수업을 들었다. 여러 강연에서 목격한 실험을 노트에 재현하기 위해서였다. 하지만 그는 그림 그리기가 여러 방식의 사유에 도움이 된다는 사실을 깨달았다. 손과 두뇌의 연결 관계는 우리의 내부에 깊이 내장되어 있다. 어떤 대상을 스케치하려면 우리는 그것을 세밀하게 관찰해야 한다. 그래야 생생하게 그려낼 방법에 대한 감을 잡을 수 있다. 이런 연습은 시각적 사고에 도움이 되며, 언어화하고 싶은 충동에서 벗어나게 해준다. 레오나르도 다 빈치에게는 그림 그리기와 사고가 동의어나 마찬가지였다.

어느 날 작가 요한 볼프강 폰 괴테는 절친한 문우文友이자 뛰어난 시인 겸 극작가인 프리드리히 실러Friedrich Schiller의 창작 과정과 관련해 흥미로운 사실 하나를 알게 되었다. 괴테가 실러의 집을 방문한 날이었다. 괴테는 실러가 잠깐 외출했다는 얘기를 듣고 그가 올 때까지 기다리기로 했다. 기다리는 동안 실러의 책상 앞에 앉아 있는데 잠시 후 이상하게 현기증이 일면서 머리가 어지럽기 시작했다. 의자에서 일어나 창가 쪽으로 가면 그 느낌이 사라졌다. 괴테는 어떤 고약한 냄새가 책상 서랍에서 새어 나오고 있다는 사실을 문득 깨달았다. 서랍을 열어보니 놀랍게도 그 안은 썩은 사과로 가득했다. 몇 개는 아예 문드러졌을 정도로 상태가 심각했다. 실러의 아내가 방으로 들어왔을 때 괴테는 그 썩은 사과들에 대해 물어보았다. 그녀는 자신이 늘 서랍을 썩은 사과로 채워놓는다고 말했다. 남편이 평소에 작품을 쓸 때 그 냄새를 맡으면서 창의적 영감을 얻는다는 것이었다.

다른 예술가와 학자들도 창의적 영감을 얻는 데 도움이 되는 나름의 방법을 활용하는 경우가 많았다. 예컨대 알베르트 아인슈타인은 상대성 이론을 연구할 때 고무공을 손에 쥐고, 전력을 쏟아 집중하고 긴장할 때마다 주기적으로 그것을 꽉 쥐곤 했다. 또 저술가 새뮤얼 존슨Samuel Johnson은 일할 때 책상 위에 항상 고양이와 오렌지 조각을 두었으며, 간간이 고양이를 손으로 가볍게 쳐서 가르랑거리는 소리를 내게 만들었다. 그런 감각적 자극들이 저술 작업에 효과적인 도움을 주었음이 틀림없다.

이들 사례는 모두 공감각共感覺 현상과 관련된다. 즉, 한 가지 감각에 대한 자극이 또 다른 감각을 불러일으키는 현상 말이다. 예를 들어, 우리가 어떤 소리를 듣고 특정한 색깔을 떠올리는 것이 바로 공감각이다. 여러 연구 결과에 따르면 일반인보다 예술가와 높은 수준의 학자들에게서 공감각 능력이 훨씬 더 많이 발견된다고 한다. 어떤 이들은 공감각 능력이 뛰어나다는 것은 두뇌 각 영역들 사이의 상호연결성이 훨씬 더 강하다는 의미라고 추측한다. 창의적인 사람들은 단순히 언어로만 사고하는 것이 아니라 신체가 가진 모든 감각을 활용한다. 그들은 생각을 자극하는 감각 신호들을 찾아내 이용할 줄 안다. 그것이 고약한 냄새이든 고무공이든 말이다. 생각하고 창작하고 세상을 인식하는 다양한 방법을 열린 자세로 받아들인다. 또 다양한 종류의 감각 경험을 언제든 스스로에게 허락한다. 당신도 사고와 창의성에 대한 관점을 언어와 논리적 지성이라는 한계선 바깥으로 확장해야 한다. 주변의 모든 신호를 동원해 두뇌와 감각을 자극하는 것이야말로 내면에 잠자는 창의성을 깨우고 당신의 본래적 정신을 소생시킬 길이다.

제3단계-창의성을 위한 돌파구 : 긴장과 통찰력

창의적 업적을 달성한 거장의 삶을 보면 대부분 다음과 같은 패턴을 목격할 수 있다. 그들은 내면의 직관이 이끄는 방향으로 특정한 과업에 착수하며 그것이 앞으로 성공을 거두리라는 흥분된 기대를 품고 일을 진행한다. 그 과업은 내면의 개인적이고 근원적인 성향과 맞닿아 있으며, 그들에게 살아 있는 생명체처럼 느껴지기까지 한다.

흥분된 기대감과 의욕을 연료 삼아 한 방향으로 나아가는 동안 그들은 자신의 생각을 구체적인 형태로 정립하고, 그 실현을 위해 택할 방법들의 폭을 좁혀나가며, 점차 고유한 구체성을 갖춰가기 시작하는 아이디어에 에너지를 한층 더 주입한다. 그러면서 고도의 집중력을 쏟는 단계로 진입한다. 그런데 거장들이 대개 지니는 한 가지 특성 때문에 그 과정이 더욱 험난해지곤 한다. 즉, 그들은 자기가 내놓은 결과물에 쉽사리 만족할 줄 모른다. 눈앞의 과제에 대한 열정은 여전히 식지 않았을지라도, 자신이 만든 결과물의 가치를 의심하고 회의적인 마음에 휩싸인다. 내면에서 스스로 지향하는 기준이 매우 높기 때문이다. 그렇게 앞으로 전진하는 과정에서, 처음 구상한 아이디어에서 예상치 못했던 결점과 맹점을 찾아내기 시작한다.

시간이 흐를수록 직관적 느낌보다 의식적 정신력에 기대는 비중이 높아지면서, 한때 살아 있는 생명체처럼 느껴졌던 아이디어가 어느 순간부터 신선함과 생명력을 잃은 것처럼 느껴지기 시작한다. 이것은 괴로운 깨달음이기에, 그들은 훨씬 더 강도 높은 노력을 쏟으며 해결책이나 돌파구를 찾아내려고 애쓴다. 노력의 강도가 높아질수록 내면의 긴장과 좌절감도 강해진다. 뭔가 정체되어 있다는 답답함이 계속 밀려온다. 처음에 그들의 마음속은 풍부한 연상과 연결고리로 가득했지만, 이제는 그런 연상들에 불을 댕길 수 없을 만큼 생각의 궤도가 좁아진 기분이 든다. 평범한 사람은 이런 과정을 겪으면서 특정한 시점이 되면 그냥 포기해버리거나 그 시점의 결과물에 안주하고 만다. 그러면 당연히 보통 수준밖에 안 되는 결과물, 목표 선에 이르지 못한 어설픈 결과물만 남는다. 그러나 거장들은 다르다. 그들은 훨씬 더 강인한 면모를 보여준다. 그들은 위와 같은 시간을 거듭 경험하며 좌절에도 불구하고 우직하게 나아가야 한다는 것을, 좌절감을 겪는 것이 자신을 어딘가로 데려다줄 의미 깊은 경험이라는 것을 무의식적으로 안다.

그들은 내적 긴장이 최고조로 이른 순간에 잠시 모든 걸 놓아버리곤 한다. 가령 하던 작업을 중단하고 잠을 청하거나, 일정 기간 휴식을 취하거나, 또는 잠시 다른 종류의 일에 손을 댄다. 바로 그런 순간에 중요한 해결책이나 최상의 아이디어가 그들을 '찾아오는' 경우가 많다.

일반 상대성 이론과 관련한 문제를 10년 넘게 집요하게 파고들고 있던 알베르트 아인슈타인은 어느 날 저녁 이제 그만 포기해야겠다는 마음이 들었다. 해볼 만큼 충분히 했다는 생각이었다. 그 문제는 자신의 능력을 뛰어넘는 것 같았다. 그래서 일찌감치 잠자리에 들었는데, 잠에서 깨어났을 때 불현듯 문제의 답이 머리를 강타했다. 작곡가 리하르트 바그너Richard Wagner는 오페라 〈라인의 황금Das Rheingold〉을 만드는 데 열중하다가 악상이 떠오르지 않아 무력감에 빠졌다. 갑자기 눈앞에 꽉 막힌 벽을 만난 기분이었다. 답답한 나머지 밖으로 나간 그는 산길을 오랫동안 산책하다가 풀밭에 누워 잠이 들었다. 그런데 꿈인지 현실인지 모를 가수면 상태에서, 몸이 빠르게 흐르는 강물 속으로 가라앉는 것을 느꼈다. 세찬 물살 소리가 아름다운 화음이 되어 그의 귀를 때렸다. 그는 익사할 것만 같은 기분을 느끼며 깜짝 놀라 잠에서 깨어났다. 그리고 그길로 집으로 달려가 꿈에서 들은 화음을 악보에 옮겨 적었다. 물 흐르는 소리를 완벽하게 연상시키는 화음이었다. 이것은 그가 만들고 있던 오페라의 서곡에 들어가는 주요악상이 되었으며, 그가 남긴 손꼽히는 곡들 중에 하나가 되었다.

이와 같은 사례는 인간 두뇌의 핵심적 특성에 대해, 두뇌가 창의성의 최고조에 이르는 과정에 대해 중요한 사실을 알려준다. 이 과정은 다음과 같이 설명할 수 있다. 만일 초반의 흥분된 기대감을 그대로 유지하면서 계속 거기에만 빠져 있다면, 일정한 거리를 두고 자신의 작업물을 객관적으로 바라보며 개선하기가 쉽지 않다. 초반의 열정과 흥분이 어느 정도 수그러들어야 자신의 아이디어를 냉철한 눈으로 검토하고 수정할 수가 있다. 또 쉽고 편한 해답에 너무 일찌감치 안주해버리지 않을 수가 있다. 한 가지 문제나 아이디어에 집요하게 열중하면서 정신적 긴장과 좌절이 점차 고조되면 어느 순간 한계점에 부딪히기 마련이다. 아무런 결실이나 해답을 얻지 못할 것 같은 기분에 휩싸인다. 그런 순간은 잠시 모든 걸 '놓으라'고 두뇌가 보내는 신호와 같다. 필요하다면 잠시가 아니라 오랫동안이라도 말이다. 대부분의 창의적 위인들은 의식적으로 또는 무의식적으로 이 사실을 받아들인다.

그처럼 집중하고 있던 무언가에서 손을 놓을 때, 사실 우리 자신은 인식하지 못하지만 의식의 수면 아래에서는 그동안 쌓이고 쌓인 아이디어와 구상이 계속해서 부글거리며 발효되고 있다. 정신을 옥죄던 긴장감이 사라진 상태이므로, 두뇌는 초반의 흥분과 설레는 감정으로 잠시 되돌아갈 수 있다. 그리고 그런 의욕적 에너지와 의식 아래에서 발효되고 있던 아이디어들 사이에 효과적인 통합이 일어날 수 있는 환경이, 고도로 긴장된 정신 상태에서는 쉽사리 일어나기 힘들었던 통합이 가능한 여건이 조성된다. 어쩌면 〈라인의 황금〉에 들어갈 물살 소리 같은 음악에 대한 아이디어는, 바그너가 풀밭에서 잠이 든 그날 이전에 서곡에 들어갈 화음을 찾으려 안간힘을 쓰는 동안에도 머릿속에서 어떤 다른 형태로 나타났을지 모른다. 하지만 악상을 떠올리려고 애쓰는 것을 포기하고 그저 무방비 상태로 잠이 들었을 때에야 비로소 무의식의 영역으로 들어갈 수 있었고, 수면 아래에서 발효되고 있던 아이디어가 꿈이라는 매개물을 통해 수면 위로 떠오를 수 있었던 것이다.

이와 같은 프로세스를 염두에 둔 채, 회의적인 절망감을 밀쳐내지 말고 받아들이며 끊임없는 재작업에 기꺼이 임하면서 긴장 높은 노력을 계속 기울여라. 당신이 경험하는 좌절과 장애물에는 그 나름의 가치와 목적이 반드시 있다. 당신을 자기 자신을 가르치는 불교 고승이 되었다고 여겨라. 득도에 이른 고승은 때때로 제자에게 매를 아끼지 않으며, 일부러 제자들을 극도의 회의감과 내적 긴장감을 경험하도록 유도한다. 그런 경험이 깨달음으로 가는 길임을 잘 알기 때문이다.

위대한 발견과 업적을 이룬 수많은 위인 가운데 아마도 가장 특이한 사례로 에바리스트 갈루아Evariste Galois를 꼽을 수 있을 것이다. 그는 이미 십대 때 대수학에서 뛰어난 소질을 보인, 장래가 촉망되는 프랑스 젊은이였다. 스무 살이던 1831년에 갈루아는 한 여인을 둘러싸고 누군가와 다툼에 휘말려 결투를 도전받기에 이르렀다. 결투 전날 밤, 자신의 죽음을 예감한 갈루아는 책상 앞에 앉아 그동안 씨름해온 대수 방정식에 관한 모든 내용을 정리하기 시작했다. 죽음을 앞둔 상태에서 갑자기 아이디어들이 막힘없이 손끝에서 정리되기 시작했고 심지어 새로운 아이디어도 떠올랐다. 밤을 꼬박 새워 모든 내용을 미친 듯이 정리했다. 이튿날 그는 자신의 직감대로 결투에서 죽음을 맞이했다. 하지만 그가 노트에 남긴 내용은 세월이 흐른 후 세상에 발표되어 대수학 분야의 혁신적인 발전이 일어나는 토대가 되었다. 그가 휘갈겨 쓴 노트에는 당시 시대를 훨씬 앞서는 수학적 관점이 담겨 있었다. 그것은 어떻게 그런 아이디어를 떠올렸는지조차 가늠하기 힘든 참신한 내용이었다.

갈루아의 이야기는 다소 극단적인 사례지만, 이 이야기는 긴장감의 필요성과 관련한 중요한 사실을 일깨워준다. 시간이 얼마든지 있다는 생각은 우리의 정신 능력을 은밀하게 손상시킬 수도 있다. 시간이 많이 남아 있다는 안도감은 주의력과 사고력을 분산시킨다. 집중력이 약해져서 두뇌가 최고조의 활동력에 돌입하기 어려워진다. 여러 아이디어들 간의 창의적인 연결도 일어나기 힘들다. 따라서 항상 완료 목표일이 필요하다. 외부적 조건이 정해주는 목표일이든, 자신이 임의로 정한 목표일이든 말이다. 남은 시간이 얼마 안 되면 정신은 목표 완수에 필요한 능력을 발휘할 수밖에 없다. 그런 상황에서는 이런저런 아이디어가 앞다퉈 당신에게 다가올지도 모른다. 마감일이 코앞이면 좌절감을 느끼며 헤매는 호사를 누릴 여유도 없다. 하루하루가 강도 높은 도전의 연속이며, 그런 도전에 맞서면서 날마다 참신한 아이디어와 구상이 떠오를 것이다.

외부적 상황이 정해주는 목표일이 없다면 당신 스스로 만들어라. 토머스 에디슨은 적당한 스트레스가 있을 때 훨씬 더 높은 성과를 낸다는 것을 잘 알고 있었다. 그는 발명품을 완성할 준비가 아직 안 된 상태에서 일부러 해당 발명품에 대한 이야기를 기자들에게 하곤 했다. 그러면 그 발명품에 대한 이야기가 퍼지고 대중이 모종의 기대감을 갖기 시작했다. 만일 발명에 실패하거나 너무 많은 시간을 흘려보내면 평판에 손상을 입게 되므로, 에디슨은 고도의 집중력과 에너지를 발휘해 그 물건을 완성해냈다. 이럴 때 인간의 정신은 후면이 온통 바다로 둘러싸여 있어 더 이상 후퇴할 곳이 없기에 앞으로 진격할 수밖에 없는 군대와도 같다. 싸우지 않으면 죽음밖에 길이 없음을 아는 군사가 어찌 온 힘을 다해 싸우지 않을 수 있겠는가.

감정적 함정

창의적 실행 단계에 진입하면 정신적, 지적인 것과는 다른 종류의 새로운 어려움에 직면하게 된다. 이 단계에서 당신이 하는 일의 수준은 더 높아지고, 이제 수련기를 벗어나 독립한 당신은 혼자 힘으로 일을 완수해나가면서 실패하지 않기 위해 더욱 신중을 기한다. 당신이 하는 일은 더 많은 사람들 앞에 노출되고 주목의 대상이 된다. 당신은 어려운 지적 도전과제를 다룰 뛰어난 정신적 능력을 갖췄을지 모르지만, 주의하지 않으면 감정적 함정에 빠질 수 있음을 유념해야 한다. 타인의 견해에 지나치게 신경 쓰며 불안해지거나, 자신감이 과도하게 넘칠 수도 있다. 또는 권태에 빠지거나, 힘겹지만 기꺼이 노력하는 의욕이 사라지기도 한다. 일단 이런 감정적 함정에 붙들리면 빠져나오기가 좀처럼 쉽지 않다. 어디서부터 잘못되었는지 깨달을 수 있는 현명한 관점을 잃어버린다. 이런 감정적 함정이 무엇인지 미리 인식하고 거기에 발목이 붙잡히지 않게 조심하라. 가장 흔히 빠질 수 있는 함정 6가지를 아래에 소개한다.

자기만족적 우월함: 어린 시절 우리에게 세상은 마법으로 가득한 공간이었다. 만나는 모든 것이 우리의 주의력을 끌어당겼고 경이로운 느

낌을 불러일으켰다. 하지만 성인이 되면 이런 경외감은 순진한 감정으로, 현실 세계의 이런저런 일을 경험하고 세상 물정을 터득해버린 우리에게 더 이상 어울리지 않는 기이한 감정으로 여겨진다. '마법'이나 '경이로움' 같은 단어 앞에서 피식 하는 웃음만 새어나올 뿐이다. 하지만 관점을 바꿔 생각해보라. 수십억 년 전에 생명체가 스스로 생겨났다는 사실, 우리 인간처럼 의식을 지닌 종이 언젠가부터 생겨나 현재와 같은 모습으로 진화했다는 사실, 인간이 저 멀리 우주에 떠 있는 달에 다녀왔으며 물리학의 수많은 법칙을 발견했다는 사실……. 이 모든 것에서 경외감을 느껴야 마땅하지 않겠는가? 냉소적이고 회의적인 태도는 수많은 흥미로운 질문과 진실을 보지 못하도록 우리 앞에 견고한 벽을 세워버린다.

힘든 수련기를 통과하고 창의성 근육을 단련하기 시작하는 시점에서, 우리는 이미 체득한 지식과 자신의 발전 상태에 모종의 만족감을 느끼기 마련이다. 지금껏 배우고 발전시킨 생각들을 당연하게 여기기 시작한다. 시간이 흐를수록 수련기 때 씨름했던 질문들은 이제 던지지 않게 된다. 이미 답을 안다고 생각하기 때문이다. 마음속에 우월감이 쑥쑥 자라난다. 자신도 모르는 사이 정신이 점점 좁아지고 굳어진다. 자기만족적인 우월함이 영혼을 잠식하기 때문이다. 모종의 성과로 대중의 찬사는 얻었을지 몰라도, 그런 자기만족에 빠지면 창의성이 질식하여 절대 되살아나지 못할 수도 있다. 세상에 호기심과 경이로움을 느끼는 자세를 잊지 마라. 그래야만 자멸적인 안일함에 함몰되지 않는다. 당신이 진정으로 아는 것이 얼마나 적은지를, 세상이 여전히 얼마나 신비로운 곳인지를 끊임없이 상기하라.

보수주의: 창의적 실행 단계에서 성과에 주목을 받는 경험을 하고 나면 보수주의라는 함정에 빠질 위험이 있다. 이것은 다음과 같은 몇 가지 형태로 나타난다. 과거에 효과가 있었던 아이디어나 전략을 고수하기 시작한다. 뭐하러 위험을 무릅쓰고 중간에 기존 스타일을 바꾸거나 새로운 접근법을 채택한단 말인가? 이미 실행하여 검증된 방식을 유지하는 편이 현명하다고 느낀다. 또 이제 평판을 관리해야 할 필요성도 있다. 따라서 괜히 세상을 시끄럽게 만들 발언이나 행동은 아예 하지 않는 편이 낫다고 생각한다. 그런가 하면 조금씩 물질적 안락함에 중독되기 시작한다. 또 당신 자신이 믿는다고 생각하는 관점을 지지하지만, 사실은 대중이나 당신의 후원자 등 타인을 기쁘게 해주기 위해서 그 관점을 지지하는 경우도 있다.

창의성이란 그 본질상 과감함과 반항적 태도에서 나오는 무언가다. 기존 관행이나 전통적 통념을 무조건 수용하지는 마라. 당신이 습득한 규칙을 토대로 움직이되 끊임없이 새로운 시도를 하고 경계선에 의문을 품어야 한다. 세상은 과감하고 혁신적인 아이디어를, 새로운 추측과 탐구를 두려워하지 않는 사람을 간절히 원한다. 보수적 태도는 탐색할 수 있는 범위를 좁히고 당신을 편안한 생각에 묶어버리며 퇴보의 소용돌이 속으로 당신을 밀어 넣는다. 창의적 불꽃이 시들해지면 죽은 아이디어와 과거의 성공을, 현재 상태를 유지하려는 욕구를 더욱 단단히 움켜쥐게 된다. 편안한 안락함이 아니라 창의성을 목표로 삼아라. 그러면 훗날 더 커다란 성공을 만나게 될 것이다.

의존적 태도: 수련기에는 당신의 상태에 대한 판단 기준을 제공해줄

스승이나 선배에게 의존하는 것이 마땅하다. 그런데 자칫하면 수련기 이후의 단계에서도 타인에게 인정받고자 하는 욕구에 지배당하기 쉽다. 당신의 성과를 평가받기 위해 거장이 아니라 일반 대중의 의견에 의지하게 된다. 당신은 자신의 성과가 어떤 평가를 받을지 불안하기만 하다. 사람들의 의견을 무조건 무시해야 한다는 얘기가 아니다. 그보다는 먼저 당신 내면의 기준을 확고하게 세우고 독립적 태도를 키워야 한다는 의미다. 자신이 만든 결과물을 약간 거리를 두고 바라볼 줄 알아야 한다. 사람들이 그것에 대해 반응을 보이면, 당신은 주의를 기울일 가치가 있는 의견과 무시해도 좋을 의견을 분간할 줄 알아야 한다. 궁극적으로는 거장의 목소리를 스스로 내면화하여 당신 자신이 스승이자 제자가 되는 것이 바람직하다. 그래야만 당신이 만든 성과물의 가치를 판단할 내면의 저울을 갖게 된다. 그러지 못하면 세인들의 의견에 이리저리 휩쓸리기만 하다가 영영 진정한 당신 모습을 찾지 못한다.

성급함: 이것은 어쩌면 가장 위험한 함정일지도 모른다. 스스로 자기 절제력이 뛰어나다고 생각할지라도 성급한 조바심은 시시때때로 당신을 엄습하기 마련이다. 당신은 자신의 성과가 이미 뛰어난 수준에 올랐다고 확신한다. 실상은 내면의 성급함이 당신을 그렇게 설득하고 판단을 흐리는 것인데도 말이다. 당신은 더 젊고 성취에 대한 갈망이 더 컸던 시절에 가졌던 에너지를 잃기 시작하면서, 어느새 반복적 답습으로 향한다. 과거와 똑같은 아이디어나 절차를 일종의 지름길처럼 재사용하는 것이다. 하지만 창의적 프로세스에는 지속적인 노력과 집중력이 반드시 필요하다. 매순간 만나는 과제나 문제가 늘 다르기 때문이다.

레오나르도 다 빈치는 그런 성급함의 위험을 간파했다. 그는 '오스티아토 리고레ostinato rigore'라는 말을 평소의 철칙으로 삼았다. 이것은 '끈질긴 엄격성' 내지는 '집요한 실행' 정도의 뜻이다. 그는 모든 작업(말년 무렵 그의 작업물은 수천 개에 이르렀다)을 진행할 때마다 항상 이 말을 되뇌면서 한결같은 에너지와 끈기로 임했다. 성급함을 잠재우는 가장 좋은 방법은 고통을 즐길 줄 아는 태도를 기르는 것이다. 운동선수처럼 혹독한 훈련을 즐기고 한계점까지 자신을 밀어붙이며 쉽고 편한 탈출구로 향하고 싶은 욕구에 저항해야 한다.

자만심: 때로는 비판이 아니라 성공과 찬사 때문에 커다란 위험에 빠질 수 있다. 비판에 현명하게 대처하는 법을 익히면, 비판은 우리를 단련시키고 결점을 인식할 수 있는 계기가 된다. 하지만 칭찬은 독이 될 때가 많다. 사람들의 칭찬에 중독되면, 창의적 과정을 즐기는 것에서 멀어지고 세상의 주목을 받는 것을 중요시하기 시작하며 우리의 자만심은 점점 부풀어 오른다. 그 위험을 자각하지 못하면 마음이 갈망하는 찬사를 받기 위한 작품이나 성과물을 만들기 시작한다. 또 자신의 성공에 행운이라는 요소가 역할을 했다는 점을 망각하게 된다. 적절한 때에 적절한 공간에 있었던 덕분에 좋은 기회나 가능성을 만나는 경우가 의외로 많은데도 말이다. 우리는 자신의 뛰어난 능력 때문에 성공하고 세상의 주목을 받는 것이라고 믿기 시작한다. 일단 자만심이라는 풍선이 부풀어 오르고 나면, 대개 부끄러운 실패라는 바늘에 찔려 푹 하고 터진 다음 땅으로 떨어지기 마련이다. 이런 결과를 피하려면 다음과 같은 관점을 가져야 한다. 세상에는 반드시 당신보다 뛰어난 천재들이 존재한

다. 또 당신의 성공에는 운도 한몫을 하며, 스승이나 미리 길을 닦아놓은 여러 전임자의 도움도 중요한 역할을 한다. 당신에게 동기를 부여하는 것은 당신이 하는 일 자체와 그 과정이어야 한다. 세상의 관심은 사실 당신을 방해하고 주의를 분산시키는 방해물일 뿐이다. 이와 같은 관점을 지녀야만 자만심이 쳐놓은 덫에 걸려 넘어지는 일을 막을 수 있다.

경직된 태도: 창의적 인간이 된다는 것은 모종의 역설을 수반한다. 당신은 당신의 분야에 대한 지식이 해박하고, 그렇기 때문에 오히려 그 분야에 가장 확고하게 수립되어 있는 가정들에 의문을 던질 수 있다. 호기심을 갖고 질문을 던질 만큼 순수해야 하고 당면한 문제를 반드시 해결할 수 있다는 낙관적 시각을 가져야 한다. 하지만 그러면서 동시에 자신이 진정으로 목표를 달성한 것인지 계속 의구심을 품고 자신의 성과를 비판적인 시선으로 검토해야 한다. 이 모든 것을 위해서는 상당히 유연한 태도가 필요하다. 즉, 어떤 한 가지 관점이나 정신적 틀에 매달려서는 안 된다는 뜻이다. 눈앞의 상황에 주의를 기울이고 그 상황에 맞는 적절한 관점을 채택해야 한다.

정신의 유연성은 쉽게 계발할 수 있는 것이 아니다. 일정 시간 동안 특정한 아이디어에 담긴 가능성에 큰 기대를 걸고 의욕적으로 추진하다가 자세를 바꿔 그것을 비판적인 시선으로 바라보기는 쉽지 않다. 또 의구심을 갖고 자신의 작업물을 바라보기 시작하면 그것에 대한 애정이나 낙관적 태도를 잃기 십상이다. 이런 문제를 피하기 위해서는 나름의 연습과 경험이 필요하다. 회의적인 마음을 떨쳐내는 데 성공하고 나면 그 다음번에는 더 쉬워진다. 어떤 경우에든, 극단적 감정 상태를 피하고 낙관적 시각과 회의적 시각을 동시에 지닐 방법을 터득할 필요가 있다. 이는 언어로 정확히 표현하기 힘든 상태이지만, 모든 거장들은 그것을 경험한다.

* * *

우리는 누구나 진실이나 본질과 연결되고 싶은 욕구를 지니고 있다. 우리는 타인과, 우리가 사는 이 시대와, 자연 세계와, 자기 내면의 고유한 성향과 연결되고 싶어 한다. 현재의 사회는 이런저런 방식으로 우리를 이런 현실과 본질로부터 멀어지게 만든다. 사람들은 일상 속에 잠들어 있는 자기 자신을 깨우고 현실과 연결되어 있다는 느낌을 경험하기 위해서 마약이나 알코올에 중독되고 위험한 스포츠나 활동을 탐닉한다. 하지만 결국 그런 연결감을 회복할 가장 효과적인 길은 바로 창의적 활동이다. 창의적 활동을 수행할 때 우리는 그 어느 때보다 자기 존재가 살아 있음을 느낀다. 무언가를 단순히 소비하는 것이 아니라 '만들고' 있기 때문이다. 우리가 창조하는 작은 현실 속에서 거장이 되는 셈이다. 그런 과정 속에서 우리는 스스로를 창조할 수 있다.

물론 거기에는 많은 고통이 따르지만, 창의성을 발휘하는 과정에서 맛보는 즐거움은 우리로 하여금 그 과정을 기꺼이 반복하게 만들 만큼 대단히 크다. 그렇기 때문에 창의적인 사람들은 도중에 만나는 모든 불안과 의구심에도 불구하고 그 힘든 과정을 계속 되풀이하는 것이다. 그것은 자연이 우리의 노력에 보상을 제공해주는 방식이다. 그런 즐거움이란 보상이 없다면 어느 누가 창의적 활동에 전념하겠는가. 그 보상이 없다면 인류는 창의적 작품과 업적들을 영영 목격하지 못하고 말 것이다. 당신도 그 즐거움을 맛보는 주인공이 될 수 있다. 창의적 프로세스의 어느 지점에 있든지 말이다.

창의적 실행 단계를 위한 전략

> 질문을 던지는 이유를 생각하지 말고 그저 계속 질문을 던져라. 해답을 찾지 못할까봐 걱정하지 말고, 알지 못하는 것을 설명하려고 애쓰지 마라. 호기심은 그 자체로 존재 이유가 있다. 영원과 생명의 신비에 대해, 현상계 뒤에 숨겨진 놀라운 구조에 대해 생각해보면 경외심이 들지 않는가? 현실 세계의 구조와 개념과 공식을 도구 삼아 우리가 보고 느끼고 만지는 것을 설명하는 것은 인간 정신이 지닌 놀라운 능력이다. 날마다 조금씩 더 이해하려고 노력하라. 신성한 호기심을 잃지 마라.
>
> _ 알베르트 아인슈타인

장차 거장이 되기 위해 수련기라는 둥지를 떠나 다음 단계로 도약하는 사람은 누구나 똑같은 난관에 직면한다. 누구에게서도 창의적 실행 과정에 대해 배운 적이 없고, 그 방법을 알려주는 책이나 스승도 존재하지 않기 때문이다. 그들은 이제껏 쌓은 지식을 창의적으로 활용할 방법을 찾기 위해 고군분투하는 과정에서 나름의 방식을, 자신의 기질에 적합하고 자기 분야에서 효과를 발휘할 방식을 개발해나간다. 우리는 이와 같은 창의적 진화의 과정에서 몇 가지 기본적 패턴과 교훈을 발견할 수 있다. 아래에 소개하는 거장 9명의 이야기는 동일한 목표를 위한 서로 다른 9가지 전략을 보여준다. 이들 전략은 인간 누구나 갖고 있는 두뇌의 창의적 능력과 연결되어 있기 때문에 어떤 분야에서든 적용 가능하다. 아래의 전략들을 내면 깊이 흡수하여 마스터리에 이르는 데 필요한 지식을 더욱 풍성하게 만들고 당신의 창의적 능력의 폭을 한층 확장하길 바란다.

1. 진정한 내면의 목소리

미국 노스캐롤라이나 주에서 태어난 존 콜트레인1926~1967은 어릴 때부터 음악에 대한 관심이 남달랐다. 그에게 음악은 내면에 억눌린 에너지를 밖으로 표출하는 통로가 되어주었다. 처음에는 알토 호른에서 시작해 그 다음엔 클라리넷, 나중에는 알토 색소폰을 배우며 빠져들었다. 콜트레인은 학교 밴드에서 활동했으며, 당시에는 그저 밴드 멤버들 중에 한 명으로서 거의 눈에 띄지 않는 존재였다.

1943년 콜트레인은 가족과 함께 필라델피아로 이사했다. 이사하고 얼마 안 된 어느 날 저녁, 그는 유명한 비밥 재즈 색소폰 연주자인 찰리 파커의 공연을 보고 완전히 매료당했다(65쪽 참조). 그렇게 영혼을 울리는 공연은 생전 처음이었다. 음악으로 그런 느낌을 표현할 수 있다는 것을 처음 알았다. 파커의 연주를 듣고 있노라면 마치 색소폰과 파커의 목소리가 한데 뒤섞여 있는 것만 같았다. 파커의 내면 감정이 듣는 이에게도 고스란히 전해져와서 가슴을 적셨다. 그날 이후 존 콜트레인의 머리와 마음속은 온통 색소폰 연주로 가득했다. 파커 같은 위대한 색소폰 연주자가 되겠다는 꿈을 꾸기 시작했다.

콜트레인은 파커 같은 경지에 이르는 방법을 알 수 없었지만, 파커가 온갖 스타일의 음악을 섭렵했고 피나는 노력을 기울여 색소폰을 연습했다는 사실만은 확실히 알고 있었다. 그것은 콜트레인의 성향과도 살 맞는 방식이었다. 언제나 혼자 있기를 좋아했던 콜트레인은 좋아하는 분야에 대한 앎을 넓히고 연구하는 것을 즐겼다. 그는 음악학교에 등록해 음악 이론을 공부하기 시작했다. 그리고 밤낮을 가리지 않고 연습에 몰두했다. 어찌나 연습에 매달렸던지 입에서 피가 나서 색소폰의 리드(입을 대고 부는 부분)가 빨갛게 물들기 일쑤였다. 또 가능한 화성 조합을 최대한 들어보고 싶어서 틈날 때마다 지역 공립도서관에 가서 클래식 음악을 음미했다. 색소폰에 미친 사람처럼 연습하는 그를 보며 가족들은 혀를 내둘렀다. 그는 피아노용 연습 교본을 사서 색소폰 연습용으로 활용하면서, 서양 음악에 사용되는 모든 키를 익혀나갔다. 얼마 후엔 필라델피아의 여러 재즈 밴드에 들어가 활동하기 시작했고, 디지 길레스피Dizzy Gillespie가 이끄는 팀의 멤버가 되는 행운도 얻었다. 길레스피는 그에게 테너 색소폰을 불게 했는데, 그는 테너 색소폰을 배우기 시작해 몇 달 만에 완전히 마스터했다. 물론 피나는 연습의 결과였다.

이후 5년간 콜트레인은 여러 밴드를 옮겨 다니며 연주를 계속했다. 각기 다른 음악 스타일과 레퍼토리를 지닌 밴드들이었다. 이런 경험은 그가 원하는 방향과도 일치했다. 최대한 다양한 스타일의 음악을 배우고 싶었기 때문이다. 하지만 이 때문에 약간의 문제도 생겼다. 콜트레인은 솔로 연주를 하는 순간이 되면 몹시 불편해하면서 주저했다. 그는 빠른 템포로 연주하는 다소 독특한 리듬감을 갖고 있었는데 그런 스타일이 그가 속한 밴드와 조화를 이루지 못했던 것이다. 그래서 솔로 파트가 시작되면 주변의 시선을 의식해서 남들의 연주 방식을 모방했다. 그는 몇 개월마다 그 사이 접한 새로운 연주 방식을 밴드 내에서 시도하곤 했다. 어떤 이들의 눈에는 젊은 콜트레인이 그동안 경험한 재즈 이론과 여러 곳의 밴드 생활 속에서 길을 잃은 것처럼 보였다.

1955년 당시 가장 유명한 재즈 퀸텟(5명으로 구성된 밴드)의 리더인 마일스 데이비스Miles Davis가 콜트레인을 영입하기로 결정했다. 데이비스 역시 콜트레인이 수많은 연습을 통해 높은 수준의 연주 실력에 도달한 뛰어난 뮤지션임을 알고 있었다. 그런데 그는 콜트레인에게서 뭔가 특이한 점을 느꼈다. 콜트레인의 연주에는 바깥으로 표출되기를 간절히 열망하는 어떤 새로운 종류의 목소리가 담겨 있었다. 데이비스는 콜트레인에게 원하는 스타일을 마음껏 펼치라고 독려했다. 하지만 이후에 데이비스는 자신이 콜트레인에게 한 조언을 후회하게 된다. 콜트레인이 구사하는 스타일이 밴드 전체의 연주와 조화롭게 통합되기가 힘들었던 것이다. 콜트레인은 특이한 지점에서 화음을 시작하곤 했다. 또 빠른 템포의 부분과 느리고 길게 이어지는 부분을 번갈아 구사해서, 여러 가지 목소리가 한꺼번에 색소폰에서 흘러나오는 느낌을 주었다. 이것은 기존에 목격할 수 없었던 스타일이었다. 그가 연주하는 색소폰의 음색도 독특했다. 그는 남들과 조금 다른 특이한 방식으로 마우스피스를 물었는데, 그의 연주를 듣노라면 마치 그 자신의 걸걸한 목소리가 악기를 통해 밖으로 나오는 듯한 느낌이 들었다. 그의 색소폰 연주는 듣는 이에게 불안함과 반항적 감성이 뒤섞인 묘한 감정을, 그러면서도 어떤 절박한 감정을 전달했다.

　이런 특이하고 새로운 연주를 싫어하는 사람도 많았지만, 일부 평론가들은 콜트레인의 연주를 흥미로운 눈으로 주목하기 시작했다. 한 평론가는 콜트레인의 색소폰 연주를 두고 '소리의 융단sheets of sound'이라는 표현을 썼다. 여러 개의 화음을 동시에 연주하는 듯한 절묘한 기법을 구사하여 청중을 사로잡았던 것이다. 그즈음 콜트레인은 이제 음악적으로 인정받으며 사람들의 주목을 받고 있었지만 그래도 마음속에서는 여전히 자기 연주의 완성도에 의구심이 일었다. 이제껏 수없이 많은 연습과 공연을 거치는 동안 그는 말로 표현하기 힘든 무언가를 계속 추구하고 있었다. 자신의 내적 자아와 완전히 일치하는 사운드를 표현하고 싶었고, 내면의 감정을 완벽하게 구현하는 연주를 하고 싶었다. 때로 그것은 어떤 영적이고 초월적인 감정이라 말로는 표현하기가 힘들었다. 어떤 때는 생생하게 살아 있는 연주를 하고 있다고 느꼈지만, 그러다가도 또 어떤 때는 내면의 목소리와 동떨어진 연주를 하는 기분이었다. 지금껏 쌓은 모든 이론과 지식이 오히려 자신을 방해하고 있는 듯한 느낌이 들기도 했다. 콜트레인은 1959년 마일스 데이비스의 팀을 떠났고 이후에 직접 퀴텟(4명으로 구성된 밴드)을 결성했다. 그동안 찾고자 갈망했던 사운드를 완성하기 위해 이제부터 마음껏 여러 방식을 시도해보겠다고 마음먹었다.

　이후 동명 앨범에 실린 '자이언트 스텝스Giant Steps'는 매우 혁신적인 스타일의 곡이었다. 기존 재즈와 다른 독특한 코드 진행 방식을 도입해 계속해서 코드를 변화시키는 이 곡은 사운드가 질주하듯 인상적으로 흘러간다. ('콜트레인 체인지Coltrane changes'라고 불리는 이런 독특한 코드 진행은 지금도 많은 재즈 뮤지션이 사용하고 있으며 즉흥연주의 기틀이 되었다.) 〈자이언트 스텝스〉 앨범은 커다란 성공을 거두었고 여기에 수록된 여러 곡들은 이후 꾸준히 연주되는 재즈 스탠다드가 되었지만, 여전히 콜트레인은 뭔가 허전함을 느꼈다. 이제 그는 멜로디로, 좀 더 자유롭고 풍부한 표현을 담을 수 있는 무언가로 돌아가고 싶었다. 그의 마음은 어린 시절부터 들어온 음악으로, 흑인 고유의 정서로 향하고 있었다. 1960년에 콜트레인은 대중적으로 큰 성공을 거둔 첫 곡 '마이 페이버릿 씽즈My Favorite Things'를 발표한다. 유명한 브로드웨이 뮤지컬 〈사운드 오브 뮤직The Sound of Music〉에 나온 곡을 콜트레인이 소프라노 색소폰으로 재해석한 작품이었다. 이 곡에는 그가 인도 음악에서 받은 영향과 풍부한 흑인적 영감이 함께 녹아 있으며, 그 특유의 코드 변화와 빠른 속도의 전개를 특징으로 한다. '마이 페이버릿 씽즈'는 대중적 음악과 실험적 음악의 절묘한 혼합을 보여주면서 기존 재즈곡들과 완전히 다른 차별성을 나타냈다.

콜트레인은 기존 뮤지션들이 상상하지 못한 방식으로 음악이 지닌 최고의 아름다움을 발견해내는 음악의 연금술사와도 같았다. 그는 자신의 감정을 보다 풍부하고 명확하게 음악으로 표현해낼 줄 알았으며, 음악을 내면의 무의식적 층위와 연결하는 음악가였다. 이제 그는 자신이 원하는 목표 지점에 점점 더 가까이 다가가고 있었다. 1963년 앨라배마 주 버밍햄의 교회에서 큐 클럭스 클랜Ku Klux Klan, 백인 우월주의 단체이 일으킨 폭탄 테러 사건이 있은 후, 콜트레인은 '앨라배마Alabama'라는 곡을 썼다. 이 곡은 당시의 암울한 시대 분위기와 흑인들이 느낀 슬픔과 절망을 예술적 감성으로 표현해냈다. 1년 후에는 〈러브 서프림A Love

Supreme〉 앨범을 발표했다. 이 앨범은 단 하루 만에 녹음되었으며 그에게 음악을 만드는 것이 마치 종교적인 경험과 같은 것임을 보여준다. 이 앨범에는 그가 추구한 음악적 요소들이 완성도 높게 한데 녹아 있다. 이례적으로 길게 이어지는 악장들, 듣는 이의 마음에 황홀감과 평온함이 뒤섞인 감정을 불러일으키는 분위기가 인상적이며, 그러면서 동시에 콜트레인 특유의 힘 있는 사운드와 탁월한 연주 기법을 엿볼 수 있었다. 이 앨범은 언어로는 표현할 수 없었던 그의 영적 세계를 아름답게 구현한 걸작이며, 대중의 큰 호응을 얻으며 수많은 재즈 팬을 그의 음악 세계로 이끌었다.

당시 콜트레인의 라이브 공연을 본 사람들은 하나같이 그의 독특한 음악성을 극찬했다. 색소폰 연주자 조 맥피Joe McPhee는 그의 연주를 보고 이렇게 말했다. "끓어오르는 감정 때문에 죽을 것 같았다. …… 그 자리에서 내 영혼이 폭발해버리는 줄 알았다. 속에서 계속 감정이 차올라서 나 스스로도 감당할 수가 없었다." 콜트레인의 연주를 들은 관객들은 감동을 주체하지 못했고, 어떤 사람들은 연주 분위기가 고조되는 동안 함께 소리를 지르기도 했다. 콜트레인의 색소폰에서 흘러나오는 음악은 그의 내면 깊은 곳의 감정을 고스란히 관객에게 전달했다. 그는 자신이 원하는 방향으로 자유롭게 관객들을 움직이는 뮤지션처럼 보였다. 그 어떤 재즈 뮤지션도 그렇게 관객을 움직인 적은 없었다.

콜트레인은 재즈계의 상징적인 존재가 되었고, 그가 재즈에 도입한 혁신적인 스타일을 수많은 뮤지션들이 채택하기 시작했다. 길이가 이례적으로 긴 곡, 밴드의 많은 멤버 수, 탬버린과 종의 사용, 동양적인 사운드 등등. 10년 동안 온갖 음악과 재즈 스타일을 섭렵한 이후 자신만의 음악 세계를 구축한 이 거장은 이제 다른 뮤지션들의 귀감이 되는 트렌드 창조자가 되었다. 그러나 콜트레인의 화려한 음악 인생은 1967년 마흔 살의 젊은 나이에 간암으로 세상을 떠나면서 막을 내리게 된다.

* * *

콜트레인의 시대에 재즈는 연주자 개인의 개성이 뚜렷이 부각되는 장르였다. 찰리 파커를 비롯한 여러 뮤지션은 솔로 연주를 작품에서 가장 중요한 파트로 만들었다. 그들은 솔로 파트에서 자기만의 독특한 내면 목소리를 최대한 쏟아내곤 했다. 그런데 위대한 뮤지션들의 작품을 통해 드러나는 그 내면의 목소리란 대체 어떤 것일까? 그것은 언어로는 도저히 표현할 길이 없는 무언가다. 그들은 자신의 근원적 본성 깊은 곳의 무언가를, 자신만의 심리 구조를, 심지어 무의식적 차원의 무언가를 표현한다. 그것은 그들 고유의 리듬과 악절 구분법, 고유의 스타일을 통해 구현된다. 하지만 그 내면 목소리는 그저 자아를 있는 그대로 드러내겠다는 마음가짐만 가지고 표현할 수 있는 것이 아니다. "자, 지금 연주해서 내 고유의 내면을 당장 표현해야지" 하고 악기를 손에 든 사람이 만들어내는 것은 소음에 불과하기 십상이다. 재즈를 포함하여 모든 음악은 그 고유의 표현 양식들을 가진 일종의 언어다. 그리고 역설적이게도, 결국 가장 개성 넘치는 음악세계를 완성하는 사람들은 (존 콜트레인처럼) 먼저 기나긴 수련기 동안 자신의 개성을 수면 아래에 묻어두었던 사람들이다. 콜트레인의 경우 그 두 시기가 비교적 뚜렷하게 구분된다. 그는 10년 넘게 철저한 수련기를 거쳤고, 이후 세상을 떠날 때까지 10년 동안 현대 음악사에서 가장 놀라운 창의적 에너지가 폭발한 사례라고 해도 좋을 만큼 높은 수준의 예술세계를 완성했다.

콜트레인은 오랜 시간에 걸쳐 음악의 구조를 배우고 테크닉을 개발하고 가능한 모든 연주 스타일을 흡수하면서, 자신이 활용할 수 있는 표현 양식의 폭을 넓혔다. 그리고 이 모든 것을 완전히 체화한 이후에 한 차원 높은 무언가에 집중할 수 있었다. 이제껏 익힌 모든 음악적 지식과 기법을 활용하고 변형하여 자신만의 개성을 발현할 음악세계를 빠른 속도로 구축하기 시작한 것이다. 그는 활짝 열린 마인드로 새로운 연주 방식을 시도하면서, 자신을 가장 잘 표현할 방법에 대한 아이디어를 거듭 발견했다. 10년이라는 시간 동안 배운 모든 것들과 새로운 아이디어 및 스타일을 개성 넘치는 방식으로 통합했다. 인내심을 갖고 그 모든 과정을 거치자 독특한 내면세계를 자연스럽게 음악에 담아낼 수 있었다. 그는 블루스에서 브로드웨이 뮤지컬 곡에 이르기까지 어떤 장르를 만나도 자신만의 독특한 연주로 재해석했다. 그의 내면 목소리(불안함과 절박한 감정이 깃든)는 태어날 때부터 가진 그만의 고유한 본성을 반영했으며, 길고 긴 체계적인 과정의 시간을 거친 후에 비로소 수면 위로 떠올라 모습을 드러냈다. 깊숙한 내면의 자아와 가장 근원적인 감정이 표현된 그의 연주 앞에서 관객들 역시 머리가 아닌 가슴으로 음악을 받아들이며 전율했다.

명심하라. 창의성 발현을 막는 가장 커다란 장애물은 바로 조급함이다. 중간 과정을 신속하게 끝내고 세상을 깜짝 놀라게 할 성과물을 빨리 내놓고 싶은 욕망 말이다. 그런 마음자세를 가진 사람은 기본기를 닦을 수 없으며 훗날 자유자재로 활용할 표현 양식들도 배울 수가 없다. 자기가 만든 것을 스스로 창의적이고 독창적이라고 착각하지만 실상 그것은 타인의 스타일을 모방한 것에 불과할 확률이, 진정성을 갖추지 못한 개인적인 외침에 불과할 확률이 높다. 그러나 관객들을 속이기는 어렵다. 관객들은 철저한 자기 단련의 결핍을, 모방에 불과한 것을, 주목받고자 하는 욕구를 금세 알아채고 당신에게서 등을 돌리거나 그저 형식적인 찬사만 보내고 말 것이다. 콜트레인처럼 배우고 단련하는 과정 자체를 소중히 여겨라. 10년을 할애하여 자기 분야의 기술과 양식을 익히고 그것을 실제 작업에서 시도해보며 마스터한 뒤 내면의 개성과 결합하는 사람은 반드시 진정한 자아의 목소리를 발견하고 독창적인 결과물을 탄생시킬 수 있다.

2. 수확 가능성이 엿보이는 단서

V. S. 라마찬드란은 어릴 적부터 자연계의 특이한 현상들에 큰 호기심을 가졌다. 1장에서 소개했듯 그는 어릴 때 인도 마드라스에 있는 집 근처의 해변에서 조개껍질을 수집하기 시작했다. 조개에 대해 조사하던 그는 매우 특이한 종류의 조개들(예컨대 식충성 뿔고둥)에 특히 흥미를 느껴 그런 조개류를 열심히 모았다. 나중에 더 자라서는 화학, 천문학, 해부학 분야의 비정상적이고 특이한 현상에 관심을 가졌다. 그는 그런 이례적 현상이 자연계 내에서 모종의 역할을 수행하고 있다고, 일반적 패턴에서 벗어나는 것에 중요한 의미가 담겨 있다고 직관적으로 느꼈던 모양이다. 또 스포츠나 이런저런 게임에 몰두하는 친구들과 달리 과학에 흥미를 느끼는 자기 자신 역시 약간은 이례적인 변종이라고 느꼈

을지도 모른다. 성인이 되어서도 기이하고 이례적인 현상에 대한 그의 관심은 더욱 강해져만 갔다.

캘리포니아 대학 샌디에이고 캠퍼스의 시각심리학 조교수로 재직 중이던 1980년대에, 라마찬드란은 이례적 대상에 대한 그의 흥미를 강하게 자극하는 현상 하나를 만나게 된다. 그것은 바로 환각지幻覺肢였다. 환각지는 팔이나 다리가 절단된 후에도 마치 아직 그것이 있는 것처럼 감각과 고통을 느끼는 현상이다. 시각심리학자인 라마찬드란은 착시 현상, 즉 눈이 받아들인 시각 정보를 두뇌가 잘못 해석하고 처리하는 현상을 깊게 연구하고 있었다. 말하자면 환각지 현상은 더 넓은 차원의 착시라고 할 수 있었다. 두뇌가 감각이 없는 곳에 감각을 느끼도록 만드는 것이다. 도대체 왜 두뇌가 그런 신호를 보내는 것일까? 이 현상은 두뇌의 특성에 대해 무엇을 말해주는 것일까? 그리고 이런 독특한 현상에 관심을 기울이는 전문가들이 왜 별로 없는 것일까? 그는 이 문제에 골몰하면서 온갖 관련 자료를 찾아보기 시작했다.

1991년 어느 날, 라마찬드란은 미 국립보건원National Institute of Health의 티모시 폰스 박사가 수행한 실험에 대한 글을 읽고 강렬한 인상을 받았다. 폰스의 실험은, 1950년대에 캐나다의 신경외과 의사 와일더 펜필드가 다양한 신체 부위의 감각을 통제하는 두뇌 영역들을 정리했던 연구 결과를 토대로 한 것이었다. 이 연구 결과는 영장류 동물에도 적용할 수 있는 것이었다.

폰스는 두뇌와 한쪽 팔을 연결하는 신경섬유가 끊어진 원숭이를 가지고 실험을 수행했다. 그는 두뇌 내의 감각 통제 영역들을 테스트하는 과정에서, 신경섬유가 끊어진 팔의 손을 건드리면 해당 부분을 관장하는 두뇌 영역에 아무런 반응이 나타나지 않음을 발견했다. 그런데 그가 원숭이의 얼굴을 만지자, 얼굴을 관장하는 영역뿐만 아니라 신경섬유가 끊어진 팔을 관장하는 두뇌 영역의 세포도 갑자기 활발하게 활성화되기 시작했다. 정확한 이유는 알 수 없지만, 두뇌 내에서 손의 감각을 통제하는 신경세포가 얼굴을 통제하는 영역과 합쳐진 것 같았다. 아마도 그 원숭이는 누군가 자기 얼굴을 만지면 신경섬유가 끊어진 손에 감각을 느끼는 것으로 추정되었다.

이 실험 내용에 자극을 받은 라마찬드란은 매우 간단한 실험 하나를 해보기로 했다. 그는 최근에 자동차 사고로 왼쪽 팔의 팔꿈치 이하 부분이 절단된 청년을 연구실로 데려왔다. 청년은 환각지 현상을 심하게 겪고 있었다. 라마찬드란은 면봉을 이용해 청년의 두 다리와 배를 문질렀다. 청년은 지극히 정상적인 감각이 느껴진다고 대답했다. 그런데 라마찬드란이 청년의 뺨에서 특정 부위를 문지르자, 청년은 뺨에서도, 그리고 존재하지 않는 엄지손가락(즉, 이미 절단되어 없는 팔의 엄지손가락)에서도 감각을 느낀다고 대답했다. 라마찬드란은 면봉으로 얼굴의 여러 부위를 자극해보고, 몇몇 부위를 문지르자 청년이 절단된 손의 다른 부분들(즉, 엄지손가락 이외의 손가락이나 손등 따위)의 감각을 느낀다는 사실을 발견했다. 이것은 폰스의 실험과 대단히 유사한 결과였다.

간단한 실험이었지만 거기에는 대단히 의미심장한 신호가 담겨 있었다. 신경과학 분야에서는, 두뇌의 신경망 연결이 태어날 때부터 고정되어 있거나 또는 매우 어린 나이에 형성되며 따라서 변할 수 없다는 생각이 대부분 받아들여지고 있었다. 그런데 라마찬드란의 실험 결과는 그런 가정을 뒤엎는 것이었다. 그의 실험을 토대로 추정하면, 큰 사고를 경험한 사람의 두뇌는 사고 전과 달리 현저하게 변화하여 비교적 짧은 시간 내에 완전히 새로운 신경망 연결을 형성하는 것으로 보였다. 그것은 인간의 두뇌는 우리가 상상하는 것보다 훨씬 더 쉽게 변화하고 형성력이 뛰어난 기관이라는 의미였다. 환각지를 경험하는 사람의 두뇌는 대단히 특이하고 설명 불가능한 방식으로 스스로를 변화시켰다. 그렇게 스스로를 변화시키는 두뇌의 힘을 긍정적인 방식으로, 환자 치료를 위한 목적으로 활용할 수 있다면 어떨까?

이 실험 이후 라마찬드란은 탐구 분야를 옮겼다. 그는 캘리포니아 대학의 신경과학과로 옮겨 특히 신경질환을 연구하는 데 에너지를 쏟기 시작했다. 그리고 환각지 관련 실험을 한층 더 심도 깊게 진행하기로 했다. 팔다리가 절단된 많은 환자들은 매우 고통스러운 마비의 느낌을 경험하곤 했다. 그들은 팔다리가 마치 있는 것처럼 느끼고 그것을 움직이려 해도 당연히 움직일 수 없었으며, 경련이 이는 듯한 느낌이나 때로는 극심한 고통을 경험했다. 라마찬드란은, 팔다리가 절단되기 전에 두뇌가 팔이나 다리가 마비되는 경험을 학습했을 것이고, 그래서 절단되어 없어진 후에도 계속해서 두뇌가 마비의 느낌을 경험하는 것이라고 추측했다. 그렇다면 두뇌가 변화할 수 있는 형성력을 지녔음을 고려할 때 그 학습된 마비 느낌을 잊어버리게 만드는 것도 가능하지 않을까? 이런 추론을 바탕으로 라마찬드란은 또 다른 간단한 실험을 실시했다.

그는 거울과 상자를 이용해 간단한 실험 장치를 만들었다. 종이 상자의 윗면을 제거한 후 상자 앞면에 팔이 들어갈 만한 구멍을 나란히 두 개 뚫었다. 상자 안에는 구멍을 뚫은 앞면과 직각이 되게 거울을 세웠다. 그런 다음 환각지 환자에게 정상 팔을 한쪽 구멍에 넣고 절단된 팔은 다른 구멍 앞에 위치시키라고 말했다. 이 상태에서 거울의 위치를 미세하게 조정하여, 거울에 비친 정상 팔의 모습이 다른 쪽 팔의 위치에 보이게 했다. 이렇게 하면 환자가 거울에 비친 팔을 보면서 없어진 팔이 다시 붙어 있는 것처럼 느낄 수 있었다. 환자는 절단된 팔의 위치에서 정상적인 팔이 움직이는 모습을 보자 환각지 마비 느낌이 완화되는 것을 느꼈다. 이 상자를 집으로 가져가 계속 그런 식으로 연습한 환자들 대다수가 환각지의 고통에서 해방될 수 있었다.

이 실험 결과는 매우 의미심장했다. 두뇌가 변화할 수 있는 형성력을 지녔다는 사실뿐만 아니라, 여러 감각들이 우리 예상보다 훨씬 더 긴밀하게 연결되어 있다는 사실을 암시했다. 두뇌는 각 감각을 담당하는 개별 영역들로 구성된 것이 아니라, 각 영역들이 서로 겹쳐 있었다. 거울 상자 실험의 경우, 순전히 시각적 자극만으로 촉각과 그에 대한 두뇌의 지각을 변화시킨 것이다. 아울러 이 실험은 고통이라는 개념을 완전히 다르게 생각해보게 만들었다. 고통은 신체가 자신이 경험하는 것을 표현하는 일종의 의견처럼 보였다. 거울 상자 실험이 보여주듯, 이 의견은 얼마든지 속이거나 조작될 수 있는 것이었다.

또 이후 진행한 실험에서 라마찬드란은 환자들이 절단된 팔의 위치에 다른 정상적인 학생의 팔이 위치한 것처럼 보이게 만들었다. 학생이 팔을 움직이자 환자들은 이때도 환각지 고통의 완화를 경험했다. 단지 팔이 움직이는 모습을 보기만 해도 효과가 있었던 것이다. 다시 말해, 고통의 지각은 다분히 주관적인 것이며 또 얼마든지 변화시킬 수 있다는 의미였다.

라마찬드란은 이처럼 창의적 발상을 토대로 한 연구를 지속하여 세계적으로 인정받는 신경과학자가 되었다. 그가 연구를 진행할 때 택한 전략 방향은 다음과 같았다. 그는 신경과학이나 여타 관련 분야에서 이례적이고 특이한 현상, 기존 통념을 재고해보게 만드는 현상에 주목했다. 그가 연구주제를 선택할 때의 기준은 이러했다. 실제적인 현상임을 보여줄 수 있는 것이어야 했고(다시 말해, 가령 텔레파시 같은 것은 제외되었다), 현재의 과학 관점에서 설명할 수 있는 것이어야 했으며, 그의 분야를 뛰어넘어서도 중요한 의미를 갖는 것이어야 했다. 그리고 라마찬드란은 남들이 너무 기이한 현상이라고 무시하는 주제를 더 반겼다. 그러면 혼자서 해당 주제를 점유하며 마음껏 연구를 펼칠 수 있었기 때문이다.

그리고 라마찬드란은 간단한 실험을 통해 입증할 수 있는 아이디어를 선호했다. 거대하거나 값비싼 장비가 필요 없는 것 말이다. 그는 많은 연구 자금을 지원받는 사람들이 연구에 지출한 비용(온갖 기술 장비의 구입비용도 포함된다)을 정당화하기 위해서 정치적 알력 싸움에 휘말리는 것을 자주 목격했다. 그들은 대개 스스로 사고하지 않고 기술에만 의존했다. 그리고 급진적인 결론을 내놓아 괜한 소란을 일으키고 싶지 않아서 보수적으로 변해갔다. 하지만 라마찬드란은 그런 부류와 거리가 멀었다. 그는 면봉과 거울 같은 간단한 도구를 활용했고, 환자들과 면밀한 상담을 진행하는 방식을 택했다.

한 가지 예를 소개하겠다. 라마찬드란은 신체절단애호증apotemnophilia이라는 신경질환에 관심을 갖게 되었다. 이것은 신체적으로 건강한 사람이 자신의 팔다리를 자르고 싶어 하는 욕구로서, 이런 질환을 가진 사람은 종종 실제로 외과수술을 통해 팔다리를 절단한다. 학계 일부에서는 이 질환이 타인에게 주목받고 싶은 욕구에서 기인하거나, 일종의 성도착증 때문이거나, 또는 환자가 어린 시절에 팔다리가 잘린 사람을 보고 그 이미지가 이상적인 모습으로 각인되었기 때문이라고 추정했다. 이렇게 추측하는 사람들은 환자의 실제 감각의 역할은 간과하는 듯했다. 즉, 신체적 감각과 무관하게 머릿속에서 일어나는 질환이라고 추정했다.

라마찬드란은 신체절단애호증 환자 몇 명을 면담한 후 그런 기존의 추측을 뒤엎는 사실을 발견했다. 흥미롭게도 그가 면담한 환자들은 모두 왼쪽 다리의 절단을 원했다. 면담을 진행해보니, 그들은 타인의 주목을 강렬하게 원하는 사람이나 성도착자가 아니었으며, 오히려 실제 느끼는 감각에서 기인한 대단히 실제적인 욕구를 느끼고 있었다. 그들은 라마찬드란에게 받은 펜으로 자신이 절단을 원하는 정확한 지점을 표시했다.

라마찬드란은 그들의 피부에 간단한 전기 자극 테스트를 했다(미세하게 느끼는 고통을 기록하는 테스트였다). 그러자 신체의 다른 부위에서는 모두 정상이었지만, 환자가 절단하고 싶다고 했던 다리 부위를 자극하자 고통 반응이 급격히 올라갔다. 그 부위에서 느끼는 감각이 비정상적으로 강렬해서, 그런 과민한 감각을 절단을 통해서만 없앨 수 있다고 생각한 것이었다.

라마찬드란은 이후 추가 연구를 통해 그 환자들의 두뇌 가운데 자신의 신체 상像에 대한 지각을 통제하는 영역에 신경적 손상이 있음을 발견했다. 이 손상은 선천적이거나 아주 어린 나이에 발생한 것이었다. 이런 손상 때문에 건강한 정상적인 신체를 가진 사람도 두뇌 안에 대단히 불합리한 신체 상이 만들어질 수 있었다. 이는 자아에 대한 지각이 우리가 생각하는 것보다 훨씬 더 주관적이고 유동적일 수 있음을 시사하는 듯했다. 우리의 신체에 대한 지각과 경험이 두뇌에서 만들어지는 것이라면, 그리고 얼마든지 기이한 방향으로 형성될 수 있는 것이라면, 자기 자신에 대한 지각도 하나의 만들어진 구조물이거나 착각일 수 있는 것이다. 그것은 우리의 목적에 맞게 창조할 수 있는 무언가, 때로는 비정상적으로 변형될 수 있는 무언가일지 모른다. 이것은 신경과학이라는 분야를 넘어서 철학적으로 파고들 수 있는 주제라고 할 수 있다.

* * *

동물의 세계에는 두 가지 유형의 동물이 존재한다. 전문가와 기회주의자가 그것이다. 맹금류 같은 전문가 유형은 한 가지 기술이 두드러지게 특화되어 그 기술에 의존해 생존한다. 이들은 사냥을 하지 않을 때에는 완전한 휴식 모드로 들어간다. 반면 기회주의자 유형은 특정한 전문 기술이 없다. 대신 자기 나름의 특성을 이용해 주변 환경에서 기회를 탐색하다가 적당한 기회가 발견되면 거기에 달려든다. 이들은 끊임없는 긴장 상태에 있으며 지속적인 자극이 필요하다. 우리 인간은 동물의 세계에서 기회주의자 유형에 속한다. 모든 생명체 가운데 생존을 위한 특별한 전문 기술이 가장 부족하다. 우리 두뇌와 신경 시스템은 언제나 모종의 열린 가능성을 향하도록 만들어져 있다. 우리의 원시 조상들은 채집과 사냥을 위한 도구를 만들어야겠다는 생각을 처음부터 한 것이 아니다. 어느 날 우연히 돌 하나를 발견했는데 그것이 마침 유달리 날카롭거나 길쭉해서(즉, 특이한 이례적 현상이다) 그걸로 도구라는 것을 만들 아이디어를 떠올린 것이다. 이처럼 기회를 포착하는 성향은 창의적 능력의 원천이자 토대가 된다. 그리고 두뇌의 이런 본성을 활용해야만 창의성을 극대화할 수 있다.

그런데 많은 사람들은 처음부터 잘못된 지점에서 출발한다. 대개는 나이가 젊거나 경험이 부족한 사람에게서 이런 현상이 나타난다. 그들은 지나치게 거창하고 원대한 목표를 세우거나, 어려운 문제 해결이나 대단한 발명품을 목표로 삼는다. 그래야만 부와 명예를 거머쥘 수 있을 것 같기 때문이다. 그들은 이제 그 목표를 달성할 방법을 찾기 시작한다. 그 방법은 사람의 숫자만큼이나 다양하고, 각기 나름대로 어느 정도는 성과를 거두기도 한다. 하지만 도중에 지쳐서 제풀에 쓰러지는 경우도 많으며, 그 원대한 목표에 궁극적으로 이룰 방법을 영영 찾지 못하기도 한다. 성공에 이르는 길에는 수많은 변수가 존재하는 법이다. 하지만 라마찬드란처럼 더 경험 많고 현명한 사람들은 기회주의자 유형이다. 그들은 거창한 목표를 세우는 대신, 수확 가능성이 엿보이는 단서들을 탐색한다. 다소 특이하고 기존 통념과 맞지 않지만 호기심을 불러일으키는 모종의 경험적 증거를 찾는 것이다. 날카롭고 길쭉한 돌이 원시인의 시선을 사로잡았듯, 그런 증거와 단서는 그들의 뇌리에 착 달라붙는다. 그들은 아직 목표를 확신하지 못하고 자신이 발견한 것의 실제적인 적용 방법도 구상하지 못한 상태지만, 여러 가능성을 열어놓고 탐구를 계속 진행한다. 그렇게 깊이 파고든 끝에 기존 통념과 모순되는 빛나는 진실을, 더 폭넓은 지식과 응용을 가능케 하는 귀중한 기회를 제공하는 성과를 발견하게 된다.

수확 가능성이 엿보이는 단서를 탐색하는 과정에서 염두에 둬야 할 몇 가지 지침이 있다. 처음에는 당신이 해박하게 알고 있는 특정 분야에서 출발하겠지만, 계속해서 그 분야에만 묶여 있는 것은 바람직하지 않다. 오히려 다른 다양한 분야의 저널과 서적을 두루 접해야 한다. 때로는 당신의 분야와 무관한 다른 영역에서 흥미로운 특이 사례를, 당신의 분야와 절묘하게 연결될 수 있는 사례를 발견할 수도 있다. 언제나 열린 마음자세를 유지할 필요가 있다. 아무리 사소하거나 하찮게 보이는 현상이라도 무심코 지나치지 마라. 어떤 특이한 대상이나 현상을 접하고 당신이 갖고 있던 신념이나 가정을 의심하게 된다면, 그것은 대단히 반겨야 할 일이다. 거기에 담긴 함의를 숙고해보고, 그 숙고를 토대로 추후의 연구를 계속하되 성급하게 결론을 내리지는 마라. 만일 발견한 것이 대단히 의미심장한 가능성을 내포하고 있다는 판단이 들면, 치열하게 그것을 파고들어라. 그럭저럭 성공은 가져다주지만 별로 중요한 의미도 없는 현상 20가지를 살펴보는 것보다는, 10가지를 살펴보고 그중에 한 가지에서만 탁월한 발견으로 이어지는 수확을 얻는 편이 더 낫다. 당신은 누구보다 밝은 눈을 가진 사냥꾼이 되어, 넓은 초원을 두루 살펴 숨겨져 있던 진실을 귀띔해줄 단서를 찾아내야 한다.

3. 기계 지능

윌버 라이트Wilbur Wright, 1867~1912와 오빌 라이트Orville Wright, 1871~1948 형제는 어릴 적부터 기계에 대한 남다른 호기심과 재능을 갖고 있었다. 특히 연합형제교회United Brethren Church의 주교였던 아버지가 출장을 갔다가 돌아오면서 사다준 정교한 장난감들을 좋아했다. 두 형제는 장난감의 작동 원리가 궁금해서 그것들을 신나게 분해해보곤 했다. 그리고 항상 원래 모양과 살짝 다르게 수정해서 다시 조립했다.

두 소년은 학교 성적이 괜찮은 편이었지만 고등학교를 끝까지 마치지는 않았다. 학교보다는 기계의 세계에 뛰어들고 싶었기 때문이다. 그들이 관심 있는 유일한 지식은 새로운 기계의 설계와 구조에 관한 것이었다. 두 형제는 대단히 실용적인 타입이었다.

1888년에 그들의 아버지가 교회 업무에 필요한 소책자를 급하게 만들어야 할 일이 생겼다. 라이트 형제는 아버지를 위해 머리를 맞대고 궁리한 끝에 뒤뜰에 있던 접이식 마차 덮개에서 빼낸 경첩, 낡은 용수철, 기타 여러 가지 폐품을 총 동원해서 작은 인쇄기를 만들었다. 이 인쇄기는 제법 훌륭하게 작동했다. 작은 성공에서 짜릿함을 경험한 형제는 더 나은 부품을 마련해 설계를 개선한 다음 직접 인쇄 사업을 시작했다. 인쇄업에 일가견이 있는 사람들마저도 젊은 형제가 만든 독특한 인쇄기를 보고 감탄을 금치 못했다. 그 인쇄기가 다른 평범한 기계들의 두 배 수준인, 1시간에 1000페이지를 찍어냈던 것이다.

하지만 라이트 형제는 지칠 줄 모르는 탐구심을 가진 젊은이들이었다. 그들은 끊임없는 도전을 원했고, 1892년에 동생 오빌이 그런 도전 욕구를 충족시켜줄 완벽한 대상을 발견했다. 안전 자전거safety bicycle, 2개의 바퀴 크기가 똑같은 최초의 자전거가 발명된 이후 미국에서는 자전거 열풍이 한창이었다. 라이트 형제도 자전거를 구입해 자전거 경주에 참가하는 등 이 스포츠에 푹 빠져들었다. 얼마 안 가 그들은 자전거를 분해해 조금씩 변형해서 사용하기 시작했다. 뒤뜰에서 두 형제가 자전거를 수리하는 모습을 목격한 친구들과 동네 사람들이 자신의 자전거를 고쳐달라고 가져오곤 했다. 몇 개월 지나지 않아 라이트 형제는 자전거에 대해서라면 모르는 게 없는 척척박사가 되었고 고향인 오하이오 주 데이턴에 자전거 가게를 열었다. 그들은 자전거 판매 및 수리뿐만 아니라 최신 모델을 개조하는 서비스도 제공했다.

자전거 사업은 두 형제의 적성에 완벽하게 맞는 일이었다. 그들은 이런저런 방식으로 자전거를 개량한 뒤 직접 테스트 주행을 해보고 제대로 작동하는 부분과 그렇지 않은 부분을 점검한 다음 더욱 성능이 좋아지도록 개선했다. 운전하기 쉽고 공기역학적 효율이 높은 자전거를 제작하려고 애썼으며, 자전거를 탄 사람이 자전거를 완벽히 통제하고 있다는 느낌을 받을 수 있게 만들 방법을 연구했다. 시중에 나와 있는 최신 디자인들로는 성에 차지 않았던 그들은 직접 알루미늄 프레임을 만들어 고객 맞춤형 자전거를 설계하기로 했다. 이것은 결코 만만치 않은 작업이었다. 프레임을 제대로 만들 수 있는 수준이 되려면 몇 개월간 실습을 통해 기술과 요령을 정확하게 익혀야 했다. 아주 작은 결함만 있어도 자칫 큰 사고를 불러올 수 있었기 때문이다. 이 기술을 익히는 과정에서 형제는 온갖 종류의 최신 기계 장비를 구입했고 그것들을 구동하기 위한 단기통 엔진도 직접 만들었다. 두 사람은 점차 자전거 달인이 되어갔다. 라이트 형제가 만든 자전거를 타본 사람들은 하나같이 뛰어난 승차감을 느꼈다. 거기에는 훗날 업계의 표준이 될 여러 기술적 특성이 담겨 있었다.

1896년 다친 몸을 회복 중이던 윌버는 이후 몇 년간 머릿속을 떠나지 않게 될 기사를 하나 읽게 된다. 그것은 뛰어난 글라이더 설계자이자 항공학 전문가인 오토 릴리엔탈의 사망 기사였다. 릴리엔탈은 자신이 설계한 글라이더로 활공비행을 하던 중 추락해 사망했다. 릴리엔탈이 제작한 다양한 글라이더가 하늘을 나는 사진은 윌버의 머릿속에 깊이 각인되었다. 그것들은 마치 거대한 원시 조류의 날개를 닮아 있었다. 마음속으로 시각화하는 능력이 뛰어났던 윌버는 하늘을 비행하는 모습을 생생한 그림으로 상상해보고 전율을 느꼈다. 그런데 기사를 읽고 한 가지 놀라웠던 점은, 릴리엔탈이 아마도 수백 번에 이르렀을 시험 비행을 한 이후에도 결점을 개선할 핵심적인 방법을 간파할 수 있을 만큼 공중에 오랜 시간을 떠 있지 못했다는 사실이었다. 아마 그 때문에 추락 사고가 일어난 것이 분명했다.

그로부터 몇 년 후 신문들에는 항공학이라는 분야를 개척하는 여러 선구자에 관한 기사가 연일 이어졌다. 그들 중 다수가 동력 비행기 발명이라는 목표 지점에 가까이 다가가고 있는 듯 보였다. 이제 누가 최초로 성공하느냐를 놓고 치열한 개발 경쟁이 벌어지고 있었다. 비행기에 대한 관심이 한층 강렬해지기 시작한 윌버는 워싱턴 D. C.의 스미스소니언 협회에 편지를 보내 항공학과 비행기계에 관한 자료들을 요청해서 탐독하기 시작했다. 또 비행과 관련한 물리학 및 수학, 레오나르도 다 빈치의 설계물, 19세기의 글라이더에 관한 자료도 구해서 읽었다. 그리고 새에 관한 책들도 열심히 읽었다. 연구를 거듭하면 할수록 자신과 동생이 비행기 발명이라는 경주의 승자가 될 수 있을 거라는 묘한 확신이 들었다.

얼핏 생각하기엔 터무니없는 확신 같았다. 당시 항공술 분야에는 뛰어난 기술적 지식과 높은 학력을 보유한 전문가들이 많았다. 그들은 라이트 형제보다 훨씬 먼저 이 분야에 뛰어들어 유리한 위치를 선점하고 있었다. 비행 기계의 설계와 제작은 엄청난 비용이 들어갈 뿐만 아니라 늘 추락 사고의 위험이 동반되는 일이었다. 당시 성공 가능성이 가장 높게 점쳐지는 인물은 스미스소니언 협회의 임원이던 새뮤얼 랭글리Samuel Langley였다. 그는 연구를 위해 막대한 정부 지원금을 받고 있었고 이미 증기기관으로 추진되는 무인 항공기 개발에 성공한 상태였다. 반면 라이트 형제는 출신 배경도 초라했고 가진 돈이라고는 자전거 사업에서 나오는 수익이 전부였다. 그러나 윌버가 보기에는 당시의 대부분의 항공술 전문가들이 기계에 관한 기본적인 감과 통찰력이 부족했다.

당시 비행기 개발자들은 모종의 강력한 동력기관을 사용하여 일단 비행기를 하늘에 띄우는 것이 제일 중요하다고 생각했다. 일단 비행이 성공하고 나면 나머지 문제를 해결하겠다는 것이었다. 비행 기계를 하늘에 띄워 사람들을 깜짝 놀라게 하고 주목을 받으면 재정적 지원도 뒤따랐다. 하지만 이후 추락 사고가 잇따랐고, 그러면 끊임없이 설계를 수정하고 더 완벽한 동력기관과 새로운 재료를 찾으려 애썼다. 그래도 또 다시 추락 사고가 발생했다. 윌버가 생각하기에, 그들이 결정적인 성과에 도달하지 못하는 이유는 간단했다. 어떤 기계이든 완벽한 완성품을 만드는 핵심은 바로 반복이었다. 라이트 형제가 월등한 품질의 자전거를 설계할 수 있었던 이유는, 끊임없이 자전거를 만지고 분해하고 개량한 다음 직접 운전해보며 장점과 결점을 파악했기 때문이다. 당시 비행기 설계자들이 하늘을 나는 시간은 채 1분을 넘지 않았기 때문에 한계점에 부딪힐 수밖에 없었다. 설계한 구조물을 제대로 테스트해볼 수 있을 만큼, 비행술에 대한 정확한 감을 획득할 만큼 충분히 오랜 시간을 하늘에 떠 있지 못했던 것이다. 그러니 실패를 거듭하는 것은 당연지사였다.

그리고 윌버는 그들의 접근법에서 또 한 가지 결정적 결함을 발견했다. 하나같이 비행기의 안정성에 지나치게 높은 비중을 둔다는 사실이었다. 그들은 '공중을 나는 배'라는 개념으로 비행기를 생각했다. 배는 물 위에서 균형을 잘 유지하도록, 즉 최대한 안정적이고 균형 잡힌 상태로 움직이도록 설계한다. 어느 한쪽으로 기울어지기라도 하면 대단히 위험하다. 이런 관점을 비행기에도 적용한 당시 개발자들은 비행기의 양 날개가 V자 형태가 되도록 설계하곤 했다. 비행기가 갑자기 불어오는 세찬 바람의 힘을 어느 정도 상쇄하고 안정적인 직선 항로를 유지할 수 있게 하기 위해서였다. 하지만 윌버가 생각하기엔 배라는 관점에서 비행기를 바라보는 것은 부적절했다. 대신 자전거의 관점에서 생각해야 했다. 자전거는 본래 불안정한 탈것이다. 자전거의 안정적인 자세를 유지하는 방법을 터득하고, 몸과 함께 자전거를 한쪽으로 기울이며 달려 적절하게 방향을 조절하는 것은 바로 자전거 운전자의 몫이다. 이와 유사하게, 비행기를 조종하는 사람은 선박처럼 수평적인 라인을 똑바로 움직이는 것이 아니라 기체를 안전하게 좌우로 기울이고 선회할 수 있어야 한다. 기체가 바람의 영향을 받지 않게끔 만들려고 애쓰는 것은 오히려 매우 위험하다. 조종사가 유연하게 움직이고 제어할 수 있는 능력을 빼앗아가기 때문이다.

윌버는 이런 통찰력을 바탕으로 비행기 제작에 도전하자고 동생을 설득했다. 연구 진행에 필요한 자금은 자전거 사업으로 번 돈으로 충당하기로 했다. 현재의 재정 능력을 넘어서는 시도는 하지 않고, 갖고 있는 부품과 장비들을 동원해 최대한 창의적 재간을 발휘해야 했다. 그들은 구상한 설계를 시험해보기 위해 값비싼 기계부터 마련하기보다는,

한 걸음씩 천천히 설계를 완성해 나가기로 했다. 과거에 인쇄기나 자전거를 만들었을 때처럼 말이다.

라이트 형제는 그리 거창하지 않은 단계를 출발점으로 삼았다. 먼저 다양한 크기와 형태의 연을 만들어 날려보면서 시험용 글라이더에 적합한 형태를 구상했다. 그리고 거기서 얻은 깨달음을 바탕으로 글라이더를 제작했다. 그들은 비행 원리를 직접 몸으로 느끼고 싶었다. 산마루에서 창공을 향해 글라이더를 출발시키는 일반적인 방식은 너무 위험하다는 판단이 들었다. 대신 그들은 노스캐롤라이나 주 키티호크를 택했다. 이곳은 강한 바람이 불기로 유명한 곳이었다. 그들은 키티호크 해안의 모래언덕에 도착한 후 그리 높지 않은 곳에서 글라이더를 출발시켜 지면에서 가까운 높이에서 비행하다가 모래바닥에 착륙했다. 1900년도 한 해에만 과거 릴리엔탈이 수년에 걸쳐 했던 것보다 더 많은 횟수의 시험 비행을 성공시켰다. 라이트 형제는 차츰 설계의 완성도를 높였고 재료와 부품 배치 방식도 개선해나갔다. 예를 들어, 상승력을 개선하기 위해 날개를 더 길고 얇게 만드는 방법을 터득했다. 1903년에는 기울임과 선회를 상당히 효율적으로 제어하면서 꽤 먼 거리를 비행할 수 있는 글라이더를 만드는 데 성공했다. 그것은 실로 하늘을 나는 자전거와도 같았다.

이제 마지막 단계가 남아 있었다. 그들의 설계물에 동력기관과 프로펠러를 부착하는 일이었다. 이전에 두 사람은 다른 비행기 개발자들의 설계를 보고 한 가지 약점을 목격한 적이 있었다. 즉, 그들은 배를 모델로 삼아 비행기의 프로펠러를 제작했다. 이 역시 배와 같은 안정성을 추구하는 전략의 일환이었다. 하지만 라이트 형제는 독자적인 연구를 수행한 끝에, 마치 새의 날개처럼 프로펠러 날갯깃의 가운데 부분을 약간 휘게 만들기로 했다. 그래야 비행기가 더 많은 추진력을 얻을 수 있으리라는 판단이었다. 한편 비행기에 장착할 최대한 가벼운 동력기관을 구입하고자 했으나 가격이 너무 비쌌다. 그래서 자전거 가게에서 일하는 기계공의 도움을 받아 직접 동력기관을 제작했다. 이렇게 그들이 비행기를 완성하는 데 든 총비용은 1000달러 미만이었다. 당시의 다른 경쟁 개발자들이 투자하는 것보다 훨씬 낮은 수준이었다.

  1903년 12월 17일, 윌버가 드디어 완성된 비행기를 타고 키티호크에서 59초 비행에 성공하는 쾌거를 이루었다. 역사상 최초의 유인 동력비행이었다. 이후 라이트 형제는 꾸준히 비행기 설계를 개선하면서 비행 시간을 늘려갔다. 공학이나 항공학 분야에서 이렇다 할 경력도 없고 자금력도 미약한 두 젊은이가 어떻게 동력비행을 가장 먼저 성공시킬 수 있었는지, 다른 경쟁 개발자들에겐 수수께끼로만 느껴졌다.

* * *

  비행기의 개발은 인류 역사상 손꼽히는 위대한 기술적 쾌거였으며 향후 인류의 산업과 문화의 발전에 지대한 영향을 미쳤다. 라이트 형제 시대에 비행기 제작의 모델로 삼을 만한 선례는 전무했다. 그것은 고난도의 과제였고, 그 과제를 풀기 위해서는 매우 높은 수준의 독창적 능력이 필요했다. 비행기 발명의 역사 속에서, 우리는 현격히 다른 두 가지의 접근법을 목격할 수 있다. 하나는 과학적 지식과 경험을 갖춘 다수의 공학자 및 설계자들의 관점이다. 그들은 다소 추상적인 관점으로 문제를 바라보면서, 비행기를 이륙시키고 추진력을 얻게 할 방법, 바람의 저항력을 극복할 방법 등에 골몰했다. 그들은 주로 기술에 집중했으며, 최대한 강력한 동력기관, 최적의 구조로 설계된 날개 등 가장 효율적인 부품을 만들려고 노력했다. 그리고 이 모든 것은 연구실에서 이뤄지는 연구를 기초로 했다. 연구 자금은 충분하므로 돈 걱정은 할 필요가 없었다. 그들의 연구 과정은 전문화에 의존했다. 즉, 개인들이 각각 서로 다른 부품이나 재료를 집중적으로 연구했다. 설계자가 직접 비행기를 조종하는 일은 별로 없었다. 대개는 설계자가 아닌 다른 사람이 시험 비행을 했다.

두 가지 접근법 중 또 다른 하나는 그들과 전혀 다른 배경을 가진 두 젊은이의 관점이다. 이들은 모든 것을 직접 수행하면서 즐거움과 흥분을 느꼈다. 그들은 하늘을 나는 물체를 설계하고 제작하고 직접 비행해 봤다. 그들의 모델은 뛰어난 최신기술이 아니라 수많은 시험 비행에 의존했다. 그런 과정에서 개선해야 할 결점을 발견했고, 추상적인 사고로는 결코 얻을 수 없는 '감'을 잡았다. 그들은 각 부품에 집중하기보다는, 전체적인 비행 경험이라는 관점으로 접근했다. 어떤 동력으로 기체를 움직이느냐가 아니라, 조종사가 얼마만큼 효과적으로 기체를 제어하느냐에 집중했다. 개발 비용이 넉넉하지 않았기 때문에, 최소한의 자원으로 최대한의 결과물을 얻기 위해 독창성을 발휘하는 것이 무엇보다 중요했다. 이 두 가지 접근법의 차이는 비행기 설계를 위해 택한 비유 대상에서도 드러난다. 추상적 관점의 개발자들은 배를 선택했다. 육지가 아닌 특이한 공간(수면 또는 공중)을 항해한다는 유사점에 착안한 것이다. 때문에 그들은 물체의 안정성을 중요하게 생각했다. 반면 라이트 형제는 자전거를 선택했다. 이들은 운전자나 조종자의 역할, 사용자 편의적인 기계, 전체적인 작동의 조화를 중시했다. 비행기가 움직이는 배경 공간 대신 조종사에 초점을 맞춘 것이 결국 문제를 푸는 핵심 열쇠였다. 그 덕분에 조종과 통제가 용이한 비행기를 설계할 수 있었기 때문이다. 이와 같은 출발점에서 시작하자 수준 높은 단계의 비행기를 한층 수월하게 개발할 수 있었다.

이 점을 기억하라. 기계 지능은 추상적 사고력에 비해 수준이 낮은 형태의 지능이 결코 아니다. 사실 그것은 많은 이성적 사고력과 창의적 능력을 가능케 하는 원동력이다. 인간의 두뇌가 현재 수준으로 발달한 데에는 손을 이용한 복잡한 조작과 활동이 커다란 역할을 했다. 우리 조상들은 거친 재료를 활용해 도구를 만드는 과정에서 육체적 노동 그 자체를 뛰어넘는 사고 패턴을 발달시켰다. 기계 지능의 기본적 원칙은 다음과 같이 요약할 수 있다. 당신이 어떤 것을 창조하거나 설계하면 그 결과물을 직접 사용하고 테스트해보라. 결과물과 당신 자신을 분리해버리면 그것의 작동 원리에 대한 감을 상실하고 만다. 강도 높은 노력을 통해, 만들고 있는 대상에 대한 온전한 감을 획득하라. 그 과정에서 설계한 결과물의 결점을 직접 보고 느껴라. 각 구성요소들을 분리해 생각하지 말고, 그것들 사이의 상호연관성을 관찰하면서 전체적인 관점으로 경험하라. 진정한 최종 결과물은 몇 차례 창의적 영감이 튀어나와 마법처럼 완성되는 것이 아니라, 거듭 결점을 개선하고 한 걸음씩 전진함으로써 시간을 두고 완성되어야 한다. 결국 당신은 뛰어난 기능공과 같은 자세를 통해 성공의 지점에 이르러야 한다. 가진 재료들을 최대한 활용하여 명쾌하고 명확한 구조를 지닌 무언가를 창조해내는 것이다. 그것이야말로 최고 수준의 창의성이다. 이런 접근법은 우리 두뇌의 선천적 본성과 일치하며, 이 본성을 거스르려는 사람은 실패를 맛볼 각오를 해야 한다.

4. 자연의 힘

산티아고 칼라트라바는 1973년 스페인에 있는 건축 학교를 졸업한 이후, 과연 곧바로 건축계에 뛰어드는 것이 현명한지 고민에 빠졌다(165쪽 참조). 그는 일찍부터 예술가가 되겠다는 꿈을 품었으며, 다양하고 폭넓은 차원의 표현을 가능하게 해주는 건축이라는 분야에 강하게 이끌렸다. 건축은 기능적 특성과 조각의 아름다움을 통합할 수 있는 분야, 대규모 구조물을 통해 예술성을 구현할 수 있는 분야였다. 건축이란 묘한 특성이 혼재하는 영역이었다. 실제로 건축물을 완성하는 과정에는 많은 제약과 변수들이 따랐다. 고객의 요구사항, 예산 비용, 건축 재료, 건축물이 들어설 공간의 전체적인 환경 등의 문제를 고민해야 했고 심지어 정치적인 문제까지 개입되는 경우도 있었다. 르 코르뷔지에 같은 위대한 건축가들의 완성 작품을 보면 그들의 개인적인 스타일이 강하게 녹아들어가 있지만, 다른 많은 건축가들은 이런저런 현실의 제약과 개입 요소에 짓눌리기 일쑤였다. 칼라트라바는 자신이 건축을 위한 기본기와 표현 양식들을 충분히 갖추지 못했다고, 자신의 역량을 확신할 수 있는 수준에 이르지 못했다고 느꼈다. 만일 그 상태에서 건축 회사에 취직해 일한다면 온갖 상업적인 압력에 휩쓸려 창의적 에너지가 영영 꺼져버리고 말 것 같았다.

그래서 칼라트라바는 쉽지 않은 결정을 내렸다. 취리히에 있는 연방공과대학에 들어가 토목공학 학위를 따기로 한 것이다. 공학 전문가가 되어 건물 및 구조물 설계에서 실현 가능한 것의 범위를 최대한 이해하고 싶었다. 언젠가는 움직이는 건물을 짓겠다는, 기존 건축계에서 중시하는 원칙을 뛰어넘는 건축가가 되겠다는 꿈을 품었다. 이를 위해 그는 NASA에서 우주탐사 과정에 사용할 목적으로 형태를 접거나 확장할 수 있게 만든 다양한 장비와 구조물을 면밀히 연구했다. 그런 것들을 설계하려면 연방공과대학에서 배우는 새로운 공학 원칙들을 반드시 마스터해야 했다.

1981년에 공학 학위를 취득한 칼라트라바는 마침내 건축가이자 공학 전문가로서 건축계에 뛰어들었다. 이제 건축의 기술적 측면에 훤하고 건축물 완성에 필요한 다양한 자질을 갖췄지만, 창의성을 발휘하는 과정과 방법은 누구에게도 배운 적이 없는 상태였다. 그것은 이제 혼자서 풀어가야 할 과제였다.

칼라트라바가 처음 맡은 대규모 프로젝트는 1983년 독일의 유명한 의류업체 에른슈팅Ernsting의 거대한 물류창고의 외관을 재디자인하는 일이었다. 그는 창고의 외부 마감재로 미가공 알루미늄을 쓰기로 했다. 창고 건물 전체를 하나의 완성품처럼 보이게 만들되, 건물 각 면에 햇빛이 반사되는 느낌이 다르게 연출할 생각이었다. 설계의 가장 핵심 부분은 화물차가 드나드는 커다란 문 3개였다. 이 문들에 움직이면서 접히는 특성을 가미하기로 했다. 설계 프로세스의 출발점을 어떻게 잡아야 할지 확신이 서지 않던 그는 일단 문의 다양한 모양을 종이에 스케치하기 시작했다. 어릴 때부터 그림 그리기를 좋아했던 그는 건축에 몸담으면서도 늘 스케치를 했다. 연필이나 붓을 놀리는 데 매우 능숙해서, 어떤 대상이든 빠른 속도로 정확하게 그림으로 옮길 수 있었다. 그는 빠르게 스케치를 하면서 머릿속 구상을 종이 위에 그대로 옮겨놓곤 했다.

머릿속에서 최종 결과물은 아직 뚜렷하게 잡히지 않았지만, 그는 물감을 이용해 마음속에 자유롭게 연상되는 이런저런 이미지를 종이에 그렸다. 그러던 중 해변으로 밀려 온 고래의 이미지가 불현듯 떠올랐다. 고래의 모습을 좀 더 구체적으로 종이에 그린 다음 그것을 창고 모양에 적용해보았다. 창고의 커다란 문이 고래의 커다란 입과 이빨에 해당했다. 이제 머릿속에 확실한 이미지가 잡혔다. 성경에 등장하는 요나를 삼켰던 고래처럼, 창고 건물이 하나의 고래가 되어 그 커다란 입으로 화물트럭과 물류들을 토해내는 이미지였다. 그는 스케치한 여백에 '살아 있는 생명체 같은 건물'이라는 메모를 적었다. 그는 스케치를 가만히 응시하다가 고래의 입(창고 문) 옆에 그려놓은 커다란 고래 눈에 시선이 멈췄다. 고래의 눈이 그 자체로 하나의 퍽 흥미로운 상징으로 느껴지면서 새로운 힌트를 주는 것 같았다.

칼라트라바는 창고 건물 옆에 다양한 눈 모양을 그려보기 시작했다. 어느새 눈이 건물의 문 모양으로 변하고 있었다. 이제 스케치는 점점 더 세밀해지면서 건축물 구조를 갖춰가기 시작했다. 건물과 문의 형태를 더욱 사실적으로 묘사하는 동시에, 거기에 고래가 거대한 눈을 뜨고 감는 이미지를 통합했다. 결국 둥근 형태의 눈꺼풀을 들어 올리는 느낌의 접히는 문 형태가 완성돼갔다.

설계가 막바지에 접어들 무렵 칼라트라바의 책상에는 엄청난 양의 스케치가 쌓여 있었다. 그는 그것들을 순차적으로 훑어보면서 완성까지 이르는 단계가 몹시 흥미롭게 전개되었다는 사실을 깨달았다. 처음에는 무의식에서 나온 막연한 이미지였던 것들이 차츰 구체적이고 명료한 형태로 변화해갔던 것이다. 건물 외관이 가장 구체적으로 형상화된 스케치에서는 어떤 예술적이고 장난기 어린 느낌마저 배어 나왔다. 그 스케치들을 보고 있노라니 인화액 속에서 서서히 피사체의 형상이 떠오르는 사진을 보고 있는 기분이었다. 이 모든 과정이 그에게는 더없이 만족스럽고 짜릿했다. 생생하게 살아 있는 생명체를 창조하는 기분이 들었다. 신화적인 상징과 무의식 속에서 떠오른 비유가 한데 버무려지면서 그는 설계 과정에 깊이 빠져들었다.

그는 보는 이에게 강한 인상을 주는 절묘한 결과물을 완성했다. 이미 존재하는 건물의 외관을 바꾸는 작업에 불과했음에도, 그리스 신전 같은 느낌을 주는 창고를 창조했다. 건물 한쪽 면 전체의 알루미늄 외벽이 마치 은으로 된 기둥들이 줄지어 서 있는 듯한 물결 이미지를 연출했다. 고래의 입과 눈에서 영감을 얻은 문들은 초현실적인 느낌마저 주었다. 그 문이 접히면서 위로 열릴 때면 신전의 입구가 열리는 느낌이었다. 이 모든 디자인적 특성은 창고 건물의 기능적 특성과 완벽하게 조화를 이뤘다. 칼라트라바는 이 작업으로 건축계에서 즉시 주목을 받기 시작했다.

시간이 흐를수록 중요한 건축 프로젝트들이 속속 칼라트라바 사무실의 문을 두드렸다. 대규모 프로젝트가 늘어나면서 그는 모종의 위험요인을 감지했다. 한 프로젝트를 완성하려면 초기 스케치에서부터 실제 구조물 완공에 이르기까지 10년 또는 그 이상이 걸릴 때가 많았다. 그 기간 동안 온갖 종류의 문제와 갈등이 발생했고, 그러면 초반의 구상을 온전히 실현하기 힘들 때도 있었다. 비용이 많이 들어가는 프로젝트일수록 이런저런 제약이나 문제가 더 많이 발생했고 많은 이해관계자를 동시에 만족시키기도 쉽지 않았다. 자칫 방심하면, 기존의 원칙을 뛰어넘어 독창적인 비전을 표현하려는 그의 목표가 흐지부지 허물어질 수 있었다. 그래서 그는 에른슈팅 창고를 디자인할 때 썼던 방식을 늘 마음속에 상기하려고 노력했다.

칼라트라바는 항상 스케치를 출발점으로 삼았다. 1980년대에는 이미 건축 설계의 많은 측면에서 컴퓨터 그래픽이 중심적 역할을 했기 때문에, 종이에 손으로 스케치하는 방식은 점점 보기 힘들어지고 있었다. 숙련된 공학자인 칼라트라바는 가상 모델을 만들어 건축 구조물의 견고성을 검토하는 과정에서 컴퓨터가 대단히 유용하다는 사실을 물론 잘 알았다. 하지만 컴퓨터로만 작업을 진행하면 펜과 붓과 종이를 쓸 때의 효과를 결코 얻을 수가 없었다. 컴퓨터 모니터라는 매개물이 개입되면 꿈을 꾸듯 자유롭게 상상하며 스케치하는 시간이 없어졌다. 내면의 무의식과 직접적으로 교감하는 기분이 온데간데없이 사라졌다. 그의 손과 머리는 대단히 원초적이고 실제적인 방식으로 협력했으며, 이는 컴퓨터로 절대 재현할 수 없는 무언가였다.

이제 그는 한 가지 프로젝트를 맡으면 수백 장의 스케치를 만들었다. 역시 처음에는 목표 지점을 정해놓지 않은 채 긴장을 풀고 자유롭게 상상력의 공간을 유영하면서 다양한 연상물을 종이 위에 쏟아놓았다. 그러다 보면 원하는 아이디어가 내면에서 스파크를 일으키는 순간이 왔다. 그리고 그것은 아무리 희미할지라도 어떤 하나의 이미지로 이어졌다. 예를 들어, 밀워키 미술박물관의 증축 과정에 참여했을 때 처음에 마음속에 떠올라 종이에 그린 것은 막 하늘로 날아오르려는 새의 이미지였다. 이 이미지는 스케치 과정 내내 다양하게 바뀌었고, 결국 그가 설계한 건물의 지붕에는 햇빛 양에 따라서 열고 닫히는, 늑골을 연상시키는 거대한 패널 2개가 장착되었다. 이는 커다란 선사시대 조류가 미시간 호 위로 날아오르려는 듯한 형상을 만들어냈다.

칼라트라바의 마음속에서 자유롭게 떠오르는 연상물들은 대개 나무와 풀, 다양한 자세의 인간 형상, 동물의 뼈대 등등 자연 속의 대상과 관련되었다. 또 그의 머릿속에서 이런 연상물들은 건축 구조물이 들어설 주변 경관과 밀접하게 연결되었다. 그러면서 거기에 이성적이고 건축적인 사고를 결합하면서 서서히 건물의 전체적인 형태와 구조가 모습을 갖춰갔다. 아울러 그는 건축 모형을 만들었다. 때로는 완전히 추상적인 조각 형태에서 출발한 다음, 이후에 계속 모형을 수정하면서 최종 구조물에 가까운 형태를 만들었다. 그의 손끝에서 나온 모든 스케치와 조각 모형은 그의 무의식과 비언어적 관념들이 외부로 구체화된 결과물과도 같았다.

실제 건축물 축조 단계에 가까워질수록 이런저런 장애물이나 제약 요건을 마주칠 수밖에 없었다. 가령 활용할 수 있는 자재나 비용 문제 등이 그것이었다. 하지만 그는 그럴 때도 창의적 도전과제를 하나 더 푼다는 자세로 임했다. 예컨대 주어진 특정한 재료를 그가 구상한 건축물에 적용하여 확실한 효과를 얻을 방법을 강구했다. 기차역이나 지하철역을 설계할 때는, 열차의 움직임과 플랫폼 형태가 역사(驛舍) 전체의 디자인과 조화를 이루게 만들면서 동시에 기능성을 높일 수 있는 방법을 연구했다. 그런 도전과제 자체가 그에게는 즐거움이었다.

칼라트라바가 가장 힘든 시간은 프로젝트가 몇 년씩 길게 이어지면서 내면의 에너지가 조금씩 꺼져갈 때였다. 때로는 초반의 설계 구상에 대해 가졌던 열정이 희미해졌다. 이런 상태를 극복하기 위해, 그는 현 상태에 절대 만족하지 않으려는 태도를 유지했다. 몇 번의 스케치에 결코 만족하지 않았다. 완벽에 가까워질 때까지 계속해서 스케치를 수정하고 개선했다. 확신이 들지 않는 기분을 느끼면서 계속 완벽을 추구했기 때문에, 그의 프로젝트는 정체되고 죽은 생명체로 퇴보하는 일이 없었다. 마치 붓 터치가 종이에 계속 새로운 색깔을 입히듯, 그의 프로젝트도 매순간 살아 있었다. 설계하고 있는 대상이 어떤 이유로든 죽은 느낌이 들면, 그것은 처음부터 다시 시작해야 한다는 의미였다. 이런 과정에는 엄청난 끈기뿐만 아니라 상당한 용기도 필요했다. 때로는 수개월간 진행한 작업물을 쓰레기통에 던져 넣어야 했기 때문이다. 그러나 고생한 작업물을 아까워하는 것보다는, 프로젝트가 살아 있는 생명체 같은 느낌을 유지하는 것이 훨씬 더 중요했다.

시간이 흐른 후 칼라트라바는 그동안 진행한 건축 프로젝트를 하나하나 되돌아보며 묘한 기분을 느꼈다. 프로젝트를 완성한 과정이 그가 만든 것이 아니라 마치 외부에서 기인하여 자기 앞에 모습을 드러낸 것만 같았다. 그가 상상력을 통해 그 프로세스를 창조한 것이 아니라, 자연이 그를 이 아름답고 조화로운 프로세스 전체로 이끈 것 같았다. 각각의 프로젝트는 어떤 감정이나 아이디어를 품고 씨앗처럼 날아와 그의 마음속에 뿌리를 내린 뒤, 스케치 과정을 통해 조금씩 성장하면서 항상 생명체처럼 살아 움직였다. 그것은 마치 조그만 나무가 자라서 아름다운 꽃을 피우기까지 거치는 단계와 비슷했다. 칼라트라바는 작업할 때 언제나 그런 생명력을 느꼈기에 그런 감정을 건축 구조물에 오롯이 담아낼 수 있었고, 또 그가 만든 건축물을 바라보고 사용하는 수많은 사람의 가슴에 경외감과 감동을 심어줄 수 있었던 것이다.

* * *

창의적 프로세스란 본래 한 가지로 방식을 규정할 수도 없고 또 우리는 그 방법을 학교에서 배우지도 않는다. 때문에 창의적 실행 단계에 처음 진입했을 때는 대개 되든 안 되든 혼자 힘으로 자기만의 방식을 찾아내야 한다. 자신의 개성이나 직업에 걸맞은 가장 효과적인 방식을 조금씩 개발해야 한다. 하지만 때로는 그 과정에서 엉뚱한 방향으로 향할 수가 있다. 특히 빨리 성과를 내야 한다는 압박감, 그리고 그 때문에 생기는 불안과 두려움이 우리의 방향을 엇나가게 만든다. 우리는 칼라트라바의 삶에 주목할 필요가 있다. 거기서 다른 많은 분야에서도 역시 유효한 기본적인 패턴과 원칙을 발견할 수 있기 때문이다. 이 원칙은 두뇌의 자연적 성향과 힘에 토대를 두고 있다.

첫째, 창의적 프로세스의 초반에는 모든 가능성에 철저히 열려 있는 마인드로 임할 필요가 있다. 마음껏 꿈꾸고 공상하고 여러 가능성 사이를 돌아다니는 시간을, 정신을 조이는 끈을 헐겁게 풀어놓는 시간을 스스로에게 허락하라. 이 기간에는 당신의 프로젝트를 특정한 감정에 강하게 이끌리도록 해도 좋다. 마음에서 자연스럽게 발산되는 감정에 프로젝트를 맡기는 것이다. 머릿속 구상에 긴장감을 부여하고 프로젝트에 현실적이고 이성적인 모양새를 갖추는 것은 나중에 얼마든지 가능하다. 하지만 비용 문제, 타인과의 경쟁, 사람들의 시선 등에 신경 쓰며 처음부터 지나친 긴장감과 압박감 속에서 출발하면, 여러 요소를 연결하는 두뇌의 연상 능력이 억눌리고 당신은 프로젝트에서 아무런 즐거움이나 생명력도 느낄 수 없다. 둘째, 당신의 분야뿐 아니라 다른 분야들까지 걸치는 폭넓은 지식과 관점을 쌓는 것이 좋다. 그래야 두뇌가 여러 요소들을 이어서 다채로운 연결고리를 만들 수 있다. 셋째, 안일한 자기만족에 빠지는 것을 경계해야 한다. 처음의 구상이 마치 최종 결과물인 것처럼 여겨서는 안 된다. '이쯤이면 되겠지' 하며 현재 단계의 결과물에 만족하지 말고 계속해서 아이디어를 개선하라. 다음으로 나아갈 방향에 확신이 서지 않을지라도, 그런 불확실성이 오히려 창의적 에너지를 자극하고 그것을 꺼지지 않게 만들 것이다. 도중에 만나는 어떤 방해나 장애물도 당신의 작업을 향상시킬 수 있는 기회라고 여길 필요가 있다.

마지막으로, 느린 전진을 미덕으로 여겨라. 창의적 프로세스에서 시간이란 언제나 상대적인 것이다. 당신의 프로젝트를 완성하는 데에 몇 개월이 걸리든 몇 년이 걸리든, 빨리 종착역에 도착하고 싶은 성급함이 마음속에서 고개를 들 것이다. 진정한 창의성을 획득하기 위해서 가장 중요한 것은 바로 그런 성급함을 떨쳐내는 것이다. 많은 시간과 노력을 요하는 연구 과정을, 서서히 아이디어가 발효되는 시간을 즐겨라. 그 모든 것이 유기적 성장의 밑거름이 되어 시간이 흐르면 자연스레 근사한 형태를 갖춰갈 것이다. 물론 그 과정을 불필요하게 길게 늘이면 문제가 발생할 수도 있다(우리에겐 언제나 목표 마감일이 필요하지 않던가). 하지만 프로젝트에 정신적 에너지를 쏟는 시간이 길면 길수록 더욱 풍성한 결과를 맺을 것이다. 당신이 일궈놓은 성과를 먼 훗날 되돌아본다고 상상해보라. 그 미래의 어느 날이 되면, 당신이 과거에 몇 달 더 혹은 몇 년 더 땀을 쏟은 것이 결코 힘들거나 헛된 일로 보이지 않을 것이다. 현재라는 환영幻影은 사라지기 마련이다. 시간은 당신의 가장 든든한 동맹군이다.

5. 새로운 땅 개척하기

마사 그레이엄의 아버지 조지 그레이엄George Graham 박사는 1890년대에 정신질환의 치료법을 연구한 선구적인 의사들 중 한 명이었다(마사 그레이엄에 대해서는 64쪽, 129쪽 참조). 그레이엄 박사는 가족들 앞에서 일 이야기를 거의 하지 않았지만, 한 가지 주제에 대해서만큼은 딸 마사와 즐겨 이야기를 나눴다. 마사는 아버지가 해주는 그 이야기가 몹시 흥미로웠다. 그레이엄 박사는 환자들의 몸짓과 보디랭귀지를 보면 그들의 정신 상태에 대해 많은 것을 알 수 있다고 했다. 그들의 걸음걸이나 팔을 움직이는 방식, 또는 무언가에 고정되어 있는 시선을 보면 불안감의 정도를 파악할 수 있다는 것이었다. 그는 딸에게 "몸은 거짓말을 하지 않는다"고 입버릇처럼 말했다.

마사는 미국 캘리포니아 주 산타바바라에서 고등학교를 다니던 시절에 연극에 관심을 갖게 되었다. 그런데 1911년 어느 날 저녁, 그레이엄 박사가 열일곱 살의 마사를 로스앤젤레스로 데려가 유명한 무용가 루스 세인트 데니스Ruth St. Denis의 공연을 보여주었다. 그 공연에서 형언할 수 없는 강렬한 감동을 받은 마사는 무용가가 되겠다는 꿈을 갖기 시작했다. 아버지의 영향을 받은 그녀는 언어가 아닌 오로지 신체의 움직임을 통해 감정을 표현하는 것에 커다란 흥미를 느꼈다. 1916년에 세인트 데니스가 남편 테드 숀Ted Shawn과 함께 무용학교를 열자, 마사는 주저하지 않고 이 무용학교에 등록했다. 그곳에서 가르치는 안무의 대부분은 일종의 자유로운 형식의 발레였으며 모든 동작을 자연스럽고 우아하게 구사하는 데에 중점을 두었다. 이사도라 덩컨의 춤에서 나타나는 우아한 움직임들과도 유사했다.

마사 그레이엄은 처음엔 그다지 눈에 띄는 학생이 아니었다. 수줍음이 많아서 무용 수업 때 언제나 맨 뒷줄에 서 있었다. 특별히 춤에 적당한 몸도 아니었고(유연성이 떨어졌다), 새로운 안무를 배우는 학습 속도도 느렸다. 하지만 그녀에게 처음으로 솔로 공연을 하는 기회가 주어졌을 때, 세인트 데니스와 숀은 깜짝 놀랐다. 그들이 상상치도 못한 에너지를 그레이엄이 춤을 통해 뿜어낸 것이다. 그레이엄의 춤에는 카리스마가 넘쳤다. 세인트 데니스는 무대 위의 그레이엄을 '젊은 회오리바람'에 비유했다. 그들이 가르친 모든 것을 그레이엄은 자기만의 방식을 통해 더욱 날카롭고 힘이 넘치는 춤사위로 변화시켜놓았다.

몇 년이 흐르자 그레이엄은 데니숀 무용단에서 촉망받는 무용수가 되었다. 데니숀 무용단의 공연에서 주연 무용수로 활동했고, 데니숀의 방식을 신입 무용수들에게 가르치는 역할도 했다. 그러나 그레이엄은 곧 데니숀의 무용 방식에 회의를 느끼기 시작했다. 자신의 내적 기질과 잘 안 맞는다는 생각이 들었다. 그녀는 데니숀을 떠나 뉴욕으로 갔고, 그곳에서 생계를 위해 데니숀에서 배웠던 무용을 가르치기 시작했다. 그러던 1926년 어느 날, 그녀가 데니숀 무용단을 떠난 것에 대해 배신감을 느낀 테드 숀이 그녀에게 최후통첩을 보내왔다. 다른 곳에서 데니숀 무용을 가르치려면 일종의 로열티로 500달러를 지불하라는 것이었다. 만일 지불하지 않으면 데니숀 무용과 관련된 어떤 요소도 그녀의 수업이나 개인 작품에서 사용할 수 없다고 했다.

순간 그레이엄으로서는 위기감을 느낄 수밖에 없었다. 이제 서른두 살인 그녀는 무용수로서 결코 적은 나이가 아니었다. 가진 돈이라곤 50달러뿐이라, 설령 테드 숀에게 지불하고 싶다 해도 그럴 수가 없는 형편이었다. 돈을 벌기 위해 브로드웨이의 상업적 무용단에서 이미 일해봤지만, 브로드웨이 공연은 끔찍하게 싫어서 절대 다시 돌아가지 않겠다고 결심한 상태였다. 그런데 이런저런 길을 궁리하는 동안, 한 가지 생각이 계속 떠올랐다. 그녀는 항상 마음속에서 세상에 존재한 적이 없지만 그녀의 가장 깊은 내면 욕구와 연결된 춤을 상상하곤 했었다. 자기 자신이 공연자이자 관객이 되어 그런 춤을 마음속에 그렸다. 그녀가 상상하는 춤은 데니숀의 춤과 완전히 반대되는 성격이었다. 그녀가 보기에 데니숀의 춤은 예술인 척하지만 예술과는 거리가 먼, 공허한 춤이었다. 그녀 마음속의 춤은 그녀가 생각하는 현대 예술과 더 연결되어 있었다. 다소 거칠고 때로는 부조화와 불협화음을 특징으로 하며 강한 힘과 리듬감이 넘치는 춤 말이다. 그것은 인간의 본능적 감정을 구현하는 춤이었다. 그런 춤을 마음속에 구상할 때면 어김없이 아버지와 신체에 대해, 모든 동물이 자신의 몸 움직임을 통해 표현하는 언어에 대해 나누던 대화가 떠오르곤 했다.

그레이엄이 원하는 춤은 데니숀의 서정적이고 자연스러운 스타일과는 완전히 다른 종류였다. 그녀의 춤은 고유한 표현 양식을 필요로 했다. 그녀는 속으로 구상한, 하지만 아직 세상에는 존재하지 않는 그 춤의 아름다운 이미지를 머릿속에서 떨쳐낼 수가 없었다. 지금 시도하지 않으면 다시는 기회가 없을 것 같았다. 나이가 들면 자연히 보수주의와 안정에 대한 욕구가 밀려들리라. 세상에 없는 춤을 창조하기 위해, 그녀는 직접 무용학교와 무용단을 만들고 자신만의 무용관을 확립해나가야겠다고 생각했다. 생계를 위해서 가르치는 일은 계속할 테지만, 앞으로는 자신이 창조할 새로운 무용을 가르치고 싶었다. 커다란 리스크가 따르는 모험일 것이고 돈 걱정도 늘 뒤따르겠지만, 원하는 춤을 만들겠다는 간절한 열망을 연료로 삼아 어떤 장애물도 극복할 수 있을 터였다.

테드 숀의 최후통첩이 있은 지 몇 주 내에, 그레이엄은 그 꿈을 향한 첫 번째 발걸음을 시작했다. 먼저 스튜디오 하나를 빌렸다. 그리고 제자들에게 앞으로 새로운 종류의 춤을 배운다는 점을 인지시키기 위해, 스튜디오 안의 벽을 모조리 누런 삼베로 도배했다. 다른 무용 스튜디오와 달리, 벽에 거울은 하나도 붙이지 않았다. 무용수들은 오로지 그레이엄이 가르치는 춤에만 집중하면서, 거울 속 모습에 의존하지 않고 자기 몸의 움직임을 느껴가면서 동작을 바로잡는 법을 터득해야 했다. 그레이엄이 원하는 것은 자의식에 사로잡히지 않고 온전히 관객을 향해 춤을 추는 것이었다.

처음에는 모든 것이 순탄치 않게만 느껴졌다. 그녀에게 배우려는 학생도 얼마 없어서, 간신히 스튜디오 임대료만 내는 수준이었다. 제자들은 그녀가 새로운 움직임이나 춤 구성 방식을 개발하는 동안 하염없이 기다렸다가, 완성되고 나면 함께 연습하곤 했다. 아직 완성도가 떨어지긴 했지만 그렇게 초반에 개발한 몇몇 춤 동작 덕분에 스튜디오에 더 많은 신입 무용수를 끌어올 수 있었고, 작은 무용단을 구성할 만큼의 숫자가 채워졌다. 그녀는 이 초반 팀에게 엄격한 자기단련을 요구했다. 새로운 언어를 창조하고 있는 만큼 피나는 노력이 반드시 필요했다. 시간이 흐를수록 그레이엄은 무용수들을 위한 일련의 연습 방식을 개발했고 혁신적인 춤 동작도 고안했다. 그녀와 무용수들은 하나의 새로운 테크닉을 연구하고 완성하여 완전히 숙달하기 위해 1년을 바치기도 했다.

그레이엄은 기존 춤들과 차별성을 만들기 위해 춤 동작에서 몸통의 중요성을 강조했다. 그녀는 몸통을 '골반이 말하는 진실의 거처'라고 불렀다. 그녀는 신체의 가장 풍부한 표현력은 횡격막의 수축과 몸통의 민첩한 움직임에서 나온다고 생각했다. 춤의 아름다움을 완성하는 힘의 중심은 얼굴이나 팔이 아니라 바로 몸통이었다. 그녀는 몸통의 힘을 키우기 위한 연습법을 계속 만들었으며, 무용수들에게도 몸통의 근육을 사용하여 내면 깊은 곳에서 감정을 끌어올리도록 독려했다.

그레이엄이 자신의 춤 세계를 구축해가는 초반에 그녀를 이끈 원동력은 이제껏 한 번도 무대에서 본 적이 없는 춤을 창조하고 싶은 욕망이었다. 예를 들어, 서구 무용계에서 무용수가 넘어지는 것은 절대 있어서는 안 될 일이었다. 무대에서 넘어지는 것은 실수이거나 혹은 몸에 대한 통제력을 잃었다는 의미였다. 바닥이란 멀리해야 할 무언가, 넘어져 몸을 부딪치면 안 되는 대상이었다. 그레이엄은 이런 통념을 뒤엎기로 했다. 무용수가 일련의 의도적인 넘어짐을 연출해 무대 바닥과 한 몸이 된 듯이 움직이다가 다시 일어서는 동작을 도입했으며, 이 모든 움직임이 매우 천천히 이뤄지도록 한 것이다. 이런 춤을 구사하려면 기존 무용에서 필요한 것과 완전히 다른 새로운 근육을 단련해야 했다. 또 그레이엄은 거기서 한 걸음 더 나아가, 무대 바닥 자체를 활동 공간으로 삼아 무용수가 바닥에서 뱀처럼 움직이는 춤을 구상했다. 그레이엄의 새로운 춤에서는 무릎이 표현을 위한 새로운 역할을 했다. 무릎은 균형 잡기와 움직임을 의존하는 일종의 경첩이 되었으며 무용수가 마치 무중력 상태에서 움직이는 효과를 내게 했다.

그레이엄은 자신이 꿈꾸던 새로운 춤이 차츰 실현되는 것을 느낄 수 있었다. 그녀의 참신하고 혁신적인 스타일은 직접 제작한 무대의상에서도 드러났다. 신축성 있는 소재를 자주 사용한 이 무대의상은 무용수로 하여금 추상적인 느낌의 신체 형태를 연출하게 했으며 무용수의 날카롭고 힘찬 움직임을 더욱 부각시켰다. 기존 발레 무대의 동화 같고 아름다운 무대장식과 달리, 그레이엄의 무대는 극도로 간소하고 황량했다. 무용수들은 얼굴 화장도 거의 하지 않았다. 이 모두가 무용수들이 무대에서 폭발하는 듯한 힘찬 동작을 마음껏 구사하기 위해서였다.

그레이엄의 공연에 대한 세간의 반응은 강렬했다. 이제껏 한 번도 본 적이 없는, 전혀 생소한 스타일의 춤이었기 때문이다. 많은 이들이 그녀의 춤이 혐오스럽다고 비판했다. 또 어떤 이들은 그녀의 작품이 감정을 절묘하게 자극한다고 생각했고, 춤이 그토록 많은 것을 표현해낼 수 있다는 것을 깨닫고 전율을 경험했다. 그레이엄의 춤에 대한 반응은 양극단을 오갔다. 그것은 그만큼 강렬한 힘을 내포했다는 방증이기도 했다. 시간이 흐르자, 처음에 너무 거칠고 추하다고 손가락질받던 그녀의 춤은 서서히 사람들에게 받아들여지기 시작했다. 마사 그레이엄은 혼자만의 힘으로 춤의 새로운 장르를 개척했으며 오늘날 현대 무용의 초석을 닦은 인물로 인정받기 시작했다. 그녀는 자신의 춤이 또 다른 한물간 양식이 되는 것을 막고자 계속 사람들의 예상을 뛰어넘는 춤을 고안했다. 또 그리스 신화, 미국 개척시대의 생활, 문학 작품 속의 전설 등 춤의 주제에도 끊임없이 변화를 주었다. 독자적인 무용단을 구성한 이후 60년에 가까운 세월 동안, 그녀는 젊은 시절부터 항상 추구했던 참신함과 직관적 움직임에 대한 느낌을 창조하고자 쉼 없이 노력했다.

* * *

인간의 창의성 발현을 가로막는 가장 커다란 장애물은 시간의 흐름에 따라 자연스럽게 일어나는 자연적인 정체와 퇴보다. 이는 분야나 직업을 막론하고 목격되는 현상이다. 과학계나 비즈니스 세계에서는, 일단 성공을 거둔 특정한 사고방식이나 행동 패턴이 금세 하나의 패러다임이나 절차로 굳어진다. 시간이 흐르면 사람들은 이 패러다임이 처음에 생겨난 원인이나 근거를 망각한 채, 생명력을 잃은 일련의 절차를 그저 무의식적으로 따라한다. 예술 분야에서는 누군가 나타나 해당 시대만의 독특한 정신과 맞닿은 참신한 스타일을 확립한다. 그것은 '다르기' 때문에 강렬한 영향력을 발산한다. 하지만 곧 모방자들이 도처에 등장한다. 그러면 참신했던 스타일은 하나의 유행이 되어버린다. 설령 그 유행을 따르는 것이 반항적이고 혁신적인 것처럼 보일지라도, 그것은 결국 모방에 불과하다. 그렇게 10년, 20년이 흐르면 그 스타일은 결국 상투적이고 진부한 것이 된다. 그 어떤 진정한 감정과 욕구도 반영하지 못하는, 그저 하나의 스타일이 되어버리는 것이다. 우리 문화의 그 어떤 것도 이런 자연적인 퇴보의 프로세스를 비켜갈 수 없다.

우리가 잘 인식하지 못할지라도, 우리 문화 곳곳에는 죽은 스타일과 관습이 널려 있다. 그런데 창의적인 사람에게는 이것이 오히려 커다란 기회로 작용할 수 있다. 마사 그레이엄이 보여주듯 말이다. 이 프로세스는 다음과 같이 이어진다. 내면을 응시하던 당신은 밖으로 표현해내고 싶은 무언가를 발견한다. 당신 고유의 기질, 근원적 성향을 어떤 매개물을 통해 표출하고 싶은 충동을 느낀다. 그 충동은 어떤 외부의 트렌드나 유행이 촉발한 것이 아니라, 당신 내면에서 스스로 꿈틀거리는 것이다. 당신이 표현하고 싶은 것은 보통의 음악에서 들리지 않는 어떤 사운드일 수도, 이제껏 접해보지 못한 유형의 이야기일 수도, 기존 범주들로 분류할 수 없는 책일 수도 있다. 또는 완전히 새로운 비즈니스 방식일 수도 있다. 그 구상, 사운드, 이미지가 당신 안에서 뿌리를 내리게 하라. 특정 분야의 새로운 언어, 새로운 규칙을 수립할 가능성을 감지했다면, 죽어 있다고 느껴지는 기존의 통념들, 당신이 없애고 싶은 관습들과 반대되는 방향으로 나아가겠다는 용단을 내려야 한다. 마사 그레이엄은 아무것도 없는 진공 상태에서 자신만의 춤을 창조한 것이 아니다. 그녀에게 만족을 주지 못하는 기존 발레와 현대 무용 때문에 독창적 춤을 개발할 수밖에 없었던 것이다. 그녀는 기존의 춤과 관습을 전복하여 파격적인 춤을 탄생시켰다. 당신도 기존 것을 뒤집는 이런 전략을 배울 필요가 있다.

자유로운 표현이 무조건 참신한 독창성으로 이어진다고 착각하는 우를 범하지는 마라. 진정한 본질과 자기 단련에 기초하지 않은 자유로운 표현은 반복적이고 지루한 무언가로 금세 변하기 마련이다. 독창적인 아이디어를 추구할 때는 지금껏 당신의 분야에서 쌓은 지식과 기술을 활용하되, 기존 관습을 뒤엎겠다는 목표를 갖고 활용하라. 그레이엄이 데니숀 무용에 대해 그렇게 했던 것처럼 말이다. 본질적으로 볼 때, 관습과 진부한 틀로 가득한 기존 문화의 영역 안에 모종의 새로운 공간을 창조하는 것, 새로운 종자가 뿌려질 새로운 땅의 주인이 되는 것을 목표로 삼아야 한다. 세상 사람들은 언제나 참신한 관점을, 당대의 영혼을 독창적인 방식으로 표현해줄 무언가를 간절히 원한다. 당신이 그것을 창조하는 주인공이 된다면 많은 청중이 당신에게 귀를 기울일 것이고, 당신은 문화의 영역에서 최고의 힘을 획득하는 자가 될 것이다.

6. 높은 차원의 관점

요키 마츠오카(69쪽 참조)는 늘 자신이 조금 유별난 아이라고 느꼈다. 외모나 옷차림 때문이 아니라 남들과 다른 관심 분야 때문이었다. 1980년대 초 일본에서 살고 있던 십대 청소년인 그녀에게 주변에서는 진로를 일찌감치 정해놓고 거기에 집중하라고들 했다. 하지만 그녀는 점점 커갈수록 관심사가 다양해졌다. 물리학과 수학을 좋아했지만 한편으론 생물학과 생리학에도 호기심이 끌렸다. 그리고 운동 실력도 뛰어나서 나중에 프로 테니스 선수가 될 가능성까지 고려했다(테니스는 부상 때문에 도중에 그만둬야 했다). 무엇보다도 그녀는 기계를 만지작거리거나 손으로 무언가를 만드는 일을 몹시 좋아했다.

다행히 마츠오카는 UC 버클리에 진학한 이후에 열정을 쏟을 분야를 발견했다. 이 분야는 여러 영역에 호기심을 느끼는 그녀의 강렬한 탐구욕을 만족시켜줄 다양한 과제를 던져주는 것처럼 보였다. 그것은 바로 비교적 최근에 등장한 분야인 로봇공학이었다. 학부 과정을 마친 후

이 분야를 더 깊게 파고들고 싶어서 MIT의 로봇공학 석사 과정에 들어갔다. 그녀는 MIT 연구소에서 개발하는 대형 로봇의 설계 과정에 참여했고, 곧 로봇 팔의 설계에만 중점적으로 매달리기 시작했다. 예전부터 항상 인간 손의 복잡한 구조와 기능에 매료되었던 그녀였기에, 이제 그것을 여러 관심 영역(수학, 생리학, 설계물 제작)과 통합할 수 있는 기회가 왔으니 마침내 자신에게 꼭 맞는 틈새 영역을 만났다는 기분에 의욕이 한껏 불타올랐다.

그런데 로봇 손에 대한 연구를 시작한 이후, 마츠오카는 자신의 사고 관점이 동료들과 다르다는 사실을 깨달았다. 그녀가 속한 학과의 동료들은 대부분 남자였고, 그들은 모든 것을 공학적인 관점에서만 보는 경향이 있었다. 즉, 어떻게 하면 로봇에 최대한 많은 기계적 구조를 추가해서 인간과 비슷하게 움직이도록 만들까 하는 점에 골몰했다. 그들은 로봇을 그냥 '기계'라고만 생각했다. 로봇을 제작한다는 것은 곧 일련의 기술적 문제를 해결함으로써 기초적인 사고 패턴을 모사할 수 있는 일종의 움직이는 컴퓨터를 만드는 일이었다.

하지만 마츠오카의 접근법은 사뭇 달랐다. 그녀는 인간과 해부학적으로 흡사한, 생명체와 최대한 가까운 로봇을 만들고 싶었다. 그것이야말로 로봇공학이 추구해야 할 미래였다. 그리고 그 목표에 도달하려면 '살아 있는 듯한 움직임과 유기적인 복잡성을 창출할 수 있는 열쇠는 무엇일까?'라는 훨씬 높은 차원의 문제와 씨름할 필요가 있었다. 그녀에게는 공학 자체의 연구 못지않게 진화, 인체 생리학, 신경과학을 공부하는 것도 중요했다. 그 모든 영역을 섭렵하려면 앞으로의 과정이 결코 쉽지 않겠지만, 내면의 근원적 성향이 이끄는 방향을 믿고 따라가

보기로 했다.

　마츠오카는 설계 과정에서 나름의 중요한 원칙을 세웠다. 인간의 손과 최대한 비슷한 로봇 팔 모형을 먼저 만드는 것이었다. 이 쉽지 않은 과제를 완수하기 위해서는 인간 손의 각 부분의 작동 원리를 제대로 이해해야 했다. 예를 들어, 손을 구성하는 다양한 뼈의 작동을 재현할 방법을 연구하는 과정에서 그녀는 얼핏 불필요하게 튀어나오거나 패인 부분을 발견했다. 가령 집게손가락의 관절 부위에 있는 뼈는 한쪽으로 미세하게 튀어나온 모양이었다. 그녀는 이것을 세밀하게 관찰해보고 거기에 다 이유가 있음을 발견했다. 즉, 그런 형태 덕분에 더 센 힘으로 손의 중앙에 물체를 쥘 수 있는 것이었다. 그렇게 튀어나온 형태가 그런 목적을 위해서 진화했다는 사실이 신기하기만 했다. 어쩌면 인간의 진화 과정에서 손의 중요성이 점점 높아지면서 그에 따른 필요로 인한 어떤 돌연변이 현상 때문에 그런 형태가 고착된 것인지도 몰랐다.

　또한 그녀는 여러모로 볼 때 로봇 손의 손바닥이 설계의 핵심적 부분이라고 판단했다. 대부분의 공학도들은 로봇 손이 최적의 힘과 조종성을 갖도록 설계하는 데 주력했다. 그들은 온갖 종류의 기계적 장치를 손에 넣으려고 했으며, 그 과정에서 많은 모터와 케이블을 가장 편리한 공간인 손바닥에 집어넣곤 했다. 그러면 당연히 손바닥이 유연성 없는 뻣뻣한 부분으로 변했다. 그들은 이런 방식으로 손을 설계해놓고는, 손의 조종성을 구현할 방법을 알아내는 것은 소프트웨어 엔지니어들에게 슬쩍 넘겼다. 하지만 이렇게 손바닥에 유연성이 없는 상태에서는 엄지손가락이 절대 새끼손가락과 닿을 수 없었다. 결국 동작 범위가 크게 제한적인 손이 제작될 수밖에 없었다.

마츠오카는 다른 관점에서 접근했다. 그녀는 손이 민첩하고 유연하게 움직일 수 있는 원리를 알아내고자 고심했다. 그런데 손이 그런 특성을 갖게 만드는 필수요건은 바로 유연하게 휘어지는 손바닥이었다. 이처럼 한 단계 높은 차원에서 생각해보면, 각종 모터와 케이블은 손바닥이 아닌 다른 곳에 장착하는 게 옳았다. 그녀는 손의 온갖 부분에 모터를 집어넣는 것은 효과적이지 않다고 생각했으며, 손에서 가장 중요한 작동 부분이 엄지손가락이라고 판단했다. 엄지손가락은 물체를 쥐는 데 가장 핵심적인 역할을 했다. 따라서 그 손가락에 더 많은 힘을 제공해야 했다.

그녀는 이런 방식으로 연구를 계속하여, 인간 손의 신비로운 작동 원리와 관련된 더 많은 사실을 발견하고 로봇에 적용했다. 동료 엔지니어들은 그녀의 특이한 생물학적 접근법을 비웃으며 시간만 낭비하게 될 거라고 무시했다. 그러나 결국 해부학적 원리를 적용한 그녀의 로봇 팔은 곧 로봇공학계의 모델로 주목받기 시작했을 뿐만 아니라, 보다 발전된 인공 손 제작을 위한 새로운 가능성을 열어주었다. 이로써 그녀의 접근법이 타당했음이 입증되었고, 그녀는 로봇공학계에서 인정받는 학자로 자리매김했다.

그러나 이것은 손의 유기적 구조를 꿰뚫고 그것을 재현하기 위한 여정의 출발점에 불과했다. 그녀는 로봇공학 석사학위를 딴 후 MIT의 신경과학 박사 과정을 밟았다. 이제 손과 두뇌의 독특한 연결을 가능케 하는 신경 신호에 대한 밀도 높은 지식으로 무장한 그녀는, 실제로 두뇌와 연결되어서 진짜 사람 손과 흡사하게 작동하고 느끼는 인공 손을 만들겠다는 목표를 갖고 있다. 이 목표를 이루기 위해, 두뇌와 손의 연결이 인간의 사고 전반에 미치는 영향을 탐구하는 등 고차원적 개념의 연구에 계속 매진하고 있다.

그녀는 연구실에서 행한 일련의 테스트를 통해, 사람들이 눈을 감은 상태로 불확실한 물체를 만지고 다루는 과정을 연구했다. 그녀는 그들이 손으로 물체를 어떻게 찾아내는지 관찰하고, 그 과정에서 발생하는 정교한 신경 신호들을 기록했다. 그런 탐색 행동과 두뇌의 추상적 사고 프로세스(가령 풀기 어려워 보이는 문제에 직면했을 때) 사이에 어떤 연결 관계가 있지 않을까 하는 것이 그녀의 추측이다. 그녀는 두 경우 모두 유사한 신경 신호가 관여할 것이라고 추측한다. 또 그런 신체의 탐색 감각을 인공 손에 결합할 수 있는 가능성에 관심을 갖고 있다. 다른 실험에서는 피험자들에게 가상현실 속의 손을 움직이게 했다. 이 실험에서 그녀는, 사람들이 가상의 손이 진짜 자기 손이라는 느낌을 강하게 받을수록 손에 대한 통제력이 더 커진다는 사실을 발견했다. 그런 감각을 창출하는 것은 그녀가 최종적으로 개발할 인공 손에 집어넣고 싶은 특성 가운데 하나다. 그 목표를 실현하려면 아직 시간이 더 필요하지만, 신경학적 원리가 구현된 인공 손의 설계에 성공한다면 로봇공학 분야를 뛰어넘어 기술적으로 여러 영역에 커다란 영향을 미칠 것이 틀림없다.

* * *

많은 분야에서 이른바 '기술적 근시안'이라는 현상을 목격할 수 있다. 이 현상을 설명하면 다음과 같다. 특정한 분야나 기술(특히 복잡하고 어려운)을 학습하는 과정에서 우리는 많은 노력을 기울여 이런저런 세부적 측면과 테크닉, 절차를 익혀야 한다. 그런데 그런 과정을 거친 후, 자칫하면 모든 문제를 항상 똑같은 방식으로 바라보는 좁은 관점에 갇히기 쉽다. 머릿속에 심어진 기법과 전략만을 시종일관 활용하는 것이다. 다른 관점을 생각해내는 것보다 이미 아는 방식을 따르는 것이 편하다. 그러다 보면 큰 그림을 놓치고, 지금 하는 일에 담긴 목적을 망각하기 십상이다. 또 각각의 문제가 다른 특성을 지니므로 다른 접근법이 필요하다는 사실도 깨닫지 못한다. 우리는 좁은 시야에 갇히게 된다.

이와 같은 '기술적 근시안'에 빠진 사람은 자신이 하는 일에 담긴 전체적인 목적, 보다 높은 차원의 질문, 처음에 해당 프로젝트에 착수했던 동기를 망각한다. 요키 마츠오카는 이런 함정에 빠지지 않을 방법을 알았기에 자기 분야에서 선두를 점할 수 있었다. 그녀는 로봇공학계에 보편적으로 퍼져 있던 공학적 접근법과 사뭇 다른 방향을 취했다. 그녀의 정신은 더 넓은 시야로 보며 여러 요소들 사이의 연결 관계를 끊임없이 탐구했다. 다시 말해, 인간의 손이 그처럼 완벽하게 작동할 수 있는 핵심 열쇠는 무엇인가, 손의 동작이 인간의 본성과 사고방식에 어떤 영향을 미쳤는가 하는 점에 천착했다. 이처럼 커다란 질문을 연구의 중심축으로 삼았기 때문에, 큰 그림은 외면한 채 기술적 문제에만 협소하게 집중하는 태도를 피할 수 있었다. 한 차원 높은 단계에서 사고를 진행하자 다양한 각도에서 탐구할 수 있었다. 손의 뼈들은 어째서 이런 방식으로 구성되어 있을까? 손바닥이 유연하게 휘어지는 이유는 무엇일까? 촉감은 인간의 사고 전반에 어떤 영향을 미칠까? 그녀는 항상 '왜'를 생각하면서 세부적인 측면을 파고들었다.

당신도 이런 접근법을 가져야 한다. 당신이 진행하는 프로젝트나 해결하려 애쓰는 문제는 항상 더 큰 그림과 연결되어 있어야 한다. 즉, 한 차원 높은 질문, 전체를 아우르는 관점, 근본적 목표와 연결되어야 한다. 지금 진행하는 일이 에너지를 잃고 시들해져간다면, 처음에 당신을 움직이게 만들었던 커다란 목표를 다시 상기해야 한다. 한 차원 높은 관점이 탐구의 작은 오솔길들을 환히 비추면, 당신이 탐색해야 할 더 많은 길이 속속 눈에 보이기 시작할 것이다. 끊임없이 목표의식을 상기해야, 특정한 테크닉과 사소한 세부 측면에 불필요하게 집착하는 우를 피할 수 있다. 이런 접근법은 항상 보다 높은 차원에서 정보와 대상들을 연결하려는 두뇌의 고유한 특성과도 훌륭하게 부합한다.

7. 진화적 도용

1995년 여름, 폴 그레이엄(170쪽 참조)은 라디오를 듣다가 전자상거래 관련 보도를 접했다. 전자상거래가 아직은 생소하지만 향후에는 대단히 커다란 역할을 할 것이라며 긍정적인 전망을 강조하는 내용이었다. 그 요란한 전망의 중심에는, 기업공개를 앞두고 세간의 관심을 최대한 이끌어내려 애쓰는 중인 넷스케이프가 있었다. 라디오에서는 이 분야의 잠재성을 높게 점쳤지만 아직은 막연하게 느껴지는 것도 사실이었다. 그 무렵 그레이엄은 인생의 갈림길에 어정쩡하게 서 있었다. 하버드에서 컴퓨터공학 박사학위를 딴 후 이렇다 할 확실한 직장을 찾지 못한 상태였다. 소프트웨어 회사에서 파트타임 컨설팅 일을 해서 웬만큼 돈이 모였다 싶으면 일을 그만두고 자신이 진짜 좋아하는 일, 즉 그림에 에너지를 쏟았다. 그러다가 통장 잔고가 떨어지면 다시 이런저런 파트타임 일을 구하려 다녔다. 이제 나이도 서른한 살인데 언제까지고 이런 생활을 계속할 순 없었고 컨설팅 일에도 싫증이 났다. 이런 그에게 그날의 라디오 내용은 삶의 방향을 조정하는 일종의 전환점이 되었다. 그는 생각했다. 기발한 아이디어를 갖고 인터넷 관련 사업에 뛰어들면 빠른 시간 내에 큰 성공을 거둘 수도 있지 않을까?

그는 하버드 시절부터 절친한 친구였던 로버트 모리스에게 연락해 함께 사업을 시작해보자고 제안했다. 어디서부터 시작해야 할지, 무엇을 개발해야 할지 아직 알 수 없었지만 인터넷 세계를 터전으로 할 것만은 확실했다. 며칠 동안 머리를 맞대고 궁리한 끝에, 두 사람은 온라인 상점 운영을 가능하게 해주는 소프트웨어를 만들기로 결정했다. 그런데 사업 구상을 확정하고 나자 커다란 장애물이 눈앞에 나타났다. 당시에는 많은 사람이 프로그램을 이용하도록 유도하기 위해서는 윈도우용 프로그램을 만들어야 했다. 하지만 뼛속까지 컴퓨터광인 그레이엄과 모리스는 윈도우와 관련된 거라면 뭐든 덮어놓고 질색이었고, 당연히 윈도우용 프로그램을 개발해본 적도 없었다. 두 사람은 리스프Lisp 언어를 사용해 프로그램을 만드는 타입이었고, 오픈소스 운영체제인 유닉스Unix 기반의 프로그램 구동 방식을 선호했다.

두 사람은 일단 유닉스용 프로그램을 만들기로 했다. 일단 만든 다음 나중에 윈도우용으로 수정하면 될 것 같았다. 하지만 가만 생각해보니, 그 경우 앞으로 펼쳐질 끔찍한 상황이 예상되었다. 나중에 윈도우용 프로그램을 출시하고 나서 사용자들이 보내오는 피드백을 토대로 프로그램을 보완해나갈 일도 만만치 않을 것이었기 때문이다. 익숙하지 않은 윈도우용 프로그램을 연구하느라 몇 개월은, 아니 어쩌면 몇 년은 매달려야 할 게 분명했다. 그런 상황이 너무 까마득하게 여겨져서 두 사람은 포기를 진지하게 고려해보기 시작했다.

그러던 어느 날 아침, 모리스의 집 거실에 누워 있던 그레이엄은 잠에서 깨서 일어나 꿈에서 본 내용을 되풀이라도 하듯 이렇게 중얼거렸다. "링크를 클릭해서 프로그램을 통제하면 되잖아." 그는 갑자기 벼락이라도 맞은 사람처럼 벌떡 일어났다. 자기가 중얼거린 말의 의미가 머리를 강타했다. 웹 서버 자체에서 직접 구동되는 프로그램을 만들면 되지 않겠는가! 대개는 사용자가 프로그램을 다운로드한 후 넷스케이프를 이용해 웹 페이지의 이런저런 링크를 클릭하며 해당 프로그램을 설치하고 활용하는 게 일반적 방식이었다. 하지만 그 대신 그레이엄은 사용자가 자신의 데스크톱 컴퓨터에 프로그램을 다운로드할 필요가 없게 만들면 된다는 생각이 들었다. 그러면 윈도우용 프로그램이니 뭐니 하는 점도 따질 필요가 없었다. 이제껏 존재하지 않았던 새로운 발상이었지만 확실한 해결책으로 보였다. 그레이엄은 흥분해서 모리스에게 이런 구상을 설명했다. 두 사람은 한번 시도해보기로 했다. 이후 며칠 동안 연구와 개발을 거듭한 끝에 프로그램의 첫 번째 버전을 완성했고, 그것은 퍽 훌륭하게 작동했다. 웹 기반 어플리케이션이라는 개념의 성공 가능성을 분명히 감지할 수 있었다.

이후 몇 주에 걸쳐 두 사람은 소프트웨어의 완성도를 더욱 높였고, 투자자도 확보해 1만 달러를 지원받고 회사 지분 10퍼센트를 넘겼다. 초반에는 그들이 개발한 웹 기반 어플리케이션에 사용자들의 관심을 끌어당기기가 무척 힘들었다. 당시에는 온라인 쇼핑몰 같은 사업 시작을 위해 웹 기반 어플리케이션을 활용한다는 것이 매우 생소한 개념이었기 때문이다. 하지만 시간이 흐를수록 서서히 두 사람의 사업은 활기를 띠기 시작했다.

그레이엄과 모리스가 윈도우에 대한 혐오감에 크게 힘입어 떠올린 그 새로운 아이디어는 예상치 못한 많은 장점이 있었다. 인터넷 서버에서 직접 구동하기 때문에, 소프트웨어의 새로운 버전을 계속 만들어서 바로바로 테스트해볼 수 있었다. 소비자들과 직접 커뮤니케이션하면서 프로그램에 대한 즉각적인 피드백을 얻고 그걸 토대로 신속하게 개선할 수 있었다. 데스크톱에 설치하는 소프트웨어라면, 사용자 피드백을 얻어서 보완을 완료하기까지 몇 개월이 걸렸을 텐데 말이다. 사업 운영 경험이 전혀 없었던 그레이엄과 모리스는 세일즈맨을 고용할 생각은 아예 하지 못했다. 대신 그들이 잠재 고객들에게 직접 전화를 걸었다. 사실상 세일즈맨 역할을 직접 한 것이다. 그런데 그렇게 고객과 접촉하면 그들의 불만이나 제안 사항을 직접 들을 수 있다는 장점도 있었다. 이를 통해 프로그램의 결점과 개선 방안을 효과적으로 파악했다. 주류와 동떨어진 위치에서 만든 독특한 프로그램이었기 때문에 경쟁자들을 걱정할 필요도 없었다. 대중적인 윈도우를 외면한 방식을 택할 만큼 유별난 사업가는 그레이엄과 모리스밖에 없었다.

물론 도중에 몇 번의 실수도 있었지만, 그들의 프로그램과 사업은 작은 실수 때문에 무너질 정도로 나약하지는 않았다. 그리고 1998년, 두 사람은 비아웹이라는 이름이 붙은 자신들의 회사를 5000만 달러에 가까운 금액에 야후에 매각했다.

세월이 흐른 후 비아웹 창업 경험을 되돌아보던 그레이엄은, 자신의 경험과 역사 속의 많은 다른 발명품이 걸었던 길이 자연스럽게 오버랩되는 것을 느꼈다. 예를 들면 마이크로컴퓨터가 떠올랐다. 마이크로컴퓨터에 장착되는 마이크로프로세서는 원래 신호등과 자동판매기를 위해 개발된 것이었다. 처음부터 컴퓨터에 쓰려고 의도한 것이 아니었다는 얘기다. 마이크로프로세서를 컴퓨터에 집어넣으려고 처음 시도한 사람들은 주변의 비웃음을 샀다. 그들이 만든 컴퓨터는 너무 작아서 제구실을 못할 것만 같았다. 하지만 마이크로컴퓨터는 곧 사람들의 시간을 절약해주는 신통한 물건이 되었고 점차 많은 이들에게 보급되었다. 트랜지스터의 경우도 비슷했다. 트랜지스터는 1930~1940년대에 원래 군사적 목적으로 개발해 활용했다. 그러다가 1950년대 초반이 되어서야 몇몇 사람들이 이 기술을 대중을 위한 트랜지스터라디오에 적용했고, 이로써 역사상 가장 인기 높은 전자제품이 탄생하기에 이르렀다.

이런 모든 사례의 흥미로운 점은 최종 제품이 탄생하기까지의 독특한 과정이다. 먼저, 발명가가 어떤 기술을 우연히 접하는 첫 만남이 이뤄진다. 그리고 그 기술을 원래의 목적과 다른 목적으로 사용할 수 있는 아이디어가 발명가에게 떠오른다. 그러면 발명가는 여러 다양한 시험 제품을 만들어보다가 마침내 결정적인 해법을 발견해낸다. 이 과정에서 중요한 것은, 발명가가 일상적인 대상이나 기술을 다른 관점에서 바라보고 그것을 새로운 방식으로 활용할 방법을 상상하는 태도다. 정해진 틀 안에만 갇혀 있는 사람은 기존 제품이나 방식에 익숙해진 나머지 그것에 담긴 다른 가능성을 간파하지 못한다. 결국 유연하고 적응력 높은 마인드가 관건인 것이다. 때때로 탁월한 발명가나 사업가와 나머지 평범한 대중을 구분 짓는 것은 바로 그런 마인드다.

그레이엄은 비아웹으로 큰 성공을 거둔 후, 인터넷을 무대로 글을 쓰기 시작했다. 자신만의 특별한 블로그를 통해서였다. 블로그에 올린 글을 통해 그는 젊은 컴퓨터광과 프로그래머들 사이에서 유명 인사가 되었다. 그러다가 2005년에 하버드 대학의 컴퓨터공학과 학생들을 대상으로 강연을 해달라는 요청을 받았다. 이 자리에서 그레이엄은 다양한 프로그래밍 언어에 대한 지루한 설명과 분석을 들려주지 않고, 그 대신 기술 분야 창업을 주제로 삼았다. 창업에 성공하는 사람과 실패하는 사람의 차이가 무엇인지 자신의 생생한 경험을 토대로 조언을 들려주었다. 청중의 반응은 열광적이었다. 그레이엄의 명쾌한 강연에 큰 인상을 받은 학생들이 우르르 몰려들어 창업 아이디어에 대한 질문을 쏟아냈다. 그레이엄이 가만히 들어보니, 젊은이들의 아이디어 중 일부는 실현 가능성이 아주 없지는 않았지만 아직 덜 여문 풋과일 같았고 모종의 길잡이가 필요해 보였다.

그레이엄은 다른 누군가의 사업 아이디어에 투자해보고 싶은 생각을 예전부터 갖고 있었다. 그 자신도 비아웹 창업 과정에서 엔젤 투자자 angel investor, 창업 초기 단계의 벤처기업에 투자하는 개인투자자의 지원을 받았었고, 이제는 자신이 다른 사람을 돕는 것이 마땅했다. 문제는 그 방법이었다. 대부분의 엔젤 투자자는 투자 관련 경험을 이미 갖고 있는 사람이었고, 대개 처음엔 본격적으로 발을 담그기 전에 소규모 투자에서부터 시작했다. 하지만 그레이엄은 그런 경험이 전혀 없었다. 그래서 그는 얼핏 보기엔 터무니없어 보이는 아이디어를 떠올렸다. 10개의 창업 기업에 동시에 1만 5000달러를 투자하겠다는 것이었다. 그는 자신의 제안 내용을 광고로 낸 후에 지원자들 가운데 10명을 선발하는 방식을 취했다.

투자할 기업을 확정한 이후 몇 개월에 걸쳐 초보 사업가들에게 조언을 제공하며 창업을 도왔다. 그레이엄은 이렇게 창업시킨 기업에 대해서 지분 10퍼센트를 가졌다. 이것은 마치 기술 창업자들을 위한 도제 시스템과 비슷했지만, 여기에는 또 다른 목적도 있었다. 그레이엄 자신에게는 투자 비즈니스를 배우는 집중 훈련 과정이기도 했던 것이다. 그는 서투른 초보 투자자이고 창업자들은 서투른 사업가였으니, 완벽한 짝이었던 셈이다.

이번에도 그레이엄은 로버트 모리스에게 동참을 제안했다. 그런데 창업 희망자들을 교육한 지 몇 주가 지났을 때, 두 사람은 자신들이 상당히 잠재력이 높은 무언가에 발을 들였다는 사실을 깨달았다. 그들은 비아웹 운영 경험 덕분에 초심자들에게 확실하고 효과적인 조언을 해줄 수 있었다. 지원자들이 들고 오는 사업 아이디어를 보면 꽤 성공 가능성이 높은 것도 많았다. 두 사람이 일종의 도제 시스템처럼 만든 것이 사실은 흥미로운 사업 모델이 될 수 있을 것 같았다. 일반적으로 대부분의 투자자들은 1년에 2~3개 창업기업에만 관여한다. 자신이 원래 운영하는 사업에도 신경 쓸 문제가 많기 때문에 그 이상의 창업기업에 관여하는 것은 무리였다. 하지만 만일 그레이엄과 모리스가 이 도제 시스템에 전적으로 시간을 할애한다면 어떨까? 그러면 훨씬 더 많은 이들의 창업을 지원할 수 있을 터였다. 그 과정에서 두 사람은 투자 및 창업 지원에 대해 단기간에 많은 것을 배울 수 있고, 그렇게 지식과 경험이 쌓이면 더 많은 창업 희망자들을 도울 수 있을 것이었다.

이 과정이 순조롭게만 풀린다면, 두 사람은 재정적으로 큰 성공을 거둘 뿐만 아니라 이 사회의 경제에도 의미 깊은 영향을 끼칠 수 있었다. 수

많은 준비된 기업가를 경제 시스템에 투입할 수 있으니 말이다. 두 사람은 새로 설립한 회사에 Y 콤비네이터라는 이름을 붙이고, 이 회사를 경제를 이끌어갈 원동력이 될 일꾼들을 키우는 배양접시로 만들기로 했다.

두 사람은 그동안 터득한 모든 교훈과 원칙을 창업 지원자들에게 가르쳤다. 기존 기술을 새롭게 응용할 방법과 아직 충족되지 못한 니즈를 찾는 것의 중요성, 고객들과 최대한 가까운 관계를 유지하는 것의 중요성, 최대한 단순하고 현실적인 아이디어를 구상할 필요성, 품질 높은 제품을 창조하는 것의 중요성, 돈을 버는 데 급급할 것이 아니라 장기적인 관점으로 스스로를 갈고닦음으로써 성공해야 한다는 점 등을 강조했다.

창업 희망자들을 가르치면서 그레이엄과 모리스 자신도 많은 것을 배웠다. 그들이 새삼 깨달은 사실 중에 한 가지는 이것이었다. 성공한 기업가를 만드는 요건은 사업 아이디어의 참신함도, 학력 수준도 아니었다. 그보다는 품성과 인격이 더욱 중요했다. 즉, 자신의 아이디어를 상황에 맞게 기꺼이 수정하려는 태도, 처음에 예상하지 못했던 가능성이 나타났을 때 그것을 배척하지 않고 최대한 활용할 줄 아는 태도가 중요했다. 그런 유연한 자세는 그레이엄 자신과 다른 발명가들의 공통적인 특징이기도 했다. 아울러 쉽게 포기하지 않는 끈기도 무척 중요했다.

시간이 흐를수록 Y 콤비네이터는 놀라운 속도로 성장했다. 현재 이 회사의 기업가치는 5억 달러에 이르며 아직도 향후 성장 가능성이 대단히 높다.

* * *

우리는 대개 창의적 능력이나 발명 능력에 대해 잘못된 관점을 갖고 있다. 우리는 창의적인 사람들이 기발한 아이디어를 생각해낸 뒤 어떤 직선적인 과정을 따라 그것을 계속 발전시키고 보완하여 최종 결과물에 이른다고 생각한다. 하지만 실제로 그 과정은 훨씬 더 복잡하고 혼란스럽다. 창조 과정은 사실 자연계에서 '진화적 도용_evolutionary hijacking'이라 불리는 과정과 흡사하다. 생물체의 진화 과정에서는 우연과 뜻밖의 사건이 상당히 중요한 역할을 한다. 예를 들어, 새의 깃털은 파충류의 비늘에서 진화했고 여기에는 새의 몸을 따뜻하게 유지하려는 목적이 있었다. (새는 파충류에서 진화했다.) 하지만 결국 깃털은 날기 위한 목적에 알맞게 변형되기 시작해 날개 깃털로 변화했다. 머나먼 옛날 나무 위에서 생활하던 우리의 원시 조상의 경우, 손의 형태가 주로 민첩하게 나뭇가지를 붙잡는 데 적합하도록 진화했다. 그러다가 나무에서 초원으로 내려와 직립보행을 시작한 초기 인류는 그처럼 복잡하게 발달한 손이 돌을 다루고 도구를 제작하고 의사소통을 위한 제스처를 하는 데 대단히 유용하다는 사실을 깨달았다. 아마 언어도 처음엔 사회적 의사소통을 위한 도구로서 생겨났다가 이성적 추론을 위한 수단으로 '도용'되기 시작했을 것이다. 그렇다면 인간의 이성적 사고 능력도 우연한 사건 전개의 산물인 셈이다.

창의적 활동 프로세스도 대개 이와 유사한 경로를 따르며, 이는 무언가가 창조되는 과정에 수반되는 일종의 숙명적 특성을 보여주는 듯하다. 창의적 아이디어는 무無에서 난데없이 튀어나오는 것이 아니다. 그보다는 어떤 우연한 사건을 계기로 창의적 아이디어의 단서가 머릿속을 환하게 점등한다. 그레이엄의 경우 우연히 접한 라디오 방송, 또는 강연 후에 청중에게 받은 질문들이 그런 계기에 해당했다. 충분한 경험이 쌓이고 때가 무르익은 상태에서 그런 우연한 계기와 마주치면, 그것은 우리 머릿속에 흥미로운 아이디어와 연상 작용을 절묘하게 촉발하는 불씨가 된다. 특정한 재료나 소재를 바라보다가 그것을 지금까지와는 다른 방법으로 활용할 아이디어가 불현듯 떠오른다. 갑자기 맞닥뜨린 우연한 사건이 어떤 다른 방식이나 길에 대한 힌트를 던져준다면, 그리고 그것의 실현가능성이 엿보인다면 아직 최종 종착지는 안개에 싸인 듯 희미하게 보인다 할지라도 그 길을 따라가볼 필요가 있다. 창의적 프로세스는 하나의 아이디어에서 최종 열매로 직행하는 형태가 아니라, 이리저리 구부러진 나무 덩굴과 더 비슷하다.

요컨대, 진정한 창의성은 열린 자세와 유연하고 융통성 있는 마인드에서 나온다. 어떤 대상이나 사건을 경험할 때 언제나 그것을 여러 각도에서 바라보고, 누구나 예상할 수 있는 가능성이 아닌 다른 가능성을 찾아낼 수 있어야 한다. 눈앞의 대상을 다른 목적으로 활용할 방법을 상상해야 한다. 최초의 아이디어에만 고집스럽게 매달리는 것, 그것만이 옳다고 믿는 태도는 결코 바람직하지 않다. 대신, 지금 눈앞의 상황이 당신에게 주는 모종의 힌트와 단서를 최대한 활용하고 여러 가능성을 가늠해보라. 그래야 깃털을 하늘을 날기 위한 도구로 변화시킬 수 있다. 빛나는 창의적 성과를 탄생시키는 원동력은, 두뇌가 본래 지닌 어떤 창의적 능력이라기보다는 우리가 세상을 바라보는 방식, 그리고 현상을 바라보는 시각을 바꿀 줄 아는 정신적 유연성이라고 할 수 있다. 창의성과 유연한 적응력은 떼려야 뗄 수 없는 불가분의 관계다.

8. 다차원적 사고

1798년 나폴레옹 보나파르트는 이집트를 점령할 목적으로 침공했다. 그러나 프랑스를 저지하려는 영국군이 개입하기 시작하면서 나폴레옹의 이집트 원정은 교착 상태에 빠진다. 큰 성과 없이 전쟁이 계속 길어지고 있던 이듬해, 프랑스 병사 한 명이 로제타 마을 부근의 프랑스 요새를 보강하는 작업을 하던 도중에 땅속에서 커다란 돌덩어리를 발견했다. 이상한 글자들이 새겨진 넓적한 현무암이었는데, 고대 이집트의 유물임이 틀림없었다. 나폴레옹이 이집트 원정에 나선 데에는 이집트 역사와 문명에 대한 강한 호기심도 한몫했으며, 때문에 그는 이집트에서 발견할지 모를 중요한 유물을 분석하고자 군사들뿐만 아니라 많은 프랑스 과학자와 역자학자를 대동한 상태였다.

프랑스 학자들은 이 현무암 석판(훗날 로제타석Rosetta Stone이라 불린다)을 보고 흥분을 금치 못했다. 거기에는 세 가지 종류의 문자로 내용이 기록되어 있었다. 맨 위는 이집트 상형문자, 중간은 민중문자(고대 이집트의 일반 민중이 사용한 언어), 맨 아래는 고대 그리스어였다. 학자들은 이 가운데 그리스어를 번역해보고 그것이 프톨레마이오스 5세BC 203~181의 통치를 축하하고 덕을 기리는 내용임을 알아냈다. 그런데 글의 마지막 부분에 이 내용이 세 가지 언어로 기록되었다는 말이 적혀 있었고, 이는 곧 상형문자와 민중문자의 내용도 동일하다는 것을 의미했다. 그렇다면 그리스어 내용을 열쇠로 삼아 나머지 두 언어도 쉽게 해독할 수 있을 것 같았다. 역사 속에서 가장 최근에 사용된 이집트 상형문자는 394년의 것이었기 때문에, 이 문자를 읽을 수 있는 사람은 이미 오래 전에 죽어 아무도 없는 상태였다. 따라서 상형문자는 해석이 불가능한 죽은 언어가 되었고, 이집트 신전과 파피루스 종이에서 발견된 많은 내용은 그 의미를 해독할 수 없는 미스터리로 남아 있었다. 하지만 이제 로제타석 덕분에 그 수수께끼가 풀릴 날이 머지않아 보였다.

로제타석은 이집트 카이로의 한 연구 협회로 옮겨졌다. 하지만 1801년 영국이 프랑스를 물리치고 프랑스군을 이집트에서 쫓아내면서 상황에 변화가 찾아왔다. 로제타석이 엄청난 가치를 지닌 유물임을 눈치 챈 영국은 카이로에 있던 이 석판을 강탈해 런던으로 가져갔다. 이후 지금까지 로제타석은 대영박물관에 보존되어 있다. 로제타석에 대한 소문이 퍼지기 시작하자, 유럽 각지의 학자들이 거기에 담긴 상형문자를 해독해 수수께끼를 푸는 첫 주인공이 되려고 앞다퉈 달려들었다. 많은 이들이 이 수수께끼를 붙잡고 씨름하면서 약간의 성과도 나왔다. 로제타석에서 특정한 상형문자들은 길쭉한 타원형 테두리 안에 들어 있었다. 카르투슈cartouch라고 불리는 이 테두리 안에는 왕의 이름이 적혀 있는 것으로 판명되었다. 한 스웨덴 교수는 로제타석의 민중문자에서 프톨레마이오스의 이름을 식별해내기도 했다. 그러나 시간이 흐르면서 상형문자 해독 열풍은 서서히 잠잠해졌고, 많은 이들이 그 상형문자의 수수께끼가 영영 풀리지 못하는 것이 아닌가 우려했다. 간혹 누군가가 이 수수께끼를 깊게 파고 들어가도, 상형문자의 상징들이 만들어놓은 기록 체계가 더 많은 의문점을 던져줄 뿐이었다.

그러다가 1814년 새로운 인물이 전면에 등장한다. 토머스 영Thomas Young이라는 영국인이었다. 영은 로제타석에 연구에 뛰어든 지 얼마 안 되어 이 석판을 해독할 수 있는 가장 유력한 인물로 주목받기 시작했다. 영은 본래 직업이 의사였지만, 관심의 폭이 넓어 다양한 과학 분야에 발을 들여 업적을 쌓은 유능한 학자였다. 그는 영국의 학계에서 입지가 단단했고, 로제타석을 비롯해 영국인들이 그동안 전리품으로 챙겨온 많은 파피루스 문서와 유물을 직접 관찰하며 연구할 수 있는 유리한 상황이었다. 게다가 재력도 탄탄했고 연구에 쏟을 수 있는 시간도 많았다. 이런 상황에서 로제타석 연구에 뛰어든 영은 조금씩 진전을 보이기 시작했다.

영은 수치적 접근법을 취했다. 그는 그리스어 텍스트에서 특정한 단어(예컨대 '신')가 등장하는 횟수를 센 다음, 민중문자 텍스트에서 그와 비슷한 횟수로 등장하는 단어를 찾아보았다. 같은 횟수로 등장하는 두 개의 단어가 같은 뜻일 것이라는 추측이었다. 그는 이런 관점에 끼워 맞춰서 민중문자 텍스트의 문자들을 판단했다. 즉, 민중문자 가운데 '신'에 해당하는 어휘일 것으로 추정되는 어휘의 길이가 너무 길면, 그 가운데 일부 기호들이 아무 의미를 지니지 않은 것이라고 추측했다. 또 그는 세 종류(상형문자, 민중문자, 그리스어)의 텍스트가 모두 어순이 같을 것이라고 가정하고, 어휘의 위치를 보면 다른 텍스트에서 그에 상응하는 어휘를 찾을 수 있다고 생각했다. 때때로 그의 추측이 맞아떨어지는 경우도 있었지만, 별다른 성과를 얻지 못할 때가 더 많았다. 그는 몇 가지 중요한 사실을 밝혀냈다. 민중문자가 상형문자를 약간 흘려 쓴 형태라는 사실, 민중문자에서 외국 인명을 표시할 때 표음기호를 사용한다는 사실, 하지만 민중문자는 주로 그림문자 체계라는 사실을 알아낸 것이다. 그러나 그는 거듭 궁지에 봉착했고, 상형문자를 완전히 해독하지는 못했다. 몇 년 뒤 영은 사실상 이 연구에서 손을 떼었다.

한편, 얼핏 보기에 상형문자 해독이라는 난제를 풀 유력한 도전자로 보이지 않는 한 젊은이가 존재감을 드러내기 시작했다. 장 프랑수아 샹폴리옹Jean-Francois Champollion, 1790~1832이라는 프랑스인이었다. 그르노블 근처의 작은 마을에서 태어난 그는 별로 넉넉하지 않은 집안에서 자랐고, 일곱 살이 되기 전까지는 제대로 된 교육도 받지 못했다. 하지만 그에게는 남다른 점이 한 가지 있었다. 어렸을 때부터 고대문명의 역사에 큰 호기심을 가졌던 것이다. 그는 인류 문명의 기원에 대해 최대한 많은 것을 알고 싶어서 고대 언어들을 열심히 공부했다. 샹폴리옹은 그리스어, 라틴어, 히브리어를 비롯해 셈 어계에 속하는 여러 언어를 망라해 익혔다. 그는 이미 열두 살의 어린 나이에 이 모든 언어에 능숙한 언어 신동이었다.

얼마 안 가 그의 관심은 고대 이집트로 집중되었다. 그는 1802년에 로제타석에 대한 이야기를 듣고는, 언젠가 자신이 그것을 반드시 해독할 것이라고 형에게 말했다. 고대 이집트 문명을 본격적으로 공부하기 시작한 그는 이집트 문명의 모든 요소에서 강렬한 동질감을 느낄 수 있었다. 어릴 적부터 그는 시각적 기억 능력이 남달랐고 그림 그리는 솜씨도 뛰어났다. 책을 볼 때면(심지어 프랑스어 책도) 그 내용을 마치 알파벳이 아니라 그림인 것처럼 느끼면서 읽었다. 그래서 상형문자를 처음 보았을 때도 전혀 낯설지가 않았다. 곧 그는 상형문자에 깊숙이 빠져들었다.

상형문자 연구에 필요한 기초를 다지기 위해, 그는 먼저 콥트어를 배우기로 했다. BC 30년 이집트가 로마에게 정복당한 이후 오랜 언어인 이집트 민중문자는 서서히 소멸되고 그 자리를 콥트어(그리스어와 이집트어의 혼합)가 대신하기 시작했다. 그리고 아랍인들이 이집트를 정복하여 이슬람화하면서 아랍어를 공식 언어로 만든 이후에는, 이집트에 남아 있는 일부 기독교도만이 콥트어를 사용했다. 그리하여 샹폴리옹의 시대에는 콥트어를 할 줄 아는 기독교인이 극소수에 불과했고, 그 대부분은 수도사나 사제였다. 1805년 콥트어를 아는 수도사가 우연히 샹폴리옹이 사는 동네를 지나가게 되었고, 샹폴리옹은 그 수도사와 금세 친밀해졌다. 수도사는 그에게 콥트어의 기본 규칙을 가르쳐주었고, 마을을 떠났다가 몇 달 후 다시 찾아왔을 때는 문법책도 구해다주었다. 샹폴리옹은 밤낮으로 콥트어를 공부했다. 어찌나 몰두했는지 마치 콥트어에 미친 사람 같았다. 그는 형에게 쓴 편지에 이렇게 적었다. "나는 다른 아무것도 할 수가 없어. 콥트어로 꿈을 꿔. …… 콥트어가 너무나 재미있어. 머릿속에 떠오르는 모든 말을 콥트어로 번역해보곤 해." 그는 얼마 후 학업을 위해 파리로 갔을 때 콥트어를 아는 수도사를 몇 명 더 찾아서 만났고, 나중에는 이 죽어가는 언어를 마치 모국어처럼 구사한다는 말을 들을 정도로 높은 수준에 올랐다.

로제타석의 질 낮은 탁본밖에 접할 수 없어서 연구에 한계가 많았던 샹폴리옹은 나름대로 다양한 가설을 적극적으로 세워보았다. 하지만 알고 보니 그 가설들은 모두 빗나간 것이었다. 그러나 다른 도전자들과 달리 샹폴리옹의 열정은 시간이 흘러도 결코 식지 않았다. 다만 당시의 정치적 혼란 상황이 그에게 예기치 않은 장애물이 되었다. 프랑스혁명이 한창이던 시기에 태어난 샹폴리옹은 성인이 된 이후 나폴레옹의 지지자가 되었다. 하지만 나폴레옹이 황제의 자리에서 물러나고 루이 18세가 다시 즉위하자, 나폴레옹을 지지한 전력이 있는 샹폴리옹은 프랑스 왕정의 눈 밖에 나서 몸담고 있던 교수직을 잃고 말았다. 이후 몇 년간 가

난에 시달리며 건강까지 악화되는 바람에 로제타석 연구에서 잠시 손을 떼야만 했다. 그러나 1821년 마침내 정부로부터 명예를 회복받은 그는 다시 심기일전하여 로제타석 연구에 돌입했다.

잠시 상형문자 연구에서 떨어져 있다가 돌아오자 한층 명료하고 새로운 관점으로 바라볼 수 있었다. 그가 보기에 다른 연구자들의 문제점은 수학적 암호를 푸는 것처럼 문자 해독에 접근한다는 사실이었다. 하지만 10여 종류가 넘는 언어에 능통하고 많은 사어死語에 대한 독해력을 겸비한 샹폴리옹은, 언어라는 것이 사회에 합류하는 여러 새로운 민족 그룹에 영향을 받고 세월의 흐름에 따라 변화하면서 예상하기 힘든 방식으로 진화한다는 사실을 잘 알고 있었다. 언어는 수학적 공식으로 규정할 수 있는 것이 아니라 생명력을 갖고 진화하는 복잡한 유기체였다. 그는 전체론적인 관점으로 상형문자에 접근했다. 먼저 목표는 로제타석의 상형문자가 정확히 어떤 종류인가 하는 점을 밝혀내는 것이었다. 즉, 그림문자(그림 형태로 사물을 나타내는 문자체계)인지, 표의문자(글자가 의미 단위인 문자체계)인지, 표음문자인지, 아니면 그 셋이 모두 혼합된 형태인지 밝혀야 했다.

이 목표를 염두에 두고, 그는 아무도 생각하지 못한 특이한 시도를 했다. 로제타석의 그리스어 텍스트와 상형문자 텍스트의 어휘 개수를 비교해본 것이다. 그리스어 텍스트의 어휘는 486개였고, 상형문자 텍스트의 상징 기호는 1419개였다. 그는 이들 상형문자가 표의문자일 것이라는(즉, 각각의 기호가 어떤 의미를 나타내거나 특정한 어휘를 뜻한다는) 가정을 세워놓고 있는 상태였다. 하지만 위와 같은 개수 차이를 보면, 이 가정은 타당성이 떨어졌다. 다음으로, 그는 상형문자 텍스트에서 하나의 어휘에 대응한다고 볼 수 있는 기호 그룹을 식별하여 그 개수를 세어보았더니 180개에 불과했다. 두 언어 사이에서 숫자에 근거한 관계를 찾으려는 시도는 무익한 셈이었다. 따라서 이 모든 결과를 종합해서 도출할 수 있는 결론은 상형문자가 그림문자, 표의문자, 표음문자가 모두 혼합된 체계라는 것이었다. 상상했던 것보다 훨씬 복잡한 체계인 것이다.

샹폴리옹은 남들이 터무니없다고 여길 만한 또 다른 방법을 시도했다. 그 특유의 시각적 사고 능력을 발휘하여, 민중문자와 상형문자를 구성하는 기호들의 '형태'만 집중해서 관찰한 것이다. 그렇게 하니 모종의 패턴이 눈에 띄고 서로 밀접하게 상응하는 기호들을 발견할 수 있었다. 예를 들어, 상형문자 텍스트 중에서 새의 모양과 흡사한 특정한 기호가 있었는데, 민중문자 텍스트에서도 거기에 상응하는 기호가 발견되었다. 이때 민중문자 속의 기호는 실제 새의 모양에서 좀 더 멀어진 다소 추상적인 형태였다. 그는 뛰어난 시각적 사고 능력 덕분에 이처럼 짝을 지을 수 있는 상징 기호를 수없이 찾아냈다. 물론 그 기호들이 뜻하는 바는 아직 간파할 수 없었지만 말이다. 그것들은 여전히 하나의 이미지 기호일 뿐이었다.

조금씩 성과를 얻어내던 샹폴리옹은 연구에 더욱 박차를 가했다. 그는 로제타석의 민중문자에서 프톨레마이오스의 이름이 담겨 있는 것으로 과거에 밝혀진 카르투슈에 다시금 주목했다. 상형문자와 민중문자 사이에 서로 상응하는 여러 기호를 알아낸 상태였던 그는, 민중문자의 특정 기호들이 상형문자에서는 어떤 모습을 가질지 추론하면서 '프톨레마이오스'에 해당하는 상형문자를 추정해보았다. 놀랍게도, 그는 상형문자 텍스트에서 '프톨레마이오스'를 찾아낼 수 있었다. 최초의 성공적인 상형문자 해독이 일어나는 순간이었다. 그는 이 이름이 표음문자로 쓰였을 것이라 생각하고(외국 인명이 그렇듯이), 민중문자와 상형문자에서 프톨레마이오스에 해당하는 음가들을 추정해냈다. 이렇게 하여 'P' 'T' 'L'의 음가를 가진 상형문자들을 발견했다. 그리고 다른 파피루스 문서의 카르투슈에 적힌 클레오파트라의 이름과 프톨레마이오스의 이름을 비교하여 또 새로운 음가를 찾아냈다. 그런데 그가 밝혀낸 바에 따르면, 프톨레마이오스Ptolemy와 클레오파트라Cleopatra에 해당하는 상형문자에서는 각각 'T'에 해당하는 문자가 달랐다. 다른 사람들 같으면 고개를 갸우뚱거리며 당황했겠지만, 샹폴리옹은 이것이 동음이자同音異字에 해당한다고 생각했다. 예컨대 영어에서 'phone'과 'fold'의 첫 음이 둘 다 똑같이 'f'인 것처럼 말이다. 그는 연구를 계속하여 카르투슈에 적힌 왕 이름들을 다수 해독해냈다.

그러던 1822년 9월 어느 날, 샹폴리옹은 상형문자의 수수께끼를 완전히 푸는 데 결정적 도움이 되는 계기를 만난다. 이집트의 황량한 지역에서 발견된 한 신전의 벽과 조각상들에 많은 상형문자가 새겨져 있었다. 샹폴리옹은 그것들의 탁본을 입수하여 살펴보다가 흥미로운 사실 하나를 발견했다. 거기에 있는 카르투슈들에서는 그가 이미 발견해낸 왕의 이름과 일치하는 것이 하나도 없었던 것이다. 그는 자신이 발견한 표음문자를 그 카르투슈 중 하나에 적용해보고 끝부분에서 'S'에 해당하는 기호를 읽어냈다. 맨 앞의 상징 기호를 관찰해보니 태양의 모양과 비슷했다. 그의 머릿속에는 고대 이집트어와 먼 친척뻘인 콥트어에서 태양을 'Re'라고 한다는 점이 문득 떠올랐다. 그리고 카르투슈의 중간에는 삼지창 모양 기호가 있었는데, 이것은 'M'과 기묘하게 닮아 있었다. 그 순간, 샹폴리옹은 이 카르투슈에 담긴 이름이 람세스Ramses라는 사실을 깨달았다. 람세스는 기원전 13세기의 파라오였으므로, 이는 곧 이집트인들이 이미 그 먼 옛날에 이미 표음문자 체계를 사용했음을 의미했다. 세상을 깜짝 놀라게 할 만한 대발견이었다. 샹폴리옹은 이 사실을 더 확실하게 뒷받침할 증거를 추가로 찾기 시작했다.

그 신전의 또 다른 카르투슈를 살펴보니 거기에도 'M' 모양의 기호가 있었다. 이 카르투슈의 첫 번째 기호는 따오기 모양과 흡사했다. 이집트 역사에 해박한 샹폴리옹은 이집트에서 따오기가 토트Thoth 신의 상징임을 떠올렸다. 이런 식으로 추론하자 이 카르투슈 안의 기호들은 'Thot-mu-sis', 즉 투트모세Thutmose가 되었다. 투트모세 역시 고대 파라오의 이름이었다. 또 그는 신전의 다른 부분에서 'M'과 'S'에 상응하는 기호들로 이루어진 상형문자를 목격했다. 콥트어를 떠올리자 이 상형문자는 '출산하다'라는 뜻의 'mis'로 해석할 수 있었다. 그는 로제타석의 그리스어 텍스트에서 생일을 뜻하는 어구를 찾아낸 후 상형문자 텍스트에서도 그에 대응하는 어휘를 찾아냈다.

드디어 수수께끼를 풀었다는 희열에 휩싸인 샹폴리옹은 그길로 파리 거리를 내달려 형에게 찾아갔다. 그는 방에 들어서자마자 "드디어 알아냈어!" 하고 외친 후 의식을 잃고 바닥에 쓰러졌다. 수없이 많은 문제와 씨름하고 가난과 좌절을 견디면서 20년에 가까운 시간을 보내는 동안 머릿속을 떠나지 않던 상형문자라는 수수께끼. 그는 마지막 몇 달간 온 심신의 에너지를 끌어내 연구에 몰두하여 결국 그 수수께끼를 풀 열쇠를 발견한 것이었다.

이후 샹폴리옹은 상형문자들을 추가로 계속 해독하면서 그 면밀한 특성을 연구했다. 그의 연구 결과는 고대 이집트에 대한 기존의 지식과 관점을 완전히 바꿔놓았다. 그가 밝혀낸 바에 따르면, 이집트 상형문자는 (그의 추측대로) 세 종류 문자(그림문자, 표의문자, 표음문자)가 혼합된 복잡한 체계였고 알파벳 문자가 발명되기 훨씬 이전에 이미 알파벳에 상응하는 기호를 갖고 있었다. 이집트 문명은 사제가 노예들 위에 군림하고 난해한 상징물을 동원해 비밀을 유지하는 후진적 문명이 아니라, 복잡하고 아름다운 문자 언어를 가진 생명력 넘치는 사회, 고대 그리스 문명에 필적하는 수준의 사회였던 것이다.

이 위대한 발견이 알려지자 샹폴리옹은 프랑스의 영웅으로 떠올랐다. 하지만 그의 경쟁자였던 토머스 영은 자신의 패배를 인정할 수가 없었다. 이후 한동안 영은 샹폴리옹이 사기와 표절을 일삼았다며 비난을 퍼부었다. 출신도 보잘것없는 사내가 그런 엄청난 업적을 달성했다는 사실을 끝내 받아들이지 못한 것이다.

* * *

샹폴리옹과 영의 이야기에는 진정한 연구와 배움에 대한 중요한 교훈이 담겨 있다. 또 이들의 이야기는 문제에 접근하는 대표적 방식 두 가지를 보여준다. 영의 경우, 상형문자를 최초로 해독하는 주인공이 되어 세상의 인정과 명성을 얻고 싶다는 야망이 그를 이 수수께끼로 이끌었다. 해결 과정을 빠르게 진척시키기 위해, 그는 이집트 상형문자가 표의문자라고 가정한 상태에서 정연한 수학적 공식의 관점으로 이 문자 체계를 정리하려고 했다. 그래서 상형문자 해독을 수치적이고 계산적인 과제처럼 여기고 접근했다. 때문에 사실은 고도로 복잡하고 여러 층위를 가진 것으로 드러나게 될 문자 체계를 단순하게 규정하는 우를 범했다.

한편 샹폴리옹은 그 반대였다. 그를 이끈 원동력은 인류 문명의 기원을 알고 싶은 진실한 열망, 고대 이집트 문화에 대한 강렬한 관심이었다. 그가 원한 것은 세상의 명성이 아니라 진실과 만나는 것이었다. 그는 로제타석의 해독을 일생의 과업으로 여겼기 때문에, 20년이 넘는 세월을 기꺼이 그 일에 헌신했다. 그는 어떤 외부적 공식을 상형문자라는 수수께끼에 들이대며 접근하지 않았다. 그보다는 고대 언어와 콥트어를 철저하게 파고들며 실력을 갈고닦는 오랜 기간을 거쳤다. 결국 그의 콥트어에 대한 지식은 상형문자의 수수께끼를 푸는 데 결정적인 역할을 했다. 또 여러 언어에 대한 풍부한 식견을 갖췄기에 언어라는 것이 사회의 복잡한 특성을 반영하는 대단히 복잡한 유기체라는 사실을 간파하고 있었다. 로제타석 수수께끼에서 잠시 떠나 있다가 1821년 다시 연구로 돌아왔을 때 그의 정신은 창의적 실행 단계로 돌입했다. 그는 전체론적 관점에서 문제를 바라보았다. 두 종류 텍스트(민중문자와 상형문자)의 시각적 형태만을 관찰한 것은 기발한 천재적 발상이었다. 결국 그는 다차원적인 사고를 통해 이집트 언어의 비밀을 밝혀줄 여러 가지 측면을 꿰뚫은 것이다.

우리는 많은 분야에서 토머스 영과 같은 접근법을 취하는 사람들을 목격할 수 있다. 경제학이든, 인간 신체 및 건강에 관한 연구든, 두뇌의 작동 원리에 대한 연구든 사람들은 추상적 추론과 단순화라는 접근법을 동원할 때가 많다. 이로써 상호 연결된 복잡한 문제들을 개별 단위나 공식, 통계적 결과물, 또는 분해 가능한 독립적 개체로 취급한다. 이런 접근법을 취하면 전체 그림의 일부는 볼 수 있다. 시체를 해부함으로써 인간 신체에 관한 몇몇 사실들을 알 수 있는 것처럼 말이다. 그러나 이와 같은 개별화와 단순화를 택하면 눈앞의 연구주제에 내포된 살아 숨 쉬는 요소들을 놓치게 된다. 당신은 이런 방식이 아니라 샹폴리옹의 접근법을 택해야 한다. 성급하게 움직이지 말고 전체론적인 접근법을 취하라. 연구 대상을 최대한 여러 각도에서 바라보면서 다차원적인 사고를 수행하라. 전체를 구성하는 각 구성요소들이 서로 상호작용하는, 완전히 분리할 수는 없는 것임을 인식해야 한다. 그래야만 그 연구 대상이 함축하는 복잡한 진실에 최대한 가까이 다가갈 수 있다. 그리고 당신 눈앞에서 난해한 수수께끼가 서서히 풀리는 짜릿한 순간을 경험하게 될 것이다.

9. 연금술적 창의성과 무의식

미술가 테레시타 페르난데스는 비卑금속을 금으로 변화시키고자 했던 중세의 과학인 연금술에 강한 매력을 느꼈다(페르난데스에 대해서는 290쪽 참조). 연금술사들은 자연의 서로 반대되는 요소나 특성(물과 불, 태양과 달, 남성과 여성, 어둠과 빛 등)이 끊임없이 서로 상호작용하는 과정을 통해 우주만물이 운행한다고 믿었다. 그들은 이런 반대 요소들을 조화시켜 자연의 가장 내밀한 비밀을 발견할 수 있다고, 무無에서 무언가를 창조해낼 능력을 얻을 수 있다고, 돌을 금으로 변화시킬 수 있다고 믿었다.

페르난데스는 이런 연금술이 많은 면에서 예술적 창작 과정과 비슷하다고 느꼈다. 예술가의 마음속에서는 처음에 어떤 구상이나 아이디어가 슬며시 고개를 들며 예술가를 자극한다. 그러면 그는 서서히 그 아이디어를 실제 예술 작품으로 변화시키며, 다시 그 작품은 관객의 반응이라는 제3의 요소를 탄생시킨다. 즉, 예술가가 의도한 모종의 감정이 관객의 마음속에서 꿈틀거리며 피어나는 것이다. 이것은 무無에서 유有를 창조해내는 마법 같은 과정이자, 돌을 금으로 변화시키는 연금술적 프로세스다. 예술가의 머릿속에만 있던 생각이 구체적인 형태를 지닌 작품으로 실현되어 보는 이에게 강렬한 감정을 불러일으키는 것. 이것이야말로 놀라운 연금술이 아니겠는가.

연금술은 서로 반대되는 성질을 띠는 것들의 결합과 통일을 지향한다. 그런데 페르난데스는 작품 안에 결합하여 녹여낼 수 있는 많은 반대되는 욕구를 자기 내면에서 발견한다. 그녀는 미니멀리즘, 즉 최소한의 재료 및 요소를 이용해 표현하는 양식에 강하게 이끌린다. 그녀는 절제된 표현을 선호하며 재료를 최소화함으로써 작품 구상의 엄밀한 정확성을 추구할 수 있다는 점을 좋아한다. 하지만 동시에 낭만주의적인 경향도 갖고 있어서, 보는 이에게 강한 감정을 불러일으키는 작품을 창작하길 원한다. 그녀는 감각적 요소와 담백한 특성이 혼재하는 작품을 지향한다. 내면에 존재하는 여러 종류의 긴장 요소를 담아 작품을 형상화하면, 그것은 보는 이들로 하여금 여러 감정을 동시에 경험하며 꿈을 꾸는 듯한 느낌을 갖게 만들 수 있었다.

페르난데스는 어릴 적부터 비례적 크기에 대한 독특한 감각을 갖고 있었다. 비교적 작은 공간이나 방도 가구나 창문의 배치에 따라서 실제보다 훨씬 큰 공간처럼 느껴질 수 있다는 것이 신기하기만 했다. 대개 아이들은 비례적 감각에 민감하다. 그들은 어른의 세계를 축소해놓은 장난감을 갖고 놀면서 그 축소물들이 훨씬 큰 실제 세계의 물건과 똑같은 것이라고 느낀다. 사람들은 대부분 나이가 들면서 이런 감각과 호기심을 잃어버린다. 그러나 페르난데스의 작품 〈이럽션Eruption〉은 그런 감각과 조우함으로써 우리 안에 되살아날 수 있는 혼란스럽고 기묘한 감정들로 이끌고 간다. 이 작품은 바닥에 납작하게 누운 비교적 작은 크기의 조형 작품으로, 화가의 팔레트와 비슷하게 생겼다. 작품의 표면에 수천 개의 작고 투명한 유리구슬이 박혀 있고 그 구슬들 아래에는 커다란 추상적 이미지가 놓여 있어서, 이 이미지 때문에 유리구슬들이 다양한 색깔을 밖으로 투영한다. 이 모든 요소가 결합하여 용암이 부글거리는 화산 입구를 연상시키는 독특한 작품이다. 관객은 유리구슬로 이루어진 층 때문에 아래쪽의 이미지를 직접 보지는 못하며, 한편 구슬들이 투명하다는 사실도 인식하지 못한다. 관객의 눈은 그저 그것이 만들어내는 효과에 이끌릴 뿐이며, 실제 눈앞에 존재하는 물체 이상의 그 무언가를 상상하게 된다. 페르난데스는 이 작품을 통해 한정된 작은 공간 속에서 깊고 광대한 무언가를 보는 듯한 느낌을 창출한 것이다. 우리는 그것이 착각임을 알면서도 이 작품이 만들어내는 감각과 긴장감을 온몸으로 느낀다.

    공공장소에 설치하는 야외 작품을 만들 때, 대개 작가들은 다음 둘 중 하나의 접근법을 취한다. 주변 풍경과 자연스럽게 어우러져 조화를 이룰 수 있는 작품, 아니면 주변 풍경과 다른 독특한 분위기를 풍겨서 사람들의 주목을 끄는 작품을 만든다. 그런데 페르난데스는 워싱턴 주 시애틀의 올림픽 조각 공원Olympic Sculpture Park에 설치할 〈시애틀 클라우드 커버Seattle Cloud Cover〉라는 작품을 만들 때, 위의 상반되는 두 접근법을 통합하는 시도를 했다. 그녀는 철길 위쪽 공간을 가로지르는 보도교步道橋 옆을 죽 따라서 다채로운 색깔의 판유리를 설치했는데, 이 판유리들에 다양한 구름의 사진 이미지를 얇게 씌웠다. 보도 옆쪽에만 세워진 것이 아니라 행인의 머리 위로도 덮이는 형태로 되어 있는 이 판유리들은, 반투명 재질이며 수많은 투명 물방울무늬가 동일한 간격으로 박혀 있었다. 그래서 행인 입장에서 보면 물방울무늬를 통해 그 위쪽의 하늘이 점점이 눈에 들어온다. 이 다리를 건너는 사람들은 머리 위의 구름 사진 이미지들이 어떤 때는 시애틀의 평소 흐린 하늘을 배경으로 떠 있고, 어떤 때는 밝은 햇살을 받아 강렬하게 빛나고, 또 해질녘에는 만화경처럼 느껴지는 것을 경험한다. 다리를 걷다 보면 현실의 대상과 비현실적인 대상이 번갈아서 눈에 들어오기 때문에, 그 둘을 구분하기가 어려워진다. 행인들은 방향 감각을 잃은 듯한 기묘하고 환상적인 느낌에 사로잡힌다.

페르난데스의 연금술적 감각이 가장 뚜렷하게 드러난 작품은 아마도 텍사스 주 오스틴 블랜턴 미술관Blanton Museum of Art에 있는 〈스택드 워터스Stacked Waters〉일 것이다. 그녀는 이 미술관 내의 다층 구조로 된 중앙 아트리움(미술관의 다른 공간들로 이어지는 통로이기도 했다)의 거대한 공간에 설치할 인상적인 작품을 만들어달라는 의뢰를 받았다. 그 아트리움은 넓은 천장을 통해 햇빛이 들어와서 전체적으로 밝은 공간이었다. 그녀는 그곳에 세울 어떤 조각품을 구상하는 대신, 예술 작품에 대한 사람들의 일반적인 통념과 경험을 뒤엎는 시도를 했다. 흔히 사람들은 박물관이나 미술관에 들어서면 어떤 거리감이나 차가운 느낌을 경험한다. 그래서 뒤로 물러서 잠시 어떤 대상이나 주변 풍경을 바라보다가 안쪽으로 발걸음을 옮긴다. 페르난데스는 전통적인 조각품보다 관객들에게 더욱 본능적이고 직감적인 교감을 전달할 수 있는 방식을 택해야겠다고 생각했다. 그리고 아트리움의 넓은 흰 벽과 그 안을 끊임없이 오가는 관객의 흐름을 모티브로 삼아 연금술적 시도를 가미한 작품을 만들기로 했다.

그녀는 반사력이 뛰어난 아크릴 소재로 만든 수많은 띠를 벽에 붙였는데, 그 띠들이 아래쪽의 짙은 파란색에서 그 다음은 옅은 파란색, 그리고 위쪽의 흰색까지 여러 단계별로 색이 점차 흐려지게 배치했다. 이 아트리움에 들어서면 마치 햇살 속에서 물결이 일렁이는 거대한 수영장의 푸른색 물속에 들어와 있는 기분이 든다. 관객들은 아트리움 한쪽의 계단을 올라가면서 아크릴 벽면에 비치는 자신의 모습을 보게 되는데, 거울처럼 비치는 것이 아니라 약간 왜곡된 형태여서 마치 수중의 물체를 보는 듯한 효과를 연출한다. 계단을 다 올라가 위쪽에서 아래쪽의 아트리움을 내려다보면, 그 모든 것이 최소한의 소재를 사용해 일종의 착시를 만들어낸 공간임을 깨닫게 된다. 그럼에도 푸른빛 물속에 잠겨 있는 듯한 강렬하고 묘한 느낌은 여전히 가시지 않는다. 이 공간 속에서는 관객들도 예술 작품의 실제 일부인 셈이다. 아크릴 벽에 비친 그들의 모습도 전체적인 환상적 분위기에 일조하기 때문이다. 이 꿈 같은 공간을 걸어 다니다 보면 예술과 자연, 착시와 현실, 차가움과 따뜻함, 젖은 것과 마른 것 사이의 긴장감을 다시금 의식하게 된다. 또한 이

성과 감정이 절묘하게 조합된 기분이 내면에서 차오른다.

* * *

우리 사회는 사람들이 지켜야 하는 표준적인 기준과 관습을 만듦으로써 그 생존을 도모한다. 그런 기준과 관습은 흔히 반대되는 요소나 개념을 통해 표현된다. 선과 악, 아름다움과 추함, 고통과 즐거움, 이성과 비이성, 지성과 감각 등등. 이처럼 대립되는 요소들을 분리해놓는 것은 우리로 하여금 모종의 결속성과 안정감을 갖게 만든다. 어떤 대상이 지적인 '동시에' 감각적이라고, 즐거운 '동시에' 고통스럽다고, 실제적인 '동시에' 비실제적이라고, 선한 '동시에' 악하다고, 남성적인 '동시에' 여성적이라고 생각하는 것은 우리에게 너무 혼란스럽고 불편하다. 그러나 우리 삶은 그보다 더 유동적이고 복잡한 무언가다. 인간의 욕구와 경험들은 그런 이분법적 범주로 꼭 맞게 규정할 수 없다.

테레시타 페르난데스의 작품이 보여주듯, 사실적인 것과 비사실적인 것은 인간이 만들어낸 개념일 뿐이며, 우리 의지에 따라 얼마든지 변형하고 통제할 수 있다. 이분법적 사고에 갇힌 사람, 즉 '실제적인' 것과 '비실제적인' 것이 따로 존재하며 그 둘이 혼합되어 제3의 연금술적 요소로 변화하는 것은 불가능하다고 믿는 사람이 발휘할 수 있는 창의적 능력에는 한계가 있다. 그런 사람의 작품은 금세 생명력을 상실한 죽은 작품이 된다. 이분법적 접근법을 유지하기 위해서는 우리는 관찰 가능한 많은 진실을 억눌러야 한다. 하지만 무의식과 꿈속에서 우리는 모든 대상을 범주화하려는 필요성을 떨쳐버릴 수 있으며, 일견 동떨어지고 모순적으로 보이는 아이디어와 감정들을 한층 수월하게 혼합할 수 있다.

　창의적인 인간은 무의식의 층위를, 그리고 자아의 모순적인 부분들을 적극적으로 탐색한다. 또 주변 세계에서도 그런 모순이나 긴장 관계에 있는 요소에 주목한다. 그런 모순과 긴장 관계가 오롯이 표현된 작품은 보는 이들에게 강렬한 영향을 미친다. 보는 이 역시 무의식적 진실이나 억눌려졌던 감정을 느끼게 만든다. 이 사회를 둘러보라. 다양한 모순들이 곳곳에 산재해 있다. 예를 들어, 표현의 자유를 옹호하는 사회라 할지라도 실제로는 '정치적 공정함'을 내세우며 표현의 자유를 억누르는 경우가 얼마나 많은가. 만일 당신이 과학계에 종사한다면 기존 패러다임에 역행하는 아이디어, 또는 너무 모순적이라서 쉽게 설명이 불가능한 아이디어를 찾아보라. 그런 모순과 긴장들 속에 사실은 심오하고 복잡한 진실을 알려주는 풍부한 힌트가 들어 있다. 의식의 수면 아래에 존재하는 혼란스럽고 유동적인 영역으로, 반대되고 모순적인 특성들이 만나는 지점으로 내려가라. 힘차게 솟아오르기 위해 숨 고르기를 하고 있는 태양처럼, 수면으로 떠오르길 기다리는 흥미롭고 값진 아이디어들이 그곳에서 당신을 맞이할 것이다.

뒤집어 보기

　사람들은 마약이나 광기狂氣가 최고 수준의 창의성을 폭발시킬 수 있다고 믿는 통념을 갖고 있다. 그렇지 않다면 존 콜트레인이 마약에 중독된 시기에 만든 뛰어난 작품을, 정신질환자처럼 보였던 극작가 아우구스트 스트린드베리August Strindberg의 위대한 작품을 어떻게 설명한단 말인가? 그들의 작품은 이성적이고 의식적인 정신과는 거리가 먼, 기이한 광기의 발현임이 틀림없어 보인다.

하지만 이런 통념이 틀렸음은 단박에 드러난다. 콜트레인은 마약에 중독되었을 때 만든 작품이 가장 형편없다고 인정했다. 마약은 오히려 그의 심신과 창의성을 파괴했다. 콜트레인은 1957년에 마약을 끊고 다시는 손을 대지 않았다. 스트린드베리가 남긴 편지와 일기를 훗날 면밀히 연구한 전기 작가들은, 대중에게는 몹시도 극적인 삶을 사는 인물로 비쳤던 그가 사실 사생활에서는 엄격한 자기절제력이 뛰어난 사람이었음을 발견했다. 그의 작품들에 나타난 광기는 철저히 의식적으로 만들어낸 것이었다.

이 점을 반드시 명심하라. 최고의 예술 작품을 창조하기 위해서는, 또는 뛰어난 발견이나 발명을 이뤄내기 위해서는 높은 수준의 단련과 자기절제력, 정서적 안정이 필요하다. 해당 분야의 표현 양식이나 절차를 철저하게 정복해야 한다. 마약과 정신적 광기는 당신에게서 힘을 빼앗을 뿐이다. 창의성과 관련해 우리 사회에 만연하는 낭만적 통념과 진부한 관점에 현혹되지 마라. 그런 통념은 창의성을 손쉽게 획득할 수 있다는 그릇된 착각을 심어준다. 거장의 뛰어난 작품이나 성과물을 볼 때, 그 뒤에는 끊임없이 이어지는 길고 지루한 연습, 끊임없는 회의의 시간들, 끈질긴 집념으로 온갖 장애물을 극복한 시기가 숨겨져 있음을 절대 잊지 마라. 그런 피나는 노력이 없으면 창의적 에너지라는 열매를 결코 얻을 수 없다.

허영심과 무모한 걱정, 모방하려는 정신, 관념적 지성, 습관이 오랫동안 우리를 지배해왔다. 예술의 임무는 그 지배력을 밀어내는 것, 그리하여 우리를 진정한 힘이 존재하는 내면 깊숙한 곳으로 향하도록 되돌려놓는 것이어야 한다.

_ 마르셀 프루스트(Marcel Proust)

6장

직관과 이성의 행복한 결합, 마스터리

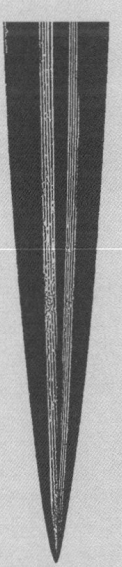

MASTERY

◆ 우리 모두는 더 넓은 시야로 세상의 동향을 예측하고 어떤 상황에서든 빠르고 정확하게 반응할 수 있는 고차원적 지성을 성취할 능력을 지니고 있다. 그러한 능력을 개발하는 방법은 타고난 성향을 일깨워 주변의 시선에 개의치 않고 한 가지 분야에 깊이 몰두하는 것이다. 장기간의 강렬한 몰입과 집중은 복잡한 구성 요인들을 직관적으로 이해하고 내면화할 수 있게 하며, 이런 직관력과 합리적 사고가 결합할 때 우리의 정신은 잠재적인 한계를 극복하고 한층 더 확대되어 삶의 비밀을 꿰뚫어볼 수 있다. 그 수준에 이르면 거의 동물적인 감각에 가까운 직관력을 갖추게 될 뿐만 아니라 인간 특유의 지각력이 이를 수 있는 범위도 훨씬 광범위해진다. 우리의 두뇌는 이 힘을 습득하도록 만들어졌으니, 내면의 성향을 충실히 따라 그 궁극적인 목표를 추구한다면 자연히 고차원적 지성에 도달할 수 있으리라.

세 번째 탈바꿈

마르셀 프루스트가 세상에 태어났을 때, 이 작고 허약한 갓난아기의 운명은 정해진 듯 보였다. 그는 2주일 동안 생사의 고비를 넘나든 끝에 안정을 찾을 수 있었다. 프루스트는 어렸을 적부터 자주 병석에 앓아누웠고 그때마다 몇 달 동안 집안에 틀어박혀 있어야 했다. 아홉 살 때는 처음으로 천식발작을 일으켜 하마터면 죽을 뻔했다. 몸이 약한 아들이 안쓰러웠던 어머니 잔은 눈에 넣어도 아프지 않을 정도로 프루스트를 아꼈고, 아들이 철마다 시골로 요양을 떠날 때도 늘 동행했다.

시골 생활은 프루스트의 삶을 구성하는 필수 요소가 되었다. 혼자 보내는 시간이 많았던 프루스트는 열렬한 독서가가 되었다. 그는 역사에 관심이 깊었고 온갖 종류의 문학을 탐독했다. 주로 하는 운동은 산책이었다. 시골길을 돌아다니다 보면 온통 신기한 것들뿐이었다. 그때마다 발길을 멈추고 사과 꽃이나 산사나무 꽃, 혹은 이름을 알 수 없는 특이한 식물을 관찰했다. 특히 줄지어 행진하는 개미나 거미집을 짓는 거미를 보면 눈길을 떼기가 힘들었다. 곧 프루스트는 그의 독서 목록에 생물학과 곤충학을 추가했다. 어린 시절 프루스트와 가장 가까운 친구는 바로 어머니였다. 두 모자간의 애정은 그 누구도 사이에 끼어들 수 없을 만큼 깊고 돈독했다. 두 사람은 외모도 무척 닮았을 뿐만 아니라 예술적 감각마저 비슷했다. 프루스트는 하루도 어머니와 떨어져 지내지 못했는데, 단 몇 시간만 떨어져 있어도 쉴 새 없이 편지를 써 보내곤 했다.

1886년에 프루스트는 그의 삶을 영원히 바꿔놓을 한 권의 책을 만나게 된다. 그것은 노르망디 공(公)의 노르만 정복을 다룬 오귀스탱 티에리 Augustin Thierry의 역사책이었다. 티에리의 문체와 묘사가 어찌나 생생한지 프루스트는 마치 과거로 되돌아간 듯한 느낌을 받았다. 티에리는 세월이 지나도 변치 않는 인간 본성의 법칙에 대해 넌지시 언급했고, 새로운 깨달음을 얻은 프루스트는 흥분감에 머리가 핑핑 도는 것 같았다. 곤충학은 곤충의 행동 양식을 결정하는 보이지 않는 법칙을 발견하는 학문이다. 그렇다면 작가 역시 인간의 복잡한 본성과 행동 양식을 지배하는 법칙을 발견할 수 있지 않을까? 지나간 과거에 생명을 불어넣는 티에리의 능력에 큰 감명을 받은 프루스트는 자신이 이번 생에서 무엇을 해야 할지 깨달았다. 그것은 작가가 되어 인간 본성의 법칙을 밝혀내는 것이었다. 예전부터 오래 살지 못하리라는 강박관념에 시달리던 프루스트는 이제 한시라도 빨리 과업에 착수하여 창작력을 최대로 이끌어내야 했다.

당시에 프루스트는 파리에 거주하며 학교에 다니고 있었다. 그는 동급생들 사이에서 특이한 친구로 통했다. 워낙 많은 책을 읽은 탓에 그의 머리는 온갖 아이디어의 홍수로 넘쳐나고 있었다. 프루스트는 대화

속에서 역사와 고대 로마 문학, 꿀벌의 사회성에 대해 동시에 논할 수 있었으며, 과거와 현재를 뒤섞곤 했고, 고대 로마 시대의 작가를 동시대 인물인양 말하거나 모두가 아는 친구들을 역사 속 인물인 것처럼 묘사하기도 했다. 퉁방울 같은 눈(후에 한 친구는 곤충인 파리의 눈에 빗대기도 했다)은 상대의 얼굴에 구멍이라도 뚫을 듯이 언제나 사람들을 강렬하게 응시했다. 친구들에게 보내는 편지들은 당사자의 감정과 문제점을 엄격하게 지적하고 있었는데, 이는 편지를 받아보는 이에게는 상당히 당혹스러운 일이었다. 하지만 프루스트는 남들뿐만 아니라 자신의 약점에 대해서도 가차 없이 비판하곤 했다. 프루스트는 수줍음이 많고 혼자 지내는 것을 좋아하는 성격이었지만 반면에 놀라울 정도로 사람들과 쉽게 어울렸다. 그는 남들의 호감을 사거나 스스로를 돋보이게 하는 법을 잘 알았다. 이런 프루스트의 모습을 간파하거나 이 매력적인 괴짜 젊은 이의 앞날에 무엇이 놓여 있을지 내다볼 수 있는 사람은 아무도 없었다.

1888년, 프루스트는 숙부의 정부情婦인 서른일곱 살의 로르 헤이만 Laure Hayman을 만난다. 그는 즉시 그녀에게 홀딱 반하고 말았다. 로르는 마치 소설 속에서 튀어나온 여자처럼 화려한 옷차림새, 요염한 교태, 남자들을 홀리는 매력을 가지고 있었다. 한편 로르는 프루스트의 재치 있는 말솜씨와 품위 있는 태도에 매력을 느꼈고, 두 사람은 금세 가까운 친구가 되었다. 프랑스에는 살롱salon이라는 유서 깊은 전통이 있었다. 살롱은 마음 맞는 사람들끼리 모여 문학과 철학에 대해 논하는 지적인 모임인데, 후원자는 대개 여성으로 그녀의 사회적 지위에 따라 유명한 예술가나 사상가, 정치가들이 모여들곤 했다. 로르도 예외는 아니었다. 그녀가 후원하는 유명한 살롱에는 화가와 보헤미안, 배우들이 들락거렸고 얼마 지나지 않아 프루스트도 그곳의 단골이 되었다.

프루스트는 프랑스 상류사회의 삶에 매료되었다. 그곳은 섬세하고 미묘한 신호들로 가득한 세상이었다. 무도회 초청이나 만찬 테이블에서의 좌석 위치는 개인의 신분과 사회적 위치를 암시했다. 옷차림과 자세, 대화에 사용하는 표현은 판단과 비판의 척도가 되었다. 프루스트는 이 독특한 왕국을 탐험하고 난해하게 얽힌 신비와 수수께끼를 풀고 싶었다. 그는 이제껏 역사와 문학에 쏠려 있던 관심을 상류층 사교계로 돌렸다. 프루스트는 여러 살롱을 기웃거리며 손쉽게 사교계에 섞여들 수 있었다.

프루스트는 작가가 되는 것이 꿈이긴 했지만 무엇을 써야 할지 아직 확실히 결정하지 못한 상태였고 그것은 몹시 커다란 고민거리였다. 하지만 이제 해답을 찾은 듯이 보였다. 그는 개미집을 파헤치는 곤충학자의 눈으로 사교계를 해부할 것이다. 그래서 프루스트는 두 눈을 크게 뜨고 소설에 등장시킬 인물들을 찾아다녔다. 그렇게 발견한 사람 중 하나가 로베르 드 몽테스큐 백작이었다. 시인이자 예술 애호가, 그리고 악명 높은 퇴폐주의자인 백작은 특히 잘생긴 젊은이들에게 약한 것으로 유명했다. 또 다른 인물인 샤를 아스는 사교계를 한 몸에 요약해 놓은 듯한 인물이자 고상한 미술품 수집가로, 늘 낮은 계급의 여자들과 사랑에 빠지는 버릇이 있었다. 프루스트는 이들의 성격을 분석하고 그들이 사용하는 언어를 경청하고 몸짓과 버릇을 흉내 냈다. 그가 수첩에 끼적거린 글 속에는 이들의 모습이 생생하게 그려져 있었다. 프루스트는 언어를 활용하는 모방의 천재였다.

프루스트는 모든 것을 사실적으로 그려내고 싶었다. 직접 경험하거나 목격한 것이 아니면 쓰지 않았다. 이 규칙을 어긴다면 그의 글은 공허하고 쓸모없는 것이 될 터였다. 하지만 사람들과 가까워지는 것을 두려워하는 그의 성격이 방해물로 작용했다. 프루스트는 남성과 여성 양쪽 모두에게 매력을 느꼈는데 감정적으로든 육체적으로든 타인과 친밀한 관계를 맺는 것을 대단히 꺼려했고, 따라서 사랑과 로맨스를 묘사하는 데 크게 어려움을 느꼈다. 그래서 그는 실습을 해보기로 결심했다. 프루스트는 어떤 여성에게 매력을 느끼면 그녀의 연인이나 약혼자와 절친한 친구가 되어 신임을 얻은 다음, 두 사람의 연애사에 대해 상세한 이야기를 듣곤 했다. 더구나 프루스트는 대단히 예리하고 날카로운 심리학자였기에 연인들에게 훌륭한 조언을 해줄 수 있었다. 그러고 나면 그는 나중에 두 사람의 연애 과정을 완벽하게 재구성할 수 있었다. 그는 마치 자신이 연애의 당사자이기라도 한 양, 두 사람의 가장 행복했던 순간과 가장 비참했던 순간, 격렬한 질투심을 가슴 깊이 경험할 수 있었다. 남녀의 입장 어느 쪽에서든 가능했다.

저명한 의사였던 프루스트의 부친은 아들에게 실망을 금치 않을 수가 없었다. 프루스트는 밤새도록 파티에서 시간을 보낸 뒤 아침이 되어서야 집에 돌아와 오후 늦게까지 침대에서 일어나지 않았다. 또 상류층과 어울려 다니느라 돈을 흥청망청 써댔다. 절제나 자기수양이라고는 들어본 적도 없는 것 같았고 직업을 구할 생각도 없어 보였다. 프루스트의 아버지는 아들의 허약한 체질과 무조건 감싸고도는 어머니 때문에 프루스트가 평생 부모에게 얹혀사는 놈팡이가 되지나 않을까 걱정스러웠다. 그래서 그는 프루스트에게 직장을 얻으라고 종용했다. 프루스트는 아버지의 비위를 맞추기 위해 최대한 노력했다. 하루는 아버지에게 법률을 공부하겠다고 했다가 다음날에는 사서가 되고 싶다고 말하기도 했다. 그렇지만 사실 프루스트는 자신의 첫 작품을 출간하기 위해 가진 것을 모조리 저축에 쏟아붓고 있었다. 『즐거움과 나날들 Pleasures and Days』라는 제목의 이 책은 프루스트가 이제까지 목격한 사교계의 단면들과 각종 일화를 묘사한 단편집이었다. 노르만 정복을 다룬 티에리처럼, 프루스트도 사교계라는 세상에 생명을 불어넣을 작정이었다. 이 책이 성공을 거둔다면 아버지를 포함한 회의주의자들에게 본때를 보여줄 수 있을 터였다. 프루스트는 『즐거움과 나날들』에 단순한 책 이상의 의미를 불어넣기 위해 최상의 종이를 사용하고 그와 친분이 있는 사교계 여성들을 그린 근사한 삽화를 첨부하기로 했다.

몇 번의 지연과 유예기간을 거친 끝에 1896년 마침내 『즐거움과 나날들』이 출간되었다. 평단은 대체로 호의적이었지만 대부분의 평론들은 문체의 아름다움과 세심함에만 초점을 맞출 뿐 내용에 대해서는 피상적이라는 평이 지배적이었다. 그보다 더 속상한 일은 판매량이 형편없었다는 점이다. 게다가 프루스트에게 재정적인 타격을 안겨준 어마어마한 출판 비용까지 더해져, 마르셀 프루스트는 대외적으로 확고한 이미지를 굳히게 되었다. 잘나고 취향이 좋은 멋쟁이, 자기가 속한 세상 밖에 모르는 속물, 현실감각이라고는 전혀 없는 애송이, 장난삼아 소설이나 끼적거리는 사교계의 총아. 이런 평가에 프루스트는 좌절감을 느꼈다.

그만 빈둥거리고 직장을 구해 정착하라는 식구들의 압박 또한 나날이 심해졌다. 글 솜씨에는 자신이 있었던 프로스트는 그가 할 수 있는 대답이란 다른 소설을 쓰는 것뿐이라는 결론을 내렸다. 그렇지만 이번

소설은『즐거움과 나날들』과는 정반대여야만 했다. 그것은『즐거움과 나날들』보다 훨씬 길고 두꺼운 책이 될 터였다. 프루스트는 이 작품 속에 자신의 어린 시절과 현재의 경험들을 뒤섞고, 온갖 계층의 삶과 프랑스의 역사 전반을 아우를 것이었다. 그러나 쓰면 쓸수록 글이 점점 더 길어지면서 프루스트는 어떻게 해야 논리적으로 일관된 이야기를 쓸 수 있을지, 아니 어떻게 해야 '스토리' 비슷한 것을 짤 수 있을지 감도 잡히지 않았다. 자기 자신의 원대한 야심 속에서 길을 잃어버린 것이다. 1899년 겨울, 그는 이미 수백 페이지나 집필한 이 소설을 결국 포기하고 접어버린다.

낙담한 프루스트는 크게 의기소침해졌다. 살롱에 참석하는 것도 지겨웠고 부자들과 어울리는 것도 신물이 났다. 직업도 없었고 그렇다고 의지할 사람도 없었다. 서른이 다 된 나이에 여전히 부모님의 집에 얹혀서 부모님의 돈에 의존해 살고 있었다. 더구나 건강은 나날이 악화되었다. 프루스트는 자신이 살날이 몇 년밖에 남지 않았으리라 확신했다. 학창시절의 친구들은 이미 행복한 가정을 꾸리고 사회적으로 명망을 떨치고 있었다. 그런 소식을 듣다 보면 자신이 인생의 실패자처럼 느껴졌다. 반면에 이제까지 프루스트가 한 일이라고는 신문에 몇 번 상류층에 관한 기사를 기고하거나 파리 사교계의 웃음거리가 된 책 한 권을 출간한 것뿐이었다. 그가 유일하게 기댈 곳은 어머니의 끝없는 애정과 사랑뿐이었다.

이렇게 힘든 상황 속에서 한 가지 묘안이 떠올랐다. 프루스트는 수년 동안 영국의 비평가이자 사상가인 존 러스킨John Ruskin의 작품들을 탐독하고 있었다. 그는 독학으로 익힌 영어로 러스킨의 작품을 프랑스어로 번역하기로 결심했다. 그리고 이를 위해서 넉넉한 시간을 들여 고딕 건축 양식을 비롯해 러스킨의 전문 분야를 학문적으로 파고들기로 했다. 물론 많은 시간을 투자해야 할 테고 한동안 소설을 쓰겠다는 생각은 접어두어야 했다. 그렇지만 부모님에게 그가 앞날을 스스로 개척할 의지가 있다는 사실을 보여주려면 이 길이 최선이었다. 이것은 그의 마지막 희망이었다. 프루스트는 이 일에 모든 열과 성을 쏟아부었다.

프루스트가 수년간의 노고를 들여 번역한 러스킨의 작품들은 출간되자마자 뜨거운 반응을 얻었고, 프루스트가 직접 쓴 해설과 서문은 『즐거움과 나날들』 이후 그에게 붙여진 하릴없고 퇴폐적인 아마추어 문학 애호가라는 오명을 말끔히 씻어주었다. 이제 프루스트는 학계에서 중요하게 인정받는 학자가 되었다. 그는 이번 경험을 통해 자신만의 독특한 문체와 스타일을 발전시켰다. 러스킨의 작품을 흡수하여 사려 깊고 명확한 글을 쓸 수 있게 되었고 마침내 작가로서 굳건한 토대가 될 자기절제력을 얻은 것이다. 그러나 이 같은 성공의 과실을 한껏 누리던 와중, 그의 감정적인 면을 탄탄하게 지탱해주던 발판이자 지주에 금이 가더니 그만 사라지고 말았다. 1903년에 프루스트의 아버지가 세상을 떠났고, 2년 뒤에 어머니마저 남편을 잃은 슬픔에서 헤어나지 못하고 그 뒤를 따르고 말았다. 프루스트는 어머니와 한시도 떨어져본 적이 없을 정도로 돈독했고, 어린 시절부터 언젠가 어머니가 돌아가실 것이라는 불안감에 시달리던 사람이었다. 그는 이제 세상에 홀로 남았다는 지독한 고독감에 시달렸다. 더 이상 삶의 의미를 찾을 수가 없었다.

그 뒤로 몇 달 동안 프루스트는 서서히 사교계를 멀리하기 시작했다. 그는 지나온 삶을 찬찬히 돌아보고서야 일종의 패턴을 발견하고 희미한 희망의 불빛을 발견할 수 있었다. 그는 허약한 체질을 보상하기 위해 독서를 택했고 그 과정에서 삶의 과업을 발견했다. 지난 20년 동안 프랑스 사교계에 대해 엄청나게 방대한 양의 지식을 축적했고, 그 결과 그의 머릿속에는 온갖 다양한 계층과 현실적인 인물들이 살고 있었다.

프루스트는 지금까지 수천 페이지의 글을 썼다. 실패한 처녀작을 비롯해 짧은 신문 꼭지들과 다양한 수필들도 있었다. 그는 러스킨을 스승 삼아 그의 작품들을 번역하고 그 과정에서 기술을 다듬고 솜씨를 다졌다. 프루스트는 우리 모두가 세상을 천천히 배워나가듯이 삶과 인생에 관해 깊이 고찰하며 수련기를 보냈다. 어떤 이들은 이런 수련기 단계에 신호를 읽는 법을 배우고 깨달음을 얻으며, 그 과정에서 스스로를 단련하고 계발한다. 프루스트는 20년 동안 길고 정교한 수련기를 거치며 인간의 본성을 연구하고 저술 능력을 갈고닦았다. 이는 그에게 커다란 변화를 초래했다. 건강상의 문제와 젊은 시절의 실패에도 불구하고, 프루스트는 절대로 포기하지 않았다. 그가 실패한 데에는 반드시 의미가 있을 터였다. 어쩌면 이 모든 것이 운명일지도 몰랐다. 무언가 목적이 있는 것이 틀림없었다. 그것이 무엇인지 밝혀낼 수만 있다면 그의 인생은 결코 헛된 것이 아닐 것이라 생각했다.

프루스트가 해야 할 일은 자신이 가진 모든 지식을 작품 속에 녹여 넣는 것이었다. 그것은 잡힐 듯 말 듯 늘 그의 손가락 사이로 달아나던 소설로 돌아가야 함을 의미했다. 그것이 어떠한 작품이 될지는 프루스트 자신도 알지 못했다. 플롯이나 화법을 어떤 식으로 정할지도 전혀 짐작조차 가지 않았다. 하지만 모든 재료는 이미 머릿속에 들어 있었다. 어린 시절과 젊은 시절, 어머니의 모습의 어떤 부분이 정확히 떠오르지 않는다 해도, 하루 종일 홀로 틀어박혀 있는 이 서재에서 어떻게든 그 모든 세상을 완전히 새로 창조해내리라. 남은 것은 이제 일에 착수하는 것뿐이었다. 어떠한 결과물이 나올지는 미지수였다.

1908년 가을, 프루스트는 공책 한 묶음을 샀다. 학창시절 학교에서 쓰던 것과 똑같은 종류였다. 그런 다음 그 안을 빽빽하게 채우기 시작했다. 프루스트는 미학에 관한 에세이와 인물들에 대한 짧고 상세한 묘사, 어린 시절의 기억을 써 내려갔다. 점점 더 그런 과정에 깊숙이 몰두해가면서 그는 내면에 변화가 이는 것을 깨달았다. 갑자기 딸깍 하고 스위치가 켜진 것 같았다. 어디서 들려오는지 모를 목소리가, 바로 자기 자신의 목소리가 머릿속에서 속삭였다. 작품의 화자는 바로 이 목소리가 되어야 했다. 소설은 어머니와 정신적으로 깊은 유대감을 갖고 있으며 자신의 정체성을 형성하는 데 어려움을 겪고 있는 한 젊은이를 중심으로 진행된다. 젊은이는 작가가 되고 싶어 하지만 무엇을 쓸 것인지는 아직 찾아내지 못했다. 그는 자라나면서 두 개의 사교계에 발을 디디게 되는데 하나는 자유분방한 보헤미안 사회였고, 다른 하나는 상류층 지주계급의 사회였다. 그는 거기서 만나는 다양한 부류의 사람들을 분석하고 사회적으로 드러난 표면적인 모습 아래 숨어 있는 진정한 본질을 발견한다. 그리고 물론 사랑에 몇 번 실패하기도 하고 가슴이 찢어지는 듯한 질투심도 경험하게 될 것이다. 주인공은 무수한 모험과 좌절을 겪은 끝에 소설이 끝나갈 즈음 자신이 무엇을 쓰고 싶은지 발견하게 되는데, 그것은 바로 지금까지 독자들이 읽은 바로 이 책이다.

소설의 제목은 『잃어버린 시간을 찾아서』였다. 실제로 이 소설은 프루스트의 자전적인 내용을 상당 부분 포함하고 있었고 그가 아는 현실 속 실존인물들은 모두 가명으로 등장했다. 프루스트는 화자의 독백을 통해 자신이 태어난 이래 현재까지(그게 언제가 될지는 모르지만) 프랑스의 역사를 다룰 생각이었다. 『잃어버린 시간을 찾아서』는 프랑스 사회 전반을 그린 세밀한 초상화였고, 작가인 그는 개미탑에 살고 있는 모든 거주자들의 행동을 지배하는 자연법칙을 발견하는 곤충학자였다. 유일한 걱정거리는 바로 그의 건강 상태였다. 프루스트의 눈앞에 놓인 과업은 너무나도 크고 웅대했다. 집필을 끝낼 때까지 과연 몸이 버텨줄 수 있을까?

여러 해를 매달린 끝에 마침내 프루스트는 소설의 첫 번째 부분을 완성했다. 1913년에 '스완의 집 쪽으로'라는 제목의 1부가 출간되자 평단은 열광했다. 이런 종류의 소설은 이제까지 한 번도 본 적이 없었다. 프루스트는 마치 소설과 에세이가 뒤섞인, 완전히 새로운 문학 장르를 개척한 듯 보였다. 그러나 소설의 뒷부분을 부분을 구상하고 있는 도중 제1차 세계대전이 발발했다. 출판업계 전체가 동면에 들어갔지만 프루스트는 아랑곳하지 않았다. 그는 계속해서 집필에 전념했다. 하지만 그때, 갑자기 기이한 일이 발생했다. 소설이 마치 스스로 성장하듯 점점 더 방대해지기 시작한 것이다. 한 권이 늘어나고, 또 다시 한 권이 늘어났다. 이런 사태가 발생하게 된 데에는 프루스트의 작업 방식에 커다란 원인이 있었다. 그는 오랫동안 수많은 이야기들과 인물들, 삶의 교훈과 사람들의 심리 상태를 긁어모았고, 그렇게 모은 조각들을 하나씩 엮어 소설로 만들었다. 그것은 마치 모자이크와도 같았다. 그 모자이크가 어떠한 모습을 띠게 될지는 작가인 자신도 예측할 수 없었다.

책의 분량이 늘어나면서, 별안간 그의 소설은 독특한 형식을 띠게 되었다. 현실과 허구가 서로 분리될 수 없는 불가분의 관계로 엮인 것이다. 프루스트는 새로운 캐릭터, 예를 들어 처음 사교계에 나온 부유한 젊은 아가씨가 필요해지면 현실 속에서 적합한 모델을 찾아 나섰다. 적절한 인물을 발견하면 무도회나 파티에 초대받아 그녀를 세심하게 관찰하면 그만이었다. 그녀의 말투와 몸짓은 저절로 소설 속에 자리를 잡아갔다. 어느 날 저녁, 프루스트는 친구들을 위해 극장의 박스석을 몇 자리 예약했다. 그는 그곳에 앉아 수많은 사람을 관찰하고 그들을 바탕으로 소설 속 인물을 창조해냈다. 공연이 끝나고 저녁 테이블에서는 화학자처럼 날카로운 눈으로 소설 속에 조합시킬 다양한 성분들을 찾아 주변에서 일어나는 일들을 주시했다. 그의 눈앞에는 작품에 필요한 모든 재료가 펼쳐져 있었다. 물론 그의 머릿속에서 무슨 일이 벌어지고 있는지 아는 사람은 아무도 없었다. 프루스트에게는 세상에 존재하는 모든 것이 글의 소재였다. 과거는 물론 현재의 사건과 갈등도 새로운 아이디어나 방향을 제시해주었다.

어렸을 때 그의 관심을 사로잡았던 식물이나 꽃에 대해 쓰고 싶을 때면 즉시 시골에 내려가 몇 시간이고 꽃들을 바라보며 고유한 본질을 포착하고 무엇이 그토록 어린 자신을 매료시켰는지 알아내려 애썼다. 그래야 처음에 느꼈던 감정과 느낌을 완벽하게 재창조하여 독자들에게 전달할 수 있기 때문이었다. 실존 인물인 몽테스큐 백작을 소설 속에서 악평이 자자한 동성애자인 샤를뤼스라는 인물로 재구성했을 때는 심지어 백작이 자주 출입하는 파리의 남창굴을 직접 방문하기도 했다. 그의 소설은 최대한 현실적이어야 했고, 거기에는 적나라한 성애 장면도 포함되었다. 하지만 개인적인 경험이 부족했던 프루스트는 다른 이들에게 돈을 주고 가십이나 정보를 부탁하거나 때로는 엿보는 짓도 서슴지 않았다. 소설이 계속해서 방대해짐에 따라 프루스트는 자신의 머릿속에 존재하던 사교계가 현실로 되살아나는 것을 느낄 수 있었다. 그의 내면으로부터 하나의 세상이 자연스럽게 흘러나오고 있었던 것이다. 그는 소설 속에서 이런 감각을 비유적으로 설명하기도 했다. 프루스트는 거미줄 한가운데 앉아 있는 거미였다. 자신이 창조하고 지배하고 있는 세상을 속속들이 알고 있어 아주 미세한 진동까지도 예민하게 느낄 수 있는 거미였다.

프루스트의 책은 전쟁이 끝난 뒤에도 계속해서 출간되었다. 평론가들은 작품의 심오함과 광범위함에 감탄을 금치 못했다. 마르셀 프루스트는 하나의 완전한 세상을 창조, 아니 재창조해냈다.『잃어버린 시간을 찾아서』는 단순한 현실주의 소설이 아니라 예술과 심리학, 인간의 기억과 두뇌활동에 관한 진지한 담론에 가까웠다. 프루스트는 깊이 탐구한 심리학 지식을 통해 인간의 기억과 무의식의 본질을 섬뜩할 정도로 예리하게 밝혀냈다. 독자들은 그의 책을 한 권씩 읽어나가며 화자의 마음이 만들어낸 세상에서 삶을 살고 경험하며 그의 생각이 곧 자신의 생각이 되는 독특한 감각을 경험하게 된다. 다시 말해, 화자와 독자의 경계가 사라진 것이다. 그것은 마법과도 같은 일이었다. 마치 삶 그 자체처럼 느껴질 지경이었다.

마침내 주인공이 우리가 읽고 있는 소설을 쓰기로 결정하는 마지막 권에 이르러 프루스트는 마음이 급박해졌다. 건강이 지나치게 악화되고 있었던 것이다. 그는 죽음이 다가오고 있음을 느낄 수 있었다. 지금까지 프루스트는 방금 경험한 새로운 사건을 원고에 포함해야 한다고 생각할 때면 심지어 인쇄기가 돌아가고 있을 때조차도 일을 중단시키곤 했다. 그리고 이제 죽음이 코앞에 닥쳐온 순간, 그는 비서에게 마지막 몇 가지 수정사항을 기록할 것을 지시했다. 그는 마침내 죽는다는 것이 어떤 느낌인지 이해할 수 있었고, 그래서 책에서 묘사한 임종 장면을 다시 써야겠다고 생각한 것이다. 전에 쓴 장면들은 심리학적으로 정확하지 않았다. 그로부터 이틀 뒤, 마르셀 프루스트는 『잃어버린 시간을 찾아서』의 완결편인 7권의 출간을 결국 보지 못한 채 숨을 거두었다.

마스터리에 이르는 열쇠

> 포정庖丁은 문혜군文惠君을 위해 소를 잡고 있었다. …… "아, 참으로 놀라운 솜씨도다!" 문혜군이 말했다. "기술이 어찌하여 이런 경지에 이를 수 있단 말이냐!" 포정이 칼을 놓고 대답했다. "제가 추구하는 것은 도道입니다. 기술보다 훨씬 우월한 것이지요. 제가 처음 소를 잡았을 때 제 눈에는 소밖에 보이지 않았습니다. 하지만 3년 뒤에는 더 이상 소가 보이지 않더군요. 그리고 이제 저는 눈으로 소를 보는 것이 아니라 정신으로 대합니다. 생각과 감각이 멈추고 정신이 원하는 대로 저절로 움직이는 것입니다."
>
> _ 장자(莊子), 기원전 4세기 중국 철학자

역사적으로 각각의 분야에서 최고라 일컬어지는 수많은 거장들은 오랫동안 한 분야에 몰두한 끝에 갑자기 번득이는 고도의 지성을 획득하는 순간에 대해 여러 방식으로 표현했다. 체스마스터인 바비 피셔는 체스판 위에서 이뤄지는 말馬들의 다양한 수手를 미리 볼 수 있을 뿐만 아니라 시간이 지나면 그 뒤에 숨겨진 일종의 '힘의 장場'을 발견하고 시합의 방향을 예측할 수 있다고 말했다. 피아니스트 글렌 굴드의 경우에는 연주를 할 때 더 이상 악보나 음악의 일부분에 신경을 쓸 필요 없이 곡의 전체 구조를 보고 그것을 표현할 수 있다고 털어놓았다. 알베르트 아인슈타인은 어느 날 갑자기 단순한 의문과 해답이 아닌, 우주에 대한 완전히 새로운 관점을 직관적인 시각적 이미지를 통해 발견했다. 한편 발명가 토머스 에디슨은 도시 전체를 전깃불로 밝힌다는 당시로서는 놀라운 비전을 내놓았는데, 이 복잡한 시스템을 생각해낸 계기는 단 하나의 이미지였다.

이 다양한 분야의 전문가들은 모두 '시야의 확장'을 경험했을 때의 감동과 느낌을 표현하고 있다. 그들은 하나의 이미지나 아이디어, 또는 이미지와 아이디어의 결합을 통해 어느 순간 갑자기 전체를 이해하고 파악할 수 있게 된다. 그들이 경험하는 이 강력한 힘은 바로 '직관', 이른바 '촉觸'이라고 불리는 것이다.

이런 형태의 지성이 우리에게 부여할 수 있는 힘과 이를 획득한 거장들이 인류 문화에 미친 어마어마한 영향과 공헌을 고려할 때, 이 같은 고도의 직관력이 무수한 논의와 저서의 중심이 되었으리라는 사실은 어렵지 않게 짐작할 수 있다. 또 이에 수반되는 사고방식이야말로 우리 모두가 추구해야 할 이상으로 추앙받았으리라는 것이 논리적인 결론이리라. 그러나 이상하게도 반드시 그런 것은 아니다. 이런 형태의 지성은 무시되거나, 신비주의나 초자연적인 영역으로 치부되거나 혹은 범접치 못할 천재성과 유전의 결과물로 여겨졌다. 혹자들은 심지어 이 같은 힘이 실은 평범한 것이며 거장들이 자신의 경험을 과장했거나, 이른바 그들의 '직관력'이라는 것이 우월한 지식에 기초한 일반적 사고방식에 불과하다고 주장했다.

이 같은 힘에 대해 사회적으로 전반적인 경시 풍조가 나타나는 이유는 간단하다. 우리 인간은 오로지 한 가지 종류의 사고와 지성만을 알고 있기 때문이다. 우리가 알고 있는 이성, 즉 합리적 사고는 순차적으로 진행된다. A라는 현상을 목격하고 B라는 원인을 추론함으로써 C라는 반응을 예측한다. 이러한 합리적 사고를 통해 우리는 다양한 과정과 단계를 재구축하여 특정한 결론이나 해답에 이른다. 이러한 종류의 사고는 극도로 효율적이며 우리에게 커다란 힘을 가져다주는데, 우리는 그 힘을 발전시켜 주변 세상을 이해하고 통제한다. 합리적인 분석 과정은 일반적으로 검토와 입증이 가능하며, 그것이 바로 우리가 이런 과정을 높이 평가하는 이유다. 우리는 공식으로 환산하고 정확한 언어로 표현할 수 있는 것을 선호한다. 그러나 수많은 거장이 이야기한 것과 같은 직관은 특정한 공식으로 정리할 수 없으며 거기에 도달하기 위해 거친 단계들 또한 재구성할 수 없다. 가령 우리는 알베르트 아인슈타인이 되어 시간의 상대성 원리에 대한 깨달음을 재경험할 수 없다. 그리고 이성을 지성의 유일한 형태로 인식하기 때문에 이 같은 '시야의 확장'은 단순히 신속한 합리적 사고이거나 혹은 그저 신기하고 기적적인 일이어야 한다.

여기서 발생하는 문제는 마스터리의 궁극적 징후인 고도의 직관이 이성과는 본질적으로 다를 뿐만 아니라 한층 더 정밀하고 복잡한 과정이라는 것이다. 직관은 현실에 보다 깊숙이 접근할 수 있으며, 지성의 한 형태로서 그 자체로 이해되고 받아들여져야 한다. 그리고 그것을 이해함으로써 우리는 직관이 신비롭고 불가해한 것이 아니라 인간 고유의 능력으로 우리 모두가 성취할 수 있는 것임을 깨달을 수 있다.

이 같은 형태의 사고를 이해하기 위해, 직관력이 생명과학과 전쟁에서 어떠한 방식으로 작용하는지 살펴보자.

우리는 어떤 동물을 연구할 때 각각의 영역을 세분화하여 분석한다. 간단히 말해 동물의 장기와 두뇌, 해부학적 구조를 연구하여 어떻게 다른 동물과 다른 방식으로 환경에 적응해왔는지 살펴보는 것이다. 또한 해당 동물의 행동 패턴과 먹이채집 방식, 짝짓기 의식 등을 연구하고 생태계 안에서 어떻게 기능하고 활동하는지 파고든다. 그런 식으로 부분적인 정보들을 하나씩 짜 맞춰 큰 그림을 그리고 다양한 각도에서 대상을 고찰한다. 전쟁의 경우에도 이와 비슷한 과정을 거친다. 야외기동, 무기, 병참, 전략 등 전체를 여러 부문으로 나누어 각각의 주제를 연구한 다음, 그로부터 얻은 상세한 지식을 바탕으로 전투 경과를 분석하고 흥미로운 결론을 내리거나 또는 그러한 경험을 기반으로 군을 통솔하거나 효율적인 작전을 수행한다.

그러나 아무리 면밀한 분석을 한다고 해도 무언가는 반드시 놓치기 마련이다. 동물은 단순히 각 부분의 합이 아니다. 각각의 동물은 나름의 경험과 감정을 갖고 있고 이는 그들의 행동을 구성하는 데 커다란 역할을 하지만, 우리는 그런 요인들을 볼 수도 없고 측정할 수도 없다. 그것들은 주변 환경과 극도로 복잡한 상호작용을 지속하며, 여러 부분으로 분해하거나 갈라내는 순간 왜곡되기 때문이다. 동물들의 유연하고 다차원적인 환경과의 상호작용은 눈으로 볼 수 있는 것이 아니다. 전쟁의 경우, 일단 전투가 시작되면 우리는 '전쟁의 안개', 즉 두 개의 힘이 정면으로 충돌했을 때 발생하는 강력한 불예측성의 영향하에 들어간다. 상황이 어떻게 흘러갈지는 아무도 알지 못하고, 서로가 서로에게 반응함에 따라 예기치 못한 사태가 발생한다. 실시간으로 진행되는 전투는 상호작용적이고 끊임없이 변화하기 때문에 그 일부, 또는 단순한 분석으로는 요약할 수 없으며 눈으로 보거나 측정할 수 있는 것도 아니다.

이처럼 동물의 경험을 구성하는 보이지 않는 요소와 전투를 하나의 유기체처럼 유동적으로 만드는 요소는 다양한 이름으로 불린다. 그 힘을 깊이 이해하고 있던 고대 중국인들은 그것을 도道라고 불렀다. '도'는 이 세상에 존재하는 모든 것들과 사물들 사이의 관계를 포함한다. '도'를 볼 수 있는 것은 오직 한 분야에 통달한 전문가들뿐이다. 그것이 요리든 공예든 전쟁이든 철학이든 상관없다. 한편 우리는 그것을 '포괄적 원동력'이라고 부를 것이다. 이 힘은 우리가 연구하거나 실행하는 모든 일을 움직이는 동력이다. 이것이 바로 사물 전체가 기능하고 내면에서 비롯된 관계가 발전하는 방식이다. 그것은 단순히 체스판 위에서 이뤄지는 말의 움직임을 넘어 게임 전체의 방향과 플레이어의 심리, 그들의 에너지가 상대방에게 미치는 영향, 실시간으로 변화하는 전략과 현재에 영향을 주는 과거의 경험, 선수들이 앉아 있는 의자의 안락함 정도를 모두 포함한다. 간단히 말해, 시합에 영향을 미치는 모든 것을 한꺼번에 가리키는 말인 것이다.

각 분야의 거장들은 오랫동안 한 분야에 몸을 담그고 몰두함으로써 이 모든 것이 동시에 연관되어 있음을 이해하게 된다. 모든 것들이 내면화되는 순간, 그들은 더 이상 부분이 아닌 '전체를 느끼는 감각'을 얻게 된다. 문자 그대로 포괄적 원동력을 보거나 느낄 수 있게 되는 것이다. 제인 구달Jane Goodall은 여러 해 동안 동아프리카에서 침팬지들과 함께 살며 야생침팬지를 연구했다. 그녀는 지속적인 교류를 통해 마침내 침팬지처럼 사고하는 단계에 이르렀고, 다른 과학자들은 상상조차 할 수 없는 수준으로 침팬지들의 사회생활을 이해했다. 구달 박사는 침팬지들이 개별적으로뿐만 아니라 집단으로서 기능하며 그것이 침팬지들의 삶에서 필수적인 부분임을 직관적으로 깨달았다. 이러한 놀라운 발견은 이 동물에 대한 우리의 생각과 개념을 영원히 변화시켰고, 그것이 깊은 직관력에 기대고 있다고 해서 그 과학적 의미가 퇴색하는 것은 아니다.

전쟁 분야에서는 독일의 에르빈 롬멜Erwin Rommel 장군을 예로 들 수 있다. 롬멜 장군은 전쟁 역사상 가장 예리한 '감'과 '촉'을 지녔다고 일컬어진다. 그는 적군이 기습하는 장소를 정확하게 예측하고 그들의 계획을 수포로 만들 수 있었다. 또한 적군의 방어선 가운데 가장 취약한 부분을 정확히 짚어내 공격을 지시했다. 그는 마치 머리 뒤에도 눈이 달린 것 같았고, 미래를 내다보는 힘을 갖고 있는 것처럼 보였다. 특히 롬멜 장군은 이 모든 일을 북아프리카의 사막 지역에서 해냈는데, 그 부근은 적군과 아군의 영역을 정확히 구분하기조차 힘든 곳이었다. 그러나 롬멜은 초자연적인 힘을 지니고 있었던 것이 아니다. 그저 다른 지휘관들보다 전장에 대해 더 깊고 풍부한 지식을 갖고 있었을 뿐이다. 롬멜은 자주 사막 위를 비행기로 날며 전장을 시찰하고 지형을 연구했다. 기계류에도 해박한 지식을 갖춰서 아군이 사용하는 탱크에 대해 면밀히 알고 있었으며 어떤 방식으로 활용할 수 있을지도 환히 꿰고 있었다. 롬멜은 적군과 적군 지휘관의 심리를 연구하고 분석했다. 부하 병사들과 고하를 막론하고 친분을 나누었으며 병사들의 한계를 어디까지 끌어올릴 수 있을지 파악했다. 그리고 이 모든 세세한 사항들이 내면화되는 시점에 이르렀을 때, 그의 두뇌 속에서 방대한 정보들이 하나로 결합되어 큰 그림에 대한 감각과 포괄적 원동력을 감지하는 능력이 발현된 것이다.

이 같은 전체 그림을 파악하는 직관력과 '포괄적 원동력'에 대한 감각을 얻을 수 있게 해주는 것은 바로 시간이다. 우리 두뇌는 대략 1만 시간의 연습을 거치면 실제로 그 구조가 변화하며, 2만 시간 이상의 연습을 거치면 놀라운 탈바꿈을 하게 된다. 두뇌는 무수한 연습과 경험을 통해 다양한 형태의 지식들을 서로 잇고 연결한다. 그래서 거장들은 사물들의 유기적인 상호작용을 감지하고 즉각적으로 그 패턴을 이해하거나 해결책을 찾아낼 수 있는 것이다. 이처럼 유동적인 사고는 단계적인 과정을 거치기보다 전구에 불이 켜지듯 순간의 깨달음을 통해 발생한다. 두뇌가 흩어져 있는 개별적인 지식과 정보들을 연결하면서 그 즉시 '포괄적 원동력'을 깨달을 수 있게 해주는 것이다.

어떤 이들은 이런 직관이 실제로는 순차적으로 발생하지만 그 속도가 너무 빨라 당사자가 깨닫지 못할 뿐이라고 여긴다. 이런 식의 생각은 모든 형태의 지성을 이성과 같은 수준으로 끌어내리고자 하는 욕구에서 비롯된다. 하지만 만일 아인슈타인 본인이 통찰력을 통해 시간의 상대성 원리에 도달하는 순차적 단계를 스스로 재구성할 수 없다면, 그런 과정이 과연 존재한다고 말할 수 있을까? 우리는 거장들의 경험과 설명을 믿어야 한다. 이들이야말로 탁월한 지각력과 분석력의 보유자가 아닌가.

하지만 거장들이 순전히 직관에 따라 움직이며 합리적인 사고와는 동떨어져 있다고 생각해서는 안 된다. 먼저, 그러한 고도의 지성은 그들이 오랜 시간에 걸쳐 지대한 노력을 쏟고 심오한 지식과 분석적 기술을 습득함으로써 완성된 것이다. 둘째로 이러한 직관이나 통찰력은 반드시 합리적인 사고와 고찰의 과정을 필요로 한다. 과학자들은 몇 개월, 나아가 수년 동안 자신의 직관적인 아이디어를 검토하고 증명하려 애쓴다. 예술가들은 머릿속에 떠오른 아이디어를, 직관과 이성을 함께 발휘하여 '형태'를 가진 무언가로 다듬어야 한다. 평범한 우리로서는 상상하기 어려운 일이 아닐 수 없다. 왜냐하면 우리는 이성과 직관이 상호배타적인 것이라고 생각하기 때문이다. 그러나 한 차원 높은 거장의 영역에서 이 두 가지 요소는 자연스럽고 매끄럽게 함께 작용한다. 거장들의 사고는 직관에 의해 인도되고, 직관은 집중적인 사고로부터 비롯된다. 두 개의 영역이 한데 결합하여 하나가 되는 것이다.

마스터리와 이런 직관에 도달하기 위해서는 시간이 대단히 중요한 관건이지만, 우리가 이야기하고 있는 시간은 중립적인 것도 아니요, 단순히 양적인 것도 아니다. 아인슈타인이 열여섯 살 때 문제에 몰입하던 한 시간은 평범한 고등학생이 물리학 문제를 붙잡고 끙끙대는 한 시간과는 다르다. 20년 동안 물리학을 공부한다고 해서 저절로 그 분야의 거장이 되는 것도 아니다. 오랜 시간을 투자해 마스터리에 도달하려면 반드시 집중력이 수반되어야 한다.

고도의 지성, 즉 직관력을 성취하는 비결은 학습 시간을 '질적으로' 충만하게 만드는 것이다. 우리는 단지 지식을 흡수하는 것이 아니다. 우리는 그것을 내면화하여 실질적으로 활용할 방법을 찾음으로서 '내 것'으로 만든다. 우리는 다양한 요소들 사이의 연결고리를 찾아내 수련기에 인지할 수 있는 숨겨진 법칙을 발견한다. 혹여 실패나 좌절을 경험해도 머릿속에서 금세 지워버리기보다는 상처 입은 자존감을 달래며 오랫동안 고민하고 곱씹는다. 어째서 잘못되었고 혹시 실수에 어떤 패턴이 존재하지는 않는지 규명하려 애쓰는 것이다. 그렇게 발전이 거듭됨에 따라 우리는 예전에 배운 가설과 관습에 의문을 제기하기 시작하고 얼마 지나지 않아 적극적으로 실험에 뛰어들게 된다. 마스터리로 향하는 다양한 과정, 각각의 순간들을 전념을 다해 공격하는 것이다. 그리고 그 각각의 순간, 각각의 경험은 모두 우리에게 심오한 교훈을 안겨준다. 우리는 거듭해서 자각하고 깨달음을 얻는다. 단순히 겉핥기로만 시늉하는 것이 아닌 것이다.

마르셀 프루스트는 마스터리에 도달하기 위한 시간의 활용에 가장 좋은 예가 될 수 있는 인물이다. 프루스트의 대작 소설『잃어버린 시간을 찾아서』는 아예 그런 주제를 다루고 있는데, '잃어버리다'를 의미하는 프랑스어 'perdu'는 '헛되이 낭비하다'와 같은 의미를 지니고 있다. 젊은 시절의 프루스트는 그를 아는 사람들은 물론 본인 스스로도 마스터리에 도달하리라고는 꿈에도 상상하지 못할 인물이었다. 최소한 겉으로 보기에 그는 귀중한 시간을 너무 많이 낭비하고 있는 듯 보였다. 그도 그럴 것이 프루스트가 하는 일이라고는 책을 읽고 산책이나 하고 지루한 편지를 주고받고 파티에 참석해 밤새 놀고 늦잠을 자고 천박하고 공허한 사교계 기사를 쓰는 게 고작이었기 때문이다. 그리고 마침내 러스킨의 작품을 프랑스어로 번역하겠다고 나섰을 때에도 프루스트는 러스킨의 작품 속에 언급된 장소들을 직접 찾아가는 등 여타 번역가들은 거들떠보지도 않는 일에 지나칠 만큼 쓸데없는 공과 시간을 들이는 것 같았다.

프루스트 자신도 젊은 시절에 낭비해버린 시간과 아무것도 성취하지 못하고 헛되이 보낸 나날들에 대해 끊임없이 투덜거리곤 했다. 그러나 그런 불평을 액면가 그대로 받아들여서는 안 된다. 왜냐하면 그는 절대로 포기하지 않았기 때문이다. 프루스트는 잦은 병치레와 심각한 우울증을 겪으면서도 지식의 지평을 넓히기 위해 늘 새로운 것을 시도했다. 그는 인내심이 강했고 지칠 줄도 몰랐다. 지독한 자기 회의는 스스로를 채찍질하고 남은 시간이 얼마 없음을 상기시키기 위한 나름의 방식이었다. 프루스트는 자신이 나아갈 운명과 그 목적을 자각하고 있었으며, 작품을 통해 그것을 성취할 사명을 지니고 있다고 여겼다.

마르셀 프루스트의 20년과 다른 평범한 사람들의 삶을 질적으로 다르게 만든 것은 바로 고도의 집중력이었다. 책을 읽을 때, 그는 단순히 독서를 하는 것이 아니었다. 프루스트는 책의 내용을 샅샅이 분해하고 정밀하게 분석하여 삶에 적용할 수 있는 귀중한 교훈을 끄집어냈다. 풍부한 독서는 그의 머릿속에 다양한 양식과 스타일을 심어줘 후에 그의 글을 풍요롭게 만들었다. 또 프루스트는 사람들과 어울릴 때도 상대방을 철저히 이해하고 숨겨진 동기를 발견하기 위해 노력했다. 그는 자기 자신의 심리를 분석하는 한편 의식의 다양한 단계를 파고들어 기억의 기능에 대해 고찰함으로써 신경과학 분야의 발견에 많은 영향을 미쳤다. 프루스트는 번역을 할 때도 러스킨의 머릿속에 들어가기 위해 노력했고, 심지어는 어머니의 죽음까지도 개인적인 발전을 이루는 데 이용했다. 모친이 세상을 떠났을 때 그는 슬픔을 마음 한 켠에 접어둔 채 계속해서 글을 써야 했는데, 소설을 통해 두 사람의 감정을 재창조하는 방법을 발견했던 것이다. 후에 프루스트는 그 모든 경험들은 마치 씨앗과도 같으며 프루스트 자신은 소설 속에 심은 씨앗을 기르고 경작하는 정원사와 같다고 비유했다.

프루스트는 피나는 노력으로 습작생에서 성숙한 작가이자 번역가로, 그리고 거기서부터 발견한 소재를 어떤 목소리로 어떻게 공략할 것인지 깨달은 소설가로 한층 더 성장했다. 그리고 소설을 쓰기 시작한 뒤 특정한 시점에 이르러 세 번째 탈바꿈을 겪었다. 온갖 기억과 아이디어들이 마치 해일처럼 머릿속으로 밀려들기 시작한 것이다. 소설의 분량은 끝없이 늘어나고 있었지만, 그는 어지러이 흩어져 있는 무수한 모자이크 조각들 속에서 큰 그림의 전체적인 윤곽과 각 조각들의 관계를 본능적으로 포착할 수 있었다. 이 방대한 소설은 이제 그의 안에서 완벽히 살아 숨 쉬며 움직였다. 그리고 그는 자신이 만들어낸 등장인물들 안에, 그가 묘사하고 있는 프랑스 사회 안에 스며들어 있었다. 그보다 더욱 중요한 것은 작가인 프루스트가 주인공 화자(작가 자신인)와 완벽하게 일체화되어 있었으며, 책을 읽는 독자들이 다른 사람의 머릿속에 들어가 그의 생각과 경험을 완벽하게 경험할 수 있다는 점이었다. 프루스트가 이러한 일을 해낼 수 있었던 것은 30년에 가까운 세월 동안 끊임없는 작업과 분석을 통해 얻은 직관력 덕분이었다.

우리 역시 프루스트처럼 운명의 길을 자각하고 늘 거기에 연결되어 있는 느낌을 유지해야 한다. 우리 모두는 독특하고 유일한 존재다. 우리가 그런 고유성과 개별성을 지니는 데에는 목적이 있다. 그것을 향해 가는 과정에서 경험하는 실패와 좌절, 고생과 장애는 대지에 심은 씨앗이 거센 비바람을 참고 견디며 성장해야 하는 것처럼 반드시 거쳐야 할 고난이며 시련이다. 항상 목표에 전념하고 경험을 통해 그 속에 숨어 있는 교훈을 배운다면 어떤 시간도 헛되이 낭비되지 않을 것이다. 당신의 성향에 맞는 것들을 탐구하고 다양한 측면에서 공략함으로써 씨앗이 뿌리내릴 토지를 배양하라. 지금은 아무것도 보이지 않을지 몰라도 흙 속, 저 땅 밑에서는 분명 무언가가 벌어지고 있다. 인생의 과업과 연결된 끈을 함부로 놓지 마라. 그 끈을 놓치지 않는다면 무의식적으로라도 삶에서 올바른 선택을 내릴 수 있을 것이다. 시간이 지나면 마스터리가 당신을 찾아올 것이다.

지금까지 설명한 고도의 직관력은 인간이 생각하는 동물로서 발전하는 과정에서 그 근원을 찾을 수 있다. 인간에게 직관력이 생겨난 데에는 분명한 진화적 목적이 있었으며, 이 점을 이해하는 것이 여러모로 우리에게 유용할 것이다. 아울러 우리가 사는 지금 이 시대에는 그 진화적 목적을 반드시 상기할 필요가 있다.

직관의 근원

동물에게 빠른 속도는 생존을 위한 필수 요소다. 단 몇 초의 차이가 포식자에게 잡아먹히느냐 살아남느냐를 결정짓기 때문이다. 그래서 지구의 생물들은 대단히 섬세하고 정교한 직감을 발달시켰다. 이런 본능적인 반응은 즉각적이고, 대개 특정한 자극에 의해 야기된다. 때때로 환경에 맞춰 지나치게 정교한 수준까지 직감을 발전시킨 생물은 초자연적인 능력을 갖고 있는 듯이 보이기도 한다.

　예를 들어, 나나니벌을 생각해 보자. 암컷 나나니벌은 거미나 딱정벌레, 송충이 등 다양한 먹잇감을 발견하면 눈 깜짝할 사이에 정확한 신체 부위에 벌침을 찔러 넣어 산 채로 마비시킨다. 그런 다음 그 위에 알을 낳는데, 며칠 후 알에서 부화한 유충들은 아직 살아 있는 신선한 먹이를 섭취할 수 있다. 그런데 나나니벌이 침을 찔러 넣는 부위는 곤충의 종류마다 다르다. 이를테면 송충이를 마비시키려면 세 개의 지점을 각각 따로 찔러야 한다. 워낙 세심하고 정교한 기술이 필요한 일이기 때문에 가끔은 나나니벌이 잘못된 부위를 찔러 먹잇감이 죽는 일도 왕왕 발생하지만, 성공률은 대체적으로 후손들의 생존을 보장할 수 있을 정도로 높다. 이런 과정에서 먹잇감으로 잡아온 곤충의 종류와 정확한 시술 부위를 계산할 시간은 없다. 모든 일은 찰나에 벌어진다. 나나니벌은 마치 먹잇감의 신경 중추가 어디에 위치해 있는지 본능적으로 감지할 수 있는 듯이, 마치 내면 깊은 곳으로부터 그것의 존재를 느낄 수 있는 듯이 잽싸게 꽁무니의 침을 찔러 넣는다.

　인류의 조상 역시 고유의 본능과 직감을 보유하고 있었다. 그리고 그 중 상당수가 아직까지 우리의 몸과 마음 깊숙한 곳에 숨어 있다. 그러나 우리 조상들은 합리적 사고를 발달시키면서 급박한 환경을 멀리하고 직관에 대한 의존을 덜게 되었다. 사냥감의 행동 양식을 파악하기 위해 이들은 외관상 즉각적으로 표출되지 않는 행동들을 서로 연결 지어야 할 필요성이 있었다. 식량의 위치를 발견할 때, 혹은 도보로 먼 거리를 여행할 때도 이와 비슷한 계산과 추론이 필요했다. 인류의 조상은 환경과 자아를 분리하고 패턴을 발견하는 능력을 개발함으로써 탁월한 정신력을 습득했지만, 동시에 이러한 발전은 그들을 치명적인 위험에 노출시켰다. 두뇌를 작동시키기 위해 필요한 정보의 양이 늘어나면서 그 결과 반응 속도가 더뎌진 것이다.

만일 인류가 두뇌의 힘을 개발하지 않았더라면 반응 속도의 취약함은 인간이라는 종을 파멸시키고도 남았을 것이다. 오랜 시간 동안 특정 동물들을 쫓고 그들의 환경을 관찰함으로써 우리 조상들은 복잡한 환경에 대한 감각을 습득했다. 다양한 짐승의 행동 양식을 파악하여 포식 동물이 언제 어디서 습격해올지 내다볼 수 있었고, 어디서 사냥감을 쉽게 구할 수 있는지도 알게 되었다. 그들은 먼 거리를 정확하게 파악하여 특별한 계산 없이도 신속하고 효율적으로 이동할 수 있었다. 다시 말해, 인류가 직관의 기본적인 형태를 갖추게 된 것이다. 무수한 경험과 연습은 한때 조상들이 잃었던 속도와 신속성의 일부를 회복시켜주었다. 그들은 본능적으로 반응하는 것이 아니라 직관적으로 반응했다. 이러한 자각 수준에서 직관은 본능보다 더욱 강력하다. 특정한 환경이나 자극에 얽매여 있지 않고 훨씬 폭넓은 범위의 행동에 적용할 수 있기 때문이다.

이들의 두뇌에는 아직 언어나 대규모 집단 거주의 복잡성에서 비롯된 방대한 정보라는 고된 짐이 얹혀 있지 않은 상태였다. 그들은 환경과 직접적으로 상호작용함으로써 비교적 짧은 시간 내에 직관적인 감각을 발전시킬 수 있었다. 그러나 선사시대보다 훨씬 복잡한 환경 속에서 사는 현대인은 이 같은 결과를 얻는 데 15년에서 20년의 시간이 걸린다. 그렇지만 우리가 지닌 '고도의 직관'이 조상들의 원시적인 형태의 직관에 기인하고 있음을 잊지 말아야 한다.

원시적인 수준이든 혹은 고도로 발달된 형태이든 직관은 본질적으로 기억에 의해 움직인다. 우리가 받아들인 정보는 그 종류를 막론하고 두뇌의 기억연산망 안에 저장되는데, 기억연산망의 안정성과 지속성은 경험의 반복과 강도, 그리고 주의집중력에 달려 있다. 예를 들어, 외국어 수업시간에 건성으로 집중하면 절대 제대로 배울 수 없다. 그렇지만 모두가 그 언어를 사용하는 외국에 살고 있다면, 정해진 맥락 안에서 같은 단어를 수없이 반복해 듣게 되고, 필요에 따라 더 깊은 집중력을 쏟는다. 그러면 우리는 그 단어를 훨씬 더 안정적으로 기억할 수 있다.

심리학자 케네스 보워스Kenneth Bowers의 이론에 따르면, 우리는 특정 문제에 직면할 경우(아는 얼굴을 마주치거나 적절한 단어나 문구를 찾아내야 할 때) 기억연산망이 활성화되면서 일정한 경로를 따라 해답을 찾아 나선다. 모든 일은 무의식 수준에서 진행되는데, 특정한 기억연산망이 충분히 활성화되면 갑자기 눈앞의 얼굴과 일치하는 이름이 떠오르거나 가물거리던 단어나 문구가 생각난다. 이는 가장 간단한 형태의 직관으로 우리가 날마다 일상생활에서 수없이 경험하는 일이다. 하지만 우리는 누군가의 얼굴을 알아보거나 그 사람의 이름을 기억하는 과정을 단계별로 재구성해 설명하지는 못한다.

한 가지 분야나 특정 주제를 여러 해 동안 연구한 사람들은 이런 두뇌의 기억망과 활성화 경로를 수없이 발달시키게 되고, 무수한 정보의 조각들 사이에 연결된 길을 찾아낼 수 있다. 고도로 복잡한 문제에 직면한 순간, 우리의 의식 아래에서는 직관의 인도에 따라 수백 갈래의 길을 타고 해답을 찾는 탐험이 시작되는 것이다. 이렇게 온갖 종류의 신경회로가 활성화되면 별안간 숨어 있던 아이디어와 해결책이 표면으로 떠오른다. 그때의 느낌이란 그 어떤 경험보다도 짜릿하고 뿌듯하다. 합리적 사고를 통해 단계적 과정을 밟아 해답에 이르는 것이 아니라 두뇌 어딘가에 묻혀 있던 해답이 불쑥 의식 위로 부상하는 것이다. 거장들의 뇌는 무수한 경험과 고유의 기억망을 토대로, 너무나도 광범위하여 다차원적이고 현실 그 자체처럼 느껴지는 '포괄적 원동력'의 영역을 탐구할 수 있다.

체스마스터 바비 피셔에게 수없이 경험한 비슷비슷한 환경과 다양한 수手들, 상대방의 반응 등은 강력한 기억의 발자취를 남긴다. 그는 엄청난 양의 패턴을 내면화하고, 발전을 거듭하다 어느 지점에 이르면 그 모든 기억이 하나로 결합되어 게임의 전반적인 원동력을 감지하고 느낄 수 있게 되는 것이다. 그는 체스판 위에 놓인 말들의 단순한 움직임을 보는 것도 아니요, 예전 시합들에서 사용한 대항수를 떠올리고 있는 것도 아니다. 피셔는 눈앞에 펼쳐진 힘의 장 안에서 움직일 수 있는 잠재적인 수를 연속적으로 그리고, 체스판 전체를 하나의 그림으로 파악할 수 있다. 그리고 그런 감각을 이용해 상대방이 무슨 일이 벌어지고 있는지 미처 깨닫기도 전에 함정으로 밀어 넣어 재빨리, 그리고 정확하게 마치 나나니벌이 애벌레에 침을 찔러 넣듯이 시합을 끝내버린다.

스포츠나 전쟁, 그 외에 신속함이 필수적 요소로 작용하는 경쟁 상황에서 거장들의 결정은 직관에 의존할 때 훨씬 효과적이다. 세밀한 분석을 거쳐 최상의 답을 이끌어내려 한다면 짧은 시간 동안 처리할 정보량이 너무 많기 때문이다. 직관의 힘은 본래 신속함을 위해 개발된 것이나, 후에는 시간이 결정적 요소로 작용하지 않는 과학이나 예술, 나아가 더욱 복잡한 요소들로 이뤄진 분야에도 적용할 수 있게 되었다.

고도의 직관력은 다른 기술들과 마찬가지로 반복적인 연습과 경험을 필요로 한다. 처음에 우리의 직관력은 너무나도 미약하고 희미해 관심을 기울이거나 신뢰할 수가 없다. 이 점에 있어서는 모든 거장의 말이 일치한다. 그러나 시간이 지나면서 그들은 아이디어가 불시에 찾아왔을 때 재빨리 붙잡는 법을 익히고 그에 따라 행동하며 그 효과를 확인하게 된다. 어떤 것들은 무위로 돌아가기도 하지만 어떤 것들은 탁월한 식견으로 이끌어준다. 따라서 거장은 시간이 지날수록 고도의 직관력을 더욱 자주 불러내며, 급기야는 이런 감각이 두뇌 전체에서 항상 반짝거리는 것이다. 이런 고차원적 사고에 정기적으로 접촉하면서, 그들의 직관과 이성적 사고는 더욱 면밀하게 결합한다.

이 같은 지성의 직관적 형태는 여러 겹의 복잡한 정보를 이해하고 전체를 파악할 수 있게 해준다. 오늘날은 이런 복잡한 사고를 습득하는 것이 그 어느 때보다도 중요하다. 평생 직업을 선택하고 그 길을 따르는 것은 무척 힘들 뿐만 아니라 무한한 인내심과 자기절제가 필요한 일이다. 해야 할 일이 끔찍하도록 많고, 이는 겁을 집어먹기에 충분하다. 우리는 기술적인 측면을 배우고 사회적, 정치적 수완을 익혀야 하며 각 분야의 지속적인 변화와 대중의 반응에 대처해야 한다. 이미 방대한 양에 이른 연구와 앞으로 접할 수 있는 어마어마한 양의 정보를 결합해 유지하는 일은 결코 만만치 않다.

극도의 복잡성에 직면했을 때 우리 중 대부분은 뭔가를 시도하기 전에 이미 기가 꺾이고 만다. 많은 사람들이 과열된 환경에 지쳐 도망가고 싶은 유혹을 느낀다. 그들은 쉽고 편안한 것을 선호하고, 단순한 아이디어와 틀에 박힌 사고에 안주한다. 쉽고 빠른 지식을 제공하는 간단한 공식의 희생양이 된다. 그들은 시간과 탄력성 있는 자아를 필요로 하는 기술에 흥미를 잃는다. 기술 습득의 첫 번째 단계에서 자존감이 박살날 수 있기 때문이다(인간은 자의식이 대단히 강한 존재다). 그러면 사람들은 세상을 향해 불평불만을 퍼부으며 자신의 문제에 대해 상대방을 비난한다. 그들은 노력을 회피하기 위해 정치적인 변명을 늘어놓지만 실은 그저 복잡하고 어려운 도전을 이겨낼 능력이 없기 때문이다. 정신적 삶을 단순화하기 위해 그들은 현실로부터 높은 담장을 쌓고 인류가 수백만 년 동안 발전시켜온 모든 힘을 헛되이 만든다.

쉽고 단순한 것을 향한 이런 욕구는 우리 모두를 서서히, 그리고 대개는 보이지 않는 방식으로 전염시킨다. 유일한 해결책은 복잡하고 혼란스러운 것과 마주칠 때 느끼는 불안과 초조함을 진정시키는 방법을 배우는 것뿐이다. 수련기에서 마스터리로 향하는 여정에서 우리는 지나치게 멀리 내다보는 것을 지양하고 다양한 부분과 기술을 조금씩 끈기 있게 배워나가야 한다. 위기의 순간이 닥쳤을 때에는 반드시 침착한 마음가짐을 유지하고 과잉대응해서는 안 된다. 복잡한 상황에 맞닥뜨려 다른 이들이 흑백논리로 점철된 단순한 해답, 또는 틀에 박힌 형식적인 대답을 찾아 나선다고 해도 우리는 그런 유혹에 저항해야 한다. 마음 비우기 능력과 초연함을 유지해야 한다. 인내심을 기르고 혼란스러운 순간에 대한 분별력을 키워 여러 개의 가능성이나 해결책을 제시할 수 있도록 스스로를 훈련해야 한다. 오늘날처럼 혼란스러운 시대에 핵심적인 기술인 불안감을 통제하는 법을 배워야 한다.

아울러 최선을 다해 기억력을 확장해야 한다. 이는 현대와 같은 기술 지향적 사회에서 가장 중요한 기술 중 하나다. 첨단기술이 야기한 문제점은 정보량은 늘어난 반면 그것을 수용할 우리의 기억력은 현저하게 떨어지고 있다는 것이다. 우리는 더 이상 전화번호를 암기하거나 간단한 계산이나 암산을 하거나 길거리 이름을 외우거나 혼자서 길을 찾아가지 않는다. 뇌를 활성화하는 데 유용한 이런 작은 일들을 모조리 기계가 대신해주기 때문이다. 하지만 뇌세포는 근육과 마찬가지로 오랫동안 사용하지 않으면 쇠퇴해버린다. 이런 일을 방지하려면 여가시간에 단순히 놀 거리를 찾는 것이 아니라 취미를 키워야 한다. 스포츠나 악기, 외국어처럼 우리에게 즐거움을 주면서도 기억력을 향상시키고 사고의 유연성을 확장할 기회를 주는 활동을 하라. 그러면 불안감을 느끼거나 스스로를 채찍질하지 않고도 많은 양의 정보를 처리하는 능력을 키울 수 있다.

충분한 시간을 두고 꾸준하고 충실하게 해나가면 우리는 직관력이라는 보상을 받게 될 것이다. 살아 숨 쉬고 끝없이 변화하는 그 짐승이 우리 안에 내면화되어 영원히 살게 되는 것이다. 그런 힘을 일부나마 소유할 수 있다면, 우리는 복잡한 것을 단순화하는 데 집착하는 이들과 뚜렷이 구분될 수 있다. 우리는 더 빠르고 효율적으로 반응할 것이며, 전에는 혼란스럽게 느껴졌던 것들이 그저 역동성을 지닌 유동적 상황으로 느껴지면서 비교적 용이하게 그런 상황을 다룰 수 있다.

흥미로운 사실은 고도의 직관력을 지닌 거장들 중 상당수가 세월이 흐를수록 정신적으로나 영적으로나 점점 더 젊어지는 듯 보인다는 점이다. 이는 우리 모두에게도 반가운 사실이 아닐 수 없다. 그들은 현상을 이해하기 위해 거대한 에너지를 소비할 필요가 없고, 엄청난 속도로 창의성을 발휘한다. 그들은 질병으로 쇠약해지지 않는 한 70대가 넘어서까지도 그런 자연스러움과 정신적 유연성을 발휘한다. 일본의 고승高僧이자 화가인 하쿠인이 그러했다. 그는 60이 넘은 나이에 자연스러운 화풍이 돋보이는, 당대 최고의 작품이라 일컬어지는 그림을 그렸다. 스페인 출신의 영화감독 루이 브뉘엘Luis Buñuel은 60대와 70대에 더욱 심오하고 의미가 풍성한 작품들을 만들었다. 그러나 이런 현상의 가장 대표적인 인물이라면 역시 벤저민 프랭클린을 꼽을 수 있을 것이다.

벤저민 프랭클린은 늘 뛰어난 관찰자였지만 세월이 지날수록 더욱 출중한 능력을 자랑했다. 그는 70세를 넘은 나이에도 여전히 왕성하게 활동했는데, 오늘날 그의 연구 내용은 시대를 앞서간 것이라고 평가받는다. 의학 및 보건 분야를 비롯해 기후와 물리학, 지리학, 진화론, 비행기의 군용 및 상업적 개발 등 그는 여러 분야에서 탁월한 견해를 제시했다. 나이가 들어 몸이 허약해졌을 때에는 자신의 발명가적 재능을 활용했다. 이중초점렌즈를 발명해 시력을 향상시키고 삶의 질을 개선했으며, 길게 펼칠 수 있는 기계팔을 만들어 책장 꼭대기에 꽂혀 있는 책을 꺼냈다. 자신이 쓴 글의 복사본이 필요하지만 집을 비우고 싶지 않았을 때에는 2분 만에 원고를 복사할 수 있는 롤 인쇄기를 발명했다. 생애 마지막 해에 미국의 미래와 정치에 대해 쏟아낸 통찰력은 어찌나 탁월한지 후세 사람들에 의해 예언가로 추대될 정도다. 프랭클린이 세상을 뜨기 전에 그를 만난 헌법제정회의의 윌리엄 피어스는 이렇게 기록한 바 있다. "프랭클린 박사는 우리 시대의 가장 위대한 철학자이며, 자연의 법칙을 완벽하게 이해하고 있는 듯 보인다. …… 그의 나이는 여든두 살이지만 스물다섯 살 청년처럼 활기차고 의욕적인 정신을 가지고 있다."

만약에 이러한 거장들이 더 오래 살았더라면 얼마나 높은 경지에 이를 수 있었을지 상상해보라. 인간의 기대수명이 증가하는 미래에 우리는 어쩌면 각양각색의 나이 많은 벤저민 프랭클린을 목격하게 될지도 모른다.

궁극적 진실로의 회귀

우리를 둘러싼 이 현실 세계가 과연 무엇인가 하는 것은 끝도 없이 논쟁할 수 있는 문제지만, 일단은 가장 간단하고 아무도 부인할 수 없는 사실에서부터 시작해보자. 약 40억 년 전, 지구에 단순한 세포 형태의 생명체가 탄생했다. 이 세포들은, 특히 그중에서 하나의 특정한 세포는 이후 지구상을 뒤덮게 될 다양한 생물의 조상이었다. 이 하나의 기원에서부터 무수한 생명의 가지들이 뻗어나갔다. 12억 년 전에는 최초의 다세포 생물이 출현했다. 6억 년 전에는 중추신경계를 지닌 최초의 생물이 탄생했는데, 이는 지구상에서 가장 위대한 발전이라 할 수 있는 사건으로 우리의 두뇌 또한 거기서 기원했다. 캄브리아기에는 생명의 탄생이 폭발적으로 일어나면서 약 5억 년 전 최초의 원시동물이 생겨났고 이후 최초의 척추동물이 그 뒤를 이었다. 3억 6000만 년 전에는 대지에 양서류의 흔적이 최초로 나타났으며 1억 2000만 년 전에는 최초의 포유류가 탄생했다. 그리고 약 6000만 년 전에는 포유류에서 새로운 가지가 갈라져 나와 우리 인류의 먼 직계 조상인 초기 영장류가 나타났다. 원시인류의 조상은 약 600만 년 전에 탄생했으며 400만 년 전에는 인류의 가장 가까운 조상인 호모 에렉투스가 출현한다. 그리고 20만 년 전에는 현재 우리와 비슷한 용량의 뇌를 지닌 현생인류가 출현했다.

이렇게 놀랍도록 복잡한 일련의 사건들 속에서 우리는 중요한 전환점, 즉 인류가 진화할 수 있었던 각각의 시발점(최초의 단세포, 원시동물, 포유류, 영장류)을 구분할 수 있다. 일부 고고학자들은 모든 현생인류가 단 한 명의 여성 조상으로부터 기원했다고 추측한다. 시간을 거슬러 올라가 보면 오늘날 우리 인류(의 생리적 구조)가 최초의 단세포생물을 비롯한 이런 조상들과 각각 밀접하게 연관되어 있음을 알 수 있다. 이 모든 생명체는 하나의 시작에서 갈라져 나왔기에 어떤 방식으로든 상호 연결되어 있으며 우리 인류 또한 그 네트워크의 일부이다. 이는 부인할 수 없는 사실이다.

이러한 밀접한 연관성을 '궁극적 진실'이라고 부르도록 하자. 이와 관련해 인간의 정신은 두 가지 방향으로 흐르는 경향이 있다. 하나는 상호연결성으로부터 멀어지는 대신 사물의 차이점에 초점을 맞춤으로써 그것들을 개별적 실재로서 맥락과 분리해 분석하는 것이다. 이런 경향이 극단적으로 발전하면 전문화된 지식의 형태로 이어질 수 있다. 오늘날 우리는 이런 경향을 상당히 많이 발견할 수 있는데, 대학교의 세분화된 분과와 전공, 과학에서 볼 수 있는 세세한 전문 분야가 그것이다. 우리의 문화 전반에서 사람들은 서로 관련이 깊고 부분적으로 일치하는 주제들마저도 세분화해 구분하며, 각각의 차이점에 대해 끊임없이 논쟁하고 말다툼을 벌인다. 가령 그들은 군사형 사회와 시민 사회를 구분하려 드는데, 문제는 민주주의 사회에서는 그런 구분이 결코 쉽지 않다는 것이다. (어쩌면 사람들이나 학문 분야를 이토록 엄격하게 분리하는 것이야말로 이런 힘의 궁극적 작전일지도 모른다. 바로 '분할과 정복'이라는.) 이 같은 사고 수준에서는 삶과 현상의 관계에 대한 감각이 사라지고, 지나치게 기형적으로 전문화된 아이디어 때문에 현실과 단절될 수 있다.

다른 한편으로 우리 두뇌는 모든 것에서 연관성을 발견해 서로 연결하려는 경향을 지니고 있다. 이는 주로 지식을 최대한도까지 추구하는 사람들에게서 발견되는데, 특히 거장들에게서 쉽게 발견되며 역사 속에서 특정 사조나 움직임이 문화 전반에 널리 퍼져 '시대정신'으로 탈바꿈하는 사례에서도 볼 수 있다. 예를 들어, 고대 동양에는 도교가 있었고 서양에는 스토아학파가 있었다. 이 두 사조는 수세기 동안 살아남았는데, 도교에는 '도'라는 개념이 있었고 스토아주의에는 '로고스'라는 개념이 있었다. '로고스'란 모든 살아 있는 것을 연결하는 우주의 질서를 뜻했다. 마르쿠스 아우렐리우스Marcus Aurelius는 로고스에 대해 이렇게 설명했다. "모든 사물들이 서로 연결되어 있음을 늘 기억하라. 모든 것은 서로 밀접하게 얽혀 있으며 융화하여 조화를 이룬다. 한 사건은 다른 사건의 결과다. 모든 사물은 서로 밀고 당기며 함께 숨 쉰다. 그것들은 모두 하나다."

유럽의 르네상스를 생각해보라. 르네상스 시대의 이상은 '만능인萬能人, Universal Man'으로, 이는 모든 분야의 지식을 하나로 연결하여 조물주와 비슷한 수준의 지적 능력을 성취할 수 있는 인간을 일컬었다.

어쩌면 지금 우리는 궁극적 진실로의 회귀를 암시하는 초기 징조를 목격하고 있는지도 모른다. 현대적인 형태의 르네상스 말이다. 과학 분야에서 그 첫 번째 씨앗을 뿌린 것은 패러데이와 맥스웰, 아인슈타인이었다. 그들은 현상들 사이의 관계에, 그리고 개별적 입자가 아니라 '힘의 장場'에 초점을 맞췄고, 이제는 보다 넓은 의미에서 수많은 과학자들이 다양한 분야를 서로 접목할 방도를 적극 찾아 나서고 있다. 가령 신경과학과 다른 수많은 분야의 협력체계를 떠올려보라. 경제학과 생물학, 컴퓨터 과학처럼 전혀 공통점이 없는 분야에 복잡계 이론을 적용하려는 시도에 대해서도 점점 더 많은 관심이 쏟아지는 추세다. 현재 우리는 생태계에 대한 인식을 확장해 자연 속의 역동적 상호작용을 개념화할 방법을 찾고 있으며, 의료 및 보건 분야 역시 인간의 신체를 하나의 전체적 유기체로 보는 접근법을 취하는 사례가 늘고 있다. 이 같은 추세는 곧 우리의 미래를 말해준다. 지금까지도 언제나 인간 의식의 목적은 우리를 본질과 연결하는 것이었기 때문이다.

이러한 동향에 참여하는 길은 마스터리를 추구하는 것이다. 수련기에는 각 부분들과 다양한 구분(옳은 방법과 잘못된 방법, 마스터리를 성취하기 위한 특정한 기술과 방식, 자신이 속한 집단의 관습과 규칙)을 배우고, 창의적 실행 단계에서는 그러한 구분들을 한데 녹여 틀에 박힌 관습을 우리 목적에 맞게 실험하고 형성하고 변형한다. 그리고 마침내 마스터리 단계에서 하나의 원으로 완성되어 완전함을 느끼는 것이다. 이제 우리는 사물들의 연관성을 직접 보고 느낄 수 있다. 삶의 복잡함을 포용하고, 우리의 뇌를 전문화라는 좁고 편협한 세상에 가둬놓는 것이 아니라 현실의 여러 차원으로 확장한다. 이것은 한 가지 분야에 깊이 몰두할 때 필연적으로 도달할 수 있는 결과다. 우리는 지성을 규명하고, 보다 맥락적이고 관계에 민감한 사고를 발휘하는 방향으로 나아갈 것이다.

우리 인간에게 궁극적 구별은 나 자신과 주변 세상을 구분하는 것이다. 세상에는 내부(주관적 경험)와 외부가 있다. 그러나 무언가를 새로 배울 때마다 우리 두뇌는 새로운 네트워크를 연결하고 그 결과 영원히 변화한다. 이 세상에서 무언가를 경험할 때마다 두뇌가 물리적인 변형을 거치는 것이다. 나와 주변 세상을 구분하는 기준은 우리가 상상하는 것보다 훨씬 유동적이라는 사실을 이해하기 바란다. 마스터리에 도달하기 위해 노력할 때, 당신의 두뇌는 다년간의 연습과 적극적인 실험을 통해 극적인 변화를 겪는다. 그것은 더 이상 간단한 생태계가 아니다. 거장의 두뇌는 너무나도 크고 상호 연결되어 있기 때문에 물리적 세계와 흡사해지며 모든 형태의 사고가 서로 연결되어 생기 넘치고 약동하는 생태계로 변모한다. 두뇌와 복잡한 삶 그 자체가 유사해진다는 것은 궁극적 진실로의 회귀를 뜻한다.

마스터리에 도달하기 위한 전략

> 직관적 생각은 신의 선물이고 이성적 사고는 충실한 하인이다.
> 우리는 하인을 칭송하는 사회를 만들고 선물은 망각해버렸다.
>
> _ 알베르트 아인슈타인

마스터리는 천재성이나 재능에서 나오는 것이 아니다. 그것은 특정 분야의 지식에 시간과 집중력이 결합되었을 때 발생한다. 그러나 마스터리에는 또 다른 요소가 존재한다. 이 미지의 요소는 얼핏 보기에 거장들만이 지니고 있는 듯 보이나 실은 누구든 손에 넣을 수 있는 것이다. 세상에는 어떤 분야든 '정상으로 가는 길'로 여겨지는 방법이 있고 거의 모든 사람들이 이 길을 따른다. 우리 인간은 체제 순응적이며 대부분의 사람은 사회적으로 용인된 것을 선택하는 경향이 있기 때문이다. 그러나 거장들은 다르다. 그들은 내적으로 강력한 길잡이를 지니고 있으며 자의식이 극도로 높다. 과거에 다른 이들에게 적합한 길이었다고 해서 이들에게 적합하리라는 보장도 없다. 거장들은 관습의 틀에 갇히는 것이 자신의 사기와 정신을 꺾는 일이자 그토록 피하고자 했던 현실로 퇴보하는 지름길임을 알고 있다.

그러나 해당 분야에서 발전을 거듭함에 따라 그들은 결국 삶의 중요한 순간에 선택을 마주해야 한다. 그들의 선택은 자신의 길, 다시 말해 남들의 눈에는 파격적으로 보일지 모르나 스스로의 기질과 일치하고 숨겨진 비밀을 발견할 수 있게 이끌어주는 길을 스스로 개척하는 것이다. 이렇게 중요한 결정을 내리기 위해서는 마스터리에 도달하기 위한 핵심적인 요인 X, 즉 자기인식과 확신이 필요하다. 다음은 이런 X 요인과 그것으로 이어지는 전략적 선택에 관한 사례들이다. 이러한 요인들이 얼마나 중요한지, 그리고 이를 어떻게 각자의 독특한 환경에 적용해야 할지 생각해보자.

1. 주변 환경과의 관계를 느껴라 : 근원적 힘

인간이 항해 분야에서 이룬 무수한 업적 가운데 가장 놀랍고 신비한 것을 꼽으라면 오세아니아 지방에 거주하는 토착민에게 그 영광이 돌아가야 할 것이다. 미크로네시아와 멜라네시아, 폴리네시아로 구성된 이 지역은 99.9퍼센트가 해양으로, 이곳 거주민들은 지난 수백 년 동안 섬과 섬 사이의 거대한 공간을 자유롭게 누비고 다녔다. 1500년 전에는 하와이까지 수천 킬로미터를 항해하는 데 성공했고, 심지어는 아프리카 대륙의 일부에 도달했을 가능성도 있다. 그것도 석기 시대에 사용되던 것과 똑같은 카누와 항해 기술을 가지고 말이다. 19세기에 들어와 서구 열강이 개입하고 나침반과 해도가 보급되면서 원주민들의 항해 기술은 결국 서서히 사라져갔고 이 놀라운 기술의 비밀은 대부분 수수께끼로 남게 되었지만, 미크로네시아의 캐롤라인 제도에서는 일부 섬 주민들이 20세기까지도 옛 전통을 유지했다. 그리고 그들과 최초로 항해에 동행한 서양인은 믿지 못할 장면들을 목격했다.

원주민들이 항해에 이용하는 배는 3~4인용의 아우트리거 카누 outrigger canoe, 선체 측면에 부재浮材를 연결해 안정적으로 만든 카누였다. 일등항해사 역할을 맡은 사람은 해도도, 어떤 종류의 도구도 사용하지 않았는데 이는 그들과 동행한 서양인에게는 무척 당혹스러운 일이었다. 밤에도 낮에도 방향을 인도해줄 길잡이는 아무것도 없었고 섬들은 대양 곳곳에 너무 멀리 흩어져 있어 며칠 동안 육지라고는 구경도 할 수 없었다. 그것은 가던 길에서 아주 약간만 벗어나도(다시 말해, 폭풍우가 치거나 날씨가 조금만 바뀌어도) 목적지를 발견할 수 없다는 것을 의미했고 그러면 당연히 죽음으로 이어질 터였다. 사슬처럼 길게 연결된 제도에서 다음 섬을 찾기까지는 시간이 너무 오래 걸리고 그 사이에 물자가 바닥날 게 뻔하기 때문이다. 그럼에도 원주민들은 복장이 터질 정도로 느긋해 보였다.

일등항해사는 때때로 밤하늘이나 태양의 위치를 힐끔거렸지만 대부분의 시간에는 동료들과 잡담을 나누거나 망망대해를 똑바로 바라보았다. 가끔은 다른 선원들이 카누 한가운데 배를 대고 엎드려 몇 가지 정보들을 알려주기도 했다. 그렇지만 대체로 그들은 창밖으로 지나가는 풍경을 구경하는 기차 승객처럼 보였다. 밤에는 심지어 더욱 침착하게 보였다. 다만 목적지에 가까워질 때가 되면 움직임이 약간 바빠졌다. 원주민들은 하늘을 가로지는 새떼의 뒤를 좇았다. 바닷물 속을 깊이 들여다보거나 때로는 손으로 해수를 떠서 냄새를 맡아보기도 했다. 마침내 목적지에 도착하면 기차가 시간에 맞춰 역에 도착했을 때와 비슷한 느낌이었다. 그들은 이 여행이 얼마나 오래 걸릴지, 물자가 얼마나 필요할지에 대해서도 정확히 알고 있는 것처럼 보였고 항해 도중 해류나 날씨의 변화에도 완벽하게 대처할 수 있었다.

어떻게 이런 일이 가능할 수 있는지 호기심을 느낀 몇몇 서양인은 온갖 노력을 다한 끝에 수십 년 동안 수집한 정보들을 조합하여 마침내 원주민의 항해 비결을 알아내는 데 성공했다. 원주민들이 항해에 활용하는 가장 기본적인 수단은 바로 밤하늘에 보이는 별의 경로였다. 그들은 지난 수백 년 동안 14개의 별자리로 구성된 해도를 고안해냈다. 이 별자리와 태양, 달의 경로를 조합하면 지평선 주변에 각각 다른 32개의 방향을 계산할 수 있었다. 별자리는 계절에 상관없이 일 년 내내 똑같은 경로를 그렸고, 항해사들은 밤하늘에 뜬 별의 위치를 보고 자신이 사는 섬과 다른 모든 섬들의 위치를 파악했으며, 별들의 상대적 위치가 바뀌는 것을 보고 목적지에 가까워질수록 자신의 위치가 어떻게 변화하는지도 알 수 있었다. 캐롤라인 제도의 원주민은 문자 체계를 갖추고 있지 않았기에 견습항해사들은 항해를 하며 이 복잡한 해도를 경험으로 외우고 익혀야 했다.

한편 낮에는 태양을 이용했다. 정오가 가까워지면 돛대 그림자로 배가 향하고 있는 정확한 방향을 파악할 수 있었다. 새벽이나 일몰 때는 달을 이용하거나, 또는 수평선 아래로 가라앉거나 위로 떠오르는 별을 이용했다. 목적지까지 남은 거리를 측정할 때는 가까이 있는 섬들을 기준점으로 활용했다. 그들은 밤하늘에 수놓인 별을 따라감으로써 언제 기준이 되는 섬을 지날지 계산하고 목적지에 도달할 때까지 시간이 얼마나 걸릴지도 예측했다.

흥미로운 것은 그들의 사고방식이었다. 원주민들은 카누는 바다 위에 정지해 있으며, 이동하는 것은 별들이라고 가정했다. 바다 위에 떠 있는 섬들은 그들을 향해 가까워지거나 멀어지고 있었다. 카누가 고정되어 있다고 가정하면 그들의 기준체계 안에서 위치를 계산하기가 훨씬 쉬워진다. 물론 섬이 움직이지 않는다는 사실은 그들도 잘 알고 있었지만 이런 식으로 오랫동안 항해를 하다 보니 그들은 문자 그대로 마치 가만히 앉아 있는 듯한 기분으로 여행할 수 있었다. 그래서 기차에 앉아 창밖 풍경을 느긋하게 감상하는 사람처럼 보이는 것이다.

원주민들의 천체도는 거기에 몇 개의 별자리를 더해 완성되는데, 당연히 그 또한 읽는 법을 배워야 했다. 수련기에 있는 젊은 항해사들은 카누를 타고 몇 시간 동안이나 홀로 바다에 떠 있는 훈련을 했는데, 다양한 해류의 움직임을 직접 피부로 느낌으로써 그것들을 구분하는 법을 배우는 것이었다. 그런 지대한 노력 끝에 그들은 카누 바닥에 누워 해류를 읽을 수 있게 되며, 머리카락이 휘날리는 방식이나 돛의 움직임만 보고도 바람의 종류와 풍향을 구분하는 등 바람에 대해서도 비슷한 능력을 발달시켰다.

목적지 섬이 가까워지면 이번에는 새들의 비행경로를 해석했다. 바닷새들은 아침에 섬을 떠나 낮 동안 바다에서 먹잇감을 사냥한 다음 땅거미가 가라앉을 즈음 둥지로 돌아오기 때문이다. 선원들은 해수의 빛깔을 읽고 육지와의 거리를 계산했으며, 한참 멀리 떨어진 구름과 거기 반사된 이미지를 보고 구름 아래 육지가 있는지 아니면 계속해서 바다가 펼쳐져 있는지 가늠할 수도 있었다. 입술에 바닷물을 묻혀 온도차로 섬이 가까워졌는지를 파악하기도 했다. 이런 지표들은 그 밖에도 수없이 많았다. 원주민들은 주변 환경 속에서 항해의 잠재적 지표가 될 수 있는 모든 것을 관찰하는 법을 배웠다.

가장 놀라운 점은 항해사가 이런 복잡하게 뒤엉킨 신호들에 전혀 신경도 쓰지 않는 것처럼 보인다는 사실이었다. 그저 때때로 슬쩍 하늘을 쳐다보거나 시선을 바닷물에 던지는 것으로 그가 신호를 읽고 있다고 짐작할 수 있을 따름이었다. 그런 항해의 거장이라면 하늘길을 워낙 훤히 꿰고 있어 별 하나만 보고도 다른 별들이 어느 위치에 있는지 알 수 있을지 모른다. 항해에 필요한 지표들을 읽는 것은 그들에게 제2의 천성이었다. 그들은 혼란스럽고 위험해 보이는 모든 변수들을 비롯해 온몸으로 주변 환경을 감지했다. 어떤 서양인이 말했듯이, 캐롤라인 제도의 항해 거장들은 수백 킬로미터에 이르는 바닷길을 마치 런던의 택시 운전사가 복잡한 미로처럼 얽혀 있는 런던 뒷골목을 누비듯이 손쉽게 돌아다녔다.

* * *

과거에 원주민 항해사 중 누군가는 식량을 구해야 할 일이 생겼을 것이고, 그것이 얼마나 위험한지를 깨닫고 겁에 질렸을 것이다. 바다는 그들이 사는 작은 섬보다 훨씬 더 변덕스럽고 혼란스러운 곳이다. 원주민들은 결국 조금씩 두려움을 극복하고 그들이 거주하는 환경에 놀랍도록 적합한 항해 체제를 발전시켰을 것이다. 이 지역의 밤하늘은 1년의 거의 대부분 동안 맑고 청명하기 때문에 그들은 별의 위치 변화를 최대한 활용할 수 있었다. 그들은 수면과 최대한 가깝게 붙을 수 있는 작은 선박을 이용해 마치 땅에 발을 딛고 있듯이 해수의 움직임을 정확하게 읽는 법을 배웠다. 고정된 것은 카누요, 섬이 움직이고 있다는 가정은 기준점을 찾는 능력과 안정감을 제공했다. 섬 주민들은 도구에 의존하지 않았다. 그들만의 복잡한 항해 체계는 오직 그들의 머릿속에만 존재했다. 환경을 온몸으로 느끼고 가능한 모든 징후를 읽음으로서 원주민들은 거의 동물적인 직관력을 키웠다. 마치 지구의 자기장을 감지해 지구 반대편으로 날아가는 철새들처럼 말이다.

주변 환경을 느끼고 연관성을 맺는 능력은 가장 근원적인 힘이자 두뇌가 우리에게 가져다줄 수 있는 가장 강력한 형태의 마스터리다. 그것은 미크로네시아의 망망대해는 물론 현대의 사무실이나 어떤 학문 분야에도 똑같이 적용할 수 있다. 그러한 힘을 얻으려면 먼저 완벽한 관찰자가 되어야 한다. 주변을 둘러싼 모든 것을 해석할 수 있는 징조로 받아들여야 한다. 그 어떤 것도 겉으로 보이는 모습 그대로 이해해서는 안 된다. 캐롤라인 제도의 원주민들처럼 우리는 관찰 결과를 다양한 체계로 쪼갤 수 있다. 우리는 세상을 살아가며 수많은 사람과 함께 일하거나 상호작용한다. 그들이 하는 모든 일, 그들이 말하는 모든 것은 표면 아래 숨어 있는 무언가를 드러내기 마련이다. 우리는 타인들과 서로 작용하면서 그들이 내 일에 어떻게 반응하는지, 그들의 취향이 어떻게 지속적으로 변화하는지 관찰한다. 우리가 일하는 분야의 모든 측면에 몰입하고 깊은 관심을 기울인다. 다시 말해, 우리는 프루스트가 말한 거미와도 같다. 거미줄 한가운데 자리 잡고 앉아 지극히 미세한 진동까지 포착할 수 있는 거미. 시간이 지날수록 우리는 발전하고, 그동안 쌓은 지식을 주변 환경을 느끼는 감각과 결합한다. 우리는 복잡성에 적응하기 위해 스스로를 혹사하는 대신 환경을 바꾸고, 그러한 변화가 발생하기 전에 내면으로부터 감지할 수 있다.

캐롤라인 제도의 원주민들이 마스터리에 도달하기 위해 활용한 방식은 기존의 관습에 전혀 어긋나지 않는다. 그들의 방법론은 그들의 환경과 완벽하게 일치한다. 하지만 첨단기술의 시대에 사는 우리의 경우, 마스터리의 성취는 곧 파격적인 선택과 관련이 있다. 예리한 관찰자가 되려면 첨단기술이 가져온 혼란과 산만함에 굴복해서는 안 된다. 우리는 다소 원시적이 될 필요가 있다. 우리가 의존해야 할 가장 기본적인 도구는 관찰자의 시각과 분석가의 두뇌다. 다양한 매체를 통해 우리에게 주어지는 정보는 환경과의 연결에 필요한 아주 작은 일부 요소일 뿐이다. 첨단기술의 힘으로 무장하는 것은 너무나도 간단하고, 그것을 도구가 아닌 목적으로 여기는 것도 쉬운 일이다. 하지만 그렇게 되면 우리는 진짜가 아닌 허상과 연결되며 우리의 눈과 두뇌의 힘은 서서히 퇴화할 것이다. 우리를 둘러싼 환경은 물리적인 실재이며, 그것과의 연결성은 본능적인 것이다. 만일 우리가 애착을 느껴야 할 도구가 있다면 그것은 바로 두뇌다. 세상에 알려진 가장 신비롭고 경이로운 정보처리

도구이자 상상을 초월한 복잡성을 지닌 두뇌의 다차원적인 위력은 그 정교함과 유용성 측면에서 그 어떤 종류의 기술 도구도 능가한다.

2. 총력을 기울여라 : 극도의 집중력

A. 어린 알베르트 아인슈타인의 부모는 아들이 걱정스러웠다. 알베르트는 다른 아이들에 비해 말을 늦게 시작했고 더듬거리기조차 했다(62쪽, 128쪽 참조). 또 소리 내어 말하기 전에 먼저 혼잣말로 중얼거리는 이상한 습관도 있었다. 아들이 지진아가 아닐까 우려한 부모는 의사와 상담을 하기도 했지만, 곧 아인슈타인은 언어에 대한 망설임을 접고 유달리 강한 정신적 힘을 드러내기 시작했다. 어린 시절 아인슈타인은 퍼즐을 푸는 데 뛰어났고 과학에 대단히 관심이 많았으며, 바이올린에도 능숙했는데 특히 모차르트라면 하루 종일 연주할 수 있었다.

하지만 아인슈타인이 학교에 입학하면서 또 다시 문제가 불거지기 시작했다. 그는 특출한 학생은 아니었다. 아인슈타인은 숫자와 사실들을 암기하는 데 애를 먹었다. 권위적이고 엄격한 교사들을 싫어했고 학업성적은 평범한 수준이었다. 아들의 미래가 걱정된 부모는 16세가 된 아들을 더 자유로운 학교에 보내기로 결정했다. 취리히 근방에 있는 아라우라는 마을에 위치한 그 학교는 스위스의 교육개혁가인 페스탈로치가 고안한 학습방식을 활용했다. 페스탈로치는 학생들의 자발적인 관찰을 통한 학습을 강조했는데 그것이 사고와 직관의 발전으로 이어진다고 주장했다. 심지어 수학과 물리학조차 그런 방식으로 가르쳤다. 지식은 외우는 것이 아니었으며 특별히 정해진 학습 방법도 없었다. 다만 특징적인 것이 하나 있다면 지성의 시각적 형태를 최고의 가치로 여긴 다는 것이었는데, 페스탈로치는 그것이 창의적 사고의 핵심 비결이라고 여겼다.

이런 분위기에 발을 들여놓은 아인슈타인은 급속도로 성장하기 시작했다. 이곳은 그에게 대단히 흥미롭고 자극적인 곳이었다. 학교는 학생들에게 자신의 성향에 맞춰 스스로 배울 것을 격려했고, 이는 아인슈타인이 좋아하는 뉴턴 물리학을 더 깊이 공부하고 전자기학의 최신 이론을 연구할 수 있다는 것을 의미했다. 그러던 중 아인슈타인은 뉴턴 학파의 우주론에서 문제점을 발견했다. 어찌나 신경이 쓰이는지 밤마다 잠을 설칠 정도였다.

뉴턴에 의하면 자연 속 모든 현상은 간단한 법칙으로 설명할 수 있었다. 다시 말해, 그런 법칙을 안다면 거의 모든 자연 현상의 원인을 추론할 수 있는 것이다. 사물은 중력 같은 자연법칙에 의해 공간 속을 이동하며, 이 모든 움직임은 수학적으로 측정이 가능하다. 그것은 극도로 합리적이고 질서정연한 세계였다. 그러나 뉴턴의 이론은 증명이 불가능하거나 경험적으로는 증명할 수 없는 두 가지 전제하에서만 가능했다. 바로 절대적 공간과 절대적 시간이었다. 이 두 가지 개념은 사물이나 생물과는 독립적으로 존재한다고 여겨졌다. 뉴턴의 이론은 이 두 가지 전제 없이는 궁극적인 측정 기준을 정할 수가 없었지만 이론 체계가 워낙 뛰어난 탓에 의문을 제기하기가 쉽지 않았다. 뉴턴의 법칙에 근거해 모든 과학자들은 음파의 움직임과 기체의 분산, 별의 이동 등을 정확하게 측정할 수 있었기 때문이다.

그러나 19세기 후반에 뉴턴의 기계론적 우주관에 금이 가기 시작한다. 스코틀랜드의 위대한 수학자 제임스 맥스웰James Maxwell이 마이클 패러데이의 이론에 근거해 전자기학에서 매우 흥미로운 발견을 한 것이다. '장場 이론'을 발전시킨 맥스웰은 전자기電磁氣를 '하전입자'의 관점이 아니라 전자기로 변환될 수 있는 잠재력을 가진 공간인 '장'으로 보아야 한다고 주장했다. 이 전자기장은 언제든지 충전될 수 있는 응력 벡터로 구성되어 있었다. 그의 계산에 따르면 전자기파는 초속 30만 킬로미터로 이동하는데, 이는 빛의 속도와 같다. 이것은 단순한 우연일 리가 없었다. 따라서 빛은 전자기파의 스펙트럼 가운데 가시영역에 속하는 것이 틀림없었다.

맥스웰의 이론은 대단히 충격적이고 참신한 개념이었지만 맥스웰과 다른 물리학자들은 이를 뉴턴의 이론과 일치시키기 위해 '빛을 전달하는 에테르'의 존재를 가정해야 했다. 에테르는 이러한 전자기파를 진동시키고 방출하는(물로 비유하자면 파도, 공기에 비유하자면 음파) 물질이었다. 에테르는 뉴턴 이론에 또 하나의 절대적 개념을 추가했다. 바로 '절대정지'라는 개념이었다. 전자기파는 오로지 그것이 움직이는 배경이 정지되어 있을 때에만 측정할 수 있었는데, 그 배경이란 곧 에테르를 지칭했다. 물리학자들에게 에테르는 미지의 물질이었다. 우주 전체를 뒤덮고 있으나 행성이나 사물의 움직임을 간섭하지는 않는 매체였다.

전 세계의 과학자들은 수십 년 동안 에테르의 존재를 밝혀내기 위해 온갖 종류의 실험을 시도했지만, 아무래도 그것은 불가능한 과제처럼 보였다. 그리고 그 결과 뉴턴의 우주관과 그 절대성에 대해 의문을 제기하는 목소리들이 점점 늘어나기 시작했다. 알베르트 아인슈타인은 맥스웰의 이론과 그로 인해 제기된 의문점들을 게걸스럽게 흡수했다.

사실 아인슈타인은 질서정연한 우주와 절대적인 법칙을 믿어야 할 필요성을 느끼고 있었고 따라서 뉴턴 이론에 대한 회의는 그에게 커다란 불안감을 안겨주었다.

이런 혼란 속에서 아라우의 학교에 다니던 어느 날, 아인슈타인의 머릿속에 갑자기 하나의 이미지가 떠올랐다. 어떤 사람이 빛의 속도로 움직이고 있는 모습이었다. 곰곰이 생각하면 할수록 그 장면은 일종의 퍼즐처럼 변했고, 후에 아인슈타인은 이것을 '사고실험'이라고 칭했다. 만약 어떤 사람이 한 줄기 빛과 함께 빛의 속도로 움직이고 있다면 '전자기장인 그 빛은 공간적으로는 진동하고 있을지 모르나 그에게는 정지된 것처럼 보일 것'이다.

그러나 아인슈타인은 직관적으로, 그것이 두 가지 이유 때문에 불가능하다는 것을 깨달았다. 그 사람이 고개를 돌려 광선이 시작되는 지점을 바라보는 순간, 빛의 파동은 광속으로 그를 앞질러 가버릴 것이다. 만약 그렇지 않다면 그는 그 빛을 볼 수 없었을 것이다. 왜냐하면 가시광선은 일정한 속도로 이동하기 때문이다. 빛의 파동은 관찰자에게도 여전히 초속 30만 킬로미터의 속도로 보여야 한다. 광속 또는 전자기파의 법칙은 지구에 가만히 서 있는 사람이든 이론적으로 빛의 속도로 이동하는 사람에게든 동일하게 적용되어야 하기 때문이다. 따라서 두 개의 법칙은 존재할 수 없다. 그러나 이론상으로는 그 사람은 파동이 빛의 형태로 나타나기 전에 이미 그것을 따라잡고 볼 수 있어야 했다. 이는 모순이었고, 아인슈타인은 이 문제를 생각하면 할수록 껄끄러워 견딜 수가 없었다.

이듬해 아인슈타인은 취리히에 있는 연방공과대학에 입학했다. 그러나 제도권 교육에 대한 회의감이 다시금 그를 덮쳐왔다. 아인슈타인은 특히 수학에 취약했다. 물리학 교수 방식이 마음에 들지 않던 그는 물리학과는 아무 관련도 없는 분야의 수업들을 듣기 시작했다. 그는 그다지 유망한 학생이 아니었으며 저명한 교수나 과학자들의 주목을 받지도 못했다. 아인슈타인은 그의 사고를 가두고 위축시키는 학습방식과 학계에 경멸감을 느꼈다. 하지만 사고실험에서 발견한 모순을 떨쳐버릴 수 없었던 그는 홀로 연구를 계속했다. 아인슈타인은 수개월 동안 에테르와 에테르가 빛에 미치는 영향을 발견할 실험을 고안하는 데 몰두했지만 공과대학의 한 교수가 그의 실험으로는 결과를 얻을 수 없을 것이라고 충고했다. 그는 아인슈타인에게 에테르를 발견하기 위한 저명한 과학자들의 시도가 모두 실패했음을 알려주는 논문을 보여줬는데, 어쩌면 그것은 세계 최고의 과학자들이 실패한 것을 발견할 수 있다고 믿는 스무 살 대학생의 자만심을 꺾기 위해서였을지도 모른다.

1년 뒤인 1900년, 아인슈타인은 그의 삶을 바꿀 일생일대의 결심을 하게 된다. 아인슈타인은 실험과학자가 아니었다. 그는 실험을 고안하는 데 뛰어나지도 않았고 그 과정을 좋아하지도 않았다. 물론 그에게도 몇 가지 강점은 있었다. 아인슈타인은 관념적인 문제와 수수께끼를 푸는 데 탁월한 재능이 있었다. 그는 머릿속에서 문제를 분석하고 이미지로 바꿔 마음대로 다듬고 변형시킬 수 있었다. 그리고 권위와 제도에 대한 타고난 반감 덕분에 참신하고 유연한 방식으로 사고할 수 있었다. 이것은 물론 아인슈타인이 학계라는 능구렁이 같은 세상에서 성공할 수 없으리라는 것을 의미했다. 아인슈타인은 혼자서 길을 닦고 나아가야 할 테지만 거기에는 나름의 장점이 있었다. 원하지 않는 분위기에 억지로 적응하거나 이론을 기존 패러다임에 끼워 맞출 필요가 없는 것이다.

밤낮을 가리지 않고 사고실험을 계속하던 중, 아인슈타인은 마침내 결론에 도달했다. 뉴턴 학파 과학자들의 물리적 우주에 대한 이론은 어딘가 잘못된 부분이 있는 것이 틀림없었다. 과학자들은 문제에 잘못된 방향으로 접근하고 있었다. 그들은 뉴턴의 이론체계를 비호하기 위해 에테르의 존재를 입증하고자 했다. 아인슈타인은 뉴턴을 경외했지만 그 어떤 학파에도 속해 있지 않았다. 또 혼자서 연구를 계속할 작정이었기에 원하는 만큼 과감해질 수 있었다. 그는 에테르와 입증이 불가능한 모든 절대성 개념을 무시하기로 결심했다. 오직 수학과 자기 자신의 논리만을 이용해 운동의 법칙을 추론해내기로 했다. 그는 이를 위해 대학 교수 자리가 필요하지도 않았고 연구소에 취직할 필요도 없었다. 연구란 어디서든 할 수 있는 것이기 때문이다.

세월이 흘렀다. 사람들의 눈에 아인슈타인은 실패한 인생으로 보였다. 그는 꼴찌에 가까운 성적으로 대학을 졸업했고 교직을 구하지 못해 베른에 있는 스위스 특허 사무소에서 감사원이라는 평범한 일자리를 얻었다. 하지만 덕분에 원하는 대로 연구를 계속할 수 있었던 아인슈타인은 끈질기게 한 가지 문제에 매달렸다. 사무소에서 일을 할 때조차도 몇 시간 동안이나 머릿속에 떠오르는 이론들을 가다듬는 데 집중했고, 친구들과 산책할 때에도 머릿속에서 아이디어를 이리저리 굴려보곤 했다. 그는 남들의 이야기를 들으면서도 속으로는 다른 생각을 할 수 있는 보기 드문 능력을 가지고 있었다. 아인슈타인은 작은 수첩을 가지고 다니며 다양한 아이디어와 구상들로 채워나갔다. 그는 자신이 발견한 모순을 숙고하며 마음속으로 수천 개의 서로 다른 가능성을 끝없이 고찰했다. 문자 그대로 그는 깨어 있는 시간 동안 이론상의 문제점을 여러 각도로 심사숙고했다.

그리고 이처럼 깊은 사고를 거쳐, 아인슈타인은 그를 더욱 멀리 이끌어줄 두 개의 중요한 원리에 도달하게 되었다. 먼저 그는 자신이 처음 깨달았던 직관이 옳다는 결론을 내렸다. 물리 법칙은 정지해 있는 사람과 우주선을 타고 일정 속도로 움직이는 사람 양쪽 모두에게 동등하게 적용되어야 했다. 그렇지 않고서는 아무것도 이치에 맞지 않았다. 두 번째로, 빛의 속도는 불변이었다. 별이 시속 수천 킬로미터로 움직이며 빛을 방출한다고 해도 빛의 속도는 초속 30만 킬로미터로 유지되며 그보다 더 빨라지지는 않는다. 이런 식으로 그는 불변의 속도를 지닌 전자기파와 맥스웰의 이론을 접목시킬 수 있었다.

하지만 이런 법칙들을 더욱 깊게 파고들수록 또 다른 모순이 이미지로 떠올랐다. 열차 한 대가 라이트를 켜고 선로를 따라 움직이고 있다고 하자. 그때 제방에 서 있는 남자는 광선이 일정한 속도로 움직이는 것을 볼 수 있다. 그런데 만일 어떤 여자가 기차를 향해 다가가거나 기차로부터 멀어지고 있다면 어떨까? 열차에 대한 여자의 상대적 속도는 여자가 얼마나 빨리, 어떤 방향으로 움직이느냐에 달려 있지만 여자와 광선의 속도도 그와 같을까? 당연히 열차에서 나오는 광선은 여자가 어느 쪽으로 이동하느냐에 따라 그 속도가 다르게 보일 것이다. 그러나 제방 위의 남자가 보는 그 빛의 속도는 열차에 타고 있는 남자가 보는 빛의 속도와는 다르다. 이 하나의 이미지는 그가 이제까지 옳다고 여겨온 법칙들에 의문을 가져왔다.

그 뒤로 몇 달 동안 아인슈타인은 이 모순을 연구했다. 그리고 1905년 5월에는 이 문제를 포기하기에 이른다. 해결이 불가능해 보였다. 그러던 중 어느 화창한 날, 아인슈타인은 특허 사무소 동료와 산책을 하며 그에게 막다른 골목에 다다른 좌절감과 자포자기한 심정을 털어놓았다. 마음속에 담긴 것을 친구에게 모두 털어놓자마자, 아인슈타인은 후에 그가 한 말을 빌자면 '갑자기 문제의 핵심을 깨달을 수' 있었다. 별안간 눈부신 번득임이 머릿속에 불쑥 튀어 올랐다. 처음에는 이미지의 형태로, 그 후에는 언어의 형태로, 1초도 안 되는 그 짧은 순간 우주에 대한 인류 모두의 관점을 뒤바꿀 개념이 직관적으로 떠오른 것이다.

나중에 아인슈타인은 그의 통찰력을 다음과 같은 이미지로 설명했다. 열차 한 대가 일정한 속도로 제방 옆을 지나고 있다. 그리고 한 남자가 제방의 중앙에 서 있다. 열차가 그 앞을 지나는 순간 남자의 왼쪽과 오른쪽에 있는 등거리 지점 A와 B에 동시에 번개가 친다. 자, 이제는 열차의 중간 지점에 한 여자가 앉아 있다고 하자. 번개가 칠 때 그녀는 제방에 서 있는 남자의 정면을 통과하는 중이다. 그녀는 번개가 치는 동안 B지점에 접근하는데, 따라서 번개가 A지점에 치기 살짝 직전에 B지점에 번개가 치는 것을 보게 된다. 다시 말해, 제방에 서 있는 사람에게는 동시에 발생하는 일이 기차 안의 여자에게는 그렇지 않은 것이다. 어떤 두 개의 사건도 결코 동시에 발생한다고 말할 수 없다. 왜냐하면 이동기준 좌표계는 고유한 상대적 시간을 지니며, 이 우주에 존재하는 모든 것은 다른 모든 것들과 상대적으로 움직이기 때문이다. 아인슈타인은 이렇게 말했다. "세상에 '시간'이라고 정의할 수 있는 '똑딱' 소리가 나는 것은 없다." 시간이 절대적인 것이 아니라면 공간이나 거리도 마찬가지일 것이다. 속도, 시간, 거리, 모든 것은 상대적이다. 유일한 예외가 있다면 결코 변화하지 않는 빛의 속도뿐이다.

이것이 바로 그의 특수 상대성 이론이다. 그 뒤로 수년 동안 이 이론은 물리학과 과학을 뿌리째 흔들게 된다. 몇 년 뒤 아인슈타인은 전과 똑같은 과정을 통해 일반 상대성 이론과 중력에 상대성 개념을 적용시킨 '시공간의 곡률'을 발견하게 된다. 이번에도 발단이 된 것은 하나의 이미지였다. 그러나 그는 거의 10년에 가까운 세월 동안 사고실험을 거친 끝에 1915년이 되어서야 획기적인 일반 상대성 이론을 내놓았다. 그리고 이 이론으로부터 빛이 시공간의 곡률에 따라 반드시 휘어져야 한다는 결론을 추론해냈으며 나아가 태양을 지나는 별빛의 정확한 곡률을 측정하기에 이른다. 놀랍게도 1919년에 일식이 발생했을 때, 천문학자들은 아인슈타인의 예측이 정확했음을 입증할 수 있었다. 그것은 마치 초인간적 두뇌를 가진 사람이 오직 추상적 사고만으로 그런 결론에 도달한 것처럼 보였다. 거의 괴물에 가까운 천재라는 알베르트 아인슈타인의 명성이 널리 퍼지기 시작한 것도 그때부터다. 그러한 평가와 인식은 지금까지도 이어지고 있다.

* * *

사람들은 아인슈타인 같은 천재들이 우리는 상상조차 할 수 없는 능력과 재능을 지니고 있다고 생각하지만, 실제로 그가 위대한 발견을 할 수 있었던 것은 젊은 시절 결정한 두 개의 선택 덕분이었다. 첫 번째 선택은 스무 살의 나이에 평범한 실험과학자가 되기로 결심한 것이었다.

물리학계에서 명성을 쌓는 일반적 과정은 수학과 실험에 전념하는 것이었지만 아인슈타인은 그저 자기에게 알맞은 길을 가기로 선택했고, 그것은 참으로 대담한 결심이었다. 둘째로 아인슈타인은 틀에 박힌 관습과 권위에 대한 본능적인 반항기가 자신의 가장 큰 장점 중 하나라고 여겼다. 그는 뉴턴 이론과 관련해 과학자들에게 고민거리를 안겨주는 모든 가설로부터 자유로웠으며 학계 외부에서 과감히 공격을 가할 수 있었다. 이 두 가지 결정은 아인슈타인의 강점을 최대한 발휘할 수 있게 해주었다. 한 가지 더, 그를 성공으로 이끌어준 세 번째 요소는 바이올린과 모차르트에 대한 열렬한 애정이었다. 다른 사람들이 모차르트에 대한 그의 열정에 놀라움을 표하면, 아인슈타인은 이렇게 대답하곤 했다. "그건 제 핏줄 속에 흐른답니다." 그것은 아인슈타인이 모차르트의 음악을 너무 자주 연주한 나머지 자신의 일부가 되었다는 의미였다. 아인슈타인은 모차르트의 음악에 대해 거의 본능적인 이해력을 갖추고 있었다. 그는 이처럼 음악에 대한 접근법을 무의식적으로 과학 연구에 대입했다. 자신이 아주 복잡한 현상의 내부에 존재하고 있다고 상상한 것이다.

　우리는 아인슈타인이 추상적 사고의 달인이라고 생각하는 경향이 있지만 실상 그의 사고체계는 놀랍도록 구체적이다. 그는 거의 언제나 기차나 시계, 엘리베이터 같은 일상적인 사물과 관련된 이미지를 이용했는데, 이런 구체적인 심상을 통해 산책하거나 대화를 나누면서 또는 일터의 책상에 앉아서 같은 문제를 여러 번 다양한 각도로 검토할 수 있었다. 후에 그는 이론을 세울 때 과학이나 수학적 지식보다 상상력과 직관이 훨씬 커다란 역할을 했다고 회고했다. 만일 그가 특수한 재능을 갖추고 있었다면 그것은 아마도 극도의 끈기와 인내심이었을 것이다. 아인슈타인은 한 가지 문제에 대해 1만 시간 이상의 숙고와 고찰을 거친 끝에야 탈바꿈을 할 수 있었다. 고도로 복잡한 현상의 다양한 관점이 내면화되어 큰 그림에 대한 직관적인 깨달음, 즉 이 경우에는 그의 머릿속에 번개처럼 떠오른 시간의 상대성 개념으로 이어진 것이다. 아인슈타인이 발견한 두 개의 상대성 이론은 아마도 과학 역사상 가장 위대한 지적 업적으로 기록될 것이며, 이는 비범하고 불가해한 천재성이 아니라 열정적이고 집중적인 노동의 과실이었다.

마스터리로 가는 길은 다양하며, 끈기와 인내심을 발휘할 수 있는 사람이라면 누구든 자신에게 알맞은 길을 찾을 수 있다. 그러나 그 과정에서 가장 중요한 요소는 강인한 정신력과 마음가짐이다. 마스터리에 도달하기 위해서는 오랜 시간 동안 한 가지에 열중하며 연습에 매달려야 한다. 그러나 그 과정에서 즐거움을 느끼지 못한다면 거기에 도달하지 못할 것이며, 자신의 약점을 극복하기 위해 끊임없이 애를 먹어야 할 것이다. 당신은 자신의 내면을 면밀히 들여다보고 최대한 현실적인 태도로 자신의 장점과 약점을 이해해야 한다. 장점을 파악하고 나면 거기에 의존할 수 있다. 일단 방향을 결정해 발길을 내딛기 시작하면 곧 관성이 발생할 것이다. 관습과 규칙에 얽매일 필요도 없고, 자신의 고유한 성향과 장점에 어긋나는 기술을 다룸으로써 발걸음이 느려지는 일도 없다. 당신의 창의력과 직관력은 이런 식으로 자연스럽게 개화할 것이다.

B. 1950년대 초반, 템플 그랜딘의 어린 시절은 굉장히 어둡고 혼란

스러웠다. 자폐증을 갖고 있던 그녀는 해변에 앉아 손가락 사이로 모래 알이 흘러내리는 모습을 몇 시간 동안이나 응시하고 있었던 것을 기억한다(그랜딘에 대해서는 89쪽, 298쪽 참조). 그랜딘에게 세상이란 사방이 두려움으로 가득 찬 곳이었고, 그녀는 갑작스러운 소리에도 경기를 일으키곤 했다. 말을 배우는 데에도 또래들보다 오래 걸렸으며, 그런 자신이 다른 아이들과 얼마나 다른지 뼈저리게 실감했다. 친구들과 어울리지 못하고 주로 혼자 시간을 보냈던 그랜딘은 자연스레 동물에게 마음을 빼앗겼는데, 그중에서도 특히 말을 좋아했다. 그것은 그저 친구가 필요했기 때문이 아니었다. 그녀는 왠지 모르게 동물을 이해하고 공감하는 능력이 있는 것 같았다. 그랜딘이 가장 좋아하는 일은 말을 타고 고향인 보스턴 근방의 시골을 돌아다니는 것이었다. 말을 타고 있을 때면 말과 더욱 깊은 유대감을 키울 수 있었다.

그러던 어느 여름, 어린 소녀였던 그랜딘은 애리조나 주에 있는 앤 숙모의 농장을 방문하게 되었다. 그녀는 즉시 농장에서 사육하는 소들에 강한 애착을 느꼈고, 몇 시간 동안이나 동물을 쳐다보는 것만으로도 행복감을 느꼈다. 특히 그녀를 매료시킨 것은 소에게 예방접종을 할 때 사용하는 보정틀이었다. 그것은 소가 주사를 맞을 때 몸뚱이의 양쪽 측면을 압박해 진정시키는 효과가 있었다.

그랜딘이 기억하는 한, 그녀는 언제나 담요로 몸을 칭칭 감거나 쿠션이나 베개 아래 들어가 몸을 조이는 느낌을 즐겼다. 소들과 마찬가지로 그랜딘은 몸에 점진적인 압박감을 느끼면 마음이 안정되었다. (자폐증 아동이 흔히 그렇듯, 사람들이 직접 포옹해주는 것은 그녀에게 지나치게 자극적이었고 오히려 불안감을 가중시켰다. 그런 상황에서는 그녀에게 통제권이 전혀 없기 때문이다.) 그랜딘은 벌써 오랫동안 자신의 몸을 압박할 수 있는 도구가 있으면 좋겠다고 생각했던 차였고, 가축이 들어 있는 보정틀을 본 순간 해답을 깨달았다. 어느 날 그녀는 숙모에게 보정틀 안에 들어가게 해달라고 졸랐다. 숙모의 허락을 받은 그랜딘은 30분 동안 자신이 항상 꿈꾸던 경험을 하며 완전한 평온함을 느꼈다. 그것은 그랜딘이 소들과 신기한 인연을 맺고 있음을, 자신의 인생이 어떠한 형태로든 이 동물들과 하나로 이어져 있음을 깨달은 순간이었다.

호기심이 일어난 그랜딘은 몇 년 뒤 고등학생이 되어 소를 연구 주제로 선택했다. 또 그녀는 다른 자폐증 아동이나 성인들도 자신과 똑같이 느끼는지 알고 싶었다. 그러나 소들과 그들의 감정, 그리고 소가 세상을 인지하는 방식에 대한 정보는 거의 구할 수가 없었다. 그나마 자폐증에 대한 연구는 훨씬 진척되어 있었기에 그녀는 열심히 책과 지식을 섭취했다. 이런 과정을 거쳐 과학에 흥미를 느끼게 되었다. 그랜딘은 그녀의 불안정한 에너지를 과학 연구와 학습에 쏟아부었고, 세상과 소통하는 방법을 배웠다. 그녀는 한 가지 주제에 몰두하는 가공할 만한 집중력을 갖추고 있었다.

그랜딘은 조금씩 전도유망한 학생으로 탈바꿈하기 시작했다. 그녀는 뉴햄프셔 주에 있는 인문대학에 입학해 심리학을 전공했다. 심리학을 선택한 이유는 자폐증을 연구하고 싶었기 때문이었다. 그녀는 자폐증에 대해 개인적이고 내부적인 지식을 갖고 있었으며 심리학 연구를 통해 현상 뒤에 숨어 있는 과학적 원리를 더욱 깊이 이해할 수 있었다. 대학을 졸업한 그랜딘은 애리조나 주립대학에서 심리학 박사 과정을 밟기로 결심했지만, 남서부로 돌아가 숙모의 농장을 다시 방문했을 때

소들에 대한 애정이 다시금 샘솟는 것을 느끼고는 결국 정확한 이유도 그 결과도 알지 못한 채 전공을 동물학으로 바꾸기로 결정했다. 그녀의 논문은 주로 소에 초점을 맞출 것이었다.

그랜딘은 언제나 시각적 관점으로 사고했고, 대개는 귀로 들리는 언어를 이미지의 형태로 바꿔야만 이해할 수 있었다. 어쩌면 그것은 자폐증인 그녀의 뇌가 독특한 방식으로 구성되어 있었기 때문인지도 모른다. 논문을 위해 답사 연구를 떠난 그랜딘은 애리조나 주에 있는 몇몇 가축 사육장을 방문했는데, 눈앞에 펼쳐진 광경에 질겁할 수밖에 없었다. 그러곤 자신의 시각 중심적 사고가 다른 사람들과 다르다는 사실을 새삼 깨달았다. 그렇지 않고서는 가축 사육장의 수많은 비합리적인 설계 방식들을 설명할 길이 없었다. 그녀의 눈에는 너무나 확연하게 보이는 저런 세부적 측면들을 어떻게 다른 사람들은 아무렇지도 않게 간과할 수 있을까?

그녀는 소들이 너무 매끌매끌한 보정틀에 갇히는 광경을 침울한 기분으로 지켜보았다. 이 500킬로그램이 넘는 대형동물은 갑작스럽게 너무 매끄러운 표면을 접하면 자기 몸에 대한 통제권을 잃어버렸다고 느끼고 당황할 터였다. 소들은 큰 소리로 울부짖으며 걸음을 멈췄고, 결국 뒤에서 순서대로 따라오는 소들이 부딪쳐 일종의 교통체증이 일어났다. 어떤 사육장에서는 거의 모든 소들이 같은 지점에서 발길을 멈췄다. 눈에 보이는 무언가가 그들을 겁먹게 만든 것이다. 그렇다면 그 원인을 찾아내 제거해야 하지 않을까? 왜 아무도 문제를 해결하지 않는 거지? 다른 사육장에서는 소들이 경사로를 지나 그 아래 있는 커다란 통으로 바둥거리며 떨어지는 끔찍한 광경을 목격했다. 통에는 벼룩과 기생충을 제거하기 위한 소독제를 탄 물이 가득 채워져 있었다. 경사로는 경사가 너무 심해 어느 순간 통으로 갑자기 뚝 떨어져 내렸고, 그 바람에 몇몇 소들은 소독제 통에 거꾸로 처박혀 익사하기도 했다.

그랜딘은 자신이 보고 들은 것을 토대로 가축 사육장의 효율성에 대한 상세한 분석과 이를 개선할 방도를 박사 논문 주제로 삼기로 결정했다. 이제 그녀는 수십 개의 가축 사육장을 방문하며 그때마다 보정틀 가까이에 서서 소들이 낙인을 찍히거나 예방접종을 맞을 때 어떤 반응을 보이는지 정확하게 기록했다. 그녀는 혼자서 소들에게 다가가 가만히 그들을 어루만져보곤 했다. 어린 시절 승마를 할 때 그랜딘은 말의 몸에 손과 다리를 접촉하는 것만으로도 말의 기분을 알 수 있었다. 소도 마찬가지였다. 소의 옆구리를 손바닥으로 지그시 눌러보면 소들이 긴장을 푸는 것을 느낄 수 있었다. 그랜딘은 자신이 평온한 기분일 때에는 소들 역시 그녀에게 편안한 태도로 반응한다는 사실을 알아차렸다. 그녀는 서서히 소들의 관점을 이해할 수 있게 되었고, 소들이 보이는 불안한 행동의 상당수가 우리가 알아차리지 못하는 위협적인 신호 때문이라는 사실을 깨달았다.

시간이 지나면서 그랜딘은 자신이 축산학계에서 동물의 감정과 경험에 관심을 가진 유일한 사람임을 깨달았다. 그러한 주제는 그다지 과학적이지 못하다는 것이 학계의 전반적인 평가였다. 그러나 그랜딘은 개의치 않고 계속해서 그 주제를 파고들었다. 그녀 자신을 위해서, 그리고 자신의 논문 주제와도 깊은 관련이 있다고 느꼈기 때문이었다. 그랜딘은 사진기를 들고 가축 사육장을 방문하기 시작했다. 소들이 시각적인 명암의 차이에 예민하다는 사실을 알게 된 그랜딘은 소들과 똑같은 입장이 되어 다양한 보정틀을 지나며 무릎을 꿇고 소들과 똑같은 높이의 시야에서 흑백사진을 찍었다. 그녀의 사진은 소들의 시야에 들어오는 모든 명암대비를 포착했다. 밝은 태양빛, 갑자기 나타나는 그림자, 창문의 반짝임 등등. 그녀에게 이러한 선명한 명암대비가 소들이 계속해서 발길을 멈추는 원인이라는 사실은 너무나도 확연해 보였다. 때로는 허공에 매달린 플라스틱 병이나 대롱거리는 쇠사슬이 그런 반응을 불러일으키기도 했다. 소들이 이를 위협적인 대상으로 판단하기 때문이었다.

가축들은 원래 산업화된 사육장에 알맞게 진화한 것이 아니다. 그래서 그들은 항상 본능적으로 긴장된 삶을 살고 있었다. 소들이 무언가에 놀라 본능적으로 반응할 때마다 농장 일꾼들은 외려 짜증을 내며 소들을 급히 재촉했고, 이는 동물의 공포심을 더욱 부추길 따름이었다. 많은 소들이 그 과정에서 상처를 입거나 목숨을 잃었으며 소들의 이동이 멈출 때마다 낭비되는 시간 또한 어마어마했다. 하지만 이제 그랜딘은 이 모든 것이 간단히 해결할 수 있는 문제임을 알고 있었다.

졸업 후 그랜딘이 처음 얻은 일자리는 남서부 지역의 가축 사육장을 설계하는 일이었다. 그녀는 육류포장 공장을 위해 기존에 사용하던 것보다 훨씬 인도적인 경사로와 가축 고정 기구를 발명했다. 그중 일부는 경사로에 커브를 만들어 소들이 양 옆이나 정면을 너무 멀리 보지 못하도록 함으로써 심리적 안정을 제공하는 등 아주 작고 단순한 세부사항을 개선한 것뿐이었다. 또 다른 곳에서는 소독통을 재설계하여 경사로를 훨씬 완만하게 만들고 콘크리트 안에 깊은 홈을 만들어 발을 쉽게 내딛을 수 있게 했다. 그러자 익사율이 극적으로 감소했다. 그랜딘은 또 소들이 몸을 말릴 수 있는 장소를 따로 만들어 훨씬 조용하고 평온한 환경을 마련해주었다.

그랜딘이 소독통을 새로 설계하는 동안, 카우보이와 농장 일꾼들은 그녀가 무슨 외계인이라도 되는 듯이 쳐다보았다. 그들은 그랜딘이 가축을 다루는 모습을 보며 '징징거리는 울보'라며 뒤에서 비웃었다. 그러나 그녀가 새 기구를 완성한 뒤, 소떼가 너무나도 태평하고 쾌활한 태도로 경사로를 지나 불평 한마디 없이 소독약에 몸을 담그는 것을 보고는 입을 딱 벌릴 수밖에 없었다. 죽거나 다치는 소도 없었고, 겁에 질려 달아나거나 난리법석을 피우는 바람에 시간을 낭비할 일도 없었다. 이처럼 그녀의 모든 설계작은 효율성을 극대화했고, 덕분에 그랜딘은 회의적인 반응을 보이던 남성들로부터 존경의 눈길을 받을 수 있었다. 그녀는 서서히 명성을 쌓아나갔다. 심각한 자폐증을 앓던 어린 시절로부터 얼마나 먼 길을 왔는지 생각하면 이 같은 성취는 그녀에게 높은 자부심을 안겨주었다.

시간이 지날수록 소에 대한 그녀의 지식은 연구와 지속적인 접촉을 통해 계속해서 증가했다. 곧 그녀는 소뿐만 아니라 돼지 같은 다른 가축에까지 연구 범위를 확대했고, 이후에는 영양과 엘크에까지 시선을 돌렸다. 그랜딘은 농장주나 동물원이 즐겨 찾는 조언자가 되었다. 그녀는 동물의 내면을 이해하는 신비한 육감을 지닌 것 같았으며 동물을 진정시키는 놀라운 힘을 갖고 있었다. 그랜딘 본인조차 자신이 다양한 동물의 사고과정을 추측할 수 있는 수준에 이른 것 같다는 느낌을 받았다. 그것은 치밀한 과학적 분석과 동물의 입장에서 생각하는 수많은 경험 덕분이었다. 예를 들어, 그랜딘은 동물의 기억과 사고가 다른 감각과 더불어 이미지를 중심으로 구성된다고 믿었다. 동물은 학습이 가능한 생물이지만 그들의 문제해결 과정은 이미지를 통해 진행되었다. 상상하기 힘들지도 모르나, 실은 인간도 언어를 사용하기 전에는 그와 비슷한 사고 과정을 갖고 있었다. 동물과 인간의 거리는 우리가 생각하는 것만큼 멀지 않으며, 이런 연관성은 그랜딘을 매료시켰다.

그랜딘은 귀의 움직임과 눈빛, 피부에서 느껴지는 긴장감을 통해 소들의 기분을 읽을 수 있었다. 소의 두뇌활동을 연구하던 그녀는 소가 많은 면에서 자폐증 환자와 비슷하다는 묘한 인상을 받았다. 그녀 자신의 뇌 스캔은 그녀가 평범한 이들보다 세 배나 큰 두려움 센터를 보유하고 있음을 보여주었다. 그랜딘은 늘 대부분의 사람들보다 훨씬 높은 수준의 두려움과 불안감을 느꼈고, 자신을 둘러싼 주변 환경에서 지속적인 위협을 느꼈다. 초식동물인 소 역시 끊임없이 긴장상태에 있으며 주변을 경계했다. 어쩌면 그녀가 보유하고 있는 커다란 두려움 센터는 과거 인간이 피식자였던 시절의 산물인지도 몰랐다. 오랜 세월이 지난 지금 인간의 그러한 반응은 차단되거나 숨겨져 있지만 그랜딘의 뇌는 자폐증 때문에 과거의 특성을 고스란히 간직하고 있는 것이다. 또한 그녀는 소와 자폐증 환자가 둘 다 습관의 동물이라는, 또 다른 유사성을 발견했다.

이는 그랜딘이 자폐증 환자의 심리에 다시금 관심을 기울이는 계기가 되었다. 그녀는 신경과학 분야의 연구에 깊이 관여하기 시작했다. 자폐증을 극복하고 과학 분야에서 성공적인 업적을 성취한 인물로서 그랜딘은 독특한 관점을 갖고 있었다. 그녀는 동물을 다룰 때와 마찬가지로 신경과학에서도 외적(과학), 그리고 내적(공감)으로 동시에 접근했다. 그녀는 자폐증에 관한 최신 연구 결과들을 읽고 자신의 경험과 비교했으며, 다른 과학자들은 설명하거나 이해할 수 없는 상황이나 증상을 명확하게 규명할 수 있었다. 그랜딘은 자폐증에 대해 더욱 면밀히 연구하고 자신의 경험을 바탕으로 책을 집필하는 등 빠른 속도로 그 분야에서 뛰어난 상담가 겸 강연자가 되었을 뿐만 아니라 어린 자폐증 환자들의 롤모델이 되었다.

자신의 삶을 뒤돌아볼 때마다 템플 그랜딘은 묘한 기분에 휩싸였다. 어린 시절 어둡고 혼란스러운 자폐증의 세상에 살고 있던 그녀는 동물에 대한 애정과 그들의 내적 삶에 대한 호기심을 바탕으로 그곳에서 벗어났다. 숙모의 농장에서 소들과 교류하며 과학에 관심을 갖게 되었고 후에는 마음을 열고 자신이 앓는 자폐증을 연구했다. 그러던 중 다시 동물의 세계로 돌아가 면밀한 관찰과 과학 지식을 통해 혁신적인 설계와 놀라운 발견을 해냈다. 그리고 이런 발견들은 그랜딘이 다시금 자폐증에 관심을 갖고 이제껏 축적한 과학적 훈련과 사고방식을 활용하도록 만들었다. 마치 그녀가 강렬한 목적의식으로 탐구하고 이해하며 자신만의 독창적 방식으로 성취할 수 있는 특정 분야를 향해 운명이 그녀를 이끌어온 것만 같았다.

* * *

일반적인 시각으로 볼 때, 템플 그랜딘 같은 사람이 마스터리에 도달할 확률은 거의 없어 보인다. 자폐증 환자는 그 과정에서 너무나도 크고 거대한 장애물을 직면해야 하기 때문이다. 그럼에도 불구하고 템플 그랜딘은 두 가지 분야에서 그녀가 나아갈 길을 찾았고, 발전의 가능성을 활짝 열어젖혔다. 운이나 운명이 그녀를 그 길로 이끌었다고 생각할지도 모르지만, 실제로 그랜딘은 어린 시절부터 자연스럽게 자신의 강점을 발휘하고(동물에 대한 애정, 시각적 사고, 한 가지 목표에 전념하는 집중력 등) 온 힘을 다해 거기에 의존했다. 이렇게 강점을 최대한 활용함으로써 그랜딘은 주변의 회의주의자들, 즉 그녀를 괄시하며 그녀가 선택한 주제가 상식에 어긋난다고 생각하는 이들을 견뎌내고자 하는 욕구와 탄력성을 기를 수 있었다. 그랜딘은 타고난 공감 능력과 독창적인 사고방식을 발휘할 수 있는 분야에 몸을 담금으로써 자신이 선택한 주제에 더욱 깊이 전념할 수 있었고, 동물의 세계에 대해 강력한 내적 감각을 키웠다. 그리고 마스터리에 도달한 뒤에는 또 다른 관심 분야, 즉 자폐증에 자신이 지닌 기술을 적용했다.

명심하라. 삶에서 마스터리에 도달하기 위해서는 이처럼 처음 내딛는 발걸음이 무엇보다 중요하다. 단순히 인생의 과업을 깨닫는 것이 문제가 아니라 우리가 갖고 있는 독특한 사고방식과 내게 낯설게 느껴지는 관점에 대해 느끼고 자각해야 한다. 혹자들은 동물이나 특정 유형의 사람들에 대한 공감 능력이 중요한 기술이나 지적 능력이 아니라고 느낄지도 모르지만, 그것은 틀린 생각이다. 공감 능력은 학습과 지식 축적에서 엄청난 역할을 한다. 심지어 객관적인 사고를 기본으로 하는 과학자들조차도 정기적으로 스스로를 연구 주제와 동일시하려고 노력한다. 시각적 사고처럼 우리가 보유할 가능성이 있는 여타의 자질들 역시 강점이 될망정 약점이라고는 할 수 없다. 문제는 우리 인간이 대단히 체제순응적이라는 사실이다. 우리를 독특한 존재로 만들어주는 이 같은 특성은 보통 남들의 조롱을 받거나 교사들의 비판을 받는 경향이 있다. 이를테면 시각적 감각이 뛰어난 이들은 학교에서 난독증으로 낙인찍힌다. 그리고 이 같은 외부의 판단 때문에 자신의 장점을 오히려 단점이나 장애로 인식하고 집단의 일부가 되기 위해 그것을 제거하려고 노력한다. 하지만 우리를 구성하는 독창적이고 고유한 자질들은, 항상 가장 깊은 관심과 주의를 기울이며 마스터리에 도달하기 위해 노력할 때 의지해야 하는 것들이다. 마스터리에 이르는 과정은 수영을 하는 것과 비슷하다. 파도를 거슬러야 하거나 뻣뻣한 몸으로 물에 저항할 때에는 앞으로 나아가기가 어렵다. 자신의 강점을 파악하고 그것을 활용해 함께 움직여야 한다.

3. 연습을 통해 자신을 변화시켜라 : 심신에 체화되는 기술

2장에서 소개했듯, 세자르 로드리게스는 1981년 시타델을 졸업한 후 미 공군의 조종사 양성 프로그램에 등록했다. 그런데 얼마 안 가 냉혹한 현실과 마주해야 했다. 제트기 조종을 위한 타고난 재능이 부족함을 절감한 것이다. 이 프로그램에 참여한 젊은이들 가운데는 이른바 '행운아'들이 있었다. 이들은 고속 제트기를 조종하는 타고난 감각과 재능을 가진 듯이 보였고, 마치 물 만난 고기처럼 창공을 수월하게 누볐다. 로드리게스는 하늘을 나는 것이 그 무엇보다 좋았고, 공군 내에서 가장 주목받는 최고 역할이라 할 수 있는 전투기 조종사가 되고 싶은 꿈을 갖고 있었다. 하지만 그런 행운아들만큼 뛰어난 실력에 도달하지 못하면 전투기 조종사라는 목표는 절대 달성할 수 없었다. 로드리게스는 조종사가 받아들이고 처리해야 하는 수많은 정보들 앞에서 당황스러움을 느꼈다. 조종사에게 중요한 것은 조종석 주변의 온갖 계기를 재빠르게 읽어내고 이해하는 것과 동시에 현재 공중에서의 비행기 위치에 대한 감을 유지하는 것이었다. 이와 같은 기민한 상황 인식력을 잃어버리는 순간 조종사와 비행기는 치명적인 위험에 처할 수 있다. 그는 이런 능력을 거의 자동적으로 발휘할 수 있을 만큼의 수준에 오르기 위해 시뮬레이터와 실제 비행을 통해 수없이 많은 시간을 연습해야 했다.

로드리게스는 고등학교 시절 스포츠 팀에서 활동한 경험이 있었기에 연습과 반복이 얼마나 중요한지 잘 알았다. 하지만 전투기 조종은 그 어떤 스포츠나 기술보다도 훨씬 더 복잡한 기술이었다. 조종석 계기들에 익숙해지고 나자, 이제 횡전橫轉을 비롯한 다양한 조종 기술을 마스터하고 각각의 기술을 실행하기 위한 최적의 비행기 속도에 대한 감을 익히는 힘겨운 과정이 그를 기다리고 있었다. 이 모두를 위해서는 고도로 민첩한 정신적 계산 능력이 필요했다. 훈련반 내의 행운아들은 놀랄 만큼 빠른 속도로 이 기술들을 익혔다. 반면 로드리게스는 연습을 위해 조종석에 앉을 때마다 최대한 집중하여 그들보다 훨씬 더 많이 반복해야 했다. 때로는 정신보다 그의 육체가 먼저 기술에 대한 감을 터득하는 기분이 들었다. 몸 안의 신경세포와 손가락들이 특정 기술을 구사하는 요령을 직감적으로 느끼는 듯했다. 그는 그 느낌을 경험한 후에는 다음 연습 비행에서 그 느낌을 의식적으로 재현해보려고 애썼다.

이 단계를 지나자 이제는 다른 비행기들과 협력하면서 일정한 대형을 이루어 흐트러짐 없이 창공을 비행하는 편대 비행을 익히기 시작했다. 편대 비행을 위해서는 조종사가 여러 기술을 동시에 구사해야 했으며, 이는 상상할 수 없을 만큼 복잡한 과정이었다. 로드리게스는 자신의 제트기를 통제하는 동시에 다른 제트기들과 협력하는 데서 오는 짜릿한 흥분감이 좋았다. 또 그런 어려운 일에 도전한다는 사실 자체도 그에게 동기를 부여했다. 그는 제트기와 다양한 비행 기술에 대한 통제력을 획득하면서 자신이 고도의 집중력을 갖게 되었다는 사실을 깨달았다. 다른 모든 잡생각은 완전히 잊은 채 비행하는 그 순간에만 몰두할 수 있었다. 이런 집중력이 생기자 새로운 기술을 정복하기가 더욱 쉬워졌다.

끈질긴 연습과 인내의 시간을 거치면서, 차츰 그는 훈련반의 상위권에 진입하기 시작했고 얼마 안 가 미래의 전투기 조종사로 점쳐지는 유력한 후보자가 되었다. 그러나 최고에 오르기 위해서는 마지막 관문이 하나 남아 있었다. 고난도의 육해공 합동 훈련에 조종사로서 참가하는 일이었다. 이 훈련에서는 전체적인 목표 임무를 확실하게 이해한 상태에서 육해공 병사들이 긴밀하게 조화를 이루어 작전을 완수해야 했다. 당연히 훨씬 더 높은 수준의 민첩한 판단력도 필요했다. 로드리게스는 이 훈련에 참가하는 동안 다소 기묘한 기분을 경험했다. 비행의 다양한 물리적 요소들이나 개별적인 기술 부분에 집중하기보다는, 전체적인 작전의 구조를 생각하며 자신이 그 작전의 일부가 되어 전체와 완벽하게 조화를 이루는 것을 느꼈다. 비록 잠깐의 순간이었지만 그는 모종의 경지에 이른 느낌을 경험했다. 또 로드리게스는 자신과 행운아들 사이에 미묘한 차이가 있음을 깨달았다. 행운아들은 타고난 재능에만 지나치게 의존한 탓에 로드리게스와 같은 고도의 집중력을 계발하지 못했다. 여러모로 볼 때 로드리게스의 비행 수준은 그들을 뛰어넘었다.

위와 같은 고난도 훈련에 여러 차례 참가한 이후, 로드리게스는 최고의 조종사 자리에 올랐다.

1991년 1월 19일, 마침내 로드리게스가 그동안 갈고닦은 실력이 시험대에 오르는 순간이 왔다. 사담 후세인의 쿠웨이트 침공을 계기로 걸프 전쟁이 일어나, 미군을 위시한 연합군 세력이 일명 '사막의 폭풍 작전'을 개시한 직후였다. 19일 아침 로드리게스와 요기wingman, 대장기를 호위하면서 대장기에 문제가 생겼을 때 임무를 대신 수행하는 전투기 조종사인 크레이그 '몰' 언더힐은 36개 전투기로 구성된 공격 부대의 일원으로서 이라크 바그다드 근처의 목표물을 향해 날아갔다. 로드리게스로서는 처음으로 실제 전쟁에 투입되어 작전을 수행하게 된 것이었다. F-15 전투기를 몰고 있던 로드리게스와 몰은 이라크 공군의 MiG 전투기 한 쌍을 발견하고 추격을 시작했다. 그런데 몇 초 지나지 않아, 로드리게스는 함정에 빠졌음을 깨달았다. 적기를 쫓고 있던 그들은 순식간에 쫓기는 입장이 되었다. 전혀 예상치 못한 다른 방향에서 MiG 두 대가 그들을 향해 다가오고 있었던 것이다.

그중 한 적기의 접근 속도가 대단히 빠르다는 사실을 파악한 로드리게스는 전투기의 속도와 기동성을 높이기 위해 연료 탱크를 재빨리 버렸다. 그리고 지상 쪽으로 하강하여 적기보다 낮은 고도를 유지하면서, 적기가 레이더로 그의 정확한 위치를 읽지 못하게 만들려고 최대한 애썼다. 전투기 기체를 지상과 직각이 되도록 비행하여 적의 공격이 용이하지 못하게끔 움직였다. MiG기는 레이더로 정확한 위치를 포착하지 못하자 미사일을 발사할 수가 없었다. 이 모든 일은 그야말로 순식간에 벌어지고 있었다. 잠깐이라도 그의 전투기가 적기의 레이더에 포착되면 그는 죽은 목숨이나 다름없었다. 너무 근접해서 미사일 발사가 불가능한 위치에 올 때까지 유도했다가 MiG기를 공중전에 끌어들일까 하는 생각도 잠깐 했다. 전투기들이 꼬리를 무는 듯한 공중전은 현대전에서는 좀처럼 나타나지 않는 형태였다. 또 한편으로는 몰이 타고 있는 요기가 지원 공격을 해줄 수 있는 충분한 시간을 벌어야겠다는 생각도 들었다. 저 멀리 상공에서 뒤따르는 몰의 전투기가 눈에 들어왔다. 그러나 시간을 끄는 것은 다른 위험을 불러올 수 있었다. 그 사이 또 다른 MiG기가 접근해올 수 있는 것이다.

로드리게스는 훈련에서 배운 모든 비행 기술을 동원해 적기의 공격을 피하고자 애썼다. 이제 적기는 아까보다 더 가깝게 접근하고 있었다. 바로 그때 뒤따라오던 몰의 전투기로부터 공격 태세로 돌입했다는 무선 연락이 들어왔다. 로드리게스가 뒤를 돌아본 순간, 적군의 MiG기가 폭발했다. 몰이 발사한 미사일이 적중한 것이었다. 로드리게스는 가슴을 쓸어내렸다. 그러나 아직 안심하기는 일렀다. 이번에는 두 번째 MiG기가 빠르게 다가오고 있었던 것이다.

몰은 곧바로 2만 피트 고도로 상승했다. 두 번째 MiG기는 로드리게스의 전투기를 향해 날아오다가, 몰의 전투기가 자신보다 높은 고도에 있음을 깨닫고 두 전투기 사이에 갇히는 상황을 피하기 위해 교묘하게 비행하며 상공을 누볐다. 적기가 혼란에 빠진 틈을 타, 로드리게스는 재빨리 MiG기의 선회권 안으로 들어갔다. 이제 두 전투기는 꼬리를 무는 듯한 공중전에 돌입했다. 두 전투기는 선회를 이어감과 동시에 조금씩 고도를 낮췄다. 그러다 고도 3600피트 지점에 이르렀을 때였다. 로드리게스가 레이더로 MiG기의 정확한 위치를 포착한 후 미사일을 조준했다. MiG기는 고도의 비행술을 펼치며, 지상을 향해 곧장 하강하다가 이내 기체를 뒤집은 다음 둥근 곡선을 그리며 반대 방향으로 재빨리 달아났다. 그러나 공중전 시작 후 얼마 안 있어 MiG기 조종사는 고도 감각을 잃고 헤매다가 이내 아래쪽의 사막에 추락하고 말았다.

로드리게스와 몰은 기지로 돌아가 임무 수행 결과를 보고했다. 그런데 로드리게스는 그날 작전 수행을 되돌아보면서, 그리고 블랙박스에 녹화된 영상을 보면서 매우 묘한 기분에 사로잡혔다. 적기와 싸우던 그날의 어떤 순간도 또렷하게 회상할 수가 없었다. 너무나 순식간에 지나간 일이라 기억으로 남지도 않은 기분이었다. 이라크 적기들을 처음 발견하고 작전이 완료될 때까지 걸린 시간은 길어야 3~4분이었다. 두 번째 적기와의 공중전은 불과 1분도 걸리지 않았다. 정확하고 날카로운 판단력을 소유한 또 다른 자아가 그의 내면에서 그를 조종하고 있었던 것만 같았다. 그 짧은 시간에 거의 완벽에 가까운 기술로 작전을 수행했다. 연료 탱크를 버리기로 결심한 순간도 잘 기억나지 않았고, 어떻게 그런 아이디어를 떠올렸는지도 알 수 없었다. 틀림없이 훈련 과정 중 언젠가 배운 내용이었을 테고, 그것이 결정적인 순간에 의식 위로 떠오른 것이다. 상관들은 그가 첫 번째 MiG기와 대치할 때 적기를 교묘히 피하며 구사한 비행술을 보고 깜짝 놀랐다. 믿을 수 없을 만큼 날렵하고 효과적으로 움직였던 것이다. 두 번째 MiG기와 공중전을 펼칠 때도 탁월한 민첩성을 보였다. 그는 매우 빠른 속도로 선회하면서도 아래쪽으로 가까워지는 지상과의 거리 감각을 잃지 않았다. 이 모든 놀라운 기술을 어떻게 설명할 수 있을까? 로드리게스 자신도 그 순간순간이 정확히 기억나지 않았다. 그가 확실히 말할 수 있는 것은 그 순간에 전혀 두려움을 느끼지 않았다는 사실, 그리고 몸속에서 아드레날린이 강력하게 분비되며 그의 육체와 정신이 완전히 조화롭게 협력하게 만들었다는 사실뿐이었다. 그 순간은 너무나도 순식간에 지나가서 그 자신도 포착해 분석할 수가 없었다.

그날 작전이 끝나고 사흘 동안 로드리게스는 제대로 잠을 이룰 수가 없었다. 아직도 아드레날린이 몸속에서 솟아나는 것만 같았다. 그는 자신의 몸이 고유의 생리적 힘(그런 극적인 순간에 발휘되는)을 갖고 있으며, 그 힘이 정신을 더 높은 수준의 집중력으로 끌어올린다는 생각이 들었다. 이후 그는 '사막의 폭풍 작전'에서 또 한 번의 결정적인 공훈을 세웠고, 1999년 코소보 작전에서도 중요한 공훈을 세웠다. 그는 최근 전투 역사에서 가장 뛰어난 전투기 조종사가 되었으며 '미국 최후의 에이스'라는 영예로운 별명을 얻기에 이르렀다.

* * *

우리는 평소 의식적 활동을 할 때 대개 정신과 육체를 구분해서 생각한다. 우리는 신체 및 신체적 활동을 사고와 동떨어진 존재로, 즉 사고의 '대상'으로 생각한다. 반면 동물들에게는 그런 구분이 존재하지 않는다. 우리가 신체적 움직임이 필요한 어떤 기술을 배울 때는 그런 구분이 훨씬 더 명확해진다. 우리는 거기에 수반되는 다양한 동작에 대해, 따라야 할 단계들에 대해 생각한다. 우리의 정신은 몸의 둔함을 깨닫고 때로는 몸이 마음처럼 잘 따라주지 않는 것을 느낀다. 그렇게 기술을 익혀 가며 어떤 특정한 시점이 되면, 자신이 기술을 자연스럽게 구사하고 있다는 사실을 어렴풋하게 느끼기 시작한다. 이런 어렴풋한 깨달음이 오고 나면, 무엇을 목표로 삼아야 할지 명확해진다. 특정 기술을 무의식적으로 자연스럽게 구사할 수 있을 만큼 충분한 연습이 이뤄지고 나면, 우리는 정신과 육체가 하나가 되어 움직이는 기분을 경험한다.

고난도의 복잡한 기술(전투기 조종법처럼)을 배울 때는, 먼저 일련의 기본 기술들을 하나씩 정복해야 한다. 하나의 기술을 완벽하게 습득할 때마다 우리의 정신은 더 고차원적인 무언가에 집중할 수 있는 상태가 된다. 모든 과정이 다 끝나고 나면, 즉 더 이상 배울 기술이 없어지면 우리 두뇌에는 엄청난 양의 정보가 쌓인 상태가 된다. 그 모든 정보와 지식이 내면화되어 우리 신경 시스템의 일부가 되는 것이다. 이제 그 기술 전체는 내면에 안착하고, 우리는 그것을 자유자재로 다룰 수가 있다. 우리 내면에서 일어나는 사고의 양상도 달라진다. 몸과 마음이 완전히 혼합되어 함께 사고하는 것이다. 이때 우리가 보유하는 지성은 우리를 동물의 본능적 힘에 가깝게 만든다. 그러나 이 모든 것은 의식적이고 기나긴 연습을 통해 이뤄지는 것이다.

우리가 사는 사회에서는 연습이라는 개념을 폄하하는 경향이 있다. 위대한 업적은 자연스럽게 일어나는 것이라고, 누군가의 천재성이나 우월한 재능이 발현된 결과물이라고 믿는다. 길고 긴 시간의 노력을 통해 높은 성취를 달성한다는 생각은 왠지 고리타분해 보이고 감동적이지도 않다. 게다가 거장의 경지에 오르기 위해 1만, 또는 2만 시간을 투자해야 한다는 말도 썩 와 닿지 않는다. 그러나 이와 같은 가치관은 대단히 그릇된 것이다. 끈기 있는 노력을 통해 누구나 그런 높은 경지에 도달할 수 있다는 사실을 깨닫지 못하게 우리 눈을 가리기 때문이다. 연습과 노력에 대한 이런 선입관을 뒤집어야 할 때다. 연습과 자기 절제와 훈련을 통해 우리는 기적적이라고 할 만한 놀라운 힘을 얻을 수 있다. 두뇌 내에 여러 정보와 요소들 사이에 연결고리를 만들며 복잡한 기술을 정복하는 인간의 능력은 수백만 년에 걸친 진화의 산물이며, 동시에 인류의 모든 물질적, 문화적 업적을 가능케 한 원동력이다. 연습의 초기 단계에서 몸과 마음의 통합 가능성을 자각할 때, 우리는 그 원동력에 한층 가까이 다가갈 수 있다. 우리 두뇌는 그런 방향으로 나아가려는 자연적 성향을, 연습과 반복을 통해 자신의 힘을 강화하려는 성향을 갖고 있다. 이런 자연적 성향에서 등을 돌리는 것은 실패로 가는 지름길이다. 인류가 이 자연적 성향을 잃어버린다면 복잡한 기술을 정복할 만큼 끈기를 지닌 사람이 아무도 존재하지 않는 세상이 되고 말 것이다. 우리는 그런 방향으로 향하고 싶은 충동에 저항해야 하며, 연습을 통해 새로운 심신의 소유자로 탈바꿈할 수 있다는 사실을 굳게 믿어야 한다.

4. 세부적 측면들에 집중하라 : 생명력

공증인 세르 피에로 다 빈치의 서자庶子로 태어난 레오나르도 다 빈치(45쪽 참조)는 의사나 법률가처럼 좋은 직업을 갖기 위한 교육을 받을 기회를 얻지 못했고 대학에 가는 것 역시 꿈도 꿀 수 없었다. 피렌체 근교의 빈치라는 마을에서 어린 시절을 보내는 동안, 그는 제대로 된 학교 교육을 거의 받지 못했다. 대신 그는 들판이나 숲속 여기저기를 돌아다니며 많은 시간을 보냈다. 그곳에서 만나는 다양한 동식물, 그리고 기묘한 형태의 암석, 아름다운 폭포가 그의 마음을 사로잡았다. 아버지가 공증인이었기 때문에 집안에는 종이가 많았고(당시에 종이는 귀한 물건이었다), 그는 산책 중에 만나는 다양한 생명체들을 그림으로 그리고 싶은 욕구에 이끌려 아버지 방에서 종이를 몰래 가져다가 그림을 그리곤 했다.

레오나르도는 바위에 자리를 잡고 앉아 그렸다. 곤충, 새, 꽃 등 그릴 소재는 무궁무진했다. 그림 그리는 법을 누군가에게 배운 적이 없었지만, 그저 자신의 눈에 보이는 대로 연필로 스케치를 해나갔다. 그러면서 종이에 그리려면 대상을 관찰하며 깊이 생각해야 한다는 사실을 깨달았다. 얼핏 보면 놓치기 쉬운 세밀한 측면들에 집중해야 했다. 예컨대 식물을 그릴 때는 다양한 꽃들이 가진 수술의 미묘한 차이점을 분간해서 묘사해야 했다. 식물에는 자라나서 꽃을 피우기까지 일련의 변화하는 단계가 있었고, 그는 이 변화 단계들을 순차적으로 그림으로 옮겼다. 식물의 세세한 측면으로 깊이 들어가보면, 그것을 자라나게 만드는 어떤 내면의 힘, 그것만의 독특한 아름다움을 만들어내는 힘이 있다는 게 느껴졌다. 곧 그의 내면에서는 사고와 그리기가 한데 혼합되었다. 그는 주변 자연환경의 많은 대상을 그림으로 그리면서 그것들을 이해할 수 있었다.

아버지 세르 피에로는 아들의 뛰어난 그림 실력을 보고 그를 피렌체에 있는 공방에 도제로 들여보내야겠다고 생각했다. 예술 분야의 일은 서자인 레오나르도가 가질 수 있는 몇 안 되는 직업 중에 하나였다. 1466년 세르 피에로는 피렌체에서 유명한 공증인인 자신의 영향력을 이용하여, 열네 살인 레오나르도를 당시 유명한 조각가이자 화가였던 베로키오의 공방에 들여보냈다. 레오나르도에게는 너무나 마음에 드는 곳이었다. 베로키오는 당시의 르네상스 기운에 큰 영향을 받은 예술가로, 그가 운영하는 공방의 도제들은 과학자와 같은 정확하고 엄밀한 태도로 작품 제작에 임하도록 배웠다. 예를 들어, 그의 공방에는 다양한 종류의 얇은 직물을 겉에 걸쳐놓은 인간 신체 모양의 석고 모형이 곳곳에 서 있었다. 도제들은 그것들을 집중해 관찰하면서 다양한 주름살과 음영을 분간하는 법을 익혔다. 그리고 그것을 실제 대상물처럼 생생하게 작품에 표현하는 방법을 연습했다. 레오나르도는 이런 과정이 몹시 즐거웠다. 그리고 베로키오는 이 젊은 도제가 대상물의 세밀한 부분을 관찰하는 놀라운 눈을 가졌음을 곧 알아보았다.

1472년 무렵, 레오나르도는 이제 베로키오에게 제법 중요한 조수 역할을 하고 있었다. 대형 그림 작업에 자주 참여했고, 공방에서 예전보다 훨씬 더 많은 책무를 맡았다. 베로키오는 〈그리스도의 세례The Baptism of Christ〉라는 작품을 그릴 때, 레오나르도에게 그림 한쪽에 있는 천사 두 명 중에 한 명을 그리는 임무를 맡겼다(우리는 이 작품에서 레오나르도가 그린 가장 오래된 그림을 볼 수 있다). 베로키오는 레오나르도가 그린 천사를 보고 놀라움을 감추지 못했다. 그 천사의 얼굴은 베로키오가 이제껏 보지 못한 느낌을 발산하고 있었다. 마치 천사의 내면에서 광채가 흘러나오는 듯했다. 천사의 표정은 믿기지 않을 만큼 사실적으로 표현되어 있었다.

베로키오에게는 마법처럼 보였을지 모르지만, 최근의 X-선 촬영 결과를 통해 레오나르도의 초기 기법에 어떤 비밀이 숨겨져 있는지 드러난 바 있다. 그는 대단히 얇은 물감 층을 여러 겹 덧씌웠으며, 붓 자국은 너무 미세해서 눈에 보이지도 않을 정도다. 그는 조금씩 여러 번 덧칠하는 방식으로 그리되, 덧칠할 때마다 아주 조금씩 더 진한 색을 택했다. 이런 식으로 다양한 물감 색으로 그려보면서 인간 피부의 미묘한 윤곽을 표현하는 방법을 터득했다. 이처럼 얇게 덧칠했기 때문에, 그림을 비추는 빛이 마치 천사의 얼굴을 그대로 통과하는 듯한 느낌, 천사의 내면에서 광채가 우러나오는 듯한 분위기를 연출할 수 있었던 것이다.

이런 결과물을 보면, 레오나르도가 공방에서 보낸 그 6년 동안 다양한 그림을 꼼꼼하게 연구하고 생생한 표현을 위해 덧칠하는 스타일을 완성하는 데 몰두했음을 알 수 있다. 또한 인간 피부의 구조에 대해서도 많은 연구를 했음이 틀림없었다. 뿐만 아니라 그런 세밀한 작업에 몰두하는 데 기꺼이 많은 에너지를 쏟은 그의 엄청난 인내심도 추측할 수 있다.

레오나르도는 시간이 흘러 베로키오의 공방을 나와 화가로서 독립한 이후, 자신의 예술 작품을 만들 때(그리고 훗날 과학적 연구를 할 때도) 나름의 원칙으로 삼을 철학 하나를 확립하게 된다. 대개 다른 화가들은 그리고자 하는 대상의 전체적인 이미지를 출발점으로 삼으면서, 강렬한 인상을 주거나 종교적인 느낌을 연출하는 이미지를 추구했다. 그러나 레오나르도는 다른 접근법을 취했다. 세부적 측면들에 꼼꼼하게 집중하는 데서 출발한 것이다. 사람 코의 다양한 형태, 입의 모양이 미묘하게 변하면서 기분을 암시하는 것, 손의 피부에 보이는 혈관, 나뭇가지의 복잡한 마디 등등, 그는 이런 세밀한 부분에 주목했다. 그런 부분에 집중해야 생명체의 비밀에 더 가까이 갈 수 있다고, 모든 만물과 물질에 스며든 창조주의 존재감을 느낄 수 있다고 믿었다. 사람 손의 골격이나 입술의 윤곽은 그에게 종교적 이미지 못지않은 영감을 주었다. 레오나르도에게 그림 그리기란 모든 만물을 살아 숨 쉬게 만드는 생명력에 이르기 위한 탐구 여정이었다. 세밀한 요소에 집중하며 그림으로써 감정을 훨씬 풍부하게 전달하는 작품을 완성할 수 있다고 믿었다. 이러한 여정을 완수하기 위해, 그는 나름의 훈련 방식을 개발해 철저하게 지켜나갔다.

레오나르도는 낮이면 시내와 교외 곳곳을 하염없이 돌아다니면서 모든 풍경과 대상의 세밀한 부분을 눈에 담으려 애썼다. 늘 보는 익숙한 대상이라도 새로운 부분을 반드시 찾아내려 노력했다. 그리고 밤이 되면 잠자리에 들기 전에 낮에 보았던 모든 대상과 그 세밀한 측면들을 떠올리며 머릿속에 단단히 집어넣었다. 특히 그는 온갖 다양하고 미묘한 표정이 떠오르는 인간의 얼굴에 관심이 많았다. 인간 얼굴의 본질을 포착하기 위해 그는 사창가, 선술집, 감옥, 병원, 교회의 기도석, 시골 축제 등등 최대한 많은 공간을 돌아다니며 다양한 부류의 사람을 관찰했다. 손에 항상 노트를 들고 다니면서 사람들의 찡그린 표정, 웃는 표정, 짜증스러워하는 표정, 기쁨이 넘치는 표정, 심술궂은 표정을 스케치했다. 길거리에서 전에 한 번도 본 적이 없는 특이한 얼굴이나 어떤 특이한 신체적 기형을 가진 사람을 목격하면, 옆에서 걸어가면서 그 모습을 스케치했다. 때로는 종이 한 장에 수십 가지 형태의 코를 그려보았다. 그리고 특히 입술에 관심이 많았다. 입술이 눈 못지않게 많은 감정을 드러낸다고 생각했기 때문이다. 그는 하루 중에 여러 다른 시간대를 택해 이렇게 그리는 연습을 반복했다. 시간대에 따라 달라지는 빛의 변화가 얼굴에 미치는 영향을 포착하기 위해서였다.

레오나르도가 위대한 대작 〈최후의 만찬 The Last Supper〉을 그릴 때였다. 그를 후원하고 있던 밀라노 대공은 〈최후의 만찬〉의 완성에 왜 이렇게 시간이 오래 걸리느냐며 불만을 표현했다. 나머지 제자들의 모습은 모두 완성하고 이제 남은 것은 유다 얼굴뿐이었다. 하지만 레오나르도는 유다의 얼굴에 꼭 맞는 모델을 찾을 수가 없었다. 그는 유다 얼굴의 모델로 삼을 가장 악의 넘치는 얼굴을 찾기 위해 이미 밀라노 곳곳을 뒤지고 다녔지만 별다른 성과를 얻지 못한 터였다. 밀라노 대공은 이런 레오나르도의 설명을 듣고 나서 화를 풀었고, 얼마 후 다행히 레오나르도는 원하는 모델을 발견할 수 있었다.

레오나르도는 움직이는 신체를 표현할 때도 이런 식의 접근법을 취했다. 무릇 생명체란 끊임없이 움직이며 변화하는 본질을 갖고 있다는 것이 그의 원칙이었다. 따라서 예술가는 화폭 속의 고정된 이미지에도 역동적인 움직임의 느낌을 담아낼 수 있어야 했다. 어릴 적부터 그는 물의 흐름에 강렬한 관심을 가졌고, 때문에 여러 종류의 폭포나 급류의 모양을 묘사하는 데에 뛰어났다. 그는 길거리에 몇 시간이고 앉아 지나가는 행인들을 유심히 관찰했다. 걸어가는 사람들의 개략적 윤곽을 빠르게 스케치하되, 그들의 다양한 움직임을 순간 정지한 일련의 모습으로 종이에 옮겼다(이미 엄청난 속도로 스케치하는 수준에 올라 있었다). 그리고 집에 돌아가서 그 윤곽들을 채워 완전한 모습으로 완성했다. 대상의 움직임을 포착하는 눈을 키우기 위해 그는 여러 가지 연습 방법을 고안했다. 예를 들어, 그가 노트에 적어놓은 연습법에는 이런 것도 있었다. "내일은 두꺼운 종이를 이용해 다양한 형태의 사람 모양을 만든 다음 테라스 위에서 공중으로 날려보기로 한다. 그런 다음 바닥으로 떨어지는 동안 나타나는 다양한 움직임 형태를 그린다."

세부 측면을 탐구함으로써 생명체의 핵심에 도달하고자 하는 열망이 강했던 그는 인간과 동물의 해부학에 대한 연구에 빠져들었다. 그는 인간이나 동물의 육체를 샅샅이 파악해 그리고 싶었다. 그래서 직접 사체를 해부하면서 뼈와 두개골을 면밀히 관찰했으며, 사체를 부검하는 자리에 열심히 쫓아다니며 근육과 신경의 구조를 가까이서 관찰했다. 그의 해부학적 스케치는 정확도 면에서 당대의 그 누가 그린 것보다도 훨씬 앞서 있었다.

다른 화가들에게는 이처럼 세부적 요소에 유달리 집착하는 레오나르도가 정신 이상자처럼 비쳤다. 그러나 그가 완성한 그림들을 보면 그렇게 철저하게 연습하고 탐구한 노력의 성과를 분명히 느낄 수 있다. 당대의 그 어떤 화가의 그림들보다도, 레오나르도가 완성한 그림의 배경을 이루는 풍경에서는 생명력이 뿜어져 나왔다. 꽃이며 나뭇가지, 나뭇잎, 돌멩이 할 것 없이 모든 대상이 세밀하게 묘사되어 있었다. 하지만 이것들은 단순히 장식을 위한 배경이 아니었다. 레오나르도는 자신만의 독특한 스푸마토sfumato 기법을 이용해, 즉 배경 속 물체들의 윤곽을 희미하게 만들어 그것들이 전경前景의 인물과 자연스럽게 섞여 있는 묘한 분위기를 연출해냈다. 모든 생명체가 깊이 서로 연결되어 있다는 것이 그가 중시하는 관점 가운데 하나였다.

그가 화폭에 담아낸 여성들의 얼굴은 보는 이에게, 특히 남성들에게 깊고 강렬한 느낌을 전달했다. 많은 남성들이 레오나르도가 그린 종교적 회화에 묘사된 여성을 보고 깊은 이끌림을 느꼈다. 그림 속 여성은 관능적이고 감각적인 것과는 거리가 멀었지만, 무어라 규정하기 힘든 애매하고 신비로운 미소와 아름다운 피부 빛깔이 남성들을 매혹하기에 충분했다. 레오나르도의 그림이 걸려 있는 집에 찾아가 그림 속 여성에게 남몰래 키스하고 애무했다는 사람들도 있었다는 얘기를 그 자신도 종종 들을 정도였다.

레오나르도의 걸작 〈모나리자 Mona Lisa〉는 과거에 먼지를 털어내고 복원하는 과정에서 여러 부분이 손상되어서, 대중의 놀라운 감탄을 자아냈을 처음의 원작 모습을 상상하기가 쉽지 않다. 하지만 다행히 변형되기 이전의 〈모나리자〉를 보고 화가 바사리가 남긴 다음 말에서 원작의 높은 수준을 엿볼 수 있다. "짙은 부분과 옅은 부분이 자연스럽게 어우러지는 두 눈썹이 피부의 미세한 땀구멍을 따라서 나 있는 모습은 실제 사람의 얼굴과 너무도 흡사했다. 기막히게 매혹적인 살굿빛 코도 살아 있었다. 불그스름한 입술이 피부 톤과 절묘하게 어울리는 입 부분은 색깔을 입힌 그림이 아니라 진짜 사람의 살 같다. 예리한 눈을 가진 사람이라면 턱 아래쪽으로 움푹 들어간 목 부분에서 혈관의 박동을 감지할 수 있을 것이다."

레오나르도가 세상을 떠나고 오랜 세월이 흐른 지금도 그의 그림들은 보는 이에게 잊히지 않는 강렬한 감동을 전달하고 있다. 세계 곳곳의 박물관에서 일하던 많은 보안 요원이 레오나르도 작품에 연루된 수상쩍은 행동 때문에 해고당했으며, 그의 작품들은 지금도 명화를 노리는 많은 도둑들이 가장 탐내는 표적이다. 이 모두가 그의 작품이 인간의 가장 근원적인 감정을 자극하는 신비로운 힘을 지녔음을 입증하는 것이 아닐까.

* * *

레오나르도 다 빈치 시대의 예술가들이 겪었던 중요한 문제 하나가 있다. 그것은 계속해서 많은 작품을 생산해야 한다는 스트레스였다. 그들은 귀족에게 계속 작품 의뢰를 받고 대중에게 잊히지 않기 위해서 비교적 빠른 속도로 작품을 창조해야 했다. 이는 자연히 작품의 질과 수준에 영향을 미쳤다. 보는 이에게 피상적인 감동을 불러일으키며 빠른 그림 효과를 만들어낼 수 있는 스타일이 확립되었다. 이를 위해 화가들은 밝고 화려한 색상, 대상물의 특이한 배치와 구도, 극적인 장면에 의존했다. 이런 그림에서는 배경의 세세한 부분을, 심지어 그림 속 주인공 인물의 세부적 측면까지도 대충 처리하고 넘어가곤 했다. 그들은 전경前景에 있는 꽃이나 나무, 사람의 손 같은 것에는 별로 주의를 기울이지 않았다. 작품을 본 첫 순간에 보는 이의 마음을 현혹하는 것이 중요했다. 레오나르도는 이런 현실을 일찌감치 깨닫고 고민스러워했다. 예술계의 이런 경향은 두 가지 측면에서 그의 본성과 맞지 않았다. 첫째로 그는 급하게 일을 진행하는 것을 싫어했고, 둘째로 대상의 세부적인 측면들에 집중하는 것을 좋아했기 때문이다. 피상적인 효과를 연출하는 것이 그가 원하는 방향이 아니었다. 그는 살아 있는 대상을 안팎으로 속속들이 꿰뚫고 생명체를 변화무쌍하게 만드는 원동력을 포착하여, 그 모든 것을 화폭이라는 평면에 표현해내고 싶은 열망을 느꼈다. 그리하여 그는 기존 방식에 스스로를 끼워 맞추길 거부하고 과학과 미술을 혼합하여 자신만의 독특한 방식을 개척하기 시작했다.

이 탐구 여정을 위해 그는 이른바 '만능인'이 되어야 했다. 어떤 대상을 만나든 그것의 세부적인 모든 부분을 하나도 놓치지 않고 표현하려 했으며 온갖 분야에 대한 해박한 지식을 쌓았다. 세부적 측면에 대한 관찰과 지식이 차곡차곡 쌓이자 생명체의 본질이 눈에 보이기 시작했고, 이로써 얻은 생명력에 대한 통찰은 자연히 그의 작품에도 고스란히 드러났다.

당신도 레오나르도의 방식을 따라야 한다. 대부분의 사람들은 세부 요소들과 세밀한 측면이 전체의 본질적인 일부분임에도 거기에 끈기를 갖고 집중하지 못한다. 그저 신속하게 감지되는 모종의 효과를 창출해 세상에서 화려하게 인정받고 싶어 한다. 세밀한 붓놀림이 아니라 커다란 몇 번의 붓질이 생각이라는 화폭을 채우고 만다. 세부적 측면에 소홀했다는 것은 그들의 작품이나 성과물에 그대로 드러난다. 그런 작품은 대중과 깊은 교감을 형성할 수 없으며 감동의 질도 피상적이고 얄팍할 뿐이다. 설령 대중의 주목을 받는다 할지라도 그것은 잠시뿐이다. 당신이 창조하고 있는 것이 무엇이든 간에 그것을 생명력과 고유의 존재 가치를 지닌 것으로 여겨야 한다. 그것의 존재감은 역동적이고 본능적일 수도, 또는 활기 없고 미약할 수도 있다. 예컨대 작가는 전력을 쏟아 소설 속 등장인물의 세밀하고 미묘한 부분까지 신경 써서 형상화해야만 비로소 독자들이 그 인물을 생생한 캐릭터로 느낄 수 있다. 설령 작가가 인물의 세밀한 특성들을 콕 집어 일일이 나열하지 않더라도, 독자는 소설을 읽으면서 그것을 '느낄' 수 있으며 그 인물을 창조하기까지 작가가 기울인 노력을 직감적으로 알 수 있다. 세상 모든 생명체는 여러 복잡한 세부 요소가 혼합된 결과물이며 그 요소들을 연결하는 내부적 힘에 의해 움직인다. 당신의 작업물을 살아 있는 생명체로 바라보라. 그것의 세밀하고 세부적인 측면을 연구하고 흡수하여 거기서 감지한 생명력을 자연스럽게 작품에 표현해내는 것이야말로 마스터리에 이를 수 있는 길이다.

5. 시야를 넓혀라 : 전체적 관점

복싱 트레이너로 활동하기 시작한 프레디 로치는, 자신이 이 직업에서 성공을 거두기에 충분할 만큼 지식과 기술이 탄탄하다고 생각했다(로치에 대해서는 1장 79쪽, 3장 228쪽 참조). 다년간 프로 선수로 활동했던 그는 복싱에 대한 완벽한 감을 지니고 있었다. 로치는 그 유명한 조 프레이저를 가르친 전설적인 코치 에디 퍼치에게 복싱을 배웠다. 1980년대 중반 복싱 선수에서 은퇴한 이후에는 퍼치의 체육관에서 몇 년간 견습 트레이너로 경력을 쌓았다. 그는 스파링 글러브를 활용하는 자신만의 참신한 훈련 방법을 개발했다. 이 대형 글러브를 끼고 링 위에서 선수들과 스파링을 하며 실시간으로 기술을 가르쳐 큰 성과를 보았다. 이 방식은 그의 트레이닝에 또 다른 차원의 도약을 가능케 했다. 그는 선수들과 개인적이고 직접적인 교감을 구축하는 데 주력했다. 또한 상대 선수의 경기 모습이 담긴 비디오를 관찰하면서 그들의 스타일을 면밀하게 연구하고, 그런 연구를 토대로 효과적인 대응 전략을 고안했다.

하지만 로치는 이 모든 경력에도 불구하고 복싱 트레이너로서 뭔가 부족하다는 느낌이 들었다. 연습에서는 모든 게 순조로웠다. 하지만 실제 경기가 열리는 날 코너에서 지켜보면 선수들은 연습 때 배운 전략을 잊고 마음대로 경기를 진행하거나 그 전략의 일부밖에 활용하지 못할 때가 많았고, 로치는 경기 내내 그런 모습을 무력하게 지켜볼 수밖에 없었다. 어떤 때는 로치가 설명한 내용을 선수들이 제대로 이해했지만, 그렇지 못할 때도 있었다. 이런 문제점은 자연히 선수들의 승률에 고스란히 반영되었다. 승률이 그럭저럭 나쁘지는 않지만 훌륭한 수준은 못되었던 것이다. 로치는 자신이 퍼치 밑에서 배우던 시절을 떠올렸다. 그때 로치는 연습에서는 완벽했지만 실전에만 나가면 모든 전략과 준비한 기술을 깡그리 잊고 감정적으로 변해 오직 이기겠다는 마음만으로 펀치를 날렸다. 그는 항상 퍼치의 트레이닝에서 뭔가 빠진 아쉬운 느낌을 받았었다. 퍼치는 공격법, 방어 기술, 발놀림 등 모든 개별적 요소들을 훌륭하게 가르쳤지만, 로치는 전체 그림을 완전히 장악하며 보고 있다는 기분을 느껴본 적이 없었다. 로치와 퍼치 사이의 유대감도 그리 강한 편이 아니었기 때문에, 로치는 링 위에 올라가면 자기 마음 내키는 방식으로 경기를 펼치곤 했다. 세월이 흘러 복싱 트레이너가 된 로치는, 이제 자기가 가르치는 선수들과의 사이에서도 과거 퍼치와의 관계에서 느꼈던 문제점을 느낄 수가 있었다.

로치는 이런 문제를 개선하기로 마음먹고, 자신이 과거에 선수 생활을 할 때는 키우지 못했던 강점을 현재 가르치는 선수들에게 키워줘야겠다고 결심했다. 즉, 경기의 전체적인 그림을 온전하게 장악하는 감을 키워주기로 한 것이다. 선수들은 경기 라운드 내내 전체 그림을 꿰고 있는 상태에서 움직여야 했다. 또 선수와 트레이너 사이의 강력한 교감을 형성하는 것도 중요했다. 먼저, 로치는 글러브 스파링을 강화하는 것부터 시작했다. 그것을 그저 훈련 과정의 일부 요소가 아니라 가장 핵심적 포인트로 삼은 것이다. 그래서 몇 라운드에 걸쳐 연이어 선수들과 글러브 스파링을 진행했다. 날이 갈수록 그는 선수의 펀치를 손바닥으로 느끼고 선수의 발놀림 리듬을 느끼면서, 선수와 거의 하나가

된 듯한 감각을 획득했다. 로치는 선수들의 기분, 집중력 수준, 코치의 지도를 얼마나 열린 자세로 받아들이는지 등등을 느낄 수 있었다. 그는 말을 하지 않고도 선수의 기분을 변화시키고 글러브 스파링 강도를 조절할 수 있었다.

여섯 살 때부터 복싱을 배운 로치는 링의 구석구석에 대한 본능적 감을 지니고 있었다. 눈을 감고도 자신이 링의 어느 지점에 서 있는지 정확하게 알 수 있을 정도였다. 그는 글러브 스파링을 하면서 선수들에게도 이런 본능적 공간 감각을 심어주려 애썼다. 훈련하면서 선수를 의도적으로 불리한 위치에 몰아놓고는, 선수 자신이 그렇게 불리한 위치에 이르는 과정을 파악할 수 있게 이끌었다. 그와 동시에, 그런 불리한 위치에 처하는 상황을 피하는 몇 가지 방법도 가르쳤다.

언젠가 로치는 상대 선수의 경기 비디오를 보다가 퍼뜩 깨달음을 얻었다. 이제껏 비디오를 관찰해오던 방식이 완전히 잘못되었음을 깨달은 것이다. 대개 그는 선수의 복싱 스타일에만 집중해서 관찰했다. 복싱 스타일은 선수 자신이 통제할 수 있고 전략에 따라 바꿀 수 있는 무언가였다. 그런데 그런 복싱 스타일에 집중하는 것은 상대방을 피상적으로만 파악하는 길이었다. 그보다 훨씬 효과적인 전략은 상대방의 고질적인 습관, 즉 그가 아무리 애써도 좀처럼 바꾸거나 통제하기 힘든 습관을 찾는 것이었다. 복싱 선수라면 누구나 그런 습관이 있었고, 그것이 바로 공략해서 효과를 거둘 수 있는 약점이었다. 그런 습관을 파악하는 데 주력하면 상대 선수의 정신세계로 들어가 그를 훨씬 잘 읽어낼 수 있을 터였다.

로치는 경기가 녹화된 테이프를 지켜보며 그런 습관을 찾기 시작했다. 처음 며칠 동안은 아무리 들여다봐도 단서를 찾을 수가 없었다. 그러나 수없이 테이프를 돌려 보며 관찰하자 슬슬 감이 오기 시작했다. 결국 찾고 있던 고질적인 습관들이 눈에 들어왔다. 예를 들어, 어떤 선수는 특정한 펀치를 날리기 전에 항상 고개를 특이한 방식으로 미세하게 움직였다. 그걸 간파한 후에 테이프 내용을 다시 보니 경기 중에 수시로 그런 습관이 튀어나왔다. 로치는 여러 복싱 선수를 수년간 그런 식으로 관찰했고, 그 결과 처음보다 훨씬 더 빨리 그런 습관을 찾아낼 수 있었다.

로치는 이런 발견들을 토대로 유연성 높은 전략을 수립하기 시작했다. 1라운드에서 상대 선수를 유심히 관찰하여 알아낸 결과를 바탕으로, 그는 자기 선수에게 다음 라운드에서 구사할 몇 가지 기술을 휴식 시간에 알려주었다. 그것은 당연히 상대 선수를 당황시키곤 했다. 로치는 경기 전체를 큰 그림으로 바라보는 전략을 세웠다. 필요하다면 선수가 한두 라운드를 포기하더라도 전체적인 그림만은 절대 놓치지 않게 했다. 그리고 글러브 스파링을 할 때 그 전략을 끊임없이 상기하며 활용하게 했다. 그는 상대 선수의 고질적 습관을 완벽히 파악한 상태에서, 스파링을 할 때 그 자신이 그 습관을 흉내 내어 구사했다. 그러면서 그런 습관과 약점을 유리하게 활용할 방법을 그 자리에서 선수들에게 가르쳤다. 또 상대 선수가 1라운드에서 드러낸 미묘한 약점을 토대로, 거기에 대응해 구사할 기술을 여러 가지로 준비했다. 경기일이 코앞에 다가왔을 때쯤이면, 로치의 선수들은 이미 경기를 치르고 상대방을 물리친 것만 같은 기분이 들곤 했다. 상대 선수의 습관을 재현하는 로치를 상대로 수없이 연습을 한 이후였기 때문이다.

경기의 질이 점차 높아지는 동안, 로치는 또 한편으로 과거와는 완전히 다른 기분을 경험했다. 자신이 가르치는 선수들과의 유대감이 굉장한 수준에 이른 것이다. '전체 그림을 보라'는(상대방의 정신 상태, 매 라운드마다 링 위의 공간을 완전히 장악하는 방법, 전반적인 기술 전략 등을 모두 아우르는) 그의 철학은 이제 선수들의 발놀림, 펀치, 사고방식 모두에 깊이 새겨져 있었다. 로치는 자기 선수가 경기하는 모습을 보고 있으면 마치 자신이 링 위에서 펀치를 날리고 있는 기분이었다. 또 자기 선수와 상대편 선수의 정신세계를 동시에 꿰뚫고 있다는 흡족한 기분도 들었다. 선수들이 상대방의 습관을 절묘하게 이용하고 그의 머릿속을 읽으면서 상대방을 서서히 무너뜨리는 모습을 볼 때면, 로치는 말할 수 없는 짜릿한 보람을 느꼈다.

로치가 가르친 선수들의 승률은 복싱 역사상 전례를 찾기 힘든 수준으로 치솟기 시작했다. 그의 대표적인 파트너인 매니 파퀴아오뿐만 아니라 그가 가르친 거의 모든 선수들의 승률이 향상되었다. 2003년 이래로 그는 '올해의 복싱 트레이너'에 다섯 번이나 선정되었다. 이전에 그 어떤 트레이너도 이 상을 두 번 이상 받은 적이 없었다. 현대 복싱에서 프레디 로치는 이제 타의 추종을 불허하는 독보적인 트레이너로 우뚝 섰다.

* * *

프레디 로치가 걸어온 길은 마스터리에 이르는 과정을 명료하게 보여준다. 그의 아버지는 과거 뉴잉글랜드의 페더급 챔피언이었고, 아들들을 어려서부터 복싱의 길로 이끌었다. 이런 아버지 밑에서 프레디 로치는 이미 여섯 살 때부터 복싱 훈련을 시작해 10년이 넘게 그 길을 걷다가 열여덟 살 때 드디어 프로 선수가 되었다. 12년이라는 시간 동안 높은 수준의 연습을 지속하며 복싱이라는 스포츠를 완전히 체화한 것이다. 이후 은퇴하기 전까지 8년 동안 그는 빡빡한 경기 스케줄을 소화해내며 53회의 시합에 출전했다. 누구보다도 훈련에 열심히 매진했기 때문에, 그가 프로 복싱 선수로 활동하는 동안 체육관에서 보낸 시간은 다른 선수들에 비해 월등히 길었다. 그는 은퇴 후에도 복싱이라는 분야를 떠나지 않고 에디 퍼치의 체육관에서 트레이너가 되기 위한 길을 밟았다. 마침내 트레이너로 독립했을 무렵, 그는 복싱이라는 세계에서 보낸 길고 긴 시간 덕분에 다른 평범한 트레이너들보다 훨씬 더 넓고 깊은 관점으로 복싱을 바라볼 수 있는 상태였다. 트레이너 생활을 시작해 뭔가 부족하다고 느끼며 더 높은 목표점을 향해 나아가야 한다는 직관적 깨달음이 그에게 찾아온 것도, 이제까지의 기나긴 훈련과 실전 경험이 두껍게 쌓였기에 가능한 일이었다. 그는 이 깨달음을 도약대로 삼아 자신의 트레이닝 방식을 분석하고 약점을 발견할 수 있었다.

로치는 오랜 경험을 통해 복싱이 상당 부분 정신적인 스포츠라는 사실을 잘 알았다. 복싱 선수가 링에 올라갈 때 자신의 목적과 전략을 명료하게 인식하고 있으며 철저한 준비를 통해 자신감이 충만한 상태면, 그는 경기에서 승리할 확률이 훨씬 높다. 선수들에게 그런 정신력을 무장시킬 필요성을 '인식'하는 것과 실제로 그런 정신력을 갖춰주는 것은 전혀 별개의 문제였다. 경기 전에 선수들은 여러 가지 요인으로 정신이 분산될 수 있고, 또 경기 도중에는 감정적으로 변해 전략을 망각하기 쉽다. 이런 문제를 극복하기 위해, 로치는 두 단계의 접근법을 채택했다. 먼저 미리 파악한 상대편 선수의 습관을 토대로 전체적이면서도 유연성 높은 전략을 세우고, 그 다음 그 전략을 수많은 글러브 스파링을 통해 자기 선수들의 심신에 완전히 각인시켰다. 그의 훈련 방식은 단순히 개별적인 기술들을 가르치는 것이 아니었다. 그보다는, 실제 경기와 매우 흡사하게 훈련 경기를 이끌어가면서 선수가 통합적인 관점을 갖게끔 수없이 반복하는 것이었다. 그런 높은 수준의 훈련 방식을 완성하기까지는 오랜 세월에 걸친 시행착오가 필요했지만, 일단 완성되고 나자 성공률은 대단히 높았다.

어떤 분야에서든 승자와 패자가 가려지는 환경에서는, 더 넓고 전체적인 관점을 가진 사람이 반드시 승리한다. 이유는 간단하다. 그런 사람은 눈앞의 상황을 넘어서 생각하고 신중한 전략을 통해 전체적인 상황을 통제할 수 있기 때문이다. 대부분 사람들의 관점은 늘 현재에 갇혀 있다. 그들은 어떤 결정을 내릴 때 시간적으로 가장 가깝게 일어난 사건에 크게 영향을 받는다. 또 쉽게 감정적으로 변하고, 실상은 중요하지 않은 문제를 실제보다 더욱 중요하게 느낀다. 마스터리에 이르는 과정은 우리를 자연스럽게 과거보다 더 넓은 관점으로 이끌지만, 끊임없이 시각을 넓히는 연습을 함으로써 그 과정을 더 가속화하는 것이 현명하다. 이를 위해서는 현재 하는 일의 전체적인 목적을, 지금 진행하는 일이 장기적인 목표와 어떻게 맞물리는지를 늘 상기해야 한다. 문제에 봉착했을 때는 그것이 전체적인 큰 그림과 어떻게 연관되는지 볼 줄 알아야 한다. 어떤 프로젝트가 원하는 대로 잘 진행이 안 된다면, 모든 가능한 각도에서 다시 점검하면서 문제의 원인을 찾아낼 필요가 있다.

당신 분야의 경쟁자들을 그저 막연히 관찰할 것이 아니라 그들의 약점을 찾아내 분석해야 한다. "더 넓게 보고 한 발 앞서 생각하라"를 모토로 삼아라. 이와 같은 정신적 훈련이 이뤄져야만 남들과의 경쟁이라는 협소한 시각을 벗어나 마스터리라는 목표 지점에 더욱 순조롭게 도착할 수 있다.

6. 타자의 세계로 들어가라 : 내부적 관점

2장에서 소개했듯(140쪽 참조), 대니얼 에버렛은 1977년 12월 아내 케렌, 자녀 두 명과 함께 아마존 정글 깊숙한 곳에 있는 마을에 도착했다. 그 마을은 피다한이라는 부족이 사는 곳이었다. 에버렛은 여름언어학교SIL의 파견으로 그곳에 간 것이었다. SIL은 성서를 세계 각지의 토착 언어로 번역하여 복음을 전파하기 위해 선교사들에게 언어학 기술을 교육하는 기독교 단체였다. 에버렛은 선교의 임무를 부여받은 목사였다.

SIL의 선교사들은 성서를 세계 모든 언어로 번역하는 여정에서 피다한어가 거의 마지막 관문에 해당한다고 생각했다. 외부인이 몹시 배우기 어려운, 수수께끼에 싸인 언어였기 때문이다. 피다한족은 수세기 전 포르투갈인들이 남아메리카 땅을 밟았을 때 포르투갈 문화에 동화되거나 그 언어 배우기를 거부하고, 오랜 세월 아마존 정글 속에서 자신들만의 삶을 일궈온 부족이었다. 그처럼 고립되어 있었기 때문에 피다한족을 제외한 외부의 어느 누구도 그들의 언어를 이해하거나 배울 수가 없었다. 제2차 세계대전 이후 몇몇 선교사들이 그곳에 파견되었으나 하나같이 피다한어를 배우는 데 실패했다. 풍부한 언어적 지식과 훈련을 갖춘 그들에게도 피다한어는 좀처럼 풀 수 없는 수수께끼였다.

대니얼 에버렛은 SIL에서 주목받는 뛰어난 언어학자였다. SIL이 그에게 피다한 마을에서 생활하는 것을 제안했을 때, 그는 강한 도전욕구를 느꼈다. 그의 장인 장모 역시 과거에 브라질에서 선교 활동을 했기 때문에 아내 케렌도 피다한 마을과 크게 다르지 않은 환경에서 생활해 본 경험이 있었다. 피다한 마을로의 파견은 에버렛 부부를 위해 준비된 도전과제 같았다. 피다한 마을 도착 후 몇 달간 에버렛은 웬만큼 성과를 올렸다. 그는 열정적인 에너지로 피다한어에 도전했다. SIL에서 배운 기술을 활용해 어휘들을 조금씩 배워나갔고 기본적인 문장 몇 개를 말할 수 있는 정도가 되었다. 새롭게 익힌 단어를 적은 종이들을 묶어서 항상 바지 벨트에 끼우고 다녔다. 지칠 줄 모르고 공부와 연구를 계속했다. 정글 생활은 그와 가족들에게 결코 만만치 않았지만, 그는 피다한족과의 생활을 즐기며 자신이 그들에게 자연스럽게 받아들여지길 소망했다. 그러나 얼마 안 가 뭔가 문제가 있음을 느끼기 시작했다.

SIL에서는 원주민 언어를 배우는 가장 좋은 방법은 그들의 문화에 완전히 들어가 동화되는 것이라고 가르쳤다. 선교사들은 아무런 의지할 것 없이 자신의 운명을 원주민에게 맡긴다는 각오로 임해야 했다. 하지만 에버렛은 어느새 피다한족과 어느 정도 거리를 유지하면서, 문명에 뒤떨어진 그들보다 자신이 우월하다는 기분을 느끼고 있었다. 그가 이런 거리감을 갖게 된 것은 마을에서 경험한 몇 가지 사건 때문이었다.

피다한 마을에 도착하고 몇 개월쯤 지났을 때였다. 아내와 딸아이가 말라리아에 걸려 위독해졌다. 그런데 마을 주민들은 병을 앓는 에버렛 가족들을 보고도 안쓰럽게 여기지 않았고, 에버렛은 그런 원주민들을 보며 의아하기도 하고 불안하기도 했다. 그로부터 얼마 후 이런 일도 있었다. 에버렛과 아내는 몹시 아픈 피다한족 아기의 회복을 도와주려고 온갖 애를 썼다. 원주민들은 아이가 어차피 죽을 것이라고 생각하면서, 에버렛 부부가 도와주려는 것을 귀찮아하는 듯이 보였다. 그런데 며칠 후 부부는 아기가 죽은 것을 알게 되었다. 원주민들이 아이에게 억지로 알코올을 먹여 죽인 것이었다. 에버렛은 이 사건을 아무리 이해하려 애써 봐도 도무지 이해할 수가 없었다. 오히려 혐오감만 들 뿐이었다. 또 한 번은 왜 그랬는지 이유는 알 수 없지만 술에 잔뜩 취한 피다한 남자들이 에버렛을 죽이겠다고 찾아다녔다. 에버렛은 간신히 도망쳐 목숨은 건졌지만, 그날 이후 자신과 가족의 안전이 위협받는다는 불안감에 떨 수밖에 없었다.

하지만 무엇보다도 이상했던 것은 피다한족의 생활 양식이었다. 그곳에 가기 전에 에버렛은 아마존의 여러 부족에 대해 상세히 조사하고 공부했지만, 피다한족은 그 어떤 부족의 특징과도 거리가 멀었다. 그들에게는 사실상 물질적인 문화가 없었다. 중요한 도구, 공예품, 의복, 장신구 등을 소유하지 않았다. 여자들은 바구니가 필요하면 축축한 야자나무 잎을 엮어서 대충 만들어 한두 번 쓰고는 그냥 버렸다. 그들은 물질적 대상을 전혀 중요하게 여기지 않았고, 마을의 그 어떤 물건도 오래 보존하는 것이 없었다. 의식이나 행사 같은 것도 거의 없었고, 에버렛이 아는 한 전통 민속이나 창조 신화 같은 것도 갖고 있지 않았다. 하루는 에버렛이 떠들썩한 마을 분위기 때문에 잠에서 깼다. 분위기를 가만 살펴보니, 하늘에 살고 있는 정령精靈이 나타나 원주민들에게 오늘은 정글에 들어가지 말라고 경고하고 있는 것 같았다. 그는 고개를 돌려 원주민들의 시선이 향한 곳을 쳐다보았지만 아무것도 없었다. 그와 관련된 어떤 신화가 있는 것도 아니었고, 그저 원주민들은 흥분된 분위기로 빈 허공을 응시하고 있었다. 에버렛의 눈에 그들은 마치 캠핑을 나온 순진한 보이스카우트 소년들, 또는 히피들처럼 보였다.

마을 생활에서 실망과 불안함을 느끼는 한편, 에버렛은 피다한어 연구에서도 좌절을 느끼고 있었다. 약간의 성과는 있었지만 더 많은 단어와 어구를 배울수록 의문점과 수수께끼는 계속 늘어났다. 특정한 표현을 익혔다고 생각했는데, 조금 지나면 그 표현이 다른 의미를 가졌거나 그가 생각한 것보다 훨씬 넓은 뜻을 가졌다는 걸 알게 되곤 했다. 마을 아이들은 피다한어를 금세 배웠다. 하지만 에버렛은 마을 사람들과 섞여 살고 있는데도 도저히 그 언어를 정복할 수가 없었다. 그러던 어느 날, 그는 결정적인 전환점이 될 만한 경험을 하게 된다.

에버렛 가족이 지내는 오두막의 지붕을 엮은 이엉을 교체해야 해서, 그는 피다한 남자 몇몇과 함께 지붕 재료를 구하러 숲으로 들어갔다. 그는 마을 사람들과 웬만큼 가까워졌다고 느끼긴 했지만 피다한 남자들과 함께 정글 깊이 들어가본 적은 없었다. 하지만 그날은 지붕 재료를 구하기 위해 지금까지 가본 것 중 가장 깊은 정글로 들어갔다. 그런데 함께 숲을 누비면서 그들에게서 지금껏 몰랐던 전혀 다른 측면을 목격했다. 에버렛이 앞을 가로막는 나뭇가지와 풀들을 쳐내면서 힘겹게 걸음을 옮기는 동안, 피다한 남자들은 나뭇가지에 스치지도 않고 나무와 풀이 우거진 정글 속을 미끄러지듯이 유연하게 이동하는 것 같았다. 에버렛은 그들을 도저히 따라갈 수가 없어서 근처 바위에 앉아 잠시 쉬었다. 그런데 멀리서 이상한 소리가 들려왔다. 피다한 남자들이 뭔가

서로 의사소통을 하는 게 분명했는데, 그것은 말이 아니라 휘파람 소리였다. 에버렛은 그들이 숲속에서는 다른 의사소통 방식을 사용한다는 것을 깨달았다. 즉, 숲속의 소리와 자연스럽게 어우러져 튀지 않는 방식이었다. 다른 동물들이 사람 소리라는 것을 눈치 채지 못하게 하는 이 놀라운 방법은 사냥 때 몹시 유용할 것이 틀림없었다.

에버렛은 얼마 후 그들의 사냥에 여러 차례 따라나섰다. 그리고 그들의 탁월한 능력에 다시 한 번 놀랐다. 그들은 에버렛이 전혀 감지하지도 못하는 소리를 듣고 사물을 볼 수 있었다. 위험한 동물의 존재나 의심스러운 신호를 재빨리 포착했다. 그곳에서는 우기가 아닌데도 비가 갑자기 쏟아지는 일이 종종 있었다. 피다한 남자들은 날씨에 대한 본능적 육감을 갖고 있어서 비가 쏟아지기 몇 시간 전에 이미 그 사실을 예측했다. (심지어 비행기가 머리 위를 지나갈 것도 몇 시간 전에 예측했는데, 에버렛은 어떻게 그걸 미리 아는지 이해가 가지 않았다.) 또 피다한 남자들은 숲속의 모든 식물을 분간했고 각각이 어떤 치료에 쓰일 수 있는지 알았으며 숲속 곳곳을 손바닥 보듯 훤히 꿰고 있었다. 강물에 거품이나 잔물결이 일면, 그것이 물에 떨어진 돌멩이 때문인지 아니면 수면 아래 숨어 있는 어떤 위험한 동물 때문에 일어난 것인지 단박에 알았다. 그들은 주변 환경을 머릿속에서 완전히 장악하고 있었다. 에버렛이 마을 생활에서는 전혀 알아채지 못했던 모습이었다. 그리고 에버렛은 이런 그들의 모습을 인식하면서, 처음에는 문명에 뒤떨어져 수준 낮게만 보였던 피다한족의 생활 양식과 문화가 사실은 굉장히 풍부한 특성을 지녔다는 것을 깨닫기 시작했다. 수백 년이라는 세월 동안 그들은 정글의 혹독한 환경에 가장 적합한 나름의 생활 방식을 발전시켰던 것이다.

이제 에버렛은 과거에 의아하거나 당혹스럽게 느꼈던 사건들을 새로운 시각으로 바라보게 되었다. 피다한족은 날마다 죽음의 위험에 노출된 환경(정글은 각종 위험과 질병에 늘 노출되어 있다)에서 생활하면서 다소 금욕적인 생활 양식을 갖게 된 것이 분명했다. 그들에게는 종교적 의식을 치르거나 타인에게 커다란 공감을 표현하는 데에 시간과 에너지를 쏟을 여유가 없었다. 그들은 누군가가 죽음에 가까웠다는 사실을 확실히 알 수 있었고, 그래서 에버렛 부부가 살리려고 애썼던 아기도 어차피 죽을 운명임을 알았기에 차라리 죽음을 앞당기고 하루빨리 그 일을 잊는 것이 더 현명하다고 생각했던 것이었다. 또 알고 보니, 에버렛을 죽이려고 했던 남자들은 에버렛이 그들의 음주문화를 마음에 들어 하지 않는다는 얘기를 어디선가 들은 상태였다. 그래서 에버렛을 자신의 가치관을 강요하며 권위를 행사하려고 온 문명세계의 또 다른 외부인이라고 생각했다. 그들의 행동에는 다 나름의 이유가 있었던 것이다. 시간이 흐르고 나서야 에버렛은 그것을 깨달을 수 있었다.

에버렛은 사냥과 낚시, 식용 뿌리와 야채를 채집하는 일 등등 피다한 부족 삶의 다른 활동들에도 더 적극적으로 참여하기 시작했다. 그와 가족들은 피다한 사람들과 함께 식사를 했고 가급적 자주 부딪히고 소통하려고 애썼다. 이렇게 차츰 그는 피다한 문화에 젖어들었다. 아직 급격한 진전이 일어난 건 아니었지만 피다한어를 배우는 과정에도 변화가 찾아왔다. 피다한어가 전보다 더 자연스럽게 이해되기 시작했다. 언어 전문가의 끊임없는 연구를 통해서가 아니라, 그저 그들의 문화에 깊이 섞여 생활함으로써 피다한어를 이해하고 있었다. 그는 피다한 사람처럼 생각하기 시작했고, 낯선 서구인의 질문에 그들이 어떻게 반응할

지도 예측할 수 있었다. 또 그들의 유머 감각에 대해, 모닥불 앞에 모여 앉아 그들이 즐겨 풀어놓는 이야기들에 대해 감을 잡을 수 있었다.

한편 에버렛은 피다한 문화의 많은 측면을 이해하고 의사소통에도 더욱 능숙해지자 피다한어만의 독특한 특성을 더욱 많이 발견하기 시작했다. 이곳에 들어오기 전 그는 노암 촘스키 진영의 언어학 이론과 관점들을 깊이 공부했다. 촘스키에 따르면 모든 언어는 어떤 특성을 공유하며, 촘스키는 그것을 보편문법이라고 불렀다. 보편문법 이론에 따르면 모든 인간의 두뇌에는 신경학적 측면의 공통적인 특성이 존재하며, 이 특성 때문에 어린 아이가 언어를 습득할 수 있다. 모든 인간은 언어의 문법을 지배하는 요소를 태어날 때부터 가지고 있다는 것이 이 이론의 관점이다. 그러나 에버렛이 피다한 부족과 생활하는 시간이 길어질수록, 피다한어에 그런 보편적 특성이 없다는 것을 알려주는 단서가 속속 발견되었다. 그들에게는 숫자를 나타내는 어휘도, 셈을 위한 체계도 없었다. 또 그들은 색깔을 나타내는 단어를 갖고 있지 않았고, 대신 눈앞의 물체와 관련된 어구를 나열함으로써 색깔을 표현했다.

보편문법 이론에 따르면 모든 언어에 나타나는 가장 중요한 특징은 '반복 순환recursion'이다. 이것은 언어에서 절節이나 구句 안에 또 다른 절이나 구를 집어넣음으로써 경험을 기술할 수 있는 방식이 거의 무한해지는 특성을 가리킨다. 예를 들어, "당신이 먹고 있는 음식에서 맛있는 냄새가 난다"와 같은 문장에는 두 개의 절이 들어 있다. 에버렛은 피다한어에서 이와 같은 반복 순환성을 전혀 발견할 수가 없었다. 피다한족은 위의 문장과 같은 뜻을 표현할 때 단순한 어구나 절을 나열했다. 가령 "당신은 음식을 먹는다. 그 음식에서 맛있는 냄새가 난다" 하는 식으로 말이다. 피다한어에는 이처럼 보편문법 이론에 들어맞지 않는 예외적 사례들이 너무 많았다.

아울러 에버렛이 피다한 문화를 점차 깊게 이해하면서 피다한어에 대한 그의 관점은 예전과 다르게 변해갔다. 예를 들어, 한번은 에버렛이 새로운 피다한 어휘를 배웠는데, 피다한 사람의 설명에 따르면 그 어휘는 '잠자고 있을 때 머릿속에 나타나는 것'이란 뜻이었다. 즉, 그 어휘는 '꿈'을 뜻했다. 그런데 피다한 사람들은 그 어휘를, 어떤 새로운 경험을 언급할 때 평소 사용하는 특별한 억양으로 발음했다. 에버렛이 그들에게 질문을 던지며 좀 더 깊게 파고 들어가 보니, 그들에게는 꿈이 현실과 분리된 허구가 아니라 또 다른 형태의 경험이었다. 꿈은 그들이 깨어 있을 때 만나는 것들과 마찬가지로 실제적이고 직접적인 경험이었던 것이다. 이런 사례를 더욱 풍부하게 수집하는 동안 그의 머릿속에서는 하나의 이론이 형태를 잡아가기 시작했다. 나중에 직접경험원칙 Immediate Experience Principle, IEP이라고 칭하게 될 이론이었다. 피다한 사람들에게는 지금 직접 경험할 수 있는 것, 또는 누군가가 아주 가까운 과거에 직접 경험한 내용과 관련되는 것만이 의미가 있었다.

이러한 직접경험원칙의 관점에서 바라보니 피다한어의 많은 특성을 설명할 수 있었다. 색깔과 숫자는 IEP에 들어맞지 않는 추상적인 개념이었다. 피다한족은 언어에 반복 순환이라는 특성이 없는 대신, 자신이 직접 보고 경험한 것을 단순한 서술문으로 나타냈다. 에버렛의 이론은 그들에게 물질적 소유 문화, 창조 신화, 과거 일을 기술하는 이야기 등이 없다는 사실을 설명할 수 있었다. 피다한족은 정글 환경에 완벽하게 적응하기 위한 일환으로서 이와 같은 종류의 문화를 형성한 것이었다.

그런 문화 때문에 과거나 미래가 아닌 '현재'에만 집중하면서 대단히 만족도가 높은 삶을 영위할 수 있었다. 또 혹독한 환경이 주는 어려움들에 대해 심리적으로 초연해지는 데에 도움이 되었다. 그들에게는 오로지 직접적인 경험만이 중요했으므로 당연히 직접 경험의 범위를 벗어나는 것을 지칭하는 어휘가 없었다. 에버렛의 이론은 오랜 세월 피다한 족의 문화에 깊숙이 몸을 담그고 생활하여 얻은 결실이었다. 이론이 마음속에서 체계화되고 나자 이제 많은 의문점을 설명할 수 있었다. 몇 달 혹은 몇 년 동안 피다한 문화의 바깥에 선 외부인으로서 관찰했다면 결코 얻을 수 없었을 성과였다.

에버렛이 내린 결론은(그의 이론은 언어학계에서 많은 논란을 촉발했다) 언어의 발달에서 문화가 대단히 중요한 역할을 하며 각 언어들이 우리가 생각하는 것보다 훨씬 더 다양한 특성을 지닌다는 것이었다. 모든 언어에 어떤 공통적 측면이 존재하는 것은 사실이지만, 문화의 특성보다 더 우선시되는 보편문법은 존재하지 않는다는 것이 그의 입장이었다. 이와 같은 결론은 오랜 세월에 걸친 밀도 높은 현장연구를 통해서만 도출할 수 있는 것이었다. 현장에서 멀리 떨어져 보편적 언어 이론만을 토대로 가설을 세우는 사람들은 결코 전체 그림을 포착할 수 없다. 다른 문화권의 차이점을 간파하고 그 문화에 젖어들고 동참하기 위해서는 엄청난 시간과 노력이 필요하다. 그 차이점을 이해하는 과정이 너무나 힘들기 때문에, 인간의 언어 및 인간이 세상을 경험하는 방식을 결정하는 주요 원동력으로서 문화가 지닌 중요성이 주목받지 못했던 것이다.

피다한 문화에 깊이 몰두할수록 에버렛 자신에게도 또 다른 차원의 변화가 찾아왔다. 그는 언어학계의 권위적 연구 방식과 그런 연구에서 나온 이론들에 점차 환멸을 느꼈을 뿐만 아니라 선교사라는 임무에도 회의를 느꼈다. 결국은 기존 언어학계나 기독교 세력 모두 피다한 문화에 자신들의 생각과 가치관을 강요하려고 시도하는 이들이었다. 에버렛이 생각하기에 피다한 마을에 복음을 전파하고 그들을 기독교로 개종시키는 것은 그들 고유의 문화를 말살하는 짓이었다. 그들의 환경에 가장 적합한 방식으로 형성된 문화, 그들이 만족감을 느끼며 영위하고 있는 문화를 말이다. 결국 에버렛은 기독교 신앙과 결별하고 교회를 영영 떠났다. 피다한족과 함께 숨 쉬고 생활하며 그들의 문화를 배운 에버렛은 이제 특정한 믿음 체계나 가치관이 다른 것보다 더 우월하다는 생각을 받아들일 수 없었다. 그런 견해는 외부 관찰자로서 바라보는 방식이 낳은 착각에 불과한 것이다.

* * *

대니얼 에버렛과 비슷한 분야의 많은 전문가들은 대개 자신이 연구 목적을 위해 배웠던 기술과 개념들에 의지한다. 다시 말해, (에버렛이 초반에 그랬듯) 낯선 부족과 언어를 최대한 가까이서 연구하면서 방대한 관찰 내용을 기록하고, 낯선 문화를 언어학과 인류학 분야의 기존 이론을 토대로 한 특정한 틀에 끼워 맞추려고 노력한다. 그들은 그런 방식을 통해 얻은 결과를 저명한 학술지에 게재하거나 학계에서 굳건한 위치를 확보하는 것으로 보상을 얻는다. 그러나 결국 그들은 바깥에서 관찰하는 외부인일 뿐이며, 그들이 도출한 결론의 상당 부분은 그들이 이미 세워놓은 가정에 대한 확증에 불과하다. 에버렛이 피다한 언어와 부족에 대해 발견한 것과 같은, 낯선 문화에 대한 수많은 정보들은 그들에게 주목받지 못하고 만다. 과거에 이와 같은 일은 수없이 발생했으며 지금도 여전히 일어나고 있다. 우리는 그런 관찰자적 접근법 때문에 여러 원주민 문화의 다양한 비밀을 풀지 못했다.

이러한 관찰자 관점을 선호하는 양상이 나타는 원인 한 가지는 과학자들의 선입견 때문이다. 많은 과학자들은 외부에서 관찰자로서 연구해야만 객관성을 유지할 수 있다고 말한다. 하지만 학자의 머릿속은 이미 수많은 가정과 편리하게 정리된 이론들에 물들어 있는데 어떻게 객관성을 유지한단 말인가? 에버렛이 피다한어의 본질을 밝힐 수 있었던 것은 그들의 문화에 깊숙이 뛰어들어 바깥이 아니라 안쪽에서 관찰했기 때문이다. 이렇게 접근한다고 해도 연구자가 반드시 주관적 관점에 함몰되는 것은 아니다. 학자는 연구 대상에 깊숙이 들어가 그들의 생활에 동참해도 이성적 추론과 사고력을 유지할 수 있다. 에버렛은 피다한 문화에 깊이 들어갔다가 한 걸음 물러서서 자신의 생각을 정리한 후에 IEP 이론을 확립했다. 직관과 이성, 내부적 관점과 과학은 얼마든지 공존 가능하다. 에버렛의 경우, 이런 접근법을 취하는 데에는 엄청난 용기가 필요했다. 그는 정글의 위험한 생활에 노출되어야 했고, 다른 언어학자들의 비판에 직면했으며, 교수직을 얻는 과정에서 여러 갈등에 부딪혔다. 또한 그는 젊은 시절부터 자신의 삶에 커다란 영향을 끼친 기독교에 깊은 환멸을 느껴야 했다. 하지만 그는 피다한어의 진실을 밝혀내겠다는 열정으로 자기 방식을 밀고나갔다. 기존 학계와는 다른 혁신적인 방향으로 나아간 결과, 수수께끼에 싸여 있던 복잡한 피다한어를 정복하고 피다한 문화에 대한 귀중한 통찰을 얻을 수 있었다.

명심하라. 우리는 절대 타인이 경험하는 것을 똑같이 경험할 수 없다. 우리는 늘 관찰자가 되어 외부에서 관찰하며, 이것은 많은 오해와 갈등의 원인이 된다. 그러나 인간 지성의 핵심 원천은 거울 뉴런의 발달이었으며, 우리는 거울 뉴런 덕분에 타인의 입장에서 생각하고 그들의 경험을 '상상'할 수 있다. 상대방과 지속적으로 접촉하고 상대의 내면에 들어가 생각해봄으로써 우리는 그들의 관점을 더욱 정확하게 이해할 수 있다. 하지만 그 과정에는 많은 노력이 필요하다. 우리는 자신의 믿음과 가치 체계를 타인들에게 투영하려는 경향이 있다. 이런 경향은 우리가 미처 인식하지 못하는 많은 방식으로 발현된다. 낯선 문화를 연구할 때는, 우리가 지닌 공감 능력을 활용하고 그들의 생활에 뛰어들어 동참해야만, 자기 가치관을 투영하려는 자연적 성향을 극복하고 그들 삶의 본질을 포착할 수 있다. 이를 위해서는 우리와 다른 '저들'의 낯선 문화에 대한 거부감과 두려움을 극복해야 한다. 그들의 신념 체계와 가치관, 그들 사회에서 공유하는 신화, 세계관으로 들어가야 한다. 시간이 흐르면 처음에 그들을 바라볼 때 가졌던 선입견과 왜곡된 시각이 차츰 걷히기 시작할 것이다. 낯선 문화 속으로 깊이 들어가 그들의 감정을 함께 느낄 때, 그들만의 고유한 특성과 인간 본성에 대해 많은 것을 깨달을 수 있다. 이런 접근법은 그 대상이 특정한 문화일 때만 적용되는 것이 아니다. 나 아닌 타인에 대해서도, 심지어 책의 저자에 대해서도 이런 접근법은 유효하다. 니체는 이렇게 말했다. "당신이 나와 이질감을 느끼는 순간 당신은 나의 입장과 논지를 이해할 수 없는 상태가 된다. 당신은 '동일한 열정'의 희생자가 되어야 한다."

7. 모든 종류의 지식을 통합하라 : 만능인

독일 프랑크푸르트에서 태어난 요한 볼프강 폰 괴테가 자란 집안의 분위기는 썩 밝다고 할 수 없었다. 그의 아버지는 정치계에서 실패한 경력 때문에 마음속에 쓰라린 기억을 갖고 있었고, 나이 차이가 많이 나는 아내와도 관계가 소원해져 있었다. 자기 삶에서 경험한 좌절감을 보상하려는 심리에서인지 그는 아들만큼은 떳떳한 직업인으로 성공시키고 싶어서 최고의 교육을 받게 했다. 어린 괴테는 예술, 과학, 외국어, 다양한 공예, 펜싱, 무용 등 다방면에 걸친 교육을 받았다. 하지만 괴테는 아버지의 엄격한 감독하에 지내는 생활이 답답해서 견디기 힘들었다. 시간이 지나 라이프치히에 있는 대학에 다니기 위해 집을 떠났을 때, 그는 감옥에서 탈출한 기분이었다. 그동안 억눌려 있던 에너지, 연애와 모험에 대한 욕구가 전부 한꺼번에 밖으로 분출되면서 마음껏 자유로운 생활을 즐겼다.

대학 시절 괴테는 최신 유행하는 스타일의 옷을 입고 많은 여성을 매혹하는 멋쟁이 젊은이였다. 또한 라이프치히의 지식인 세계에 깊이 몸을 담갔다. 선술집에서 교수나 동료 학생들과 둘러앉아 이런저런 철학을 토론하는 것이 그의 일상이었다. 괴테가 가진 생각들은 정통적인 것과는 다소 거리가 멀었다. 그는 기독교를 강하게 비판했으며 고대 그리스인들의 종교를 동경했다. 한 교수는 이렇게 말하기도 했다. "주변 사람들 대부분이 괴테의 머리가 좀 이상한 것 같다고 생각했다."

젊은 괴테는 한 여인을 깊이 사랑하게 되었다. 그러자 눈곱만큼이나마 남아 있던 자기 통제력은 완전히 사라져버렸다. 괴테가 사랑의 열병을 앓는 심정을 토로하며 쓴 편지를 받아본 친구들은 괴테가 몹시 걱정스러웠다. 그는 환희에서 심한 우울로, 흠모에서 불신으로, 감정 상태가 극과 극을 오갔다. 식음도 전폐했다. 상대 여성에게 청혼을 했다가 이내 취소해버렸다. 주변 사람들이 보기에 그는 거의 미치기 직전 같았다. 그는 한 친구에게 보낸 편지에 이렇게 썼다. "날마다 더 빠른 속도로 가파른 내리막길을 굴러 떨어지는 기분일세. 석 달쯤 후면 난 아마 끝장날 거야." 그러다가 1768년 어느 날, 예상치 못한 상황이 벌어졌다. 괴테가 아침에 잠에서 깨보니 침대에 피가 흥건했다. 폐출혈이 일어났던 것이다. 그는 며칠간 거의 사경을 헤맸다. 하지만 다행히 의사들도 놀랄 정도로 회복 속도가 빨랐다. 병의 재발을 염려한 의사들은 그에게 고향인 프랑크푸르트로 돌아가 요양할 것을 권했다. 괴테는 고향에서 긴 회복기를 거쳐야 했다.

병에서 완전히 나은 후 젊은 괴테는 전과 다른 사람이 된 기분을 느꼈다. 이 시기에 그를 찾아온 강렬한 두 가지 생각이 있었는데, 이는 이후 평생 그의 삶에 영향을 미치게 된다. 첫째, 그는 스스로 데몬이라 부르는 어떤 힘이 자기 내면에 존재한다는 느낌을 받았다. 데몬은 그의 강렬하면서도 마성적인 모든 에너지가 구현된 힘이었다. 데몬은 파괴적인 힘을 발휘할 수도 있고(라이프치히의 대학 생활에서처럼), 아니면 괴테 자신이 정복하여 생산적인 힘으로 변화시킬 수도 있는 무엇이었다. 이 에너지는 너무도 강력해서 그를 양극단의 생각이나 감정을 오가게 만들었다. 영적 정신에서 관능적 욕구로, 순진함에서 교활함으로 그를 이끌었다. 그는 데몬이 태어날 때부터 내면에 심어져 있었으며 자기의 존재 전체를 에워싸고 있다고 생각했다. 이 데몬을 어떻게 통제하느냐가 그의 인생의 길이와 성공을 결정할 것이었다.

둘째, 어린 나이에 죽음 가까이 가는 경험을 한 그는 죽음의 존재감을 강렬하게 느끼게 되었다. 그리고 이런 감정은 병에서 회복한 후에도 몇 주 동안 떠나지 않았다. 완전히 병이 낫고 나자, 그는 살아 있다는 사실이 갑자기 낯설게 느껴졌다. 자신의 의식 통제와 상관없이 움직이는 심장과 폐와 두뇌를 갖고 있다는 사실이 기묘하고 낯설었다. 각각의 개별적인 생명체를 초월한 어떤 생명력이 존재한다는 느낌이 들었다. 그 생명력은 성서에 나오는 신이 아니라(괴테는 평생 기독교를 믿지 않았다) 자연 그 자체에서 기인한 것이었다. 요양 기간 동안 그는 시골길을 오래도록 산책하곤 했고, 생명이라는 것에 대한 낯선 자각은 눈앞의 식물과 동물들에게도 자연스럽게 옮겨갔다. 그 어떤 힘이 저것들을 지금의 모습으로, 주변에 완벽하게 적응한 형태의 생명체로 만들어놓은 것일까? 저 동식물을 자라게 만드는 에너지의 원천은 무엇일까?

마치 사형 선고를 면제받은 기분이었던 괴테는 그런 근원적 생명력에 대한 호기심이 내면에서 강렬하게 끓어오르는 것을 느꼈다. 그리고 파우스트라는 주인공이 등장하는 독일의 유명한 전설을 토대로 한 이야기 하나를 구상하게 된다. 그 개략적 내용은 다음과 같았다. 삶의 비밀을 절실하게 알고 싶어 하는 파우스트가 메피스토텔레스라는 악마를 만나고, 메피스토텔레스는 파우스트를 도와주는 조건으로 그의 영혼을 소유하기로 한다. 파우스트가 삶에서 더 바라는 것이 없을 만큼 만족의 순간을 경험하면, 파우스트는 죽고 그의 영혼은 메피스토텔레스가 갖게 된다. 괴테는 이 희곡에 대한 구상을 틈틈이 기록하기 시작했고, 악마와 파우스트가 나누는 대화를 적어 내려가면서 자기 내면의 목소리가 들려오는 것을 느꼈다. 그의 내면에서 어떤 악마적인 이중적 인간이 서로 이야기를 나누는 기분이었다.

세월이 흘러 괴테는 프랑크푸르트에서 변호사 일을 시작했다. 그는 라이프치히에서 지낼 때와 마찬가지로 내면의 데몬이 자신을 장악하고 있는 기분을 늘 느꼈다. 변호사의 따분한 생활이 끔찍이 싫었고, 사회생활 곳곳에서 사람들을 자연과 분리시켜놓는 온갖 관습들이 역겨웠다. 그의 내면에는 반항적인 사고와 감성이 충만했고 이런 내면세계는 서간체 소설 『젊은 베르테르의 슬픔』의 탄생에 일조했다. 이 소설 내용은 그가 아는 몇몇 사람들, 그리고 실연을 계기로 자살한 친구에서 아이디어를 얻기도 했지만, 거기에 담긴 내용이나 생각 대부분은 괴테 자신의 경험에서 나온 것이었다. 이 소설은 인간을 지배하는 감정의 힘을 생생하게 묘사했으며, 감각으로 충만한 삶, 본성에 가까운 삶을 예찬하는 작가의 목소리가 느껴진다. 유럽 낭만주의의 시작을 알린 선구적 작품인 이 소설은 독일과 유럽 각지에서 열렬한 반응을 촉발했다. 그리고 괴테는 하루아침에 유명인사로 떠올랐다. 유럽의 젊은이들 가운데 이 책을 읽지 않은 사람이 거의 없을 정도였다. 수많은 젊은이가 자살한 주인공 베르테르를 모방하여 스스로 목숨을 끊었다.

젊은 괴테는 이런 성공에 놀라움과 당황스러움을 동시에 느꼈다. 당대의 유명한 문인들과의 교류도 늘어갔다. 그리고 차츰 괴테 내면의 악마적인 데몬이 고개를 들기 시작했다. 그는 와인과 여자와 파티로 물든 삶에 빠졌다. 기분도 변덕스럽게 변하기 일쑤였다. 한편 내면에서는 자기 자신과 자기가 속한 세계에 대한 혐오감이 차올랐다. 문단을 장악한 채 잘난 체하는 작가와 지성인들을 보면 짜증이 났다. 괴테는 변호사

생활을 할 때와 비슷한 기분을 느꼈다. 그들의 세계 역시 자연이나 본질과 동떨어져 있었던 것이다. 괴테는 갑자기 작가로서 유명해진 현실에서 거북하고 갑갑한 기분을 느꼈다.

『젊은 베르테르의 슬픔』을 출간한 이듬해인 1775년, 괴테는 바이마르의 대공에게서 제안을 받았다. 대공의 영지 내에 기거하면서 그의 개인 고문 겸 각료로 일해 달라는 것이었다. 대공은 괴테 작품의 열렬한 팬이었고 지루한 궁정에 많은 예술가를 들이기 위해 애쓰는 중이었다. 괴테에게는 더없이 좋은 기회였다. 이제 혐오감을 느끼던 문학계를 떠나 바이마르 생활에 몰두하기로 했다. 정치 영역과 과학에 에너지를 쏟으면서 내면의 그 지긋지긋한 데몬도 잠재울 수 있을 것 같았다. 그래서 괴테는 대공의 제안을 수락했고, 나중에 이탈리아를 여행했던 시기를 제외하고는 남은 평생을 바이마르에서 보내게 된다.

바이마르 생활을 시작한 괴테는 그곳의 정치 체계를 근대화하는 데 기여하고 싶다는 생각을 했다. 하지만 곧 그는 바이마르 대공이 나약한 타입이고 바이마르의 정치를 개혁하려는 시도는 성공하지 못할 확률이 높다는 사실을 깨달았다. 이미 바이마르의 정치는 곳곳이 부패해 있었다. 그래서 괴테는 대신 과학 분야에 열정을 쏟기 시작했다. 지질학, 식물학, 해부학을 집중적으로 연구했다. 시와 소설에 전념하던 시기는 끝난 것 같았다. 그는 수많은 암석, 식물, 뼈를 수집하기 시작했다. 언제든 자신의 집에 두고 연구하기 위해서였다. 한편 과학에 집중하기 시작하면서 여러 과학 영역들 사이에서 유사점을 발견했다. 지질학을 보면, 토양의 변화는 매우 기나긴 세월에 걸쳐서 아주 서서히 일어난다. 그 속도가 너무 느리기 때문에 한 사람의 생애 동안에는 그 전체 과정을 관찰할 수가 없다. 또 식물들도 씨앗이라는 가장 원초적인 단계에서 꽃이나 나무로 변화하기까지 끊임없이 형태를 탈바꿈한다. 지구상의 모든 생명체는 계속해서 성장하고 발달하면서 하나의 생명 형태에서 다른 형태로 변화한다. 그는 인간이라는 존재도 어떤 원시적 생명체로부터 진화한 것이 아닐까 하는 급진적 생각을 떠올렸다. 그것은 모든 자연에서 목격되는 양상이었으니 말이다.

당시 인간의 진화 가능성을 반박하는 논거로 제시되는 것 가운데 하나는 인간에게 간악골間顎骨이 없다는 사실이었다. 간악골은 모든 하등 동물의 턱에 존재하며 영장류 동물에서도 발견되었다. 그러나 당시까지만 해도 인간의 두개골에서는 발견되지 않았었다. 따라서 많은 사람은 이 사실을 근거로 인간이 신에 의해 창조된 특별한 존재라고 주장했다. 하지만 자연의 모든 생명체가 연관성을 갖고 있다고 믿었던 괴테는 그런 가설을 받아들일 수가 없었다. 그리고 오랜 연구 끝에 유아의 얼굴뼈에서 간악골의 흔적을 발견해냈다. 인간이 다른 생명체들과 유사성을 지닌다는 사실을 결정적으로 보여주는 발견이었다.

괴테가 과학에 접근하는 방식은 당시의 전통적인 관점과 사뭇 달랐다. 그는 모든 식물의 형태 및 발달의 기원이 될 수 있는 원형原型 식물이 존재한다고 생각했다. 또 동물의 뼈를 연구할 때는 가능한 모든 생명체를 비교해보며 각 부분들(예컨대 척추)의 구조에서 유사성을 찾아내려고 애썼다. 그는 생명체들 사이의 연결 관계를 발견하는 일에 몰두했다. 이는 우주와 만물의 본질에 가 닿고자 하는 파우스트적 욕망이기도 했다. 그는 자연계의 현상들에는 각각의 고유한 구조 안에 본질이 담겨 있다고 믿었으며, 인간의 감각과 지성을 통해 그것을 포착할 길을 모색했다. 당시의 대다수 과학자들은 괴테의 연구와 접근법을 비웃었지만, 사실상 괴테가 최초로 진화라는 관점을 구상했다는 사실이 수십 년 후에 밝혀졌다. 또한 그가 수행한 다른 연구들은 훗날 확립될 형태학이나 비교 해부학 같은 과학 분야의 전신에 해당했다.

괴테는 바이마르에 정착해 생활하면서 완전히 다른 사람으로 변화했다. 그는 이제 냉철한 과학자이자 사상가였다. 하지만 1801년 또 다시 중병에 걸렸다가 가까스로 회복했다. 병이 낫기까지는 수년이 걸렸지만, 1805년 괴테는 완전히 건강을 되찾았으며 그와 동시에 젊은 시절 이후엔 경험하지 못했던 감각이 되살아나는 것을 느꼈다. 그해는 인간 지성이 발휘할 수 있는 가장 놀라운 생산성을 보여줄 기간(괴테 나이 50대 중반부터 60대 후반까지)이 시작되는 출발점이었다. 수십 년간 그가 억눌러온 내면의 데몬이 또 다시 고개를 들기도 했지만, 이제 그는 그 데몬의 힘을 온갖 종류의 작품을 탄생시킬 원동력으로 변화시킬 정신력을 갖추고 있었다. 여러 편의 시와 소설, 희곡들이 그에게서 쏟아져 나왔다. 『파우스트』 집필도 재개하여 이 기간에 『파우스트』 내용의 대부분을 완성했다. 괴테는 여러 분야에 걸친 활동이 연달아 이어지는 하루 일과를 보냈다. 평범한 사람 같으면 상상하기 힘든 일과였다. 아침에 일어나서 글을 쓰고, 오후에는 이런저런 과학 실험과 관찰을 수행하고(이제 화학과 기상학까지 손을 댔다), 저녁이면 지인들과 함께 미학, 과학, 정치를 주제로 토론을 벌였다. 그에게선 끊임없이 에너지가 솟는 듯했다. 제2의 청춘기를 보내는 사람 같았다.

이제 괴테의 마음속에는 이런 생각이 확고히 자리 잡았다. 모든 종류의 지식은 그가 젊은 시절 사경을 헤맨 후 직관적으로 느꼈던 생명력을 모종의 형태로 외부화한 것이었다. 그가 보기에 세상 사람들 대부분의 문제점은 주제와 아이디어들 주변에 견고한 인공 벽을 세운다는 사실이다. 하지만 진정한 사색가는 그 주제와 아이디어들 사이의 연관성을 파악하고, 각각의 개별적 현상 및 대상 안에서 꿈틀대는 생명력의 본질을 포착한다. 그렇다면 시심詩心 앞에서 주춤하거나, 예술이 과학과 무관하다고 여기거나, 지적 관심 분야를 좁은 범위로 한정해야 할 이유가 없지 않은가? 인간 정신의 본연의 임무는 여러 요소와 영역을 연결 짓는 것이다. 직물의 모든 씨실과 날실을 엮어내는 베틀처럼 말이다. 생명체라는 것이 유기적인 전체이며 전체라는 그림을 잃어버리지 않고 우리가 그것을 각 부분들로 분리하지 못한다면, 인간의 사고 역시 전체적인 유기체와 같은 것이 되어야 마땅하다.

괴테의 친구들과 주변 지인들은 그의 인생 말년에서 특이한 점을 느꼈다. 그가 유독 미래에 대해, 수십 년 또는 수백 년 후의 세상에 대해 이야기하길 좋아했던 것이다. 바이마르에서 인생을 보내는 동안 그는 여러 학문에 매진했고 경제, 역사, 정치학 등 다방면의 책을 탐독했다. 이런 폭넓은 독서로 새로운 통찰력을 얻고 그것을 자신만의 사고와 결합하면서, 괴테는 역사적 사건의 흐름을 미리 내다보곤 했다. 사람들은 이런 괴테의 예측이 놀라운 혜안이었음을 나중에 깨닫곤 했다. 그는 프랑스혁명이 일어나기 수년 전에 이미 부르봉 왕조의 몰락을 예견했다. 부르봉 왕조가 국민들의 지지를 잃어버렸다는 사실을 간파했던 것이다. 또한 괴테는 프랑스혁명 기간에 프로이센 편에서 발미 전투Battle of Valmy에 참전하여 징집병으로 이루어진 프랑스군의 승리를 목격한 후 이렇게 말했다. "오늘 이곳에서 역사의 새로운 시대가 시작됩니다. 여러분 모두가 그 순간을 목격했다고 말할 수 있을 것입니다." 그는 민주주의와 민간 징집병의 시대가 올 것임을 내다본 것이다.

70대에 접어든 괴테는 편협한 민족주의는 위험하며 앞으로 언젠가 유럽이 미합중국과 같은 연방의 형태가 될 것이라고 자주 말했다. 그는 미합중국의 정치 체계에 찬사를 보내면서, 앞으로 미국이 세계 강국으로 부상할 것이고 그 국경을 점차 확장하여 북아메리카 전체를 장악할 것이라고 내다봤다. 또한 새로운 기술인 전신電信이 전 세계를 연결하면서 사람들이 시간 단위로 최신 뉴스를 접할 수 있는 날이 올 것이라고 생각했다. 그는 앞으로 다가올 미래를 일컬어 속도가 지배하는 '기계의 시대'라고 불렀다. 그러면서 인간 정신과 영혼이 피폐해질 가능성을 우려했다.

이제 괴테의 나이 82세가 되었다. 마음속에서는 여전히 많은 아이디어가 번득였지만 그는 자신의 생이 얼마 안 남았음을 직감했다. 그는 한 친구에게, 그동안 쌓은 그 모든 지식과 경험을 토대로 많은 새로운 발견을 할 수 있을 것이라면서 80년쯤 더 살지 못하는 것이 유감이라고 말했다. 그리고 그에겐 오랫동안 미뤄둔 작업이 하나 남아 있었다. 바로 『파우스트』의 완성이었다. 지식인 파우스트는 세상의 쾌락을 경험하고 악마는 그의 영혼을 빼앗으려고 하지만, 결국 신은 진리에 대한 절실한 탐구를 추구하는 파우스트를 용서하고 구원해준다. 어쩌면 파우스트의 구원은 괴테 스스로 내린, 자기 삶에 대한 마지막 판결이 아니었을까.

몇 개월 후 괴테는 자신과 지적 교류를 나누는 벗이자 뛰어난 언어학자, 교육자인 빌헬름 폰 훔볼트Wilhelm von Humboldt에게 보낸 편지에 이렇게 썼다. "인간은 연습과 훈련과 숙고를 통해서, 성공이나 실패, 발전과 저항을 통해서 마땅한 연결 관계를 무의식적으로 깨닫는 법을 배운다네. 이 과정에는 후천적인 습득과 직관적인 통찰이 동시에 필요하지. 그럼으로써 경이롭고 조화로운 통합이 일어나는 거야. …… 이 세상은 혼란스러운 이론으로 가득해. 나한테는 내 안의 힘, 내 안에 끈질기게 존재하는 힘을 최선의 방향으로 활용하는 것이, 내 고유의 개성을 장악하고 잃지 않는 것이 무엇보다도 중요하다네." 이것은 그가 글로 남긴 마지막 말이 되었다. 며칠 후 그는 여든셋의 나이로 영원히 눈을 감았다.

* * *

괴테 인생의 중요한 전환점은 『젊은 베르테르의 슬픔』의 대성공이었다. 그는 갑자기 찾아온 명성에 정신이 어지러울 지경이었다. 사람들은 그에게 『젊은 베르테르의 슬픔』 같은 작품을 또 써달라고 열렬히 요구했다. 그때 괴테의 나이 스물다섯에 불과했다. 괴테는 평생 동안 대중의 그런 열광적인 요구에 호응한 적이 없었다. 또 이후 나온 어떤 작품도 『젊은 베르테르의 슬픔』만큼 요란한 수준의 성공을 거두지는 않았다. 물론 인생 후반부에 독일 최고의 천재이자 문호로 인정받았지만 말이다. 대중의 욕구에 호응하지 않는 것에는 적지 않은 용기가 필요하다. 화려한 명성을 이용할 기회를 거부하고 나면 나중엔 그런 기회가 다시는 찾아오지 않을 수도 있다. 괴테 역시 세상의 주목을 잃어버릴 수 있었다. 하지만 그는 세상의 명예라는 유혹보다 훨씬 더 강력한 내면의 목소리를 느꼈다. 그는 단 한 권의 책이 가져온 성공에 갇히고 싶지 않았다. 문학에만 외길로 전념하며 또 다른 센세이션을 일으키는 것을 목표로 삼지 않았다. 그는 자신만의 독특한 인생 경로를 택했다. 스스로 데몬이라 부른 내면의 힘이 이끄는 길을 따랐다. 데몬은 그에게 문학이라는 울타리 저 너머를 탐색하라고, 삶 자체의 핵심으로 접근하라고 종용했다. 그에게 필요한 것은 데몬이라는 힘을 정복하고 생산적인 방향으로 이끄는 일이었다.

괴테는 과학 분야에서 독특한 접근법을 취하면서 자연계의 깊은 패턴들에 주목했다. 또 정치, 경제, 역사까지 연구의 범위를 확장했다. 인생의 후반부에 다시 문학으로 복귀했을 무렵, 그의 머릿속은 온갖 종류의 지식들 사이에 형성된 연결고리로 가득했다. 그가 쓴 시와 소설, 희곡에는 과학이 가미되었고, 그의 과학적 연구에는 시적인 직관이 스며들었다. 괴테는 역사에 대한 통찰력도 뛰어났다. 그가 지닌 마스터리는 어떤 한 주제나 분야에 국한된 것이 아니었다. 그것은 수십 년 동안 쌓인 진지한 관찰과 사유를 토대로 여러 영역을 연결하고 통합함으로써 완성된 결과물이었다. 괴테는 르네상스 시대의 이상적인 인간형인 '만능인'을 보여주는 전형적인 예라 할 만하다. 만능인이란 온갖 학문에 대한 식견이 해박하여 자연의 본질에 한층 쉽게 접근할 수 있고, 대부분 평범한 사람들이 보지 못하는 비밀을 간파하는 사람을 말한다.

현대의 관점에서는 괴테 같은 인물이 18세기에 살았던 기이한 옛 사람 정도로 보일지도 모르며, 다방면의 지식을 통합하고자 했던 그의 시도가 낭만주의적인 공상처럼 느껴질지도 모른다. 하지만 결코 그렇지 않다. 그 이유는 간단하다. 인간의 두뇌는 본래 여러 요소를 연결하고 결합하려는 본성을 갖고 있기 때문이다. 역사 속에서 이런 두뇌의 진화는 때때로 예기치 못한 방향으로 흐르기도 하지만, 결국에는 다양한 요소를 연결하려는 욕구가 승리한다. 그것이 인간의 본성 및 기질의 근원적 일부이기 때문이다. 이제는 다양한 기술 발달로 여러 분야와 아이디어를 연결할 수 있는 길이 그 어느 때보다도 풍부하게 열려 있다. 그런 인간 본성을 인식하고 표현할 필요성과 욕구가 강해지면서, 앞으로는 예술과 과학을 분리하던 인공 장벽도 무너질 것이다. 우리의 정신은 자연에 더욱 가까워지고, 살아 있는 유기적 특성을 더욱 많이 지니게 될 것이다. 당신 역시 이와 같은 거대한 프로세스의 일부가 되어야 한다. 지식의 폭을 다른 영역으로 계속 넓혀가야 한다. 그러한 탐구로 인해 얻어진 풍부한 아이디어는 당신에게 그 자체로 커다란 보상이 될 것이다.

뒤집어 보기

마스터리에 대한 뒤집어 보기는 그것의 존재와 중요성을, 따라서 그것을 얻고자 노력할 필요성을 부인하는 것이다. 하지만 이런 태도는 결국 무력감과 낙담만을 낳을 수 있다. 또한 마스터리를 부인하는 사람은 '거짓 자아'의 노예가 되고 만다.

'거짓 자아'는 주변의 목소리를 내면화하여 그것이 차곡차곡 쌓임으로써 형성된다. 부모님과 친구들은 당신에게 '이런 사람이 돼라'고 끊임없이 얘기한다. 당신이 어떤 인간형을 추구해야 하는지, 어떤 행동을 해야 하는지 모종의 방향과 가치관을 제시하면서 말이다. 또 당신은 특정한 가치 체계를 따르라는 사회적 압력에 쉽게 굴복할 수도 있다. 그리고 당신 자신의 목소리도 거짓 자아를 형성하는 데 일조한다. 그 목소리는 진실과 진리란 불필요한 것이라며 당신을 끊임없이 거기서 멀어지게 유도한다. 그 목소리는 마스터리와 관련해 당신에게 이렇게 속삭인다. "마스터리는 천재들, 이례적으로 뛰어난 재능의 소유자들, 자연의 변종들한테나 어울리는 것이다. 내가 그 힘을 얻는 것은 선천적으로 불가능하다." "마스터리는 불쾌하고 부도덕한 무언가다. 그것은 성공의 야망이 높고 이기적인 사람들을 위한 것이다. 그저 내 삶에서 주어진 역할을 받아들이고, 내 가치를 높이기보다는 남들을 도우며 사는 편이 더 현명하다." "성공은 오로지 운에 좌우된다. 거장이라는 사람들은 사실 적절한 시대와 공간을 만나는 행운을 얻은 것뿐이다. 나도 운만 좋으면 그런 거장의 위치에 있을 수 있다." "기나긴 시간을 투자해 그처럼 많은 고통을 감수하며 노력하는 짓을 뭐하러 한단 말인가? 길지도 않은 인생을 그저 즐기며 대충 살면 되지."

당신도 지금쯤이면 알고 있겠지만, 이런 목소리는 진실을 말하지 않는다. 마스터리는 유전적 특성이나 행운이 가져다주는 것이 아니다. 그것은 내면에서 꿈틀대는 고유한 성향과 깊은 욕구를 따름으로써 도달할 수 있는 목표점이다. 우리는 누구나 그런 고유한 내적 성향을 갖고 있다. 그 내적 욕구를 밖으로 이끌어내는 힘은 이기주의도, 권력을 향한 야망도 아니다. 이기주의와 권력욕은 마스터리에 이르는 데 방해가 될 뿐이다. 그 내적 욕구는 근원적인 힘, 당신이 태어날 때부터 지닌 고유한 특성의 또 다른 표현이다. 당신 고유의 성향이 내는 목소리에 귀 기울이면서 마스터리를 향해 나아가면, 당신은 이 사회에도 커다란 기여를 하게 된다. 의미 깊은 발견과 통찰력을 내놓고 자연과 인간 사회

내의 다양성을 최대한 활용하는 것은 결국 사회의 발전에도 보탬이 된다. 사실 남들이 만들어놓은 것을 그저 소비하고 시시한 목표만 추구하며 당장 눈앞의 만족만 추구하는 것이야말로 가장 이기적이고 자기중심적인 태도다. 당신의 본질적 성향과 동떨어진 채 살면 결국 괴로움과 낙담으로 얼룩진 인생을 살게 되며, 소중한 무언가를 낭비했다는 자각에 이르고 말 것이다. 이런 내적 괴로움은 종종 세상에 대한 냉소와 시기로 표출되며, 그런 사람은 그 괴로움과 우울을 초래한 진짜 원인이 무엇인지 인식하지 못한다.

'진정한 자아'는 진부한 어휘와 문구를 통해 말하지 않는다. 진정한 자아의 목소리는 당신 내면 '깊숙한' 곳에서, 영혼의 심층부에서, 당신 안에 단단하게 자리 잡은 무언가로부터 나온다. 그것은 당신의 고유성이 발산하는 목소리이며, 당신 자신을 초월한 것 같은 강렬한 감각과 욕구를 통해 스스로를 드러낸다. 어떤 특정한 활동이나 학문에 이끌리는 이유를 결국은 당신도 명쾌하게 설명하기 어렵다. 그것은 언어로 설명하기 힘들며, 그저 자연과 본성이 이끄는 길일 뿐이다. 진정한 자아의 목소리를 따르라. 그래야 내면의 잠재력에 눈뜨고, 당신의 고유함을 창의적으로 표현하고 싶은 깊은 갈망을 채울 수 있다. 당신 내면의 목소리에는 분명한 존재 이유가 있으며, 그것을 따라가 값진 열매를 수확하는 것이야말로 당신이 평생 추구해야 할 인생 과업임을 잊지 마라.

우리는 자기 자신을 좋게 생각하지만 그럼에도 자신에게는 라파엘로 수준의 그림을 그리거나 셰익스피어의 작품 같은 희곡을 쓸 수 있는 능력이 절대로 없다고 생각하기 때문에, 그런 능력을 갖는 것은 대단히 예외적이며 흔히 일어나기 힘든 현상이라고, 또는 (종교적인 성향을 지니고 있다면) 신의 은총이라고 굳게 믿는다. 그리하여 우리의 허영심과 자기애가 천재에 대한 숭배를 촉진한다. 천재적 인물을 우리와는 저 멀리 동떨어진 사람으로, 기적적인 존재로 간주해야만 우리가 괴로워하며 상처받지 않을 수 있기 때문이다. …… 그러나 우리의 허영심이 속삭이는 말들을 제쳐두고 생각해보면, 천재들의 활동은 기계 발명가나 천문학자나 역사학자, 또는 전술의 대가가 하는 활동과 근본적으로 다르지 않은 듯하다. 이 모든 활동들은 머릿속 생각이 어떤 하나의 방향으로 적극적으로 움직이는 사람들을 상상해보면 충분히 설명할 수 있다. 그들은 모든 것을 재료로 활용하고, 언제나 자신과 타인들의 내적 삶을 열심히 관찰하며, 어디서나 본보기와 동기를 발견하고, 활용 가능한 수단과 재료를 지칠 줄 모르고 통합한다. 천재도 역시 먼저 벽돌을 쌓는 법부터 배우고 그 다음에 건물을 짓는 법을 배우며, 끊임없이 재료를 찾으면서 그 재료를 활용해 계속 자기 자신을 완성해나간다. 천재의 활동뿐만 아니라 인간의 모든 활동이 놀랍도록 복잡하다. 하지만 그 어느 것도 '기적'은 아니다.

_프리드리히 니체

현존하는 거장들의 약력

산티아고 칼라트라바Santiago Calatrava

1951년 스페인 발렌시아에서 태어났다. 발렌시아 공과대학에서 건축학 학위를 땄고 스위스 취리히의 연방공과대학에서 토목공학 박사 학위를 취득했다. 탄탄한 토목공학 지식을 바탕으로 교각, 철도역, 박물관, 문화센터, 스포츠 경기장 등 주로 대형 공공건물 프로젝트를 진행했다. 그는 자연 속 생명체의 형태에서 영감을 얻어 공공 구조물들에 신화적이면서도 미래적인 특징을 부여하고자 애썼으며, 일부분이 움직이며 형태가 바뀌는 건물을 추구했다. 그가 설계한 대표적인 구조물로는 캐나다 토론토의 BCE 플레이스 갤러리아BCE Place Galleria, 포르투갈 리스본의 오리엔테 기차역Oriente Railway Station, 밀워키 미술박물관Milwaukee Art Museum의 증축 건물, 아르헨티나 부에노스아이레스의 '여인의 다리Puente de la Mujer', 카나리아 제도 산타크루스의 테네리페 음악당Auditorio de Tenerife, 아테네 올림픽 스포츠 콤플렉스Athens Olympic Sports

Complex, 스웨덴 말뫼의 터닝 토르소 타워Turning Torso Tower, 이스라엘 예루살렘의 경량철도교Light Railway Bridge 등이 있다. 현재 칼라트라바는 미국 뉴욕 시 세계무역센터의 교통허브를 설계하고 있으며 이 허브는 2014년 완공 예정이다. 또한 그는 유명한 조각가로서 세계 여러 곳의 갤러리에 작품을 전시해오고 있다. 1992년 구조공학협회로부터 골드메달을, 2005년 미국건축가협회로부터 골드메달을 수상한 바 있다.

대니얼 에버렛Daniel Everett

1951년 미국 캘리포니아 주 홀트빌에서 태어났다. 시카고 무디 신학교에서 해외선교 학위를 받고 목사가 되었다. 기독교 단체인 여름언어학교에서 언어학을 공부한 뒤 가족과 함께 선교를 위해 아마존의 마을로 파견되었다. 그리고 피다한이라는 부족과 함께 생활하며, 세계의 다른 언어들과 연관성을 찾기 힘든 피다한어를 연구하기 시작했다. 에버렛은 수수께끼에 싸여 있던 피다한어의 비밀을 푸는 데 마침내 성공했고, 그 과정에서 인간 언어의 본질에 대한 중요한 사실들을 발견했으며 그의 연구 결과는 언어학계에서 논란을 촉발했다. 또한 그는 아마존 지역에서 사용되는 10종류 이상의 언어에 대해 연구하고 논문을 발표했다. 브라질 캄피나스 주립대학에서 언어학 박사학위를 받았다. 피츠버그 대학에서 언어학 및 인류학 교수, 언어학과 학장을 역임했다. 또한 영국 맨체스터 대학, 일리노이 주립대학에서 강의했다. 현재 에버렛은 미국 벤틀리 대학의 문리대 학장이다. 지은 책으로는『잠들면 안 돼, 거기 뱀이 있어』,『언어: 문화의 도구Language: The Cultural Tool』가 있다. 그의 피다한어 연구를 주제로〈행복의 문법The Grammar of Happiness〉이라는 다큐멘터리가 제작되었다.

테레시타 페르난데스Teresita Fernández

　1968년 미국 플로리다 주 마이애미에서 태어났다. 플로리다 국제대학에서 미술 학사학위를, 버지니아 커먼웰스 대학에서 미술 석사학위를 받았다. 세계적인 개념 미술가인 페르난데스는 비전통적 재료를 사용한 공공장소 설치 조각과 대형 구조물 작품으로 유명하다. 그녀는 인간 심리가 주변 세계를 인지하는 데에 영향을 미치는 방식을 작품으로 표현하는 것에 관심이 많다. 또한 주로 예술과 자연을 바라보는 전통적인 관점에 도전하는 독특한 작품을 만든다. 그녀의 작품은 뉴욕 현대미술관, 샌프란시스코 현대미술관, 워싱턴 D. C.의 코코란 미술관을 비롯해 세계의 유명 미술관 여러 곳에서 전시되었다. 최근에 작업한 대형 작품으로는 일본 나오시마의 유명한 베네세 아트 사이트 내에 설치한 〈블라인드 블루 랜드스케이프Blind Blue Landscape〉가 있다. 구겐하임 펠로우십, 로마 아메리칸 아카데미 펠로우십을 수상했으며 미국 국립예술기금의 예술 지원금을 받았다. 2005년에는 일명 '천재 상'으로 불리는 맥아더 재단 펠로우십을 받았다. 2011년 버락 오바마 대통령은 페르난데스를 미국미술위원회의 위원으로 선정했다.

폴 그레이엄Paul Graham

　1964년 잉글랜드 웨이머스에서 태어났다. 네 살 때 가족과 함께 미국으로 이주했으며 펜실베이니아 주 먼로빌에서 어린 시절을 보냈다. 코넬 대학에서 철학 학사학위를, 하버드 대학에서 컴퓨터공학 박사학위를 받았다. 로드아일랜드 디자인 스쿨과 이탈리아 피렌체의 국립미술원에서 미술을 공부했다. 1995년 사용자들이 인터넷 상의 온라인 상점을 만들게 도와주는 최초의 어플리케이션 서비스 제공업체인 비아웹을 공동 창립했다. 야후가 비아웹을 5000만 달러에 가까운 금액에 인수한 후(이후 비아웹은 '야후 스토어'로 이름이 바뀜), 그레이엄은 프로그래밍, 기술기업 창업, 기술 역사, 미술 등을 주제로 인터넷 공간에 꾸준히 글을 게재하여 많은 이들의 호응을 얻었다. 2005년 하버드 컴퓨터학회에서 행한 강연에서 경험한 열광적인 반응에 힘입어, 젊은 기술 창업가들에게 창업 자금과 조언을 제공하는 Y 콤비네이터를 설립했다. 이후 Y 콤비네이터는 많은 기술기업의 탄생과 성공에 크게 기여했다. 이 기업이 창업을 지원한 200개 이상 회사들의 가치는 현재 40억 달러가 넘는다. Y 콤비네이터가 투자한 대표적인 업체로는 드랍박스DropBox, 레딧Reddit, 룹트Loopt, 에어비앤비AirBnB가 있다. 지은 책으로는 컴퓨터 프로그래밍 언어를 다룬 『리스프에 대하여On Lisp』, 그리고 『해커와 화가Hackers and Painters』가 있다. 그의 온라인 글은 PaulGraham.com에서 볼 수 있다.

템플 그랜딘Temple Grandin

1947년 미국 매사추세츠 주 보스턴에서 태어났다. 세 살 때 자폐증 진단을 받았으나, 언어 치료사의 치료를 꾸준히 받으며 서서히 언어를 배우기 시작했다. 이로써 지적 능력을 계발하고 학교에도 다닐 수 있었으며, 나중에는 영재를 교육하는 고등학교에 진학해 과학에서 두각을 나타냈다. 프랭클린 피어스 칼리지에서 심리학 학사학위를, 애리조나 주립대학에서 동물학 석사학위를, 일리노이 대학 어배나 샘페인에서 동물학 박사학위를 받았다. 학교 졸업 후 가축 사육장 시설의 설계자로 일했다. 미국에 있는 소들의 절반 이상을 관리하는 데에 그랜딘이 설계한 장치가 쓰이고 있다. 그녀는 동물의 고통과 스트레스를 줄여주도록 도축장을 설계하고 개선하는 일에도 힘을 쏟아왔다. 또한 육류 가공처리 공장에서 소와 돼지들을 다루는 데 사용할 일련의 가이드라인을 만들었으며, 현재 맥도날드를 비롯한 여러 기업이 이 가이드라인을 채택하고 있다. 또한 그녀는 동물의 권리와 자폐증을 주제로 강연을 펼치는 인기 높은 강연가이기도 하다. 지은 책으로는 『나는 그림으로 생각한다Thinking in Pictures』, 『동물과의 대화Animals in Translation』, 『내가 보는 관점The Way I See It』 등이 있다. 2010년 그녀의 삶을 다룬 HBO의 전기 영화 〈템플 그랜딘Temple Grandin〉이 제작되기도 했다. 그랜딘은 현재 콜로라도 주립대학의 동물학 교수로 재직 중이다.

요키 마츠오카Yoky Matsuoka

1972년 일본 도쿄에서 태어났다. 청소년 시절 촉망받는 테니스 선수였던 그녀는 미국으로 건너가 테니스 아카데미에서 고급반 교육을 받았다. 미국에서 고등학교를 졸업하고 UC 버클리에 진학한 후 그곳에서 전기공학과 컴퓨터공학을 전공했다. 이후 MIT에서 전기공학 및 인공지능 박사학위를 받았다. MIT에 다니는 동안 바렛 테크놀로지Barrett Technology의 수석 엔지니어로 일하면서 훗날 업계 표준이 된 로봇 팔을 개발했다. 카네기 멜론 대학에서 로봇공학 및 기계공학 교수를 지냈고, 시애틀의 워싱턴 대학에서 컴퓨터공학 및 공학 교수를 지냈다. 워싱턴 대학 재직 당시 '신경로봇공학neurobotics'이라는 새로운 분야를 창조했으며 이 대학에 신경로봇공학 연구소를 만들었다. 이 연구소에서는 로봇 모델과 가상 환경을 함께 활용하여 인간 팔다리의 생체 역학과 신경 및 근육 통제를 연구한다. 2007년 마츠오카는 '천재 상'으로 불리는 맥아더 재단 펠로우십을 받았다. 또한 구글의 X 부문X division을 공동 설립했고 그곳에서 혁신 책임자로 일했다. 현재 그녀는 네스트 학습형 온도조절장치처럼 에너지 효율이 높은 소비자 제품을 개발하는 녹색기술 기업인 네스트 랩스Nest Labs의 기술 담당 부사장이다.

빌라야누르. S. 라마찬드란Vilayanur. S. Ramachandran

1951년 인도 마드라스에서 태어났다. 의학 공부를 하다가 분야를 옮겨 영국 케임브리지 대학 트리니티 칼리지에서 시각 심리학을 공부한 후 박사학위를 받았다. 1983년 캘리포니아 대학 샌디에이고 캠퍼스UCSD의 심리학 조교수가 되었다. 현재는 UCSD에서 심리학과 및 신경과학 대학원 과정의 교수로 재직 중이며, 이 대학의 두뇌인지센터 소장이기도 하다. 환각지幻覺肢라는 특이 신경현상, 다양한 신체정체성 장애, 카그라스 증후군Capgras delusion, 환자가 가족 누군가가 외모가 똑같은 딴사람으로 대체되었다고 믿는 신경 증상에 대한 연구로 유명하며, 거울 뉴런과 공감각에 대한 이론으로도 잘 알려져 있다. 영국왕립연구소의 명예종신회원으로 선출되었고, 옥스퍼드 대학과 스탠퍼드 대학의 특별 연구원으로 선정되었으며, 국제신경정신의학협회로부터 라몬 이 카할 상을 받았다. 2011년 〈타임Time〉은 그를 '세계에서 가장 영향력 있는 인물들 가운데 한 명'으로 선정했다. 지은 책으로는 『라마찬드란 박사의 두뇌 실험실Phantoms in the Brain』,

『인간 의식으로의 여행A Brief Tour of Human Consciousness』, 『명령하는 뇌, 착각하는 뇌The Tell-Tale Brain』가 있다.

프레디 로치Freddie Roach

1960년 미국 매사추세츠 주 데덤에서 태어났다. 6세부터 복싱을 배우기 시작했다. 1978년 프로 복싱 선수가 되었을 때는 이미 150회의 아마추어 경기에 참가해본 상태였다. 전설적인 코치 에디 퍼치에게 훈련을 받으며 통산 전적 41승 13패를 기록했다(41승 중 17회는 KO승). 1986년 선수 생활 은퇴 후 퍼치의 체육관에서 견습 트레이너로 지내다가 몇 년 후 독립하여 1995년에 캘리포니아 주 할리우드에 와일드카드 복싱 클럽Wild Card Boxing Club을 열었으며, 현재도 이곳에서 많은 선수들을 가르치고 있다. 지금까지 28명의 복싱 월드 챔피언과 파트너를 이뤄 활동했다. 여기에는 매니 파퀴아오Manny Pacquiao, 마이크 타이슨Mike Tyson, 오스카 델라 호야Oscar De La Hoya, 아미르 칸Amir Khan, 훌리오 세자르 차베스 주니어Julio César Chávez Jr., 제임스 토니James Toney, 버질 힐Virgil Hill이 포함된다. 로치는 또한 UFC 웰터급 챔피언인 조르주 생 피에르Georges St. Pierre의 코치이며, 세계 최고의 여성 복서 중 한 명인 루시아 리커Lucia Rijker의 코치도 맡은 바 있다. 로치는 1990년 파킨슨 병 진단을 받았지만 약물치료와 엄격한 식이요법으로 병을 훌륭하게 관리해오고 있다. 미국복싱작가협회에 의해 '올해의 트레이너'로 무려 다섯 차례나 선정되었으며, 최근에는 국제복싱 명예의 전당에 이름이 올랐다. 그의 복싱 인생은 피터 버그의 연출로 〈프레디 로치에 대하여On Freddie Roach〉라는 HBO 다큐멘터리 시리즈로 만들어졌다.

세자르 로드리게스 주니어 Cesar Rodriguez Jr.

1959년 미국 텍사스 주 엘파소에서 태어났다. 사우스캐롤라이나 주립 사관학교인 시타델에서 경영학 학위를 딴 후 미 공군 조종사 양성 학교에 들어갔다. F-15기를 타고 전투기 조종사로 훈련을 받으면서 조금씩 계급이 올라가 1993년에 소령으로 진급했고 1997년에 중령, 2002년에 대령이 되었다. 전투기 비행 총시간이 3100시간 이상이며, 그중에 350시간은 전투 작전 수행으로 보냈다. 공중전투에 뛰어난 그는 적기 3대를 추락시키는 공훈을 세웠다. '사막의 폭풍 작전'(1991년)에서 이라크의 MiG기 2대, 유고슬라비아 전쟁(1999년)에서 유고슬라비아 공군의 MiG기 1대였다. 이는 베트남전쟁 이래로 지금까지 미국 조종사가 세운 최고의 공훈이다. 또한 그는 이라크 해방 작전 Operation Iraqi Freedom, 2003 때 제332 장거리 원정 작전팀을 이끌었다. 2006년에 공군에서 은퇴했다. 로드리게스는 미 공군 참모대학과 미 해군대학을 졸업했다. 공군 무공 십자훈장을 3개 받았고, 수훈무공훈장과 동성훈장을 받았다. 현재 군수업체인 레이시온 Raytheon에서 공중전 시스템 제품 라인 분야의 책임자로 일하고 있다.

감사의 글

이 책이 완성되기까지 값진 도움을 제공해준 애너 빌러Anna Biller에게 가장 먼저 감사의 말을 전한다. 그녀의 통찰력 가득한 아이디어, 노련한 편집, 자료조사 도움은 너무나 소중했으며 기나긴 집필 과정 동안 아끼지 않고 보내준 격려 역시 큰 힘이 되었다. 그녀가 있었기에 책의 완성이 가능했다. 말로 다 못할 고마움을 표현하고 싶다.

나의 에이전트인 잉크웰 매니지먼트Inkwell Management의 마이클 칼리슬Michael Carlisle에게도 감사한다. 그는 이따금 나타나는 장애물들을 극복하며 이 프로젝트를 훌륭하게 진행해주었고, 내게 편집이나 인생과 관련한 조언도 많이 해주었다. 마이클이야말로 진정한 '거장' 에이전트다. 또한 잉크웰의 로렌 스미드Lauren Smythe도 귀중한 도움을 주었고 알렉시스 헐리Alexis Hurley는 이 책이 세계 독자들을 만나는 데 큰 역할을 했다.

전체 과정이 순조롭게 진행되도록 힘써준 몰리 스턴Molly Stern, 책이

나오기까지 많은 고생을 했을 바이킹Viking 관계자 분들에게도 감사를 전한다. 책이 완성되기까지 여러 측면에서 놀라운 실력 발휘를 해준 담당 편집자 조시 켄덜Josh Kendall, 전반적인 편집 과정을 이끌며 온 힘을 쏟아준 캐롤라인 칼슨Carolyn Carlson, 표지 디자인을 맡은 매기 파예트Maggie Payette, 본문 디자인을 해준 대니얼 라진Daniel Lagin, 제작 과정을 이끌어준 노이린 루카스Noirin Lucas, 마케팅 책임자 낸시 셰파드Nancy Sheppard, 홍보 책임자 캐롤린 콜번Carolyn Coleburn, 배본 및 유통 과정을 감독해준 마거릿 리그스Margaret Riggs에게 모두 고마움을 표하고 싶다. 아울러 책이 완성되기까지 인내심을 갖고 방향 감각을 잃지 않게 도와준 클레어 페라로Clare Ferraro도 절대 빼놓을 수 없다.

『정말이야. 나 거짓말하고 있어Trust Me I'm Lying』의 저자인 라이언 홀리데이Ryan Holiday에게도 심심한 감사를 전한다. 그는 자료조사 과정에 값진 도움을 주었으며 여러 현존 거장들과의 인터뷰 일정을 잡을 수 있게 도와주었다.

래퍼 피프티 센트50 Cent에게도 감사의 말을 전한다. 2007년에 그와 함께 나눈 대화가 이 책이 탄생하기 위한 씨앗이 되었다. 그의 에이전트 마크 제럴드Marc Gerald도 초반 단계에서 산파 역할을 해주었다. 아울러 캐스퍼 알렉산더Casper Alexander, 키스 페라지Keith Ferrazzi, 닐 스트라우스Neil Strauss, 윌리엄 리플William Ripple 교수, 프란시스코 기메네스Francisco Gimenez, 나의 훌륭한 벗들인 엘리엇 셰인Eliot Schain과 미칠 슈워츠Michiel Schwarz와 주스트 엘퍼스Joost Elffers에게도 고마움을 전한다. 또한 카테리나 칸톨라Katerina Kantola에 대한 기억도 내 마음속에 오래도록 남을 것 같다. 동물과 관련해 값진 의견을 제공해준 나의 누이 레슬리Leslie, 그리고 우리의 홍적세洪積世 조상들에게도 고맙다고 말하고 싶다.

귀한 시간을 내어 인터뷰를 허락해준 이 시대의 여러 거장에게 깊은 감사를 전한다. 나는 모든 인터뷰를 직접 대면을 통해 진행하면서 시간 제한을 두지 않았고, 그들에게 창의적 프로세스, 고군분투했던 경력 초반 시절, 도중에 만난 실패 등에 대해 최대한 솔직하게 말해달라고 요청했다. 인터뷰한 거장 모두가 그들의 소중한 시간을 내게 후하게 허락했고, 때때로 내가 던지는 불편한 질문에도 기꺼이 대답해주었다. 그들이 거장의 반열에 오르기까지는 아마도 그런 열린 사고방식이 커다란 역할을 했으리라.

인터뷰를 잡고 진행하는 과정에 많은 이들이 도움을 주었다. UCSD의 라마찬드란 교수와의 인터뷰에는 그와 함께 연구를 진행하는 대학원생 엘리자베스 세켈Elizabeth Seckel이 큰 도움을 주었다. 폴 그레이엄의 아내이자 Y 콤비네이터의 파트너인 제시카 리빙스턴Jessica Livingston도 빼놓을 수 없다. 영국 프로파일북스Profile Books의 앤드루 프랭클린Andrew Franklin은 대니얼 에버렛과의 인터뷰를 조율해주었다. 밀워키 미술박물관의 전前 임원 데이비드 고든David Gordon은 산티아고 칼라트라바와의 인터뷰에 큰 도움을 주었다. 템플 그랜딘의 수석 조수인 셰릴 밀러Cheryl Miller, 레먼 마우핀Lehmann Maupin의 파트너이자 테레시타 페르난데스 인터뷰를 도와준 스테파니 스미스Stephanie Smith, 프레디 로치의 인터뷰를 조율해준 CAA의 닉 칸Nick Khan과 에반 딕Evan Dick에게도 고마움을 전한다.

한없는 인내와 사랑을 보여주시는 분이며 나의 가장 든든한 팬인 어머니 로레트Laurette께도 감사한다고 말하고 싶다. 지구상에서 가장 멋진 고양이이며 거장 사냥꾼인 나의 브루투스도 빼놓고 싶지 않다.

마지막으로, 지금까지 많은 생각과 관점에 눈뜰 수 있게 이끌어주고 내게 생각하는 방법을 가르쳐준, 지금껏 인생에서 만난 모든 거장과 스승과 선생님들께 머리 숙여 감사한다. 이 책의 모든 페이지에는 그들의 존재감과 영혼이 곳곳에 스며들어 있다.

참고문헌

Abernathy, Charles M. and Robert M. Hamm. Surgical Intuition: What It Is and How to Get It. Philadelphia, PA: Hanley & Belfus, Inc., 1995.

Adkins, Lesley and Roy. The Keys of Egypt: The Race to Crack the Hieroglyph Code. New York: Perennial, 2001.

Aurelius, Marcus. Meditations. Trans. Gregory Hays. New York: The Modern Library, 2003.

Bate, Walter Jackson. John Keats. Cambridge, MA: Harvard University Press, 1963.

Bazzana, Kevin. Wondrous Strange: The Life and Art of Glenn Gould. Oxford, UK: Oxford University Press, 2004.

Bergman, Ingmar. The Magic Lantern: An Autobiography. Chicago, IL: The University of Chicago Press, 2007.

Bergson, Henri. Creative Evolution. Trans. Arthur Mitchell. New York: Henry Holt and Company, 1911.

Beveridge, W. I. B. The Art of Scientific Investigation. Caldwell, NJ: The Blackburn Press, 1957.

Boden, Margaret A. The Creative Mind: Myths and Mechanisms. London, UK: Routledge, 2004.

Bohm, David, and F. David Peat. Science, Order, and Creativity. London, UK: Routledge, 1989.

Boyd, Valerie. Wrapped in Rainbows: The Life of Zora Neale Hurston. New York: Scribner, 2004.

Bramly, Serge. Leonardo: The Artist and the Man. Trans. Sian Reynolds. New York: Penguin Books, 1994.

Brands, H. W. The First American: The Life and Times of Benjamin Franklin. New York: Anchor Books, 2002.

Capra, Fritjof. The Science of Leonardo: Inside the Mind of the Great Genius of the Renaissance. New York: Doubleday, 2007.

Carter, William C. Marcel Proust: A Life. New Haven, CT: Yale University Press, 2000.

Chuang Tzu, Basic Writings. Trans. Burton Watson. New York: Columbia University Press, 1996.

Corballis, Michael C. The Lopsided Ape: Evolution of the Generative Mind. Oxford, UK: Oxford University Press, 1991.

Curie, Eve. Madame Curie: A Biography. Cambridge, MA: Da Capo Press, 2001.

De Mille, Agnes. Martha: The Life and Work of Martha Graham. New York: Random House, 1991.

Donald, Merlin. Origins of the Modern Mind: Three Stages in the Evolution of Culture and Cognition. Cambridge, MA: Harvard University Press, 1993.

Dreyfus, Hubert L., and Stuart E. Dreyfus. Mind Over Machine: The Power of Human Intuition and Expertise in the Era of the Computer. New York: Free Press, 1986.

Ehrenzweig, Anton. The Hidden Order of Art: A Study in the Psychology of Artistic Imagination. Berkeley, CA: University of California Press, 1971.

Ericsson, K. Anders, ed. The Road to Excellence: The Acquisition of Expert Performance in the Arts, Sciences, Sports and Games. Mahwah, NJ: Lawrence Erlbaum Associates, Publishers, 1996.

Gardner, Howard. Frames of Mind: The Theory of Multiple Intelligences. New York: Basic Books, 2004.

Gregory, Andrew. Harvey's Heart: The Discovery of Blood Circulation. Cambridge, U.K: Icon Books, 2001.

Hadamard, Jacques. The Mathematician's Mind: The Psychology of Invention in the Mathematical Field. Princeton, NJ: Princeton University Press, 1996.

Hirshfeld, Alan. The Electric Life of Michael Faraday. New York: Walker & Company, 2006.

Hogarth, Robin M. Educating Intuition. Chicago, IL: The University of Chicago Press, 2001.

Howe, Michael J. A. Genius Explained. Cambridge, UK: Cambridge University Press, 2001.

Humphrey, Nicholas. The Inner Eye: Social Intelligence in Evolution. Oxford, UK: Oxford University Press, 2008.

Isaacson, Walter. Einstein: His Life and Universe. New York: Simon & Schuster, 2007.

Johnson-Laird, Philip. How We Reason. Oxford, UK: Oxford University Press, 2008.

Josephson, Matthew. Edison: A Biography. New York: John Wiley & Sons, Inc., 1992.

Klein, Gary. Sources of Power: How People Make Decisions. Cambridge, MA: The MIT Press, 1999.

Koestler, Arthur. The Act of Creation. London, UK: Penguin Books, 1989.

Kuhn, Thomas S. The Structure of Scientific Revolutions. Chicago, IL: The University of Chicago Press, 1996.

Leakey, Richard E., and Roger Lewin. Origins: What New Discoveries Reveal About the Emergence of Our Species and Its Possible Future. New York: Penguin Books, 1991.

Lewis, David. We, the Navigators: The Ancient Art of Landfinding in the Pacific. Honolulu, HI: The University Press of Hawaii, 1972.

Ludwig, Emil. Goethe: The History of a Man. Trans. Ethel Colburn Mayne. New York: G. P. Putnam's Sons, 1928.

Lumsden, Charles J., and Edward O. Wilson. Promethean Fire: Reflections on the Origin of Mind. Cambridge, MA: Harvard University Press, 1983.

McGilchrist, Iain. The Master and His Emissary: The Divided Brain and the Making of the Western World. New Haven, CT: Yale University Press, 2009.

McKim, Robert H. Experiences in Visual Thinking. Belmont, CA: Wadsworth Publishing Company, Inc., 1972.

McPhee, John. A Sense of Where You Are: A Profile of Bill Bradley at Princeton. New York: Farrar, Straus and Giroux, 1978.

Moorehead, Alan. Darwin and the Beagle. New York: Harper & Row, Publishers, 1969.

Nietzsche, Friedrich. Human, All Too Human: A Book for Free Spirits. Trans. R. J. Hollingdale. Cambridge, UK: Cambridge University Press, 1986.

Nuland, Sherwin B. The Doctor's Plague: Germs, Childbed Fever, and the Strange Story of Ignác Semmelweis. New York: W. W. Norton & Company, 2004.

Ortega y Gasset, José. Man and People. Trans. Willard R. Trask. New York: W. W. Norton & Company, 1963.

Polanyi, Michael. Personal Knowledge: Toward a Post–Critical Philosophy. Chicago, IL: The University of Chicago Press, 1974.

Popper, Karl R., and John C. Eccles. The Self and Its Brain. London, UK: Routledge, 1990.

Prigogine, Ilya. The End of Certainty: Time, Chaos, and the New Laws of Nature. New York: The Free Press, 1997.

Quammen, David. The Reluctant Mr. Darwin: An Intimate Portrait of Charles Darwin and the Making of His Theory of Evolution. New York: W. W. Norton & Company, 2007.

Ratey, John J. A User's Guide to the Brain: Perception, Attention, and the Four Theaters of the Brain. New York: Vintage Books, 2002.

Ratliff, Ben. Coltrane: The Story of a Sound. New York: Picador, 2007.

Rothenberg, Albert. The Emerging Goddess: The Creative Process in Art, Science, and Other Fields. Chicago, IL: The University of Chicago Press, 1990.

Schrödinger, Erwin. What Is Life: The Physical Aspect of the Living Cell. Cambridge, UK: Cambridge University Press, 1992.

Schultz, Duane. Intimate Friends, Dangerous Rivals: The Turbulent Relationship Between Freud & Jung. Los Angeles, CA: Jeremy P. Tarcher, Inc., 1990.

Sennett, Richard. The Craftsman. New Haven, CT: Yale University Press, 2008.

Shepard, Paul. Coming Home to the Pleistocene. Washington, D. C.: Island Press, 1998.

Sieden, Lloyd Steven. Buckminster Fuller's Universe. New York: Basic Books, 2000.

Simonton, Dean Keith. Origins of Genius: Darwinian Perspectives on Creativity. New York: Oxford University Press, 1999.

Solomon, Maynard. Mozart: A Life. New York: Harper Perennial, 1996.

Steiner, Rudolf. Nature's Open Secret: Introductions to Goethe's Scientific Writings. Trans. John Barnes and Mado Spiegler. Great Barrington, MA: Anthroposophic Press, 2000.

Storr, Anthony. The Dynamics of Creation. New York: Ballantine Books, 1993.

Von Goethe, Johann Wolfgang, and Johann Peter Eckermann. Conversations of Goethe. Trans. John Oxenford. Cambridge, MA: Da Capo Press, 1998.

Von Sternberg, Josef. Fun in a Chinese Laundry. San Francisco, CA: Mercury House, 1988.

Waldrop, M. Mitchell. Complexity: The Emerging Science at the Edge of Order and Chaos. New York: Simon & Schuster Paperbacks, 1992.

Watts, Steven. The People's Tycoon: Henry Ford and the American Century. New York: Vintage Books, 2006.

Wilson, Colin. Super Consciousness: The Quest for the Peak Experience. London, UK: 2009.

Zenji, Hakuin. Wild Ivy: The Spiritual Autobiography of Zen Master Hakuin. Trans. Norman Waddell. Boston, MA: Shambhala, 2001.

마스터리의 법칙

펴낸날	초판 1쇄 2013년 6월 27일 초판 11쇄 2024년 12월 18일
지은이	로버트 그린
옮긴이	이수경
펴낸이	심만수
펴낸곳	(주)살림출판사
출판등록	1989년 11월 1일 제9-210호

주소	경기도 파주시 광인사길 30
전화	031-955-1350 팩스 031-624-1356
홈페이지	http://www.sallimbooks.com
이메일	book@sallimbooks.com

ISBN   978-89-522-2679-2   03320

※ 값은 뒤표지에 있습니다.
※ 잘못 만들어진 책은 구입하신 서점에서 바꾸어 드립니다.